Ludwig Bentfeldt

DER DEUTSCHE BUND
ALS NATIONALES BAND

DER DEUTSCHE BUND ALS NATIONALES BAND 1815–1866

von

Ludwig Bentfeldt

MUSTERSCHMIDT GÖTTINGEN

ZÜRICH

CIP-Kurztitelaufnahme der Deutschen Bibliothek

Bentfeldt, Ludwig:
Der Deutsche Bund als nationales Band :
1815 – 1866 / von Ludwig Bentfeldt – Göttingen ;
Frankfurt (Main) ; Zürich : Musterschmidt, 1985.

ISBN 3-7881-1742-7

Gesamtherstellung: „MUSTER-SCHMIDT" KG, Göttingen
Printed in Germany

Inhaltsverzeichnis

Vorrede mit Literaturhinweisen 7

I. Metternich 14
  1. Der Werdegang des Staatsmannes 14
  2. Kennzeichnung des Systems seiner Prinzipien 18
  3. Der Staatsmann im Urteil der Kritik 22

II. Die Entstehung des Deutschen Bundes 25

III. Inhalt der Grundgesetze des Deutschen Bundes 37

IV. Bundestagstätigkeit bis zur Juli-Revolution 1830 52
  1. Tätigkeit bis zu den Karlsbader Beschlüssen 52
  2. Verfassungsfagen in der Bundesversammlung vor den
     Karlsbader Beschlüssen 68
  3. Karlsbader Beschlüsse und Ergebnisse der Wiener Mi-
     nisterial-Konferenzen 1819/20 79
  4. Militärverhältnisse des Deutschen Bundes 101
  5. Angelegenheiten der Central-Untersuchungs-Com-
     mission zu Mainz im Bundestag 106
  6. Ringen zwischen Opposition und Reaktion im Bun-
     destag 113
  7. Händel des Herzogs Karl von Braunschweig 127

V. Auswirkungen der Juli-Revolution 1830 in Deutschland . 142
  1. Umsturz in Braunschweig 142
  2. Unruhen in andern Staaten Norddeutschlands 154
  3. Auswirkungen in Süddeutschland und Gegenmaßnah-
     men des Bundestags 159
  4. Revolution in Luxemburg 184
  5. Der Wachensturm in Frankfurt 1833 und seine Folgen 194
  6. Sicherheitsmaßnahmen auf Grund der Wiener Mini-
     sterial-Konferenzen 1834 213

VI. Weitere Bundestagstätigkeit bis zur Revolution im Jahre
    1848 220
    1. Bundesgesetzgebung 220
    2. Der Staatsstreich im Königreich Hannover 224
    3. Die politischen Verfolgungen nach Errichtung der
       Bundes-Zentralbehörde 233
    4. Verhältnisse von Schleswig-Holstein 235
    5. Die Bundesversammlung angesichts der revolutionä-
       ren Ereignisse im ersten Halbjahr 1848 248

VII. Die unruhige Zeit bis zur Wiederaufnahme der Bundes-
     tagstätigkeit 278
     1. Das Scheitern der Revolution 278
     2. Interim und Wiederzusammentritt des Bundestags . . 294

VIII. Tätigkeit des erneuerten Bundestags 310
      1. Die holsteinische und die kurhessische Angelegenheit 310
      2. Erneuerungs- und Reaktionsmaßnahmen 322
      3. Bundespreßgesetz, Grundsätze für das Vereinswesen,
         Geschäftsordnung 336
      4. Der Krim-Krieg 343
      5. Vereinbarungen zur Gesetzgebung 360
      6. Der Krieg in Italien 1859 388
      7. Streitigkeiten um Schleswig-Holstein 393
      8. Die Zerstörung des Bundes 437

IX. Rückblick und Ausschau 470

Literaturverzeichnis 496

Vorrede mit Literaturhinweisen

Das deutsche Volk erlebte im Jahre 1945 die schlimmste Katastrophe in seiner tausendjährigen Geschichte. Diejenigen unter uns, die den Zusammenbruch und die Zerschlagung des Deutschen Reiches nicht miterlebt haben, mögen sich der Ungeheuerlichkeit des damaligen Geschehens vielleicht nicht bewußt sein und sich mit dem Zustand der deutschen Teilstaaten, zumal der Bundesrepublik mit ihrem allgemeinen Wohlstand, abfinden als einem Zustand, in dem den Angehörigen des deutschen Volkes ein Weiterleben in menschenwürdiger Weise gewährleistet ist, wenn nicht etwa eine schlimmere Zerstörung infolge eines atomaren Krieges eintritt.

Die Tatsache der Katastrophe des Jahres 1945 bleibt unbestreitbar bestehen, auch wenn sich die deutschen Menschen in der Mehrzahl eines beneidenswerten Wohlstands erfreuen. Die deutschen Teilstaaten, am wenigsten Österreich, sind der Freiheit außenpolitischen Handelns fast völlig beraubt, in viel höherem Maß als Österreich und Preußen zur Zeit der Napoleonischen Vorherrschaft. Es mag eingewandt werden, daß es anderen europäischen Staaten, von Rußland abgesehen, nicht anders ginge. Gewiß besitzen auch England und Frankreich nicht mehr den weiten Spielraum außenpolitischen Handelns wie vor dem zweiten Weltkrieg; aber sie sind doch nicht in dem Maße wie die Bundesrepublik Deutschland und die Deutsche Demokratische Republik auf Gedeih und Verderb an die Vereinigten Staaten von Amerika bzw. Sowjetrußland gekettet.

In dem Zusammenbruch des Jahres 1945 wurde das von Bismarck im Jahre 1871 errichtete neue Deutsche Reich zerschlagen, welches in der Form der Weimarer Republik – auch noch unter der nationalsozialistischen Herrschaft – weiterbestand. So endete 1945 ein Abschnitt deutscher Geschichte, der im Jahre 1871 begann und mit der entscheidenden Wende im Jahre 1866 eingeleitet wurde.

Nachdem der glanzvolle Aufstieg des jungen Deutschen Reiches nach nur drei Vierteljahrhunderten, gewiß nicht ohne Verschulden oder

Mitverschulden von deutscher Seite, so kläglich endete, besteht für
uns als deutsches Volk, wenn wir als solches für weitere Jahrhunderte
überleben wollen, die zwingende Notwendigkeit, unser Geschichtsbe-
wußtsein bezüglich der jüngeren Vergangenheit zu erhellen, um zu
unserer nationalen Identität zurückzufinden. Das Geschichtsbild, das
bis zum Ende des Kaiserreichs als unumstößlich empfunden wurde,
wird dabei wohl starke Korrekturen erfahren müssen.

Welchen Zeitraum haben wir aber als jüngere Vergangenheit zu verstehen? Es ist schon darauf hingewiesen, daß der kürzlich abgeschlossene Abschnitt deutscher Geschichte mit einer Wende im Jahr 1866
eingeleitet wurde. Das heißt, daß in diesem Jahr der vorletzte Abschnitt der deutschen Geschichte endete. Dieser dauerte nur ein halbes Jahrhundert. Es ist die Zeit des Deutschen Bundes, der im Jahre
1815 gegründet wurde und im Jahre 1866 ein unrühmliches Ende
fand. Zumindest diese Zeit ist m. E. in eine Geschichtsbetrachtung
einzubeziehen, wenn es darum geht, zu einer klaren Erkenntnis, zu einem Verstehen des Verlaufes der jüngeren deutschen Geschichte zu
gelangen.

Das deutsche Unglück in den beiden Weltkriegen dieses Jahrhunderts
muß wohl seine tieferen Ursachen gehabt haben. Sie zu erkennen, ist
aber unmöglich, wenn eine Betrachtung darüber sich nicht zumindest
auch auf das vorhergehende Jahrhundert erstreckt.

In der Tat ist das Jahr 1815 von außerordentlicher Bedeutung nicht
nur für die deutsche, sondern für die gesamte europäische Geschichte.
Es bezeichnet die endgültige Beseitigung der Napoleonischen Herrschaft und eine Neuordnung der europäischen Verhältnisse mit der
Festlegung von Grenzen zwischen den Staaten, die mit verhältnismäßig geringen Veränderungen, gemessen an denen, die die beiden Welt-
kriege mit sich brachten, bis in das zweite Jahrzehnt unseres Jahrhunderts Bestand hatten. In der deutschen Geschichtsschreibung während
der Kaiserzeit aber fand der Wiener Kongreß von 1814/15, der die
neue Ordnung bescherte, darunter die Errichtung des Deutschen
Bundes, eine überwiegend wenig positive Wertung.

Als Beweis der Geringschätzung, die sich nicht auf deutsche Histori-
ker beschränkte, diene eine Bemerkung von Henry A. Kissinger in der
Bibliographie zu seinem Buch „Großmacht Diplomatie; Von der
Staatskunst Castlereaghs und Metternichs":

„Eine wirklich erstklassige Studie gibt es weder über den Wiener Kongreß noch über seine Nachwirkungen. Zu der Zeit, als die Dokumente zur Verfügung standen, waren die Historiker gerade dabei, die ganze Zeit zu verdammen." (Ullstein Buch, S. 402)

Den Gipfel der Verunglimpfung, den Deutschen Bund betreffend, erreicht das Buch von Karl Fischer: „Die Nation und der Bundestag." Es ist als „ein Beitrag zur deutschen Geschichte" im Jahre 1880 erschienen. Im Vorwort dazu heißt es:

„Es schien mir nützlich, die Nation noch einmal an dieses trübe Bundesgewässer zu führen, sie mag sich darin einmal, so gut es geht, in ihrem heutigen Aussehn spiegeln; sie wird in ihrer großen Mehrheit dann wohl nie wieder Sehnsucht nach jenem Bild des Jammers und der Impotenz bekommen." (S. V.)

Es war, so weit ich feststellen konnte, das letzte Buch, das sich speziell mit dem Deutschen Bund beschäftigte, obwohl seit seinem Erscheinen ein volles Jahrhundert verstrichen ist und sich schon nach dem ersten Weltkrieg die Erkenntnis einstellte, daß das abfällige Urteil über den Deutschen Bund einer Berichtigung bedürfte.

In der Tat schreibt Arnold Oskar Meyer in seinem 1927 erschienenen Buch „Bismarcks Kampf mit Österreich am Bundestag zu Frankfurt", S. 63: „... und prüft man endlich (was bisher nie geschehen ist), welche Summe von Wissen und ernster Arbeit, von juristischer Schärfe und politischer Berechnung in den Sitzungsprotokollen und ihren Beilagen niedergelegt ist, so wird man der Wahrheit näher kommen, wenn man sich unter dem Bundestag eine Versammlung kluger und geschäftskundiger Männer vorstellt, die zu überragen nicht so leicht war, wie man nach den Bildern voll genialer Spottlust aus Bismarcks Frankfurter Frühzeit annehmen möchte."

Die Feststellung, die A. O. Meyer im Jahre 1927 traf, daß es an einer gebührenden Würdigung der mühevollen, mit großem Ernst und viel Fleiß geleisteten Arbeit des Bundestags fehle, wiederholte Peter Berglar in seinem Buch „Metternich ‚Kutscher Europas – Arzt der Revolutionen'" im Jahr 1973. Er sagt darin (S. 46):

„..., der Deutsche Bund, dieser realistische, differenzierte und dauerhafte Versuch, den Deutschen eine vernünftige, ihnen nützende und den anderen europäischen Mächten erträgliche staatliche Ordnung zu geben, wurde viel geschmäht und gescholten und bis heute nicht angemessen gewürdigt; er verdiente ein Buch, das noch aussteht."

So möge nun der Leser dieses Buch als einen Versuch verstehen, einen Beitrag dazu zu leisten, den beklagten Mangel abzustellen. Eine bessere Kenntnis des Wesens und der Tätigkeit des Deutschen Bundes wird zu einer bescheideneren Einschätzung des sich anschließenden Deutschen Reiches und seiner Politik führen, als sie bei uns Deutschen noch in den ersten Jahrzehnten dieses Jahrhunderts vorherrschte.

Der Leser, der sich über die Tätigkeit des Deutschen Bundes unterrichten möchte, ist bisher darauf angewiesen, Belehrung in umfangreichen Werken zu suchen, deren Hauptanliegen ein anderes ist, und das ist wohl für die Mehrzahl der historisch interessierten Laien zu mühsam und daher unzumutbar. Als solche umfassenden, gründlichen Werke sind zu nennen:

1. *Ernst Rudolf Huber:* „Deutsche Verfassungsgeschichte seit 1789", deren erste drei Bände die Verhältnisse bis zur Reichsgründung zum Gegenstand haben; sie finden ihre Ergänzung in den ersten zwei Bänden seiner „Dokumente zur Deutschen Verfassungsgeschichte".

2. *Alfred Stern:* „Geschichte Europas seit den Verträgen von 1815 bis zum Frankfurter Frieden von 1871", ein Werk, das zehn Bände umfaßt.

Beide Werke berücksichtigen das Geschehen in der Bundesversammlung, auch Bundestag genannt, dem zentralen Organ des Deutschen Bundes, recht eingehend ohne die meist geübte polemische Abwertung. Kürzere Darstellungen über den Deutschen Bund befinden sich natürlich in jedem Buch über neuere deutsche Geschichte. Ich beschränke mich darauf, auf das „Handbuch der Deutschen Geschichte" von Gebhardt hinzuweisen, in dessen Band 3 sich ein Beitrag von Theodor Schieder unter dem Titel „Vom Deutschen Bund zum Deutschen Reich" mit reichlicher Literaturangabe befindet.

Aus älterer Zeit sind zwei Werke zu nennen:

1. *Leopold Friedrich Ilse:* „Geschichte der deutschen Bundesversammlung, insbesondere ihres Verhaltens zu den deutschen

National-Interessen", erschienen in drei Bänden 1861 und 1862 und in einem reprographischen Nachdruck 1971 und 1972. Das groß angelegte Werk ist unvollendet geblieben. Aus dem Inhaltsverzeichnis eingangs des dritten Bandes geht hervor, daß die drei Bände und ein vierter (nicht vorliegender) als Schlußkapitel das „Erste Buch" der „Geschichte der deutschen Bundesversammlung" bilden sollten. Dieses „Erste Buch" behandelt nur die Zeit von 1816 bis 1824.

2. *Carl von Kaltenborn:* „Geschichte der Deutschen Bundesverhältnisse und Einheitsbestrebungen von 1806 bis 1856 unter Berücksichtigung der Entwicklung der Landesverfassungen."

Der Deutsche Bund wird von Kaltenborn überwiegend positiv beurteilt, während Ilse ihm und besonders Österreich gegenüber recht kritisch eingestellt ist.

Das Anliegen meines Buches deckt sich insofern mit dem von Ilse, als es sich darum handelt, wie die Nationalinteressen durch den Deutschen Bund wahrgenommen wurden. Die Schilderung der nationalpolitischen Tätigkeit des Bundes bildet also den eigentlichen Gegenstand des Buches, wobei auf eine Wiedergabe weniger bedeutsamer Vorkommnisse verzichtet werden mußte. Unter den berichtenswerten Ereignissen war noch wieder eine Auswahl zu treffen, um einen zu großen Umfang des Buches zu verhüten. Selbst auf die als beachtlich geltenden militärischen Leistungen werde ich nicht eingehen, sondern mich diesbezüglich darauf beschränken, über die Erstellung der Bundeskriegsverfassung zu berichten. Auch werden wichtige nationale Vorgänge, die keinen Niederschlag in den Bundestagsprotokollen gefunden haben, nicht oder nur kurz verzeichnet. Das gilt insbesondere für die von Preußen bewirkte Zolleinigung. Überhaupt ist zu bemerken, daß über die Geschichte der Einzelstaaten, auch von Österreich und Preußen, nicht berichtet werden soll, sofern sie den Bundestag nicht berührte. Eine Darstellung der deutschen Geschichte insgesamt während der Zeit des Deutschen Bundes ist also nicht beabsichtigt.

Diesbezüglich sei auf das jüngst erschienene Buch von Thomas Nipperdey „Deutsche Geschichte 1800–1866" verwiesen. Dessen Hauptanliegen ist die Schilderung der gesellschaftlichen Verhältnisse und der damit verbundenen Spannung zwischen Staat und Gesellschaft im vorigen Jahrhundert bis zum Jahr 1866, wie schon aus dem Untertitel „Bürgerwelt und starker Staat" hervorgeht. Sein Erscheinen behebt also nicht den Mangel eines Buches über den Deutschen Bund.

Eher könnte dies schon von dem vierbändigen Werk mit annähernd zweitausend Seiten von Srbik „Deutsche Einheit" mit dem Untertitel „Idee und Wirklichkeit vom Heiligen Reich bis Königgrätz" behauptet werden. Aber auch dieses Werk macht ein spezielles Buch über den Deutschen Bund nicht entbehrlich. Es will, wie sein Untertitel besagt, einerseits die auf Einheit der Nation gerichteten Ideen und andererseits die ihnen gegenüberstehende Wirklichkeit schildern. Diese wurde insbesondere von Österreich und Preußen bestimmt. Während deren Handeln, aber auch das anderer deutscher Staaten unter dem Blickpunkt deutscher Einheit ausführlich geschildert wird, werden die Bundesverfassung und die Handlungen des Deutschen Bundes verhältnismäßig kurz dargestellt. Den Leser über diese zu unterrichten, damit er sich ein Urteil über die politische Bedeutung des Deutschen Bundes bilden kann, ist hingegen das Anliegen meines Buches.

Dazu erschien es mir als nützlich, die historischen Umstände, unter denen der Bund gegründet wurde, etwas näher zu schildern. Auch hielt ich es für geboten, eine Würdigung des Staatskanzlers Metternich voranzustellen, als dessen Werk der Deutsche Bund anzusehen ist so wie das spätere Deutsche Reich als Werk Bismarcks. In der Tat stand ja der Deutsche Bund bis zur Revolution im Jahre 1848, auf die ich wegen ihrer überragenden Bedeutung für die gesamtdeutsche Geschichte etwas näher eingehe, ganz unter dem Einfluß Metternichs, dessen Geist noch lange nachwirkte über seinen Sturz hinaus. Der Leser, der am Verfassungsrecht des Deutschen Bundes nicht sonderlich interessiert ist, mag das Kapitel III dieses Buches übergehen, um nur gelegentlich, wo es ihm zum Verständnis eines berichteten Vorgangs erforderlich erscheint, darin nachzuschlagen.

Der Bericht über die Tätigkeit der deutschen Bundesversammlung, der hiermit vorgelegt wird, stützt sich auf deren gedruckte Protokolle. Diese standen mir für die Zeit von 1827 bis 1866 in der Folio-Ausgabe zur Verfügung; sie dienten zur amtlichen Unterrichtung der deutschen Regierungen. Daneben gab es für die früheren Jahre die Quart-Ausgabe der Protokolle, die zur Unterrichtung der interessierten Öffentlichkeit bestimmt war. Sie unterschied sich von der amtlichen Ausgabe bis Mitte 1824 nur durch Fortlassung von Beilagen zu den Protokollen, die vertraulichen Charakters waren. Neben den öffentlichen Protokollen (ö. Pr.) standen mir die genannten drei Bände von Ilse zur Verfügung. Ihm lagen, wie er in der Vorrede (Bd. I, S. III f.) sagt, „die Bundesprotokolle vollständig vor und zwar so, daß ihm selbst eine große Anzahl der geschriebenen Protokolle, sowie der Verhandlungen in vertraulichen Sitzungen nicht unbekannt geblieben sind". Ich darf daher annehmen, daß mir zur eigenen Unterrichtung genügend Unterlagen zur Verfügung standen.

Ein großer Teil dieses Buches – die Kapitel IV bis VI und VIII – stellt sich überwiegend als ein Gang durch die Protokolle der Bundesversammlung dar und beansprucht, als Dokumentation zur Bundestagstätigkeit gewertet zu werden.

Durch wörtliche Wiedergabe der wichtigeren Beschlüsse und bedeutsamer Regierungserklärungen soll ein zuverlässiger und anschaulicher Bericht über die Bundestagstätigkeit gewährleistet werden, so daß der Leser schließlich zu beurteilen vermag, wie er den Deutschen Bund und seine Leistungen einzuschätzen hat. Die Dokumentation endet mit dem Beschluß zur Auflösung der Bundesversammlung. Auf den Friedenschluß im Jahre 1866 und auf die Annexionen, die Preußen vornahm, wird nicht eingegangen, wohl aber wird im Kap. IX erörtert, wie die Folgen des Bruderkriegs für die deutsche Gesamtnation waren, und von daher wird auch das Ergebnis des weiteren Verlaufs der deutschen Geschichte bis zur Katastrophe von 1945 kurz beleuchtet.

Das Literaturverzeichnis am Schluß des Buches enthält nur die im Text zitierten Bücher. Soweit Abkürzungen bei der Zitierung verwendet wurden, sind diese in dem Verzeichnis vermerkt. Ich habe in den Zitaten, insbesondere in denen aus den Protokollen der Bundesversammlung, für rein deutsche Wörter die neuere Schreibweise verwendet, während ich es für Fremdwörter, für die Groß- oder Kleinschreibung, für die Getrennt- oder Zusammenschreibung und für die Satzzeichen im allgemeinen bei dem Befund in der Vorlage beließ.

Für seinen Ratschlag nach Durchsicht des Manuskripts habe ich Herrn Oberstudiendirektor i. R. Herbert Peeck zu danken.

I. Metternich

1. *Der Werdegang des Staatsmannes*

Die Geschichte des Deutschen Bundes ist geprägt durch Metternich. Er bestimmte wie kein anderer das Geschehen im Bunde bis zum Jahr 1848, und sein Geist wirkte auch nach seinem Rücktritt als verantwortlicher Staatsmann darin fort. Auch nach der Zerstörung des Deutschen Bundes durch Bismarck übten grundlegende Gedanken von Metternich noch ihren Einfluß aus im Deutschen Reich. Wegen seiner außerordentlichen Bedeutung für Deutschland erscheint es uns geboten, Metternichs Werdegang und leitende Ideen zu schildern, bevor wir uns der Gründung des Deutschen Bundes zuwenden.

Wenn wir ein gerechtes Urteil über das Wirken des Bundes finden wollen, müssen wir uns vor allem darum bemühen, zu verstehen, unter welchen Voraussetzungen er arbeitete; zu verstehen, welche Grundsätze, welche leitenden Ideen sein Handeln bestimmten. Ein Zeitalter verstehen wollen, setzt so etwas wie eine liebevolle Zuwendung voraus, ein Bemühen um ein Eindringen in die Vorstellungswelt des Zeitalters, in die vorgefundenen politischen und sozialen Gegebenheiten und in die von der Zeitströmung getragenen Wünsche auf Veränderung oder Beharren in den vorhandenen Zuständen. Die Zeit des Deutschen Bundes ist politisch von Metternich geprägt worden. Deshalb wollen wir uns zunächst bemühen, ihn als Mensch und Staatsmann und die Ideen, die sein politisches Handeln bestimmten, zu verstehen. So erhoffen wir uns einen Weg zum Verständnis auch des Deutschen Bundes zu erschließen.

Bei der Schilderung von Metternichs Werdegang als Staatsmann beschränken wir uns auf die Zeit bis 1821, bis zur Erreichung des Gipfels seiner Laufbahn im mittleren Mannesalter. Eine, wenn auch kurze Metternich-Biographie zu schreiben, liegt uns fern. Es genügt uns, das Werden des konservativen Staatsmannes durch Herkommen und Erlebnisse zu veranschaulichen. Als Quelle unserer Darstellung diente vor allem das Werk des österreichischen Historikers Heinrich Ritter von Srbik mit dem Titel: „Metternich, der Staatsmann und der Mensch". Es ist im Jahre 1925 erschienen und enthält in zwei Bänden mehr als zwölfhundert Seiten, die Anmerkungen ungerechnet. Klemens Wenzel Nepomuk Lothar Graf Metternich wurde am 15. Mai 1773 in Koblenz geboren. Er entstammte einem alten reichsunmittelbaren rheinischen Geschlecht und fühlte sich zeitlebens dem Rhein zugehörig; es dauerte lange, bis er Wien, von wo aus er im Mannesalter als Staatsmann wirken sollte, als seine zweite Heimat empfand. Sein Vater war der Graf Franz Georg Karl von Metternich-Winneburg-Beilstein, der kurtrierscher Staatsminister und Erbkämmerer des Erzstiftes Mainz war. Bald nach der Geburt seines Sohnes Klemens trat er, 27 Jahre alt, in kaiserliche Dienste über. Er wird als gutmütiger standesstolzer Mann ohne sonderliche Begabung und tiefere Kenntnisse beschrieben.

Klemens Lothar verdankte die überragenden geistigen Fähigkeiten, die ihn später zu den Höhen staatsmännischen Ruhmes führen sollten, offenbar seiner im Jahre 1755 geborenen Mutter Maria Beatrix Aloisia aus dem breisgauschen Geschlecht Kagenegg, das im Jahre 1771, dem Jahr der Eheschließung, in den Reichsgrafenstand erhoben wurde. Die geistige Atmosphäre im Hause Metternich war fast mehr französisch als deutsch. An seine Mutter hat Klemens Lothar bis zu ihrem Tode im Jahre 1828 nur Briefe in französischer Sprache geschrieben. Ein politisches Bewußtsein nationaler Art war dem Hause fremd. Dieser Wesenszug blieb bei dem späteren Staatskanzler bestimmend für seine Haltung gegenüber der nationalen Frage, für sein Unverständnis gegenüber dem Verlangen nach bundesstaatlicher deutscher Einheit, wie es im Zuge des Befreiungskampfes durch den Freiherrn vom Stein und andere deutsche Patrioten vertreten wurde und seitdem nicht mehr verstummte.

Die aristokratische Umgebung, in der der junge Metternich aufwuchs, wurde in ihrer Geisteshaltung vornehmlich durch die Aufklärung bestimmt, deren Geist das achtzehnte Jahrhundert beherrschte. Ihr Rationalismus prägte sein Denken, aus dem sich die Gedanken formten, nach denen der spätere Staatsmann sein Handeln ausrichtete. Zu ihrer Festigung wird der Besuch der Universitäten Straßburg und Mainz beigetragen haben. Das Studium diente der Vorbereitung auf eine diplomatische Laufbahn.

Nach Straßburg kam Metternich im November 1788. Er verließ die dortige Universität bereits im Herbst 1790, weil die Erschütterungen der 1789 ausgebrochenen französischen Revolution sich auch dort mit ihren Schrecken auswirkten. Die Begegnung mit ihnen hat sich dem jungen Mann stark eingeprägt. Er sah von der Revolution das Verderben der Welt ausgehen und stand ihr demzufolge entschieden ablehnend gegenüber. Die von ihr vertretenen Ideale fanden in ihm keinen Widerhall. Die Revolutionsfurcht hat ihn zeitlebens beherrscht und sein späteres Handeln als Staatsmann entscheidend bestimmt.

Im Oktober 1792 griff die Revolution auch auf Mainz über und bereitete Metternichs Studium ein Ende. Er trat jetzt als Begleiter seines Vaters in das praktische diplomatische Leben ein.

Franz Georg hatte am 8. Juli 1791 in Brüssel das Amt des dirigierenden bevollmächtigten Ministers bei der Generalregierung der österreichischen Niederlande übernommen. Nachdem der Sohn zu ihm gekommen war, zog er ihn zu Arbeiten in seiner Kanzlei heran. So gewann Klemens Lothar einen Einblick in die Regierungstätigkeit. Indessen konnte Belgien in dem 1792 begonnenen Koalitionskrieg gegen das Heer der Revolutionstruppen nicht auf die Dauer gehalten werden. Im November 1792 verließ Minister Metternich vorübergehend Brüssel, bis das vom Feind besetzte Land zurückgewonnen war. Im Sommer 1794 war Belgien nicht mehr zu halten, und am 4. Juli zog sich Franz Georg endgültig aus Brüssel zurück, während der Sohn in Begleitung einer Regierungsdelegation in England weilte. Eine bleibende Stätte suchte und fand die Familie Metternich im Herbst des Jahres in Wien. Die Familie befand sich in schwieriger Lage, der Vater seiner Stellung und zum größeren Teil auch des Besitzes verlustig infolge der Ereignisse der Revolution, die zum drittenmal, und jetzt besonders hart, in das Leben des jungen Metternich eingegriffen hatte.

Trotz mancher Mißlichkeiten konnte sich die Familie in Wien durchsetzen. Insbesondere wirkte erleichternd, daß Klemens Lothar auf Wunsch der Eltern am 27. September 1795 die neunzehnjährige Eleonore Kaunitz heiratete, Enkelin des verstorbenen Staatskanzlers Kaunitz, der unter Maria-Theresia und auch noch nach ihrem Tode Österreichs Außenpolitik leitete. Diese Verbindung erleichterte die Stellung der Familie. Der junge Ehemann widmete sich in Wien neben der Pflege bedeutender gesellschaftlicher Beziehungen regen Studien der Naturwissenschaften und der Medizin. Das Jahr 1801 brachte eine entscheidende Wende in seinem Leben, den Beginn eines steilen Aufstiegs in der Diplomatie, indem der Kaiser ihm den Gesandtenposten am sächsischen Hof übertrug. Es folgte die Übernahme der wichtigeren Gesandtschaft in Berlin Ende 1803, danach die Ernennung zum Botschafter in Paris im Jahre 1806. Nach dem unglücklichen Ausgang des Krieges von 1809 ernannte Kaiser Franz Metternich zum Außenminister, welches Amt dieser bis zur Revolution 1848 innehatte. In Anerkennung seiner Verdienste um das Kaisertum Österreich durch kluge Führung der Außenpolitik während der schweren Jahre von 1809 bis 1813 erhob Kaiser Franz Metternich nach der Schlacht bei Leipzig in den erblichen österreichischen Fürstenstand. Die höchste Ehrung bedeutete es, daß ihm Franz I. im Jahre 1821 die Würde des Haus-, Hof- und Staatskanzlers verlieh. Die Stellung eines Premierministers hat er aber nie eingenommen. Ja, er hat von sich bekannt: „Ich habe vielleicht manchmal Europa, niemals aber habe ich Österreich geleitet" (zitiert nach Srbik, „Metternich", Bd. II, S. 181). Das schränkt seine Verantwortung für die innerösterreichische Entwicklung bis 1848 ein, die überwiegend Kaiser Franz trifft, obwohl dieser schon im Jahre 1835 starb. Dem Staatskanzler wurde indessen die Schuld für die Versäumnisse angelastet.

Metternich war ein Mann hoher geistiger Bildung mit vielseitigen Interessen, auch an den Naturwissenschaften und der Medizin. In seinem Charakter verbanden sich Stärken und Schwächen wie bei jedem Menschen; unbestreitbar besaß er eine ungewöhnliche Schwäche für Frauen, ohne daß dies seine Arbeitskraft und die Wahrnehmung seiner staatsmännischen Pflichten minderte. Friedrich Wilhelm IV. erkannte in dem Staatskanzler „das warme Herz und den kalten Kopf" (N. P. Bd. 6, S. 443). Der Fürst war von Natur freundlich und gütig, auch gegenüber seinen Feinden nicht nachtragend, indessen als handelnder Politiker von klarer, kalter Überlegung geleitet. Seine diplomatische Kunst verhalf ihm zu dem hohen Ansehen, das er unter den Staatsmännern Europas in der ersten Hälfte des neunzehnten Jahrhunderts gewann.

Metternich war bestrebt, sein Handeln an für richtig, ja für „ewig gültig" erkannten Prinzipien auszurichten. Wir wenden uns dem System dieser Prinzipien zu, die den Staatskanzler als Theoretiker kennzeichnen. Dazu ist jedoch einschränkend zu bemerken, daß Metternich selbst eine zusammenhängende Darstellung nicht hinterlassen hat. Srbik hat es unternommen, eine solche aus Äußerungen des Staatskanzlers, insbesondere in seinen „Nachgelassenen Papieren", zu erstellen. Er schildert die Prinzipien in 30 Punkten auf den Seiten 350 bis 414 im Band I seines „Metternich"-Buches.

2. Kennzeichnung des Systems seiner Prinzipien

„Nicht der Absolutismus, das Legitimitätsprinzip, das politische Gleichgewicht und andere Teil- und Zweckgedanken, sondern der sozialkonservative Gedanke bildet das eigentliche Rückgrat des vollentwickelten Metternichschen Systems." Diese Kennzeichnung durch Srbik („Metternich", Bd. I, S. 350) ist wohl die kürzestmögliche. Sie ist überraschend angesichts der über Metternichs System verbreiteten Vorstellungen. Indessen wird das Urteil Srbiks vollauf durch Metternichs „politisches Testament" (N.P., Bd. 7, S. 633 ff.) gerechtfertigt, das in den Jahren 1849 bis 1855 niedergeschrieben wurde. Der zurückgetretene Staatskanzler sagt darin (S. 634):

„Nicht in dem Ringen der Gesellschaft nach Fortschritten, sondern im Fortschreiten nach der Richtung der wahren Güter: nach Freiheit als dem unausbleiblichen Ergebnisse der Ordnung, nach Gleichheit im allein anwendbaren Ausmaße der Gleichheit vor dem Gesetze; nach Wohlstand, nicht denkbar ohne die Grundlage der moralischen und materiellen Ruhe; nach Credit, welcher nur auf der Basis des Vertrauens zu ruhen vermag – in allem dem habe ich die Pflicht der Regierung und das wahre Heil für die Regierten erkannt."

Die Freiheit ist für Metternich, wie er sagt, das unausbleibliche Ergebnis der Ordnung. Dies drückt er weiter unten in dem Testament (S. 636 f.) mit folgenden Worten aus:

„Das Wort ‚Freiheit' hat für mich nicht den Wert eines Ausgangs-, sondern den eines tatsächlichen Ankunftspunktes. Den Ausgangspunkt bezeichnet das Wort ‚Ordnung'. Nur auf dem Begriff von ‚Ordnung' kann jener der ‚Freiheit' ruhen. Ohne die Grundlage der ‚Ordnung' ist der Ruf nach ‚Freiheit' nichts weiter als das Streben irgend einer Partei nach einem ihr vorschwebenden Zweck. In seiner tatsächlichen Anwendung wird der Ruf sich unvermeidlich als Tyrannei aussprechen." (Hier äußert sich die Revolutionsfurcht, auf die wir noch näher eingehen werden.)

Der sozialkonservative Gedanke Metternichs darf wohl kurz als Forderung an die Regierungen bezeichnet werden, das Wohl der Gesellschaft stetig zu fördern, ohne dadurch die bestehende Ordnung zu gefährden. Dabei erhebt sich allerdings die Frage, ob beide Dinge, Förderung des Wohls der Gesellschaft und Erhaltung der bestehenden Ordnung, jeweils vereinbar sind. Es besteht sehr wohl eine Konfliktsmöglichkeit, indem nämlich die soziale und die konservative Komponente sich unter gegebenen Verhältnissen gegenseitig hindern, wenn nicht gar ausschließen können. Gentz, ein Freund, Publizist und Mitarbeiter Metternichs, hat diesen Sachverhalt im Jahre 1805 folgendermaßen beschrieben: „Zwei Prinzipien konstituieren die moralische und die intelligible Welt. Das eine ist das des immerwährenden Fortschritts, das andere das der notwendigen Beschränkung dieses Fortschrittes. Regierte jenes allein, so wäre nichts mehr fest auf Erden und die ganze gesellschaftliche Existenz ein Spiel der Winde und Wellen. Regierte dieses allein oder gewänne auch nur ein schädliches Übergewicht, so würde alles versteinern oder verfaulen. Die besten Zeiten der Welt sind immer die, wo diese beiden entgegengesetzten Prinzipien im glücklichsten Gleichgewicht stehen." (Zitiert nach Srbik: „Metternich", Bd. I, S. 352)

Dieses Gleichgewicht wird bei einer Revolution aufs heftigste gestört. Die Revolutionsfurcht hat sich bei Metternich wie auch bei den regierenden Fürsten seiner Zeit tief eingenistet; dreimal hat die Revolution in sein persönliches Leben eingegriffen: in Straßburg, Mainz und Brüssel. Eine positive Seite hat er in ihr – im Gegensatz zu vielen anderen geistig führenden Deutschen – nicht zu sehen vermocht. Die Erfahrungen seiner Jugendzeit, insbesondere die mit der Französischen Revolution, haben sein Weltbild entscheidend geprägt und früh vollendet. Metternich ist den damals gewonnenen Erkenntnissen zeitlebens treu geblieben. Die Macht der Umstände mochte ihn als handelnden Politiker wohl zuweilen zu abweichendem Verhalten zwingen; in seinem Glauben an die als ewig gültig erkannten Prinzipien wurde er dadurch nicht erschüttert.

In jeder Revolution sieht Metternich zerstörende Kräfte am Werk, die eine Erkrankung des Organismus der Gesellschaft anzeigen. Im Jahre

1850 äußert er sich in seinen „Nachgelassenen Papieren" (Band 8, S. 549 f.) zur Revolution folgendermaßen:

„Der Kampf, in dem die Gesellschaft dermalen steht, ist ein alter, ein in seinen Elementen unvertilgbarer und derselbe, welcher sich in den Individuen zwischen den Bedingungen des Lebens und des Todes in der Form von Gesundheit und von Krankheit ausspricht.

Gesundheit und Gleichgewicht sind identische Begriffe wie die Begriffe ‚Ruhe' und ‚Ordnung', ohne welche die Ruhe nicht möglich ist. Die gesellschaftliche Ruhe wird gestört, wenn moralische Gewalten in Conflict unter einander geraten und hiedurch materielle Kräfte in Bewegung setzen. Diese Kräfte kennen kein Ziel und kein Maß. Einmal in Bewegung gesetzt und in Kampf unter einander geraten, zerschellen sie sich, bis die eine oder die andere unterliegt und hiedurch nicht die wahre sondern eine scheinbare Ruhe eintritt, welche selbst in der siegenden Kraft nur die Folge von Ermüdung ist.

In diesem kurzen Bilde liegt die Geschichte der Revolutionen und ihrer sämtlichen Gestaltungen. Alte wie neue, haben sie keinen anderen Wert als den von Episoden; sie bilden Übergänge, aber keine bleibenden Stätten und ändern nichts in der Natur der Sachen. Mehr als Formen vermögen sie nicht zu ändern, denn die Grundbedingungen des gesellschaftlichen Lebens sind einer Änderung nicht fähig."

Einen ständigen Kampf sieht Metternich zwischen zwei Elementen, die „zu allen Zeiten in der menschlichen Gesellschaft im Kampfe gegeneinanderstehen: das Positive und das Negative, das Erhaltende und das Zerstörende" (N. P., Bd. 7, S. 636). Die Revolution bezeichnet die vorübergehende Herrschaft des zerstörenden Elements, bis ein neues Gleichgewicht wiedergefunden ist.

Dem Entstehen einer Revolution vorzubeugen oder sie nach Ausbruch im Keim zu ersticken, ist Metternich ein Hauptanliegen, das sein Denken und Handeln als Staatsmann beherrscht. Die Aufrechterhaltung der inneren Ordnung, des Gleichgewichts der sozialen Kräfte, ist nicht nur Aufgabe jedes einzelnen Staates, sondern auch der Staatenfamilie, der Organisationsform der menschlichen Gesellschaft in ihrer Gesamtheit. Die Familie der europäischen Staaten steht nach der Niederringung Napoleons unter dem beherrschenden Einfluß der Pentarchie der Großmächte: England, Rußland, Österreich,

Preußen und Frankreich. Ihre Einigkeit sollte Ruhe und Ordnung in allen Staaten Europas und Frieden unter ihnen gewährleisten. Damit sie dies notfalls erzwingen können, muß ihnen erforderlichenfalls ein Interventionsrecht zustehen. (Dieses hat Österreich bei den Unruhen in Italien im Jahre 1821 mit Zustimmung der anderen Mächte für sich in Anspruch genommen. Aber schon im Jahr darauf, nach dem Freitod des englischen Außenministers Castlereagh, bestand die – zuweilen bisher nur mühsam aufrechterhaltene – Einigkeit der Pentarchie nicht mehr, weil England seine Politik hinfort allein nach seinen insularen Interessen bestimmen wollte.)

Die innerstaatliche Ordnung erscheint Metternich am besten durch die reine Monarchie in erblicher Form als gewährleistet. Diese ist für ihn mit der Idee der Volkssouveränität, auf der die Staatsform der Republik beruht, unvereinbar. Die Möglichkeit einer Einschränkung der Fürstensouveränität zugunsten der Volkssouveränität läßt er nicht gelten. Die Monarchie auf der Basis einer Repräsentativverfassung, die konstitutionelle Monarchie wie auch die Demokratie mit monarchischer Spitze, erscheinen dem Staatskanzler als Unding.

Eine Willkürherrschaft des Monarchen lehnt Metternich jedoch ab, desgleichen einen bürokratischen Absolutismus. Die reine willkürfreie Monarchie weiß sich göttlichen und natürlichen Gesetzen unterworfen, die sie nicht verletzen darf. Der Glaube, daß sie praktisch möglich sei, wurzelt in dem Vernunftglauben der Aufklärung, der Metternichs Denken in der Jugend prägte. Immerhin soll der Monarch, damit ein Mißbrauch ausgeschlossen wird, die Verantwortlichkeit und die tatsächliche Gewalt mit einem Ratskolleg teilen.

Dem Vorrang, den der Begriff der Ordnung in Metternichs Prinzipien einnimmt, entspricht es, daß die geburts- und berufsständischen Gesellschaftsformen als historisch gegebene Organisationsformen erhalten bleiben sollen. In der Beeinträchtigung des Mitwirkens der Stände als Zwischengewalt zwischen Krone und Volk in Frankreich seit Ludwig XIII. wird ein schwerer Fehler gesehen. Dadurch wuchs der Einfluß der Bourgeoisie, deren Führung sich als Sprecher des Volkes hinstellte, was der Demokratie den Weg bahnte.

Positiv steht Metternichs System auch zum Föderalismus. Eine dezentralisierte Verwaltung schwebte dem Staatskanzler für Österreich vor, ohne daß er seine Pläne durchsetzen konnte. Dem Gedanken des Föderalismus entsprach der Deutsche Bund als Verein souveräner Staaten. Die Pentarchie der fünf Großmächte bedeutete eine – nur sehr vorübergehend wirksame – lose Föderation auf höherer Ebene. Der Deutsche Bund ist nach Metternichs Ansicht die notwendige Voraussetzung für den Zusammenhalt der deutschen Staaten, deren Aufgehen in einem Einheitsstaat ihm als Unmöglichkeit, als demagogische Forderung zerstörender Gewalten erscheint. Innerhalb des Bundes stellen Österreich und Preußen die ihn tragenden Mächte dar, ohne deren Verständigung er seine Ordnungsfunktion nicht ausüben kann.

Ohne Beachtung der Prinzipien, die Metternich in seinem politischen Handeln leiteten, ist eine gerechte Würdigung seiner Person und seines Wirkens nicht möglich. Daß seine streng konservative Einstellung dem Zeitgeist widersprach (eine Behauptung, bei der das Ruhebedürfnis der Völker nach Überwindung Napoleons außer acht bleibt; denn die Restauration befand sich mit Metternichs Grundsätzen weitgehend in Übereinstimmung), hat ihm ein in Deutschland lange Zeit vorherrschendes Verdammungsurteil eingebracht, das erst spät, zufolge der Ernüchterung nach dem Ausgang des ersten Weltkriegs und besonders dank der gründlichen Untersuchungen Srbiks, eine Berichtigung erfahren hat.

3. Der Staatsmann im Urteil der Kritik

Die in streng wissenschaftlichem Geist geschriebene Metternich-Biographie von Heinrich Ritter von Srbik verwendet besondere Sorgfalt darauf, ein wirklichkeitsgetreues Bild der Gedankenwelt des Staatsmanns zu zeichnen und den geistigen Ursprung derselben zu erhellen. Verständnis für die Person Metternichs wie für sein politisches Handeln zu erwecken, ist dem Autor offensichtlich ein Hauptanliegen, ohne daß darunter die wissenschaftliche Objektivität leidet. So fehlt es denn auch nicht an kritischen Bemerkungen. Beispielsweise schreibt Srbik zu der Geisteshaltung, der die Karlsbader Beschlüsse und die Wiener Schlußakte entsprangen, Ereignisse der Jahre 1819/20 (Bd. I, S. 598): „Deutlich ist bereits in diesen Tagen der höchsten Triumphe Metternichs jener Kernfehler seines Systems zu erkennen: die irrige Wahl der Heilmittel gegenüber der ‚Krankheit' der Bewegungstendenz, die Unterdrückung der äußeren Wirkungen anstatt der allein heilsamen positiv fördernden Tat und die Verkennung berechtigter neuer Kräfte und ihres Trägers, des Mittelstandes."

Als Srbik so schrieb, waren ziemlich genau hundert Jahre seit den Karlsbader Beschlüssen vergangen; es war die Zeit kurz nach dem ersten Weltkrieg. Heute, nachdem weitere reichlich fünfzig Jahre verflossen sind und die Katastrophe des Jahres 1945 ähnlich wie seinerzeit der Sturz Napoleons die Notwendigkeit einer Restauration zur Folge hatte, mögen wir uns wohl fragen, ob nicht das abgewogene Urteil des Biographen gegenüber dem Staatsmann der Restaurationszeit im vorigen Jahrhundert noch zu mildern ist.

Daß Metternich seinerzeit die sich im Zeitgeist äußernden neuen Kräfte des aufsteigenden um Geltung und Mitverantwortung in staatlichen Angelegenheiten ringenden Besitz- und Bildungsbürgertums verkannte, ist nicht zu bestreiten. Aber aus seiner Einstellung und Revolutionserfahrung heraus mußte er diesen Kräften wohl Widerstand leisten, wenn eine Verschwörung gegen die bestehende staatliche Ordnung vermutet werden konnte. Eine „heilsame positiv fördernde Tat" war zufolge Metternichs Prinzipien kaum möglich. Natürlich hätten auch weniger repressive Maßnahmen als die Karlsruher Beschlüsse ausreichen können; aber die Verantwortung für sie trifft nicht Metternich allein.

Wenn aus der Sicht unseres Jahrhunderts von einem Fehlverhalten des österreichischen Staatskanzlers gegenüber den freiheitlichen und nationalen Bestrebungen nach 1815 gesprochen werden darf, so sollte doch bedacht werden, ob bei den historischen Gegebenheiten der damaligen Zeit eine Lenkung der auf gesellschaftliche Veränderungen drängenden Kräfte (Liberalismus, Demokratie, nationale Einigung) überhaupt möglich war, ob diese nicht vielmehr nur durch einen revolutionären Akt den Sieg über die bestehende Ordnung erringen konnten, wie dies vergeblich 1848 versucht wurde. (Wenn Bismarck schließlich die nationale Einigung erzwang, so darf auch darin ein revolutionärer Akt, eine Revolution von oben, gesehen werden.) Die Widerstände, die die bestehende staatliche Ordnung in der ersten Hälfte des vorigen Jahrhunderts den Bestrebungen nach einer Veränderung entgegensetzte, sollten uns heute um so verständlicher sein, als auch wir in der Bundesrepublik alles daran setzen, eine Veränderung unserer verfassungsmäßigen freiheitlichen Ordnung, die ihre Gegner als repressiv beurteilen, zu verhindern. In dem Bemühen, eine Veränderung des bestehenden staatlich-gesellschaftlichen Systems unmöglich zu machen, darin besteht die Gemeinsamkeit in der Restauration damals wie heute; die grundlegenden Unterschiede in den allgemeinen Verhältnissen damals und heute sind unbestreitbar.

Srbik hat sich in dem Bemühen um eine gerechte Würdigung der Leistungen Metternichs ein außerordentliches Verdienst erworben. Sein zweibändiges Werk hat im Jahre 1954 eine Ergänzung durch einen kleineren dritten Band erfahren, der sich mit der Metternich-Literatur aus den Jahren 1925 bis 1952 und kritischen Äußerungen zu seinem 1925 erschienenen Werk auseinandersetzt. Mit Genugtuung kann Srbik in dem Ergänzungsband (S. 2) feststellen:

„Wenn auch einzelne Bedenken erhoben wurden, ob der Mensch und Politiker nicht doch mit dunkleren Farben zu malen wäre als von mir, so trat die Frage einer vielleicht zu weit gehenden Verteidigung doch ganz hinter der Würdigung zurück, daß ein Staatsmann, nicht nur ein Diplomat, von europäischem, abendländischem Format und sein ‚System' endlich die gebührende Darstellung aus europäischem Blickpunkt erhalten haben."

Während das diplomatische Genie Metternichs auch in früherer Zeit unbestritten war, wurden doch von seinen Kritikern starke Zweifel gegenüber seinen staatsmännischen Fähigkeiten erhoben. Diese Zweifel scheinen im Schwinden begriffen zu sein. Constantin de Grunwald (La vie de Metternich, Paris 1938) sagt (zitiert nach Srbik: „Metternich", Bd. III, S. 37):

„Er war der größte Diplomat der neueren Zeit, aber er war auch, was immer seine Verkleinerer sagen mögen, ein Staatsmann von sehr großem Stil. Er erscheint in den Augen der Nachwelt als eine lebende Verkörperung des Genius Österreichs, seines Wahlvaterlandes, und er erscheint als ein Denker, der mit prophetischem Auge die Gefahren erkannt hat, die heute die europäische Zivilisation bedrohen."

II. Die Entstehung des Deutschen Bundes

Im Mai 1804 errichtete Napoleon das französische Kaisertum und trat damit – wenigstens symbolisch – das Erbe Karls des Großen an, als dessen Rechtsnachfolger sich die deutschen Kaiser fühlten. Es war vorauszusehen, daß Franz II. die römisch-deutsche Kaiserkrone nicht mehr lange würde behaupten können. Im Frieden von Lunéville am 9. Februar 1801 waren die linksrheinischen Besitzungen des Reiches an Frankreich abgetreten worden. Die davon betroffenen deutschen Fürsten sollten vom Reich rechts des Rheins unter französischer Mitwirkung entschädigt werden. Dies geschah durch den Reichsdeputationshauptschluß vom 25. Februar 1803, indem fast alle geistlichen Herrschaften und freien Städte verschwanden. Als auf diese tiefgreifende Veränderung im Gefüge des Reiches ein Jahr später die Wahl Napoleons zum französischen Kaiser folgte, hatte der deutsche Kaiser Franz II. wohl allen Grund, um den Fortbestand des Reiches und die damit verbundene Kaiserwürde zu fürchten. Deshalb schuf er im August 1804 mit Zustimmung Napoleons für den gesamten habsburgischen Herrschaftsbereich als Kaisertum Österreich die erbliche österreichische Kaiserwürde. Als österreichischer Kaiser hieß er Franz I.

Mit dem unglücklichen Ausgang des Krieges im Jahre 1805 trat eine weitere Lockerung im Verband des Deutschen Reiches ein. Zufolge der Rheinbund-Akte vom 12. Juli 1806 sagten sich vier Kurfürsten und zwölf weitere Fürsten vom Reiche los, dessen Kaiser sich nun unter hartem Druck Napoleons gezwungen sah, die deutsche Kaiserwürde am 6. August 1806 für erloschen zu erklären. Das alte Deutsche Reich hörte damit faktisch auf zu existieren, ob auch rechtlich, ist bestritten.

Nach dem Sturze Napoleons im Jahre 1814 ließ sich das alte Reich unmöglich wiederherstellen. Dazu waren die Veränderungen in den Jahren 1803 bis 1806 zu groß. Insbesondere waren im Süden Staaten mittlerer Größe entstanden, die Königreiche Bayern und Württemberg und das Großherzogtum Baden. Diese Mittelstaaten waren darauf bedacht, die von Napoleons Gnaden empfangene Souveränität ungeschmälert zu behaupten.

Von großer Bedeutung hierfür war der am 8. Oktober 1813 – acht Tage vor Beginn der Völkerschlacht bei Leipzig – zwischen Bayern und Österreich abgeschlossene Vertrag von Ried. Bayern trat dadurch aus dem Rheinbund aus und stellte sich mit seinen Streitkräften auf die Seite der alliierten Mächte. Als Gegenleistung erhielt es die Zusicherung voller Souveränität und Wahrung seines Besitzstandes. Für Gebietsabtretungen an Österreich (zumeist Rückabtretung früher österreichischen Landes) sollte es volle Entschädigung erhalten. Der Neuerwerb sollte gebietlich mit dem Königreich zusammenhängen. Ähnliche Verträge wie der von Ried, aber ohne so weitreichende Zusicherungen, folgten in den nächsten Wochen mit anderen Rheinbundstaaten.

Zufolge dieser Verträge, die von Österreichs Alliierten gebilligt wurden, war die Frage der Verfassung für die Gesamtheit der deutschen Staaten schon vorweg dahin entschieden, daß an die Stelle des alten Reiches ein Bund souveräner Staaten zu treten habe. Dies entsprach einem schon früher von Metternich gefaßten Plan. Auch die natürliche Rivalität zwischen den beiden deutschen Großmächten, Österreich und Preußen, ließ kaum eine andere Lösung zu. Schließlich empfahl sich der lockere Staatenbund auch aus gesamteuropäischem Interesse.

Insbesondere England konnte es nicht dulden, wenn an die Stelle einer französischen Vorherrschaft auf dem europäischen Festland eine deutsche treten würde. Es vertrat – neben Österreich – den Grundsatz des Gleichgewichts der Kräfte, was von vornherein einen für Frankreich relativ günstigen Friedensschluß nach der Niederringung Napoleons bewirken mußte. Der Traum der deutschen Patrioten auf Errichtung eines neuen einigen starken deutschen Reiches mit dem österreichischen Kaiser Franz als deutschem Kaiser an der Spitze konnte sich also bei den gegebenen innerdeutschen und europäischen Verhältnissen nicht erfüllen. Auf die Frage einer Erneuerung der deutschen Kaiserwürde werden wir noch zurückkommen.

Nachdem im Jahre 1814 mit Frankreich der erste Pariser Friede geschlossen war, oblag es dem Wiener Kongreß, die Fülle der verbliebenen internationalen und deutschen Probleme zu lösen. Wir beschränken uns auf die Deutschland angehenden Fragen, wobei wir zunächst die gebietlichen Regelungen erörtern wollen. Dies geschieht wiederum nur insoweit, als diese für die Zukunft von entscheidender Bedeutung waren.

England, Rußland und Österreich setzten im ersten Pariser Frieden eine sehr rücksichtsvolle Behandlung Frankreichs durch. So blieb dieses denn sogar besser gestellt als vor der Revolution; es behielt Saarbrücken und einen Teil der Rheinpfalz mit der Festung Landau. Nachdem Napoleon im Jahre 1815 ein zweites Mal entmachtet war, verlangte Preußen, unterstützt von einer öffentlichen Meinung in Deutschland, in Anbetracht der bewiesenen Unzuverlässigkeit Frankreichs Gebietsabtretungen zur besseren Sicherung der deutschen Westgrenze. Diese fielen im zweiten Pariser Frieden sehr bescheiden aus; Preußen erhielt Saarlouis und Saarbrücken, Österreich Landau. Metternich hielt ebenso wie Castlereagh, der englische Außenminister, eine Schonung Frankreichs für geboten, um zu verhüten, daß es aus dem Gefühl einer Verletzung der nationalen Ehre Anlehnung an Rußland suchen möchte.

Schon im ersten Pariser Frieden war vereinbart worden, daß Belgien mit den Niederlanden vereinigt und Österreich dafür in Italien entschädigt werden sollte. Die Verstärkung der Niederlande entsprach einem Wunsch Englands, dessen Interessen und Vorstellungen für die Neuordnung Europas in den Friedensverhandlungen und auf dem Wiener Kongreß durch Castlereagh in zähen Verhandlungen erfolgreich vertreten wurden. Die Gedanken des britischen Außenministers entsprachen weitgehend den Vorstellungen von Metternich, so daß England und Österreich den stärksten Einfluß auf die Neuordnung in Europa und in Deutschland gewannen. Die ungünstigste Stellung hatte Preußen, obwohl es in besonderem Maße zur Niederringung Napoleons beigetragen hatte. Wenn es weniger als andere seine Wünsche durchsetzen konnte, so wurden ihm doch wider seinen Willen günstige Voraussetzungen für seine künftigen deutschen Aufgaben verschafft. Dies hing mit der polnisch-sächsischen Frage zusammen, dem schwersten Problem auf dem Wiener Kongreß, der dadurch einer Zerreißprobe ausgesetzt wurde, die Talleyrand, dem Vertreter Frankreichs, zu einer verstärkten Mitsprache bei den Verhandlungen verhalf. Worum ging es?

Zar Alexander I. strebte danach, auf der Grundlage des Großherzogtums Warschau ein Königreich Polen mit liberaler Verfassung zu errichten, das nur durch Personalunion mit Rußland verbunden sein sollte. Das Großherzogtum Warschau – zunächst Herzogtum – hatte Napoleon nach der Niederlage Preußens geschaffen und dem König von Sachsen überlassen. Dieser nahm im Jahre 1813, von Napoleon unter Druck gesetzt, eine schwankende Haltung ein, so daß seine Truppen bei der Völkerschlacht von Leipzig auf französischer Seite standen und er selbst nach der Schlacht zum Gefangenen der Aliierten wurde. Er verlor also durch die Kriegsereignisse die Verfügung über seine Länder, das Königreich Sachsen und das Großherzogtum Warschau, über deren Schicksal nun der Wiener Kongreß zu entscheiden hatte.

Die Absicht von Rußland und Preußen war, daß letzteres durch Übernahme von ganz Sachsen für seine früheren polnischen Gebietsteile, die an das neu zu gründende Königreich Polen fallen sollten, schadlos zu halten sei. Dieser Plan stieß insbesondere bei Castlereagh auf Widerstand. Der britische Außenminister widersetzte sich dem zu großen Machtzuwachs Rußlands. Wenn auch Zar Alexander diesen bestritt, so bedeutete doch die Personalunion mit dem Königreich Polen eine Erweiterung der russischen Einflußsphäre nach Westen. Englands Gleichgewichtsstreben konnte aber ein Übergewicht Rußlands in Europa ebenso wenig billigen wie ein solches von Frankreich oder Deutschland. Preußens König Friedrich Wilhelm III. stellte sich indessen bedingungslos auf die Seite des Zaren. Rußland und Preußen standen schließlich gegen England und Österreich, denen sich Frankreich anschloß. Am 8. November übergab der russische Militärgouverneur von Sachsen dessen vorläufige Verwaltung an Preußen. Die Zuspitzung des Konflikts zwischen Rußland und Preußen einerseits und England und Österreich andererseits mit der Kriegsdrohung Preußens führten schließlich am 3. Januar 1815 zu einem geheimen Defensivbündnis zwischen England, Österreich und Frankreich, um Preußen und Rußland zu widerstehen. Die Krise des Kongresses erreichte damit ihren Höhepunkt. In Wahrheit wollte aber niemand ernsthaft einen Krieg. Die Lösung des Konflikts begann damit, daß die vier Verbündeten des Befreiungskrieges sich am 3. Januar, dem Tag des Defensivbündnisses, welches doch ein Zeichen des Zerwürfnisses zwischen den Alliierten war, darauf einigten, Talleyrand als

Vertreter Frankreichs hinfort zu den Verhandlungen über die polnisch-sächsische Angelegenheit hinzuzuziehen. Diese kamen jetzt zügig voran und erreichten bis zum 11. Februar einen für alle befriedigenden Erfolg.

Der Zar sah ein, daß er in seinen Wünschen bezüglich der Westgrenze des Königreichs Polen zugunsten Preußens Zugeständnisse machen müsse. So kam es zu der Grenzziehung zwischen Preußen und dem mit Rußland durch Personalunion verbundenen Königreich Polen, die unverändert bis zum ersten Weltkrieg bestand. Nun war, damit Preußen den Umfang des Jahres 1805, wenigstens der Zahl der Bevölkerung nach, wieder erreichte, schon eine geringere Ländermasse ausreichend. Preußen hatte bereits früher vorgeschlagen, dem König von Sachsen, dessen Reich es zur Gänze begehrte, neuen Besitz am Rhein zu verschaffen. Dem widersprach Castlereagh. Ihm war im Interesse Englands daran gelegen, daß sich am Mittel- und Niederrhein eine Großmacht befinde, um französischen Ausdehnungsgelüsten begegnen zu können und den Niederlanden Rückendeckung zu gewähren. Man einigte sich nun darauf, daß der König von Sachsen auf fast die Hälfte seines Landes zugunsten Preußens verzichten müsse und daß diesem zur vollen Befriedigung seiner durch Verträge garantierten Entschädigung für Verluste polnischen Gebietes Landgewinn am Rhein zu gewähren sei. Preußen umfaßte somit künftig einen größeren östlichen Landesteil und einen kleineren, aber recht bedeutsamen und wirtschaftlich starken westlichen, der später in die Provinzen Rheinland und Westfalen aufgegliedert wurde. Die beiden Landesteile wurden durch das Königreich Hannover, das bis zum Jahre 1837 durch Personalunion mit England verbunden blieb, voneinander getrennt. Preußen wurde durch die Regelung auf dem Wiener Kongreß ein ganz überwiegend deutscher Staat. Eine beträchtliche polnische Volksgruppe behielt Preußen noch insbesondere in der Provinz Posen.

Der gar nicht erstrebte Besitz am Rhein sollte sich als bedeutender Vorteil für Preußen herausstellen. Dadurch erhielt es eine sehr starke Stellung in der deutschen Staatenfamilie, die sich in den folgenden fünfzig Jahren allmählich beträchtlich erhöhte. Wir werden noch darauf zurückkommen, warum nicht auch Österreich auf Landbesitz am Rhein bestand und wohl sehr zu seinem Schaden Preußen allein „die Wacht am Rhein" überließ.

Die Regelung der deutschen Verfassung war nach den abgeschlossenen Verträgen den Deutschen allein überlassen. Preußen und Österreich verhandelten seit dem 13. September 1814 über einen preußischen Entwurf der Bundesverfassung, der vierzig Artikel enthielt. Sie einigten sich schließlich auf einen Entwurf mit zwölf Artikeln, den sie dem am 14. Oktober zusammengetretenen Deutschen Ausschuß des Wiener Kongresses vorlegten, dem Vertreter von Österreich, Preußen, Bayern, Württemberg und Hannover angehörten. Die Verhandlungen des Deutschen Ausschusses wurden überschattet von dem Gegensatz zwischen Österreich und Preußen in der sich zuspitzenden polnisch-sächsischen Angelegenheit. Es kam zu keiner Einigung. Am 16. November ließ Württemberg eine Note vorlegen, in der „es erklärte, daß es zweckmäßig sei, die deutsche Verfassung erst nach Regulierung der Gebietsfrage zu erörtern" (Ilse, Gesch. d. BV. Bd. 1, S. 39). Infolgedessen löste sich der Ausschuß wenige Tage später auf.

Die Tatsache, daß die fünf großen deutschen Staaten allein die deutsche Verfassung berieten, rief den Unwillen der nicht-königlichen Staaten hervor. Mit einer gemeinsamen Note vom 16. November protestierten fünfundzwanzig deutsche Fürsten und die vier freien Städte gegen die Anmaßung der Großen. Sie traten zugleich für die Erneuerung der deutschen Kaiserwürde ein, die auch der Freiherr vom Stein verfocht. Indessen war es dafür jetzt wohl viel zu spät.

Metternich war schon damals, als Österreich im August 1813 der Koalition gegen Napoleon beitrat, der Meinung, daß Kaiser Franz die deutsche Kaiserwürde nicht wieder übernehmen sollte. Den künftigen deutschen Bund dachte sich der Minister als einen lockeren Verein der deutschen Staaten, in dem Österreich als Präsidialmacht lediglich der Vorsitz zustünde. Hätte sich Metternich nicht gegen die Erneuerung der deutschen Kaiserwürde ausgesprochen, so möchte Kaiser Franz wohl geneigt gewesen sein, auch die deutsche Kaiserkrone zu tragen, wenn auch nur aus österreichischen Erwägungen. Hierzu schreibt Srbik in seinem „Metternich"-Buch (Bd. I, S. 197):

„Es spricht für den gesunden Instinkt Kaiser Franz', daß er, der nur dynastische und rein österreichische Erwägungen kannte, um Österreichs willen eine Weile dazu neigte, die Krone des erneuerten Reiches wieder auf sein Haupt zu setzen. Auch Erzherzog Johann hat es als Österreicher tief bedauert, daß Österreich die erbliche Kaiserwürde ausschlage, und hat den Gewinn, den Preußen in Deutschland hievon ziehen werde, klar vorausgesehen. Es ist Metternichs schwere Verantwortung gegenüber der deutschen Zukunft, daß er nur die Hindernisse sah, die der Einigung unter einem deutschen Kaiser entgegenstanden, nicht die ideellen Kräfte, die nach der Einigung drängten und diese Einigung bei kluger Mischung des unitarischen und des föderativen Momentes auch hätten dauernd stützen können. Und es war seine schwere Sünde gegen das deutsche Österreich, daß er ungenutzt die Zeit verstreichen ließ, in der die literarischen Wortführer der Nation der österreichischen Spitze noch geneigt waren, obwohl Österreich Preußen schon den moralischen Erfolg der Führung Deutschlands im Kampf gegen den Despoten gelassen hatte."

Unter dem Gesichtspunkt einer möglichst festen Verankerung in Deutschland hätte Österreich auf der deutschen Kaiserwürde bestehen müssen. Seitens des Auslandes wäre kaum ein Widerstand zu erwarten gewesen, wenn der Anspruch rechtzeitig erhoben worden wäre. England leugnete den rechtlichen Untergang des Reiches und damit auch der Kaiserwürde.

Srbik sagt hierzu (a. a. O., S. 194):

„England vertrat den staatsrechtlich richtigen Standpunkt, daß das alte Reich durch den Thronverzicht Franzens de iure nicht aufgelöst sei, sondern mit vakantem Throne weiterbestehe, und der Prinzregent und das englische Kabinett wünschten 1813 sehr, der Kaiser von Österreich solle die römisch-deutsche Kaiserwürde wieder annehmen; dann war der alte Rechtszustand wieder hergestellt, das deutsche Reich gegen Frankreich äußerlich wieder geeinigt und eine Teilung Deutschlands in einen von Preußen geführten Norden und einen von Österreich geführten Süden unmöglich. Auch Rußland und Schweden äußerten sich geneigt und Preußen konnte zur Zustimmung bewogen werden, solange der Ausgang des Kampfes gegen Napoleon noch von Österreichs Kräften wesentlich abhing."

Im November 1814 war es für die Wiederherstellung der deutschen Kaiserwürde wohl zu spät. Preußen, welches die Gleichstellung mit Österreich erstrebte, leistete dagegen jetzt harten Widerstand. Die Bemühungen Steins um die Erneuerung der Kaiserwürde dauerten dennoch an bis zum Februar 1815.

Württemberg hatte durch seinen Austritt am 16. November 1814 den Deutschen Ausschuß gesprengt. Die Verfassungsangelegenheit ruhte nun, wenn auch nicht gänzlich, drei Monate lang wegen der polnisch-sächsischen Frage, in der Österreich und Preußen gegeneinander standen. Erst nachdem diese gelöst war, verhandelten die beiden Großmächte wieder ernstlich miteinander über die deutsche Verfassung. Sie einigten sich schließlich auf einen gemeinsamen Plan, den sie am 23. Mai 1815, dem Beginn der elf Wiener Konferenzen der deutschen Staaten, zu denen jeder dieser Staaten eingeladen war, unterbreiteten. Dieser letzte Entwurf umfaßte siebzehn Artikel.

Da Napoleon im März von Elba nach Frankreich zurückgekehrt war, drängten die in Wien versammelten Bevollmächtigten auf baldige Beendigung des Kongresses. Die Verfassung des Deutschen Bundes sollte aber wenigstens in den Grundzügen vorher festgestellt sein; deren nähere Entwicklung müsse man dem Bundestage selbst vorbehalten. Württemberg und Baden beteiligten sich nicht an den Konferenzen. Baden nahm immerhin beobachtend an einigen Sitzungen teil. In zähen Verhandlungen erreichte man, daß die Deutsche Bundesakte am 8. Juni 1815 festgestellt wurde. Baden trat ihr erst am 26. Juli und Württemberg sogar erst am 1. September 1815 bei, nachdem „alle Hoffnung auf Erneuerung der napoleonischen Rheinbundherrlichkeit und Scheitern des Bundesplans" geschwunden waren (Srbik: „Metternich", Bd. I, S. 202). Die Bundesakte umfaßte schließlich zwanzig Artikel, war damit aber im ganzen genommen dürftiger im Inhalt als die siebzehn Artikel des Entwurfs, der den Beratungen zugrunde lag. Mit Mühe war erreicht worden, die Bundesakte so rechtzeitig zu erstellen, daß ihre allgemeinen Bestimmungen, die Artikel 1 bis 11, noch in die Kongreßakte vom 9. Juni 1815 aufgenommen werden konnten. Hierauf legte Metternich Wert, aber ebenso auch Wilhelm von Humboldt, der Preußen neben Hardenberg auf dem Kongreß vertrat und reichlichen Anteil an preußischen Entwürfen für die Bundesakte hatte, sowie der Freiherr vom Stein, der nicht Bevollmächtigter eines deutschen Staates war, sich aber des besonderen Vertrauens des Zaren erfreute. Die Besprechung der Bestimmungen der Bundesakte stellen wir noch zurück und beschränken uns darauf anzugeben, daß die Bundesversammlung, das alleinige Organ des Deutschen Bundes, auch als Bundestag bezeichnet, am 1. September 1815 zusammentreten sollte. In Wirklichkeit fand die erste ordentliche Versammlung erst am 5. November 1816 statt. Wie kam es zu der großen Verzögerung?

Die innerdeutschen territorialen Fragen waren beim Wiener Kongreß zum Teil noch ungelöst geblieben. Der zweite Pariser Frieden vom 20. November 1815 brachte zwar nur geringe Grenzkorrekturen gegenüber Frankreich, aber nichtsdestoweniger verzögerte er die Lösung eines für die deutsche Staatenwelt sehr wichtigen Problems, das die Staaten Österreich, Bayern und Baden betraf. Die Bundesversammlung konnte aber nicht gut ihre Tätigkeit aufnehmen, solange ein ernster Grenzstreit zwischen Bayern und Österreich nicht beigelegt war.

Am 12. Juni 1815 schlossen Österreich und Preußen einen Geheimvertrag, „in dem die vom Kongreß noch nicht verteilten Gebiete auf dem rechten und linken Rheinufer zu Eigentum und Souveränität Österreich zugesprochen wurden" (Srbik: „Metternich", Bd. I, S. 193). In dem rheinischen Bereich stellte auch Bayern Ansprüche. Ihm waren seinerzeit von Napoleon österreichische Landesteile zugesprochen worden, für deren Rückgabe es Entschädigung verlangte. Metternich vertrat die Meinung, daß Österreich rheinischen Besitz behaupten und so zusammen mit Preußen gegebenenfalls die Verteidigung Deutschlands am Rhein übernehmen sollte. Das hätte die Stellung Österreichs im Deutschen Bund gestärkt. Über diese Frage kam es zu einem schweren Konflikt zwischen Metternich und seinem Kaiser Franz. Dieser wollte wie seine militärischen Ratgeber nicht durch Landbesitz am Rhein zur Verteidigung eigener Interessen gegenüber Frankreich genötigt sein. Er bevorzugte eine vorteilhaftere Grenze Österreichs gegenüber dem Nachbarn Bayern und zwang Metternich, widrigenfalls er sein Amt verlassen müsse, die diesbezüglichen Verhandlungen dementsprechend zu führen. Diese fanden in einem Vertrag vom 14. April 1816 ihren Abschluß. Danach erhielt Bayern den überwiegenden Teil der linksrheinischen Pfalz mit Landau, während Österreich wieder in den Besitz des Inn- und Hausruckviertels gelangte. Auch errang es den Besitz des größeren Teils des 1803 entstandenen Kurfürstentums Salzburg, dessen Ländereien später an Bayern gekommen waren. Um die Frage „Pfalz oder Salzburg" war der heftige innerösterreichische Streit geführt worden, der, wie berichtet, die Stellung Metternichs gefährdet hatte.

In Anbetracht einer gewissen Rivalität zwischen Österreich und Preußen, die auch im Jahre 1815 schon erkennbar war, hätte es zwecks enger Verklammerung mit Deutschland im Interesse Österreichs gelegen, sich mit Preußen in die „Wacht am Rhein" zu teilen. Es wäre dem Kaiserstaat damals auf Grund des Geheimvertrages vom 12. Juni 1815 möglich gewesen, die Rheinpfalz mit den Festungen Mainz und Landau für sich zu beanspruchen und damit gegebenenfalls an der Verteidigung der deutschen Westgrenze gleichrangig mit Preußen teilzunehmen. Hierzu schreibt Srbik (Metternich, Bd. I, S. 202): „Metternich hat reichlich Anteil daran, daß Österreich das unschätzbare Band aufgegeben hat, das die Kaiserkrone zwischen ihm und dem deutschen Gesamtvolk geknüpft hatte. In einem Punkt aber belastet ihn die großdeutsche Geschichtsschreibung zu Unrecht: nicht er war es, der die gänzliche Lösung Österreichs vom deutschen Westen, seine viel zu weit gehende Isolierung als geschlossener Staat gewollt hat, ... Ebenso unberechtigt ist die Anschauung, er habe Österreich der Aufgabe, Süddeutschland am Rhein zu verteidigen, entzogen und seine Staatskunst habe kein Verständnis für diesen moralischen Halt des Kaiserstaats gehabt."

Wir halten fest: zwei schwere Fehler beging Österreich in den schicksalsträchtigen Jahren 1814/15. Der erste war der Verzicht auf die Erneuerung der deutschen Kaiserwürde, wofür Metternich die Hauptverantwortung trifft; der zweite war der Verzicht auf die Rheinpfalz mit den Festungen Mainz und Landau, woran Kaiser Franz und seine militärischen Berater die Schuld trugen. Das waren zwei Fehler, die Österreich hinderten, sich auf die Dauer die Führung in Deutschland zu sichern.

Noch schwerer als der bayerisch-österreichische Territorialstreit war der Streit zwischen Bayern und Baden zu lösen. Im Vertrag von Ried war Bayern versprochen worden, daß es bei dem erforderlichen Austausch von Gebieten nach dem Sieg über Napoleon solche Gebiete hinzubekommen sollte, die in unmittelbarem geographischem Zusammenhang mit dem Königreich stünden. Dies war durch die Übernahme der linksrheinischen Pfalz nicht erreicht. Bayern setzte seine Hoffnung nun auf den Erwerb der zu Baden gehörigen rechtsrheinischen Pfalz. Es bestritt das Erbfolgerecht der Grafen von Hochberg, der Söhne aus der zweiten Ehe des 1811 verstorbenen Großherzogs Karl Friedrich, deren Ebenbürtigkeit umstritten war, auf ganz Baden und beanspruchte im Falle dieser Erbfolge, die in nicht sehr ferner Zukunft zu erwarten war, den Heimfall der rechtsrheinischen Pfalz an Bayern und damit die Wiederherstellung eines Zustandes, der vor dem Reichsdeputationshauptschluß vom Jahre 1803 bestanden hatte. Wenn aber Bayern bei dem angenommenen Erbfall die rechtsrheinische Pfalz für sich beanspruchen konnte, dann durfte Österreich auch den Heimfall des Breisgaus begehren, der sich im Besitz des Hauses Habsburg befunden hatte. Baden setzte sich gegen die vermeintlichen Ansprüche von Bayern und Österreich mit allen ihm zu Gebote stehenden Mitteln zur Wehr und wandte sich schließlich an den Aachener Kongreß der europäischen Großmächte, der im Herbst 1818 stattfand, zwecks Entscheidung der Streitfrage. Diese fiel zugunsten Badens aus. Österreich war wohl doch nicht recht überzeugt von der Stichhaltigkeit der Ansprüche, die von ihm und Bayern erhoben wurden; denn es widersprach nicht der Entscheidung. Hingegen nahm Bayern sie nur mit tiefem Groll entgegen. Österreich verzichtete nun auch auf die ihm erst seit 1815 gehörige im Badischen gelegene kleine Grafschaft Geroldseck und überließ diese dem Großherzogtum, welches dafür einige Gemeinden an Bayern abtrat. Vergeblich hoffte Bayern, seine weitergehenden Ansprüche später noch geltend machen zu können.

Der bayerisch-österreichische Territorialstreit hat sicher ein gut Teil dazu beigetragen, daß sich der Beginn der Bundestagstätigkeit um mehr als ein Jahr verzögerte, nicht aber die Frage der Ansprüche Bayerns und Österreichs auf badisches Gebiet. Indessen wollten wir den Verzicht Österreichs auf Landbesitz an der deutschen Westgrenze zusammenhängend darstellen und haben deshalb den erst auf dem Aachener Kongreß entschiedenen Streit vorweg behandelt. Wir nehmen jetzt die Frage nach den Gründen für den verzögerten Beginn der Bundestagstätigkeit wieder auf.

Im Sommer 1816 mochte es wohl so scheinen, als stünde einer baldigen Eröffnung der Bundesversammlung nichts mehr im Wege. Die Gesandten der deutschen Staaten fanden sich nach und nach in Frankfurt ein. Doch nun versuchte Preußen, sich noch zuvor die dualistische Leitung der Bundesgeschäfte durch einen Vertrag mit Österreich zusichern zu lassen. Es wollte noch in letzter Minute die Gleichstellung mit Österreich erhalten, dem dann nur ein geringer Ehrenvorrang verblieben wäre.

In dem Vertragsentwurf (Text: Ilse, Gesch. d. d. BV., Bd. 1, S. 674 ff.) forderte Preußen für sich „das Recht der Protokollführung, der Abfassung und Ausfertigung der Bundesbeschlüsse, kurz alles ..., was ehemals mit dem Reichs-Erzkanzleramte verbunden war." Dies hätte Preußen vielleicht durchsetzen können; aber es war entschieden unklug, auch die Forderung zu stellen, „daß diejenigen Bundesglieder, deren Contingente nicht stark genug sind um eigene Corps zu formieren und als solche agieren zu können, sich patriotisch entschließen ihre Truppen, wie es in den letzten Feldzügen geschehen, zu den Preußischen und Österreichischen Heeren stoßen zu lassen, solche deren Oberbefehlen unterzuordnen, und die Organisation derselben auch in Friedenszeiten hiernach einzurichten."

Österreich hatte gar keine Ursache, noch vor dem Zusammentreten der Bundesversammlung im Einvernehmen mit Preußen den schwächeren Bundesgliedern die Zugeständnisse abzuverlangen, die Preußen begehrte. Die militärischen Zumutungen mußten das Ehrgefühl der souveränitätsbewußten Fürsten tief verletzen. Es war also für Österreich ein leichtes, Verhandlungen über den Vertragsentwurf in diesem Stadium des Bemühens um einen baldigen Beginn der Bundestagstätigkeit abzulehnen. Der Staatskanzler Hardenberg mußte eine schwere Niederlage hinnehmen. Er hatte sich durch von Hänlein, der als Preußens Gesandter in Frankfurt vorgesehen war und der dort bei einem kurzen Aufenthalt im März 1816 vertrauliche Gespräche mit Österreichs Bundestagsgesandten von Buol-Schauenstein geführt hatte, zu dem Vertragsentwurf verleiten lassen. Hänlein war nun als preußischer Gesandter unmöglich und wurde am 9. August zurückberufen. Vorübergehend wurde W. v. Humboldt die Wahrnehmung der Geschäfte übertragen.

Am 1. Oktober begannen die vertraulichen Vorverhandlungen zwecks baldiger Eröffnung der Bundesversammlung. Humboldt nahm dabei in würdiger Weise die Interessen Preußens wahr. Er entwarf die vorläufige Geschäftsordnung, die in der sechsten vertraulichen Besprechung am 30. Oktober angenommen wurde. Am 5. November 1816 konnte dann endlich die Bundesversammlung feierlich eröffnet werden.

III. Inhalt der Grundgesetze des Deutschen Bundes

Die Deutsche Bundesakte vom 8. Juni 1815 war das erste Grundgesetz des Deutschen Bundes. Bei ihrer Errichtung war man sich darüber einig, daß sie ergänzender Bestimmungen bedürfe, welche die Bundesversammlung, das alleinige Organ des Bundes, zu entwickeln hätte. Indessen war die Bundesversammlung damit vor eine sehr schwierige Aufgabe gestellt. Sie war als beständiger Kongreß von Gesandten der deutschen Bundesstaaten nicht in der Lage, von sich aus nach eingehender Beratung in voller Freiheit Beschlüsse zu fassen. Vielmehr waren die Gesandten für ihre Zustimmung zu Beschlußentwürfen an die Instruktionen ihrer Regierungen gebunden. Die Ergänzung der Bundesakte durch weitere Grundgesetze bedurfte aber eines einhelligen Beschlusses der Bundesversammlung. Einen solchen auf dem festgelegten Weg zu erreichen, mußte großen Schwierigkeiten begegnen; denn schon die Einigung auf die zwanzig Artikel der Bundesakte auf dem Wiener Kongreß hatte sich als ein sehr mühseliges Geschäft erwiesen. So ist es gut zu verstehen, daß Metternich im Jahre 1819 zu dem Entschluß kam, zwecks Ausarbeitung der ergänzenden Bestimmungen zur Bundesakte zu Ministerialkonferenzen in Wien einzuladen, die am 25. November begannen und die Wiener Schlußakte (Abkürzung: WSA) vom 15. Mai 1820 als Ergebnis hatten. Die Schlußakte wurde bundesverfassungsgemäß am 8. Juni 1820 in einer Plenarsitzung der Bundesversammlung als zweites Grundgesetz des Deutschen Bundes beschlossen. Weitere Grundgesetze hat der Bund nicht erhalten.

Wir halten es für zweckmäßig, beide Grundgesetze zusammen zu besprechen. Die Bundesakte stellt sich als das wichtigere Rahmengesetz dar, zu dem die Schlußakte die näheren Bestimmungen enthält. Wir nehmen also den Inhalt der Schlußakte vorweg, während über ihr Zustandekommen später berichtet wird. Der Text der Bundesakte wird im folgenden nach den öffentlichen Protokollen d. BV., Bd. 1, S. 34 ff. unter Zuziehung von Klüber, Acten des Wiener Congresses in den

Jahren 1814 und 1815, Bd. II, S. 598 ff. zitiert, der Text der WSA nach den öff. Prot., Bd. 9, S. 21 ff. Wegen der Genauigkeit der Wiedergabe des Textes der Bundesakte sei auf die Fußnote bei Klüber, a. a. O., S. 587, verwiesen.

Art. 1 der Bundesakte (abgek.: BA) lautet:

„Die souveränen Fürsten und freien Städte Deutschlands mit Einschluß Ihrer Majestäten des Kaisers von Österreich und der Könige von Preußen, von Dänemark und der Niederlande, und zwar der Kaiser von Österreich und der König von Preußen, beide für ihre gesamten vormals zum deutschen Reich gehörigen Besitzungen, der König von Dänemark für Holstein, der König der Niederlande für das Großherzogtum Luxemburg, vereinigen sich zu einem beständigen Bunde, welcher der Deutsche Bund heißen soll."

Das Bundesgebiet deckte sich demnach, abgesehen von dem Verlust Belgiens und geringen sonstigen Korrekturen im Westen, mit dem Gebiet des alten Reiches. Von Österreich gehörten die ungarischen, polnischen und italienischen Landesteile nicht zum Bunde, wohl aber als nicht rein deutsch insbesondere Böhmen und Mähren sowie Triest, von Preußen nicht Ost- und Westpreußen und Posen.

Art. 2 bestimmt:

„Der Zweck desselben ist Erhaltung der äußern und innern Sicherheit Deutschlands, und der Unabhängigkeit und Unverletzbarkeit der einzelnen deutschen Staaten."

Art. 3:

„Alle Bundesglieder haben als solche, gleiche Rechte. Sie verpflichten sich alle gleichmäßig, die Bundes-Akte unverbrüchlich zu halten."

Diese Bestimmungen werden in Art. 1 und 2 WSA mit folgenden Worten ausgedrückt:
„Art. 1. Der deutsche Bund ist ein völkerrechtlicher Verein der deutschen souveränen Fürsten und freien Städte, zur Bewahrung der Unabhängigkeit und Unverletzbarkeit ihrer im Bunde begriffenen Staaten, und zur Erhaltung der innern und äußern Sicherheit Deutschlands."

Art. 2:

„Dieser Verein besteht in seinem Innern als eine Gemeinschaft selbstständiger, unter sich unabhängiger Staaten, mit wechselseitigen glei-

chen Vertrags-Rechten und Vertrags-Obliegenheiten, in seinen äußern Verhältnissen aber, als eine in politischer Einheit verbundene
Gesamt-Macht."

Art. 5 WSA stellt zu Art. 1 BA fest:
„Der Bund ist als ein unauflöslicher Verein gegründet, und es kann
daher der Austritt aus diesem Verein keinem Mitgliede desselben frei
stehen."

Art. 4 bis 11 BA enthalten Bestimmungen für die Bundesversammlung, deren Wesen Art. 7 WSA folgendermaßen beschreibt:

„Die Bundesversammlung, aus den Bevollmächtigten sämtlicher Bundesglieder gebildet, stellt den Bund in seiner Gesamtheit vor, und ist
das beständige verfassungsmäßige Organ seines Willens und Handelns."

Die engere Form der Bundesversammlung, auch als engerer Rat bezeichnet, umfaßte siebzehn Stimmen. Österreich, die fünf Königreiche Preußen, Bayern, Sachsen, Hannover und Württemberg, ferner
Baden, Kurhessen, Großherzogtum Hessen sowie Dänemark wegen
Holstein (genauer wäre: Holstein und Lauenburg) und die Niederlande wegen Luxemburg führten je eine Stimme. Die anderen, kleineren Staaten waren zu Kurien mit je einer Stimme zusammengefaßt.
Die 12. Stimme führten die Großherzoglich und Herzoglich-Sächsischen Häuser, die 13. Braunschweig und Nassau, die 14. Mecklenburg
Schwerin und Mecklenburg Strelitz, die 15. Holstein-Oldenburg (später nur Oldenburg genannt), Anhalt und Schwarzburg, die 16. Hohenzollern, Liechtenstein, Reuß, Schaumburg Lippe, Lippe und Waldeck und die 17. die freien Städte Lübeck, Frankfurt, Bremen und
Hamburg.

Die weitere Form der Bundesversammlung, das Plenum, umfaßte,
nachdem noch am 7. Juli 1817 das Landgrafentum Hessen-Homburg
hinzugekommen war (seine Selbständigkeit war erst am 9. Juni 1815
durch die Kongreßakte festgestellt worden), für neununddreißig Staaten siebzig Stimmen; dabei waren die drei Fürstentümer von Reuß
jüngere Linie als ein Staat mit einer Stimme gezählt. Österreich und
die fünf deutschen Königreiche verfügten im Plenum über je vier
Stimmen, Baden, Kurhessen, Großherzogtum Hessen, Holstein (mit
Lauenburg) und Luxemburg über je drei Stimmen, Braunschweig,

Mecklenburg Schwerin und Nassau über je zwei Stimmen; die kleineren Staaten besaßen jeder eine Stimme.

Art. 5 BA stellt den Vorsitz Österreichs bei der Bundesversammlung fest.

Dem Plenum waren nach Art. 6 BA vorbehalten: „Abfassung und Abänderung von Grundgesetzen des Bundes", „Beschlüsse, welche die Bundesakte selbst betreffen", sowie Beschlüsse über „organische Bundes-Einrichtungen" und „gemeinnützige Anordnungen sonstiger Art".

Art. 7 BA lautet: „In wiefern ein Gegenstand nach obiger Bestimmung für das Plenum geeignet sei, wird in der engern Versammlung durch Stimmenmehrheit entschieden.

„Die der Entscheidung des Pleni zu unterziehenden Beschluß-Entwürfe werden in der engern Versammlung vorbereitet, und bis zur Annahme oder Verwerfung zur Reife gebracht. Sowohl in der engern Versammlung als im Pleno, werden die Beschlüsse nach der Mehrheit der Stimmen gefaßt, jedoch in der Art, daß in der ersteren die absolute, in dem letzteren aber nur eine auf zwei Dritteilen der Abstimmung beruhende Mehrheit entscheidet.

„Bei Stimmengleichheit in der engern Versammlung steht dem Vorsitzenden die Entscheidung zu.

„Wo es aber auf Annahme oder Abänderung der Grundgesetze, auf organische Bundeseinrichtungen, auf jura singulorum oder Religionsangelegenheiten ankommt, kann weder in der engern Versammlung noch im Pleno ein Beschluß durch Stimmenmehrheit gefaßt werden.

„Die Bundesversammlung ist beständig, hat aber die Befugnis, wenn die ihrer Beratung unterzogenen Gegenstände erledigt sind, auf eine bestimmte Zeit, jedoch nicht auf länger als vier Monate, sich zu vertagen.

„Alle näheren, die Vertagung und die Besorgung der etwa während derselben vorkommenden dringenden Geschäfte betreffenden Bestimmungen werden der Bundesversammlung bei Abfassung der organischen Gesetze vorbehalten."

Zur Aufnahme neuer Mitglieder und zur Abtretung von Souveränitätsrechten bestimmt Art. 6 WSA:

„Die Aufnahme eines neuen Mitgliedes kann nur statt haben, wenn die Gesamtheit der Bundesglieder solche mit den bestehenden Verhältnissen vereinbar und dem Vorteil des Ganzen angemessen findet." Und:
„Eine freiwillige Abtretung auf einem Bundesgebiete haftender Souveränitäts-Rechte kann ... nur zu Gunsten eines Mitverbündeten geschehen."
Diese letztere Bestimmung ermöglichte Preußen später die Bildung des Zollvereins, durch den Preußen wirtschaftlich zur Vormacht in Deutschland aufrücken konnte.

Art. 8 WSA besagt:
„Die einzelnen Bevollmächtigten am Bundestage sind von ihren Committenten unbedingt abhängig, und diesen allein wegen getreuer Befolgung der ihnen erteilten Instructionen, so wie wegen ihrer Geschäftsführung überhaupt, verantwortlich."

Zur Plenarsache erklärt Art. 12 WSA in Ergänzung zu Art. 6 BA „eine Kriegserklärung oder Friedensschluß-Bestätigung von Seiten des Bundes" wie auch „die Aufnahme eines neuen Mitgliedes in den Bund."
Erläuternd zu Art. 7 BA wird bestimmt:
„Ist in einzelnen Fällen die Frage, ob ein Gegenstand vor das Plenum gehört, zweifelhaft, so steht die Entscheidung derselben dem engern Rate zu. Im Plenum findet keine Erörterung noch Beratung statt, sondern es wird nur darüber abgestimmt, ob ein im engern Rate vorbereiteter Beschluß angenommen oder verworfen werden soll."

Ferner wird zu Art. 7 BA durch Art. 13 WSA angeordnet:

„Über folgende Gegenstände:
1. Annahme neuer Grundgesetze, oder Abänderung der bestehenden;
2. Organische Einrichtungen, das heißt, bleibende Anstalten, als Mittel zur Erfüllung der ausgesprochenen Bundeszwecke;
3. Aufnahme neuer Mitglieder in den Bund;
4. Religionsangelegenheiten;
findet kein Beschluß durch Stimmenmehrheit statt; ..."

Für die Schaffung „organischer Einrichtungen" trifft Art. 14 WSA folgende Anordnungen:

„Was insbesondere die organischen Einrichtungen betrifft, so muß nicht nur über die Vorfrage, ob solche unter den obwaltenden Umständen notwendig sind, sondern auch über Entwurf und Anlage derselben in ihren allgemeinen Umrissen und wesentlichen Bestimmungen, im Plenum und durch Stimmen-Einhelligkeit entschieden werden. Wenn die Entscheidung zu Gunsten der vorgeschlagenen Einrichtung ausgefallen ist, so bleiben die sämtlichen weitern Verhandlungen über die Ausführung im Einzelnen der engern Versammlung überlassen, welche alle dabei noch vorkommenden Fragen durch Stimmenmehrheit entscheidet, auch, nach Befinden der Umstände, eine Commission aus ihrer Mitte anordnet, um die verschiedenen Meinungen und Anträge, mit möglichster Schonung und Berücksichtigung der Verhältnisse und Wünsche der Einzelnen, auszugleichen."

Art. 15 WSA besagt:

„In Fällen, wo die Bundesglieder nicht in ihrer vertragsmäßigen Einheit, sondern als einzelne, selbstständige und unabhängige Staaten erscheinen, folglich jura singulorum obwalten, oder wo einzelnen Bundesgliedern eine besondere, nicht in den gemeinsamen Verpflichtungen Aller begriffene Leistung oder Verwilligung für den Bund zugemutet werden sollte, kann, ohne freie Zustimmung sämtlicher Beteiligten, kein dieselben verbindender Beschluß gefaßt werden."

Mit den „gemeinnützigen Anordnungen", die in Art. 6 BA nach den „organischen Bundes-Einrichtungen" genannt werden, befaßt sich erst der vorletzte, der Art. 64 WSA. Er lautet:

„Wenn Vorschläge zu gemeinnützigen Anordnungen, deren Zweck nur durch die zusammenwirkende Teilnahme aller Bundesstaaten vollständig erreicht werden kann, von einzelnen Bundesgliedern an die Bundesversammlung gebracht werden, und diese sich von der Zweckmäßigkeit und Ausführbarkeit solcher Vorschläge im Allgemeinen überzeugt, so liegt ihr ob, die Mittel zur Vollführung derselben in sorgfältige Erwägung zu ziehen, und ihr anhaltendes Bestreben dahin zu richten, die zu dem Ende erforderliche freiwillige Vereinbarung unter den sämtlichen Bundesgliedern zu bewirken."

Praktisch führte eine solche Vereinbarung unter sämtlichen Bundesgliedern zu demselben Ergebnis wie ein einhelliger Beschluß in der Plenar-Versammlung, während nach Art. 7 BA eine Zweidrittelmehrheit für „gemeinnützige Anordnungen sonstiger Art" genügte, nämlich für Anordnungen, die nicht unmittelbar dazu dienten, den Zweck des Bundes zu erfüllen, wie ihn Art. 2 BA bestimmte. Die Redaktionskommission der Wiener Ministerial-Konferenzen begründete die Fassung von Art. 64 WSA mit der Überlegung: „Sollte über gemeinnützige Anordnungen ... anders als durch Einhelligkeit entschieden werden, so wäre die ganze mit so vieler Sorgfalt hier gezogene Grenzlinie zwischen der Competenz des Bundes und den Rechten der einzelnen Bundesstaaten verrückt, und die Selbstständigkeit der inneren Gesetzgebung der letzteren auf einem ihrer wichtigsten Punkte gefährdet." (Ilse, Protokolle der deutschen Ministerial-Conferenzen, S. 193)

Anordnungen, die sich auf Förderung der allgemeinen Wohlfahrt richteten, waren eindeutig Angelegenheit der Bundesstaaten, so daß von der Sache her die Forderung der freiwilligen Vereinbarung wohl begründet war. Huber bemerkt zu dieser Frage abschließend (VG., Bd. 1, S. 592): „Der Art. 64 der Wiener Schlußakte ist bemerkenswert *als der erste Fall einer Verfassungsänderung* im Deutschen Bund. Besonders kennzeichnend ist, daß er den Art. 6 der Bundesakte änderte, ohne dessen Wortlaut zu revidieren."

Art. 17 WSA ermächtigte die Bundesversammlung zur verbindlichen Auslegung der bundesrechtlichen Bestimmungen bei Zweifelsfragen. Er lautet:
„Die Bundesversammlung ist berufen, zur Aufrechterhaltung des wahren Sinnes der Bundesacte, die darin enthaltenen Bestimmungen, wenn über deren Auslegung Zweifel entstehen sollten, dem Bundeszweck gemäß zu erklären, und in allen vorkommenden Fällen den Vorschriften dieser Urkunde ihre richtige Anwendung zu sichern."

Art. 3 BA handelt von der Abstimmungsordnung in der Bundesversammlung; Art. 9 bestimmt als deren Sitz Frankfurt a. M. und als Tag der Eröffnung den 1. September 1815 (tatsächlich verzögerte sich diese bis zum 5. November 1816).

Vor schwierige Aufgaben wurde die Bundesversammlung durch Art. 10 BA gestellt. Er lautet:
„Das erste Geschäft der Bundesversammlung, nach ihrer Eröffnung, wird die Abfassung der Grundgesetze des Bundes und dessen organische Einrichtung in Rücksicht auf seine auswärtigen, militärischen und innern Verhältnisse sein."

Art. 11 BA dient der Sicherung des inneren und äußeren Friedens. Er lautet:

„Alle Mitglieder des Bundes versprechen, sowohl ganz Deutschland als jeden einzelnen Bundesstaat gegen jeden Angriff in Schutz zu nehmen, und garantieren sich gegenseitig ihre sämtlichen, unter dem Bunde begriffenen Besitzungen.

Bei einmal erklärtem Bundeskrieg darf kein Mitglied einseitige Unterhandlungen mit dem Feinde eingehen, noch einseitig Waffenstillstand oder Frieden schließen.

Die Bundesglieder behalten zwar das Recht der Bündnisse aller Art, verpflichten sich jedoch, in keine Verbindungen einzugehen, welche gegen die Sicherheit des Bundes oder einzelner Bundesstaaten gerichtet wären.

Die Bundesglieder machen sich ebenfalls verbindlich, einander unter keinerlei Vorwand zu bekriegen, noch ihre Streitigkeiten mit Gewalt zu verfolgen, sondern sie bei der Bundesversammlung anzubringen. Dieser liegt alsdann ob, die Vermittlung durch einen Ausschuß zu versuchen, und falls dieser Versuch fehlschlagen sollte, und demnach eine richterliche Entscheidung notwendig würde, solche durch eine wohlgeordnete Austrägal-Instanz zu bewirken, deren Ausspruch die streitenden Teile sich sofort zu unterwerfen haben."

Die näheren Bestimmungen hierfür traf der Beschluß der Bundesversammlung vom 16. Juni 1817, der die „Vermittlung der Bundesversammlung bei Streitigkeiten der Bundesglieder unter sich, und Aufstellung einer wohlgeordneten Austrägal-Instanz" regelt (ö. Pr., Bd. 3, § 231, S. 208 ff.). Es heißt darin unter III. einleitend: „Wenn der Vermittlungsversuch bei Streitigkeiten der Bundesglieder unter sich ohne Erfolg bleibt, und daher eine richterliche Entscheidung erfolgen muß, so wird vor der Hand festgesetzt, daß um dem Bedürfnisse des Augenblicks abzuhelfen, für jeden vorkommenden Fall eine Austrägal-Instanz gebildet werde. Was aber den Vorschlag wegen Errichtung einer permanenten Austrägal-Commission betrifft, so wird derselbe nicht als aufgegeben betrachtet …"

Wenn die gütliche Beilegung durch einen Ausschuß der Bundesversammlung mißlungen ist, „so hat binnen vier bis sechs Wochen , …, der Beklagte dem Kläger drei unparteiische Bundesglieder vorzuschlagen, aus welchen dieser eines binnen gleicher Frist wählet."

„Die dritte oberste Justizstelle des … gewählten Bundesgliedes ist …
als die gewählte Austrägal-Instanz zu betrachten, welche im Namen
und anstatt der Bundesversammlung, so wie vermöge Auftrags derselben handelt." Die Entscheidung über den Streitfall obliegt damit dem obersten Gericht eines neutralen Bundesgliedes. Sein „Erkenntnis ist, gemäß
Art. 11 der Bundesakte, für die streitenden Teile verbindlich".

Die Wiener Schlußakte enthält nähere Bestimmungen zu Art. 11 BA
in ihren Art. 18 bis 24.

Art. 19 lautet:

„Wenn zwischen Bundesgliedern Tätlichkeiten zu besorgen, oder
wirklich ausgeübt worden sind, so ist die Bundesversammlung berufen, vorläufige Maßregeln zu ergreifen, wodurch jeder Selbsthülfe
vorgebeugt und der bereits unternommenen Einhalt getan werde. Zu
dem Ende hat sie vor allem für Aufrechterhaltung des Besitzstandes
Sorge zu tragen."

Die Art. 21 bis 24 betreffen die Austrägal-Instanz. Art. 21 WSA ver-
weist, „so lange nicht wegen der Austrägal-Gerichte überhaupt eine
anderweitige Übereinkunft zwischen den Bundesgliedern statt gefunden hat", auf „die in dem Bundestags-Beschlusse vom 16. Juni 1817
enthaltenen Vorschriften, so wie den in Folge gleichzeitig an die Bundestags-Gesandten ergehender Instructionen zu fassenden besondern
Beschluß". Der „zu fassende besondere Beschluß" erfolgte in der Plenar-Versammlung vom 3. August 1820 (ö. Pr., Bd. 9, S. 219 ff.). Er umfaßt elf Artikel, „welche die bereits in die Schlußacte aufgenommenen
ebenfalls in sich begreifen" (a. a. O., S. 220); sie stellen eine Ergänzung
des Beschlusses vom 16. Juni 1817 dar. Der nach wie vor provisorische Charakter der Austrägal-Ordnung wird durch Art. 11 unterstri-
chen, der lautet: „Die Bundesversammlung wird, in Beziehung über
das Verfahren bei Streitigkeiten der Bundesglieder unter sich, eine
Revision des Bundestags-Beschlusses vom 16. Juni 1817 vornehmen,
…" (a. a. O., S. 222).

Die Bestimmungen in Art. 25 bis 28 WSA betreffen die Mitwirkung
der Bundesversammlung zur Aufrechterhaltung und Wiederherstellung der Ruhe im Innern der Bundesstaaten.
Art. 26 lautet:

„Wenn in einem Bundesstaate durch Widersetzlichkeit der Untertanen gegen die Obrigkeit die innere Ruhe unmittelbar gefährdet, und eine Verbreitung aufrührerischer Bewegungen zu fürchten, oder ein wirklicher Aufruhr zum Ausbruch gekommen ist, und die Regierung selbst, nach Erschöpfung der verfassungsmäßigen und gesetzlichen Mittel, den Beistand des Bundes anruft, so liegt der Bundesversammlung ob, die schleunigste Hülfe zur Wiederherstellung der Ordnung zu veranlassen. Sollte im letztgedachten Falle die Regierung notorisch außer Stande sein, den Aufruhr durch eigene Kräfte zu unterdrücken, zugleich aber durch die Umstände gehindert werden, die Hülfe des Bundes zu begehren, so ist die Bundesversammlung nichts desto weniger verpflichtet, auch unaufgerufen zur Wiederherstellung der Ordnung und Sicherheit einzuschreiten. In jedem Falle aber dürfen die verfügten Maßregeln von keiner längern Dauer sein, als die Regierung, welcher die bundesmäßige Hülfe geleistet wird, es notwendig erachtet."

Art. 27 lautet:
„Die Regierung, welcher eine solche Hülfe zu Teil geworden, ist gehalten, die Bundesversammlung von der Veranlassung der eingetretenen Unruhen in Kenntnis zu setzen, und von den zur Befestigung der wiederhergestellten gesetzlichen Ordnung getroffenen Maßregeln eine beruhigende Anzeige an dieselbe gelangen zu lassen."

Art. 28 lautet:
„Wenn die öffentliche Ruhe und gesetzliche Ordnung in mehreren Bundesstaaten durch gefährliche Verbindungen und Anschläge bedroht sind, und dagegen nur durch Zusammenwirken der Gesamtheit zureichende Maßregeln ergriffen werden können, so ist die Bundesversammlung befugt und berufen, nach vorgängiger Rücksprache mit den zunächst bedrohten Regierungen, solche Maßregeln zu beraten und zu beschließen."

Art. 29 stellt die Kompetenz der Bundesversammlung in Fällen von Justiz-Verweigerung und Art. 30 in Fällen fest, in denen zwischen mehreren Bundesstaaten zweifelhaft oder bestritten ist, welcher von ihnen zur Befriedigung einer Privatforderung verpflichtet ist.

Die Art. 31 bis 34 enthalten Vorschriften über das Executions-Verfahren; diese sind in die definitive, vierzehn Artikel umfassende Executions-Ordnung, die in der Plenar-Versammlung vom 3. August 1820 (ö. Pr., Bd. 9, S. 222 ff.) beschlossen wurde, mit aufgenommen. Art. 31 kennzeichnet den Zweck der Executions-Ordnung; er lautet: „Die Bundesversammlung hat das Recht und die Verbindlichkeit, für die Vollziehung der Bundesacte und übrigen Grundgesetze des Bundes, der in Gemäßheit ihrer Competenz von ihr gefaßten Beschlüsse, der durch Austräge gefällten schiedsrichterlichen Erkenntnisse, der unter die Gewährleistung des Bundes gestellten compromissarischen Entscheidungen und der am Bundestage vermittelten Vergleiche, so wie für die Aufrechterhaltung der von dem Bunde übernommenen besonderen Garantien, zu sorgen, auch zu diesem Ende, nach Erschöpfung aller andern bundesverfassungsmäßigen Mittel, die erforderlichen Executions-Maßregeln, mit genauer Beobachtung der in einer besondern Executions-Ordnung dieserhalb festgesetzten Bestimmungen und Normen, in Anwendung zu bringen."

Art. 35 bis 49 WSA handeln von den Rechten und Obliegenheiten des Bundes in bezug auf Krieg, Frieden und Verträge. Art. 50 und 51 betreffen die auswärtigen Verhältnisse und das Militärwesen des Bundes. Art. 52 regelt die an den Bund zu leistenden Geldbeiträge.

Während Teil I der Bundesakte deren „Allgemeine Bestimmungen" in den Art. 1 bis 11 enthält, befinden sich „Besondere Bestimmungen" in Art. 12 bis 20.

Art. 12 lautet:

„Diejenigen Bundesglieder, deren Besitzungen nicht eine Volkszahl von 300 000 Seelen erreichen, werden sich mit den ihnen verwandten Häusern oder andern Bundesgliedern, mit welchen sie wenigstens eine solche Volkszahl ausmachen, zur Bildung eines gemeinschaftlichen obersten Gerichts vereinigen.
In den Staaten von solcher Volksmenge, wo schon jetzt dergleichen Gerichte dritter Instanz vorhanden sind, werden jedoch diese in ihrer bisherigen Eigenschaft erhalten, wofern nur die Volkszahl, über welche sie sich erstrecken, nicht unter 150 000 Seelen ist.
Den vier freien Städten steht das Recht zu, sich untereinander über die Errichtung eines gemeinsamen obersten Gerichts zu vereinigen.
Bei den solchergestalt errichteten gemeinschaftlichen obersten Gerichten soll jeder der Parteien gestattet sein, auf die Verschickung der Akten auf eine deutsche Facultät oder an einen Schöppenstuhl zur Abfassung des Endurteils anzutragen."

Art. 13 BA lautet:

„In allen Bundesstaaten wird eine landständische Verfassung statt finden."

(Diese Schreibweise findet sich bei Klüber: Acten des Wiener Congresses, Band 2, S. 606, wobei er anmerkt, „landesständische" habe er in einer anderen Abschrift gefunden. Im öffentlichen Protokoll der Sitzung vom 5. November 1816 [S. 39] ist „landesständische" gesagt. In den Zitierungen in späteren Protokollen heißt es durchweg: „landständische".)

Hierzu ordnet Art. 54 WSA an, daß „die Bundesversammlung darüber zu wachen" hat, „daß diese Bestimmung (Art. 13 BA) in keinem Bundesstaate unerfüllt bleibe".

Die weiteren Bestimmungen der Wiener Schlußakte zu Art. 13 BA lauten:

„Art. 55. Den souveränen Fürsten der Bundesstaaten bleibt überlassen, diese innere Landes-Angelegenheit, mit Berücksichtigung sowohl der früherhin gesetzlich bestandnen ständischen Rechte, als der gegenwärtig obwaltenden Verhältnisse zu ordnen.

Art. 56. Die in anerkannter Wirksamkeit bestehenden landständischen Verfassungen können nur auf verfassungsmäßigem Wege wieder abgeändert werden.

Art. 57. Da der deutsche Bund, mit Ausnahme der freien Städte, aus souveränen Fürsten besteht, so muß, dem hierdurch gegebenen Grundbegriffe zufolge, die gesamte Staatsgewalt in dem Oberhaupte des Staats vereinigt bleiben, und der Souverän kann durch eine landständische Verfassung nur in der Ausübung bestimmter Rechte an die Mitwirkung der Stände gebunden werden.

Art. 58. Die im Bunde vereinten souveränen Fürsten dürfen durch keine landständische Verfassung in der Erfüllung ihrer bundesmäßigen Verpflichtungen gehindert oder beschränkt werden.

Art. 59. Wo die Öffentlichkeit landständischer Verhandlungen durch die Verfassung gestattet ist, muß durch die Geschäftsordnung dafür gesorgt werden, daß die gesetzlichen Grenzen der freien Äußerung, weder bei den Verhandlungen selbst, noch bei deren Bekanntmachung durch den Druck, auf eine die Ruhe des einzelnen Bundesstaats oder des gesamten Deutschlands gefährdende Weise überschritten werden.

Art. 60. Wenn von einem Bundesgliede die Garantie des Bundes für die in seinem Lande eingeführte landständische Verfassung nachgesucht wird, so ist die Bundesversammlung berechtigt, solche zu übernehmen. Sie erhält dadurch die Befugnis, auf Anrufen der Beteiligten, die Verfassung aufrecht zu erhalten, und die über Auslegung oder Anwendung derselben entstandenen Irrungen, so fern dafür nicht anderweitig Mittel und Wege gesetzlich vorgeschrieben sind, durch gütliche Vermittlung oder compromissarische Entscheidung beizulegen. Art. 61. Außer dem Falle der übernommenen besondern Garantie einer landständischen Verfassung, und der Aufrechthaltung der über den 13. Artikel der Bundesacte hier festgesetzten Bestimmungen, ist die Bundesversammlung nicht berechtigt, in landständische Angelegenheiten, oder in Streitigkeiten zwischen den Landesherren und ihren Ständen einzuwirken, so lange solche nicht den im 26. Artikel bezeichneten Charakter annehmen, in welchem Falle die Bestimmung dieses, so wie des 27. Artikels auch hierbei ihre Anwendung finden. ... Art. 62. Die vorstehenden Bestimmungen in Bezug auf den 13. Artikel der Bundesacte sind auf die freien Städte in so weit anwendbar, als die besondern Verfassungen und Verhältnisse derselben es zulassen."

Im Gegensatz zu dem sehr kurzen Art. 13 enthält Art. 14 BA ausführliche Vorschriften zur Wahrung der Vorrechte der Mediatisierten, d. h. der früher reichsunmittelbaren Standesherren, die neuerdings einem Landesherrn unterstellt waren. Der einzige Art. 63 WSA genügte daher als Ergänzung. Wir wollen auf die erlassenen Vorschriften nicht eingehen, da sie uns nach nunmehr reichlich anderthalb Jahrhunderten, in denen der Adel seine frühere bevorzugte Stellung vollends eingebüßt hat, wohl nur noch wenig Interesse abgewinnen können.

Auch auf die speziellen Bestimmungen der Art. 15 bis 17 BA gehen wir nicht näher ein. Sie betreffen Verpflichtungen, insbesondere Schulden und Pensionen aus der Vergangenheit (Art. 15), die Gleichstellung der christlichen Religionen nebst Anweisung, darüber zu beraten, „wie auf eine möglichst übereinstimmende Weise die bürgerliche Verbesserung der Bekenner des jüdischen Glaubens in Deutschland zu bewirken sei" (Art. 16), und schließlich Rechte des „Fürstlichen Hauses Thurn und Taxis" bezüglich des Besitzes und Genusses „der Posten in den verschiedenen Bundes-Staaten" (Art. 17).

Art. 18 BA verzeichnet einige Rechte, die „den Untertanen der deutschen Bundesstaaten" von den „verbündeten Fürsten und freien Städten" zugesichert werden. Es handelt sich um folgende Rechte der Untertanen:

„a) Grundeigentum außerhalb des Staates, den sie bewohnen, zu erwerben und zu besitzen, ohne deshalb in dem fremden Staate
mehreren Abgaben und Lasten unterworfen zu sein, als dessen eigene Untertanen.
„b) Die Befugnis
1. des freien Wegziehens aus einem deutschen Bundesstaate in
den andern, der erweislich sie zu Untertanen annehmen will,
auch
2. in Civil und Militärdienste desselben zu treten; beides jedoch
nur, insofern keine Verbindlichkeit zu Militärdiensten gegen
das bisherige Vaterland im Wege steht; und damit wegen der
dermalen vorwaltenden Verschiedenheit der gesetzlichen Vorschriften über Militärpflichtigkeit, hierunter nicht ein un-
gleichartiges, für einzelne Bundesstaaten nachteiliges Verhältnis entstehen möge, so wird bei der Bundesversammlung die
Einführung möglichst gleichförmiger Grundsätze über diesen
Gegenstand in Beratung genommen werden.
„c) Die Freiheit von aller Nachsteuer (jus detractus, gabella emigra-
tionis), insofern das Vermögen in einen andern deutschen Bundesstaat übergeht, und mit diesem nicht besondere Verhältnisse
durch Freizügigkeits-Verträge bestehen."

Art. 18 BA enthält ferner die hoffnungsvoll klingende Bestimmung:
„d) Die Bundesversammlung wird sich bei ihrer ersten Zusammenkunft mit Abfassung gleichförmiger Verfügungen über die Preßfreiheit und die Sicherstellung der Rechte der Schriftsteller und
Verleger gegen den Nachdruck beschäftigen."

Etwas weniger verbindlich ist Art. 19 BA gefaßt. Er lautet:
„Die Bundesglieder behalten sich vor, bei der ersten Zusammenkunft
der Bundesversammlung in Frankfurt wegen des Handels und Verkehrs zwischen den verschiedenen Bundesstaaten, so wie wegen der
Schiffahrt, nach Anleitung der auf dem Congreß zu Wien angenommenen Grundsätze, in Beratung zu treten."

Zu den Art. 16 bis 19 BA befindet sich in der Wiener Schlußakte die
Aussage des Art. 65, die lautet:

„Die in den besondern Bestimmungen der Bundesacte, Artikel 16, 18, 19, zur Beratung der Bundesversammlung gestellten Gegenstände bleiben derselben, um durch gemeinschaftliche Übereinkunft zu möglichst gleichförmigen Verfügungen darüber zu gelangen, zur fernern Bearbeitung vorbehalten."

Art. 20 BA bestimmt, daß der Vertrag, als den sich die Bundesakte darstellt, „von allen contrahierenden Teilen" zu ratifizieren ist.

IV. Bundestagstätigkeit bis zur Juli-Revolution 1830

1. *Tätigkeit bis zu den Karlsbader Beschlüssen 1819*

Die Entstehung des Deutschen Bundes war, wie geschildert, großen Schwierigkeiten begegnet, und widrige Umstände bedingten, daß sich das Zusammentreten der Bundesversammlung um mehr als ein Jahr verzögerte. Der Beginn der Bundestagstätigkeit stand also unter ungünstigen Vorzeichen. Erst am 5. November 1816 wurde die Bundesversammlung feierlich als Plenarsitzung eröffnet. In der öffentlichen Meinung gab es überwiegend negative Äußerungen über die Erwartungen von der Arbeit des Bundestags. Die in Wien wenig glücklich verfaßte Eröffnungsrede des österreichischen Präsidialgesandten Graf von Buol-Schauenstein mochte wohl als Bestätigung für die Geringachtung verstanden werden. Immerhin enthielt sie einige Worte lobender Anerkennung für den Deutschen Bund. Wir zitieren:
„..., der 8. Juni 1815 vereinte alle deutschen Staaten zu einem Bund, den wir mit Ehrfurcht und mit Stolz den deutschen nennen. So also erscheint Deutschland wieder als ein Ganzes, als eine politische Einheit; wieder als Macht in der Reihe der Völker." (ö. Pr., Bd. 1, 1816, § 4, S. 16)

Aus der Antwort von Humboldt, Stellvertreter für den erst in der zweiten Sitzung erscheinenden preußischen Gesandten Graf von der Goltz, zitieren wir (S. 19):
„Die Stiftung des deutschen Bundes fügt zu der Gewährleistung der Ruhe und Eintracht, welche sonst durch einzelne, nicht immer von zufälligen Umständen unabhängige Verträge erreicht wird, für die deutschen Staaten noch diejenige hinzu, welche aus einem allgemeinen und beständigen Gesamtvertrage hervorgeht, dessen Wesen nach Außen und Innen hin sichernd, bewahrend und erhaltend ist, und welcher das Zusammenwirken selbstständiger, unabhängiger und in ihren Rechten gleicher Staaten, zum gemeinschaftlichen Wohl durch gemeinschaftlich festgestellte gesetzliche Formen und Einrichtungen möglich macht. Indem der deutsche Bund auf diese Weise in wohltäti-

gen, allgemeinen Beziehungen mit dem europäischen Staatensysteme steht, bildet er zugleich aufs Neue Länder zu einem politischen Ganzen, deren Bewohner durch gemeinsame Abstammung, Sprache, Andenken, und eine ehemalige ehrwürdige Verfassung unauflösbar verbunden sind."

Entgegen den geringen Erwartungen der öffentlichen Meinung entfalteten die Bundestagsgesandten in den nächsten Wochen und Monaten einen ausdauernden Fleiß und unermüdliche Tatkraft zur Bewältigung der vielfältigen der Bundesversammlung gestellten Aufgaben.

Die ersten drei Sitzungen fanden im Plenum statt; die dritte wurde im engeren Rat fortgesetzt, nachdem zuvor der folgende Beschluß gefaßt worden war:
„Daß die vorläufige Geschäftsordnung, wie solche in der vertraulichen Besprechung vom 30. Oktober verabredet worden, vorbehaltlich der sich im Verfolge als notwendig und nützlich darstellenden Modificationen, bis zur Annahme einer förmlichen Bundesordnung für gültig anzuerkennen, dabei aber die Bekanntmachung der Bundestags-Verhandlungen durch den Druck als Regel festzusetzen sei, die der Publicität nicht zu übergebenden Verhandlungen hingegen jedesmal besonders auszunehmen wären." (§ 12, S. 65)

Im engern Rat wurde dann noch beschlossen:
„Daß ein Ausschuß von fünf Mitgliedern zu wählen sei, welche die eingekommenen Reclamationen zu prüfen und dieselben mit ihrem Gutachten, ob sie sich zur Beratung oder Beschlußnahme vor diese Bundesversammlung eignen, ... vorzulegen haben." (§ 5, S. 76)

In der Tat lagen derzeit schon 34 Eingaben vor, so daß es dem Ausschuß, der noch in derselben Sitzung gewählt wurde, nicht an Arbeitsstoff mangelte. Es leuchtet ein, daß die unruhigen mehr als zehn Jahre vor dem Wiener Kongreß viele Ungerechtigkeiten mit sich brachten, deretwegen sich Hilfesuchende vertrauensvoll an den Bundestag wandten. Von ihm erhofften sie Beistand zur Durchsetzung ihrer mehr oder weniger berechtigten Forderungen.

Die Beschäftigung mit den Reklamationen kostete die Bundesversammlung, nicht nur die dafür eingesetzte Kommission, viel Zeit und Kraft. Wir beschränken uns darauf, einen der vorliegenden Fälle ausführlich zu schildern. Es ist ein Fall – und deshalb wählen wir ihn aus –, der für die Bundesversammlung schwerwiegende Folgen für die Zukunft nach sich ziehen sollte. Wir meinen die Beschwerde des Gutsbesitzers Hofmann (stellenweise in den Protokollen Hoffmann geschrieben) gegen seinen Landesherrn, den Kurfürsten von Hessen. Die Beschwerde ist im Protokoll der 12. Sitzung vom 16. Dezember 1816 im Verzeichnis der Eingaben unter Nr. 75 aufgeführt. Es heißt dort:

> „Wilhelm Hoffmann, Oekonom aus Marburg, bittet um Abwendung der Ausweisung aus seinem Eigentum, Beibehaltung des bisherigen Zustandes, und Schutz in dem Besitz der von der Königlich Westphälischen Regierung erkauften Krondomänengüter bei Marburg (ehemals dem deutschen Orden gehörig) bis zum rechtlichen Austrage der Sache vor dem Richter." (ö. Pr., Bd. 1, 1816, S. 179)

Der Beschwerdeführer sah sich veranlaßt, sein Gesuch der Dringlichkeit wegen im Januar 1817 zu wiederholen. Im Verzeichnis der Eingaben zum Protokoll der 4. Sitzung vom 23. Januar 1817 heißt es:

> „Nro. 20. Wilhelm Hoffmann, Oekonom aus Marburg: bittet dringend, da ihm die Gefahr drohe, sein Eigentum noch diesen Monat verlassen zu müssen, sein bereits eingereichtes Gesuch hinsichtlich der Beibehaltung der erkauften Güter bei Marburg befördern zu wollen." (ö. Pr., Bd. 1, 1817, S. 273)

Die Reklamationskommission der Bundesversammlung trug der Dringlichkeit des Hilfegesuchs Rechnung. Den Kommissionsvortrag erstattete der oldenburgische Gesandte von Berg in der Bundestagssitzung vom 6. Februar 1817. Im Protokoll (Bd. 2, § 34, S. 7) ist aus dem Vortrag u. a. vermerkt:

> „daß die von dem Oekonomen Hofmann in den Jahren 1811 und 1812 von der Verwaltung der Königlich Westphälischen Krondomänen erkauften Güter demselben am 18. August 1815 in dem ritterschaftlichen Steuerkataster des Oberfürstentums Hessen erb- und eigentümlich zugeschrieben worden seien; auch wäre derselbe durch ein Kurfürstliches Rescript vom 13. Oktober 1815 zur Entrichtung der Rittersteuern von diesen Gütern angehalten worden. Am 25. Mai 1816, aber habe eine Kurfürstliche Commission dem Reclamanten eröffnet, daß er gegen Ersatz des wirklich gezahlten Kaufgeldes und der etwa verwendeten Meliorations-

kosten, die erkauften deutschen Ordensgüter, welche nach einer Kurfürstlichen Resolution vom 10. Mai 1816, als Staatsgüter nicht in den Händen von Privaten bleiben sollten, zurückgeben müsse.

Durch eine Kurfürstliche Verordnung vom 8. Oktober 1816 sei die Zurückziehung der während der feindlichen Besetzung veräußerten Güter des vormaligen deutschen Ordens, gegen Erstattung des Kaufschillings und der Meliorationen, so wie deren Räumung binnen 3 Monaten allgemein vorgeschrieben worden. Der Oekonom Hofmann gründe hierauf und auf den Umstand, daß er gegen die Kurfürstliche Verordnung bei den Landesgerichten kein Recht erwarten könne, die Abtretung der in Frage stehenden Güter aber schon um deswillen verweigern müsse, weil er einen Teil derselben an mehr als 20 Individuen weiter verkauft habe, auch nur durch den fortgesetzten Besitz sich von den Folgen der während des Kriegs getragenen Lasten zu erholen hoffen könne, seine Beschwerde und die Bitte um Schutz in dem Besitze der erkauften Domänen.

... Dieser Fall dürfte zu einer Verwendung der Bundesversammlung geeignet sein, und es lasse sich mit Recht hoffen, daß die nähere Erwägung der in demselben vorkommenden ganz besondere(n) Umstände für den Supplikanten nicht ohne nützliche Wirkung sein werde, wenn er die für ihn sprechenden Gründe Sr. Königlichen Hoheit dem Kurfürsten von Hessen unmittelbar umständlich vortrüge. Daß er dieses getan, habe er nicht einmal ausdrücklich angeführt, noch weniger bescheiniget; dazu wäre er also zuvörderst anzuweisen, und wenn dieses ohne Erfolg wäre, könne die Verwendung der Bundesversammlung billig eintreten."

Alle Bundestagsgesandten erklärten sich zustimmend zu dem Vorschlag. Der kurhessische Gesandte von Carlshausen äußerte, „daß er sehr bereit sei", sich „bei seinem höchsten Hofe" für „die Erhaltung des Besitzstandes für den Reclamanten" einzusetzen.

Der alsdann gefaßte Bundestagsbeschluß lautete:
„Daß der Oekonom Hofmann zuvörderst an Seine Königliche Hoheit den Kurfürsten von Hessen zu verweisen, ihm jedoch unbenommen sei, wenn er dort gegen alle bessere Erwartung der Bundesversammlung nicht erhört werden sollte, seine durchaus

zu bescheinigende Beschwerdevorstellung bei dieser Versammlung einzureichen."

Die Angelegenheit verlief aber ganz anders, als die Bundestagsgesandten angenommen hatten. Der Kurfürst empörte sich über den Beschluß der Bundesversammlung und verargte es wohl insbesondere seinem Gesandten, daß er sich dem Beschluß angeschlossen hatte. Jedenfalls wurde dieser abberufen und durch den Geheimen Rat und Kammerherrn von Lepel ersetzt. Der neue Gesandte gab in der Sitzung vom 13. März 1817 im „Auftrage seines höchsten Hofes eine Erklärung über den in der 8ten Sitzung d. J. § 34 gefaßten Beschluß zu Protokoll" (§ 102, S. 124). Gedruckt in das öffentliche Protokoll aufgenommen findet sie sich aber erst in der Erwiderung des Präsidialgesandten in der nächsten Sitzung am 17. März (§ 105, S. 128 f.). Die kurhessische Erklärung schloß mit den Worten:

„Über die vermeintliche Beschwerde des Ökonomen Hoffmann werden Se. Königliche Hoheit beschließen, was Ihnen gerecht und billig erscheinet, dagegen müssen Sie Sich in dieser wie in jeder andern, bloß die innere Staatsverwaltung betreffenden Angelegenheit, die Einwirkung der Bundesversammlung so lange verbitten, bis dieselbe durch ein, unter Allerhöchst Ihrer Mitwirkung verfaßtes organisches Gesetz dazu ermächtigt erachtet werden kann."

Die tadelnde Zurückweisung des Beschlusses vom 6. Februar, die der kurhessische Gesandte auf Geheiß des Kurfürsten auszusprechen hatte und die der Bundesversammlung das Recht bestritt, sich mit der Beschwerde eines seiner Untertanen zu befassen, erregte die allgemeine Empörung der Bundestagsgesandten, von der sich nur die beiden hessischen ausschlossen. In der Erwiderung, die der Präsidialgesandte nach Rücksprache mit den anderen Gesandten am 17. März abgab, hieß es:

„Die von dem Kurfürstlichem Hessischen Bundesgesandten, Namens seines Hofes, in der Sitzung vom 13. März abgegebene Erklärung ist ihrer Form und Inhalt nach der Art, daß sie die sämtlichen übrigen Bundesgesandten in die Notwendigkeit setzt, darüber beschwerend ihren Bericht an ihre Committenten gelangen zu lassen."

Und weiter:

„Bei den zahlreichen bereits aus den Kurhessischen Landen eingekommenen Beschwerden über landesherrliche Verfügungen
wird sie (die Bundesversammlung, d. Vf.), eingedenk der hohen
Bestimmung, zu der sie berufen worden, und der Vorschriften
und Zwecke der Bundesakte, sich durch keine ungleiche Beurteilung eines einzelnen Bundesgliedes abhalten lassen, innerhalb der
ihr vorgezeichneten Schranken, die sie nie vergessen hat, noch je
vergessen wird, selbst bedrängter Untertanen sich anzunehmen,
und auch ihnen die Überzeugung zu verschaffen, daß Deutschland nur darum mit dem Blute der Völker von fremdem Joche
befreiet, und Länder ihren rechtmäßigen Regenten zurückgegeben worden, damit überall ein rechtlicher Zustand an die Stelle
der Willkür treten möge."

Die Bundestagsgesandten waren wohl zuversichtlich, daß die Regierungen der von ihnen vertretenen Staaten – mit Ausnahme beider
Hessen – ihre Stellungnahme in der Hofmannschen Angelegenheit
billigen und ihre Haltung gegenüber dem Kurfürsten unterstützen
würden. Dies geschah in der Tat durch Preußen und Baden, wie ihre
Gesandten in der Versammlung vom 26. März mitteilten. Der Präsidialgesandte befand sich jedoch noch ohne Instruktion, was er auf die
weitere Entfernung von Wien zurückführte. Wörtlich äußerte er laut
Protokoll (§ 112, S. 148):

„Da ich mich von der vollkommensten Gleichförmigkeit der Gesinnungen Sr. Majestät des Kaisers mit den so eben erklärten,
höchstverehrungswürdigen Seiner Majestät des Königs von
Preußen innig überzeugt halte, kann ich nur bedauern, daß ich
bei der weiteren Entfernung des Kaiserlichen Hoflagers, den besondern Ausdruck derselben, für den vorliegenden Fall, noch
nicht habe erhalten können."

Laut Protokoll vom folgenden Tag wurde verabredet, die nächste
Bundestagssitzung der Osterferien wegen erst am 28. April abzuhal-
ten. Dadurch erhielt Graf Buol Zeit zu einer Reise nach Wien, um
„seine Einberufung an das Allerhöchste Hoflager" wahrzunehmen
(ö. Pr., Bd. 2, § 138, S. 186). Grund und Ergebnis dieser Reise beschreibt Treitschke (D. G. 4. Aufl., Bd. 2, S. 152) folgendermaßen:

„Der Kurfürst hatte sich sogleich bei Kaiser Franz beschwert, und
Metternich überhäufte den Präsidialgesandten mit Vorwürfen, wie er

sich habe unterstehen können, die Würde eines Souveräns in solcher Weise anzutasten! Er drohte ihm mit Abberufung, mit förmlicher Mißbilligung des Bundesbeschlusses. Dies Äußerste wurde freilich durch Hardenbergs Vermittlung abgewendet. Der Staatskanzler hielt seinem Wiener Freunde eindringlich vor, der Bundestag sei im Rechte und dürfe nicht öffentlich bloßgestellt werden. Metternich begnügte sich daher mit einer strengen Verwarnung, und tief niedergeschlagen kehrte Buol auf seinen Posten zurück."

Aus der Darstellung Ilses von dieser Angelegenheit (Gesch. d. d. BV., Bd. 1, S. 161) sei zitiert:

„Fürst Metternich machte ihm (Buol, d. Vf.) bittere Vorwürfe über seine Geschäftsführung, die so weit gingen, daß er ihm unumwunden sagte, daß nur seine mehr als fünfundzwanzigjährigen Dienste es seien, welche seine Abberufung und öffentliche Desavouierung verhinderten. Dabei schärfte er ihm ein, daß er in Zukunft derartige Überschreitungen der Competenz der Bundestagsgesandten nicht dulden, noch viel weniger aber begünstigen solle. Metternich sorgte weiter dafür, daß diese Ansicht des österreichischen Kabinetts auch Ansicht der übrigen deutschen Höfe wurde."

Obwohl Metternich mit der Behandlung der Hofmannschen Sache in der Bundesversammlung alles andere als zufrieden sein mochte, gab der Wiener Hof doch seine Zustimmung zu dem vom Kurfürsten beanstandeten Bundesbeschluß. In der Erklärung, die der Präsidialgesandte am 28. April im Auftrag seines Hofes zu Protokoll gab, heißt es:

„Seine Kaiserlich Königliche Majestät, ..., können Sich durch die Seiner Königlichen Hoheit dem Kurfürsten von Hessen gewidmeten freundschaftlichen Gesinnungen nicht abhalten lassen, dem von der Bundesversammlung in der Sache des Ökonomen Hofmann gefaßten Beschluß, welcher sich durch eine, Seiner Majestät vorzüglich gefällige, einfache Rechtlichkeit unverkennbar auszeichnet, beizupflichten. Seine Kaiserlich Königliche Majestät gehen bei dieser ... Beistimmung von der vollen Überzeugung aus, daß die Bundesversammlung in der betreffenden Verhandlung nur durch den ... Wunsch geleitet war, daß jeder Deutsche sein Recht im gesetzlichen Wege finde; darauf allein hat sich der in Frage gesetzte Beschluß und das weitere diesfällige Verfahren der Bundesversammlung mit kluger Umsicht beschränkt." (ö. Pr., Bd. 2, § 141, S. 194)

Sämtliche Stimmen, mit Ausnahme beider Hessen, traten dieser Erklärung bei, wobei Preußen und Baden auf die bereits am 26. März abgegebenen Erklärungen verwiesen, die sie also in Übereinstimmung mit der österreichischen erachteten. Wenn Treitschke meint, daß die österreichische Erklärung und die Beipflichtung der anderen Regierungen, ausgenommen beide Hessen, einen „neuen, überaus behutsam gehaltenen Beschluß" bedeutete (D. G., 4. Aufl., Bd. 2, S. 152), so können wir dem nicht beipflichten, ebenso wenig Ilse, wenn er behauptet, daß die Erklärungen von Preußen und Baden vom 26. März durch die Beistimmung zu Österreichs Erklärung beseitigt waren (Ilse, Gesch. d. d. BV., Bd. 1, S. 162). Einen Beschluß im eigentlichen Sinne gab es in der Hofmannschen Sache nur in der Bundesversammlung vom 6. Februar. Darauf erfolgte Widerspruch durch Kurhessen in der Sitzung vom 13. März, was zu einer Erwiderung des Präsidialgesandten namens der Bundesversammlung am 17. März führte; die Regierungen der deutschen Staaten wurden dadurch zur Stellungnahme aufgefordert. Diese erfolgte abschließend in der Bundesversammlung am 28. April. Die österreichische Billigung des Bundestagsbeschlusses vom 6. Februar, der sich die anderen Stimmen, ausgenommen die beiden hessischen, anschlossen, spricht allerdings keine Billigung der Erklärung des Präsidialgesandten vom 17. März aus, aber auch keinen Tadel. Nur Hannover, dem sich Braunschweig und Nassau anschlossen, verteidigte auch die mutige, in Wien so übel vermerkte Erklärung vom 17. März. Hannover schloß sich nämlich der österreichischen Erklärung vom 28. April an mit dem Zusatz:
„Seine Königliche Hoheit der Prinz Regent von Großbritannien und Hannover genehmigen die Gegenäußerung, welche der Bundestag auf die Deklaration des Herrn Kurfürsten ... in der Hofmannischen Sache abgegeben hat, ..." (ö. Pr., Bd. 2, § 141, S. 195).

Es ist wohl wahr, daß die Gesandten sich stärkere Zustimmung zu der mutigen Äußerung des Präsidialgesandten am 17. März versprochen hatten. Bei objektiver Betrachtung muß aber doch u. E. festgestellt werden, daß die Regierungen, mit Ausnahme der beiden hessischen, der Behandlung der Hofmannschen Sache durch die Bundesversammlung zustimmten, diese also dem Kurfürsten gegenüber im Recht befanden.

Andererseits ist nicht zu verkennen, daß sich die Bundesversammlung erstmals in einer äußerst kritischen Situation befand. Die Graf Buol

gegenüber geäußerte Mißbilligung Metternichs, wenn auch dieses
Mal der Wiener Hof der Bundesversammlung die Zustimmung nicht
versagte, mußte ihre weitreichenden Folgen haben. Der Präsidialgesandte mußte sich hüten, sich noch einmal in einer Weise zu äußern,
die in Wien Tadel auslösen könnte. Ilses Urteil ist wohl zutreffend,
wenn er schreibt: „Der vorzüglichste Übelstand, welcher im Gefolge
dieser österreichischen Erklärung hervortrat, war aber der, daß von
da an, gegen das angenommene Prinzip, die Instruktionseinholung
über jede Angelegenheit zur Regel wurde." (Gesch. d. d. BV., Bd. 1,
S. 163) Es sei noch vermerkt, daß die Hofmannsche Sache unter Vermittlung des kurhessischen Gesandten v. Lepel zur Zufriedenheit des
Beschwerdeführers beigelegt wurde.

Wir sind auf die Behandlung der Beschwerde Hofmanns durch die
Bundesversammlung so ausführlich eingegangen, weil dieser Fall ein
besonders gutes Beispiel für die zahlreichen Eingaben an die Bundesversammlung ist, in denen diese um rechtlichen Beistand von Untertanen gebeten wurde, die sich in der Wahrung ihrer Rechte durch die
für sie zuständigen staatlichen Instanzen verletzt fühlten. An dem geschilderten Fall wird deutlich, daß die sorgfältige Prüfung solcher
Fälle die Arbeit der Bundestagsgesandten stark belasten mußte. Der
Fall Hofmann zeigt zugleich, mit welcher Gewissenhaftigkeit und mit
welchem Eifer solche Dinge anfänglich – leider später weniger –
wahrgenommen wurden. Er ist ein Zeugnis für das Verantwortungs-
bewußtsein der Bundesversammlung gegenüber den Angelegenheiten
aller Deutschen, ein Zeugnis dafür, dahin zu wirken, daß „jeder Deutsche sein Recht in gesetzlichem Wege finde", wie es in der österreichischen Erklärung vom 28. April 1817 heißt. Er ist ein Zeugnis auch für
den Mut der Bundestagsgesandten in der Wahrnehmung ihrer Pflichten, auch wenn dies einem Landesherrn mißfallen mochte. Er zeigt
aber auch die Widerstände, die sich der Bundesversammlung bei dem
Bemühen, die ihr gestellten Aufgaben in bester Weise zu lösen, entgegenstellten. Das konnte zu bösen Ahnungen für die Erfolge der Bundestagstätigkeit in der Zukunft Anlaß geben.

Schon in der Sitzung am 18. November 1816 setzte die Bundesversammlung einen aus drei Mitgliedern bestehenden Ausschuß zur Begutachtung der Reihenfolge der Bundestagsgeschäfte ein. Dieser legte
sein umfangreiches Gutachten in der Bundestagssitzung vom 17. Februar 1817 vor. Aus dem Protokoll darüber zitieren wir:

„Nach dem Gutachten der Commission würde die Bundesversammlung folgende drei Hauptgeschäfte, nämlich:
1. Die Regulierung der Militär-Verhältnisse;
2. Die Friedens- oder die auswärtigen Verhältnisse des deutschen
   Bundes;
3. Die organische Einrichtung des Bundes in Rücksicht auf seine innern Verhältnisse,
vorzugsweise und zunächst zu betreiben und neben einander in Beratung zu nehmen haben, um in der Zwischenzeit, bis die Instructionen
von den höchsten Committenten eingeholt würden, in ununterbroche-
ner Folge und mit gehöriger Benutzung der Zeit, in vertraulichen und
förmlichen Sitzungen diese Gegenstände genauer erörtert, und so allmählich zur Reife der Abstimmung gefördert zu sehen." (ö. Pr., Bd. 2,
§ 52, S. 34)

Schon am 10. März 1817 kam es zu dem Beschluß:
„Daß die begutachtete Reihenfolge der Geschäfte dieser Bundesversammlung wirklich angenommen werde." (ö. Pr., Bd. 2, § 91, S. 100)

Die Erörterungen über die auswärtigen Verhältnisse des deutschen
Bundes führten zu dem Bundesbeschluß vom 12. Juni 1817 (ö. Pr.,
Bd. 3, § 277, S. 194 ff.), der diese Verhältnisse umfassend regelte. Be-
züglich der auswärtigen Verhältnisse, aber auch nur in diesem einen
Punkt, wurde durch den genannten Beschluß die der Bundesversamm-
lung in Art. 10 der Bundesakte auferlegte Verpflichtung erfüllt.

Die Bundesversammlung geht in ihrem Beschluß davon aus, daß der
Deutsche Bund unbestreitbar „in seiner Gesamtheit als freie unabhängige Macht zu betrachten" sei. Sie erkennt als dadurch schon entschieden „die Frage, ob Gesandtschaften auswärtiger Höfe und Regierungen bei dem deutschen Bunde und – als Central-Behörde desselben – bei dem Bundestage akkreditiert werden können; so wie
auch, daß der deutsche Bund Gesandtschaften absenden möge, also
das aktive und passive Gesandtschaftsrecht" besitze. Der Beschluß bestimmt die Bekanntgabe von der Eröffnung des Bundestags an alle
europäischen Mächte und die Nordamerikanischen Freistaaten. Er regelt im einzelnen, wie dies zu geschehen und wie sich der diplomatische Verkehr mit den auswärtigen Mächten zu vollziehen habe.

Der Bund verzichtete darauf, seinerseits von dem ihm zustehenden
Gesandtschaftsrecht Gebrauch zu machen. Diesbezüglich heißt es in

dem Beschluß: „Es ist ... eigne freie Bestimmung des Bundes, wenn derselbe, unbeschadet des Gesandtschaftsrechts, für dermalen in der Regel keine allgemeinen beständigen Gesandtschaften bei auswärtigen Höfen und Regierungen zu halten sich entschließt, sondern sich für jetzt zum diplomatischen Verkehr, teils auf schriftliche und mündliche Mitteilungen, teils auf außerordentliche Gesandtschaften zu bestimmten Zwecken und Aufträgen beschränkt."

Diese selbst auferlegte Beschränkung ist verständlich, da ja die beiden zum Bund gehörigen europäischen Großmächte Österreich und Preußen ohnehin als berufene Vertreter der deutschen Angelegenheiten im internationalen Verkehr gelten konnten. Mit Recht konnte man sich also damit begnügen, das eigene Gesandtschaftsrecht nur bei besonderem Bedarf von Fall zu Fall auszuüben.

In der Sitzung vom 19. Dezember 1816 wurde einer Kommission der Auftrag erteilt, ein umfassendes Gutachten zur vorläufigen Festlegung der Kompetenz der Bundesversammlung zu erstellen. Ihr Auftrag lautete, „über die in Betreff der Competenz des Bundestags schon vorhandenen Meinungen und Ansichten der Versammlung ein gemeinschaftliches umfassendes Gutachten vorzulegen, woraus allgemeine die Competenz der Bundesversammlung vorbereitende Grundsätze hervorgehen, und ihr einstweilen als Provisorium bis zur definitiven Festsetzung der organischen Einrichtungen überhaupt, zur Befolgung dienen könnten, damit ihre Beratungen zweckmäßig befördert, und ihre Beschlüsse und Entscheidungen in einzelnen Fällen begründet würden" (ö. Pr., Bd. 1, § 55, S. 192).

Die Kommission ging mit großem Eifer an die Arbeit, so daß sie ihre Aufgabe innerhalb eines halben Jahres lösen konnte. Das Gutachten lag der Bundesversammlung in der Sitzung vom 12. Juni 1817 vor. Es umfaßt im Protokoll nicht weniger als acht Seiten (ö. Pr., Bd. 3, § 223, S. 174–182). Es wurde sofort durch Beschluß der Bundesversammlung angenommen, wobei einige Gesandte ihre Zustimmung an die Billigung ihrer Regierungen knüpften. Der Beschluß lautete: „Daß das von der Commission vorgelegte Gutachten über die Competenz der Bundesversammlung einstweilen als Provisorium, bis zur definitiven Festsetzung derselben, auch unter Vorbehalt der, nach eingegangenen Instruktionen oder etwa sonst zu beschließenden Abänderungen oder Zusätze, als verbindlich angenommen werde." (ö. Pr., Bd. 3, S. 187)

Die Bundesversammlung verschaffte sich durch ihre Kompetenz-Bestimmung eine einstweilige sichere Grundlage für ihre weitere Arbeit. Auf den Inhalt des Gutachtens wollen wir nicht eingehen, zumal es nur für eine Übergangszeit die Kompetenz der Bundesversammlung bestimmte. Endgültig wurde diese in der Wiener Schlußakte vom Jahre 1820 geregelt. Bezüglich der Wertschätzung der Kompetenz-Bestimmung schließen wir uns dem Urteil von Klüber an, den Ilse „einen unbefangenen Kenner der Arbeiten der (Bundes)versammlung aus jener Zeit" nennt und der sagt: „die Urkunde ist ein schönes Denkmal des edlen Pflichteifers und der nationalen Gesinnungen, welche die Mitglieder der Commission und die Mehrheit der bundesverwandten Regierungen belebten." (Ilse, Gesch. d. d. BV., Bd. 1, S. 246)

In der Sitzung vom 16. Juni 1817 wurde die vorläufige Austrägal-Ordnung beschlossen, über deren Inhalt schon berichtet ist (s. S. 44 f.). Über sie urteilt Ilse (Gesch. d. d. BV., Bd. 1, S. 245):

„Die Einrichtung selbst hat sich in vielen Fällen sehr wohltätig bewiesen und manche Streitigkeit zwischen Bundesgliedern, die früher wohl kaum ohne Gewalttat oder andere Übelstände geschlichtet worden wäre, beseitigt. Man muß der Bundesversammlung das ehrende Zeugnis geben, daß sie mit Einsicht und nach den Umständen mit Schnelligkeit diesen Beschluß förderte."

Eine Aufgabe besonderer Art ergab sich aus Art. 13 BA, der Forderung landständischer Verfassungen. Ein Grund zur Eile war in dieser Angelegenheit nicht gegeben. Dennoch mußte sich die Bundesversammlung in der ersten Sitzungsperiode damit beschäftigen. Veranlassung dazu war die Verfassung des Großherzogtums Sachsen-Weimar-Eisenach vom 5. Mai 1816. Sie enthielt nämlich in § 129 das Versprechen, „die Sicherstellung dieser Verfassung dem deutschen Bunde" zu übertragen. Der Bund sollte also die Garantie für die Einhaltung der Verfassung übernehmen. Wir werden später zusammenhängend über die Tätigkeit der Bundesversammlung in Verfassungsangelegenheiten berichten und dabei auch näher auf die weimarische Verfassung und ihre Garantie durch den Deutschen Bund eingehen (s. S. 71 ff.).

Der Präsidialgesandte gab in der letzten Sitzung der Bundesversammlung vor ihrer sommerlichen Vertagung, am 17. Juli 1817, eine Darstellung über die von ihr geleistete Arbeit und konnte damit wohl zufrieden sein. Die Versammlung dankte ihm für seine einsichtige und tätige Leitung. Sie vertagte sich für die Zeit vom 1. August bis 31. Oktober und setzte als Termin für die nächste Sitzung den 3. November 1817 fest. (ö.Pr., Bd.3, § 375, S.510)

Wir glauben uns dem Urteil von Ilse (Gesch. d. d. BV., Bd.1, S.293) anschließen zu dürfen, wenn er ausführt: „Die Gesandten hatten fleißig, eifrig und mit gutem Willen gearbeitet, aber die Menge ungeordneter Zustände und Verhältnisse, die Masse von Privat-Reklamationen, die sich auf 300 beliefen, zersplitterten ihre Kräfte." Es war unvermeidlich, daß die Aufgaben, die die Bundesakte der ersten Zusammenkunft der Bundesversammlung zuwies, zu einem guten Teil unerledigt oder im Stadium der Vorbereitung blieben.

Zu den letzteren gehörte die „Abfassung gleichförmiger Verfügungen über die Preßfreiheit und die Sicherstellung der Rechte der Schriftsteller und Verleger gegen den Nachdruck". Diese Angelegenheit wurde dadurch besonders dringlich, daß das Großherzogtum Sachsen-Weimar in der Sitzung vom 20. April 1818 auf die Notwendigkeit einer Regelung für die Preßfreiheit hinwies. Der Großherzog sah sich wegen seiner liberalen Einstellung manchen Anfeindungen ausgesetzt, worauf wir noch zurückkommen werden (s.S.83ff.).

Die durch den Bund garantierte Verfassung von Sachsen-Weimar enthielt auch den Grundsatz der Freiheit der Presse. Diese wurde zuweilen mißbraucht, so daß die Regierung des Großherzogtums dagegen einschreiten mußte. Es bestand also ein Bedürfnis nach einer für alle deutschen Staaten verbindlichen Regelung, um einerseits die Freiheit der Presse grundsätzlich zu gewährleisten und um andererseits eine gesetzliche Grundlage gegen einen Mißbrauch der Preßfreiheit zu schaffen. Deshalb ließ der Großherzog beantragen, „etwas Gleichförmiges über den Gebrauch der Presse in Deutschland zu bestimmen, welches, bei der nicht zu verkennenden verschiedenen Lage der einzelnen Bundesstaaten, geeignet sein könne, den Verhältnissen aller und ihren gegenseitigen Beziehungen angemessen zu sein." (ö.Pr., Bd.5, § 99, S.206) Die Bundesversammlung beschloß, die von Sachsen-Weimar abgegebene Erklärung zur Abfassung von Bestimmungen über die Preßfreiheit dem oldenburgischen Gesandten von Berg für sein Gutachten zuzustellen, mit dessen Abfassung er schon früher aus anderem Anlaß beauftragt worden war.

Bald darauf wurden Deputierte der deutschen Buchhändler beim Bundestag vorstellig. Am 15. Mai 1818 überreichten sie eine Eingabe (Einreichungs-Protokoll Nr. 86, ö. Pr. Bd. 5, S. 261) mit der Bitte „um kräftigen Schutz gegen den räuberischen Nachdruck durch ein allgemeines organisches Gesetz". Schon am 22. Juni hielt der Gesandte von Berg hierzu den von ihm erbetenen Vortrag, während er zur Frage der Preßfreiheit später gesondert Vortrag zu halten versprach. In der Tat sind ja, wie von Berg darlegte, „Büchernachdruck" und „Preßfreiheit" zwei völlig verschiedene Dinge, so daß die Trennung in zwei Vorträge sachgerecht war. Indessen verzichten wir darauf, auf den Inhalt der beiden Vorträge einzugehen. Es dauerte noch viele Jahre, bis es zu einer bundesrechtlichen Regelung bezüglich des Nachdrucks kam. Anstelle der Preßfreiheit brachten die Karlsbader Beschlüsse im Jahre 1819 strenge Zensurvorschriften.

Ein weiterer Gegenstand, der die Bundesversammlung von ihrer ersten bis dritten Sitzungsperiode stark beschäftigte, war die Vorschrift von Art. 19 der Bundesakte bezüglich des Handels und Verkehrs zwischen den verschiedenen Bundesstaaten. Schon am 14. Juli 1817, also kurz vor der ersten Vertagung, hatte die Bundesversammlung Instruktionseinholung über Grundsätze für den freien Verkehr mit Getreide, Hülsenfrüchten, Kartoffeln und Schlachtvieh beschlossen (ö. Pr., Bd. 3, § 337, S. 433). Die Anregung dafür war von Württemberg in der Sitzung vom 19. Mai gekommen (ö. Pr., Bd. 3, § 180, S. 45 f.). Die Abstimmungen der einzelnen Staaten über die „Grundsätze" zogen sich lange hin. Die österreichische erfolgte erst am 9. Juli 1818.

Die meisten Regierungen hatten den vorgeschlagenen Grundsätzen im wesentlichen, wenn auch zum Teil mit mehr oder weniger erheblichen Einschränkungen oder Änderungswünschen, zugestimmt. Die stärksten Einwendungen hatte Bayern vorgebracht. Dies war offensichtlich für Österreich ein willkommener Anlaß, die Bemühungen um einen freien Handel mit Getreide und Schlachtvieh einstweilen für gescheitert zu erklären. Die Bemühungen wurden zwar mit wohlklingenden Worten gelobt; der Kern der österreichischen Erklärung aber lautete: „Man könnte also eine weitere Bundestags-Beratung bis zu dem Zeitpunkte ausgesetzt ansehen, wo zugleich auch etwa die jetzt noch bestehenden abweichenden Interessen, ..., sich genähert haben dürften." (ö. Pr., Bd. 6, § 165, S. 76)

Indessen war der wirtschaftliche Zwang zu einem freieren innerdeutschen Handelsverkehr, zumal für die kleineren Staaten, denn doch zu stark, als daß diese Frage nach Österreichs unglücklicher Abstimmung in der Angelegenheit des Getreidehandels lange hätte ruhen können. In Band 7 der öffentlichen Bundestagsprotokolle (Jahrgang 1819) ist auf S. 175 unter den Eingaben vermerkt:

„Nr. 40. Eingereicht den 20. April.

Prof. List aus Tübingen: überreicht als Bevollmächtigter des allgemeinen deutschen Handels- und Gewerbevereins zu Frankfurt eine Vorstellung mit der Bitte, um Aufhebung der Zölle und Mauthen im Innern Deutschlands und um Anlegung einer allgemeinen Zolllinie an Deutschlands Grenzen."

Der hannoversche Gesandte von Martens hielt in dieser Sache Vortrag in der Bundestagssitzung vom 24. Mai 1819 (ö. Pr., Bd. 8, § 103, S. 15 ff.). Darauf erfolgte der einhellige Beschluß:

„Da das Zollwesen mit dem Handel und Verkehr zwischen den verschiedenen Staaten in der engsten Verbindung steht, so wird die Bundesversammlung bei der ohnehin bevorstehenden Beratung, zu welcher sie nach dem Art. 19 der Bundesakte berufen ist, auch jenen Gegenstand reifer Prüfung unterwerfen, und dasjenige nach den Verhältnissen einzuleiten bemüht sein, was wahrhaft zur Beförderung des deutschen Handels, vereinigt mit dem Gemeinwohl des Ganzen, gereicht.

Zu dem Ende wird die Bundesversammlung von ihren Regierungen sich die nötigen Erläuterungen über diesen Gegenstand erbitten, und werden diese ohne Zweifel von selbst darauf Bedacht nehmen, von dem Handels- und Gewerbstande ihrer Länder, da, wo sie es für nötig finden, Auskünfte zu begehren." (a. a. O., S. 19)

Die erste Äußerung zu dem Beschluß vom 24. Mai kam am 22. Juli 1819 von den Großherzoglich- und Herzoglich-Sächsischen Häusern. Darin wurde die besonders betrübliche Lage der Bevölkerung des Thüringer Waldes geschildert. Schon um diese zu mildern, stimmten die herzoglich-sächsischen Staaten „für die unbedingteste Erweiterung der Gewerbe- und Handelsfreiheit in sämtlichen deutschen Bundesstaaten" (ö. Pr., Bd. 8, § 152, S. 158). Zum Schluß hieß es in der Äußerung des Gesandten: „Von der Mehrheit meiner höchsten Committenten bin ich noch besonders angewiesen, bei dieser Gelegenheit zu erklären, daß die durch den gesperrten Handel bewirkte Nahrungslosigkeit die Bewohner mancher Waldgegenden ganz unfähig gemacht habe, einige Abgaben zu bezahlen, und daher zu besorgen sei, daß es, bei diesem Ausfall der Einnahme, den Höfen unmöglich werden würde, ohne allzuharten Druck der übrigen Untertanen, die neuen Leistungen zu übernehmen, welche künftig der Militär-Etat fordern würde."

Die Bundesversammlung beschloß hierauf:

„1. Die ... abgegebene Erklärung vorerst zur Sammlung zu nehmen; zugleich aber

2. an diejenigen Regierungen, welche ebenfalls hierüber Erklärungen abzugeben oder Erläuterungen nachzubringen gedenken, die Bitte zu wiederholen, dieselben bald, und noch im Laufe der nächsten Ferien, anher gelangen zu lassen, damit

3. nach Wiedereröffnung der Sitzungen eine eigene Commission ernannt werden könne, welche

4. die eingehenden Erklärungen zusammen zu stellen, mit ihrem Gutachten der Bundesversammlung vorzulegen, und dieselbe durch diese nötige Vorarbeit in den Stand zu setzen hätte, demnächst diesen wichtigen Gegenstand einer reifen Beratung zu unterwerfen."

Dieser Beschluß wurde in der letzten Bundestagssitzung vor der Vertagung, am 20. September 1819, in Erinnerung gebracht, indem unter die „Gegenstände, welche zur Instruktions-Einholung und definitiven Beschlußnahme nach Wiedereröffnung der Sitzungen besonders ausgesetzt werden" als ein Punkt aufgenommen wurde:

„6. Die Erleichterung des Handels und Verkehrs zwischen den verschiedenen Bundesstaaten, um den Art. 19 der Bundesacte zur möglichsten Ausführung zu bringen; ..."
(ö. Pr., Bd. 8, § 219, S. 264 ff.)

Schon vorher äußerten sich ähnlich positiv wie die Großherzoglich- und Herzoglich-Sächsischen Häuser auf Grund empfangener Instruktionen der Gesandte des Großherzogtums Hessen (ö. Pr., Bd. 8, § 168, S. 193 f.) und wenig später die Gesandten von Baden, Württemberg und Kurhessen (ö. Pr., Bd. 8, § 211, S. 259).

Einen sehr breiten Raum nahmen in der Berichtszeit die Fragen zu den militärischen Verhältnissen des Bundes ein. Zu einem Abschluß kamen die Erörterungen hierüber noch nicht, wir werden erst später darüber berichten.

In den drei Jahren bis zur Vertagung im Herbst 1819 beanspruchten auch die Verhandlungen zu Art. 13 der Bundesakte viel Zeit und Kraft der Bundesversammlung. Die Verhandlungen sollen in einem gesonderten Abschnitt geschildert werden.

Eine Angelegenheit von höchster Wichtigkeit gelangte am 1. April 1819 (ö. Pr., Bd. 7, § 46, S. 145 f.) vor die Bundesversammlung. Der Großherzog von Sachsen-Weimar-Eisenach und der Herzog von Sachsen-Gotha und Altenburg ließen durch den Gesandten von Hendrich auf Angriffe gegen Zustände an den deutschen Universitäten hinweisen, die sich insbesondere gegen Jena richteten. Der Gesandte von Hendrich überreichte mit seinem Vortrag am 1. April 1819 eine „Darstellung dessen, was in neuester Zeit für die Universität Jena und auf solcher geschehen ist" (ö. Pr., Bd. 7, Beilage 8, S. 150–157).

Wir stellen eine nähere Erörterung zurück, um sie bei Schilderung der Vorgeschichte der Karlsbader Beschlüsse einzuflechten. Im Augenblick begnügen wir uns damit, wiederzugeben, daß Österreich in der Sitzung vom 6. Mai 1819 die Wahl einer Kommission von fünf Mitgliedern beantragte, die sich mit der Universitäts-Angelegenheit befassen sollte. Ihr Auftrag verlangte insbesondere, die erforderlichen „Maßregeln, ..., baldmöglichst zu einem gemeinsamen Einverständnisse vorzubereiten" (ö. Pr., Bd. 7, § 79, S. 217). Es kam aber anders. Die nach dem Bundesbeschluß durch die gewählte Kommission zu erarbeitenden „Maßregeln" befanden sich in den Karlsbader Beschlüssen, zu deren Annahme die Bundesversammlung sich in der letzten Sitzung vor der Vertagung, am 20. September 1819, gezwungen sah. Es war ein schwarzer Tag in der Geschichte der Deutschen Bundesversammlung.

Bevor wir auf die Karlsbader Beschlüsse eingehen, berichten wir über Verfassungsangelegenheiten, mit denen sich die Bundesversammlung bis dahin zu befassen hatte.

2. *Verfassungsfragen in der Bundesversammlung vor den Karlsbader Beschlüssen*

Die Verfassungsfrage bildet ein vorrangiges Thema im neunzehnten Jahrhundert. Die Wirren der napoleonischen Zeit hatten es mit sich gebracht, daß die alten ständischen Verfassungen zum größten Teil außer Kraft getreten waren. Das Verlangen nach Verfassungen wurde aber zur Zeit des Wiener Kongresses allgemein bejaht. Die neue gesetzliche staatliche Ordnung wäre unvollständig geblieben, wenn sie nicht eine verfassungsrechtliche Grundlage erhielt. In der Bundesakte fand das Verfassungsbegehren seinen Ausdruck in dem kurzen Artikel 13:

„In allen Bundesstaaten wird eine landständische Verfassung stattfinden."

Auf mehr, auf bestimmte Richtlinien für die Gestaltung einer solchen Verfassung konnte man sich damals nicht einigen. Da die Bundesversammlung sich angesichts der vielfältigen Aufgaben, die die Bundesakte ihr als vorrangig auferlegte, unmöglich alsbald der Erarbeitung von Richtlinien für eine landständische Verfassung zuwenden konnte, nutzten einige Staaten, insbesondere süddeutsche, die Zeit, nach eigenem Ermessen zu verfahren.

Bevor wir auf die Einführung neuer Verfassungen in einzelnen Staaten eingehen, mag es angebracht sein, den Begriff der „landständischen Verfassung" zu erläutern. Wir beginnen mit den „Landständen".

Johann Ludwig Klüber, der seinerzeit bedeutendste deutsche Gelehrte auf dem Gebiet des Staatsrechts (näheres S. 121), schreibt in seinem Buch „Öffentliches Recht des Teutschen Bundes und der Bundesstaaten" (4. Aufl. 1840, § 279):

„Landstände sind Staatsbürger, die, kraft der Staatsgrundverfassung, zu kollegialischer Stellvertretung des Volkes bei der Staatsregierung, für bestimmte Staatsverhältnisse berufen sind. In ihrer Gesamtheit bilden sie das verfassungsmäßige Organ des Volkes bei der Staatsregierung."

Dort heißt es weiter (§ 280):

„Die Anstalt der Volksvertretung (National Stellvertretung), ward in Teutschland seit Jahrhunderten Landschaft genannt, das heißt, eine das ganze Land vorstellende Corporation, und jedes Mitglied derselben hieß Landstand, weil es berufen war, für das ganze Land, die Gesamtheit der Einwohner, auf dem Landtage zu stehen."

Die Landstände des Mittelalters entstammten nach Conrad Bornhak (Deutsche Verfassungsgeschichte vom westfälischen Frieden an, 1934, S. 167 f.), dessen Ansicht wir uns anschließen möchten, den Ortsobrigkeiten, auf die der Landesherr zwecks Steuerbewilligung und Steuereinziehung angewiesen war. Die Ortsobrigkeit besaß Gerichts- und Polizeibefugnisse. Die Landstände waren der damaligen Wirtschafts- und Gesellschaftsstruktur entsprechend Vertreter des geistlichen und weltlichen Grundbesitzes einerseits und Vertreter der städtischen Räte andererseits. Nur in Gebieten, in denen der Stand der freien Bauern sich eine eigene Ausübung der Ortsobrigkeit bewahren konnte, befanden sich auch Bauern unter den Landständen, so z. B. in Ostfriesland und in Tirol. Die alten Landstände verloren an realer Macht mit dem Aufkommen der absoluten Fürstenherrschaft, die sich auf Militär und Beamtenschaft gründete. Sie bewahrten im allgemeinen nicht viel mehr als ihren bevorrechtigten gesellschaftlichen Stand. Die tiefgreifenden politischen Veränderungen in der napoleonischen Zeit führten dazu, daß die alten landständischen Verfassungen bis auf wenige Ausnahmen, zu denen Österreich und Mecklenburg gehören, annulliert wurden.

Konnte die Forderung landständischer Verfassungen durch die Bundesakte bedeuten, daß alt-landständische Verfassungen, die nur eine Vertretung der oberen Stände des Volkes, nicht aber seiner überwiegenden Mehrheit der ländlichen und städtischen Bevölkerung vorsahen, wiedereingeführt werden sollten? Zur Zeit der Beratungen über die Karlsbader Beschlüsse und über die Wiener Schlußakte vom Jahre 1820 könnte solche Auffassung, obwohl sie noch vertreten wurde, nicht mehr durchgesetzt werden. Sie widersprach zu sehr einer unaufhaltsamen Entwicklung, die in den süddeutschen Staaten Bayern, Württemberg und Baden bereits zu Repräsentativ-Verfassungen geführt hatte, worüber später näher berichtet werden soll.

Die Repräsentativ-Verfassung mochte wohl seinerzeit noch von Vertretern eines strengen Konservatismus als unvereinbar mit dem Begriff einer landständischen Verfassung empfunden werden. Indessen bestand in Wahrheit kein logischer Widerspruch zwischen beiden; denn die Landstände sollten ja die Gesamtbevölkerung repräsentieren als deren Abgeordnete oder Vertreter. Wenn sie auch nicht nach modernem allgemeinen Wahlrecht bestimmt wurden, so war doch ihre Aufgabe, die Interessen der Gesamtbevölkerung wahrzunehmen, diese also im Ganzen zu vertreten. Es war aber nicht angängig, die Landbevölkerung, die im Staatsvolk die überwiegende Mehrheit bildete, ohne direkte Repräsentation zu belassen, wie dies im Mittelalter zumeist der Fall war. Die bäurische Bevölkerung mußte also unvermeidlich zur Zeit des Deutschen Bundes eine Vertretung durch Landstände oder Abgeordnete, wie man sie auch nennen mochte, in dem die Bevölkerung repräsentierenden Verfassungsorgan des Staates finden.

Die bereits (S. 63) erwähnte Verfassung des Großherzogtums Sachsen-Weimar-Eisenach vom 5. Mai 1816 ist ein Beispiel für eine landständische Verfassung nach Art des Repräsentativ-Systems. Wie schon berichtet, wurde sie der Bundesversammlung zwecks Garantieleistung vorgelegt. Dies geschah in der Sitzung vom 2. Dezember 1816 (ö. Pr., Bd. 1, § 35, S. 113 ff.), in welcher das Präsidium eine von dem Gesandten von Hendrich überreichte Denkschrift vom 28. November 1816, „die Garantie des unterm 5. Mai 1816 errichteten Grundgesetzes über die landständische Verfassung des Großherzogtums Sachsen-Weimar-Eisenach betreffend", zusammen mit diesem Grundgesetz vorlegte. Denkschrift und Grundgesetz sind in Anlage 25 der öffentlichen Protokolle (Bd. 1, S. 128–161) abgedruckt.

Die Verfassung erkennt in § 2 drei Stände als Landstände an: „den Stand der Rittergutsbesitzer, den Stand der Bürger und den Stand der Bauern". § 3 besagt: „Diese drei Landstände, und in ihnen sämtliche Staatsbürger, werden durch Männer vertreten, welche aus ihrer Mitte, durch freie Wahl, als landständische Abgeordnete, hervorgehen." (Der Begriff „Landstand" ist hier offenbar anders gebraucht als bei Klüber, nämlich im Sinne einer Gliederung der Bevölkerung nach Ständen.) § 6 bestimmt: „Für das gesamte Großherzogtum werden einunddreißig Abgeordnete, als Volksvertreter, erwählt, elf von dem Stande der Ritterguts-Besitzer, zehn von dem Stande der Bürger und zehn von dem Stande der Bauern. Ein jeder der drei Landstände hat die seiner Wahl überlassenen Abgeordneten aus seiner Mitte zu erwählen."

Aus diesen Bestimmungen geht hervor, daß die Verfassung keineswegs dem heute in den westlichen Ländern herrschenden Repräsentativ-System mit allgemeinem und gleichem Wahlrecht entspricht. Sie nimmt eine Übergangsstellung ein zwischen den altlandständischen Verfassungen und den heutigen demokratischen Verfassungen. Die Verfassung des Großherzogtums erreichte aber, daß alle Stände im Landtag vertreten waren. Es lag den damaligen Auffassungen noch völlig fern, dem überwiegenden Teil der Bevölkerung eine Vertretung nach der Kopfzahl einzuräumen.

Veranlassung dafür, die Bundesversammlung um Garantie für die Verfassung zu bitten, war die in § 129 enthaltene Bestimmung: „Außerdem wird die Sicherstellung dieser Verrfassung dem deutschen Bunde übertragen werden."

Bei der sofortigen Beratung wegen Übernahme der Garantie am 2. Dezember äußerte der Präsidialgesandte, „er zweifle keineswegs" an der Bereitwilligkeit seines Hofes, für die Garantie der Verfassung zu stimmen, „zu welchem Ende er sich beeilen wolle, den geeigneten Bericht zu erstatten" (ö. Pr., S. 114). Der preußische Gesandte schloß sich dem an. Zurückhaltender äußerten sich die süddeutschen Gesandten. Der vorläufige Beschluß vom 5. Dezember lautete: „daß ... an die resp. Höfe und Committenten zu berichten sei" (ö. Pr., § 42, S. 163).

Wie aber dachten die Regierungen? Über die Verhandlungen, die zwischen ihnen stattfanden, ist aus den Protokollen der Bundesversammlung natürlicherweise nichts zu entnehmen. Ilse (Gesch. d. d. BV., Bd. 2, S. 111 ff.) berichtet: „Metternich wollte von der Übernahme der Garantie der neuen Verfassung nichts wissen, wenigstens die Sache aufs Unbestimmte hinausschieben. Allein Hardenberg widerstrebte dem Ansinnen Metternichs auf das Entschiedenste." Ausschlaggebend war für den preußischen Staatskanzler wohl die Erwägung, wie Ilse (S. 114) zitiert, „daß ganz Deutschland auf diese Sache sieht, und daß ein geflissentliches Ausweichen nachteilig auf die öffentliche Meinung wirken möchte, als wolle man den 13. Artikel der Bundesakte einschlafen lassen. Da eine neue Anregung von Weimar bei der Untätigkeit der Bundesversammlung sehr wahrscheinlich ist, so geht die Meinung Preußens dahin, daß die beiden Mächte Österreich und Preußen wohltäten, dahin zu stimmen, daß der deutsche Bund die Sicherstellung der landständischen Verfassung des Großherzogtums Sachsen-Weimar-Eisenach, so wie dieselbe in dem Grundgesetz darüber enthalten ist, in Gemäßheit des Buchstabens, Sinnes und Geistes der Bundesakte übernehme."

So geschah es denn, daß der Präsidialgesandte für Österreich in der Bundestagssitzung vom 13. März 1817 (ö. Pr., Bd. 2, § 93, S. 103 ff.) in etwas umwundener Form der Übernahme der Gerantie für die weimarische Verfassung zustimmte. Der Beschluß der Bundesversammlung von diesem Tage lautete: „Daß der deutsche Bund die Garantie des am 5. Mai 1816 errichteten Grundgesetzes über die landständische Verfassung des Großherzogtums Sachsen-Weimar-Eisenach ganz, wie sie damals von Sr. Königlichen Hoheit dem Großherzog und den Ständen verlangt worden sei, übernehme." (ö. Pr., S. 107 f.) Am 22. Dezember 1817 war die Bundesversammlung erneut genötigt, sich mit Fragen des 13. Artikels der Bundesakte zu befassen. Veranlassung war die „Großherzoglich Mecklenburg-Schwerin- und Strelitzische Verordnung über die Mittel und Wege, um bei streitigen Fällen, in Angelegenheiten, welche die Landesverfassung betreffen, zur rechtlichen Entscheidung zu gelangen" vom 28. November 1817. Auch in diesem Falle sollte der Bund die Garantie übernehmen (ö. Pr., Bd. 4, § 416, S. 107 ff. und Beilage S. 150 ff.). Die Landesverfassung selbst, gültig für beide Mecklenburg, war eine alte landständische, die als solche als einzige in Deutschland bis zur Revolution im Jahre 1918 in Kraft blieb. Offenbar erwarteten die Großherzöge damals, daß der Bundestag allgemein gültige Bestimmungen erlassen werde, die eine Änderung der Landesverfassung erfordern würden. Nur so ist die Einleitung von Ziffer XIII Abs. 2 der Verordnung zu verstehen, welcher lautet:

„Wie nun sämtliche vorstehende Bestimmungen, in Betreff des zu beobachtenden Compromiß-Verfahrens, so lange ihren Wert und ihre Wirkung behalten sollen, als nicht in Bezug auf die Aufrechterhaltung der Landesverfassungen, allgemein gültige Bestimmungen auf dem deutschen Bundestage vereinbart und getroffen sein werden; so wollen Wir Unsere Erklärung und Anordnung bei dem Bundestage durch Unsern accreditierten Gesandten einreichen und durch denselben darauf antragen lassen, daß der deutsche Bund durch die Bundesversammlung den Inhalt dieser Unserer Erklärung dahin garantiere, daß er alle Bestimmungen desselben, in welchen auf den Bundestag Bezug genommen worden, allezeit aufrecht erhalten wolle." (ö. Pr., Bd. 4, S. 155)

Demzufolge beschränkte sich der mecklenburgische Gesandte von Plessen nicht darauf, die Garantie für die Verordnung zu beantragen. Er trug gleichzeitig „den dringenden Wunsch" der Großherzöge vor: „Daß es den verehrlichen Gesandtschaften gefällig sein möge, ... ebenfalls über die Erfüllung des Artikels 13 sich erklären und die Bundesversammlung in Kenntnis setzen, auch die Einholung angemessener Instruktionen dieserhalb beschließen zu wollen" (ö. Pr., S.

111). Zu beiden Punkten des Doppelantrags wurde in gleicher Sitzung von der Bundesversammlung Instruktionseinholung beschlossen.

Zu dem zweiten Punkt, Erfüllung des Art. 13 der Bundesakte, äußerte sich als erster Staat Preußen in der Bundestagssitzung vom 5. Februar 1818. Aus der Erklärung des preußischen Gesandten ergibt sich eindeutig, daß der Staatskanzler Hardenberg damals noch fest überzeugt war, daß der König sein Verfassungsversprechen durch Verordnung vom 22. Mai 1815 einhalten würde. Der Gesandte führte aus, daß die Struktur des Staates ein wohl überlegtes Vorgehen in der Verfassungsfrage verlange und daher die Beratungen hierzu noch nicht zum Abschluß gebracht werden konnten. Wörtlich äußerte er laut Protokoll: „Die gesammelten Materialien werden nun bald die Sache dahin vorbereitet haben, daß ständische Provinzial-Einrichtungen wirklich ins Leben treten können, wodurch zur Ausführung der Verordnung vom 22. Mai 1815 der wesentlichste Schritt geschehen sein wird." (ö. Pr., Bd. 4, § 26, S. 232) Zu der Frage des Erlasses allgemein gültiger Bestimmungen zum Art. 13 durch die Bundesversammlung lautete die preußische Erklärung: „Die große Verschiedenheit der deutschen Bundesstaaten, welche notwendig auch auf die ständische Verfassung Einfluß äußert, bringt es mit sich, daß über Grundsätze, die für alle passen, und über eine Zeit, wo selbige in jedem Staate in Kraft treten können, eine gemeinsame Beratung auf der Bundesversammlung wenigstens mit Erfolg nicht statt finden kann." (ö. Pr., Bd. 4, S. 233)

Die preußische Regierung versprach, „nach Verlauf eines Jahres von dem Fortgange und der Lage ihrer ständischen Einrichtung den Bund in Kenntnis zu setzen. Es wäre sehr zu wünschen, daß alle übrigen Staaten, welche noch keine Stände haben, sich zu derselben Anzeige, in gleicher Frist, vereinigten. Und diesen Wunsch ist die Preußische Gesandtschaft angewiesen:

«hierdurch dringend zu erkennen zu geben.»"
(ö. Pr., Bd. 4, S. 234)

Daß es der preußischen Regierung ernst war um die Erfüllung des Art. 13 und um eine gegenseitige Unterrichtung darüber in der Bundesversammlung, konnte zufolge der von ihr abgegebenen Erklärung wohl nicht bezweifelt werden.

In derselben Sitzung sprachen sich Dänemark wegen Holstein und Lauenburg sowie die Großherzoglich und Herzoglich Sächsischen Häuser zu dem doppelten mecklenburgischen Antrag aus und erteilten ihre Zustimmung, während Preußen zu dem ersten Teil, der Garantie-Übernahme, erst später zustimmte. Sie berichteten wie Preußen über den Zustand bezüglich des Art. 13 in ihren Ländern.

Österreich stimmte am 16. Februar (ö. Pr., Bd. 4, § 32, S. 246) für die Garantie durch den Bund. Seine Stellungnahme zum Art. 13 folgte am 6. April (ö. Pr., Bd. 5, § 79, S. 126 f.); es trat dem preußischen Antrag auf Bericht binnen Jahresfrist bei. Die letzten Abstimmungen gingen am 25. Mai 1818 ein. Dem mecklenburgischen Doppelantrag wurde daraufhin durch einstimmigen Beschluß in beiden Punkten entsprochen. In dem Beschluß heißt es zum zweiten Punkt: „Was ... den ... Wunsch, wegen näherer Angabe über die Erfüllung des 13. Artikels der Bundesakte in den deutschen Bundesstaaten, betrifft; so hat die Bundesversammlung aus den Erklärungen der Bundesgesandtschaften jener Staaten, welche durch die von ihnen angeführten unverwerflichen Gründe noch zur Zeit an der vollständigen Erfüllung des 13. Artikels der Bundesacte verhindert worden, mit gerechter Beruhigung die Versicherung entnommen, daß die betreffenden Regierungen diesen Artikel der Bundesakte auf eine, seinem hohen Zweck angemessene Weise in Vollziehung zu bringen und dabei jede nicht in der Sache gegründete Verzögerung zu vermeiden, kräftigst entschlossen und beflissen sind, auch nicht unterlassen wollen, der Bundesversammlung binnen Jahresfrist die geeigneten Mitteilungen von den fernern Einleitungen in den ständischen Einrichtungen, von deren Fortgange und, wo möglich, von ihrem allerseitigen endlichen Resultate zu machen, welchen dieselbe sofort vertrauensvoll entgegensieht." (ö. Pr., Bd. 5, § 127, S. 267)

Am 20. Mai 1818 wurde der Bundesversammlung das Grundgesetz der landständischen Verfassung des Fürstentums Hildburghausen überreicht mit der Bitte, die Garantie dafür zu übernehmen (ö. Pr., Bd. 5, § 115, S. 251 f.). Nach Eingang der Instruktionen faßte die Bundesversammlung am 1. Oktober 1818 den Beschluß: „Daß der durchlauchtigste deutsche Bund die nachgesuchte Garantie des Grundgesetzes der landständischen Verfassung des Fürstentums Hildburghausen dahin übernehme, um in allen den Fällen einzuschreiten, wo entweder der Regent oder die Stände sich wegen dieser

Verfassung an den Bundestag wenden würden." (ö. Pr., Bd. 6, § 228, S. 197)

Die süddeutschen Staaten Bayern, Württemberg und Baden, die besonders auf Wahrung ihrer vollen Souveränität bedacht waren, hatten ein Interesse daran, ihre Verfassungen zu regeln, ohne Richtlinien der Bundesversammlung abzuwarten. Erst mit dem Beschluß vom 25. Mai 1818 stand fest, daß mit solchen nicht mehr zu rechnen sei. Zu der Zeit waren die Arbeiten an der Verfassungsurkunde in den drei Staaten schon weit fortgeschritten. Ein baldiges Erscheinen der Verfassung mochte auch aus dem Grunde erwünscht sein, um einerseits das Ansehen in der deutschen Öffentlichkeit zu erhöhen und andererseits in der Verfassung ein vereinigendes Band zwischen dem alten Stammland und den in jüngster Zeit erworbenen neuen Gebietsteilen zu schaffen.

Am eiligsten hatte es König Friedrich von Württemberg, der von allen deutschen Fürsten am eifersüchtigsten über seine Souveränität wachte. Kaum war er von Wien vom Kongreß zurückgekehrt, so verlieh er seinem Staat eine Verfassung, die bei der Eröffnung eines neu gewählten Landtags am 15. März 1815 verlesen wurde. Zu seiner Überraschung stieß der König damit auf allgemeine Ablehnung. Insbesondere die Alt-Württemberger forderten die Rückkehr zu ihrem alten guten Recht. Langwierige hartnäckige Streitigkeiten waren die Folge. Sie überdauerten den Tod des Königs am 30. Oktober 1816. Auch sein Nachfolger, König Wilhelm, fand mit seinen Reformplänen nicht die Zustimmung des Landtags. Erst am 25. September 1819 kam es zu einem Verfassungsvertrag durch Verhandlungen mit dem zu diesem Zweck einberufenen Landtag. Nun waren die Württemberger zufrieden, daß sie eine vertraglich vereinbarte Verfassung erkämpft hatten.

Infolge der lange dauernden Streitigkeiten in Württemberg kamen ihm Bayern und Baden mit der Veröffentlichung der Verfassung zuvor. Für Bayern konnte König Max Joseph schon am 26. Mai 1818 die Verfassung verkünden lassen. Bayern wurde daraufhin einige Monate lang „von der gesamten deutschen Presse als der liberalste aller deutschen Staaten verherrlicht" (Treitschke, D. G., Bd. 2, 4. Aufl., S. 354).

Baden war bemüht, dem ihm unfreundlich gesinnten Bayern mit einer dem Zeitgeist gemäßen Verfassung zuvorzukommen. Dies mißlang zwar; dafür erwies sich die badische Verfassung vom 22. August 1818 als die modernere. Treitschke bemerkt ironisch (S. 373): „Die untrügliche Richterin aber, die öffentliche Meinung Deutschlands, das will sagen die liberale Presse, gab ihren Wahrspruch über den beendeten Wettkampf dahin ab: Bayern habe sich zwar flinker gezeigt in der Erfüllung der Volkswünsche, doch der Preis gebühre dem freisinnigen Baden."

Bayern zeigte der Bundesversammlung bereits am 15. Juni, Baden am 3. September 1818 die Einführung einer landständischen Verfassung an (ö. Pr., Bd. 6, § 154, S. 49 und § 214, S. 143). Die Verfassungs-Urkunde für das Großherzogtum Baden (S. 151 bis 162) enthält in § 3 die Bestimmung: „Das Großherzogtum ist unteilbar und unveräußerlich in allen seinen Teilen." Sie sollte die damals noch erhobenen Ansprüche von Bayern und Österreich auf badische Gebiete abwehren. Erst der Aachener Kongreß im Herbst 1818 wies die Gebietsansprüche von Bayern und Österreich gegen Baden zurück, wie auf S. 34 f. berichtet.

Abschnitt IV handelte von der „Wirksamkeit der Stände", die ganz in liberalem Geiste geregelt war. § 67 sah u. a. die Möglichkeit vor, „Minister und die Mitglieder der obersten Staatsbehörden wegen Verletzung der Verfassung oder anerkannt verfassungsmäßiger Rechte förmlich anzuklagen". Die Schlußbestimmung des § 83 in Abschnitt V stellte die Verfassung „unter die Garantie des deutschen Bundes".

Hierzu ist im Bundestags-Protokoll vermerkt· „Sämtliche Stimmen vereinigten sich auf Verlaßnahme von sechs Wochen, unbeschadet früherer oder späterer Abstimmung." (ö. Pr., Bd. 6, S. 143) Indessen findet sich in den Protokollen der Bundesversammlung nichts über Beratung oder Beschlußfassung zur Bundesgarantie, und Klüber bestätigt, daß eine Bundesgarantie für Baden nicht gewährt wurde (Öff. Recht d. T. B., 4. Aufl., S. 407).

Am 28. Januar 1819 (ö. Pr., Bd. 7, § 14, S. 48) berichtete Liechtenstein, daß dem Art. 13 der Bundesakte durch Einführung einer Verfassung für das Fürstentum entsprochen sei. Mitteilung über die Fortschritte in der Verfassungsfrage machten der Bundesversammlung vor ihrer Vertagung im Herbst 1819 das Großherzogtum Hessen (17. 5. 1819, ö. Pr., Bd. 7, § 95, S. 250 f.) und das Königreich Württemberg (21. 6. 1819, ö. Pr., Bd. 8, § 122, S. 101), dessen Landesherr die Stände auf den 13. Juli 1819 zwecks Beratung der Verfassungsangelegenheit einberief, so daß, wie berichtet, am 25. September die neue Verfassung in Kraft treten konnte.

War es schon in Württemberg eine schwierige Angelegenheit, eine neue landständische Verfassung einzuführen, so begegnete dies im Fürstentum Lippe noch ungleich größeren Hindernissen. Zwar meldete der zuständige Gesandte in der Bundesversammlung am 28. Juni 1819, daß er von „der Fürstin, Vormünderin und Regentin zur Lippe, angewiesen worden" sei, „die hohe Bundesversammlung davon in Kenntnis zu setzen", daß sie dem Fürstentum mit Zustimmung ihres Sohnes, des künftig regierenden Fürsten, „unterm 8. Juni dieses Jahres eine landständische Verfassungs-Urkunde erteilt, und dadurch den 13. Artikel der Bundesakte erfüllt" habe (ö. Pr., Bd. 8, § 130, S. 114). Aber hiergegen ließ der Fürst von Schaumburg-Lippe in der Sitzung vom 12. August 1819 (§ 182, S. 213 f.) Protest einlegen. Seine Rechte zur Mitwirkung an der Verfassung auf Grund eines Gesetzes des Fürstlich-Lippischen Gesamthauses und als Mitvormund für den minderjährigen Sohn der Fürstin-Regentin sowie die Rechte des Landtags seien durch die eigenmächtige Herausgabe einer neuen Verfassung für das Fürstentum Lippe verletzt. Die Bundesversammlung möge daher der Lippe-Detmoldischen Regierung erklären, daß diese sich bis zur Beseitigung der Differenzen aller Schritte auf Grund der neuen Verfassung, deren Rechtmäßigkeit bestritten sei, zu enthalten habe.

In der Tat bestand im Fürstentum Lippe eine alte landständische Verfassung. Aber die alten Stände widersetzten sich der Absicht der Fürstin-Regentin, eine neue Verfassung zwecks besserer Repräsentation der Gesamtbevölkerung einzuführen. Sie wandten sich deshalb schon im Jahre 1817 mit der Bitte um Wiederherstellung der alten Landständischen Verfassung an die Bundesversammlung (ö. Pr., Bd. 4, S. 32, Eingabe Nr. 251). Wir versagen es uns, auf den lange währenden lippischen Verfassungsstreit näher einzugehen und verweisen auf die Darstellung Ilses (Gesch. d. d. BV., Bd. 2, S. 184–236). Erst in der Sitzung am 28. Juli 1836 vermochte Lippe die Bundesversammlung über die Einführung einer neuen Verfassung, die vom 6. d. M. datierte, zu unterrichten (Pr., § 217, S. 550). Der Streit in der Verfassungsangelegenheit zwischen den beiden lippischen Fürstentümern bestand aber weiter. Die Bundesversammlung beschloß die Anerkennung der Verfassung vom 6. Juli 1836 auf Grund eines Vortrags der wegen des Strei-

tes eingesetzten Kommission am 20. April 1837 (Pr., § 116, S. 346 ff.)
und hielt daran trotz weiterer Vorstellung von Schaumburg-Lippe am
16. August 1838 fest (Pr., § 236, S. 733).

3. Karlsbader Beschlüsse und Ergebnisse
   der Wiener Ministerial-Konferenzen 1819/20

Die jetzt zu besprechenden Karlsbader Beschlüsse bedeuten einen
verhängnisvollen Einschnitt und Kurswechsel in der Tätigkeit der
Bundesversammlung. Um verständlich zu machen, wie es dazu kommen konnte oder gar kommen mußte, halten wir es für geboten, die
geistigen Kräfte kurz zu schildern, die eine Veränderung der politischen Verhältnisse in Deutschland in den ersten Jahren nach dem
Wiener Kongreß anstrebten.

Das achtzehnte Jahrhundert hatte im Zeichen der Geistesbewegung
der Aufklärung gestanden. Diese erst bedeutete die Überwindung der
den menschlichen Geist einengenden Vorstellungen des Mittelalters,
mochten sich auch Rudimente desselben, z. B. die mit dem Lehnswe-
sen verbundene Leibeigenschaft, stellenweise noch bis in die Mitte des
neunzehnten Jahrhunderts erhalten. Kennzeichnend für die Aufklärung ist der Glaube an die menschliche Vernunft, der Glaube, daß es
dem Menschen dank der Einsicht, die ihm seine Vernunft vermittelt,
möglich ist, die gesellschaftlichen Verhältnisse völlig harmonisch zu
gestalten, derart daß jeder einzelne gemäß seiner persönlichen Veran-
lagung nach besten Kräften zu seinem eigenen Wohl und zum Wohl
der ganzen menschlichen Gesellschaft wirken kann. Dieses Ziel
konnte auf verschiedenen Wegen angestrebt werden. Eine Möglichkeit bot der aufgeklärte Absolutismus, wie er sich in Friedrich II. in
Preußen und in dem deutschen Kaiser Joseph II. in den habsburgischen Ländern darstellte. Andererseits erwuchsen aus dem Geiste der
Aufklärung die Ideen, die zur Französischen Revolution führten und
in ihr nach dem Willen der sie tragenden Machthaber Verwirklichung
finden sollten. Dabei zeigten sich indessen Züge von Grausamkeit, die
mit dem Ideal einer Herrschaft menschlicher Vernunft wenig gemein
hatten. So ist es denn zu verstehen, daß das französische Volk es begrüßte, als Napoleon die Revolution in die Bahnen eines normalen
staatlichen Wirkens zwang. Mag er so auch als Überwinder der Revo-

lution erscheinen, so war er doch wohl besser als ihr Bändiger und Vollender anzusehen. Er trug mit seinen siegreichen Heeren die Ideen der Revolution auch in andere europäische Länder und insbesondere nach Deutschland.

Die Unterdrückung, die Napoleons Vorherrschaft in Deutschland mit sich brachte, wurde in Preußen am härtesten empfunden. Österreich war, nachdem Napoleon im Jahre 1810 die Kaisertochter Marie Louise geheiratet hatte, weniger davon betroffen, und Metternich wußte dies zum Vorteil Österreichs auszunutzen. Als im Jahre 1813, nachdem Napoleons Rußland-Feldzug gescheitert war, der Befreiungskrieg zur Abschüttelung des französischen Jochs begann, wurde dieser in Preußen als Volkskrieg empfunden. Österreich, das dem Krieg erst im Sommer beitrat, führte ihn als Kabinettskrieg (anders als 1809, als der vergebliche Versuch zur Befreiung von fremder Vorherrschaft Züge eines Volkskrieges, zumal bei den Tirolern, annahm). Preußen hatte dank der politischen Reformen von Stein und Hardenberg und der Heeresreform von Scharnhorst und Gneisenau und unter dem geistigen Wirken von Männern wie Fichte und Arndt eine wahre Erneuerung erfahren, so daß der Befreiungskampf zugleich als Freiheitskrieg verstanden wurde, als Krieg für die Freiheit der Menschen in Deutschland, einer Freiheit nicht nur nach außen, zumal dem französischen Feinde gegenüber, sondern auch nach innen, was das Streben nach verfassungsmäßigen Rechten einschloß, eine um so verständlichere Forderung, als Preußens König Friedrich Wilhelm III. wiederholt eine Verfassung für sein Reich in Aussicht stellte.

In der Idee, daß der Krieg gegen Napoleon einen Freiheitskrieg darstelle, äußerte sich die Übernahme von Gedanken, die die Französische Revolution vertrat. In Wahrheit stellte diese wohl nur das markanteste Ereignis in dem politischen Geschehen dar, das durch die Geistesbewegung der Aufklärung ausgelöst wurde. In ihr haben die Ideen ihre Wurzel, die durch die Begriffe Liberalismus und Demokratie bezeichnet werden. Da aber die Französische Revolution den ersten großen Versuch darstellt, diese Ideen zu verwirklichen, ist es nur natürlich, wenn die Restauration, das Bestreben nach Wiederherstellung der vorrevolutionären staatlichen und gesellschaftlichen Zustände (mit den unvermeidlichen Einschränkungen, die die Ereignisse der napoleonischen Zeit bedingten), in den Kräften, die liberale oder demokratische Forderungen vertraten, ein Jakobinertum erblickte, wie es vor der Zähmung der Revolution in Frankreich sein Unwesen trieb. Der Freiheitsdrang, der sich durch die Befreiung vom Joch des Feindes bestätigt sehen durfte und der nun seine Forderungen für die Gestaltung der innerdeutschen Verhältnisse geltend machte, mußte wohl zwangsläufig sehr bald mit den tragenden Gedanken der Restauration in Konflikt geraten. Aus einer Sicht nach Ablauf von mehr als anderthalb Jahrhunderten kann kaum ein Zweifel daran sein, daß zunächst den Kräften der Restauration, der Behauptung der eben erst gewonnenen neuen Ordnung der staatlichen Verhältnisse in Deutschland, in dem Konflikt der Sieg beschieden sein mußte, wobei die Frage offen blieb, auf wie lange Zeit sich die Restauration mit ihren reaktionären Zügen gegenüber den neuen Forderungen würde behaupten können.

Zum besseren Verständnis der geistigen Verhältnisse in Deutschland nach den Befreiungskriegen vergegenwärtigen wir uns, daß die Zeit der französischen Vorherrschaft in Europa zugleich die Zeit höchster Blüte der deutschen Kultur war. Das ausgehende achtzehnte Jahrhundert brachte die kritische Philosophie Kants; auf sie folgte u. a. Fichte mit seiner einseitig idealistischen Philosophie. Aber Fichte war nicht nur Philosoph, sondern übte auch politisch einen starken Einfluß aus, und so leistete er einen bedeutsamen Beitrag zur Erneuerung des geistig-sittlichen Lebens in Deutschland, zumal in Preußen. Die Jahrhundertwende brachte auch die höchste Blüte deutscher Literatur in Goethe und Schiller. Ein außerordentlich reges geistiges Leben leitete also das neunzehnte Jahrhundert in Deutschland ein, und dies in einer politisch so bewegten Zeit, die durch Napoleons ehrgeizige Pläne geprägt war.

Eine Stätte geistigen Wirkens waren – wie auch heute – insbesondere die Universitäten. Professoren und Studenten hatten Anteil an der Erneuerung, die sich in erster Linie in Preußen vollzog. Nach den Kriegen, die zur Befreiung führten, kehrten Studenten, die durch Kampferlebnisse gereift waren, in die Hörsäle der Universitäten zurück. Sie waren geprägt durch sittlichen Ernst und nahmen begierig freiheitliche Lehren in sich auf, Lehren über die Früchte, die der Befreiungskampf billigerweise den deutschen Menschen bringen sollte.

Eine hervorragende Stellung nahm diesbezüglich die Universität Jena ein. Ihr Landesherr war der Großherzog von Sachsen-Weimar-Eisenach; dieser freiheitlich gesinnte Fürst hatte es verstanden, die stärksten geistigen Kräfte in sein Land zu holen. Goethe weilte in Weimar; Schiller und Fichte hatten an der Universität Jena gelehrt. Jetzt, da die äußere Freiheit zurückgewonnen war, übte Luden als Professor für Geschichte in Jena einen starken Einfluß auf seine Hörer aus, die von ihm die Forderung nach nationaler Einheit vernahmen und sich in ihrem jugendlichen Eifer zueigen machten.

In der geistigen Atmosphäre Jenas vollzog sich eine Wandlung studentischen Lebens besonders gründlich, nämlich die Ablegung der rauhen Sitten, die noch im achtzehnten Jahrhundert herrschten, ein Vorgang, der schon in der Zeit der preußischen inneren Erneuerung eingeleitet war. So kam es am 12. Juni 1815 zur Gründung der Jenaer Burschenschaft, in der sich die fünf bis dahin in Jena bestehenden Landsmannschaften zusammenschlossen, womit diese sich auflösten. Die Burschenschaft verwirklichte auf diese Weise den Gedanken der Einheit, der dem großen Vaterland galt, für den engen Bereich der Universität Jena. Dem Jenaer Beispiel folgend entstanden auch an anderen Universitäten Burschenschaften. Ihre geistigen Führer waren insbesondere Fichte, Jahn, Arndt und Luden. Durch die Burschenschaft eroberte die nationale Idee die Hörsäle.

Einen Höhepunkt in der Burschenschaftsbewegung bedeutete die Reformationsfeier auf der Wartburg zum Gedenken an die Geburtsstunde der Reformation vor 300 Jahren. Die Feier wurde jedoch auf den 18. Oktober verlegt, den Tag der Völkerschlacht bei Leipzig vier Jahre zuvor. So wurde eine Verbindung hergestellt zwischen der befreienden Tat Martin Luthers und der politischen Befreiung des Jahres 1813. Die Feier verlief in würdiger Form, hatte aber ein betrübliches Nachspiel in einem Feuergericht (symbolische Bücherverbrennung) über undeutsche und volksfeindliche Schriften in Nachahmung der öffentlichen Verbrennung der Bannbulle durch Martin Luther. Das Gericht wurde in Form eines Satyrspiels durch Berliner Turner aus dem Kreise Jahns vollzogen, die nach Beendigung der planmäßig verlaufenen Feier noch zurückblieben. Kein Wunder, daß dieses Ereignis vielerorts Besorgnis auslöste, insbesondere bei dem preußischen König Friedrich Wilhelm III. sowie beim Wiener Hof und seinem Minister Metternich. Auch im Ausland äußerte sich Argwohn. Man neigte dazu, Deutschland „als den natürlichen Mittelpunkt der europäischen Umsturzpartei" anzusehen (Treitschke: D.G., Bd. 2, 4. Aufl., S. 432).

Es ist nicht zu verwundern, daß sich der Großherzog Karl August als
Landesherr für die Universität Jena und die Wartburg Vorwürfen seitens Österreichs und Preußens ausgesetzt sah. Insbesondere wurde
ihm die in seinem Lande gewährte Preßfreiheit vorgehalten: „er habe
– indem er als einziger Fürst Pressefreiheit gewährte – die Zeitungen
in Jena ins Kraut schießen lassen und den Herausgebern, den beiden
Professoren Luden und Oken, gestattet, scharfe Töne zu reden und
die Studenten aufzuwiegeln" (Schnabel: D.G., Bd. 2, 2. Aufl., S.248).
In diesen Anfeindungen dürfen wir wohl den Grund dafür erblicken,
daß der Großherzog beim Bundestag in der Sitzung vom 20. April
1818 beantragen ließ, gleichförmige Bestimmungen für alle Bundesstaaten über den Gebrauch der Presse in Deutschland zu treffen (s.
S.64). Im übrigen aber verblieb er dabei, die studentische Bewegung
weiterhin zu beschützen.

„So konnte vom 16. bis 18. Oktober 1818 der allgemeine Burschentag
zusammentreten und die ‚Allgemeine deutsche Burschenschaft' gegründet werden. Die Gründungsurkunde sprach von dem ‚Verhältnis
der deutschen Jugend zur werdenden Einheit des deutschen Volkes'.
Sie stellte den burschenschaftlichen Gedanken der Gesamtvereini-
gung aller ‚auf den Hochschulen sich bildenden Jugend' an die Spitze"
(Schnabel: a.a.O., S.248). Dies letztere ließ sich allerdings nicht
durchsetzen. Der Einfluß der Burschenschaftsbewegung auf die Einigungsbewegung in Deutschland ist jedoch unbestreitbar.

Burschenschaften bestanden im Oktober 1818 an vierzehn Universitäten. Radikale politische Forderungen gingen von Gießen aus. Diese
wurden am stärksten von Karl Follen, der Privatdozent der Rechte
war, vertreten. Schnabel (a.a.O., S.253) schildert ihn in folgender
Weise: „Ein dämonischer Zauber ging von dem Manne aus, der mit
seinem wallenden braunen Haar und den tiefen blauen Augen, durch
seine makellose Sittenreinheit und die persönliche Würde seines Auf-
tretens Eindruck machte. Aber in dieser gewinnenden Erscheinung
lebte ein Geist von der Art Robespierres, ein schneidender, erbar-
mungsloser Verstand und ein kalter Fanatismus, der bereit war, die
Welt nach Vernunftgesetzen und abstrakten Forderungen zu regeln,
und der nach der Erkenntnis auch die Tat verlangte – die Tat, sofort,
unbedingt. Die ‚Unbedingten' nannte sich die schwärmerische Schar
junger Genossen, die er um sich sammelte." ... „Um entschiedener
und im Mittelpunkte der burschenschaftlichen Bewegung wirken zu

können, siedelte er nach Jena über. Dort trat ihm der Studierende der Theologie Karl Ludwig Sand nahe." In diesem unglücklich veranlagten einfältigen Menschen bestärkte sich unter dem verführerischen Einfluß seines Lehrers der schon vorher erwogene unselige Gedanke, sein Leben opfern zu müssen, indem er die sittlich geforderte Ermordung des „Verräters" Kotzebue vollzöge.

In Jena tobte zu der Zeit eine Hetze gegen den Lustspieldichter Kotzebue, dem Dienste für den Zaren zum Vorwurf gemacht wurden. Dabei handelte es sich lediglich um kritische Übersichten über die neuesten Erscheinungen der deutschen Literatur, wahrlich keine die deutschen Interessen gefährdende Spionage-Tätigkeit. Dies um so weniger als die drei Monarchen von Rußland, Österreich und Preußen durch vertrauensvolle Freunschaft miteinander verbunden waren. Sand aber erkannte wie viele andere in Kotzebue einen Verräter. Er fand ihn des Todes schuldig. So bereitete er sich denn kaltblütig auf die Mordtat vor, die er an Kotzebue am 23. März 1819 in Mannheim beging. Der Versuch, sich darauf selbst das Leben zu nehmen, schlug fehl. Am 20. Mai 1820 büßte er durch Hinrichtung auf dem Schafott. Er fand weithin in deutschen Landen Verständnis für seine Tat, erfreute sich also großer Sympathien. Anders war die Reaktion an den deutschen Höfen, die eher von panischem Schrecken erfüllt waren. Die Unruhe an den Universitäten, gefördert durch einen Teil der Presse, war durch die Mordtat allzu grell beleuchtet worden.

Wir haben oben (S. 82) bemerkt, wie schon das törichte Feuergericht vom 18. Oktober 1817 große Besorgnis bei den Höfen hervorrief. Diese wurde dadurch verstärkt, daß im Sommer 1818 Göttinger Studenten – infolge eines ganz unpolitischen Streites mit der Bürgerschaft – die Stadt verließen und ihre Universität in Verruf erklärten (Treitschke: D. G., Bd. 2, 4. Aufl., S. 435). Die Regierung von Hannover trat daraufhin im Dezember 1818 vertraulich mit der Frage an den Bundestag, „ob sich nicht alle die Staaten, welche Universitäten besäßen, über gemeinsame Sicherung der akademischen Ruhe verständigen sollten" (Treitschke: a.a.O., S 535). Das war für den Großherzog von Weimar die Veranlassung, seinerseits die Angelegenheit der Hochschul-Disziplin vor den Bundestag zu bringen. Dies geschah nach Treitschke am 11. März 1819 (a.a.O., S.535). Aber „Graf Buol und mehrere andere Gesandte baten den Vertreter der Ernestiner dringend, seinen Antrag zurückzuziehen, weil diese Sache nicht vor den Bund gehöre". Der Großherzog aber bestand auf seinem Antrag, so daß dieser offiziell in der Sitzung vom 1. April 1819 vorgebracht erscheint (s. S. 68).

In der Zwischenzeit, am 23. März, war Kotzebue ermordet worden. Metternich befand sich mit Kaiser Franz auf einer Reise durch Italien. Er erwähnt die unglückselige Mordtat in einem Brief an seine Familie aus Rom vom 10. April; am Tag zuvor bestätigte er seinem Mitarbeiter Gentz den Erhalt der Nachricht von der Ermordnung Kotzebues, die er vielleicht erst aus dessen Brief vom 1. April erfahren hat. Seiner Familie gegenüber meint er, „daß die Welt im Jahre 1789 in voller Gesundheit war, im Vergleich zu dem, was sie heute ist" (N.P., Bd. 3, S. 194). Da sich diese Bemerkung in einem Privatbrief befindet, muß man den Schluß ziehen, daß Metternich ebenso wie viele Zeitgenossen, die regierenden Fürsten insbesondere, von gefahrdrohenden revolutionären Umtrieben in Deutschland überzeugt war. In dem Brief an Gentz vom 9. April heißt es hierzu:

„Ich für meinen Teil hege keinen Zweifel, daß der Mörder nicht aus eigenem Antriebe, sondern in Folge eines geheimen Bundes handelte ... Meine Sorge geht dahin, der Sache die beste Folge zu geben, die möglichste Partie aus ihr zu ziehen, und in dieser Sorge werde ich nicht lau vorgehen." (N.P., Bd. 3, S. 227)

Mit dem Gedanken, etwas gegen die Burschenschaftsbewegung an den Universitäten wie auch gegen die Turnanstalten Jahns und den Mißbrauch der Preßfreiheit zu unternehmen, trug sich Metternich wohl schon länger. Jetzt hielt er die Stunde zum Handeln für gekommen.

Auf den offiziell am 1. April 1819 eingebrachten Antrag des Großherzogs von Sachsen-Weimar und des Herzogs von Sachsen-Gotha kam der Präsidialgesandte am 6. Mai 1819 zurück. Aus dem Schriftwechsel zwischen Metternich und Gentz anläßlich der Ermordung Kotzebues (N.P., Bd. 3, S. 220–257) geht hervor, daß Metternich es für geraten hielt, sich positiv zu dem weimarischen Antrag einzustellen. Dies ist in den Briefen an Gentz vom 23. April (a. a. O., S. 234 f.) und 7. Mai 1819 (S. 242 f.) ausgesprochen. In letzterem heißt es aber auch einleitend: „Ich habe Ihnen längst gesagt, daß ich den Bundestag nicht geeignet finde, um dieses Geschäft zu leiten." Gleichwohl versah er Graf Buol mit eingehenden Instruktionen. Daraus und aus seinen Äußerungen in den genannten Briefen schließen wir, daß Metternich selbst der Urheber der „österreichischen Denkschrift" war, die Ilse in seiner „Geschichte der deutschen Bundesversammlung" (Bd. 2, S. 17 ff.) wiedergibt.

Warum aber ließ Metternich den Bundestag, der hiermit, wie S. 68 berichtet, eine Kommission beauftragte, nach Maßregeln in der Universitätsfrage suchen? Er erwartete ja kein geeignetes Ergebnis. War es, um den Regierungen der deutschen Staaten sein korrektes Verhalten in dieser leidigen Angelegenheit, die soviel Unruhe bei den Höfen auslöste, zu beweisen? In der Tat war das wohl der Hauptgrund. Auch konnte die Beschäftigung des Bundestags in dieser Sache zur Tarnung der in Aussicht genommenen Karlsbader Besprechungen dienen. Denn wie zufällig sollten sich in Karlsbad, „an dessen Quellen sich allsommerlich zahlreiche Diplomaten zu versammeln pflegten" (Stern: Gesch. Europas, Bd. 1, S. 562), die Bevollmächtigten der ins Vertrauen gezogenen Regierungen treffen, um völlig im Geheimen die nach Karlsbad benannten Beschlüsse zu fassen.

Die am 6. Mai 1819 gewählte Bundestags-Kommission war sich der Dringlichkeit der ihr gestellten Aufgabe bewußt. Außer der österreichischen Denkschrift lagen ihr Anträge oder Vorschläge von Hannover, Sachsen-Weimar, Württemberg und zuletzt noch von Bayern und Baden vor (Ilse, a. a. O., S. 52 f.). Ihren „Entwurf zu fernerer Discussion, behufs einer Vereinbarung über Verbesserung des Universitätswesens" (a. a. O., S. 67–72) legte die Kommission der Bundesversammlung in einer vertraulichen Sitzung am 27. August vor. Schon vorher, nämlich am 21. August, erhielt Graf Münster, der hannoversche Bevollmächtigte bei den Karlsbader Beratungen, laut Ilse (a. a. O., S. 79) das Kommissions-Gutachten, so daß es für den in Karlsbad vorzubereitenden „provisorischen Beschluß über die in Ansehung der Universitäten zu ergreifenden Maßregeln" verwertet werden konnte. Ganz ohne Nutzen hatte die Bundestags-Kommission also nicht gearbeitet, vielmehr ein weiteres Mal ihren Eifer durch schnelle Arbeit in einer dringlichen Sache bewiesen.

Metternich war, von der Italienreise zurückkehrend, am 22. Juli in Karlsbad eingetroffen. Am 17. Juni hatte er Gentz für die dort zu haltenden Besprechungen seine Gedanken zur Behandlung der Presse mitgeteilt und ihn gebeten, dafür einen Gesetzentwurf auszuarbeiten (N. P., Bd. 3, S. 251 ff.).

Der erste Schritt Metternichs war nach seiner Rückkehr eine Unterredung mit König Friedrich Wilhelm von Preußen, der sich in Teplitz zur Kur aufhielt. Der König war wegen der befürchteten demagogischen Pläne sehr beunruhigt, so daß Metternich ihn voll für sich gewinnen konnte. Auf Befehl des Königs folgten vertrauliche Beratungen des Staatskanzlers Hardenberg nebst zwei Mitarbeitern mit Metternich, die zu der Teplitzer Punktation vom 1. August führten (abgedruckt in Treitschke: D. G., Bd. 2, 4. Aufl., S. 634 ff.). Darin heißt es zu der noch ausstehenden Verfassungsreform: „Preußen ist entschlossen, ..., zur Repräsentation der Nation keine allgemeine, mit der geographischen und inneren Gestaltung seines Reichs unverträgliche Volksvertretung einzuführen, sondern seinen Provinzen landständische Verfassungen zu erteilen und aus diesen einen Central-Ausschuß von Landes-Repräsentanten zu bilden." Damit hatte Metternich sich in der preußischen Verfassungsangelegenheit durchgesetzt und für Preußen eine Verfassung nach dem Vorbild der süddeutschen Staaten für absehbare Zeit verhindert.

Nachdem die Einigkeit mit Preußen erzielt war, begannen die Karlsbader Konferenzen am 6. August. Vertreten waren zehn Staaten: Österreich, Preußen, Bayern, Sachsen, Hannover, Württemberg, Baden, Nassau und beide Mecklenburg (letztere gemeinsam durch den Bundesgesandten von Plessen). Die Besprechungen währten, fast allabendlich gehalten, bis zum 31. August. Das Ergebnis waren die Karlsbader Beschlüsse, die Entwürfe von vier Bundesgesetzen: vorläufige Exekutionsordnung, Universitätsgesetz, Preßgesetz und Untersuchungsgesetz. Die Entwürfe konnten nur durch Beschluß der Bundesversammlung zu Gesetzen erhoben werden. Dazu bedurfte es der Zustimmung aller Regierungen durch entsprechende Instruktion an ihre Bundesgesandten. Also wurden die in Karlsbad nicht vertretenen Regierungen unter Druck gesetzt und beschworen, Einigkeit bei der Beschlußfassung zu zeigen: „nur die Eintracht aller Regierungen könne Deutschland aus seiner schweren Bedrängnis erretten" (Treitschke, a.a.O., S. 571).

Über die Behandlung in der Bundesversammlung schreibt Treitschke (S. 571 f.): „Also war alles für den großen Schlag vorbereitet. Am 14. September gab Buol dem Bundestage die erste vertrauliche Mitteilung über die Karlsbader Conferenzen. Am 16. verlas er den ihm von Metternich zugesendeten großen Präsidialvortrag und beantragte sodann die schleunige Annahme der verabredeten Bemerkungen über den Art. 13, sowie der vier Gesetze." Die Zustimmung zu den Bemerkungen über den Art. 13 war von geringer Bedeutung. Es war hierüber in Karlsbad zu keiner Einigung gekommen und Weiterverhandlung demnächst in Wien beschlossen worden. Im Präsidialvortrag heißt es hierzu abschließend, daß es wünschenswert sei, „daß, zu Verhütung neuer Mißverständnisse und zu möglichster Erleichterung einer bevorstehenden endlichen Übereinkunft über die Vollziehung des 13. Artikels, bei den jetzt in mehreren Bundesstaaten eingeleiteten, auf die ständischen Verfassungen Bezug habenden Arbeiten, keine Beschlüsse gefaßt werden mögen, die mit den hier vorläufig ausgesprochenen Ansichten, und mit der von der Bundesversammlung in kurzer Frist zu erwartenden nähern Erläuterung jenes Artikels, auf irgend eine Weise in Widerspruch ständen" (ö. Pr., Bd. 8, Sitzung v. 20. Sept. 1819, § 220, S. 270). Damit tat Österreich also kund, daß es „in kurzer Frist" eine verbindliche Erläuterung für den Artikel 13 erwartete, die eine weitere Entwicklung zu Repräsentativ-Verfassungen, die in Widerspruch zu der Forderung landständischer Verfassungen stünden, verhindern sollte.

Der Beschluß der Bundesversammlung zu diesem Punkt des Präsidialvortrags lautete, daß

„nach dem Sinne des monarchischen Princips und zur Aufrechterhaltung des Bundesvereins, die Bundesstaaten bei Wiedereröffnung der Sitzungen ihre Erklärungen über eine angemessene Auslegung und Erläuterung des 13. Artikels der Bundesacte abzugeben haben." (a. a. O., S. 287)

Die behauptete Einstimmigkeit bei der Abstimmung am 20. September, wodurch die Vereinbarung und die vier vorgeschlagenen Gesetze angenommen wurden, muß bestritten werden. Zwei Gesandte, der von Luxemburg und der der freien Städte, waren ohne Instruktion; für zwei Kurien lagen die Zustimmungen nicht von allen Höfen vor. Der Gesandte der freien Städte bemerkte, er müsse sich „in Ermangelung einer desfallsigen besondern Instruktion darauf beschränken, der durch die bisherigen Abstimmungen bereits ausgesprochenen Einstimmigkeit sich anzuschließen" (Ilse, Bd. 2, S. 265).

Die in einer ungedruckten Registratur verzeichneten einzelnen Abstimmungen gibt Ilse in seiner „Geschichte der deutschen Bundesversammlung" wieder (Bd. 2, S. 255 ff.). Sehr ins einzelne gehend äußerte sich der Gesandte Württembergs, dessen König seine Zustimmung „in der sicheren Erwartung" erteilte, daß „baldigst eine Gelegenheit werde eröffnet werden, um zu einer zweckmäßig befundenen Verbesserung der Beschlüsse gelangen zu können" (Ilse, a. a. O., S. 258). Die Wünsche in dieser Richtung wurden recht genau formuliert. Die Zustimmung zu den Gesetzen wurde also mit reichlichen Einschränkungen verbunden.

Kurhessen äußerte u. a.: „Was die soeben verlesenen Beschluß-Entwürfe betrifft, so hätten Se. Königliche Hoheit allerdings gewünscht, daß Zeit und Umstände erlaubt hätten, sich über einige erläuternde Zusätze und genauere Bestimmungen zu vereinigen" (Ilse, a. a. O., S. 261). Die Einwendungen von Württemberg und Kurhessen betrafen insbesondere die Exekutionsordnung, die Eingriffe des Bundes in die inneren Angelegenheiten eines Mitgliedstaates ermöglichte.

Die vorgebrachten Änderungswünsche waren rechtlich um so begründeter, als es sich um eine provisorische Exekutionsordnung handelte. Diese galt jedoch nur kurze Zeit, denn sie wurde schon am 3. August 1820 auf Grund der Ergebnisse der Wiener Ministerial-Conferenzen durch eine definitive Executions-Ordnung ersetzt (s. S. 46 f.).

Das zweite Gesetz war das Universitätsgesetz, welches eine Überwachung von Professoren und Studenten sicherstellen sollte. Den ersteren wurde gegebenenfalls mit einem Lehrverbot, den letzteren mit Verweis von der Universität gedroht. Die Lehrtätigkeit konnte dann an keiner anderen Lehranstalt, das Studium an keiner anderen Universität fortgesetzt werden. Die Burschenschaften wurden verboten.

Das dritte Gesetz war das Preßgesetz. Danach sollten während der nächsten fünf Jahre Zeitungen, Zeitschriften und Bücher unter zwanzig Bogen der Zensur unterliegen.

Das vierte Gesetz war das Untersuchungsgesetz. Es bildete die Grundlage zur Bildung einer „Centralbehörde zur nähern Untersuchung der in mehreren Bundesstaaten entdeckten revolutionären Untriebe" mit Sitz in Mainz.

Über die Beratungen zum Universitätsgesetz, die bereits vor den Karlsbader Beschlüssen in der Bundesversammlung stattfanden und zu einem Gutachten der Bundestagskommission zum Universitätswesen führten, haben wir bereits berichtet. Aber auch über ein Preßgesetz, das sich auf Art. 18 d) der Bundesakte sützte, war bereits in der Bundesversammlung verhandelt worden (s. S. 64). Es sollte Bestimmungen zur Preßfreiheit festlegen, was Einschränkungen durch eine Zensur nicht unbedingt ausschließen mochte. Indessen war der Bundesversammlung durch die Karlsbader Beschlüsse die Zustimmung zu einem Preßgesetz aufgezwungen worden, das sich als bloßes Zensurgesetz darstellte und als blanker Hohn auf die in der Bundesakte in Aussicht gestellte Preßfreiheit wirken mußte.

Es ist wohl wahr, daß es lange Zeit erfordert hätte, auf normalem Wege über die Bundesversammlung eine Regelung für das Universitätswesen und für die Presse zu erreichen, wie sie die Karlsbader Beschlüsse brachten. In deren Schärfe wäre es wohl unmöglich gewesen. Metternich hatte die Gunst der Stunde nach der Mordtat des Burschenschafters Sand genutzt. Die Revolutionsfurcht der Fürsten, besonders des preußischen Königs, ermöglichte es ihm, in Karlsbad Regelungen durchzusetzen, die seinen Vorstellungen entsprachen.

Beratungen zur Auslegung des Artikels 13 der Bundesakte waren in Karlsbad ursprünglich nicht vorgesehen. Sie fanden auf Anregung Württembergs statt; denn in diesem Staat stand die Einigung auf eine neue Verfassung in Kürze bevor. Daher war es für den König von Württemberg schon wichtig zu wissen, welche Grundsätze von Bundes wegen für eine Verfassung gelten sollten. Die Einführung einer altlandständischen Verfassung, wie sie in den beiden mecklenburgischen Staaten bestand und die nach Gentz, der darüber eine Denkschrift verfaßt hatte, allein dem Artikel 13 gerecht würde, kam für Württemberg nach den dortigen bisherigen Erfahrungen nicht in Frage. So mußte denn Wintzingerode, Württembergs Vertreter in Karlsbad, dagegen Widerstand leisten, und es kam zu einer Einigung auf die recht unbestimmte Erklärung zum Artikel 13 in dem Präsidialvortrag vom 20. September (s. S. 88).

Die Art und Weise, wie die in Karlsbad vertretenen Staaten die kleineren unter Druck setzten, um die Erhebung ihrer Beschlüsse zu Bundesbeschlüssen in der Bundesversammlung durchzusetzen, wurde von den in Karlsbad nicht vertretenen Bundesmitgliedern als äußerst verletzend empfunden. Das Ansehen dieser Staaten und der Bundesversammlung als des alleinigen Organs des Bundes , in dem sich die Gesamtheit der deutschen Staaten als politische Einheit repräsentierte, mußte dadurch in den Augen der Öffentlichkeit auf das empfindlichste leiden. Über das angewandte Verfahren, für das Metternich in erster Linie verantwortlich zu machen ist, urteilt Ernst Rudolf Huber in seinem Buch „Deutsche Verfassungsgeschichte seit 1789", Bd. 1, 2. Aufl., S. 735 f.: „Man geht schwerlich zu weit, wenn man das bei der Verabschiedung der Karlsbader Beschlüsse angewandte Verfahren einen Bundes-Staatsstreich nennt." Und weiter: „An die Stelle der Rechtsgleichheit der Mitglieder trat bei den Karlsbader Beschlüssen erkennbar die Hegemonie der größeren Mächte. In der ersten ernsthaften Bundeskrise setzte sich de facto eine Art von Protektorat der Hauptmächte durch."

Der einheitlichen Ausrichtung der Bundesstaaten dienten insbesondere die provisorische Executionsordnung und die Einrichtung einer Zentraluntersuchungsbehörde. Solche Maßnahmen entsprachen eher einem Bundesstaat als einem Staatenbund, als welcher sich der Deutsche Bund darstellte. Die Idee, den lockeren Staatenbund in einen festgefügten Bundesstaat umzuwandeln, wurde gerade von den Personen vertreten, die zufolge der Karlsbader Beschlüsse als Demagogen verfolgt wurden. Diese waren nun darauf angewiesen, Schutz bei den partikularistisch gesinnten souveränen Staaten zu suchen. Es fand also ein merkwürdiger Frontenwechsel statt. Huber schildert ihn mit folgenden Worten (S. 736): „Um die Werbung für die deutsche Einheit unmöglich zu machen, nahm Metternich seine Zuflucht zu starken Begrenzungen der gliedstaatlichen Unabhängigkeit. Die nationalstaatlich Gesinnten mußten Schutz bei den Einzelstaaten suchen, die sich den Bundesbeschlüssen widersetzten oder sie nur unzulänglich durchführten. Der Staatenbund verteidigte sich paradoxer Weise gegenüber der nationalstaatlichen Bewegung mit unitarisierenden Mitteln, wie sie von Rechts wegen allenfalls einem Bundesstaat zur Verfügung gestanden hätten."

Die Karlsbader Beschlüsse fanden im In- und Ausland überwiegend heftige Kritik. Tief verletzt waren die Universitätsprofessoren wegen der Beaufsichtigung ihrer Lehrtätigkeit. Empört waren ebenfalls die Fürsten der kleineren Staaten wegen der Art und Weise, wie sie unter Druck gesetzt wurden. Eine gewisse Opposition staatlicherseits zeigte sich in Bayern und Württemberg, in letzterem getragen auch von dem stolzen Freiheitsbewußtsein seiner Bevölkerung. Indessen fanden die

Beschlüsse ihre Ausführung, wenn auch unterschiedlich in der Strenge. Bayern und Württemberg empfanden die vorläufige Exekutionsordnung mit Recht als Beeinträchtigung ihrer Souveränität. Infolgedessen wäre es damals wohl schwer gewesen, die Exekution gegenüber einem der Mittelstaaten anzuwenden. Tatsächlich hatten nur die Kleinstaaten ein Eingreifen des Bundes zu befürchten. Es ist also verständlich, wenn nicht die eingeschüchterten Kleinstaaten, sondern Bayern und Württemberg ihre Opposition zu zeigen wagten.

Damit die Karlsbader Beschlüsse in den einzelnen Staaten Rechtskraft erlangten, bedurfte es der Bekanntmachung in jedem Staate. Bayern ließ bei der Veröffentlichung die Exekutionsordnung aus, was für die Untertanen ohne Belang war, weil die Exekutionsordnung nur das Verhältnis zwischen dem Bund und dem Staate Bayern, nicht dessen Bürger, betraf. In Württemberg wurden die Karlsbader Beschlüsse ohne Einschränkung veröffentlicht. Aber es zeigte sich eine heftige Opposition im Volke, welches stolz war auf seine neue Verfassung. Diese durch Vereinbarung zustande gekommene Verfassung fand am 25. September, nur fünf Tage nach Annahme der Karlsbader Beschlüsse in der Bundesversammlung, ihre Bestätigung durch den König, der wegen seiner liberalen Gesinnung gefeiert wurde. Die Württemberger ließen es sich "nicht nehmen, daß ihr Grundgesetz das freisinnigste Deutschlands sei" (Treitschke, D.G., Bd. 2, 4. Aufl., S. 550). Liberalismus und Partikularismus zeigten sich hier innig verbunden.

Die Opposition gegen die Karlsbader Beschlüsse zeigte sich besonders heftig in einer Adresse einer großen Anzahl von Offizieren an ihren König. Ilse gibt die Adresse in seiner "Geschichte der deutschen Bundesversammlung" im Wortlaut wieder (Bd. 2, S. 276 ff.). Darin wird der König für die von ihm im Einvernehmen mit den Vertretern des Volks gegebene Verfassung gepriesen. Gegen die Verfolgung württembergischer Bürger durch die Central-Commission in Mainz wird protestiert. Wörtlich heißt es: "Seinem Könige allein will es (das württembergische Volk; d. Vf.) die Leitung seines Schicksals anvertrauen, und für Ihn, der sein Glück verbürgt, ist es bereit Gut und Blut freudig zu opfern" (a. a. O., S. 279). Und abschließend: "Wir alle werden zu sterben wissen, und es gibt keinen Württemberger, der die Schande überleben möchte, von der Erniedrigung des Vaterlandes Zeuge zu sein."

Bei einem solchen Willen der Offiziere, den die Bevölkerung weithin teilte, das Recht und die Freiheit im Lande bis aufs äußerste zu verteidigen, konnte eine Bundes-Exekution gegenüber Württemberg schwerlich gewagt werden. Die Haltung der Württemberger stellt sich als lichtvolles Geschehen dar in einer Zeit, da die Reaktion Finsternis in deutschen Landen verbreitete.

Indessen wollen wir uns bemühen, auch der anderen Seite, die die Karlsbader Beschlüsse durchgesetzt hatte, Gerechtigkeit widerfahren zu lassen. Die Revolutionsfurcht hatte sich bei fast allen Monarchen und ihren Regierungen tief eingenistet. Die Ereignisse der letzten Jahre, besonders die Mordtat des Karl Sand, hatten ihr reichlich Nahrung verliehen. Eine Revolution, deren Vorbereitung man im Gange wähnte, in Deutschland zu verhindern, war der Zweck der Karlsbader Maßnahmen. Die Befürchtungen hatten ihre guten Gründe. Ein Herd der Unruhe war nach wie vor Frankreich, welches mit der Herrschaft der zurückgekehrten Bourbonen unzufrieden war. Zu revolutionären Ereignissen kam es Anfang der zwanziger Jahre in Südeuropa: in Spanien, Italien und Griechenland. Deutschland blieb davon verschont. Erst im Jahre 1830 griff eine erneute Revolution in Frankreich auf einige deutsche Staaten über. Die Ruhe war nach einigen Jahren wiederhergestellt und hielt dann bis zum Revolutionsjahr 1848 an. Es darf wohl behauptet werden, daß die Maßnahmen der Karlsbader Beschlüsse den deutschen Staaten die Ruhe für fast drei Jahrzehnte sicherten, von der vorübergehenden Störung Anfang der dreißiger Jahre abgesehen. Oder bestand in den Jahren von 1815 bis 1819 überhaupt keine Revolutionsgefahr? Gab es keine Kräfte, die auf eine Revolution hinarbeiteten? Eine weit verbreitete Meinung bestritt die Revolutionsgefahr. Daß es keine Kräfte gab, deren Ziel eine Revolution war, kann jedoch nicht im Ernst behauptet werden. Huber sagt dazu (D. Vf. G., Bd. 1, 2. Aufl., S. 737): „Unter Follens Führung war die nationaldemokratische Bewegung Deutschlands in der Tat dabei, zum Kader einer revolutionären Partei zu werden. Wenn der Deutsche Bund sich angesichts dieser Gefahr nicht selber preisgeben wollte, so blieb ihm keine andere Wahl, als mit drastischen Abwehrmaßnahmen vorzugehen. Doch kann der Geist nur selten auf die Dauer durch Verfolgung gebeugt werden. Die Juli-Revolution (1830) und die Februar-Revolution (1848) lösten in Deutschland neue Bewegungen aus, an denen sich erwies, daß die Karlsbader Beschlüsse den Willen zur nationalen Einheit und Freiheit nicht zu unterdrücken vermocht hatten."

Der Plan zur Herbeiführung der Karlsbader Beschlüsse war von Metternich schon gegen Ende des Jahres 1818 gefaßt worden. Dies geht aus einer Äußerung vom 25. September 1819 hervor, worin es zu den von der Bundesversammlung angenommenen Karlsbader Beschlüssen heißt: „Ich erhielt soeben aus Frankfurt die Nachricht, daß das Kind, welches ich gerade neun Monate herumgetragen habe, endlich das Licht der Welt erblickte" (N.P., Bd.3, S.294). Die Mordtat Sands war demnach nicht die auslösende Ursache für Metternichs Plan, sondern nur ein Umstand, der dessen Ausführung begünstigte.

In Karlsbad wurden von den dort anwesenden Ministern und Gesandten nur die im Augenblick dringendsten Maßnahmen beraten. Es verblieben noch genügend Fragen, darunter die der Auslegung des 13. Art. der Bundesakte, deren baldige Klärung Metternich begehrte. Dieser schlug deshalb in Karlsbad vor, daß die anwesenden Diplomaten sich bis zum 20. November 1819 in Wien zu weiteren Beratungen treffen möchten.

Die Empörung der kleinen Staaten bestimmte Metternich, von seiner ursprünglichen Absicht abzugehen, daß auch bei den Konferenzen in Wien nur die zehn Staaten von Karlsbad beteiligt sein sollten. Stattdessen ergingen Einladungen an alle Staaten, so daß in Wien wie beim Bundestag in Frankfurt siebzehn Stimmen statt neun in Karlsbad vertreten waren.

Die „Protokolle der deutschen Ministerial-Conferenzen, gehalten zu Wien in den Jahren 1819 und 1820" sind von Ilse im Jahre 1860 veröffentlicht worden. Bis dahin waren sie streng geheim gehalten. Die „Übersicht der Beratungsgegenstände" (a.a.O., S.22f.) verzeichnet:

„ 1. Aufstellung des Grundsatzes, in wie weit die näher zu bestimmenden Bundes-Einrichtungen durch absolute oder relative Stimmenmehrheit in der Bundesversammlung entschieden werden können, ...

2. Eine permanente Instanz, den öffentlichen Rechtszustand im Bunde zu sichern, und die zum gerichtlichen Wege geeigneten Streitigkeiten der Bundesstaaten unter einander zu schneller Entscheidung zu bringen.

3. Einführung einer definitiven Executions-Ordnung ...

4. Anwendung der in dem Präsidial-Vortrage (einleitend zu § 220 im Bundestagsprotokoll vom 20. September 1819; d. Vf.) in Antrag gebrachten Erläuterung des 13. (nicht des 14., wie in der „Übersicht" S. 22 angegeben; d. Vf.) Artikels der Bundesakte mittels der am Bundestage abzugebenden Erklärungen der einzelnen Bundesstaaten.

5. Aufstellung der völkerrechtlichen Verhältnisse des Bundes in Bezug auf Krieg und Frieden.

6. Verhandlungen über die Bundesfestungen zur Beschlußnahme auf das betreffende Gutachten der Militär-Commission.

7. (betrifft ‚Contingentsstellung‘ zum Bundesheer)

8. u. 9. (betrifft Angelegenheiten der Mediatisierten)

10. Die Erleichterung des Handels und Verkehrs zwischen den verschiedenen Bundesstaaten, um den Artikel 19 der Bundesakte zur möglichsten Ausführung zu bringen, soviel die Verschiedenheit der Lokalitäten und besonders der Steuer-Systeme der einzelnen Staaten solches zulassen könnten."

Die unter Nr. 2, 3, 5 bis 7 und 10 aufgeführten Punkte sind bereits im Bundestagsprotokoll vom 20. September 1819 als „Gegenstände, welche zur Instructions-Einholung und definitiven Beschlußnahme nach Wiedereröffnung der Sitzungen besonders ausgesetzt worden" (ö. Pr., Bd. 8, § 219, S. 264 ff.) unter den Ziffern 1) bis 6) verzeichnet. Das Präsidium bemerkte dazu einleitend:
„Bevor die hohe Bundesversammlung ihre Vertagung ausspricht, scheint es von hoher Wichtigkeit zur Beförderung der nötigen Ausbildung und Befestigung des Bundes zu sein, daß dieselbe aus ihren bisherigen Verhandlungen und den bei ihr gemachten Anträgen diejenigen Punkte heraushebe, in Ansehung deren es vorzüglich wünschenswert ist, daß über selbige Instructionen der Regierungen in dem Maße eingeholt werden, daß bei der Wiedereröffnung der Bundestags-Sitzungen ein jeder der Herren Bundesgesandten mit hinreichender Autorisation versehen sei, damit definitive Beschlüsse darüber verfassungsmäßig genommen werden können."

Wenn nun während der Bundestagsferien Beratungen in Wien stattfinden sollten, so konnte als deren Zweck nur der verstanden werden, übereinstimmende Instruktionen der deutschen Regierungen zur Beschlußfassung über die sechs in § 219 der Bundestagsprotokolle aufgeführten Gegenstände zu erzielen. Metternich war wohl der Meinung, daß die Zeit bis zur Wiedereröffnung der Bundestagssitzungen, die für den 20. Januar 1820 vorgesehen war, für diesen Zweck ausreichen würde. Dies ergibt sich aus einer Äußerung vom 13. Oktober 1819, in der es heißt:

„Ich falle von einer Schwangerschaft in die andere. Kaum bin ich in Carlsbad niedergekommen, so bereitet sich mir in drei Monaten eine neue Niederkunft vor. Mein Carlsbader Kind ist böse, es schlägt und beißt, es wird vielen schlechten Leuten und noch mehr Narren derbe Hiebe versetzen. Mein Wiener Kind wird sanft sein und brav, aber entsetzlich langweilig." (N.P., Bd.3, S.295)

Bezüglich der Dauer der Konferenzen hatte Metternich sich getäuscht. Das Hauptergebnis, die Wiener Schlußakte, dürfte im großen und ganzen wohl seinen Erwartungen entsprochen haben.

Am 25. November 1819 eröffnete Metternich die Konferenzen in Wien. Dabei hob er hervor, „daß die Versammlung kein Congreß sei und keine eigentlichen Beschlüsse zu fassen habe. Wohl aber möge und wolle sie sich über die Ansichten ihrer Regierungen freundschaftlich besprechen, und auf eine zwar vorbereitende, jedoch auch für die respektiven Kabinette und Regierungen verbindliche Weise zu einer gemeinsamen und ersprießlichen Behandlung der deutschen Bundesangelegenheiten vereinigen" (Ilse, Gesch. d. d. BV., Bd.2, S.391).

In der zweiten Sitzung, am 29. November, legte Metternich in zwei Vorträgen dar, wie die Lage im Bund österreichischerseits beurteilt werde und welche Aufgaben sich daraus für die begonnenen Konferenzen ergäben. Er stellte fest, daß die Bundesversammlung die ihr durch Art. 10 der Bundesakte übertragenen Arbeiten (die Abfassung der Grundgesetze des Bundes und dessen organische Einrichtung in Rücksicht auf seine auswärtigen, militärischen und inneren Verhältnisse) nicht vollbracht habe, und folgerte daraus: „Da jedoch, ..., Erfahrung und weiteres Nachdenken gelehrt haben, daß es in jeder Rücksicht ratsamer sei, dieses Geschäft zum Gegenstande einer unmittelbaren Verhandlung zwischen sämtlichen den Bund konstituierenden Regierungen zu machen, so läßt sich nicht bezweifeln, daß unsere gegenwärtige Vereinigung vollkommen geeignet sei, die zur näheren Bestimmung der Grundverhältnisse des Bundes noch erforderlichen Anordnungen im Sinne der Bundesacte in Beratung zu nehmen, um über eine so notwendige Vorbedingung aller ferneren Verhand-

lungen baldmöglichst zu festen gemeinschaftlichen Resultaten zu gelangen" (Ilse, Gesch. d. d. BV., Bd. 2, S. 399).

Es muß wohl anerkannt werden, daß die Lösung der in der Bundesakte offen gebliebenen schwierigen Fragen durch eine eigens hierfür
zusammengetretene Versammlung von Bevollmächtigten der Regierungen ihre Vorteile hatte; denn die Bundesversammlung war mit dieser Aufgabe, der sie sich nach Artikel 10 der Bundesakte vordringlich
zuzuwenden hatte, offenbar überfordert.

Die versammelten Bevollmächtigten bildeten mehrere Ausschüsse, die
Lösungsvorschläge für bestimmte Fragen zu erarbeiten hatten. Dies
geschah in zügiger Weise, so daß Metternich bei der 18. Konferenz
am 24. Februar 1820 die Frage nach der definitiven Form der Konferenz-Beschlüsse aufwerfen konnte. „In Bezug auf diese gebe es zwei
Wege, nämlich, entweder die angenommenen Sätze als entschiedene
Normen auszusprechen oder solche der Bundesversammlung zu
nochmaliger Beratung mitzuteilen. Letzteres möchte jedoch eben so
überflüssig als unangemessen sein, denn es könne wohl keinem Zweifel unterliegen, daß die in Wien vereinigten Regierungen, ohne der
Competenz der Bundesversammlung zu nahe zu treten, ebenso berufen und berechtigt seien, den Bund auszubilden und zu befestigen, als
sie im Jahre 1815 die Bundesakte selbst abzuschließen befugt gewesen" (Ilse, Gesch. d. d. BV., Bd. 2, S. 485). Nach Ansicht des Kaisers
würde es am zweckmäßigsten sein, „die in Wien beschlossenen Sätze
als Grundgesetze des Bundes in Form einer Übereinkunft unter den
sämtlichen deutschen Regierungen, in einem Supplementaract zur
Bundesacte zusammen zu fassen, und mit einer kurzen Erklärung der
Motive dieses Verfahrens unter Bezugnahme auf den 10. Artikel der
Bundesacte zur förmlichen Bekanntmachung an den Bundestag zu
bringen" (Ilse, S. 485).

Das forderte von der Bundesversammlung ihre Ausschaltung von Geschäften, die ihr durch die Bundesakte übertragen waren, auch noch
förmlich gutzuheißen, indem sie die von anderer Stelle gefaßten Beschlüsse, zu denen die Bundesversammlung allein befugt war, be-
kanntmachen mußte. Eine solche Mißachtung des Bundestages stieß
auf den energischen Widerspruch des Königs von Württemberg, dessen Bevollmächtigter in der 20. Sitzung am 29. März eine ausführliche Darlegung der Bedenken gegen das vorgeschlagene Verfahren

zur Bekanntgabe der Konferenz-Beschlüsse zu Protokoll zu geben
hatte. (Wenn Treitschke in dem Verhalten des württembergischen
Königs nur reine Oppositionslust erblickt [D. G., Bd. 3, 3. Aufl., S. 24],
so können wir ihm darin nicht beipflichten.)

Außer diesem Widerspruch Württembergs gegen das zunächst beabsichtigte Verfahren zur Inkraftsetzung der Beschlüsse erhoben sich
noch Bedenken bezüglich ihrer redaktionellen Fassung von mehreren
Seiten, die zu einer Verzögerung der Verabschiedung führten. In der
31. Sitzung am 16. Mai wurde die Schlußakte mit Datum vom 15. Mai
1820 von allen Teilnehmern, von ihren Regierungen dazu bevoll-
mächtigt, unterzeichnet. In dieser Schlußakte, allgemein als „Wiener
Schlußakte" bezeichnet, waren alle früheren Beschlüsse zu einem einheitlichen Ganzen zusammengefaßt. Die Schlußakte wurde durch
Präsidialbotschaft an die Bundesversammlung gebracht, die sie auf
Grund übereinstimmender Instruktionen der Regierungen am 8. Juni
1820 „zu einem der Bundesacte an Kraft und Gültigkeit gleichen
Grundgesetze des Bundes" erhob (ö. Pr., Bd. 9, S. 16). In der Zwischenzeit, seit dem 20. Januar, fanden beim Bundestag zehn vertrauliche Sitzungen ohne veröffentlichte Protokolle statt.

Wir haben uns jetzt zu fragen, inwieweit die Wiener Schlußakte den
Gegenständen gerecht wurde, die die „Übersicht der Beratungsgegenstände" (s. S. 94 f.) verzeichnete.

Der erste Gegenstand betraf die nähere Bestimmung der Fälle, in denen zu verbindlichen Beschlüssen der Bundesversammlung entweder
Stimmenmehrheit hinreichend, oder aber Einhelligkeit der Stimmen
erforderlich sei. Das Ergebnis der Beratungen hierüber bilden die Bestimmungen in Art. 10 bis 16 und Art. 64 WSA. Wir verweisen hierzu
auf die auf S. 41 beginnenden Ausführungen, in denen die wichtigeren Art. 12 bis 15 und 64 WSA wiedergegeben sind.

Der zweite Gegenstand betraf „eine permanente Instanz, den öffentlichen Rechtszustand im Bunde zu sichern, und die zum gerichtlichen
Wege geeigneten Streitigkeiten der Bundesstaaten unter einander zu
schneller Entscheidung zu bringen". Es handelte sich dabei um die
„wohlgeordnete Austrägal-Instanz", die Art. 11 BA forderte. Durch
Bundesbeschluß vom 16. Juni 1817 war dazu eine Austrägalordnung
beschlossen worden. Wir verweisen deswegen auf unsere Ausführungen auf S. 41 f., wobei auch auf die ergänzenden Bestimmungen der

Wiener Schlußakte und den Bundesbeschluß vom 3. August 1820,
gleichfalls ein Ergebnis der Wiener Ministerial-Konferenzen, eingegangen wurde. Eine permanente Instanz in Form eines Bundesgerichts oder in anderer Form kam nicht zustande.

Den dritten Gegenstand bildete „die Einführung einer definitiven
Executions-Ordnung". Auch hierzu können wir auf unsere früheren
Ausführungen (S. 46 f.) verweisen.

Als vierter Beratungsgegenstand war die Erläuterung des 13. Artikels
der Bundesakte vorgesehen. Der Ausschuß, der sich in Wien damit
befaßte, fand Bestimmungen, die einen Kompromiß bedeuteten und
die sowohl die alt-landständischen Verfassungen, wie sie insbesondere Österreich vertrat, als auch die inzwischen in Süddeutschland
eingeführten konstitutionellen Verfassungen zuließen. Das unveränderte Fortbestehen der letzteren war dadurch gesichert; eine Änderung war nur auf dem dafür in der Verfassung vorgesehenen Wege
möglich. Die Bestimmungen, auf die man sich einigte, befinden sich in
den Art. 54 bis 62 der Schlußakte. Das „monarchische Prinzip", das
der Tätigkeit der Bundesversammlung hinfort als oberster Grundsatz
galt, fand seinen Ausdruck in Art. 57. Er forderte: es „muß ... die gesamte Staatsgewalt in dem Oberhaupte des Staates vereinigt bleiben,
und der Souverän kann durch eine landständische Verfassung nur in
der Ausübung bestimmter Rechte an die Mitwirkung der Stände gebunden werden".

Als fünfter Gegenstand war die Feststellung „der völkerrechtlichen
Verhältnisse des Bundes, in Ansehung von Krieg und Frieden" verzeichnet. Hierzu brachten Art. 35 bis 49 WSA die erschöpfende Regelung.

Der sechste und siebente Gegenstand waren militärischer Art. Sie waren spezieller Natur und daher nicht geeignet, einen Niederschlag in
der Wiener Schlußakte zu finden. Dasselbe gilt für den zehnten Gegenstand, „die Erleichterung des Handels und Verkehrs" betreffend.
Auf die Punkte 8 und 9, Angelegenheiten der Mediatisierten betreffend, gehen wir nicht ein.

Mit der Regelung der Militärverhältnisse des Deutschen Bundes befaßte sich der Bundestag schon seit dem Jahre 1817. Angesichts der
Schwierigkeit dieser Aufgabe kann es nicht verwundern, daß die Ar-

beit daran lange Zeit in Anspruch nahm. Immerhin waren die Bemühungen bis zum Sommer 1819 so weit gediehen, daß der in § 219 des Protokolls vom 20. September 1819 enthaltene Bundesbeschluß mit sechs Punkten zur Instruktionseinholung zwecks definitiver Beschlußnahme nach Wiedereröffnung der Sitzungen auch die Verhandlungen über die Bundesfestungen und über die Contingentstellung zum Bundesheer verzeichnete.

Mit den Fragen der Bundesfestungen befaßte sich in Wien der siebte Ausschuß, der über die Ergebnisse seiner Beratungen erst am 23. Mai 1820, in der vorletzten Sitzung der Konferenzen, berichtete, während der achte Ausschuß schon am 29. März in der Lage war, seinen Vortrag wegen der Contingentstellung zum Bundesheer nebst den damit verbundenen Anträgen vorzulegen. Wir gehen auf diese Angelegenheit ihres sehr speziellen Charakters wegen nicht näher ein. Für den siebten Ausschuß erstattete Metternich am 23. Mai den Vortrag bezüglich der Bundesfestungen (Protokolle der Ministerial-Conferenzen, S. 386 u. S. 397 ff.). Der Vortrag bezog sich insbesondere auf die „Grundbestimmungen wegen Übernahme, Unterhaltung und Garnisonierung der vermöge der Europäischen Verträge bereits als Bundesfestungen bestehenden Plätze". Die „Grundbestimmungen" wurden in einem Separat-Protokoll von den Bevollmächtigten vereinbart, wobei sich einige die Zustimmung ihrer Regierung noch vorbehielten (a. a. O., S. 418 f.).

Dies gab Anlaß zur Verzögerungen. So war es denn erst am 5. Oktober 1820 möglich, in einer Plenar-Versammlung die „Grundbestimmungen wegen Übernahme der Festungen Mainz, Luxemburg und Landau von Seiten des deutschen Bundes" in der Fassung, wie sie am 23. Mai in Wien vereinbart waren, zum Bundestags-Beschluß zu erheben (ö. Pr., Bd. 10, S. 99 f.). Die in drei Artikeln bestehenden „Grundbestimmungen" waren damit als „Basis der ferneren Verhandlungen über die Entwickelung und Anwendung dieser Sätze, bei der näheren Regulierung und Ordnung dieser Festungen", einhellig anerkannt.

Am kläglichsten war das Ergebnis der Beratungen, die in Wien im zehnten Ausschuß stattfanden und „die Erleichterung des Handels und Verkehrs zwischen den verschiedenen Bundesstaaten" zum Ziel hatten. Eine Einigung über diesbezügliche Bestimmungen war nicht möglich, und so blieb die fernere Bearbeitung dieses Gegenstandes der Bundesversammlung laut Art. 65 WSA vorbehalten.

Wir wollen auf die weiteren ergebnislosen Verhandlungen hierzu in der Bundesversammlung nicht eingehen und uns auf wenige Bemerkungen zur künftigen Zolleinigung der deutschen Staaten durch Preußen unter Ausschluß Österreichs beschränken.

Preußen sah sich in Wien bei den Ministerial-Conferenzen heftigen Anfeindungen wegen seines Zollgesetzes vom 26. Mai 1818 ausgesetzt. Das Gesetz hob die preußischen Binnenzölle auf und verlegte die Zollgrenzen an die Staatsgrenzen, wobei die von preußischem Gebiet umschlossenen Teile anderer Staaten dem preußischen Gebiet gleichgestellt wurden. Dies wurde von den davon betroffenen Staaten als Souveränitätsverletzung angesehen und entsprechend angeprangert. Preußen vermochte aber im Laufe der Jahre eine Verständigung in den Streitfällen herbeizuführen mit der Wirkung, daß im Deutschen Zollverein, dem schon bei seiner Gründung die Mehrheit der deutschen Staaten angehörte, ab 1. Januar 1834 ein geschlossenes deutsches Zollgebiet von der Ostsee bis zu den Alpen bestand. Sehr zu seinem Schaden hatte es Österreich versäumt, rechtzeitig den wirtschaftlichen Erfordernissen der deutschen Staaten nach ungehindertem Handel Rechnung zu tragen und sich für seine Bundesgebiete in den in Gang kommenden Prozeß der Zolleinigung einzufügen.

4. Militärverhältnisse des Deutschen Bundes

Geordnete militärische Verhältnisse zu schaffen, war der Bundesversammlung schon durch Art. 10 der Bundesakte auferlegt. Sie wandte sich dieser Aufgabe, die gewiß nicht leicht zu lösen war, alsbald nach Aufnahme ihrer Tätigkeit zu. Dem Bundestagsausschuß, der sich mit den militärischen Angelegenheiten befaßte, trat im Jahre 1819 auf österreichische Anregung eine Militär-Commission zur Seite, der schon auf Grund des Bundesbeschlusses vom 9. April 1818 (ö. Pr., Bd. 5, § 85, S. 151 ff.) ein Militär-Ausschuß (Militär-Comité) vorausgegangen war, der „keine unmittelbare Berührung mit der Bundesversammlung" hatte und dessen Mitglieder von den Bundesstaaten benannt wurden. Als seine Aufgabe und Dauer nannte der Beschluß:

„6. Der Militär-Ausschuß beschäftigt sich nur mit der Ausarbeitung des Militär-Planes und mit den rein-militärischen Arbeiten, die durch den Bundestags-Ausschuß an denselben gelangen, ...

7. Die Dauer des Militär-Ausschusses ist auf die Verhandlungen über die Militär-Angelegenheiten beschränkt. Er wird mit ihrer Beendigung aufgelöst.

8. Binnen drei Monaten wird der Bundestags-Ausschuß das Resultat der Bundesversammlung zum endlichen Beschlusse vorlegen." (a. a. O., S. 153)

Die Frist von drei Monaten war zu kurz bemessen. Sie einzuhalten war wegen der Schwierigkeit der gestellten Aufgabe nicht möglich. Der Bericht des Bundestags-Ausschusses, der in Zusammenarbeit mit dem Militär-Comité zustande kam, datiert vom 10. Oktober 1818 und trägt die Überschrift: „Commissions-Bericht, in Betreff der Militär-verhältnisse des deutschen Bundes". Zusammen mit diesem Bericht wurden die „Grundzüge der Kriegs-Verfassung des deutschen Bundes" und „Vorläufige Bestimmungen über die Bundesfestungen" vorgelegt. Die Bundesversammlung befaßte sich mit ihnen in der Sitzung vom 12. Oktober 1818 (ö. Pr., Bd. 6, § 234, S. 207 ff. nebst Beilagen 35, 36 u. 37, S. 242–290). Aus dem Beschluß von diesem Tage zitieren wir:

„1. Daß die von dem Bundestags-Ausschusse vorgeschlagenen Grundzüge der Kriegsverfassung des deutschen Bundes, und die vorläufigen Bestimmungen über die Bundesfestungen, nebst dem Commissions-Berichte, an die Höfe und Regierungen einzusenden und darüber die endlichen Instructionen einzuholen seien;

2. ...

3. das Militär-Comité, welches seinen bisherigen Zweck erfüllt, und den Bundestags-Ausschuß durch seine fortgesetzten Arbeiten tätigst unterstützt habe, dermal aufgelöst, und demselben der lebhafte Dank für seine verdienstvollen Bemühungen von Seite der hohen Versammlung zu erkennen gegeben würde; daß

4.–10. ..."

Wir gehen noch kurz auf die Zusammensetzung des Bundesheeres gemäß den Grundzügen der Kriegsverfassung ein. Ihr § 1 bestimmte (a. a. O., S. 263):

„Das Bundesheer besteht aus einem Prozent der Bevölkerung aller Bundesstaaten, so wie dieselbe in der Bundes-Matrikel angegeben ist.

Die vorläufig auf fünf Jahre angenommene Bundes-Matrikel ist in der Anlage 1 angefügt." Die Anlage 2 (S.284) enthielt die „Einteilung des Bundesheeres" auf Grund des Verzeichnisses der Anlage 1 (S.283). Das Bundesheer sollte danach 300943 Mann umfassen, eingeteilt in zehn Armee-Corps, von denen Österreich und Preußen je drei und Bayern ein Corps stellen sollten; die weiteren drei waren als gemischte Corps vorgesehen, indem mehrere Staaten zusammen ein Corps bildeten. Bei Wiederaufnahme der Bundestagssitzungen am 21. Januar 1819 (ö.Pr., Bd.7, § 4, S.8 ff.) stellte Österreich den Antrag, als künftigen „technischen Beistand" für den Bundestagsausschuß in Militärangelegenheiten „eine aus Militär-Personen zusammengesetzte Commission" zu konstituieren, die als „Militär-Commission der Bundesversammlung" zu benennen sei. Ihr Auftrag sollte über die Überwachung der schon bestehenden Local-Commissionen für die Bundesfestungen hinausgehen; insbesondere sollte ihr obliegen, „die technischen Militär-Arbeiten zu liefern, welche ihr von der Bundesversammlung oder von dem Bundestags-Ausschusse übertragen werden". Österreich, Preußen und Bayern sowie jedes der drei gemischten Corps sollten je einen Militär-Bevollmächtigten, zusammen sechs Mitglieder, benennen. Es kam hierüber sofort zu einem provisorischen Beschluß. Die Commission sollte sich als vorläufig konstituiert ansehen, sobald vier Mitglieder anwesend seien. Ihre Arbeiten wurden „vorläufig ausdrücklich auf die Instruierung der Local-Commissionen beschränkt" (a.a.O., S.18). Der endgültige Beschluß wurde am 15. März 1819 gefaßt, mit nur geringfügigen Änderungen gegenüber dem ursprünglichen österreichischen Antrag (ö.Pr., Bd.7, § 37, S.119 ff.).

Sehr schwierig gestalteten sich die Verhandlungen über die Einteilung der gemischten Corps. Diese fand ihre Regelung in dem Bundesbeschluß vom 11. März 1819 (ö.Pr., Bd.7, § 31, S.108 f.). In dem achten Armee-Corps stellte danach Württemberg, in dem neunten Sachsen und in dem zehnten Hannover das größte Contingent.

Über die Bundeskriegsverfassung als Ganzes und über die Bundesfestungen kam es bis zum 20. September 1819 zu keinem endgültigen Beschluß. Die Wiener Ministerialkonferenzen brachten wenigstens bezüglich der Bundesfestungen einen Fortschritt, nämlich die Vorbereitung des Bundesbeschlusses vom 5. Oktober 1820 (s. S. 100). Im übrigen aber blieb es völlig Aufgabe der Bundesversammlung, die Militärangelegenheiten des Bundes zu regeln. Mit der Kriegsverfassung des Bundes als solcher befaßten sich die Wiener Konferenzen ohnehin nicht.

Es verdient wohl Anerkennung, wenn am 9. April 1821 in einer Plenar-Versammlung einhellig beschlossen werden konnte:

„Daß die nachfolgenden XXIV Artikel der Kriegsverfassung des deutschen Bundes in ihren allgemeinen Umrissen und wesentlichen Bestimmungen zum organischen Bundesgesetze erhoben werden." (ö. Pr., Bd. 11, S. 193)

Wir bezeichnen diese später zu besprechenden 24 Artikel hinfort kurz als „Grundzüge" der Kriegsverfassung. Der Beschluß mußte im Plenum der Bundesversammlung gefaßt werden, weil es sich beim Bundesheer um eine organische Einrichtung handelte. Dafür schrieb Art. 6 BA Beschlußfassung im Plenum vor. Art. 13 WSA verlangte ebenso wie Art. 7 BA die Einstimmigkeit des Beschlusses. Nachdem die Grundzüge der Bundeskriegsverfassung beschlossen waren, konnten gemäß Art. 14 WSA die näheren Bestimmungen im engeren Rat mit Stimmenmehrheit getroffen werden. Sie sind als „Nähere Bestimmungen der Kriegsverfassung des deutschen Bundes" in zehn Abschnitte unterteilt. Über die fünf ersten Abschnitte konnte bereits am 12. April 1821 (ö. Pr., Bd. 11, § 102, S. 204 ff.) beschlossen werden.

Erst am 11. Juli 1822 ließ sich der Beschluß über die fünf letzten Abschnitte der „Näheren Bestimmungen der Kriegsverfassung des Deutschen Bundes" herbeiführen, indem diese „einhellig angenommen" wurden (ö. Pr., Bd. 14, § 193, S. 137 ff.).

Damit stand die Bundes-Kriegsverfassung in vollem Umfang fest, und die bezüglich der militärischen Verhältnisse durch die Bundesakte gestellte Aufgabe war von der Bundesversammlung gelöst. Dabei waren reichlich Schwierigkeiten zu überwinden gewesen. Die beiden deutschen Großmächte, Österreich und Preußen, waren schon aus Gründen ihrer eigenen Sicherheit an gesunden Militärverhältnissen des Bundes interessiert; denn das Bundesheer konnte im Falle des Konflikts mit einer auswärtigen Macht vielleicht eine sehr wünschenswerte Ergänzung der eigenen militärischen Kraft darstellen. Die Bundes-Kriegsverfassung bildet ein Beispiel dafür, daß bei Eintracht zwischen Österreich und Preußen Lösungen auch für komplizierte Fragen im Bundestag gefunden werden konnten. Diese Eintracht war gleichsam das Rückgrat des Deutschen Bundes. Nur mit ihr konnte er bestehen.

Die Bundes-Kriegsverfassung ließ gewiß in manchem Punkte zu wünschen übrig. Das war schon dadurch bedingt, daß viele Interessen-Gegensätze zu überbrücken waren. So konnte denn viel berechtigte Kritik geübt werden. Aber billigerweise müssen wir wohl anerkennen, daß das Zustandekommen der Bundes-Kriegsverfassung binnen sechs Jahren eine beachtliche Leistung des Deutschen Bundes darstellte. So schreibt denn Kaltenborn in seiner „Geschichte der Deutschen Bundesverhältnisse", erschienen 1857: „Bedeutendes leistete der Bund für die Deutsche Wehrfähigkeit und Bundeskriegsverfassung." Er hebt neben den Bundesfestungen hervor „die gute Organisation der Truppencontingente der Bundesstaaten zu einem Bundesheere von zehn Armeekorps, in Kriegszeiten mit einem Bundesoberfeldherrn an der Spitze" (Band 1, S. 314). Weiter sagt er: „Überhaupt ist die Tätigkeit des Bundes in militärischer Hinsicht stets eine fleißige und tüchtige geblieben" (S. 315).

Wenden wir uns jetzt kurz einigen wichtigen Bestimmungen der Kriegsverfassung zu! In deren „Grundzügen" heißt es in Art. VIII: „Nach der grundgesetzlichen Gleichheit der Rechte und Pflichten soll selbst der Schein von Suprematie eines Bundesstaates über den andern vermieden werden." Damit war die Stellung eines Oberfeldherrn im Frieden ausgeschlossen. Nur wenn der Kriegsfall einzutreten drohte, war nach Art. XIII ein Oberfeldherr zu wählen. Abschnitt VI, § 45 der „Näheren Bestimmungen" besagte: „Der Oberfeldherr wird jedesmal, wenn die Aufstellung des Kriegsheeres beschlossen wird, von dem Bunde in der engeren Versammlung erwählt." Es ist bekannt, daß Preußen danach strebte, daß ihm die Contingente der kleineren norddeutschen Staaten unterstellt würden. Solche Pläne wurden durch die Bundes-Kriegsverfassung verhindert.

Zu der Stellung des Oberfeldherrn gegenüber der Bundesversammlung sagt § 47:
„Der Oberfeldherr verhält sich zum Bunde, wie jeder kommandierende General zu seinem Souverain; die Bundesversammlung ist daher seine einzige Behörde, welche mit ihm durch einen aus ihr gewählten Ausschuß in Verbindung steht."

Eine Schwäche des Bundesheeres bedeuteten die drei gemischten Korps, besonders die Kontingente der kleineren Staaten. In der Tat betrug das Kontingent für Liechtenstein nach der Bundesmatrikel nur 55 Mann. Bei nur kleinen Zahlen konnte aber unmöglich das in Abschnitt II der „Näheren Bestimmungen" der Kriegsverfassung festgelegte Verhältnis der Waffengattungen eingehalten werden. Es gab also reichlich praktische Schwierigkeiten in zeitraubenden Verhandlungen zu überwinden. Wir dürfen Huber wohl zustimmen, wenn er meint: „Eine gemeinsame Operation der Bundestruppen wäre im Ernstfall auf eine harte Probe gestellt gewesen" (VG., Bd. 1, S. 612). Der Ernstfall eines Bundeskrieges trat in der 50jährigen Geschichte des Deutschen Bundes aber nicht ein.

5. Angelegenheiten der Central-Untersuchungs-Commission zu Mainz im Bundestag

Da die Bundesversammlung nach Artikel 7 der Wiener Schlußakte den Bund in seiner Gesamtheit darstellte und „das beständige verfassungsmäßige Organ seines Willens und Handelns" war, mußte die Central-Untersuchungs-Commission zu Mainz, die auf Grund der Karlsbader Beschlüsse tätig geworden war, ihr, der Bundesversammlung, unterstehen. Ihr schuldete jene Rechenschaft über ihre Arbeit. Demgemäß wurde in der Bundestagssitzung vom 21. September 1820, also nachdem ein Jahr seit den Karlsbader Beschlüssen vergangen war, auf Antrag des Präsidiums beschlossen: „die Central-Untersuchungs-Commission zu Mainz zur Erstattung eines Berichtes über die dermalige Lage des ihr aufgetragenen Geschäfts aufzufordern" (ö. Pr., Bd. 10, § 152, S. 68).

Die Initiative zu diesem Beschluß ging jedoch nicht von Österreich aus. Ilse, dem vertrauliche Unterlagen zur Verfügung standen, berichtet (Gesch., Bd. 2, S. 304), daß Württemberg, Kurhessen, Mecklenburg u. a. das Präsidium bedrängten, die Central-Untersuchungs-Commission zur Berichterstattung aufzufordern. Diese Commission war zwar durch Bundesbeschluß ins Leben gerufen worden, die Benennung ihrer Mitglieder wurde aber den Regierungen von Österreich, Preußen, Bayern, Hannover, Baden, Großherzogtum Hessen und Nassau überlassen (ö. Pr., Bd. 8, § 221, S. 289). Deshalb mochte sich die Commission wohl als selbständige Behörde neben dem Bundestag empfinden, was jedoch der Bundesverfassung widersprach. Die Aufforderung vom 21. September 1820 blieb unbeachtet. Eine neu geforderte Geldbewilligung für die Central-Untersuchungs-Commission wurde „auf wiederholtes Andringen mehrerer Bundestagsgesandten" Anlaß zu einem „in vertraulicher Sitzung am 30. Mai 1821 gefaßten Beschlusse, in welchem man bei der Central-Untersuchungs-Commission anfragte: ‚Wann sie denn den Bericht zu erstatten gedenke? Dies möge sie doch wenigstens der Bundesversammlung zu erkennen geben!'" (Ilse, a. a. O., S. 304). Ilse fährt fort: „Dieser Beschluß ging jedoch der Central-Untersuchungs-Commission nicht in hergebrachter förmlicher Weise zu, sondern das Präsidium der Bundesversammlung erließ ‚das Nötige' an die Commission. Der Präsident der Commission antwortete auch unter dem 5. Juni hierauf dem Präsidium, und gab die Ursache der Verzögerung an; allein dieses Schreiben ‚ging durch irgend einen Zufall zu Verlust', so daß die Bundesversammlung davon keine Kenntnis erhielt." In einer vertraulichen Sitzung vom 30. Juli 1821 wurde, „durch eine energische Erklärung von Baden veranlaßt, der Beschluß gefaßt, der Central-Untersuchungs-Commission einen weitern Termin zu bewilligen" (a. a. O., S. 304).

Es mag genügen, daß hiermit dargetan ist, wie unerquicklich die Beziehungen zwischen der Bundesversammlung und der Central-Untersuchungs-Commission waren, die sich jener als gleichrangig erachtete. „Hierdurch entstand nach und nach eine sehr große Verstimmung bei einzelnen Regierungen" (Ilse, a. a. O., S. 305), die gegenüber der Commission, zu der sie keine Verbindung hatten, großes Mißtrauen hegten.

In einem Schreiben vom 6. Dezember 1821 teilte der Commissions-Präsident dem Bundes-Präsidium endlich mit, daß der verlangte Bericht im Entwurf vollendet sei und ihm 32 besondere Vorträge, deren Reinschrift noch einige Zeit brauche, beigelegt würden. „Unter dem 13. Mai 1822 sendete die Central-Untersuchungs-Commission ihren Bericht ein", der, weil „die Untersuchungen noch nicht abgeschlossen waren", später zu ergänzen wäre (Ilse, a. a. O., S. 307). Der Bericht wurde unentsiegelt der Bundestagskommission für Fragen der Central-Untersuchungs-Commission am 30. Mai übergeben. Diese Kommission war am 20. September 1819 gebildet worden; ihr gehörten die Gesandten von Österreich, Preußen und Großherzogtum Hessen an.

Sie wurde am 30. Mai 1822 verstärkt, so daß in ihr Gesandte aller Regierungen vertreten waren, die an der Central-Untersuchungs-Commission teil hatten, und keine anderen.

Der Bericht der Central-Untersuchungs-Commission umfaßte die Zeit von 1806 bis zum 30. November 1821 und beschäftigte sich eingehend mit der geistigen Bewegung, die zu den Reformen in Preußen nach dessen Niederlage im Jahr 1806 geführt und die Begeisterung der Freiheitskriege ausgelöst hatte. Unbestreitbar darf darin ein starker Ansporn für das Streben nach nationaler Einigung wie nach Liberalisierung im geistigen und wirtschaftlichen Leben und Beteiligung des Volkes an politischen Entscheidungen gesehen werden. Als peinlich mußte dabei empfunden werden, daß Männer wie Fichte, Arndt, Jahn und selbst Stein auf diese Weise als Urheber der demagogischen Umtriebe erscheinen konnten.

Berichterstatter der Bundestagskommission war der bayrische Gesandte von Aretin, der in der Bundesversammlung am 4. Juli 1822 über den Bericht der Central-Untersuchungs-Commission Vortrag hielt. Ilse schreibt hierüber polemisch (Gesch., Bd. 2, S. 312 f.).:
„Nachdem Aretin die Schwierigkeiten der Central-Untersuchungs-Commission in helles Licht gestellt, soweit dies möglich war, und dem seltenen Scharfsinne der Commission, mit welchem sie auf überraschende Weise dieselben überwunden, gebührend gelobt, gelangt er zu der naiven Äußerung, daß, wo der Central-Untersuchungs-Commission die Überwindung der Schwierigkeiten nicht gelang, die Ursache nicht an ihr gelegen habe. ‚Wer die Arbeit der Central-Untersuchungs-Commission prüft, wird finden (welcher Partei er auch angehört), daß sie den Tatbestand, den Ursprung und die Verzweigungen der gegen die bestehende Verfassung und innere Ruhe, sowohl des ganzen Bundes, als der einzelnen Bundesstaaten gerichteten Umtriebe und Verbindungen möglichst gründlich und umfassend untersucht und dargestellt habe; ...‘ ...“

Der Bericht Aretins sicherte das weitere Bestehen der Central-Untersuchungs-Commission, während zuvor Württemberg und einige weitere Staaten ihre Auflösung forderten. Diesen wurde der Einblick in den Bericht der Central-Untersuchungs-Commission verweigert, so daß sie außerstande waren, dem Vortrag von Aretin auf Grund eige-

ner Kenntnis des Berichts der Central-Untersuchungs-Commission
zu widersprechen. Auf die Nachtragsberichte der Mainzer Commission gehen wir nicht
ein. Nur ihr Abschlußbericht soll uns noch beschäftigen. Er datiert
vom 14. Dezember 1827 und wurde der Bundesversammlung am
17. Januar 1828 übersandt. Darauf vollzog sich die Auflösung der
Central-Untersuchungs-Commission im Laufe des Jahres 1828 in aller
Stille.

In den Protokollen der Bundesversammlung befindet sich erst im
Jahre 1831, also mit dreijähriger Verspätung, ein Bericht des badischen
Gesandten Freiherrn von Blittersdorff, den er im Namen des
Ausschusses für Fragen der Central-Untersuchungs-Commission am
24. März 1831 vor der Bundesversammlung erstattete (§ 78, S. 276–
348).

Die Aufgabe, die sich dem Bundestagsausschuß stellte, war sicher
nicht leicht. Der Hauptbericht umfaßte 314 Folio-Seiten; er stellte
eine Zusammenfassung der fünf Bände starken Total-Übersicht der
Gesamt-Resultate der Central-Untersuchungs-Commission mit Datum
vom 15. Oktober 1827 dar. Die summarische Übersicht über den
Hauptbericht, die Blittersdorff in seinem Vortrag bietet, umfaßte immer
noch 64 Seiten.

Wenn man ein Urteil über den Wert der von der Central-Untersuchungs-Commission
geleisteten Arbeit abgeben will, ist vor allem die
Frage zu stellen, inwieweit sie der ihr gestellten Aufgabe gerecht geworden
ist. Als ihr Zweck war in der Bundestagssitzung vom 20. September
1819 bezeichnet worden: „gemeinschaftliche, möglichst
gründliche und umfassende Untersuchung und Feststellung des Tatbestandes,
des Ursprungs und der mannigfachen Verzweigungen der
gegen die bestehende Verfassung und innere Ruhe, sowohl des ganzen
Bundes, als einzelner Bundesstaaten, gerichteten revolutionären
Umtriebe und demagogischen Verbindungen, von welchen nähere
oder entferntere Indicien bereits vorliegen, oder sich im Laufe der
Untersuchung ergeben möchten" (ö. Pr., Bd. 8, § 220, S. 284). Dieser
Aufgabe ist die Central-Untersuchungs-Commission wohl gerecht geworden.
In dem Gutachten des Ausschusses, welches in Blittersdorffs
Vortrag auf die Übersicht über den Hauptbericht folgt, heißt es: „daß
die Central-Untersuchungs-Commission in den neuesten Arbeiten, in

stets steigendem Maße, einen Fleiß, Scharfsinn, Beharrlichkeit und Gründlichkeit entwickelt hat, wie man sie außer Deutschland wohl nicht zu finden vermöchte" (S. 343).

Eine weitere Frage ist, wie dem Auftrag an die Bundesversammlung, die Ergebnisse der Mainzer Untersuchungen zu veröffentlichen, entsprochen werden konnte. In der Präsidialproposition vom 20. September 1819 hieß es:

„Endlich wird, durch die am Schlusse der Untersuchung zu verfügende öffentliche Bekanntmachung der gesamten Verhandlungen dieser Behörde, die Furcht, Unschuldige verletzt, oder Schuldige der verdienten Strafe entzogen zu sehen, aufs Wirksamste beseitiget werden; und in jedem Falle die vollständige Aufklärung der Sache vielen Zweifeln, Besorgnissen und unruhigen Bewegungen ein Ziel setzen" (ö. Pr., Bd. 8, § 220, S. 277).

Der Auftrag der Veröffentlichung mag dem Bundestagsausschuß wohl Sorge bereitet und zur Verzögerung seines Berichts beigetragen haben. Treitschke zitiert als Bemerkung von Blittersdorff:

„In dem ganzen Berichte ist nur eine durchgreifende und leitende Idee aufzufinden, und diese besteht darin, daß alle späteren Umtriebe und geheimen Verbindungen aus jenen hervorgegangen seien, welche gegen die französische Herrschaft und gegen den Rheinbund gerichtet waren!" (Treitschke, D. G., Bd. 3, 3. Aufl., S. 344 f.)

Das war in der Tat das Dilemma: Die Bewegung, die Freiheit und Einheit für Deutschland forderte und die durch die Karlsbader Beschlüsse unterdrückt werden sollte, hatte ihre Wurzel in den „Ideen einer allgemeinen Regeneration von Deutschland". Die in Anführungsstriche gesetzten Worte bilden die Überschrift für die erste Periode des Berichts der Central-Untersuchungs-Commission (Pr. 1831, S. 281). Die Erneuerung führte insbesondere in Preußen nach der Niederlage im Jahre 1806 zu durchgreifenden Reformen. Ohne die Erneuerungsbewegung konnte die Begeisterung im Kampf um Befreiung von der napoleonischen Herrschaft nicht entflammen. Vom Standpunkt der Restauration aber war die entstandene geistige Bewegung mit ihren politischen Zielen höchst gefährlich, wirkten doch Ideen der Französischen Revolution in ihr fort. Deshalb standen sich Restauration und politisch-geistige Bewegung in heftigem Widerstreit gegenüber. Dies aber in einem für die Öffentlichkeit bestimmten Bericht der Central-Untersuchungs-Commission zuzugeben, war mehr als peinlich, denn dadurch hätte die deutsche Einheitsbewegung nur Auftrieb erhalten können, und die Restauration sähe sich ins Unrecht gesetzt.

Das Unbehagen angesichts solcher Gedanken spürten wohl auch die Mitglieder des Bundestagsausschusses. Dieser beantragte daher: „den gegenwärtigen Vortrag zur Kenntnis der hohen Bundesregierungen zu bringen und sich Instruktionen darüber zu erbitten: ob der Hauptbericht der Central-Untersuchungs-Commission, d. d. Mainz den 14. Dec. 1827, der Öffentlichkeit zu übergeben, oder ob der gegenwärtige Vortrag in ein öffentliches Protokoll der hohen Bundesversammlung einzurücken sei?" (S. 347 f.) Demgemäß wurde von der Versammlung einhellig beschlossen.

Ilse stellt am Ende des Berichts in seiner „Geschichte der politischen Untersuchungen" fest: „Diese Instruktionen sind niemals eingetroffen" (Pol. Unt., S. 218). Stern mag wohl Recht haben, wenn er zu diesem Gegenstand abschließend sagt: „Es war, als wenn ein Rest von Schamgefühl die Regierungen abhielte, diese schmutzige Wäsche vor dem deutschen Volk auszubreiten" (E. G., Bd. 2, S. 422).

Mit wenigen Worten wollen wir noch auf den Inhalt des Hauptberichts der Untersuchungs-Commission eingehen, der drei Perioden unterscheidet. Die erste Periode umfaßte die Jahre 1806–1815, die zweite 1816–1819 und die dritte 1820–1825. Wir beschränken uns auf die Betrachtung der dritten Periode, auf die allein die Untersuchungs-Commission aktiv Einfluß ausüben konnte. Die Commission sagt in einem Vorwort zur dritten Periode, zitiert nach dem Vortrag des Bundestagsausschusses: „Wenn die, in den zwei ersten Abteilungen dieses Berichts geschilderten, demagogischen Umtriebe und revolutionären Verbindungen ihren Ursprung in Deutschland gefunden, so sei dagegen zur Fortsetzung derselben offenbar von dem Auslande her der Impuls gekommen, und sie erschienen überhaupt nur mehr als eine Fraction der allgemeinen Bewegung, welche seit sieben Jahren die Ruhe von Europa neuerdings zu erschüttern bedroht habe." (Pr. 1831, S. 305 f.)

Nachdem die Unterdrückungsmaßnahmen in Deutschland zu wirken begonnen hatten, waren diejenigen, die als Demagogen verfolgt oder als solche verdächtigt wurden, gezwungen, sich ins Ausland zu begeben, mindestens aber sich bei Verbreitung ihrer politischen Ideen größter Vorsicht zu befleißigen. Eine völlige Untätigkeit, auch im Geheimen, konnte durch Unterdrückung nicht erreicht werden. Von außen her, von Frankreich oder der Schweiz aus, konnte die Fortsetzung einer politischen Tätigkeit versucht werden. Unter der studentischen Jugend konnte der Geist der Burschenschaften fortwirken, auch wenn diese verboten waren. Unter neuem Namen konnten neue burschenschaftliche Verbindungen entstehen.

Bei ihren Untersuchungen stieß die Commission auf die Spuren eines „Männerbundes" und eines „Bundes der Jungen". Für letzteren nennt die Commission als Zeitpunkt des Entstehens Ende Mai 1821. Er soll „sich mit solcher Schnelligkeit in fünfzehn Deutschen Staaten verbreitet habe(n), daß bis zum Dezember des Jahrs 1823 über hundert und fünfzig Personen als Teilnehmer und Mitwisser desselben genannt würden" (Pr.1831, S.321). Stern bezeichnet diese Anzahl als die höchste, die überhaupt erreicht wurde. Er schreibt: „Mehr als etwa anderthalbhundert Glieder scheint aber die studentische Revolutionsarmee nie umfaßt zu haben, und von Worten zu Taten war für alle diese Dilettanten ein weiter Weg" (E.G., Bd.2, S.417f.).

Der Bund der Jungen sollte mit dem Männerbund zusammenwirken; dieser trat aber weit weniger aktiv in Erscheinung, so daß seine Existenz so gar umstritten war. Das mußte sich ungünstig auf den Bund der Jungen auswirken. Stern schreibt: „Was vor allem dem Ganzen den festen Boden entzog, war die aufdämmernde Einsicht, daß der Männerbund, dem doch der Bund der Jungen nur als Stütze dienen sollte, ein bloßes Traumgebilde sei" (E.G., Bd.2, S.418).

Eine ernsthafte Gefahr konnte demnach von dem Bund der Jungen nicht ausgehen. Er war dem „inneren Verfall" ausgesetzt, wie „das Erkenntnis des Breslauer Oberlandesgerichtes" nachmals „für das Ende des Jahres 1823" bezeugte (a.a.O., S.418).

Es stellt sich indessen die Frage, ob nicht gerade die Untersuchungen der Mainzer Behörde und andere Maßnahmen als Folge der Karlsbader Beschlüsse die Wirkung hatten, daß geheime Verschwörungen frühzeitig entdeckt und im Keim erstickt werden konnten. Diese Auffassung bestätigt Huber in seinem Buch "Deutsche Verfassungsgeschichte", wenn er feststellt:
„Praktisch gelang es der Kommission, in Verbindung mit den ihr nachgeordneten Landespolizeiorganen, die im Entstehen begriffene

Bewegung auf eine gewisse Zeit zu lähmen. Die radikalen Führer wurden in die Emigration getrieben; ihre Helfer wurden festgesetzt oder doch zur Zurückhaltung gezwungen; das geheime Verbindungsnetz wurde zerrissen; die Aktionskräfte der Bewegung wurden für ein volles Jahrzehnt geschwächt. Darüber hinaus erlangten die Abwehrbehörden durch die systematische Untersuchungsarbeit der Mainzer Kommission das Material, das ihr nach dem Ausbruch der Julirevolution dienlich war, um die erneute auch in Deutschland aufflammende Bewegung schnell und nachhaltig einzudämmen. So war die Untersuchungskommission, wie immer man sonst über sie denken mag, eine wirksame Einrichtung des Verfassungsschutzes im Metternich'schen Staatenbund." (Bd. 1, 2. Aufl., S. 748 f.)

6. Ringen zwischen Opposition und Reaktion im Bundestag

Von Mitte Januar bis Anfang Februar 1823 fanden in Wien erneute Konferenzen statt. Nur ein kleiner vertrauter Kreis war dazu eingeladen worden. Neben Österreich waren Preußen, Bayern, Baden und Mecklenburg vertreten. Württemberg leistete der Einladung keine Folge. Die Vorschläge, die Metternich unterbreitete, finden sich bei Ilse (Gesch., Bd. 2, S. 576–597) abgedruckt.

Metternich hatte Grund genug, mit den innerdeutschen Verhältnissen unzufrieden zu sein. Die souveränen deutschen Regierungen führten die Karlsbader Beschlüsse mit unterschiedlicher Strenge durch, wohl am mildesten Württemberg. Die Opposition gegenüber der Bevormundung durch Österreich und Preußen trug der König von Württemberg offen zur Schau. In der Bundesversammlung war der württembergische Gesandte von Wangenheim der Anführer der Opposition, und er arbeitete, als einer der klügsten Köpfe beim Bundestag, dabei mit großem Geschick. Auch die öffentlichen Verhandlungen in den Kammern der süddeutschen Staaten bereiteten Verdruß.

Die Säuberung der Bundesversammlung von oppositionellen Gesandten war ein Hauptanliegen Metternichs. Dieses Verlangen findet sich in folgenden Worten ausgedrückt: „Damit aber die Bundesversammlung nicht eine störende Potenz, sondern ein wirksames und wohltätiges Werkzeug der vereinten Tätigkeit und Weisheit der deutschen Fürsten sei, und bleibe, muß vor allen Dingen bei der Wahl ihrer Mitglieder nach gleichförmigen, festen, auf den Zweck allein berechneten Grundsätzen verfahren werden" (a. a. O., S. 578). Damit war angekündigt, daß auf die Regierungen gegebenenfalls ein Druck ausgeübt werden sollte, einen mißliebigen Gesandten abzuberufen und durch einen willfährigen zu ersetzen, der die Gewähr böte, der vom Präsidium vertretenen Meinung zu folgen.

Bezüglich der Protokolle der Bundesversammlung sagte Metternich: „Der Abdruck (der Protokolle) der Bundesversammlung hat bisher, ohne irgend einen namhaften Vorteil zu stiften, mehr als einen bedeutenden Übelstand veranlaßt. Von der einen Seite sind dadurch einzelne Gesandte, denen an eitlem Ruhm und der Gunst des Publikums mehr als an Erfüllung ihrer Pflicht gegen ihre Committenten gelegen war, zu Vorträgen verleitet worden, welche Spaltung in der Versammlung herbeigeführt und die öffentliche Meinung aufgeregt haben; von der andern Seite hat die unvermeidliche Geringfügigkeit des Stoffes, der den größeren Teil dieser Protokolle anfüllt, zu unnützen Spöttereien Gelegenheit gegeben, und die dem Bundestag gebührende Achtung geschwächt. Es wäre daher ein wahrer Gewinn, wenn die Bundesversammlung beschlösse, fortan nur diejenigen ihrer Protokolle zum Druck zu befördern, die sie in einzelnen Fällen und aus besonderen Gründen dazu geeignet finden würde." (Ilse, a. a. O., S. 579)

Hierin herrschte Übereinstimmung, und demgemäß sollte bald in der Bundesversammlung verfahren werden. Nicht einig waren sich die Versammelten über die Vorschläge zum Verfassungswesen einzelner Bundesstaaten. Metternich befürwortete, dem Bund die Befugnis zuzugestehen, unter Umständen in die Verfassungen der Einzelstaaten einzugreifen. Dem widersprachen die Minister von Preußen, Bayern und Mecklenburg, und Metternich ließ sich davon überzeugen, daß an den Bestimmungen der Wiener Schlußakte nicht gerüttelt werden dürfe. So war denn die Gefahr eines Eingriffs in die Verfassungen der Einzelstaaten abgewendet, sehr zum Bedauern des badischen Vertreters und Bundestagsgesandten Blittersdorff.

Klage erhob Metternich auch über den Mißbrauch der Öffentlichkeit der landständischen Verhandlungen, nämlich über „die Form, in welcher die Verhandlungen der Kammern der ganzen Lesewelt mitgeteilt werden" (Ilse, a. a. O., S. 593). Dagegen möchte notfalls auf Antrag einer Bundesregierung ein Bundesbeschluß Abhilfe schaffen. Gegen den Mißbrauch der Pressefreiheit sollten strenge Maßnahmen auf Grund der Bundesbeschlüsse vom 20. September 1819 ergriffen werden. Das auf fünf Jahre beschlossene Pressegesetz sei rechtzeitig zu verlängern.

Das erste von Metternich vorgebrachte Anliegen war, wie berichtet, die Säuberung der Bundesversammlung von der Opposition, die sich gegen die Hegemonie der Großmächte auflehnte. Ihrer Vorbereitung diente ein Wechsel im Präsidium. Dieses wurde am 10. April 1823 von dem neuen österreichischen Gesandten Freiherr von Münch-Bellinghausen übernommen (ö. Pr., Bd. 15, § 53, S. 98). Treitschke schildert ihn mit folgenden Worten: „ein noch junger Mann, der sich bei den Elbschiffahrts-Verhandlungen durch diplomatische Gewandtheit ausgezeichnet und bald Metternichs volles Vertrauen gewonnen hatte, herrschsüchtig, aufgeblasen, gemütlos, überall unbeliebt, aber weit geschickter als sein Vorgänger" (D. G., Bd. 3, 3. Aufl., S. 324).

Aus der Rede, die Münch bei der Übernahme seines Amtes hielt, zitieren wir als u. E. kennzeichnend: „Der Bundesversammlung eine größere Wirksamkeit zu geben, als durch die Bundesakte und durch die späteren ergänzenden Beschlüsse ausgesprochen ist, kann nicht die Absicht meines Hofes sein, – aber die Gesetze, die da bestehen, ..., auf welchen die Garantie des Friedens und der Eintracht in Deutschland beruht, in voller Wirksamkeit zu erhalten, dies ist die unverhohlene Gesinnung meines Hofes, und es liegt in dem mir erteilten Auftrage, dieselbe in dieser hochverehrten Versammlung und in diesem sich mir so ernst und bedeutungsvoll gestaltenden Augenblicke auszusprechen" (ö. Pr., Bd. 15, § 53, S. 100).

Wenn „eine größere Wirksamkeit" der Bundesversammlung künftighin ausgeschlossen sein sollte, etwa die Schaffung organischer Einrichtungen zur Stärkung der nationalen Einheit, so wurde der Bundestag nahezu zur Untätigkeit verurteilt. Es verblieb ihm dann nicht viel mehr als die Aufgabe, über die Einhaltung bestehender Gesetze, insbesondere der Karlsbader Beschlüsse, zu wachen.

Der neue Präsidialgesandte fand eine gute Gelegenheit vor, sogleich einen Beweis der von ihm beliebten und von ihm geforderten Art der Geschäftsführung in der Bundesversammlung zu erbringen. Diese Gelegenheit bot eine Beschwerde, die der Präsident der Central-Untersuchungs-Commission unter dem 28. März an das Präsidium der

Bundesversammlung richtete. Die Beschwerde erfolgte, weil der in Stuttgart erscheinende „Teutsche Beobachter" am 20. März einen Artikel abdruckte, der eine Behauptung enthielte, die für sämtliche Mitglieder der Commission eine persönliche Beleidigung sei. Sie lautete: „Die Commission verrate in der Art ihrer Berichterstattung die geheime Absicht, ihre Dauer zu verlängern." Die württembergische Censurbehörde hätte, so die Meinung der Commission, die Aufnahme solcher persönlichen Beleidigung nicht gestatten dürfen. „Der Präsident müsse daher der hohen Bundesversammlung anheim geben, ob sie nicht auf dem geeigneten Wege bewirken wolle, daß dem Königlich-Württembergischen Zeitungs-Censor zu Stuttgart diese Ungebühr verwiesen und solches, zur Genugtuung der Central-Untersuchungs-Commission, öffentlich bekannt gemacht werde." Dies wurde der Bundesversammlung am 30. Mai 1823 von dem Ausschuß über die Preßgesetze unterbreitet, dem die Beschwerde zugeleitet worden war (ö. Pr., Bd. 15, § 92, S. 150 ff.).

Der Ausschuß-Bericht umfaßt im Protokoll 18 Seiten und eine Beilage von weiteren 24 Seiten (a. a. O., S. 178–202). Er läßt erkennen, daß die Kommission ein Exempel gegenüber Württemberg statuieren wollte, weil dieser Staat die Preßfreiheit am wenigsten einschränkte und sich damit dem Vorwurf mangelnder Beachtung der Karlsbader Beschlüsse aussetzte. Freiherr von Wangenheim, Württembergs Gesandter beim Bundestag, gehörte der Kommission an, beteiligte sich aber nicht an den Sitzungen, die sich mit der Angelegenheit des „Teutschen Beobachters" befaßten, weil seine Regierung davon betroffen wurde.

Die Kommission beschränkte sich nicht auf den beanstandeten Artikel des „Teutschen Beobachters". Sie meinte, ihr blieb „nichts übrig, als sich dem Geschäfte zu unterziehen, die sämtlichen Blätter des Teutschen Beobachters von seiner Entstehung an zu prüfen, um danach zu ermessen, ob aus dem einzelnen Artikel, über den die Central-Untersuchungs-Commission sich beschwert, zusammengehalten mit der Tendenz des Blattes im Allgemeinen, ein hinreichender Grund zur Anwendung des Bundesbeschlusses vom 20. September 1819 abgeleitet werden könne?" (a. a. O., S. 157) Das Ergebnis war der Entwurf zu einem Beschluß:

„1. daß der in Stuttgart erscheinende Teutsche Beobachter von der hohen Bundesversammlung, kraft der ihr durch den Beschluß vom 20. Sept. 1819 übertragenen Autorität, hiermit unterdrückt, auch alle fernere Fortsetzung desselben untersagt werde;

2. daß die Königlich-Württembergische Regierung durch die Königliche Bundestagsgesandtschaft zu ersuchen sei, diesen Beschluß zu vollziehen;

3. ...

4. ...   " (a. a. O., S. 167).

Nachdem der Bericht erstattet war, äußerte der präsidierende Gesandte u. a.:

„Die hohe Bundesversammlung ist es ihrer eigenen Würde und der Würde ihrer Regierungen schuldig, ein warnendes Beispiel zu geben, daß der Bundestagsbeschluß vom 20. September 1819 kein toter Buchstabe, sondern ein Gesetz sei, welches in vorkommenden Fällen den frevelhaften Übertreter desselben zu bestrafen wisse." (a. a. O., S. 168)

Er hielt für den vorliegenden Fall eine Instruktionseinholung nicht für erforderlich und ließ sofort mit den Abstimmungen beginnen. Für Württemberg erklärte Wangenheim: „Die Königlich-Württembergische Gesandtschaft glaubt – gestützt auf die Vorschriften der Geschäftsordnung und auf den Geschäftsgebrauch – darauf antragen zu dürfen, daß der Bericht des Ausschusses in der nächsten Sitzung reproponiert und zu Protokoll gebracht werden möge, damit sie, in der Zwischenzeit, prüfen und sich überzeugen könne, ob und welche vorläufige Erklärung sie etwa, gleichzeitig mit jenem Berichte, zu Protokoll zu geben sich verpflichtet halten dürfte, ..." (a. a. O., S. 169 f.).

Den Antrag auf Zurückstellung wies das Präsidium zurück. Münch machte insbesondere geltend:
„Ein Beschluß, der in 8 oder 14 Tagen über diesen Gegenstand gefaßt werde, könne für die Eintracht Deutschlands und für die Beruhigung der aufgeregten Gemüter nicht mehr den Wert haben, welchen ein Beschluß haben würde, der Deutschland die Überzeugung gebe, daß die Bundesversammlung, so bald selbe durch den mit ihrem Vertrauen beehrten Ausschuß von der Existenz einer in so hohem Grade revolutionären Zeitschrift Kenntnis erhalten, solche auf der Stelle zu unterdrücken beschlossen habe." (a. a. O., S. 170)

13 der 17 abzugebenden Stimmen sprachen sich uneingeschränkt für den vom Ausschuß vorgeschlagenen Beschluß aus, der damit zustande

gekommen war. Das Verbot des Teutschen Beobachters erging demzufolge unmittelbar von der Bundesversammlung, während der Vollzug der Regierung von Württemberg oblag. Dieser wurde von Württemberg in der Sitzung vom 3. Juli 1823 mitgeteilt. Gleichzeitig ließ der König einige Bemerkungen in der Angelegenheit zu Protokoll geben, was bei der Beschlußfassung seitens des Präsidiums als nachträglich möglich zugestanden worden war. Darunter befand sich der Vorwurf, daß Geschäftsordnung und Geschäftsgebrauch der Bundesversammlung verletzt wurden, indem dem württembergischen Gesandten keine Frist zur Abgabe einer Erklärung nach Abstimmung mit seiner Regierung eingeräumt wurde, und: „daß die Erklärung des Gesandten möglicher Weise auf die Entschließung dieser hohen Versammlung um so mehr hätte von Einfluß sein können, als der Antrag der Commission, der zunächst aus dem Ansuchen der Central-Untersuchungs-Commission zu Mainz nicht hervorgegangen ist, der Mehrheit der Mitglieder dieser Versammlung neu und unerwartet sein mußte" (ö. Pr., Bd. 15, § 119, S. 364 f.).

Weiter heißt es hierzu:

„Hätte, namentlich in dem vorliegenden Falle, diese hohe Versammlung der Gesandtschaft eine kurze Frist zur Fassung ihrer Erklärung bewilligt, so würde sie durch dieselbe in Kenntnis gesetzt worden sein, daß bereits gegen den Redacteur und den Censor des Teutschen Beobachters wiederholte Ahndungen verfügt und Letzterer noch am 30. Mai wegen Vernachlässigung der ihm erteilten Vorschriften in eine nachdrückliche Strafe von der vorgesetzten Behörde genommen worden war, welche erwarten ließ, daß er sich eine ähnliche Verfehlung nicht wieder werde zu Schulden kommen lassen.
Wird nun wohl gesagt werden können, daß die Erklärung der Gesandtschaft auf den Beschluß dieser hohen Versammlung keinen Einfluß hätte äußern können, da mehrere Mitglieder derselben, selbst ohne eine solche Erklärung, der Meinung waren, daß zuvörderst bei der die Censur beaufsichtigenden Regierung die gewünschte Abhülfe zu suchen und der Erfolg dieser Einleitung abzuwarten sei?
Wenn endlich noch angeführt worden ist, daß die Wirkung und der Wert der von der Bundesversammlung zu verfügenden Maßregel hauptsächlich von der Schnelligkeit, mit der sie ergriffen werde, abhänge; so kann einerseits in Beziehung auf die Beruhigung der aufgeregten Gemüter in Deutschland, wo alle Volksstämme in den stür-

mischsten Zeiten unwiderlegbare Beweise der ihnen beiwohnenden Ordnungsliebe, Treue und besonnenen Beurteilung gegeben haben und noch täglich geben, wo nirgends Spuren einer gefährlichen Aufregung sichtbar sind, ein Aufschub von wenigen Tagen weder als entscheidend angesehen, noch auch andererseits verkannt werden, daß die Überzeugung, eine in die innere Verwaltung eines Bundesstaates und in die Privatverhältnisse seiner Angehörigen eingreifende Maßregel werde stets von dieser hohen Versammlung nur nach Prüfung alles dessen, was zur Aufklärung ihres Urteils dienen kann, ergriffen werden, nicht weniger geeignet sei, Eintracht und Vertrauen zu erhalten und zur Beruhigung der Gemüter beizutragen." (a. a. O., S. 367)

Der Präsidialgesandte verzichtete auf eine Widerlegung der Bemerkungen, „weil jener Vorgang durch die öffentlichen Protokolle zur Publizität gelangt und auf den Grund der gleichfalls bekannten Bundestags-Geschäftsordnung ohnehin allgemein befriedigend beurteilt werden wird, weil ferner diese Bedenken von keiner andern Seite geteilt werden, und weil ja endlich doch selbst von der dabei betroffenen Königlich-Württembergischen Regierung, diesem Beschlusse, nach der oben vorgetragenen Anzeige von dessen Vollzuge, die volleste Genugtuung geworden ist" (a. a. O., S. 371).

Das war doch wohl ein Eingeständnis, daß er zu einer Widerlegung der württembergischen Vorwürfe nicht imstande war. Im übrigen ist auffallend, wie der Präsidialgesandte, der sein Amt erst jüngst übernommen hatte, die recht delikate Angelegenheit der Beschwerde der Central-Untersuchungs-Commission gegen einen Artikel des Teutschen Beobachters behandelte. Offenbar hat er den Bericht der Bundestags-Kommission, der er selbst angehörte, selbst stark beeinflußt, wobei er der Zustimmung seiner Regierung gewiß sein konnte. Anders ist es kaum zu erklären, daß die Bundestags-Kommission ihre Aufgabe nicht auf das Begehren der Central-Untersuchungs-Commission beschränkte, sondern ausweitete, um auf jeden Fall ein Verbot des Teutschen Beobachters als gut begründet hinstellen zu können. Der Bericht der Bundestags-Kommission wurde dann nicht der Gepflogenheit entsprechend zunächst vertraulich erörtert, sondern in von vornherein öffentlicher Versammlung im Eilverfahren durchgepeitscht. Dies geschah vielleicht mehr noch, um die Bundestagsgesandten, und weniger, um die interessierte Öffentlichkeit einzuschüchtern. Das erstere ist Münch wohl gelungen; denn 13 Stimmen äußerten sich voll zustimmend zu dem von ihm beliebten Verfahren. Wie aber mußte der Eindruck in der Öffentlichkeit sein? Zollte sie wohl dem Bundestags-Präsidium Beifall oder stand sie vielmehr zu der hart bedrängten Regierung Württembergs und seinem König, die nur widerstrebend die Karlsbader Beschlüsse hinnahmen und der Bevormundung durch die beiden deutschen Großmächte widerstrebten? Wir möchten annehmen, daß die öffentliche Meinung sich im Jahre 1823 überwiegend gegen das Präsidium richtete und mit Württemberg sympathisierte.

Einen willkommenen Anlaß, in Württemberg auf Ablösung Wangenheims zu dringen, fand Metternich in dem Bericht, den jener im Namen der Reclamations-Commission am 5. Juni 1823 in der Bundesversammlung in Angelegenheiten des vormaligen Königreichs Westfalen erstattete. Insbesondere, aber nicht nur, ging es um Beschwerden von Domänenkäufern in Kurhessen, von denen die des Ökonomen Hofmann die Bundesversammlung schon im Jahre 1817 beschäftigte und schließlich eine befriedigende Lösung fand (s. S. 54 ff.). Die Grundfrage des Gutachtens der Reclamations-Commission war die, wie die kurhessische Verordnung vom 14. Januar 1814, ergänzt durch Verordnung vom 31. Juli 1818, zu beurteilen sei. Diese erklärten alle während der feindlichen Besetzung der kurhessischen Lande vorgegangenen Veräußerungen von kurfürstlichen Kammergütern für null und nichtig.

Es wurde Wangenheim in Österreich verübelt, daß er sich in dem Gutachten (ö. Pr., Bd. 15, Beilage 8, S. 224–268) mehrfach auf Klübers „Öffentliches Recht des Teutschen Bundes" berief. Z. B. stützte er darauf den Satz:
„Jede Staatsgewalt, die, weil die Rechte des regierenden und regierten Subjekts durch die göttliche Ordnung der Dinge wechselseitig bestimmt und durch Pflichten bedingt sind, keine bloß willkürliche sein kann, hat entweder natürliche oder positive Grenzen." (a. a. O., S. 238)

Ferner den Satz:
„Die Staatsgewalt kann nur zur Erreichung und Beförderung des Staatszweckes ausgeübt werden. Sie berechtigt das regierende Subjekt nur dazu, wozu sie dasselbe verpflichtet." (a. a. O., S. 243)

Mit Metternichs Auffassung vom monarchischen Prinzip ließen sich solche Sätze schlecht vereinbaren. Die Äußerungen in dem Gutachten nutzte Metternich dazu, auf den König von Württemberg Druck auszuüben, seinen „revolutionären" Gesandten beim Bundestag abzuberufen; denn auch dem sehr selbstbewußten König mußten die Äußerungen im Gutachten mißfallen.

Für Klüber hatten die Vorwürfe wegen seiner staatsrechtlichen Lehren unangenehme Folgen. Er war der Herausgeber der Akten des
Wiener Kongresses und erfreute sich bisher eines ungewöhnlich hohen Ansehens, galt er doch „bei den Cabinetten selbst unbestritten für
den ersten deutschen Staatsgelehrten" (Treitschke, D.G., Bd.3, S.
297). Die Hetze gegen ihn begann indessen nicht erst auf Grund von
Wangenheims Bericht am 5. Juni 1823, sondern, wie Klüber in der
Vorrede zur dritten Auflage seines Buches „Öffentliches Recht des
Teutschen Bundes" mitteilt, schon bald nach Erscheinen der zweiten
Auflage im Herbst 1822. Insbesondere war eine Anzeige des nassauischen Ministers Marschall schuld daran, daß Klüber, der der preußischen Gesandtschaft in Frankfurt als Rechtsrat beigeordnet war, in
Berlin nach dem Tode seines Gönners und Freundes, des Staatskanzlers Hardenberg, am 26. November 1822 in Ungnade fiel. Ein Jahr
später ging ihm ein verdammendes Ministerial-Urteil über die in seinem Buch vertretenen Ansichten zu, was ihn veranlaßte, aus dem
preußischen Staatsdienst auszuscheiden. Klüber war hinfort als freier
Schriftsteller in Frankfurt tätig. Im Januar 1834 ward er von der französischen Académie des sciences morales et politiques zu ihrem Mitglied gewählt. Er starb im Jahre 1837 im Alter von 74 Jahren.

In den ersten Monaten des Jahres 1823 hatte es der König von Württemberg mit den Monarchen von Österreich, Preußen und Rußland
zufolge seiner Geltungssucht gründlich verdorben. Es konnte ihm daher nur recht sein, wenn er einen triftigen Grund hatte, seinen Bundestagsgesandten Wangenheim abzuberufen; denn dieses Opfer vermochte wohl eine Verbesserung seiner mißlichen Beziehungen zu den
Großmächten einzuleiten. Wangenheims Tage beim Bundestag waren
also zu zählen.

Seine Abberufung erfolgte während der viermonatigen Sommerferien
des Bundestags, so daß er bei Wiedereröffnung der Sitzungen am
27. November nicht mehr in der Bundesversammlung erschien. Auch
der kurhessische Gesandte von Lepel, der als getreuer Anhänger Wangenheims galt, war während der Ferien abberufen worden. Der groß

herzoglich-hessische Gesandte von Harnier, ebenfalls als Gefolgs-
mann Wangenheims bekannt, war schon im März aus der Bundesversammlung ausgeschieden. Die Reinigung der Bundesversammlung
war im November 1823 vollzogen, die Opposition gegenüber den beiden Großmächten beseitigt.

Am 4. Dezember fand die Schlußabstimmung zu den schwebenden
Angelegenheiten des aufgelösten Königreichs Westfalen statt. Der
Mehrheitsbeschluß lautete:

„1. Da die Kurfürstlich-Hessische Verordnung vom 14. Januar 1814
   keine Justizverweigerung begründet, welche die Bundesversammlung zu einer Einschreitung nach dem 29. Artikel der Schlußacte
   verpflichten könnte, so hält sich dieselbe in der Angelegenheit der
   Westfälischen Domänenkäufer bundesgesetzlich nicht für compe-
   tent; die Reclamanten werden daher mit ihrem Gesuche von der
   Bundesversammlung abgewiesen, und es glaubt dieselbe einer wiederholten Anempfehlung des allerdings rücksichtswürdigen
   Schicksals der Reclamanten an die Billigkeit Seiner Königlichen
   Hoheit des Kurfürsten sich aus dem Grunde überhoben, weil,
   nach der von der Kurfürstlichen Gesandtschaft in der 15. diesjährigen Sitzung gegebenen Erklärung, mit mehreren Acquirenten
   solcher Domänen ein gütliches Abkommen teils getroffen worden
   ist, teils noch ferner mit voller Beruhigung erwartet werden kann.
2. Die Angelegenheit der Gläubiger des Westfälischen Staatsschat-
   zes und der von der Westfälischen Regierung contrahierten
   Staatsschuld, ferner derjenigen, welche dieser Regierung Cautio-
   nen geleistet haben, und derer, welche auf Versorgung oder Pen-
   sion Anspruch haben, ist in ihrer dermaligen Lage zu einer auf
   den 29. Artikel der Schlußacte zu begründenden Einwirkung der
   Bundesversammlung gleichfalls nicht geeignet; indes unterläßt die
   Versammlung nicht, durch die betreffenden Gesandtschaften die
   beteiligten Regierungen zur möglichsten Beschleunigung der Verhandlungen jener für diesen Zweck in Berlin vereinigten Commission vertrauensvoll einzuladen."
   (ö. Pr., Bd. 15, § 164, S. 571 f.)

Der Beschluß konnte wohl kaum anders lauten, nachdem das monarchische Prinzip sich zufolge der Wiener Ministerialkonferenzen von
1820 und 1823 als vorrangig durchgesetzt hatte. Der Monarch sollte
danach uneingeschränkter Gesetzgeber sein, soweit er nicht an die

Mitwirkung der Stände gebunden war. Danach hatte die Verordnung des Kurfürsten vom 14. Januar 1814 Gesetzeskraft und war für die Landesgerichte verbindlich, und es konnte nur noch darum gehen, unbillige Härten auf seiten der Domänenkäufer zu verhindern oder zu mildern, eine interne Landesangelegenheit. Die zurückzugebenden Domänen waren während einer siebenjährigen rechtswidrig zustande gekommenen Regierung von Napoleons Gnaden von dieser gekauft worden. In den Augen des Ende des Jahres 1813 zurückgekehrten Kurfürsten handelte es sich um einen rechtswidrigen Erwerb ihm gehörigen Gutes. Soviel zur Problematik der Angelegenheit. Der Leser, der sich ausführlicher unterrichten will, möge darüber bei Ilse (Gesch., Bd. 1, S. 457–597) nachlesen.

Was die zweite westfälische Angelegenheit betrifft, so wurde wohl zu Recht auf die Verhandlungen in Berlin verwiesen; denn hiervon waren neben Kurhessen noch Preußen, Hannover und Braunschweig betroffen.

Schon in der Sitzung vom 12. Juni hatte sich der Präsidialgesandte dagegen verwahrt, daß das Gutachten der Reklamationskommission in der westfälischen Angelegenheit sich auf Theorien berufe, die er zurückweisen müsse (ö. Pr., Bd. 15, § 100, S. 270 f.). Am 11. Dezember 1823 kam er noch einmal darauf zurück. Auszugsweise zitieren wir aus dem Protokoll (§ 167, S. 594 f.):

„Es … verdient wohl auch im Allgemeinen nur unsern Beifall, daß sich Schriftsteller und Gelehrte mit Studien des Bundesrechts, wie solches aus der neuern Bundesgesetzgebung hervorgeht, befaßt haben; es kann gleichfalls nicht befremden, daß nebst viel Gediegenem auch mancher Irrtum und manche falsche Theorien zu Tage gefördert wurden.

Aber eben darum, und weil die Anwendung der bestehenden Gesetzgebung und die fernere Ausbildung des Deutschen Bundes nur allein durch uns und durch die Instruktionen unserer hohen Committenten bewirkt werden kann, wäre es bedenklich und verantwortlich (wohl verdruckt, und richtig: unverantwortlich), solchen Lehren in unserer Mitte irgend eine auf die Bundesbeschlüsse einwirkende Autorität zuzugestehen, und dadurch in den Augen des Publikums das System jener Lehrbücher zu sanctioniren.

…

Die hohe Bundesversammlung erklärte hierauf einstimmig: daß selbe in den hier entwickelten Grundsätzen nur ihre eigenen wieder gefunden habe, und daß sie, mit diesen im vollesten Einklange, von der festen Überzeugung durchdrungen sei, daß nur auf diesem Wege die Anwendung der bestehenden Bundesgesetze gesichert, die fernere Ausbildung der gemeinsamen Gesetzgebung im reinsten Sinne des Föderativsystems bewirkt, und den hohen Zwecken des Bundes genügt werden könne.

Die Bundesversammlung wird daher in ihrer Mitte jenen neuen Bundeslehren und Theorien keine auf die Bundesbeschlüsse einwirkende Autorität gestatten, und keiner Berufung auf selbe bei ihren Verhandlungen Raum geben; übrigens aber glaubt dieselbe, der hohen Weisheit sämtlicher Bundesregierungen mit vollem Vertrauen die Fürsorge anheimstellen zu können, daß nicht auf ihren Schulen und Universitäten jene Lehren Eingang finden, und dadurch von dem eigentlichen Verhältnisse des Bundes falsche und unrichtige Ansicht aufgefaßt und verbreitet werde."

So weit also war es gekommen, daß die Freiheit der wissenschaftlichen Lehre angetastet wurde; eine Berufung auf die Wissenschaft war nun in der Bundesversammlung untersagt. Das wurde einstimmig beschlossen. Eine Opposition bestand beim Bundestag nicht mehr. Dieser war jetzt auf einen streng einzuhaltenden Reaktionskurs festgelegt. Österreich hatte die Zügel fest in Händen.

Schon am 5. Februar 1824 wurde in Richtung einer strengen Zensur ein weiterer Beschluß gefaßt, nämlich: „daß in Bundessachen überhaupt, sowohl in Beziehung auf die Verhandlungen der hohen Bundesversammlung selbst, als auch auf die Geschäfte aller von ihr abhängenden Commissionen, in den in den Deutschen Bundesstaaten erscheinenden Zeitungen nichts anders aufgenommen werde, als wörtlich, was die denselben mitgeteilten Bundestags-Protokolle enthielten" (ö. Pr., Bd. 16, § 39, S. 76).

Als letzter Akt der Säuberung des Bundestags kann die Abberufung des preußischen Gesandten Grafen von der Goltz angesehen werden. Laut dessen Schreiben an den Präsidialgesandten vom 22. Juni 1824 geschah jene auf eigenen Wunsch (ö. Pr., Bd. 16, § 107, S. 220). Treitschke schreibt:

„Die Österreicher sahen ihn mit Freuden scheiden und versprachen sich viel von seinem Nachfolger, dem Generalpostmeister v. Nagler, der in Art und Unart als Gegenfüßler des gutmütigen Grafen erschien." (D. G., Bd. 3, S. 326)

Münch und Nagler waren sich in Wesen und Gesinnung sehr ähnlich, was sich jedoch erschwerend für die Zusammenarbeit auswirken sollte. So schreibt denn Treitschke weiter über Nagler:

„Schon seine hart-protestantische Gesinnung, die überall jesuitische Umtriebe witterte, stimmte ihn mißtrauisch gegen die Hofburg, und als er dann bemerkte, wie Österreich in allen militärischen und wirtschaftlichen Machtfragen dem preußischen Bundesgenossen insgeheim entgegenarbeitete, da setzte er sich sofort zur Wehre. Münch mußte bald fühlen, daß mit diesem strammen Reaktionär noch schwerer auszukommen war als mit seinem milderen Vorgänger. Persönlich konnten sich die zwei, anspruchsvoll und ungemütlich wie sie beide waren, ohnehin nicht vertragen. Schon bald nach Naglers Eintritt begannen geheime Zwistigkeiten, die seitdem fast alljährlich wiederkehrten und immer wieder durch Metternichs Vermittlung, meist zu Gunsten des Preußen, beigelegt wurden. Wo es aber galt, die kleinen Gesandten in Zucht zu halten, da standen sie selbander fest zusammen." (a. a. O., S. 327 f.)

Nagler trat in der Bundesversammlung erstmals am 24. Juni 1824 auf. Schon eine Woche später erfolgte, vom Präsidium veranlaßt, ein weiterer Schritt reaktionärer Art. Die Bundesversammlung beschloß am 1. Juli:
„bei Abfassung der Protokolle, …, künftighin, nach Maßgabe der verhandelten Gegenstände, zweierlei Protokolle jede Sitzung aufzunehmen, und zwar öffentliche und Separat-, bloß loco dictaturae zu druckende, Protokolle". (ö. Pr., Bd. 16, § 116, S. 235)

Die Öffentlichkeit sollte von den internen Beratungen, die sich zum großen Teil noch im Jahre 1823 in aller Ausführlichkeit in den veröffentlichten Protokollen abgedruckt finden, wie z. B. in der westfälischen Angelegenheit, künftig nichts mehr erfahren. Das mußte dazu führen, daß sich das ohnehin geringe Ansehen des Bundestags in der öffentlichen Meinung noch verringerte, da über die in Frankfurt geführten Verhandlungen, außer den Beschlüssen, praktisch nichts mehr bekannt wurde.

Von den in Karlsbad beschlossenen und von der Bundesversammlung (wenn auch in ordnungswidrigem Verfahren) am 20. September 1819 bestätigten Gesetzen besaß das provisorische Preßgesetz eine Dauer von fünf Jahren. Es bedurfte also, wenn es weiter bestehen sollte, eines Verlängerungsbeschlusses. Durch Besprechungen mit den Vertretern anderer Regierungen, insbesondere Preußens und Bayerns, versicherte sich Metternich der Zustimmung aller in der Bundesversammlung. Am 16. August 1824 wurde die Angelegenheit durch Präsidialproposition vor den Bundestag gebracht. Der Beschluß bezüglich des Preßgesetzes lautete:

„3. Das, mit dem 20. September laufenden Jahres erlöschende, provisorische Preßgesetz bleibt so lange in Kraft, bis man sich über ein definitives Preßgesetz vereinbart haben wird." (ö.Pr., Bd.16, § 131, S.264)

Die anderen Gesetze vom 20. September 1819 waren unbefristet. Zum Universitätsgesetze wurde jetzt beschlossen:

„2. ..., es soll ... aus der Mitte der Bundesversammlung eine Commission von fünf Mitgliedern gewählt werden, welche, mit Rückblick auf die hinsichtlich der Universitäten bereits vorliegenden Verhandlungen, die gegenwärtig hervortretenden Gebrechen des gesamten Schul-Unterrichts- und Erziehungs-Wesens in Deutschland zu erörtern, und die Maßregeln, zu welchen diese Erörterung Anlaß geben wird, in Vorschlag zu bringen habe."

Der Beschluß vom 16. August 1824 befaßte sich auch, und zwar zu allererst, mit der Öffentlichkeit der Verhandlungen in den landständischen Versammlungen. Danach sollte „in allen Bundesstaaten, in welchen landständische Verfassungen bestehen, strenge darüber gewacht werden, ..., damit zur Abhaltung aller Mißbräuche, welche durch die Öffentlichkeit in den Verhandlungen oder durch den Druck derselben begangen werden können, eine den ... Bestimmungen der Schlußakte entsprechende Geschäftsordnung eingeführt und über die genaue Beobachtung derselben strenge gehalten werde" (a.a.O., S. 263f.). Dadurch sollte erreicht werden, daß die Landtage einer ähnlichen Strenge für die Veröffentlichung ihrer Verhandlungen unterworfen würden, wie sie sich der Bundestag bereits auferlegt hatte.

7. Händel des Herzogs Karl von Braunschweig

Am 30. Oktober 1823 war Herzog Karl neunzehn Jahre alt geworden und konnte die Regierung in Braunschweig übernehmen, die als Vormund sein Onkel geführt hatte, der inzwischen als König Georg IV. über Hannover und England herrschte. Schon mit achtzehn Jahren hätte Karl nach einem Hausgesetz die Regierung antreten können. Daß ihm dies von seinem Vormund wegen Unreife verweigert wurde, wurmte ihn sehr. Der Streit darüber war von Metternich dahingehend geschlichtet worden, daß die Vormundschaft lediglich um ein Jahr verlängert wurde.

Der Herzog ließ sich bei Regierungsantritt seinen Groll nicht anmerken. Stern berichtet über die ersten Jahre seiner Regierung (E. G., Bd. 3, S. 243 f.):

„Auch danach hielt er, vielleicht durch Metternich gezügelt, noch geraume Zeit an sich. Zwar erteilte er der Landschaftsordnung von 1820 nicht die Bestätigung, welche Voraussetzung der Erbhuldigung war. Aber er erlaubte sich keine Eingriffe in die Geschäftsführung des ausgezeichneten Schmidt-Phiseldeck, der unter Oberaufsicht des Grafen Münster (Minister für Hannover in London, d. Vf.) schon die Hauptleitung der vormundschaftlichen Regierung in der Hand gehabt hatte. Monate lang trieb sich der junge Fürst auf Reisen umher. Im Wirbel zweifelhafter Vergnügungen suchte er sich für den Zwang zu entschädigen, durch den die von dem Vormund ehemals ihm beigegebenen Erzieher seine schlechten Leidenschaften hatten bändigen wollen. Heimgekehrt offenbarte er in seinem Privatleben je mehr und mehr die Launen eines reizbaren, hochmütigen, eitlen Hohlkopfes und ließ 1826 auch als Beherrscher seines kleinen Reiches die Maske fallen. Zu seinem ersten Opfer erkor er sich nunmehr Schmidt-Phiseldeck. Er machte ihn nächst dem Grafen Münster für die Erstreckung der Regentschaft über den gesetzlichen Termin verantwortlich und bezeichnete ihm durch Kränkungen aller Art seine Ungnade. Schmidt-Phiseldeck erbat seinen Abschied, um in die Dienste Hannovers zu treten, wo ihm früher ein Posten in Aussicht gestellt worden war. Der Herzog schob seine Entlassung bis zur Beendigung einer von ihm angeordneten Untersuchung seiner Amtsführung hinaus. Schließlich hielt Schmidt-Phiseldeck es im April 1827 für geraten, aus Furcht vor einem Gewaltstreich heimlich nach Hannover zu entweichen. Der

Herzog forderte seine Auslieferung und sandte ihm einen Steckbrief nach. Die hannoversche Regierung ernannte den Verfolgten zum Geheimrat und bald darauf zum Chef des Justizdepartements."

Der Herzog erhob deshalb im Mai 1828 Beschwerde beim Bundestag. Auf Grund von zwei alten Staatsverträgen (vom 16. November 1535 und 8. Januar 1798) verlangte er die Auslieferung von Schmidt-Phiseldeck (Pr. 1828, § 83, S. 233 ff.). Die Vertretung dieser Beschwerde in der Bundesversammlung oblag dem Gesandten Freiherr von Marschall, nassauischer Staatsminister. Braunschweig und Nassau verfügten zusammen über die 13. Stimme im engern Rat der Bundesversammlung. Ihre gemeinsame Vertretung durch denselben Gesandten war deshalb naheliegend. Braunschweig ernannte im Januar 1827 den naussauischen Minister Marschall zu seinem Gesandten in Frankfurt. In Anbetracht der Differenzen mit Hannover konnte die bisherige Vertretung durch den hannoverschen Gesandten schwerlich aufrechterhalten werden.

Schon bevor die Beschwerde in der Bundesversammlung vorgebracht wurde, bestanden weitere, und zwar bedeutsamere, Mißhelligkeiten zwischen Braunschweig und Hannover, darunter besonders schwerwiegend eine Beleidigung König Georgs IV. Österreich und Preußen bemühten sich um Vermittlung in dem Streit, der zwischen den beiden Welfenhäusern mit gedruckten Schmähschriften und ungebührlichen braunschweigischen Duellforderungen, denen nachzukommen König Georg verbot, ausgefochten wurde. In Anbetracht dessen, daß von Österreich und Preußen aus Vermittlungsverhandlungen zur Beilegung der Differenzen zwischen Braunschweig und Hannover geführt wurden, entschied sich die Bundesversammlung dafür, das Ergebnis der Vermittlung der Großmächte abzuwarten (a. a. O., S. 236). Deren Bemühungen hatten noch zu keinem Erfolg geführt, als im September 1828 ein Beschluß über die übliche viermonatige Vertagung der Bundesversammlung zu fassen gewesen wäre. Wegen der schwebenden Vermittlungsverhandlungen wurde an Stelle einer Vertagung eine „Aussetzung der Sitzungen auf unbestimmte Zeit" vereinbart.

Im Inhaltsverzeichnis der Protokolle für 1828 ist unter dem Stichwort „Vertagung der B. V." angegeben: „Präsidialproposition wegen Aussetzung der Sitzungen auf unbestimmte Zeit (ungedr. Registratur v. 18. Sept.)." Dort ist ferner unter „Schmidt-Phiseldeck" u. a. vermerkt:

„Erwähnung dieser Angelegenheit gelegentlich des von dem K.K. Präsidialges. gemachten Antrags wegen der Vertagung (ungedr. Registr. v. 18. Sept.)." Die Aussetzung der Sitzungen auf unbestimmte Zeit ließ die Möglichkeit offen, die Bundesversammlung kurzfristig wieder zusammenzurufen, wenn dies wegen der braunschweigisch-hannoverschen Differenzen erforderlich wurde. Daß dies der Zweck der „Aussetzung der Sitzungen" an Stelle einer „Vertagung" war, wird auch durch die Vorbemerkung zum Protokoll vom 29. Januar 1829 erhärtet. Sie lautet:

„Nachdem die hohe Bundesversammlung am 18. September vorigen Jahres nach der Lage der Geschäfte ihre Sitzungen einstweilen ausgesetzt hat, und inmittelst keine Veranlassung erhielt, sich wieder zu vereinigen, dermal aber die Zeit zu Ende gegangen ist, welche nach der Bundesacte als die längste Dauer ihrer Vertagung festgesetzt ist; so hat Präsidium sich mit den Gesandtschaften dahin vereinigt, die Sitzungen am heutigen Tage wieder zu eröffnen" (Pr. 1829, S. 2). Treitschke ist also im Unrecht mit der hämischen Bemerkung, „daß Metternich am 18. Sept. 1828 der Bundesversammlung die höhnische Zumutung stellen ließ, sich in Ermangelung von Geschäften auf unbestimmte Zeit zu vertagen. Der Antrag ward aus Schamgefühl nicht einmal in die geheimen Protokolle aufgenommen, sondern in einer geschriebenen Registrande versteckt, aber man ging darauf ein, und die Vertagung währte über vier Monate" (D.G., Bd. 3, 3. Aufl., S. 340).

Unsere Darstellung wird von Ilse bestätigt, der die ungedruckte Registratur vom 18. Sept. 1828 einsehen konnte. Er schreibt: „In dieser genannten Sitzung, in welcher die persönlichen Streitigkeiten des Königs von Großbritannien und des Herzogs Carl von Braunschweig verhandelt wurden, war allerdings eine Vertagung auf unbestimmte Zeit beliebt, allein nur deshalb, weil der Präsidial-Gesandte ‚sich außer Stande erklärte, die förmliche viermonatliche Vertagung zu proponieren, da es nicht angemessen erscheine, dieselbe früher eintreten zu lassen, als die bekannten Differenzien zwischen Hannover und Braunschweig ihrer Erledigung zugeführt sein würden'" (Ilse, Gesch. d. d. BV., Berichtigung am Ende des ersten Bandes).

Aber erst am 9. April 1829 wurde wieder wegen der Differenzen zwischen Braunschweig und Hannover in der Bundesversammlung verhandelt. Ihren Ursprung hatten diese in einer Bekanntmachung (auch

als „Patent" oder „Edikt" bezeichnet) des Herzogs Karl vom 10. Mai
1827. Darin hieß es u. a., „daß die während Unserer Minderjährigkeit
gefaßten Regierungsbeschlüsse und erlassenen Verordnungen nur in
so fern für Uns eine rechtliche Verbindlichkeit zu produzieren vermögen, als nicht dadurch über wohlerworbene Regenten- und Eigen-
tumsrechte disponiert worden, ..., daß alle Verordnungen und Institutionen, welche in dem Zeitraume vom 30. Oktober 1822 bis dahin
1823 gemacht und von der ungesetzlich verlängerten Regierung erlassen worden, zu ihrer bleibenden Rechtsgültigkeit und Anwendbarkeit
Unserer speziellen Anerkennung bedürfen ..." (Pr. 1829, S. 177).

Auf die Erklärung des Herzogs folgte eine Bekanntmachung von
Hannovers Seite am 7. Juni 1827, worin es insbesondere zur Verlänge-
rung der Vormundschaft hieß:
„Ihro Majestät haben, in Ansehung der Dauer der Vormundschaft,
Sich nach der sorgfältig erwogenen Ansicht der ersten Herzoglich-
Braunschweigischen Staatsdiener und bewährter Rechtslehrer gerich-
tet, und ganz in Übereinstimmung mit den ... zu Rate gezogenen Hö-
fen von Österreich und Preußen gehandelt.
...
Ihro Majestät behalten sich, wegen der obigen Bekanntmachung, die
Schritte zu tun vor, die Ihro Würde erfordert." (a. a. O., S. 178)

Bei den Vermittlungsbemühungen von Österreich und Preußen ging
es darum, dem König Georg Genugtuung für die ihm zugefügte Beleidigung zu verschaffen und die Zurücknahme der Bekanntmachung
vom 10. Mai 1827 zu bewirken. Über ihre Bemühungen berichteten
Österreich und Preußen in einer gemeinsamen Erklärung in der Bundestagssitzung vom 9. April 1829. Die Erklärung bietet umfassende
Einsicht in das Geschehen zwischen den Höfen von Hannover und
Braunschweig und in die Vermittlungsbemühungen von Wien und
Berlin. Sie befindet sich auf den Seiten 131–137 abgedruckt; die Anlagen dazu füllen die Seiten 177–196. Die Erklärung der beiden Großmächte mußte aber, wie die Dinge nun einmal lagen, mit der Feststellung schließen, daß ihre Vermittlungsbemühungen gescheitert seien.

Anschließend gab der hannoversche Bundestagsgesandte von Stralenheim „die Beschwerde des Königs von Großbritannien und Hannover" zu Protokoll (S. 137–162; Anlagen dazu S. 197–237). Darin
wurde auch zu dem Auslieferungsbegehren des Herzogs von Braun-

schweig gegen den Geheimen Rat von Schmidt-Phiseldeck Stellung genommen und die Ablehnung seiner Auslieferung begründet.

Aus der hannoverschen Beschwerde erwähnen wir noch die Duellforderungen. Der in London befindliche Minister Graf von Münster hatte auf Befehl des Königs zur Widerlegung einer braunschweigischen Schmähschrift eine Druckschrift verfaßt und verbreiten lassen, die der Herzog als Beleidigung empfand. Deshalb forderte er den Grafen von Münster zum Duell. Indessen befahl diesem der König, davon keine Notiz zu nehmen. Der Herzog sann aber weiter auf Rache an dem Grafen. Er erpreßte den Forstmeister von Praun, seinerseits Münster zum Duell zu fordern; dafür wurde Praun zum Oberjägermeister und Freiherrn ernannt. (Später behauptete der Herzog jedoch, daß Praun aus eigenem Willen gehandelt habe.) Die Duellforderung wurde mit reichlich beleidigenden Äußerungen versehen.

Der braunschweigische Gesandte antwortete auf die hannoversche Beschwerde sofort im Namen des Herzogs mit vier Gegenbeschwerden (S. 163–175 nebst Anl. S. 238–328), darunter zwei neue als Punkte II und III.

Die Beschwerde II wurde erhoben:
„wegen vollführten Umsturzes der alten, rechtmäßigen Braunschweigischen Landesverfassung und Einführung einer neuen, auf verfassungswidrigem Wege ... zu Stande gebrachten und unterm 25. April 1820 eigenmächtigerweise als Landesgrundgesetz promulgierten Landschaftsordnung, ...“ (S. 165 ff.)

Die Beschwerde III richtete sich gegen:
„a) die Publication und Verbreitung der Münsterschen Schrift, insbesondere die darin enthaltenen Beleidigungen und Ausfälle auf die Allerhöchste Person Seiner Herzoglichen Durchlaucht;
 b) die bedrohlichen Äußerungen, welche in derselben Schrift gegen Seine Herzogliche Durchlaucht gerichtet sind; und
 c) die mit den öffentlich ausgesprochenen Drohungen in Verbindung zu setzende Tatsache des kürzlich erfolgten rechts- und territorialhoheitswidrigen Durchmarsches Königlich-Hannöverischer Truppen durch das Herzoglich-Braunschweigische Amt Thedinghausen.“ (S. 171)

Nachdem Österreich und Preußen mit ihren Vermittlungsbemühungen gescheitert waren, oblag die Beilegung der gegenseitigen Beschwerden von Hannover und Braunschweig zwangsläufig der Bundesversammlung. Auf Antrag des Präsidiums wurde eine Kommission von fünf Mitgliedern gewählt, bestehend aus den Gesandten von Österreich, Preußen, Bayern, Königreich Sachsen und Baden, mit dem Auftrag, „über die wechselseitigen Beschwerden zwischen Hannover und Braunschweig binnen zwei Monaten gutachtlichen Bericht zu erstatten". Den Gesandten von Hannover und Braunschweig wurde anheimgegeben, „binnen der nächsten sechs Wochen ihre allfälligen weitern Erklärungen über die vorliegenden Beschwerden an die Commission gelangen zu lassen" (S. 175).

Die von uns nur kurz geschilderten Beschwerden füllen fast vollständig mit den zugehörigen Anlagen die Seiten 131–328 des Protokolls vom 9. April 1829. Der große Umfang bedingte, daß es erst am 9. Mai vollständig ausgehändigt werden konnte. Deshalb wurde auf Antrag Braunschweigs die sechswöchige Frist für seine Stellungnahme bis zum 15. Juni verlängert (S. 376). Aber schon am 4. Juni brachte Braunschweig eine weitere Beschwerde vor. Sie betraf eine Militärstraße zur Verbindung der westlichen Provinzen Preußens mit den östlichen, die durch hannoversches Gebiet führte und auch solches von Braunschweig berührte. Die Straße sei ohne braunschweigische Zustimmung festgelegt worden und belaste die braunschweigischen Landeskassen; von Preußen sei keine genügende Abfindungssumme gezahlt worden. Braunschweig müsse daher gerechten Ausgleich von Hannover verlangen, welches durch die Berührung braunschweigischer Gebiete bevorteilt sei. Die Beschwerde wurde der oben erwähnten Kommission zugeleitet, ohne daß dadurch eine Verbindung zu den früheren Beschwerden hergestellt werden sollte (S. 386).

Am 17. Juni 1829 nahm der braunschweigische Gesandte zu zwei Eingaben der „vereinigten Braunschweig-Wolfenbüttelschen und Blankenburgischen Landschaft" Stellung. Aus dem Vortrag des Gesandten ist zu entnehmen, daß die Stände begehrten, daß von seiten der Bundesversammlung „die unterm 25. April 1820 vollzogene Landschaftsordnung für rechtsbeständig erklärt werden möge" (S. 413). Der Gesandte bezeichnete dies als „unzulässig, weil jene Landschaftsordnung während der Minderjährigkeit Seiner Durchlaucht gegen Allerhöchstderen ausdrücklichen Willen dem Braunschweigischen Staate unbe-

fugterweise aufgedrungen" worden sei (S. 413). Die Erklärungen des
Gesandten wurden der Eingabenkommission zugestellt.

Am 9. Juli 1829 erstattete die für die wechselseitigen Beschwerden von
Hannover und Braunschweig gewählte Kommission ihr Gutachten.
Es umfaßt im Protokoll die Seiten 451 bis 542. Der Bundesbeschluß,
den die Kommission beantragte, enthielt acht Punkte, die besagten:

1. Dem Herzog von Braunschweig wird auferlegt, binnen „vier Wochen das Patent vom 10. Mai 1827 öffentlich zurückzunehmen"
und dem König von Hannover „die angemessene schriftliche Ent-
schuldigung seines Benehmens" zu übermitteln.

2. Der Herzog soll den Oberjägermeister von Praun vor Gericht ziehen und nach den Gesetzen seines Staates bestrafen lassen.

3. Es ist Schuld des Herzogs, wenn sich der König von Hannover bewogen gesehen hat, den Geheimen Rat von Schmidt-Phiseldeck
unter seinen Schutz zu nehmen. Die deshalb erhobene Beschwerde
ist mithin zurückzuweisen.

4. Die Beschwerde Braunschweigs „wegen Verlängerung der vormundschaftlichen Regierung"; desgleichen

5. die Beschwerde wegen Einführung der unterm 25. April 1820 von
der vormundschaftlichen Regierung zu Stande gebrachten neuen
Landschaftsordnung werden abgewiesen.

6. Bei Anordnung der durch den Grafen von Münster verfaßten
Staatsschrift handelte es sich um eine Selbstverteidigung des Königs, die durch Beleidigungen seitens des Herzogs ausgelöst
wurde; daher wird der deshalb erhobenen Beschwerde des Herzogs nicht Folge geleistet.

7. Auch die Beschwerde wegen des Durchmarsches hannoverscher
Truppen durch das Amt Thedinghausen wird abgewiesen, weil
schon früher der braunschweigischen Regierung von der hannoverschen unaufgefordert jede Aufklärung erteilt worden ist, die
nur immer von ihr erwartet werden konnte.

8. Die Bundesmitglieder werden Controversschriften, wie sie im
Druck erschienen waren, in ihren Staaten fernerhin nicht zulassen
und auch darüber wachen, daß in die öffentlichen Blätter nichts
aufgenommen werde, was den nunmehr bundesgesetzlich ge-
schlichteten Streit wieder aufregen, oder in frischem Andenken erhalten könnte. (S. 541 f.)

Die Bundesversammlung beschloß, den Kommissionsvortrag den Regierungen zwecks Instruktionserteilung zuzustellen, „damit am 20. August d. J. darüber abgestimmt und Beschluß gefaßt werden könne" (S. 543).

In der Zwischenzeit bemühte sich der braunschweigische Gesandte vergebens, die bevorstehende Beschlußfassung zu verhindern. Die Abstimmung fand trotzdem termingemäß statt, und der von der Kommission beantragte Entwurf wurde, zum großen Teil unter wörtlicher Beibehaltung, zum Beschluß erhoben. Als Schlußabsatz findet sich hinzugefügt:

„Der Deutsche Bund findet sich übrigens, ungeachtet der von Seiner Durchlaucht dem Herzoge von Braunschweig in letzterer Zeit mehrfach ausgesprochenen eventuellen Protestationen, zu der Erwartung berechtigt, daß Seine Durchlaucht der Herzog nicht anstehen werden, dem gegenwärtigen Bundesbeschlusse mit derjenigen Achtung nachzukommen, welche jedes Mitglied eines auf dem Grundsatze der Gleichheit der Rechte und Pflichten gebauten Bundes, den innerhalb der bundesgesetzlichen Competenz gefaßten Beschlüssen schuldig ist." (S. 627)

Am 3. September vertagte sich die Bundesversammlung, wie es in der Regel im September zu geschehen pflegte. Die in Frankfurt verbliebenen Bundestagsgesandten wurden aber von Münch zum 17. September (Pr., S. 729 ff.) nochmals zusammengerufen, um eine Erklärung Hannovers entgegenzunehmen. Dessen Gesandter teilte mit, daß der König, nachdem die Bundesversammlung ihre Entscheidung in der Streitsache getroffen habe, auf ein Entschuldigungsschreiben des Herzogs verzichte. Derselbe Gesandte, von Stralenheim, rief in Vertretung des Präsidialgesandten zum 12. November (Pr., S. 743 f.) die in Frankfurt anwesenden Gesandten wieder zusammen, um die Vollstreckung des Bundestagsbeschlusses vom 20. August zu begehren, da von seiten Braunschweigs bisher nichts geschehen sei, um dem Beschluß nachzukommen. Es sei „zu veranlassen, nach Maßgabe der Executionsordnung das Erforderliche zu verfügen". Der Gesandte Württembergs machte indessen darauf aufmerksam, daß die dafür zuständige Kommission „zur Zeit in ihrer vorschriftsmäßigen Zusammensetzung nicht" bestehe, „deren Ergänzung aber nur in einer förmlichen Sitzung der Bundesversammlung statt finden" könne. Deshalb werde es „dermalen genügen, von dieser Anzeige Kenntnis zu nehmen, und solche den ... Regierungen vorzulegen" (a. a. O., S. 744). Eine dritte Zusammenkunft der in Frankfurt anwesenden Gesandten fand am 9. Dezember (Pr., S. 745 f.) statt. Die braunschweigische Regierung sah sich nämlich veranlaßt zu erklären: „daß sie keine Verfügung des Bundes zu beachten sich veranlaßt finden könne, als wenn solche ihr auf eine legale und formelle Weise" zugestellt worden sei.

Am 5. Februar 1830 fand die erste ordentliche Sitzung nach den Ferien statt, die als Mitglieder für die Kommission zur Vollziehung der Bundesbeschlüsse die Gesandten von Österreich, Preußen, Bayern, Königreich Sachsen und Baden und als Stellvertreter die Gesandten von Holstein und Lauenburg und vom Großherzogtum Hessen bestimmte. Der Kommission wurde aufgetragen, binnen acht Tagen in der Hannöverisch-Braunschweigischen Angelegenheit Bericht zu erstatten (Pr. 1830, § 6, S. 8). Dies geschah schon in der nächsten Sitzung am 11. Februar (§ 22, S. 50 u. Sep. Pr., S. 67–74). Die Kommission wies nach, daß Braunschweigs Einwand vom 9. Dezember unbegründet sei. Von der Versammlung wurde auf Grund des Kommissionsvortrags eine Frist von vierzehn Tagen anberaumt, „um von der Herzoglich-Braunschweigischen Gesandtschaft die Erklärung der erfolgten Vollziehung des besagten Beschlusses, oder die genügende und vollständige Nachweisung der Ursachen, welche der Folgeleistung noch entgegen stehen, zu vernehmen" (S. 74).

Als die zwei Wochen abgelaufen waren, am 25. Februar, forderte das Präsidium, „man wolle ... die Herzoglich-Braunschweigische Äußerung vernehmen". Dazu sagt das Protokoll: „Die Gesandtschaft äußerte, sie befinde sich nicht in dem Falle, eine Erklärung abzugeben." Und weiter: „Präsidium trug hierauf an und sämtliche Gesandtschaften stimmten demselben bei, die Commission zum Vollzuge der Bundestagsbeschlüsse aufzufordern, daß sie mit möglichster Beschleunigung ihr Gutachten abgebe, in wie fern das geeignete Executionsverfahren zu beschließen sei?" (S. 83)

In derselben Sitzung trug die Kommission, die für die Streitigkeiten zwischen Hannover und Braunschweig zuständig war, ihr Gutachten wegen Braunschweigs Beschwerde über die Führung einer Militärstraße mit Berührung Braunschweiger Gebiets vor (s. S. 132). In dem Vortrag (§ 37, S. 86–91) wurde ausgeführt, der Herzog habe „nicht gezeigt, welches das eigentliche Objekt des Streites ist, und welches die Gründe sind, aus denen Hannover sich geweigert hat, Ihren etwaigen Anforderungen ein Genüge zu leisten" (S. 90). Der Beschwerde wurde daher entsprechend dem Kommissionsvorschlag keine Folge gegeben.

Am 4. März berichtete die Kommission zur Vollziehung der Bundestagsbeschlüsse in zwei Vorträgen. Der erste endete mit dem Antrag: „Eine hohe Bundesversammlung wolle das geeignete Executionsverfahren gegen Se. Durchlaucht den Herzog von Braunschweig, nach den in der Executionsordnung festgesetzten Bestimmungen und Normen, beschließen." (S. 116)

Der Abstimmung darüber enthielten sich Hannover sowie Braunschweig und Nassau. Alle andern fünfzehn Stimmen sprachen sich für das Executionsverfahren aus.

Der zweite Vortrag (S. 116–121) hatte zum Gegenstand, „in welcher Art und Weise die Exekutionsmaßregeln im Namen der Gesamtheit des Bundes beschlossen und ausgeführt werden sollen?" (S. 117)

In dem Vortrag wurde für die Durchführung der Execution das Königreich Sachsen vorgeschlagen. Auch wurden Stärke und Zusammensetzung des Executionskommandos im Einvernehmen mit der Militärcommission festgelegt. Die Dauer des Exekutionsverfahrens sollte so bestimmt sein:

„1. bis von Seiten Sr. Durchlaucht des Herzogs das Patent vom 10. Mai 1827 öffentlich auf eine genügende, zu neuen Beschwerden Sr. Königlich-Großbritannisch-Hannöverischen Majestät nicht Anlaß gebende Weise, worüber die hohe Bundesversammlung zu erkennen hat, zurückgenommen sein wird;

2. bis die gesetzliche Bestrafung des Oberjägermeisters von Praun wegen des von ihm notorisch begangenen Attentats durch die competente gerichtliche Behörde eingeleitet sein wird." (S. 121)

Mit der Abstimmung zum zweiten Vortrag wurde sofort begonnen. Da einige Gesandten die Instruktion ihrer Regierung abwarten wollten, wurde die Beschlußfassung auf den 26. März festgesetzt. An diesem Tage wurde die Exekution entsprechend den Vorschlägen der Vollziehungskommission beschlossen (S. 200 f.).

Nun war nach Art. 4 der Executionsordnung noch eine Frist einzuräumen, um bei Befolgung des früheren Beschlusses vom 20. August 1829 die Ausführung der Exekution zu vermeiden. Dies geschah mit einem Schreiben an den Herzog, das dem Gesandten zur Beförderung übergeben wurde; die Frist wurde mit vier Wochen bemessen (S. 204). Sie begann mit dem 30. März zu laufen, an welchem Tage das Schreiben mit den zugehörigen Protokollauszügen dem Gesandten übergeben wurde (S. 214). Die nächste Sitzung der Bundesversammlung wurde für den 13. Mai verabredet (S. 215).

An diesem Tage stand fest, daß der Herzog von Braunschweig dem Bundesbeschluß vom 20. August 1829 mit Einschränkungen Folge geleistet hatte. Zunächst hatte der Gesandte unterm 8. April dem Präsidium eine Protestation des Herzogs übermittelt. Diese wurde als unstatthaft und „als nicht geschehen" zu betrachten durch Beschluß der Bundesversammlung zurückgewiesen (Pr. 1830, S. 234).

Die Verordnung des Herzogs vom 10. Mai 1827 war inzwischen mit einigen andern Verordnungen, die mit der Streitsache nicht zusammenhingen, zurückgenommen worden (S. 240). Gegen den Oberjägermeister von Praun hatte der Herzog durch das Oberhofgericht zu Braunschweig das gesetzliche Verfahren einleiten lassen (S. 241).

Die Anzeige über den Vollzug des Bundesbeschlusses teilte der braunschweigische Gesandte dem Bundestagspräsidium unter dem 26. April 1830 mit (S. 239). Gemäß Art. 5 der Executionsordnung oblag es jetzt der Vollziehungskommission, ihr Gutachten darüber abzugeben, inwiefern dem fraglichen Bundesbeschluß Folge geleistet sei. Die Kommission wurde von der Versammlung ersucht, „ihr Gutachten über die Herzoglich-Braunschweigische Anzeige mit möglichster Beschleunigung an die hohe Bundesversammlung zu erstatten" (S. 235). Dies geschah am 27. Mai. Obwohl die Art, in der die Zurücknahme der Verordnung vom 10. Mai 1827 verkündet wurde, in mehrfacher Beziehung beanstandet werden konnte, fand sich die Mehrzeit der Kommission doch bereit, zu erklären, daß die angezeigte Befolgung des Bundesbeschlusses „als hinreichend befunden werden dürfte" (S. 388). Die Gesandten von Preußen und Baden hatten sich dem nicht angeschlossen und ein Minderheitsgutachten abgegeben. Der Gesandte Hannovers äußerte Befürchtungen, daß in Anbetracht der von Braunschweig zu Protokoll gegebenen Protestation die Befolgung des Bundesbeschlusses nicht ernst gemeint sei; auch sei schon die Art, wie diese verkündet, zu beanstanden.

Die Beschlußfassung über das Kommissionsgutachten wurde auf den 24. Juni festgesetzt. An diesem Tage stimmte die Mehrheit für die Auffassung der Kommissionsmehrheit (S. 508). Was hätte denn auch anderes geschehen können? Die unerquickliche Angelegenheit hatte die deutschen Höfe lange genug beschäftigt. Unter diesen Umständen mußte man sich wohl damit begnügen, ein wenigstens halbwegs befriedigendes Ergebnis erzielt zu haben.

Die Hauptsache war, daß der langwierige unerquickliche Streit zwischen Hannover und Braunschweig beendet war. Vergeblich hatten sich Österreich und Preußen mit ihrer Vermittlung um die Beilegung des Streites bemüht. Erst die angedrohte Bundesexekution bewirkte ein Nachgeben des Herzogs von Braunschweig. Die Bundesversammlung bewies damit die dem Bunde innewohnende Stärke zur Beseitigung von Zwistigkeiten zwischen zwei Bundesmitgliedern. Die Schlichtung des Streites zwischen Hannover und Braunschweig ist also ein Ruhmesblatt in der Geschichte des Deutschen Bundes.

Auch die Eingaben der „vereinigten Braunschweig-Wolfenbüttelschen und Blankenburgischen Landschaft", die wir auf S. 132 erwähnten, beschäftigten die Bundesversammlung in vielen Sitzungen. Wir beschränken uns darauf, das Ergebnis mitzuteilen. Es wurde durch Mehrheitsbeschluß am 4. November 1830 erzielt, der lautete: „Sr. Durchlaucht dem Herzoge von Braunschweig zu eröffnen, daß, nach Art. 54 und 56 der Wiener Schlußakte, die in anerkannter Wirksamkeit bestehende erneuerte Landschaftsordnung vom Jahre 1820 von Höchstdemselben nicht auf anderm, als auf verfassungsmäßigem Wege abgeändert werden könne." (S. 1166)

Die Bundesversammlung hatte sich noch mit einer weiteren Beschwerde gegen den Herzog von Braunschweig zu beschäftigen. Sie wurde am 26. März 1830 von dem vormaligen Herzoglich-Braunschweigischen Oberjägermeister Freiherrn von Sierstorpff vorgebracht. Dem Bericht der Reklamationskommission in der Sitzung vom 17. Juni (S. 454–468) entnehmen wir folgendes:

Dem annähernd 80 Jahre alten Freiherrn von Sierstorpff sei völlig unerwartet auf seinem Landsitz in Driburg, wo er seinen Sommerurlaub verbrachte, am 15. Juni 1828 „ein schon am 1. Juni vollzogenes Patent zugekommen, worin er zum Oberhofmeister ernannt, und sein Dienstgehalt von 2000 auf 1000 Thaler herabgesetzt worden". Ein ihm gleichzeitig zugegangenes Schreiben des Herzogs vom 5. Juni „habe ihm die Versetzung in den Ruhestand und die Beförderung zum Oberhofmeister, Beides als Merkmal landesfürstlicher Würdigung seiner Verdienste, verkündigt".

„Längst schon im Besitze des obersten Ranges am Hofe, habe er in der Ernennung zum Oberhofmeister eine Beförderung so wenig zu erkennen, als in der Verminderung seiner Besoldung um die Hälfte eine Würdigung seiner Verdienste wahrzunehmen vermocht."

Da er „einer Unterstützung von jährlichen 1000 Thalern nicht bedurft habe", sei er „über den zu fassenden Entschluß keinen Augenblick" in Zweifel gewesen. „Rühmlich habe er alsbald einen Titel und einen Ruhegehalt ausschlagen müssen, die er nur unrühmlich hätte annehmen können. In einem an Seine Herzogliche Durchlaucht erlassenen Schreiben vom 16. Juni habe er beide abgelehnt, und um seinen Abschied gebeten." Gleichzeitig habe in seinem Namen seine Ehegattin mit Schreiben an den Oberstaatsrat von Münchhausen das Oberhofmeisterpatent zurückgegeben. Darauf sei an ihn schon unterm 17. Juni ein Herzogliches Ministerialrescript folgenden Inhalts ergangen:
„Seine Hochfürstliche Durchlaucht könnten, in Betracht des von ihm auf die unehrerbietigste und undankbarste Weise zurückgeschickten Oberhofmeisterpatens, so wie in Rücksicht auf den gleichfalls unehrerbietigen und formlosen Inhalt seiner Zuschrift, Sich nicht bewogen finden, ihm jetzt den erbetenen Abschied zu erteilen, vielmehr wollten Sie ihn, ohne diesen Abschied, hierdurch aller seiner bisherigen Titel, Ämter und Würden, wes Namens sie immer sein möchten, für verlustig erklären, auch ihm überdies für seine und seiner Ehefrau Person, vom Tage des gegenwärtigen Rescriptes an, den Aufenthalt in hiesigen Landen, bei Strafe der öffentlichen Landesverweisung, untersagen."

Diese Ministerialverfügung „habe den Reclamanten bestimmt, unterm 7. Juli 1828 an Seine Herzogliche Durchlaucht unmittelbar die Bitte zu richten, daß Höchstdieselben

‚gnädigst geruhen möchten, solches Verfahren, daß nur durch Irrtum veranlaßt sein könne, zurück zu nehmen, oder ihm die Gerichtsbehörde benennen zu lassen, bei welcher die Untersuchung der Sache statt finden solle'. Hierauf hätten Seine Durchlaucht ihm unterm 9. Juli 1828 durch das Staatsministerium eröffnen lassen: ‚daß es in Betreff seiner und seiner Ehefrau, bei dem Beschlusse des Staatsministeriums vom 17. Juni lediglich sein Bewenden behalten müsse'."

Eine mit Schreiben vom 31. März 1829 an das Staatsministerium gerichtete Bitte, „ihm die Zurückkunft nach Braunschweig zu gestatten, und damit den Gebrauch und Genuß seines dortigen bedeutenden Eigentums zu gewähren", sei unbeantwortet geblieben. Am 17. August 1829 habe er gerichtliche Hilfe in Anspruch genommen.

„Da das richterliche Erkenntnis von dem Landesgerichte zu erteilen und Langwierigkeit der Untersuchung zu besorgen gewesen, so hätte der Reclamant an dasselbe am 13. November 1829 durch seinen Anwalt die Vorstellung mit der Bitte erlassen: ‚die von dem Herzoglichen Staatsministerium gegen ihn ausgesprochene Landesverweisung vorläufig, während der gegen ihn anhängigen Untersuchung, aufzuheben, und das Staatsministerium davon in Kenntnis zu setzen'."

Das Urteil des Landesgerichts vom 4. Januar 1830 lautete dahin: „daß zur Zeit zwar die von dem Freiherrn von Sierstorpff gebetene Untersuchung nicht statt finde, jedoch der Rückkehr und dem Aufenthalte desselben in den Herzoglichen Landen ein rechtliches Hindernis nicht entgegen stehe."

Der Herzog war über dieses Urteil empört und ließ es kassieren.

Das Gutachten der Kommission kam zu dem Schluß: „Die Eingabencommission ist nun nach der bisherigen Ausführung allerdings der Meinung, daß, wenn die Sache sich vorgetragener Maßen verhält, hohe Bundesversammlung berufen sei, die Wiederherstellung der cassierten richterlichen Entscheidung zu veranlassen, ..."

Zuvor war jedoch die Herzogliche Regierung mit ihrer Erklärung zu der Beschwerde zu hören. Diese wurde in der Sitzung vom 5. August abgegeben (S. 628–635). Danach erblickte der Herzog in dem Schreiben vom 16. Juni 1828 eine schwere Beleidigung. Bezüglich der Ahn-

dung eines solchen Vergehens sagte die Erklärung vor der Bundesversammlung:

„Es steht in der Wahl des Landesherrn, die ihm von seinen Untertanen unmittelbar zugefügten Beleidigungen selbst zu ahnden, oder die
Untersuchung und Bestrafung durch eine Commission oder ein Gericht zu verfügen." (S. 630)

Die Erklärung Braunschweigs wurde an die Reclamationscommission
abgegeben, die erneut am 26. August berichtete. Wir heben aus dem
Gutachten die Aussage hervor, „daß, nach gemeinem Rechte, Maje-
stätsbeleidigungen ohne besondern landesherrlichen Befehl nicht ge-
richtlich verfolgt werden dürfen, und es ist dies auch von dem Herzoglichen Landesgerichte ausdrücklich anerkannt worden; daraus
folgt aber keineswegs, daß es deshalb in der Wahl des Landesherrn
stehe, die ihm von seinem Untertan unmittelbar zugefügten Beleidigungen auch unmittelbar zu ahnden. Die Wahl, welche nach dem Gesetze dem Souverain gelassen ist, besteht nur darin, entweder jede
Verfolgung der Majestätsbeleidigung niederzuschlagen, oder aber sie
dem ordentlichen Richter zu übertragen" (S. 761 f.). Der Antrag der
Kommission wurde, etwas ergänzt, nachdem sich sämtliche Regierungen durch Instruktion an ihre Gesandten geäußert hatten, am 7. Oktober 1830 zum Beschluß erhoben. Dieser lautete:

„1. Die am 9. Jänner 1. J. auf Befehl Sr. Durchlaucht des Herzogs
von Braunschweig vorgenommene Cassation des von dem Herzoglichen Landesgerichte unter dem 4. desselben Monats abgegebenen und publicierten Erkenntnisses in der Sache des Freiherrn
von Sierstorpff, wegen verletzter Ehrerbietung gegen Se. Herzogliche Durchlaucht, wird für wirkungslos erklärt, und die Herzogliche Regierung wird aufgefordert, die Ausführung dieses Beschlusses nicht zu behindern;

2. wird einhellig erkannt, es verstehe sich von selbst, daß aus Anlaß
der vorliegenden Beschwerde der Rückkehr des Freiherrn von
Sierstorpff und seiner Familie nach Braunschweig und seinem
Aufenthalte daselbst von Seiten Sr. Durchlaucht des Herzogs
kein Hindernis weiter in den Weg gelegt werden könne.

3. Dem Anwalte des Freiherrn von Sierstorpff ist dieser Beschluß im
Auszuge mitzuteilen." (S. 1021 f.).

V. Auswirkungen der Juli-Revolution 1830 in Deutschland

1. *Umsturz in Braunschweig*

Während eines längeren Aufenthalts in Paris erlebte der Herzog von Braunschweig dort die in den letzten Julitagen des Jahres 1830 ausbrechende Revolution, die zum Sturz des letzten Bourbonen-Königs Karls X. und zur Thronbesteigung des Bürgerkönigs Louis Philipp führte. Fluchtartig reiste der Herzog in seine Residenzstadt Braunschweig zurück. Dort wurde er zwar „von einer Schar abhängiger Hofdiener mit einem Fackelzug willkommen geheißen" (Stern, E. G., Bd. 4, S. 267), im übrigen aber traf er auf allgemeine Ablehnung, was nur allzu verständlich ist angesichts seines törichten Verhaltens während seiner Regierungszeit. Wenig später, am 6. September, kam es zu offenem Aufstand.

Über diesen ist in einem an den braunschweigischen Bundestagsgesandten von Marschall gerichteten Ministerialerlaß vom 9. September gesagt:
„Eine schon geraume Zeit bemerkbare Verstimmung unter den Einwohnern, ging in Gärung über, und es kam diese am 6. d. M. zum Ausbruche, als Seine Durchlaucht im Begriff waren, aus dem Theater nach dem Schlosse zurückzukehren. Mehrere hundert mit Steinen, Knitteln und dergleichen bewaffnete Menschen griffen den Wagen, in welchem Sich Seine Durchlaucht befanden, an, und es hatte den Anschein, als ob ein Attentat auf die allerhöchste Person Seiner Durchlaucht im Werke sei. Seine Durchlaucht entkamen nur durch die Schnelligkeit der Pferde vor Ihrem Wagen. Das Schloß wurde hierauf mit allem disponiblen Militär umgeben, und die Nacht verging unter tumultuarischen Ausbrüchen der Menge, welche Laternen und Fenster einschlug und dergleichen. Der folgende Tag war anfangs ziemlich ruhig, am Abend aber erfolgte, ungeachtet der getroffenen Maßregeln zu Aufrechterhaltung der Ruhe, ein Sturm der geringsten Klasse des Volkes auf das Schloß, in dessen einem Flügel, nachdem

durch jenen Umstand Seine Herzogliche Durchlaucht zur schleunigen Abreise Sich bewogen gefunden, Feuer angelegt wurde, das sich schnell verbreitete und wodurch, da vom Volke keine Hülfe beim Löschen und Retten geleistet, vielmehr vom Pöbel abgehalten wurde, der größte Teil des Schlosses mit seinem ganzen Inhalte hingerafft wurde …" (Pr. 1830, S. 931)

Der Herzog begab sich nach London; eine Reise nach dort war schon vorher geplant. König Georg IV., den Herzog Karl als seinen persönlichen Feind betrachtete, war am 26. Juni 1830 gestorben. Ihm folgte sein Bruder als Wilhelm IV. auf dem Thron von Großbritannien und Hannover. In Braunschweig war die frühere Ordnung nach der Flucht des Herzogs bald wieder hergestellt.

Die Bundesversammlung erhielt in ihrer Sitzung vom 16. September Kenntnis von dem erwähnten an Marschall gerichteten Ministerialerlaß. Sie beschloß:
„daß die Herzoglich-Braunschweigische Bundestagsgesandtschaft aufgefordert werde, mit möglichster Beschleunigung ausführliche Nachweisung sowohl über die nähere und entferntere Veranlassung der vorgefallenen Aufruhrszenen, als auch darüber zu geben, ob die gesetzliche Ordnung und Ruhe in Braunschweig durch die bestehenden Herzoglichen Behörden in der Art herbeigeführt worden sei, daß selbige auch dauernd gesichert erscheine, und insbesondere auch, ob wegen Habhaftwerdung und Bestrafung der Aufrührer das Gesetzliche veranlaßt worden sei?" (a. a. O., S. 918)

Am 7. Oktober berichtete Marschall über ihm unterm 18. September vom braunschweigischen Ministerium zugekommene Benachrichtigungen, wonach Ruhe und Ordnung völlig wiederhergestellt seien, wozu „die dermalige Anwesenheit des von allen Einwohnern der Stadt Braunschweig und in dem Lande höchstverehrten Herzogs Wilhelm von Braunschweig-Oels besonders" beitrage. Zu einem Einschreiten des Deutschen Bundes bestehe keine Veranlassung (a. a. O., S. 1039). Der Präsidialgesandte beanstandete, daß die vernommene Darstellung weit hinter dem zurückbliebe, „was dem großen Publikum durch die öffentlichen Blätter bekannt geworden" sei. „Es sollte doch von der Herzoglichen Regierung den andern Regierungen mit aller Offenheit der Stand der Dinge mitgeteilt werden, wie er sich verhält, weil nur hieraus beurteilt werden kann, in wie fern die Bundesversammlung verfassungsmäßig berufen sei, ihre Wirksamkeit zu äußern." Der Präsidialgesandte erklärte weiter:

„Es ist notorisch, daß Se. Durchlaucht der regierende Herzog von Braunschweig dermalen durch den Herzog Wilhelm in der Regierung vertreten wird; es ist nicht minder bekannt, daß darüber eine öffentliche Publikation erschienen, und daß zwischen dem Herzog Wilhelm und den Landständen eine zur Publizität gebrachte Rücksprache statt gefunden hat, welche geeignet ist, die Aufmerksamkeit sämtlicher Deutschen Regierungen in Anspruch zu nehmen. Es wäre zu wünschen, daß die Herzogliche Gesandtschaft sowohl über die von derselben verlangte Aufklärung über die nähere und entfernte Veranlassung der in Braunschweig vorgefallenen Auftritte, als auch über den heutigen Zustand der Dinge daselbst, offene und rückhaltlose Sprache in der Bundesversammlung führe.

Der Präsidialantrag gehe daher dahin: hierüber eine ausführliche Erklärung von der Gesandtschaft zu verlangen, und hierzu einen Termin von acht Tagen anzuberaumen."

Dem entsprach der Beschluß der Versammlung.

Herzog Wilhelm, der Bruder des geflohenen Herzogs Karl, war schon am 10. September, von Berlin kommend, in Braunschweig eingetroffen. Er handelte auf den Rat Friedrich Wilhelms III. und auch im Sinne des großen Ausschusses der braunschweigischen Landstände, wenn er bis auf weiteres die Regierungsgeschäfte übernahm.

Nach Ablauf der achttägigen Frist, nämlich in der Sitzung vom 15. Oktober (§ 252, S. 1084 ff.), konnte Marschall dem ihm erteilten Auftrag noch nicht voll entsprechen. Es mangelte ihm noch „die genaue Nachricht von den Bedingungen und näheren Bestimmungen, unter welchen ... Herzog Wilhelm von Braunschweig-Oels nach der Abreise des Herrn Herzogs Carl nach England bis auf Weiteres die Regierung der Braunschweigischen Lande ... übernommen" habe. Marschall gab der Versammlung Kenntnis von dem „Patent wegen einstweiliger Übernahme der Regierung der Braunschweigischen Lande", welches Herzog Wilhelm unterm 28. September 1830 erließ; ferner von dessen Antwort vom gleichen Tage auf die „Adresse der Mitglieder der vereinten Braunschweig-Wolfenbüttelschen und Blankenburgischen Landschaft an Seine Durchlaucht den Herzog Wilhelm von Braunschweig-Oels, d. d. Braunschweig 27. Sept. 1830". Diese drei Anlagen zum Vortrag von Marschall sind als Beilagen 4, 5 und 6 in den Protokollen der Bundesversammlung abgedruckt (Pr. 1830, S. 1107–1115). In ihrer „Adresse" schilderten die Mitglieder der Landschaft die skandalösen Zustände (ohne diesen Ausdruck zu gebrauchen) unter Herzog Karl, um mit der Bitte zu schließen, daß wegen der „Unmöglichkeit, daß der Durchlauchtigste Herzog Carl die Regierung des Landes fortsetze", Herzog Wilhelm diese übernehmen möge.

Hierzu bemerkte dieser in seiner Antwort:

„Ich werde mich inzwischen auf das Eifrigste bemühen, durch eine unverzüglich mit Meines Herrn Bruders Durchlaucht anzuknüpfende Unterhandlung den von der Landschaft angedeuteten Zweck zu erreichen.

Sollten indes, wider Verhoffen, Meine desfallsigen Bemühungen den gewünschten Erfolg nicht herbeiführen, so würde ich mich zwar nicht entschließen können, Selbst die Maßregeln zu ergreifen, auf welche die Landschaft hindeutet, jedoch es geschehen lassen, daß dieselbe sich unmittelbar an Se. Majestät den König von Großbritannien und Hannover mit den geeigneten Anträgen wende, und Ich zweifle nicht, daß durch die Vermittlung dieses wohlwollenden und erleuchteten Monarchen das gewünschte Ziel erreicht werden wird."

Marschall wußte noch mitzuteilen, daß ihm von London „unter dem 27. September die Nachricht zugekommen" sei, „daß Se. Durchlaucht der Herzog Carl Höchstihren Herrn Bruder, des Herzogs Wilhelm von Braunschweig-Oels Durchlaucht, zum Generalgouverneur des Herzogtums Braunschweig zu ernennen und mit Vollmacht zu versehen, Sich veranlaßt gefunden haben".

„Diese Vollmacht selbst" sei ihm „jedoch weder von London noch von Braunschweig" mitgeteilt worden. Wörtlich erklärte er laut Protokoll abschließend:

„Die Ruhe ist in Braunschweig durch das Einschreiten Sr. Durchlaucht des Herzogs Wilhelm wieder hergestellt. Der Aufruhr war gegen die Person des zu London abwesenden Herrn Herzogs Carl vorzugsweise gerichtet, und es wird gegenwärtig zu London an einer umfassenden Übereinkunft unter den allerhöchsten und höchsten Gliedern der Königlichen und Herzoglichen Häuser Braunschweig zunächst, wie es scheint, als einer Haus- und Familienangelegenheit unterhandelt, deren Resultat hoffentlich dem Interesse der Königlichen und Herzoglichen Familie und dem des Braunschweigischen Landes, welches mit dem Interesse der regierenden Häuser übereinstimmt, entsprechen wird."

Das Präsidium bemerkte dazu:
„die Auskünfte, ..., geben keine Beruhigung darüber, daß die gesetzliche Ordnung und die Autorität des Regenten in der Art begründet sei, um jede Besorgnis für die Zukunft zu beseitigen, – es erscheine vielmehr angemessen, daß eine Bundestags-Commission von fünf Mitgliedern erwählt werde, welche sich damit beschäftigen werde, den Zustand Braunschweigs näher zu erörtern, und der hohen Bundesversammlung ihr Gutachten zu erstatten, ob und was etwa von ihrer Seite vorzukehren sei, um den innern gesetzlichen Zustand herzustellen und zu erhalten."

In die vorgeschlagene Kommission wurden die Gesandten von Österreich, Preußen, Königreich Sachsen, Hannover sowie Holstein und Lauenburg gewählt.

Die Kommission erstattete ihren Bericht in der Bundestagssitzung vom 2. Dezember (§ 304, S. 1280–1302). In dem Beschluß, den die Versammlung daraufhin faßte, heißt es:
„1. Seine Durchlaucht der Herzog Wilhelm von Braunschweig-Oels wird ersucht, die Regierung des Herzogtums Braunschweig bis auf Weiteres zu führen, ..., und daß dieses auf Veranlassung des Deutschen Bundes geschehe, öffentlich bekannt zu machen;
...
2. Den berechtigten Agnaten Seiner Durchlaucht des Herzogs Carl von Braunschweig wird anheim gegeben, diejenige definitive Anordnung für die Zukunft, welche bei diesem beklagenswerten Stand der Dinge die dauernde Ruhe und gesetzliche Ordnung in dem Herzogtume Braunschweig erheischt, in Gemäßheit der Herzoglich-Braunschweigischen Hausgesetze und des in Deutschen und andern souverainen Häusern üblichen Herkommens zu beraten und zu bewirken, so wie auch eine baldige Benachrichtigung über die in solcher Art getroffene Feststellung dem Deutschen Bunde zur Anerkennung zukommen zu lassen.
3. ...
4. Die Herzoglich-Braunschweigische Gesandtschaft wird ersucht, in geeigneter Art die erforderliche Eröffnung des gegenwärtigen Bundesbeschlusses an Ihre Durchlauchten die Herzoge Carl und

Wilhelm von Braunschweig mit der wünschenswerten Beschleunigung gelangen zu lassen."

Die sofortige Beschlußfassung war schon deshalb geboten, weil Marschall nach dem Kommissionsvortrag im Auftrag von Herzog Karl anzeigte:

„daß Höchstdieselben Sich bewogen gefunden haben, die Vollmacht, durch welche Se. Durchlaucht Höchstihrem Herrn Bruder, ..., die einstweilige Leitung der Regierung des Herzogtums übertragen haben, wieder aufzuheben, da Höchstdieselben sich leider hätten überzeugen müssen, daß dieselbe nicht zu dem gewünschten Resultate geführt habe."

Durch Proklamationen und Verordnungen vom 18. und 24. November 1830 (S. 1305–1308), von Frankfurt und Fulda aus erlassen, hatte er Unruhe in Braunschweig verbreitet, indem er Gehorsam gegenüber einer von ihm eingesetzten Regierung forderte, womit er „jakobinisch" anmutende Versprechen verband, aber gleichwohl scheiterte.

In der Sitzung vom 9. Dezember zeigte Marschall an: „daß Se. Herzogliche Durchlaucht der Herr Herzog Wilhelm zu Braunschweig, hierzu durch die dringenden Umstände und insbesondere eine Aufforderung Sr. Majestät des Königs von Großbritannien und Hannover veranlaßt, Sich schon unter dem 26. des vorigen Monats bewogen gesehen haben, die Regierung des Herzogtums als nächster Agnat auch nach zurückgezogenen Vollmachten Sr. Durchlaucht des Herzogs Carl fortzuführen" (S. 1315 f.).

Diese Anzeige wurde bestätigt und ergänzt durch eine gemeinsame Erklärung von Hannover und Braunschweig in der Sitzung vom 10. März 1831. Im Namen des Königs von Großbritannien und Hannover und des Herzogs Wilhelm von Braunschweig wurde darin die Regierungsunfähigkeit des Herzogs Karl festgestellt und seitens des Königs erklärt, „daß die Regierung im Herzogtume Braunschweig als erledigt anzunehmen sei". Der König und Herzog Wilhelm erklärten „ferner, daß die durch" die „absolute Unfähigkeit des bisherigen rechtmäßigen Regenten als erledigt zu betrachtende Regierung des Herzogtums Braunschweig nunmehr, ..., definitiv auf Seine Durchlaucht den Herzog Wilhelm von Braunschweig-Lüneburg-Oels, in Höchstihrer Eigenschaft als nächster Agnat, mit allen verfassungsmäßigen Rechten und Pflichten eines regierenden Herzogs von Braunschweig übergegangen sei" (Pr. 1831, S. 192). Beide Bundestagsgesandtschaften beantragten, daß die vom König und von Herzog Wilhelm „über die definitive Feststellung der Regierungsverhältnisse erfolgte Anordnung von dem Durchlauchtigsten Deutschen Bunde die möglichst zu beschleunigende Anerkennung erhalten möge" (S. 193). Zum Beweis der Regierungsunfähigkeit des Herzogs Karl legte die hannoversche Bundestagsgesandtschaft vertraulich eine „Darstellung der Regierungshandlungen Seiner Durchlaucht des Herzogs Carl von Braunschweig" vor (Pr., S. 221–245).

In der abgegebenen Erklärung blieb die Frage der Regierungsnachfolge einer etwaigen künftigen legitimen Nachkommenschaft des Herzogs Karl offen (er war wie sein Bruder Wilhelm ledig). Hierzu wurde von den beiden Gesandten gesagt:

„Se. Majestät der König, so wie Se. Durchlaucht der Herzog Wilhelm, nehmen aber dabei keinen Anstand, hiermit feierlich zu erklären, daß Sie den Rechten, welche des Herzogs Carl Durchlaucht für Höchstdero etwaige legitime Descendenz in Hinsicht auf die Nachfolge in der Regierung des Herzogtums Braunschweig in Anspruch nehmen dürften, vorzugreifen nicht gemeint sind, vielmehr, beim Entstehen einer desfallsigen Meinungsverschiedenheit unter den Durchlauchtigen Herren Brüdern, solche, in Berücksichtigung der deshalb im Allgemeinen und in den Haus- und Grund-Gesetzen des Herzogtums Braunschweig insbesondere enthaltenen Bestimmungen, zum competenten Ausspruche verstellt lassen wollen." (S. 195)

Auf Antrag des Präsidiums wurde „unter einhelliger Zustimmung beschlossen:
daß sämtliche Gesandtschaften sich mit möglichster Beschleunigung die Instruktionen der …Regierungen zu erbitten haben, um in der kürzesten Zeitfrist über die Erklärung und Anträge Hannovers und Braunschweigs abzustimmen" (S. 196).

Bevor mit den Abstimmungen begonnen wurde, hatte die Bundesversammlung – dies geschah am 14. April – die Verwahrung des Herzogs Karl gegen den Bundesbeschluß vom 2. Dezember 1830 zur Kenntnis zu nehmen. Darin behauptete Herzog Karl, der Umsturz sei „das improvisierte Werk eines herrschsüchtigen ständischen Adels" gewesen. Der Beschluß der Bundesversammlung verstieße „eben so sehr gegen die Legitimität und die Gerechtigkeit, als gegen das herkömmliche Völkerrecht, die gesunde Politik und die künftige Ruhe von Deutschland". „Niemand, ..., und am wenigsten" die „parteiisch gesinnten Agnaten" könnten „als Richter über Ihre Regierungshandlungen und Ihre angestammte Souverainität erkennen. – Dem zufolge protestieren Se. Durchlaucht, wie hiermit geschieht, aufs feierlichste gegen den mehrgedachten Bundesbeschluß und alle daraus resultierenden Consequenzen, und werden immer und bei jeder rechtlichen Veranlassung dagegen protestieren, als ungerecht gegen Höchstdieselben, und als unpolitisch, unnötig und nachteilig für das monarchische Prinzip und das allgemeine Interesse von Deutschland." (S. 407 f.)

Das Präsidium trug „auf Einsendung vorstehender Protestation an die ... Regierungen an. Präsidium würde auch keinen Anstand nehmen, die Eröffnung des Protokolls zur Abstimmung über die erwähnten Anträge noch auszusetzen, wenn nicht die Herzoglich-Braunschweigische Gesandtschaft dringend um Beschleunigung einer definitiven Beschlußnahme angestanden hätte" (S. 408).

Münch eröffnete die Abstimmungen mit der Erklärung Österreichs. Sie ging davon aus, „daß, wenn die Ruhe und gesetzliche Ordnung im Herzogtum dauernd gesichert werden soll, Sr. Durchlaucht dem Herzoge Carl die persönliche Ausübung der ... Regierungsgewalt nicht gestattet werden könne". Demzufolge sei „definitiv" eine von Herzog Wilhelm zu übernehmende Regentschaft anzuordnen, so daß er während der Lebenszeit seines Bruders, „oder bis zum Eintritt der Majorennität eines legitimen und ebenbürtigen Descendenten desselben, die Regierung des Landes zu führen" habe.

Während die Agnaten sich entschieden dahingehend geäußert hatten, die Frage der Regierungsnachfolge für die legitime Nachkommenschaft des Herzogs Karl offenzuhalten, entschied Österreich sich zugunsten der Nachkommen von Herzog Karl, und zwar derart, daß bei Volljährigkeit des berechtigten Erben die Regierung des Herzogs Wilhelm enden sollte.

Anders war die Auffassung Preußens. Es sprach sich gegen eine Regentschaft aus, die gegebenenfalls in eine Vormundschaft überginge, und verwies auf die traurigen Erfahrungen damit jüngst in Braunschweig. Es folgerte: „– so hält der Königlich Preußische Hof seine, in Übereinstimmung mit den Wünschen und Anträgen der Agnaten des Braunschweigischen Hauses gefaßte, mit dem Prinzip der Legitimität wohl vereinbare Entschließung für vollständig gerechtfertigt, den Herzog Wilhelm von Braunschweig-Oels als einen Kraft eigenen Rechts und in eigenem Namen regierenden souverainen Landesherrn des Herzogtums Braunschweig anzuerkennen" (S. 412).

Dieser Auffassung schloß sich Baden an, während Königreich Sachsen und die Stimme von Holstein und Lauenburg Österreich beitraten. Die Abstimmungen der übrigen Regierungen erfolgten nach und nach, bis es am 11. Mai acht zu acht stand. Acht von siebzehn Stimmen hatten also ohne Einschränkung der Erklärung der Agnaten in der Sitzung vom 10. März zugestimmt. Es fehlte noch die Abstimmung von Luxemburg. Dessen Gesandter wies am 11. Mai, anstatt abzustimmen, darauf hin, daß inzwischen „der Stand der Sache so wesentlich verändert" sei, daß es neuer Instruktionen der Regierungen bedürfe (S. 483). Was war vorgefallen?

Die angesprochenen Ereignisse sind der Erklärung des braunschweigischen Bundestagsgesandten zu entnehmen. Dieser teilte mit, er sei „zu der Anzeige instruiert worden: daß Seine Durchlaucht der Herzog Wilhelm Sich veranlaßt gesehen habe, unter dem 20. April, in Folge der auf Einladung des Durchlauchtigen Bundes im Einverständnisse mit Seiner Majestät dem Könige von Hannover und Großbritannien getroffenen agnatischen Anordnung, in Gemäßheit derselben die Regierung des Herzogtums Braunschweig definitiv anzutreten.
Indem derselbe beauftragt ist, dem Durchlauchtigen Bunde in Übereinstimmung mit dem Bundesbeschlusse vom 2. Dezember v. J. die Benachrichtigung zu geben, daß die definitive Anordnung der Regierungsverhältnisse in dem Herzogtume und deren Feststellung bewirkt und getroffen sei, ist er zugleich angewiesen, das unter dem 20. erlassene Patent und die gleichzeitige publizierte Proklamation zu übergeben.
Er verbindet damit die weitere Anzeige, daß am 25. April von sämtlichen oberen Behörden des Landes, dem Hofpersonale, den Ständen und den Chefs sämtlicher städtischer Gemeinden, auch den Einwohnern der Residenz Braunschweig, der Huldigungseid geleistet worden ist, nachdem das Militär den Eid der Treue bereits am 20. abgelegt hatte." (S. 484)

In dem genannten Patent vom 20. April 1831 (S. 507 f.) bekundete Herzog Wilhelm, daß er auf Grund des Bundesbeschlusses vom

2. Dezember 1830 und der auf diesem beruhenden agnatischen Anordnung die Regierung des Herzogtums Braunschweig definitiv übernommen habe. Nun mag man sich fragen, warum dies so bald geschah; denn erst am 14. April war mit den Abstimmungen über die der Bundesversammlung in der Sitzung vom 10. März zu Protokoll gegebene Erklärung, die seitens der Agnaten den definitiven Übergang der Regierung des Herzogtums Braunschweig auf Herzog Wilhelm anordnete, begonnen worden.

Die Eile war aus folgendem Grunde geboten. Die Braunschweiger „rüsteten sich dazu, am 25. April, dem bevorstehenden Geburtstagsfest Herzog Wilhelms, ihm freiwillig die Erbhuldigung aller Gemeinden entgegenzutragen. Um Deutschland dies Schauspiel der Betätigung eines souveränen Volkswillens zu ersparen, verkündigte Herzog Wilhelm auf den Rat des Berliner Kabinetts und gemäß einem Entwurf, den er insgeheim von dort erhalten, durch Patent vom 20. April, daß er die Regierung des erledigten Herzogtums antrete" (Stern, E. G., Bd. 4, S. 271).

In den Augen Österreichs war damit gegen das Legitimitätsprinzip verstoßen. Die seltsame Erklärung des luxemburgischen Gesandten am 11. Mai war wohl mit dem Präsidialgesandten verabredet (so Treitschke, D. G., Bd. 4, 3. Aufl., S. 120). Sie bot diesem die willkommene Gelegenheit zu einem scharfen Tadel gegen das Vorgehen des Herzogs Wilhelm. Münch bezeichnete dieses „als höchst bedauernswerte Tatsache". Er folgerte:
„Offenbar ist durch diese vorgreifende, auch in der heute vorliegenden Erklärung der Herzoglich-Braunschweigischen Gesandtschaft keineswegs gerechtfertigte Handlungsweise des Herzogs Wilhelm von Braunschweig, das Ansehen des Bundes verletzt, und die Bundesversammlung, als Organ desselben, würde ihre Stellung verkennen, wenn sie von diesem Acte nicht anders, als nur vorübergehend, Kenntnis nehmen wollte. Es ist erforderlich, daß dieselbe in ihre Protokolle aufnehme, wie dieser Vorgang statt gefunden habe, und alles übrige den Regierungen anheim stelle, welchen die heutige Erklärung der Herzoglich-Braunschweigischen Gesandtschaft zur Kenntnis zu bringen sein wird." (S. 485)

In dem von ihm vorgeschlagenen Beschlußentwurf befindet sich am Ende die Bemerkung, „daß durch diese, ohne Zutun des Durchlauchtigsten Bundes vollzogene Anordnung, keinen begründeten Rechten, und insbesondere nicht den Successionsrechten einer etwaigen Descendenz des Herzogs Carl von Braunschweig, präjudiziert werden könne" (S. 486).

Preußen widersprach dem Beschlußentwurf, insbesondere dessen Schlußbemerkung. Die Bundesversammlung würde damit den Instruktionen der Höfe vorgreifen. Sehr ausführlich äußerte sich Hannover (S. 488–495), indem es die Anordnung der Agnaten, die Regierungsübernahme des Herzogs Wilhelm und die Zurückstellung der Successionsfrage rechtlich begründete. Das Ergebnis der Umfrage war, daß sich neun Stimmen, also eine Mehrheit von einer Stimme, für den vorgeschlagenen Beschluß aussprachen. Luxemburgs Gesandter hatte sich dabei, während er zur Abstimmung in der Hauptsache, der agnatischen Erklärung im Protokoll vom 10. März, nicht in der Lage war, für den Antrag des Präsidiums ausgesprochen.

In der nächsten Sitzung, die erst am 30. Juni stattfand, gab Hannover eine weitere Erklärung zu diesem Beschluß ab. Darin wurde auf das Ungewöhnliche hingewiesen, in einen Beschluß auf Instruktionseinholung Bemerkungen aufzunehmen, „welche auf den Hauptgegenstand Beziehung haben". Die zu beanstandende Bemerkung sei um so überflüssiger, da die in der Bundestagssitzung vom 10. März abgegebene Erklärung der Agnaten festgestellt habe:
„daß Sie den Rechten, welche des Herzogs Carl Durchlaucht für Höchstdero etwaige legitime Descendenz in Hinsicht auf die Nachfolge in der Regierung des Herzogtums Braunschweig in Anspruch nehmen dürften, vorzugreifen nicht gemeint seien" (S. 520).

Hannover wollte vermeiden, daß in dem tadelnden Bundesbeschluß in der 18. Sitzung vom 11. Mai eine Änderung bezüglich der Offenhaltung der Sukzessionsfrage erblickt werden könne. Tadelnd stellt die hannoversche Erklärung fest:
„Mit dem lebhaftesten Bedauern haben die höchsten Agnaten in dem Protokolle der 18. Sitzung gesandtschaftliche Äußerungen wahrgenommen, welche ein auffallendes Urteil über eine in Übereinstimmung mit zwei großen Monarchen vorgenommene Handlung eines Deutschen Fürsten aussprechen." (S. 522)

Die Bedenken in der Sukzessionsfrage durften entfallen, als der luxemburgische Gesandte – im Widerspruch zu seinem Verhalten am 11. Mai – jetzt zu Protokoll geben mußte:

„Se. Majestät der König – Großherzog haben, nach genauer Prüfung der in der 8. Sitzung d.J. abgegebenen, gemeinschaftlichen Erklärung der Königlich-Großbritannisch-Hannöverischen und Herzoglich-Braunschweigischen Regierungen und der darin über die Hauptfrage getroffenen Anordnung, Sich bewogen gefunden, Ihre Gesandtschaft anzuweisen, den in der Königlich-Bayerischen Abstimmung enthaltenen Ansichten nachträglich beizutreten." (S. 523)

Damit war die in der 8. Sitzung, am 10. März 1831, abgegebene Erklärung mit neun zu acht Stimmen gebilligt. Dem Beschluß vom 11. Mai konnte jetzt wohl nur noch der Charakter eines Protestes wegen Verletzung des Ansehens des Bundes zukommen. Hatte nicht aber durch den Widerspruch zwischen der Anerkennung der Erklärung der Agnaten durch die Mehrheit der Regierungen und dem Tadel wegen des Regierungsantritts des Herzogs Wilhelm die Bundesversammlung ihrem Ansehen erst recht geschadet? An den Tatsachen war nichts mehr zu ändern. Stern schreibt zur Behebung des widersprüchlichen Ergebnisses: „Endlich wies Metternich selbst in Verhandlungen mit der preußischen Regierung auf den Ausweg hin, der am 12. Juli 1832 in Frankfurt beschritten wurde. Dieselbe Versammlung, die kaum ein Jahr zuvor das Patent Herzog Wilhelms vom 20. April mißbilligt hatte, anerkannte einhellig die neue von ihm ausgestellte Vollmacht Marschalls und damit ihn selbst als stimmführendes Bundesmitglied." (E.G., Bd. 4, S. 271)

Im Protokoll der Bundesversammlung ist zu lesen: „Präsidium zeigt an: der Herr Bundestagsgesandte, Freiherr von Marschall, habe sich zur Fortführung der Herzoglich-Braunschweigischen Stimme mit einer von Seiner Durchlaucht dem Herzoge Wilhelm von Braunschweig, d. d. Braunschweig den 19. Mai 1832, ausgestellten Vollmacht legitimiert.
Da nach den vorangegangenen Verhandlungen Se. Durchlaucht der Herzog Wilhelm als stimmführendes Mitglied in der Bundesversammlung zu betrachten ist, so trägt Präsidium darauf an, die Vollmacht, nachdem sie verlesen sein werde, in das Archiv hinterlegen und dem Herrn Gesandten beglaubigte Abschrift davon zustellen zu lassen.

Sämtliche Gesandtschaften waren mit dem Präsidialantrage einverstanden; ..."
(Pr. 1832, S. 957)

Österreichs vorjähriges Verhalten bezüglich des Regierungsantritts von Herzog Wilhelm hatte sich also als falsch erwiesen, und der Kaiserstaat mußte sich schließlich der konsequenteren preußischen Auffassung anschließen. So folgte denn der dramatischen Zuspitzung im Mai und Juni des Vorjahres schließlich die einhellige Billigung des Regierungsantritts in der Bundesversammlung.

2. Unruhen in andern Staaten Norddeutschlands

Ähnlich feindselig gegen den Landesherrn wie in Braunschweig war die Einstellung eines großen Teils der Bevölkerung im Kurfürstentum Hessen. Der seit 1821 regierende Kurfürst Wilhelm II. war nach dem Herzog Karl von Braunschweig der bestgehaßte Monarch in Deutschland. Auch er befand sich, als die Juli-Revolution auf sein Land übergriff, außerhalb seines Landes, und zwar krank in Karlsbad. Noch kaum genesen, kehrte er auf die Nachricht von Unruhen in Kassel nach dorthin zurück. Seine Zusage am 15. September, die Landstände zur Beratung binnen Monatsfrist einzuberufen, wirkte in der Hauptstadt des Landes wohl etwas beruhigend; aber in der Stadt und Provinz Hanau kam es zu üblen Auftritten, die den Bundestag beschäftigen sollten.

Im Protokoll über die Sitzung vom 30. September 1830 ist vermerkt: „Der Kaiserlich-Königliche präsidierende Herr Gesandte trägt vor: er glaube nicht säumen zu dürfen, in der hohen Bundesversammlung die höchst strafbaren und bedenklichen Vorfälle zur Sprache zu bringen, durch welche seit acht Tagen in den benachbarten Kurhessischen Landen alle gesetzliche Ordnung gestört worden sei, und noch täglich gestört und bedroht werde. Die anfänglich bloß an einigen Zollhäusern verübten Excesse seien bereits in förmlichen Aufruhr des Landvolks gegen Gutsherrschaften und gegen landesherrliche Behörden ausgeartet; dieses Übel drohe, sich täglich weiter auszubreiten und erfordere daher die schleunigsten und kräftigsten Gegenmaßregeln."
(S. 991)

In der Tat wurden solche sofort, ohne Regierungsinstruktionen abzuwarten, beschlossen. Dazu gehörte die Aufforderung an sämtliche benachbarten Regierungen, „ihre Streitkräfte sowohl zum Schutze des eigenen Landes, als auch zu dem Ende zu vereinigen, damit, wenn, wider Verhoffen, die Kurhessische Regierung entweder nach erfolgter Anzeige oder notorisch außer Stande sein sollte, die Ordnung herzustellen, dem Bunde die Mittel zur Hand seien, durch unmittelbares Einwirken auf den aufrührerischen Bezirk dieser Verpflichtung zu entsprechen" (S. 993).

Schon am Tage darauf vernahm die Bundesversammlung von dem Gesandten des Großherzogtums Hessen, daß die Unruhen sich nach dorthin ausgebreitet hätten. „Vorzüglich waren es Einwohner der Kurhessischen Provinz Hanau, welche sich der gröbsten Gewalttätigkeiten auf Großherzoglichem Staatsgebiete und der Aufwiegelung Großherzoglicher Untertanen gegen Obrigkeit und Gesetze schuldig machten" (S. 1010). Das Großherzogtum vermochte sich aus eigener Kraft mit Militär-Einsatz der Übergriffe zu erwehren, und es sollte nicht lange dauern, bis die Ordnung auch im Kurfürstentum wiederhergestellt war. Am 14. Dezember konnte der kurhessische Gesandte dies berichten, und der Bundestag brauchte sich mit Unruhen in Hessen nicht länger zu befassen.

Es darf wohl angenommen werden, daß die Eröffnung des Landtages am 16. Oktober zur Beruhigung beitrug. Seine Beratungen und Verhandlungen mit der Regierung führten zu der Verfassungsurkunde vom 5. Januar 1831 (Pr. 1831, S. 73–98), die der Bundesversammlung am 10. Februar mit der Bitte um Bundesgarantie vorgelegt wurde.

Bezüglich des Inhalts der Verfassungsurkunde beschränken wir uns darauf, eine Bemerkung von Stern wiederzugeben, welche besagt: „Sie (die Verfassung) galt fortan als die freisinnigste politische Schöpfung, die in der Neuzeit auf deutschem Boden erwachsen war" (E. G., Bd. 4, S. 276). Sie widersprach also den Grundsätzen des Deutschen Bundes, wie sie seit den Karlsbader Beschlüssen entwickelt waren. Es mußte also schwer fallen, die „bundesgesetzliche Garantie" zu erhalten, die laut Verfassungsurkunde (§ 157) nachzusuchen war.

Der Beschluß, der diesbezüglich in der Bundesversammlung vom 10. Februar gefaßt wurde, lautet:

„Die Verfassungsurkunde für das Kurfürstentum Hessen vom 5. Januar 1831 den höchsten und hohen Regierungen vorzulegen, und sich deren Instruktion auf den Antrag Sr. Königlichen Hoheit des Kurfürsten wegen Übernahme der Garantie von Seiten des Durchlauchtigsten Deutschen Bundes zu erbitten." (S. 70)

In den Protokollen ist hierüber lange Zeit nichts enthalten. Erst am 6. September 1832 kam die nachgesuchte Garantie wieder zur Sprache. Der Präsidialgesandte teilte mit, nachdem reichlich anderthalb Jahre verflossen waren, „daß der Kaiserlich-Königliche Hof die Instruktion dahin erteilt habe, daß zur Begutachtung des Kurhessischer Seits gemachten, die Übernahme der Bundesgarantie für jene Verfassung betreffenden Antrages eine Commission bestellt werden möge" (S. 1191). Über die Tätigkeit der daraufhin gewählten Commission ist aus den amtlichen Protokollen der Bundesversammlung nichts zu entnehmen außer, daß diese am 12. September 1833 beauftragt wurde, auch die Landständische Verfassungsurkunde von Hohenzollern-Sigmaringen vom 11. Juli 1833 wegen der beantragten Garantie zu begutachten, desgleichen die mit gleichem Antrag schon länger vorliegende Verfassungsurkunde von Schwarzburg-Sondershausen (Pr. 1833, S. 806). Treitschke weiß zu berichten, daß „schließlich, nach dritthalb Jahren, im Oktober 1833 dem Casseler Hofe unter der Hand mitgeteilt" wurde, „daß der Bundestag in dieser Sache keinen Beschluß fassen könne" (D. G., Bd. 4, 3. Aufl., S. 137). Das vermochte nichts daran zu ändern, daß die kurhessische Verfassung „in anerkannter Wirksamkeit" bestand.

Unruhen in zwei deutschen Kleinstaaten verzeichnet das Protokoll über die Bundestagssitzung vom 14. Oktober 1830 (S. 1065 f.). Betroffen waren das Amt Cahla von Sachsen-Altenburg und Städte von Reuß. Sachsen-Altenburg hatte Hilfe vom Großherzogtum Sachsen-Weimar begehrt und empfangen und konnte schon am 21. Oktober berichten: „daß die Großherzoglich-Sächsischer Seits freundnachbarlichst geleistete Hülfe durch Militär, was sich vortrefflich benommen habe, von erwünschtem Erfolge begleitet gewesen, und die Ruhe wieder hergestellt worden sei" (S. 1126). Für die Reußischen Lande wurde in der Bundestagssitzung vom 25. November (S. 1263) berichtet, daß durch energische Maßregeln Ruhe und Ordnung zurückgewonnen seien. Indessen brachen in Gera am 24. und 25. März 1831 erneut Unruhen aus. In dem abschließenden Bericht, der in der Bundesversammlung vom 30. Juni erstattet wurde, heißt es: „daß die Ruhe in der Stadt Gera seit dem 25. März d. J. keine weiteren Störungen erlitten habe, daß vielmehr die eingeleitete gerichtliche Untersuchung gegen die Teilnehmer der tumultuarischen Auftritte des 24. und 25. März ungehindert fortgesetzt worden und beendigt sei" (S. 524).

Auch in den norddeutschen Königreichen kam es zu Unruhen. Am wenigsten wurde Preußen davon betroffen. Stern schreibt darüber: „So manches Gebiet des nördlichen Deutschland war durch den Wellenschlag der europäischen Bewegung, welche die Juli-Revolution ausgelöst hatte, stärker oder schwächer berührt worden. An dem Gefüge des preußischen Staates prallte sie ab, ohne tiefere Spuren zu hinterlassen. Planlose Tumulte von Arbeitern, Handwerksburschen und Gesindel, wie sie hie und da im Spätsommer vorkamen, wurden rasch erstickt." (E. G., Bd. 4, S. 289)

Härter betroffen wurde das Königreich Sachsen. Treitschke urteilt: „Im Königreich Sachsen brach eine wohlwollende, aber altersschwache und völlig entgeistete Regierung haltlos zusammen vor den ersten Schlägen einer kleinbürgerlichen Volksbewegung, welche ohne ein politisches Ziel zu verfolgen ihren Unmut zunächst nur an einzelnen verhaßten Behörden und örtlichen Mißständen ausließ" (D. G., Bd. 4, 3. Aufl., S. 142 f.). Über die zum Teil sehr üblen Ausschreitungen ist in den Protokollen der Bundesversammlung nichts zu lesen. Nur die erste Folge davon ist verzeichnet, daß der alte König den bei der Bevölkerung beliebten Prinzen Friedrich August, nach Verzicht von dessen Vater auf die Nachfolge, zum Mitregenten ernannte. Im Protokoll der Bundestagssitzung vom 23. September 1830 heißt es: „Der Königlich-Sächsische Gesandte, Herr von Zeschau, zeigt an: der Prinz Maximilian, Bruder seiner Majestät des Königs, habe sich entschlossen, zu Gunsten seines Sohnes, des Prinzen Friedrich August Königlichen Hoheit, auf die Nachfolge in die Krone Sachsen zu verzichten, und Seine Majestät der König habe den gedachten Prinzen Friedrich August, Allerhöchstihren Neffen, durch eine unter dem 13. d. M. vollzogene Acte zum Mitregenten Allerhöchstihrer Lande ernannt." (S. 978)

Die Ereignisse in Sachsen hatten die weitere Folge, daß es am 4. September 1831 zu einer neuen Verfassung kam. Diese war nach Stern „ein mühsam erkämpfter Ausgleich altständischer und modern-liberaler Ideen" (E. G., Bd. 4, S. 280). Eben deshalb entsprach sie wohl gut den realen Bedürfnissen des Landes.

Ähnliche Mißstände wie in Sachsen, wesentlich bedingt durch die Vormachtstellung des Adels, bestanden zur Zeit der Juli-Revolution auch im Königreich Hannover. Es kam hier Anfang Januar 1831 zu Aufständen in Osterode und Göttingen; aber schon am 16. Januar war es damit vorbei (in Osterode war der Aufstand sofort erstickt worden). Dennoch verfehlten die Aufstände nicht ihre Wirkung. Die Unruhe im ganzen Lande war durch sie nur allzu deutlich sichtbar geworden und zwang die Regierung zu Folgerungen, über die wir weiter unten berichten werden.

Der Bundesversammlung erstattete der hannoversche Gesandte am 24. Februar 1831 einen ausführlichen Bericht (S. 140–147). Zwei Rechtsanwälte in Osterode und drei Privatdozenten in Göttingen wurden als die Urheber der Aufstände ermittelt. „Ein Teil der Studierenden verband sich ganz mit dem Plane der Unruhestifter, welche mit Gewalt ihre Absichten durchsetzen und namentlich nötigenfalls auch der gewaffneten Macht des Staates sich entgegenstellen wollten" (S. 144).

Die Beteiligung von Studierenden am Aufstand in Göttingen war für die Regierung in Hannover ein Anlaß, der Bundesversammlung am 10. März eine „Proposition über einige die Disziplin der Deutschen Universitäten betreffende Punkte" (S. 199 ff.) vorzulegen, worin nähere Bestimmungen zum Universitätsgesetz der Karlsbader Beschlüsse gefordert wurden. Die „Proposition" wurde an die Kommission für das Universitätswesen zur Berichterstattung verwiesen. Am 24. März wurde beschlossen:

„Die Bundesregierungen, in deren Staaten Universitäten bestehen, werden ersucht, ihre Ansichten über die Königlich-Hannöverische Proposition über einige, die Disciplin der Deutschen Universitäten betreffende Punkte, durch ihre Gesandtschaften an die für das Universitätswesen bestehende Bundestags-Commission gelangen zu lassen." (S. 276)

Wir berichten noch kurz über die allgemeinen politischen Folgen der Unruhen im Königreich Hannover, über die in den Protokollen der Bundesversammlung nichts enthalten ist.

Die Regierung von Hannover berichtete am 3. Februar 1831 nach London in freimütiger Weise über die Zustände im Lande und „mahnte den König, solange man ‚noch die Gewalt wirklich in Händen habe', durch Gewährung von Reformen die öffentliche Meinung wiederzugewinnen" (Stern, E. G., Bd. 4, S. 283). Auf Drängen des Generalgouverneurs Herzog Adolf Friedrich von Cambridge, des jüngsten Bruders des Königs, entließ dieser den Minister Graf von Münster, der der deutschen Kanzlei in London vorstand und dem die Mißstände im Königreich Hannover angelastet wurden. Der Generalgouverneur, der bei der Bevölkerung beliebt war, wurde am 14. Februar zum Vizekönig ernannt.

Der alte Landtag trat im März 1831 zusammen, konnte aber mit dem von ihm erarbeiteten Verfassungsentwurf nicht durchdringen. Nach seiner Auflösung wurde ein neuer Landtag auf den 30. Mai 1832 einberufen. Aber erst am 26. September 1833 wurde das neue Staatsgrundgesetz von König Wilhelm IV. unterzeichnet. Auf den Streit, der sich später wegen dieser Verfassung ergab, werden wir noch zurückkommen.

3. Auswirkungen in Süddeutschland und Gegenmaßnahmen des Bundestags

Anders als im Norden waren die Auswirkungen der Juli-Revolution in Süddeutschland. Stern schreibt:

„Auch jenseits der Mainlinie war es dank dem im Westen ausgebrochenen politischen Gewitter mit der dumpfen Stille der letzten Jahre gründlich vorbei. Hier aber handelte es sich nicht wie in Norddeutschland um Erkämpfung, sondern um Befestigung des Repräsentativsystems. Man konnte auf dem schon vorhandenen Fundament weiterbauen und erlebte, die aufrührerischen Tumulte abgerechnet, die aus dem Kurhessischen ins Darmstädtische übergriffen, keinen Bruch der gesetzlichen Ordnung." (E. G., Bd. 4, S. 298)

Die revolutionären Einflüsse vom Westen und von der Schweiz her waren am stärksten in dem Grenzland Baden. Ähnlich stark wie hier war die Erregung der Gemüter in der bayerischen Rheinpfalz. In Zeitungen, Zeit- und Flugschriften äußerten sich Meinungen, die zu den Auffassungen der Bundesversammlung und zu den Karlsbader Verbotsvorschriften in striktem Gegensatz standen. Auch in den Landtagen verschafften sich kritische Stimmen Gehör. Die Bundesversammlung mußte sich dadurch herausgefordert fühlen.

Schon die revolutionären Ereignisse in Braunschweig, von denen in den Protokollen der Bundesversammlung erstmals am 16. September 1830 die Rede ist, hatten den Präsidialgesandten veranlaßt, Maßregeln zur Herstellung und Erhaltung der Ruhe in Deutschland zu fordern. Am 18. September trafen sich sämtliche Bundestagsgesandten zu einer außerordentlichen Zusammenkunft, in welcher Münch vertraulich eine Präsidialproposition über solche Maßregeln vortrug. Diese wurde in das Protokoll der Sitzung vom 14. Oktober aufgenommen (S. 1049 ff.), in der sich die Gesandten über die empfangenen Instruktionen äußerten. Nur Bayern und Mecklenburg waren noch ohne Instruktion; sie lag für beide Stimmen am 21. Oktober vor. Aus dem einhelligen Beschluß von diesem Tage zitieren wir:

„1. Für die Dauer der gegenwärtigen Zeitverhältnisse sollen in allen denjenigen Fällen, in welchen nach der Bestimmung des Artikels 26 der Schlußacte die Mitwirkung der Gesamtheit zur Wiederherstellung der Ruhe und Ordnung in den Bundesstaaten verfassungsmäßig begründet ist, sämtliche Bundesregierungen zur gegenseitigen Hülfsleistung in der Art verpflichtet sein, daß, wenn eine den Beistand des Bundes bedürfende Regierung sich wegen Dringlichkeit der Gefahr unmittelbar an eine oder die andere benachbarte Regierung mit dem Ersuchen um militärische Hülfe wendet, diese Hülfe sofort Namens des Bundes geleistet werde, so weit die Kräfte des requirierten Bundesstaates hierzu ausreichen, und so weit es ohne Gefahr für dessen eigenes Gebiet und ohne offenbare Compromittierung seiner Truppen geschehen kann.

2. Zur Erreichung dieses Zweckes, sollen, während der Dauer der gegenwärtigen außerordentlichen Zeitverhältnisse, die Bundescontingente in möglichst disponibler Bereitschaft gehalten werden.

   ...

5. Die Censoren der öffentlichen Blätter politischen Inhalts sollen auf das Bestimmteste angewiesen werden, bei Zulassung von Nachrichten über stattgefundene aufrührerische Bewegungen mit Vorsicht und mit Vergewisserung der Quellen, aus welchen derlei Nachrichten geschöpft sind, zu Werke zu gehen, und die beste-

henden Bundesbeschlüsse vom 20. September 1819 sich gegenwärtig zu halten ..."
(S. 1124 f.)

Zu nochmaliger Ermahnung zur Befolgung der Zensurbestimmungen sah sich der Bundestag am 17. Februar 1831 (§ 37, S. 118 ff.) veranlaßt, und zwar auf Grund des Vortrags der Reklamationskommission über die „Eingabe des Großherzoglich-Badischen Hofrats und Professors Welcker zu Freiburg, die Bewilligung vollkommener Preßfreiheit im Deutschen Bunde betreffend".

Welckers Bitte ging dahin:
„zur Verwirklichung des Artikels 18 der Deutschen Bundesacte, eines Teils alle von der hohen Bundesversammlung selbst durch die vorübergehenden Ausnahmsgesetze vom 20. September 1819 und vom 16. August 1824 eingeführten Beschränkungen der Preßfreiheit aufzuheben, sodann aber durch allgemeine, bundesgesetzliche, gänzliche Aufhebung der Censur, mit Begründung der gerichtlichen Verantwortlichkeit und unter Bestimmung der etwa nötig scheinenden, das natürliche Recht der Preßfreiheit aber selbst nicht gefährdenden, polizeilichen Sicherungsformen, wirkliche Preßfreiheit oder Freiheit der Gedanken und der Wahrheit und ihrer gegenseitigen Mitteilung in allen Deutschen Ländern zu begründen; insbesondere und vor allem aber die wesentlichste, die allgemeine oder staatsbürgerliche oder politische, nämlich die Preßfreiheit der Zeitungen, Zeit- und Flugschriften."

Anschließend heißt es in dem Vortrag der Kommission:
„Zur Rechtfertigung dieser Bitte ist ein Promemoria zugleich mitübergeben, worin der Bittsteller die seinem Gesuche zum Grunde gelegte Ansicht, daß Preßfreiheit nicht allein das natürliche und unveräußerliche Recht jedes Menschen, sondern auch zugleich das wesentlichste Mittel des Heils für Fürsten und Völker sei, näher zu begründen versucht hat.
Dieses Promemoria ist von der Universitätsbuchhandlung zu Freiburg gedruckt und verlegt, unter Vorausdruckung der auch handschriftlich der hohen Bundesversammlung übergebenen Bittschrift.
Da diese Broschüre keine zwanzig Bogen ausmacht, so war sie nach dem Preßgesetze vom 20. September 1819 der Censur unterworfen; daß sie derselben nicht unterzogen worden ist, ergibt jedoch deren Inhalt, der, wenn auch in einer der Form nach unanstößigen Abfassung,

doch geeignet erscheinen mußte, durch das ungünstige Licht, welches
der Verfasser, nach der ihm beiwohnenden Überzeugung von den unbedingten Nachteilen jeder Art von Censur, auf dieselbe zu werfen
sucht, und durch das eben so unbedingte Lob, welches derselbe, ohne
Rücksicht auf Zeit und Umstände, einer schrankenlosen Preßfreiheit
spendet, die öffentliche Meinung gegen die in dieser Rücksicht bestehende Bundesgesetzgebung aufzuregen.

Gleichwohl glaubt die Commission, daß, bei der Verbreitung, welche
die Broschüre bekommen hat, bevor es möglich war, auf deren Unterdrückung von hier aus zu wirken, die Ausübung der durch das Preßgesetz vom 20. September 1819 begründeten Einschreitung hoher
Bundesversammlung zwecklos sei, und zur Verhütung künftiger Fälle
dieser Art bei der betreffenden Censurbehörde der Anlaß genüge, den
die Großherzoglich-Badische Bundestagsgesandtschaft von diesem
Vorgange nehmen wird, um auf größere Aufmerksamkeit jener Behörde zu wirken."

Also kein Einschreiten seitens der Bundesversammlung! Andererseits
konnte die Kommission bei Lage der Dinge keine Beratung über
Welckers Eingabe empfehlen. Die Versammlung beschloß vielmehr:

„1. aus diesem Anlasse wiederholt einstimmig die Überzeugung auszusprechen, daß die Aufrechterhaltung und genaue Befolgung
der, wegen Verhütung des Mißbrauchs der Presse bestehenden,
bundesgesetzlichen Bestimmungen im wohlverstandenen Interesse sämtlicher Bundesregierungen, und daher darüber gemeinsam zu wachen, auch

2. die Eingabe des Professors Welcker zu Freiburg ohne weitere
Folge lediglich ad acta zu legen sei." (S. 120)

Die Wirkung dieses Bundesbeschlusses war wohl wegen der obwaltenden Zeitverhältnisse gering; denn auf Antrag seines Hofes wurde
der Präsidialgesandte am 10. November 1831 vorstellig, durch einen
weiteren Beschluß auf Einhaltung der bundesgesetzlichen Bestimmungen für die Presse zu dringen. Der in beantragter Form gefaßte
Beschluß lautete:

„Da sämtliche Mitglieder des Deutschen Bundes die feierliche Verpflichtung gegen einander übernommen haben, bei der Aufsicht über
die in ihren Ländern erscheinenden Zeitungen, Zeit- und Flugschriften mit wachsamen Ernste zu verfahren, und diese Aufsicht dergestalt
handhaben zu lassen, daß dadurch gegenseitigen Klagen und unange-

nehmen Erörterungen auf jede Weise möglichst vorgebeugt werde, in neuerer Zeit aber der Mißbrauch der periodisch-politischen Presse in einer höchst bedauerlichen Weise zugenommen hat; so bringt die Bundesversammlung sämtlichen Bundesregierungen diese, bis zur Vereinbarung über ein definitives Preßgesetz in voller Kraft verbleibende, gegenseitige Verpflichtung mit dem Ersuchen in Erinnerung, die geeigneten Mittel und Vorkehrungen zu treffen, damit die Aufsicht über die in ihren Staaten erscheinenden Zeitblätter nach dem Sinn und Zweck der bestehenden Bundesbeschlüsse gehandhabt werde." (S. 845)

Zu den Einwirkungen, die von außen her auf das Geschehen im Deutschen Bund erfolgten, gehörte die Verbreitung der in Straßburg erscheinenden Zeitung „Das Konstitutionelle Deutschland" im Bundesgebiet. Die Bundesversammlung befaßte sich mit dieser Angelegenheit auf Antrag Österreichs am 19. November 1831. Der Präsidialgesandte führte u. a. aus:

„Die Redaction dieses hauptsächlich auf Deutschland berechneten Zeitungsblattes hat in ihrem ersten Ankündigungsblatte als Veranlassung zu diesem Unternehmen den Wunsch mehrerer Männer Deutschlands angegeben, in einer von der gehässigen Censur befreiten Zeitung ihre Gedanken und Wünsche über Politik im Allgemeinen, und insbesondere über die äußern und innern politischen Verhältnisse der mittlern und kleinern constitutionellen Staaten, niederlegen zu können, und während dasselbe auf gleißnerische Weise erklärte, es liege nicht in ihrer Absicht, die Gemüter des Volkes gegen die Regierungen aufzuregen, bietet die ganze Reihenfolge der im Laufe dieses Jahres erschienenen Blätter auf die unzweideutigste Weise gerade dieses als die eigentliche Tendenz und den Zweck dieses Blattes dar."

Nach Beratung lautete der sofortige Beschluß der Bundesversammlung:

„Die Versendung und Verbreitung des in Straßburg bei G. Silbermann erscheinenden Zeitblattes: ‚Das constitutionelle Deutschland', wird in allen Deutschen Bundesstaaten untersagt, und die Regierungen werden ersucht, diesen Beschluß öffentlich bekannt zu machen, auch zur Handhabung desselben die geeigneten Verfügungen zu treffen, und diese baldmöglichst zur Kenntnis der hohen Bundesversammlung zu bringen." (I. Separat-Pr. nach S. 871, S. VI)

Nur wenig später bereitete die Zeitschrift „Der Bote aus Westen", die in Zweibrücken erschien, dem Bundestag Ärger. Sie veröffentlichte am 2. Dezember einen Artikel aus Karlsruhe vom 27. November, aus welchem das Protokoll vom 7. Dezember 1831 (§ 302, S. 965) zitiert: „Der schmachvolle Bundesbeschluß (gemeint ist wohl der von uns S. 162 f. wiedergegebene vom 10. November), wodurch den souveränen Mitgliedern des Bundes verboten wird, ihren Völkern Preßgesetze zu geben, hat hier einen tiefen, erschütternden Eindruck hervorgebracht. Mit gespannter Erwartung sieht man den Schritten entgegen, welche die Regierung zur Wahrung der Fürstenehre, welche die Stände zur Aufrechterhaltung unserer Selbständigkeit ergreifen werden. Wir müssen diesen Bundesbeschluß als den ersten Schritt schreiender Gewalttätigkeit ansehen; die Fürsten, welche stillschweigend sich solchem Beschluß fügen, haben auf ihre Souveränität verzichtet; sie sind zu bloßen Statthaltern herabgesunken. Ihre Völker, wenn sie so Ungebührliches dulden, sind Sclaven und Knechte. Bald werden wir wieder politische Ketzergerichte einführen, Demagogen-Jagden anstellen sehen, um jene als Hochverräter zu bestrafen, welche es wagen, im Namen des Volks dessen durch Meineid und Trug der Gewaltigen verweigerte Rechte in Anspruch zu nehmen. Wir aber rufen es laut: (höret, Kleingläubige an der Kraft und am Willen des Volks) In der Berechnung der Gewalthaber ist eine jämmerliche Lücke; sie haben vergessen, daß im Jahre 1831 ein neuer Geist im Volke rege geworden."

Der Berichterstatter der Kommission für die Presse schließt seinen Vortrag, dem das vorstehende Zitat entnommen ist, nach der Feststellung, daß der vorliegende Sachverhalt die Bundesversammlung berechtige, „den ‚Boten aus Westen' sofort zu unterdrücken", mit den Worten:

„In der Erwägung und in dem Vertrauen indes, daß ferneren Verletzungen des provisorischen Preßgesetzes des Bundes durch dieses Blatt von Seiten der Königlich-Bayerischen Regierung durch nachdrückliche Ahndung der Unachtsamkeit der Censurbehörde und sonst auf geeignete Weise entgegengewirkt werden wird, findet die Commission Gründe, denen sie für den jetzigen Fall den Vorzug gibt, ihren Antrag darauf zu richten:
der sofortigen Unterdrückung des ‚Botens aus Westen' aus eigener Autorität der Bundesversammlung bis zu dem etwaigen nächsten geeigneten Attentat dieser Zeitschrift Anstand zu geben." (S. 966)

Entsprechend wurde von der Versammlung beschlossen. Der Bundesversammlung schien wohl Rücksichtnahme auf bayerische Empfindlichkeit geboten.

Der zitierte Artikel des „Boten aus Westen" stammte aus Karlsruhe, wo der Kampf um das badische Preßgesetz tobte. Welcker, dessen Bemühen um die Preßfreiheit in einer der Bundesversammlung vorgelegten Broschüre in Frankfurt unbeachtet blieb, errang mit der Durchsetzung des badischen Preßgesetzes Erfolg. Allerdings konnte der Sieg, wenn es ein solcher war, nicht auf die Dauer behauptet werden, wie sich bald herausstellen sollte.

In der Bundestagssitzung vom 9. Februar 1832 (§ 38, S. 179 f.) teilte das Präsidium, welches seit einigen Wochen infolge Substitution von Nagler, dem Gesandten Preußens, versehen wurde, mit, „daß die Großherzoglich-Badische Regierung am 12. vorigen Monats das in der jüngsten Ständeversammlung beratene Gesetz über die Polizei der Presse und über die Bestrafung der Preßvergehen ... bekannt gemacht, und die Wirksamkeit desselben auf den 1. März l.J. festgesetzt habe."

„Da dieses neue Gesetz mit den bestehenden Bundesgesetzen nicht vereinbar zu sein scheint, so sieht sich das substituierte Präsidium durch erhaltenen Auftrag veranlaßt, darauf anzutragen, daß die hohe Bundesversammlung durch die für die Preßangelegenheiten bestehende Bundestags-Commission prüfen lasse, in wie fern das Großherzoglich-Badische Preßgesetz mit der dermalen bestehenden Bundesgesetzgebung vereinbar sei, und sonach bestehen dürfe?"

Die Bundesversammlung beschloß entsprechend dem Präsidiumsantrag. Die Kommission erstattete ihren Bericht am 20. Februar 1832 (§ 55, S. 228–244). Der volle Text des Gesetzes ist S. 246 [a] bis [n] abgedruckt. Das Gesetz bestimmte als obersten Grundsatz die Aufhebung der Zensur. Den bundesgesetzlichen Bestimmungen glaubte man durch die Ausnahmevorschriften der §§ 12 und 14 zu genügen. Sie lauteten (S. 246 [b] und [c]):

„§ 12. Zeitungen und Zeitschriften, in so weit sie die Verfassung oder Verwaltung des Deutschen Bundes oder einzelner Deutscher Bundesstaaten, außer Baden, zum Gegenstand haben, und andere Schriften dieses Inhalts, die nicht über zwanzig Bogen im Drucke stark sind, sollen nur mit Vorwissen und auf vorgängige Genehmhaltung der

Staatsbehörde, welche solche nur den nach den Bestimmungen der §§ 18 bis 28 für strafbar zu achtenden Schriften oder Schriftstellen zu versagen hat, zum Druck befördert werden."

„§ 14. Wird die Vorschrift des § 12 umgangen, und darauf in Folge einer von dem Bunde oder einem Bundesstaate erhobenen Beschwerde, der Inhalt der Schrift von den Gerichten strafbar gefunden, so verfällt der Schuldige neben der durch den Inhalt der Druckschrift verwirkten Strafe noch wegen des Umgehens der Vorschrift des § 12 in eine Strafe von fünf bis fünfzig Gulden."

Man muß Treitschke wohl zustimmen, wenn er hierzu schreibt: „In solcher Fassung erschien das Preßgesetz wie ein Hohn auf das Ansehen des Deutschen Bundes. Die badischen liberalen Blätter riefen schon triumphierend: es gibt in Baden keine Censur mehr; wir unterwerfen uns keinem Censor, sondern tragen willig die kleine Zusatzstrafe, falls ein Gericht uns wegen Schmähung des Bundestags verurteilen sollte. Wie man sich auch drehen und wenden mochte, das am 1. März 1832 in Kraft tretende neue badische Preßgesetz widersprach offenbar dem Bundesrechte, das die Censur verlangte." (D.G., Bd. 4, 3. Aufl., S. 233 f.)

Zu diesem Ergebnis gelangte auch der Vortrag der Bundestagskommission am 20. Februar. Der Beschluß der Bundesversammlung lautete demzufolge:

„1. daß der von der Bundestags-Commission in Preßangelegenheiten über das Großherzoglich-Badische Preßgesetz vom 12. Januar d. J. erstattete Vortrag den Bundesregierungen von den Gesandtschaften vorzulegen, und darauf anzutragen sei, letzteren binnen sechs Wochen ihre Instructionen zugehen zu lassen;

2. daß der Großherzoglich-Badischen Regierung überlassen werde, über diesen Vortrag ihre allenfallsige Äußerung binnen vierzehn Tagen an die Bundesversammlung gelangen zu lassen, um solche an die Bundesregierungen zur Berücksichtigung bei der Instructionserteilung einsenden zu können. Zugleich wird der Großherzoglich-Badischen Regierung anheim gestellt, ob sie nicht in dem Präsidialantrage der vorigen Sitzung und in dem hierauf in heutiger Sitzung erstatteten Commissionsvortrage Beweggründe finde, den auf den 1. März d. J. bestimmten Eintritt der Wirksamkeit des gedachten Preßgesetzes zu suspendieren?" (S. 244)

Hierzu vermochte sich die badische Regierung nicht zu entschließen. Aber der Ausgang des Kampfes um ihr Preßgesetz konnte in der Bundesversammlung nur negativ sein. Als positive Auswirkung mag gelten, daß das substituierte Präsidium am 26. April 1832 (§ 118, S. 528 f.) bekannt gab, es sei vom Wiener Hof beauftragt, „die Bundesversammlung zu ersuchen, sich mit der ihr im 18. Artikel der Bundesacte zugewiesenen Aufgabe, der Herbeiführung gleichförmiger Verfügungen über die Presse, unverweilt zu beschäftigen, und die diesfälligen Verhandlungen mit Beschleunigung zu eröffnen". Demgemäß wurde eine Kommission gewählt, die sich mit dieser Aufgabe befassen sollte.

Zum Beschluß über das badische Pressegesetz kam es in der Bundesversammlung am 5. Juli 1832 (§ 230, S. 937 ff.). Er lautete:

„Daß das am 1. März l. J. im Großherzogtum Baden in Wirksamkeit getretene Preßgesetz für unvereinbar mit der bestehenden Bundesgesetzgebung über die Presse zu erklären sei und daher nicht bestehen dürfe.

Dem zufolge spricht die Bundesversammlung die zuversichtliche Erwartung aus, daß die Großherzogliche Regierung dieses Preßgesetz sofort suspendiere, und zur Vorbeugung jeder ferner davon zu besorgenden Verletzung der Interessen und Rechte des Bundes oder der einzelnen Bundesstaaten, sich die strenge und gewissenhafte Handhabung der Bundesbeschlüsse vom 20. September 1819 und vom 16. August 1824 angelegen sein lassen werde.

Die Bundesversammlung erwartet die Anzeige über den Vollzug dieses Beschlusses binnen vierzehn Tagen." (S. 942)

Nach einer ihr bewilligten Fristverlängerung berichtete Baden in der Bundestagssitzung vom 31. Juli 1832 (§ 282, S. 1057 ff.), daß dem Bundesbeschluß vom 5. Juli durch zwei Verordnungen nachgekommen sei.

In der Sitzung vom 20. Februar 1832 hatte Bayern seine Maßnahmen bekanntgegeben, die es aus Anlaß der Verhandlungen in der Bundesversammlung vom 7. Dezember 1831 in Sachen „Der Bote aus Westen" traf. Die Mitteilung Bayerns schloß:

„Ausführliche Instruktionen sind desfalls an die Regierung des Rheinkreises ergangen, und die geeigneten Vorkehrungen bei derselben erst neuerlich getroffen, um auf dem Wege kräftiger Einschreitung der Zügellosigkeit der Zeitblätter feste Schranken zu setzen; und Seine

Majestät erwarten mit Zuversicht, daß hierdurch den gerechten Anforderungen sowohl des Bundes, als der in ihm vereinten souveränen Bundesglieder entsprochen werde." (S. 219)

Demgegenüber machte das Präsidium, welches Nagler, der Gesandte Preußens, vertretungsweise längere Zeit ausübte, u. a. geltend: „Dieses Blatt (Der Bote aus Westen) hat jedoch seitdem noch mehr als früher, ja in unausgesetzter Folge, die frevelhaftesten Schmähungen gegen In- und Ausland, und gegen die höchste Bayerische Regierung selbst, verbreitet, und im Wetteifer mit dem gleichfalls in Rheinbayern erscheinenden Zeitblatt: ‚Die Deutsche Tribüne‘, an Zügellosigkeit alle Deutschen und fremden Zeitungen bereits übertroffen, auf jede Weise Aufruhr gepredigt, und Mittel zu diesem Zwecke vorgeschlagen und zur Ausführung zu bringen gesucht. Alle von der Königlich-Bayerischen Regierung seit jener Aufforderung vom 7. Dezember v. J. getroffenen Maßregeln blieben ohne Erfolg, ... Es scheint daher, daß nur von kräftiger und rascher Einschreitung der vereinten Bundesregierungen nach gleichen durch die Bundesgesetzgebung bestimmten Grundsätzen Abhülfe zu erreichen sei."

Die Bundesversammlung beschloß darauf, wie das Präsidium beantragte:
„1. Die Bundestags-Commission in Preßangelegenheiten wird ersucht, ihr Gutachten darüber zu erstatten: ob die in heutiger Sitzung von der Königlich-Bayerischen Gesandtschaft abgegebene Erklärung für genügend zu erachten sei? Andernfalls aber zur Hebung des gegenwärtig in Rheinbayern bestehenden Preßunfuges in Gemäßheit der Bundesgesetzgebung die geeigneten Anträge zu machen;
2. diese auch auf ähnliche Vergehen in anderen Bundesstaaten auszudehnen, und sich darüber zu äußern: welche Zeitblätter in Deutschland nach den Bestimmungen des provisorischen Preßgesetzes zu unterdrücken seien?" (S. 220)

Die Kommission erstattete ihr Gutachten am 2. Mäz 1832 (§ 67, S. 308–388). Sie kam zu dem Schluß, daß die bayerische Erklärung „nicht für genügend zu achten sei" (S. 309). Ein Verbot wurde auf ihren Antrag für drei Zeitungen beschlossen:
„Die in Rheinbayern erscheinenden Zeitblätter: die ‚Deutsche Tribüne‘ und der ‚Westbote‘, dann das zu Hanau erscheinende Zeitblatt:

die ‚Neuen Zeitschwingen', so wie diejenigen Zeitungen, die etwa an die Stelle der drei genannten – unter was immer für einen Titel – treten sollten." (S.388)

Der „Westbote" war zwischenzeitlich an die Stelle des „Boten aus Westen" getreten.

Viele Verbote sollten noch folgen. Sie im einzelnen aufzuführen, dürfte sich erübrigen. Es kann nicht überraschen, daß Versuche unternommen wurden, die Verbote zu umgehen. An Widerständen gegen die Ausübung der Zensur fehlte es nicht. Von Dr. Siebenpfeiffer, dem Herausgeber des „Westboten", und Dr. Wirth, dem Herausgeber der „Deutschen Tribüne", ging die Initiative zur Gründung des deutschen Preß- und Vaterlandsvereins aus, die zu Zweibrücken am 29. Januar 1832 stattfand. Seinem Wirken insbesondere hatte die oppositionelle liberal-demokratische Bewegung in Deutschland die Kraft zu verdanken, die sie im ersten Halbjahr 1832 entfaltete. Der Verein „dehnte sich schnell über die Pfalz, beide Hessen, Nassau und Frankfurt aus. Auch in Hannover, Braunschweig, Sachsen und den thüringischen Staaten gewann er Stützpunkte. Der Hauptsitz des deutschen Radikalismus, der sich in dem Verein sammelte, aber blieb die Rheinpfalz." (Huber, VG., Bd.2, 2. Aufl., S.136)

Die Aufmerksamkeit der Bundesversammlung wurde auf seine Tätigkeit durch den erwähnten Bericht der Kommission in Preßangelegenheiten vom 2. März 1832 gerichtet, worauf das Präsidium am gleichen Tage den Antrag stellte: „daß die Bundesregierungen durch die Gesandtschaften auf die gefährliche Richtung dieser Vereine aufmerksam gemacht werden" (Pr. 1832, § 68, S.389). Entsprechend wurde beschlossen.

Die starke geistige Bewegung mit der Rheinpfalz als Zentrum, deren Hauptanliegen die Abschüttelung der Fesseln der Ausnahmegesetze vom 20. September 1819 war, strebte ihrem Höhepunkt zu. Dieser war das Hambacher Fest am 27. Mai 1832. Es ist oft mit dem Wartburgfest des Jahres 1817 verglichen worden, trug aber einen durchaus anderen Charakter. „Das Wartburgfest war eine bündische Feier, das Hambacher Fest war ein Massenfest. Das Wartburgfest war auf die Bildungsschicht beschränkt, am Hambacher Fest nahmen alle Volksschichten gleichmäßig teil. Nur dadurch konnte es zum ersten wahrhaften Nationalfest der Deutschen werden." (Huber, a.a.O., S.140)

Die Bundesversammlung wurde am 14. Juni über die „Volksversammlung zu Hambach am 27. Mai d. J." (II. Sep.-Pr., § 2, S. 842 nebst Beilage S. 843 bis 849) ausführlich unterrichtet. Das Separat-Protokoll lautet:

„Der Königlich-Bayerische Herr Bundestagsgesandte, Freiherr von Lerchenfeld, teilt der hohen Bundesversammlung eine aus offiziellen Quellen geschöpfte Darstellung des Hambacher Festes unter der Versicherung mit, daß die Königlich-Bayerische Staatsregierung zur Ahndung der verletzten gesetzlichen Ordnung die bestehenden Gesetze mit allem Nachdrucke werde in Anwendung bringen lassen, so wie sie auch einem gegenseitigen Zusammenwirken der bundesverwandten Regierungen zur Verhinderung künftiger politischer Volksfeste und zur Handhabung der innern Ruhe und Ordnung mit vollem Vertrauen entgegensehe.

Diese offizielle Darstellung wurde diesem Protokolle angefügt und der Commission zur Begutachtung der Maßregeln zur Wiederherstellung und Erhaltung der öffentlichen Ruhe und gesetzlichen Ordnung im Deutschen Bunde zuzustellen beschlossen."

Diese Kommission war auf Antrag des Präsidiums am 7. Juni 1832 gewählt worden, und zwar „zur Begutachtung der Maßregeln in Gemäßheit des Artikels 28 der Wiener Schlußacte."

Wir zitieren aus der Beilage zum Separat-Protokoll:
„Die Gemäßigten im Rheinkreise hatten für den 26. Mai dieses Jahres ein Volksfest zu Ehren der Verfassung und ihres unvergeßlichen Gebers als die Feier eines allgemeinen Constitutionsfestes angekündigt, wovon die Bekanntmachung in der Speyerer Zeitung Num. 77 vom 18. April dieses Jahres erschien, und wozu sämtliche Bewohner des Rheinkreises nach dem romantisch gelegenen, der herrlichsten Aussicht genießenden, in der ganzen Ebene des Rheinkreises und der Nachbarstaaten sichtbaren Hambacher Schlosse bei Neustadt auf Subskription geladen wurden. Sollten auch Bewohner der Nachbarstaaten teil an diesem Feste nehmen wollen, so wurden sie gebeten, es vorher anzuzeigen, und der brüderlichen Teilnahme gewiß zu sein ...
Die revolutionäre Partei eilte, sich der Sache zu bemächtigen. Unter der Unterschrift von 32 Bürgern erschien ein Programm, d. d. Neustadt im Rheinkreise den 20. April dieses Jahres, worin jene Einladung als ohne Ermächtigung ergangen, widerrufen und für einen ganz ent-

gegengesetzten Zweck eine andere Einladung auf den 27. Mai festgesetzt wurde.

Diese Einladung atmet einen durchaus revolutionären Zweck. Das
Deutsche Volk, heißt es darin, habe seit Jahrhunderten auf heilvolle
große Ereignisse verzichten müssen. Die großen Ereignisse liegen für
den Deutschen noch im Keime; wolle er ein Fest begehen, so sei es ein
Fest der Hoffnung; nicht gelte es dem Errungenen, sondern dem zu
Erringenden, nicht dem ruhmvollen Sieg, sondern dem mannhaften
Kampf für Abschüttelung innerer und äußerer Gewalt, für Er-
strebung gesetzlicher Freiheit und Deutscher Nationalwürde. Hierzu
erging der Aufruf an die Deutschen Männer und Jünglinge jeden
Standes, welchen der heilige Funke des Vaterlands und der Freiheit
die Brust durchglüht.

Die Königliche Regierung des Rheinkreises sah sich dadurch veranlaßt, unterm 8. Mai ein Verbot des durch den letzterwähnten Aufruf
beabsichtigten Festes zu erlassen.

Dieses Verbot erregte, besonders in Beziehung auf die Art und Weise,
wie es erlassen war, in einem hohen Grade eine Aufregung im Rheinkreise, indem man Neustadt und die Umgegend auf drei Tage in den
Belagerungszustand für versetzt hielt. Es war den Wortführern der
Opposition gelungen, die Regierungsverfügung als einen Eingriff in
die Gesetzgebung des Rheinkreises, und somit in die bürgerliche Freiheit seiner Bewohner darzustellen. Diese Ansicht hatte auch die Gemäßigten, ja sogar die entschiedensten Anhänger der Regierung beunruhigt. Selbst der in Wirksamkeit getretene Landrat hatte schon ...
sich in diesem dringenden Bedenken geäußert.

Die Staatsregierung hat daher in einer Entschließung vom 16. Mai d.
J., unter Mißbilligung der in dem Aufrufe vom 20. April d.J. bezeichneten politischen Zwecke, das von der Kreisregierung unterm 8. Mai
erlassene Verbot des durch den letzt erwähnten Aufruf beabsichtigten
Festes zwar als vollkommen gerechtfertigt anerkannt, welches ohne
Unterschied der Zeit und des Ortes aufrecht zu erhalten sei; allein es
wurde nicht als gerechtfertigt erkannt, auf den übrigen dem Verbote
des Festes von der Kreisregierung hinzugefügten Beschränkungen zu
bestehen.

Die Regierung des Rheinkreises ward sofort in der Voraussetzung,
daß der einer geselligen Unterhaltung gewidmete Ort nicht zur Verhandlung über politische Gegenstände im Sinne des Aufrufes vom
20. April werde mißbraucht werden, ermächtigt und beauftragt, zu be-

wirken, daß keinem Staatsangehörigen der Zutritt und Aufenthalt an den genannten Orten zum Zwecke geselliger Vereinigung verweigert, daß von Aufstellung einer militärischen Macht auf dem Hambacher Berge Umgang genommen, und daß lediglich, wie bei andern öffentlichen Versammlungen die geeignete Polizeiaufsicht unter Assistenz der Königlichen Gendarmerie gepflogen werde. Dagegen bleibe auch die Königliche Regierung des Rheinkreises ermächtigt und verpflichtet, dafür zu sorgen, daß der Königliche Landcommissär von Neustadt und ein Beamter der Königlichen Staatsbehörde zu Frankenthal an Ort und Stelle anwesend seien, um Versuche zu unstatthaften Verhandlungen, namentlich Versuchen zu Aufforderungen und Reden etc., sogleich nachdrücklich entgegen zu treten, ...

Ferner wurde der Königliche Generalcommissär ermächtigt und verpflichtet, im Falle des Wahrscheinlichwerdens großer Excesse die erforderliche Militärmacht in geeigneter Nähe zur Disposition der gesetzlichen Autorität bereit zu halten.

Die Staatsministerien zu Stuttgart, Carlsruhe, Darmstadt und Wiesbaden, so wie das Königlich-Preußische Oberpräsidium der Rheinprovinz in Coblenz, wurden unterm 19. Mai hiervon unmittelbar in Kenntnis gesetzt, um dadurch, daß der Zutritt des Hambacher Berges nur den Staatsangehörigen ausdrücklich eingeräumt worden, die Absicht zu erkennen zu geben, im Interesse nicht nur des Bayerischen, sondern auch jedes Deutschen Staates einer Volksversammlung zuvorzukommen, welche offenbar zu dem bedenklichsten Zwecke und zu einem förmlichen Umsturz aller bestehenden Regierungen eingeleitet werden wolle.

...

Kurz darauf traf bei dem Staatsministerium des Innern eine berichtliche Anzeige des Generalcommissärs des Rheinkreises d. d. 17. Mai ein, wonach die Angelegenheit wegen des Hambacher Festes eine friedliche Wendung genommen habe. ... Sie (die Unternehmer) versicherten öffentlich, bloß ein friedliches schönes Fest feiern zu wollen, und übernahmen ausdrücklich die Haftung für jede Unordnung. Der ganze Landrat wollte dem Hambacher Feste beiwohnen, in der Absicht, Ruhe und Ordnung handhaben zu lassen. ...

Unter solchen Verhältnissen, und bei der Versicherung, daß nirgends eine Absicht zu einem Attentat gegen die constituierten Gewalten im Innern des Landes bestehe, auch eben so wenig eine Verabredung gegen auswärtige Mächte bezwecket werde, nahm der Generalcommissär die von der Neustädter, so wie von der Frankenthaler Gesellschaft angebotene Garantie an, und erklärte, daß alle Motive des Verbotes wegfallen.

...

Der 27. Mai erschien.

Aus der von den Amtsbehörden hierüber gelieferten Darstellung geht hervor, daß die bestimmten Vorschriften der Staatsregierung nicht in Vollzug gesetzt worden, und das Fest, wenn es auch äußerlich ohne Tumulte und in einer scheinbaren Ordnung vorbei ging, doch gegen die Erwartung des Vorstandes der Kreisverwaltung im innern Gehalte einen revolutionären Charakter bei den Zeichen des äußern Gepränges, und von Seite mehrerer öffentlich aufgetretener Redner entwickelte.

Früher war noch der Generalcommissär in seiner bessern Erwartung bestärkt worden, ...

Später wurde bekannt, daß in Mainz für die Zusammenkunft in Hambach inzwischen so genannte Deutsche Nationalcocarden und Bänder verfertigt würden.

Den amtlichen Berichten der bei dem Feste für die Erhaltung der öffentlichen Ordnung anwesend gewesenen Staatsbeamten zufolge, hatten sich schon am 26. Mai mehrere Tausend Menschen aus Neugierde, und um die getroffenen Vorkehrungen einzusehen, auf dem Hambacher Schlosse eingefunden. Am Festtage, den 27. Mai, Morgens 9–10 Uhr, zog die Versammlung von Neustadt aus auf jenen Schloßberg, unter dem Vortritte der Bürgergarde, welcher der Neustädter Musikverein, sodann die Festordner, die meisten Ständeabgeordneten aus dem Rheinkreise, der Landrat, Deputierte aus Speyer, Deidesheim, Dürkheim und andern Städten des Rheinkreises mit (angeblich) Altdeutschen Fahnen (von schwarzer, roter und goldener Farbe), Frauen und Jungfrauen, und die übrigen Gäste folgten.

Die meisten Teilnehmer an diesem Feste trugen Cocarden, und viele davon auch Bänder von obigen Farben.

Als die Züge auf der Schloßruine angekommen waren, wurde die Flagge von jenen Farben auf deren höchste Spitze gesteckt, und die übrigen Fahnen an verschiedenen Plätzen aufgepflanzt. Eine rot und weiße Fahne mit dem polnischen Adler war auf einem Seitentürmchen aufgestellt. Die versammelte Volksmasse ward zu 20 000 Menschen, nach anderen zu 12 000–15 000 Menschen geschätzt.

Die Eröffnungsrede hielt Dr. Hepp, praktischer Arzt aus Neustadt, und entwickelte den Plan und den Zweck des Festes. Schon dieser zielte dahin, wie Deutschland durch Entfernung des Österreichischen und Preußischen Einflusses reformiert, und die Bildung eines Gesamtdeutschlands ausgesprochen werden soll.

Ähnliche Reden hielten nach und nach Dr. Wirth, Grosse, Siebenpfeifer, Pistor, der Pfarrer Hochdörfer, Strohmaier, Redacteur des Wächters am Rheine zu Mannheim, Advocat Hollauer aus St. Wendel, ein angeblicher Heidelberger Student Brukemann oder Brukner (gemeint ist wohl Brüggemann; d. Vf.). An verschiedenen Plätzen wurden Reden von Studenten und andern jungen Leuten gehalten. Am heftigsten, und mit der empörendsten Frechheit gegen die Souveräne sprach Wirth, sodann Grosse, Strohmaier, Pistor, Hochdörfer und obiger Brukemann.

Die Redner wurden durch einen heftigen Platzregen unterbrochen, — ein Zufall, welcher nach anderweitigen Bemerkungen dazu beitrug, den Eindruck des politischen Festes abzukühlen, auch konnte man die Reden wegen der Masse von Menschen nicht alle, und oft nur fragmentarisch vernehmen.

Die anwesend gewesenen Staatsbeamten machen die gleichförmige Bemerkung, der Hauptzweck dieses Festes sei gänzlich mißlungen, und zwar hauptsächlich durch die leidenschaftlichen Redner, auf deren Plan die Masse nicht einging, und nun erst den Zweck und die Absicht des Festes kennen lernte. Die Vermöglichen unter den Anwesenden gaben ihre Mißbilligung zu erkennen, und die Reden verhallten vorerst für diesmal. Nach andern und späteren offiziellen Nachrichten wurden drei Reden im Sinne gesetzlicher Ordnung gesprochen, eine mit offenem Tadel gegen die revolutionären Reden, wobei am meisten Eindruck die Rede eines Polen gemacht hat, welcher den Zuhörern das traurige Beispiel seines Vaterlandes zu Gemüt führte, und vor jeder Revolution warnte.

Die Coryphäen der Revolutionspartei wurden übrigens selbst unter sich uneins. Wirth griff die Französische Partei heftig an, so, daß die anwesenden Franzosen sich über Verletzung der Gastfreundschaft beschwerten, und dem Wirth eine Herausforderung auf Zweikampf zugekommen sein soll. Er griff auch das Comité des freien Preßvereins an, indem er es für unzureichend erklärte, und auf dessen Auflösung, vielmehr auf anderweitige Organisierung antrug. Dadurch beleidigte er die an der Spitze des Preßvereins stehenden drei Advocaten Schüler, Savoyé und Gaib aus Zweibrücken, die sich deswegen bald aus der Versammlung entfernten. Daß die beabsichtigten Störungen der öffentlichen Ruhe und die befürchteten Plünderungen so gut vorübergegangen, setzen jene Staatsbeamten auf Rechnung der von den Einwohnern des Rheinkreises bewiesenen Abneigung gegen Umsturz, und finden es hauptsächlich dadurch erklärbar, daß von keiner Behörde irgend eine Einmischung, nach dermaligem Sprachgebrauch, ein Gewaltstreich, statt fand, indem die Bürger in dem ruhigen Verhalten der Behörden die strengste Verpflichtung zur gleichmäßigen Beachtung der Ruhe und Ordnung in sich fanden, und in dieser Beziehung das Möglichste leisteten. Montag den 28. Mai fanden sich nachmittags mehrere Tausend Menschen auf dem Hambacher Schlosse ein. Es wurde eine Rede von dem Deputierten Advocaten Schüler aus Zweibrücken in Beziehung auf Beibehaltung des Preßvereins gehalten, welche von den Staatsbeamten als ruhig und gemäßigt geschildert wird, wobei er die Spaltung in der Opposition nicht in Abrede stellte, dabei aber anführte, wenn auch die grellen Mittel einiger Redner nicht gebilligt werden könnten, seien doch alle zu Erreichung des vorgesetzten Zweckes einig. Zum Schlusse fügte er einige Worte zur Besänftigung der durch Wirths Rede sehr empörten Franzosen hinzu, und verband damit die Ermahnung zu ähnlichen Volksversammlungen in allen Gauen Deutschlands. So soll die nächste Volksversammlung ähnlicher Art am 23. Juli d.J. Im Lamboiwalde bei Hanau statt finden.

...

Hinsichtlich der unterlassenen Einschreitung gegen die Redner entschuldigen sich die Beamten mit der Unmöglichkeit, einen solchen Auftrag im Angesicht einer höchst bedeutenden Volksmenge auszuführen, da vielmehr eine dadurch entstandene Aufregung den Plänen der Volksredner willkommen gewesen wäre.

Die Staatsregierung nahm jedoch den unterlassenen Einspruch gegen die politische Tendenz des Festes, gegen revolutionäre Banner, dreifarbige Cocarden und Scherpen und revolutionäre Reden nicht gleichgültig auf, sondern es ward, außer der besondern Verfügung hinsichtlich der betreffenden Staatsbeamten, unterm 2. Juni d.J. auch eine allgemeine, auf sämtliche kund gewordenen Nachrichten gegründete Entschließung an die Regierung des Rheinkreises erlassen, ...

Diese ernstliche, zur Beruhigung der Gutgesinnten für die Publicität bestimmte Erklärung bezieht sich auf die Unterstützung der Wirksamkeit der Gesetze, auf deren umsichtige Handhabung der Vorstand der Regierung des Rheinkreises wegen verletzter gesetzlicher Ordnung sowohl in Beziehung auf das Hambacher Fest, als auch in Ansehung der gleichzeitig in Zweibrücken gegen das Königliche Militär vorgefallenen, und von diesem kräftig zurückgewiesenen Excesse mit Zusicherung der allenfalls erforderlichen weitern militärischen Assistenz angewiesen worden ist."

Das Hambacher Fest stellt sich uns zugleich als Höhepunkt im revolutionären Geschehen, welches die französische Juli-Revolution des Jahres 1830 in Deutschland auslöste, als auch als Umkehrpunkt dar, von dem ab die revolutionäre Bewegung verebbte und die Gegenmaßnahmen des Deutschen Bundes und der Regierungen das Übergewicht errangen.

Bei den Regierungen mußte das Hambacher Fest große Besorgnis auslösen. Jetzt konnten Österreich und Preußen „die volle Gewißheit einhelliger Annahme der zwischen" ihnen „vereinbarten, allen deutschen Regierungen schon einige Wochen zuvor mitgeteilten sechs Artikel" haben, „die der Bundestag zum Beschluß erheben sollte" (Stern, E. G., Bd. 4, S. 317 f.).

Die sechs Artikel wurden gemeinsam von Österreich und Preußen in der Bundesversammlung vom 28. Juni 1832 vorgelegt, in der nach vielen Monaten erstmals wieder Münch präsidierte. Die Verhandlungen darüber sind in einem öffentlichen Protokoll (S. 851 bis 864) festgehalten, was seit der Geheimhaltung der Bundestagssitzungen nur noch selten geschah. Die Öffentlichkeit sollte also zuverlässig darüber unterrichtet sein, daß der Bund zu äußerstem Widerstand entschlossen war, um so revolutionären Umtrieben jeglicher Art zu begegnen.

In der gemeinsamen einleitenden Erklärung von Österreich und Preußen zur Vorlage der sechs Artikel wird auf das in den Grundgesetzen des Bundes verankerte monarchische Prinzip verwiesen, dessen strenge Einhaltung und Handhabung die sechs Artikel vornehmlich sichern sollen. Es wird darin weiter auf den Bundesbeschluß vom 21. Oktober 1830 (s. S. 160 f.) hingewiesen und festgestellt: „Es liegt daher keineswegs an einem Mangel oder einer Unvollkommenheit der vorhandenen Bundesgesetzgebung, wenn in Deutschland, nach den bedauernswerten Erfahrungen der neuern Zeit, hier die rohe

Gewalt aufgeregter Volkshaufen, dort eine in das verfassungsmäßige Gewand ständischer Opposition gekleidete Anmaßung des demokratischen Geistes, im Bunde mit einer zügellosen Presse – beides Symptome der zu bekämpfenden Grundübel – die Macht der Regierungen teils zu schwächen sucht, teils aber wirklich schon geschwächt und ihnen Zugeständnisse von Rechten abgenötigt hat, oder noch abzutrotzen droht, deren sie sich, ohne Gefahr für die Erhaltung öffentlicher Ordnung und eines gesicherten gesetzlichen Zustandes, im wohlverstandenen Interesse ihrer Untertanen nicht entäußern können." (S. 854)

Darauf folgt eine ausführliche Darlegung dessen, was die beiden deutschen Großmächte für erforderlich halten, um den Übeln der Zeit zu begegnen, was durch die zu beschließenden sechs Artikel bewirkt werden soll. Die Erklärung schließt:
„Sollte aber diese Erwartung nicht in Erfüllung gehen; sollte die innere Ruhe und Ordnung in Deutschland fortan gefährdet erscheinen, und die Autorität der zum Schutze dieser höchsten Güter gefaßten bundesverfassungsmäßigen Beschlüsse verkannt werden: so sind Ihre Majestäten der Kaiser von Österreich und der König von Preußen – ... – fest entschlossen, zur Aufrechterhaltung und Durchführung der Bundesverfassung, ..., endlich zur Zurückweisung der Angriffe gegen den Bund und dessen Glieder, von welcher Seite sie auch kommen mögen, auf jedesmaliges Anrufen der Gesamtheit oder eines Bundesgliedes, von allen Ihnen zu Gebote stehenden Mitteln Gebrauch zu machen, damit den Beschlüssen des Bundes diejenige pünktliche und genaue Befolgung gesichert sei, welche allein für die Ruhe des gemeinsamen Vaterlandes Bürgschaft zu bieten vermag. – Von dieser Bestrebung geleitet, haben beide Höfe zugleich diejenigen militärischen Maßregeln bereits getroffen, und an ihre beiderseitigen Gesandten am Bundestage diejenigen ausgedehnten Vollmachten erteilt, welche dazu geeignet sind, dem Bundestage zu verbürgen, daß auf die erste Aufforderung desselben die militärische Hülfe zur Aufrechterhaltung seines Ansehens und zur Durchführung seiner Beschlüsse mit möglichster Beschleunigung zur Stelle geschafft werde ..." (S. 859)

Deutlicher konnte der Wille der beiden Großmächte, die Wiederherstellung der alten Ordnung gemäß ihren Vorstellungen durchzusetzen, wohl nicht bekundet werden. Die sechs Artikel waren nach vertraulicher Mitteilung an die deutschen Regierungen von diesen gebilligt worden, so daß ihre Annahme durch die Bundesversammlung gesichert war. Ihr Zweck war eine strenge authentische Auslegung des in den Grundgesetzen des Bundes verankerten monarchischen Prinzips; insbesondere sollten durch sie die Stellung der Fürsten gegenüber ihren ständischen Kammern gefestigt und Angriffe der Stände gegen den Bund oder ein Bundesglied verhindert werden. Eine Neuerung gegenüber den bisherigen grundgesetzlichen Bestimmungen, also nicht lediglich eine authentische Interpretation, enthielt Art. IV, der in folgender Fassung beschlossen wurde:

„IV. Um die Würde und Gerechtsame des Bundes und der den Bund repräsentierenden Versammlung gegen Eingriffe aller Art sicher zu stellen, zugleich aber in den einzelnen Bundesstaaten die Handhabung der zwischen den Regierungen und ihren Ständen bestehenden verfassungsmäßigen Verhältnisse zu erleichtern, soll am Bundestage eine mit diesem Geschäfte besonders beauftragte Commission, vor der Hand auf sechs Jahre, ernannt werden, deren Bestimmung sein wird, insbesondere auch von den ständischen Verhandlungen in den Deutschen Bundesstaaten fortdauernd Kenntnis zu nehmen, die mit den Verpflichtungen gegen den Bund, oder mit den durch die Bundesverträge garantierten Regierungsrechten in Widerspruch stehenden Anträge und Beschlüsse zum Gegenstand ihrer Aufmerksamkeit zu machen, und der Bundesversammlung davon Anzeige zu tun, welche demnächst, wenn sie die Sache zu weiteren Erörterungen geeignet findet, solche mit den dabei beteiligten Regierungen zu veranlassen hat. Nach Verlauf von sechs Jahren wird die Fortdauer der Commission weiterer Vereinigung vorbehalten." (S. 864)

Die Frist von sechs Jahren wurde auf Antrag Bayerns in den von Österreich und Preußen vorgelegten Text eingefügt. Die vorgesehene Kommission wurde am 19. Juli gewählt (§ 247, S. 975).

Dem Bundesbeschluß vom 28. Juni mit sechs Artikeln folgte der vom 5. Juli 1832 mit zehn Artikeln, und zwar auf Antrag „der zur Begutachtung der Maßregeln in Gemäßheit des Artikels 28 der Wiener Schlußacte" am 7. Juni gewählten Kommission, deren Vortrag die Beratung und Beschlußfassung in derselben Sitzung folgten (§ 231, S. 942–953).

Aus dem Vortrag zitieren wir:

„In der 20. Bundestagssitzung vom 7. Juni d. J. machte das Präsidium noch besonders darauf aufmerksam, daß die freie Presse als erstes

Mittel zur Erreichung der Zwecke der revolutionären Partei, und als deren Schutzwehr die Vaterlands- und Preß-Vereine, – sodann als zweites Mittel die Volksvereine und das lebende Wort – die Reden an das Volk – von der Partei selbst bezeichnet seien.

In Ansehung der Volksvereine bemerkte das Präsidium: die hohe Bundesversammlung dürfte es ihrem Standpunkte und sich selbst schuldig sein, diesen wichtigen Gegenstand in Erwägung zu ziehen, und um so mehr ihre Fürsorge darauf zu erstrecken, als die Volksneigung zu solchen Zusammenkünften sehr leicht mißbraucht werde. Auch bei gewöhnlichen Volksfesten, wenn sie nicht vermieden werden könnten, müßte wenigstens das so genannte freie Wort – öffentliche politische Reden zum Volke – verboten werden.

Die Preß- und Polen-, auch andere politische Vereine verdienten in Zeiten allgemeiner Aufregung größere Aufmerksamkeit, als manche Regierungen ihnen zu widmen schienen.

Vereine, die schon jetzt in mancher Art als Mittel zu den revolutionären Zwecken dienten, und teilweise sich anmaßten, gleich öffentlichen Behörden zu handeln, dürften nicht, wie es in manchen Bundesstaaten der Fall sei, gleichgültig übersehen werden. Die Gesamtheit der Bundesregierungen sei bei solcher usurpierten und gefahrdrohenden Wirksamkeit, so wie bei den von den Vereinen höchstwahrscheinlich verfolgten Zwecken zu sehr beteiligt, als daß nicht die hohe Bundesversammlung sich verpflichtet halten sollte, in eine nähere Erörterung hierüber einzugehen.

Bei Volksfesten, wenn sie als an sich unschuldige Vereinigungen nicht verhindert werden könnten, dürften wenigstens öffentliche politische Reden an das Volk zu untersagen sein." (S. 946)

Das Gutachten der Bundestagskommission schlug in zehn Artikeln „Maßregeln zur Aufrechterhaltung der öffentlichen Ruhe und gesetzlichen Ordnung" vor.

Art. 1 dehnte die Zensur von „Zeit- oder nicht über zwanzig Bogen betragende sonstige(n) Druckschrift(en) politischen Inhalts" auf im Ausland erscheinende deutschsprachige Druckschriften aus. Art. 2 verbot alle politischen Vereine, Art. 3 außerordentliche Volksversammlungen und Volksfeste ohne vorausgegangene Genehmigung. Art. 4 untersagte „das öffentliche Tragen von Abzeichen in Bändern, Cocarden oder dergleichen" „in andern Farben, als jenen des Landes, dem der, welcher solche trägt, als Untertan angehört, – das nicht auto-

risierte Aufstecken von Fahnen und Flaggen, das Errichten von Frei-
heitsbäumen und dergleichen Aufruhrzeichen". Art. 5 bestimmte das
Fortbestehen des Beschlusses vom 20. September 1819 bezüglich der
Universitäten und forderte die strikte Anwendung der darin angeordneten Maßregeln, enthielt aber keine Neuerung. Am wichtigsten war
wohl Art. 9, der die Zusicherung gegenseitiger „militärischer Assistenz" enthielt (S. 951 f.).

Zur Begründung von Art. 9 heißt es im Kommissionsgutachten:
„Niemand wird in Abrede stellen, daß die öffentliche Ruhe und gesetzliche Ordnung im Deutschen Bunde jetzt nicht weniger gefährdet
sei, als sie es im Oktober 1830 war.
Zu offenem Aufstande, zu Ausbrüchen roher Gewalt gegen Gesetze
und Obrigkeiten, ist es zwar in neuerer Zeit noch nicht in dem Maße,
wie im Jahre 1830, gekommen; es hat sich aber seitdem vielleicht weiter noch, als damals, eine dumpfe Gärung verbreitet; die zum Sturz
des Bundes und der Bundesregierungen verschworene Faction ist kek-
ker, als jemals, hervorgetreten; ungescheut predigte sie öffentlich
durch Schrift und Rede Aufruhr und Umwälzung des Bestehenden;
alle Kunstgriffe der Demagogen wandte sie an, um ihr Verführungs-
system durchzuführen, und es fehlt nicht an Zeichen, daß ihre Bemühungen nicht erfolglos geblieben seien.
Um die Bösen im Zaume zu halten, den irre Geleiteten zu imponieren,
das Vertrauen der Gutgesinnten zu heben, ist es gewiß eines der wirk-
samsten Mittel, daß der Bund auch in militärischer Beziehung eine
kräftige Haltung annehme, und dadurch seinen die Wiederherstellung
und Erhaltung der öffentlichen Ruhe bezielenden Beschlüssen grö-
ßern Nachdruck gebe." (S. 950)

Die soeben wiedergegebene Schilderung einer „dumpfen Gärung"
übertreibt nicht den Zustand revolutionärer Unruhe in damaliger
Zeit. Das Hambacher Fest war das bedeutsamste, aber nicht das einzige seiner Art. Am 27. Mai, als das Fest in Hambach gefeiert wurde,
kam es auch zu Unruhen in dem benachbarten zu Sachsen-Coburg-
Gotha gehörigen Fürstentum Lichtenberg. In dem Bericht, den der
zuständige Gesandte der Großherzoglich und Herzoglich-Sächsischen Häuser darüber in der Bundesversammlung am 2. Juli 1832
(§ 219, S. 894 ff.) erstattete, heißt es u. a.:
„Auch in dem Fürstentume Lichtenberg versammelte sich an diesem
Tage (d. 27. Mai) auf dem sogenannten Bosenberge, ungefähr ¹/₂

Stunde von der Stadt St. Wendel, ein zahlreicher Volkshaufen, unter dem Vorwande, ein Maifest daselbst begehen zu wollen. Anfänglich unternahmen die Anwesenden nichts, was Besorgnisse für die Erhaltung der öffentlichen Ruhe und Ordnung hätte begründen können. Allein bald ward zur Errichtung eines, mit einem so genannten Freiheitskäppchen und mit den so genannten Deutschen Freiheitsfarben verzierten Freiheitsbaumes geschritten.

Der, wegen revolutionärer Umtriebe von seinem Amte suspendierte und in Untersuchung befangene, evangelische Prediger Juch hielt eine Anrede an das versammelte Volk, das nunmehr, von der Bedeutung dieses Tages und von berauschten Getränken erhitzt, den errichteten Freiheitsbaum ergriff und mit solchem am Abende des 27. Mai, unter fortwährendem Lärmen und Tumult, in der Stadt St. Wendel einzog. Hier ward der gedachte Baum in Mitte der Stadt wieder aufgerichtet und mit der drohenden Aufschrift versehen, daß derjenige des Todes sein solle, welcher sich an jenem Baum vergreifen würde. Vergebens erschöpfte noch an diesem Tage bis gegen Mitternacht und am Morgen des folgenden Tages die Herzogliche Regierung zu St. Wendel alle erdenklichen Mittel beruhigender Verständigung und Überredung, die Bewohner der Stadt zur Niederlegung und Wegschaffung des errichteten Freiheitsbaumes und zur Einstellung der immer weiter um sich greifenden tumultuarischen Bewegungen zu vermögen ...

Da nun die Herzogliche Regierung sich ohne zureichende Mittel befand, den ausgebrochenen Unruhen Grenzen zu setzen, so blieb ihr kein anderer Ausweg übrig, als der ihr für diesen Fall erteilten Instruktion ohne längern Verzug nachzukommen und – ... – am Abende des 28. Mai dieses Jahrs aus den benachbarten Preußischen Garnisonen Militär zu requirieren, welches auch, nachdem diesem Ersuchen auf die gefälligste und dankbarst zu erkennende Weise entsprochen worden war, am Mittag des folgenden Tages, in der Stärke von 300 Mann Infanterie, in der Stadt St. Wendel einrückte.

So wie die Bewohner der Stadt St. Wendel das anrückende Preußische Militär bemerkten, räumten sie unverzüglich den errichteten Freiheitsbaum hinweg und zogen sich in ihre Wohnungen zurück, so, daß bei dem Eintreffen des Preußischen Militärs die Ruhe in der Stadt scheinbar ganz hergestellt war. Der Stadtrat und die Bewohner der Stadt versicherten nunmehr vollständige Unterwerfung unter die obrigkeitliche Autorität, indem sie sich insgesamt verbindlich erklärten, für ungestörte Ruhe und Ordnung selbst haften zu wollen."

Dennoch kam es im Juni und Juli zu erneuten Unruhen im Fürstentum Lichtenberg (Pr. 1832, § 276, S. 1020 ff. u. § 332, S. 1134 ff.). Mit kurzer Unterbrechung dauerte die Anwesenheit preußischer Truppen zur Aufrechterhaltung der Ruhe bis zum 23. Oktober 1832 (§ 465, S. 1408 f.).

In der Versammlung am 2. Juli wurde auch über schon etwas früher eingetretene „revolutionäre Bewegungen in Meisenheim", einer zu Hessen-Homburg gehörigen Grafschaft, berichtet (§ 220, S. 899). Die nähere Untersuchung ergab aber, daß es sich um relativ belanglose Vorfälle handelte (§ 471, S. 1441).

Erwähnt sind im Bundestagsprotokoll vom 2. Juli auch in Kurhessen veranstaltete Volksversammlungen in Bergen am 31. Mai und in Wilhelmsbad am 22. Juni (§ 221, S. 899). Es bestand also Anlaß genug, über Maßnahmen nachzudenken, wie sie in den zehn Artikeln am 5. Juli 1832 beschlossen wurden.

Die Bundesbeschlüsse vom 28. Juni und 5. Juli 1832 stießen angesichts der starken Erregung im deutschen Volk, die im Hambacher Fest ihren stärksten Ausdruck fand, auf empörte Ablehnung. Stern schreibt dazu (E. G., Bd. 4, S. 319):
„Die Erbitterung über das Vorgehen des von Östreich und Preußen geleiteten Bundestags zog noch tiefere Furchen als einst der Ingrimm über die Schmach der Karlsbader Beschlüsse. Kaum waren die sechs Artikel bekannt geworden, als an vielen Stellen, zumal im südwestlichen Deutschland, Adressen zustande kamen, die entschiedenen Einspruch gegen sie erhoben. Die deutschen „Juli-Ordonnanzen" wurden, wo es noch anging, mit den stärksten Ausdrücken gebrandmarkt."

Der Bundestag sah sich daher am 9. August 1832 (§ 288, S. 1066 f.) veranlaßt, zu den Protesten aus der Bevölkerung Stellung zu nehmen. Das Sitzungsprotokoll verzeichnet hierüber:

„Aus Veranlassung der, den öffentlichen Blättern zufolge, in einigen Bundesstaaten bemerkbar gewordenen Umtriebe, durch Verfertigung von Petitionen und Protestationen gegen die von der Gesamtheit des Bundes im Interesse der innern Ruhe und gesetzlichen Ordnung gefaßten Bundesbeschlüsse die Stimmung aufzureizen und das Ansehen des Bundes und der einzelnen Regierungen zu schmälern, wurde auf *Präsidialantrag*

beschlossen:

Da Protestationen, Petitionen und Adressen gegen die neuesten Bundesbeschlüsse, wie solche in einigen Bundesstaaten vorgekommen sind, nur als Bestrebungen angesehen werden können, die Regierungen zu veranlassen, sich von Verpflichtungen loszusagen, welche sie durch die Grundgesetze des Bundes übernommen und neuerlich bekräftigt haben, und mithin in solchen Versuchen die ahndungswürdige Absicht nicht zu verkennen ist, die Regierungen mit dem Bunde in Zwiespalt zu bringen und ihre durch die Bundesverfassung garantierte Autorität in der Beziehung zum Bunde zu lähmen; so spricht die Bundesversammlung die zuversichtliche Erwartung aus, daß die Regierungen, in deren Staaten derlei Acte der Auflehnung gegen die im Staatsoberhaupte vereinigte Staatsgewalt sich ereignen, gegen die Urheber und Verbreiter solcher Protestationen, Petitionen und Adressen die Untersuchung einleiten und nach den Gesetzen verfahren werden."

Zwei Wochen später, am 23. August (§ 333, S. 1138 ff.), wies ein Vortrag der am 7. Juni gewählten Kommission, die am 5. Juli die zehn Artikel vorschlug, noch einmal auf die fortbestehende Unruhe und die offenen Protestationen hin. Es heißt in ihrem Vortrag u. a.:
„Man würde sich täuschen, wenn man annehmen wollte, daß durch die oben gedachten Bundesbeschlüsse (v. 28. Juni und 5. Juli) die Hoffnungen der Faction, welche es auf Zerstörung des Bestehenden, und, zur Erreichung ihrer selbstsüchtigen Zwecke, auf völlige Anarchie abgesehen hat, gänzlich niedergeschlagen wurden, daß dadurch den verborgenen Machinationen derselben für immer ein Ende gemacht sei.
Die fortwährenden Versuche, Unterschriften für Adressen und Protestationen gegen die Bundesbeschlüsse zu sammeln, sie als Eingriffe in die Rechte der Völker zu charakterisieren und letztere zum Widerstande dagegen aufzureizen, beweisen schon, daß der Geist der Revolution in seinen Anstrengungen noch keineswegs ermüdet sei, daß vielmehr das verderbliche Treiben der revolutionären Partei noch immer seinen Fortgang habe."

Um dem „Geist der Revolution" besser begegnen zu können, beschloß die Bundesversammlung gemäß dem Antrag der Kommission, mit dem diese ihren Vortrag beendete:
„Sämtliche höchsten und hohen Bundesregierungen, in deren Deutschen Bundesstaaten neuerlich revolutionäre Versuche gemacht worden sind, oder Umtriebe statt gefunden haben, um die Kraft des Bundes und der Bundesregierungen zu lähmen und ihre Würde herabzusetzen, werden aufgefordert, die Bundesversammlung davon, so wie von dem Resultate der desfalls angeordneten Untersuchungen und von der Bestrafung der Schuldigen in die geeignete Kenntnis zu setzen und fortwährend darin zu erhalten." (S. 1140)

4. Revolution in Luxemburg

Am schwersten wurde von allen Staaten des Deutschen Bundes das Großherzogtum Luxemburg von der französischen Juli-Revolution betroffen. Diese griff am 25. August 1830 auf Brüssel über und führte schließlich zum Ausscheiden Belgiens aus den Niederlanden, mit denen es seit dem Wiener Kongreß 1815 verbunden war. Die Belgier beanspruchten für ihr Land auch das Großherzogtum Luxemburg, welches seit Jahrhunderten eng mit Belgien verbunden war und jeweils dessen Schicksal teilte. Luxemburgs Westhälfte war wallonisch, die Osthälfte deutsch. Die Bevölkerung schloß sich dem belgischen Aufstand gegen die Niederlande an, auch ein Teil der deutschen Bewohner. Nur die Stadt und Festung Luxemburg mit der engeren Umgebung konnten dem Aufstand widerstehen.

Das Großherzogtum Luxemburg war lediglich durch Personalunion mit den Niederlanden verbunden. Der Deutsche Bund war nach der Bundesakte zur Verteidigung der Integrität des Großherzogtums verpflichtet. Es ist billig, dem Bund vorzuwerfen, er hätte seine Verpflichtung verletzt. In Wirklichkeit lagen die Verhältnisse sehr kompliziert, und wegen der Befürchtung, es könne aus der Revolution in Belgien ein europäischer Krieg hervorgehen, nahmen die Großmächte die Gestaltung der belgischen Verhältnisse in ihre Hand. Die Verantwortung für Luxemburg fiel damit auf die deutschen Großmächte Österreich und Preußen und lag praktisch nicht mehr beim Deutschen Bund.

In den Bundestagsprotokollen ist erstmals am 7. Oktober 1830 von dem Aufstand in Luxemburg die Rede. Die Angelegenheiten des Großherzogtums nehmen hinfort einen breiten Raum in den Protokollen der Bundesversammlung ein. Wir beschränken uns auf die Wiedergabe von Ereignissen, die als besonders bedeutsam gelten müssen.

Schon in der Bundestagssitzung am 15. Oktober meldete der niederländische Gesandte für Luxemburg, daß sich der König-Großherzog genötigt sähe, „den Beistand des Deutschen Bundes auf das dringendste in Anspruch zu nehmen" (S. 1077). Im Anschluß an die Erklärung des Gesandten heißt es im Protokoll:
„Die Bundesversammlung hielt sich verpflichtet, den vorstehenden Antrag ... sofort in reifliche Erwägung zu ziehen. Es entging derselben nicht, daß es sich im vorliegenden Falle nicht bloß um die Dämpfung eines Aufruhrs im Sinne des 26. Artikels der Wiener Schlußacte handle, sondern daß auch hauptsächlich der Zustand der Insurrection, in welchem sich der größte Teil des dem Scepter Sr. Königlich-Niederländischen Majestät unterworfenen, zum Bunde nicht gehörigen Gebietes befindet, die Frage, in welcher Art die Hülfe des Bundes für den zum Bunde gehörigen Teil der Besitzungen Sr. Majestät des Königs mit Erfolg wirksam werden solle, ohne andere nicht minder heilige Verpflichtungen des Bundes zu verletzen, zu einer der verwickeltsten Fragen des Augenblicks mache, welche vor allem mit gehöriger Umsicht von den Cabinetten erwogen werden müsse ..." (S. 1078)

Die Bundesversammlung befand es angesichts der vorstehend aufgeworfenen schwierigen Frage für gut, sich abwartend zu verhalten. Sie beschloß, den niederländisch-luxemburgischen Gesandten um nähere Nachricht über den Aufruhr und die von der Regierung eingesetzten Mittel zu seiner Bekämpfung zu ersuchen. In dem Beschluß hieß es außerdem:
„2. daß sämtlichen Bundesregierungen von der vorliegenden Aufforderung der Königlich-Niederländischen, Großherzoglich-Luxemburgischen Regierung Kenntnis zu geben, die Höfe von Österreich und Preußen aber insbesondere zu ersuchen seien, ihren an dem Königlich-Niederländischen Hofe accreditierten Gesandten von der gegenwärtigen Verhandlung Nachricht zu geben, um sich desfalls mit dem Königlich-Niederländischen Hofe, unter Beachtung der hier eintretenden politischen Verhältnisse und im Sinne der von der Bundesver-

sammlung vorstehend aufgefaßten Momente, zu benehmen." (S. 1079)

Der luxemburgische Gesandte erstattete den geforderten Bericht in der Bundestagssitzung vom 18. November. Bezüglich der Ausbreitung des Aufruhrs heißt es darin: „Die geographische Ausdehnung des Aufstandes erstreckt sich über das ganze Großherzogtum, mit Ausnahme der von Königlich-Preußischen Bundestruppen besetzten Stadt und Festung Luxemburg." (S. 1235)

Der Präsidialgesandte erkannte auf Grund der Erklärung des Gesandten an, „daß es die Pflicht und das Recht des Bundes sei, Sr. Majestät dem Großherzoge von Luxemburg die ... begehrte Bundeshülfe in ihrer vollsten Ausdehnung zu gewähren" (S. 1236). Einschränkend bemerkte er aber, „daß der Deutsche Bund, mehr als irgend eine andere Macht, die Fürsorge für die Erhaltung des Friedens zu seiner Politik zu machen habe, daß daher jeder Schritt, welcher eine Verwicklung mit dem Auslande herbeiführen könnte, sorgfältig zu bemessen sei" (S. 1237). Er wies ferner darauf hin, daß inzwischen die Londoner Konferenzen begonnen hätten, auf denen sich die fünf Großmächte um eine Bereinigung der belgischen Angelegenheiten bemühten. Deshalb hielte er es für geboten, „die beiden Bundesglieder Österreich und Preußen, welche ohnehin als Europäische Mächte an den Londoner Conferenzen Teil nehmen, im Namen des Bundes ad hoc zu delegieren, und sie zu beauftragen, das Interesse des Bundes in Beziehung auf Luxemburg zu wahren".
Demgemäß wurde beschlossen.

Am 9. Dezember erklärte der Präsidialgesandte in der Bundesversammlung für Österreich und Preußen, daß deren Bundestagsgesandtschaften von ihren Höfen angewiesen worden seien, „dieser hohen Versammlung anzuzeigen, daß sich beide Höfe dem ihnen anvertrauten Auftrage mit derjenigen Bereitwilligkeit unterzogen haben, mit welcher dieselben jedem ähnlichen Ansinnen des Durchlauchtigsten Bundes jederzeit zu entsprechen beflissen sein werden" (S. 1311).

Der Präsidialgesandte bemerkte noch, „daß für den Fall, daß dem Deutschen Bunde auf seine durch Österreich und Preußen bei den Londoner Conferenzen angebrachte Eröffnung keine befriedigende Antwort erteilt werden sollte, und mithin das Einschreiten des Bundes zur Unterdrückung des Aufstandes im Großherzogtume Luxemburg nicht werde umgangen werden können, es erforderlich erscheine, sich schon dermalen vorbereitungsweise mit der Art und Weise zu beschäftigen, in welcher durch Anwendung der militärischen Macht die gesetzliche Ordnung im Großherzogtume Luxemburg wieder herzustellen sein würde".

So wie die Dinge lagen, war nicht zu erwarten, daß mehr als vorbereitende Maßnahmen seitens des Bundes erfolgen würden. Die Verantwortung für die Lösung des niederländisch-belgischen Konflikts lag bei der Londoner Konferenz, die Vertretung der deutschen Interessen hinsichtlich Luxemburgs bei den beiden deutschen Großmächten. Dabei ist anzuerkennen, daß die Rechte des Deutschen Bundes formal stets respektiert wurden.

Am 3. Februar 1831 (Pr. § 17, S. 39 ff.) zeigte das Präsidium in der Bundesversammlung an, daß aus den neuesten Berichten „des Königlich-Preußischen Militärgouvernements der Bundesfestung Luxemburg" hervorgehe, „daß der Aufstand in dem Großherzogtume Luxemburg noch fortbestehe, daß die Belgier sich ihrer vermeintlichen Ansprüche auf das Großherzogtum Luxemburg noch nicht begäben, ..."

Laut Protokoll schloß die Anzeige des Präsidiums:
„In dem Deutschen Teile der Provinz Luxemburg sei noch keine eigentliche Volksaufregung, in dem Wallonischen Teile hingegen sei das Interesse für die Revolution viel lebhafter und ungeteilter."

Die Gesandten von Österreich und Preußen teilten anschließend u. a. mit, daß die Ministerialconferenz unter dem 20. Dezember beschlossen habe:
„ihre in Brüssel befindlichen Commissarien, Lord Ponsonby und Herrn Bresson, anzuweisen, die Rechte des Königs der Niederlande, so wie jene des Deutschen Bundes auf das Großherzogtum Luxemburg eifrigst zu vertreten, insbesondere aber der provisorischen Regierung auf das nachdrücklichste erkennen zu geben, daß, nachdem die Rechte des Deutschen Bundes auf das Großherzogtum Luxemburg von den fünf Mächten förmlich anerkannt worden, die Intervention der Bundesversammlung in Beziehung auf dasselbe von keiner der benannten Mächte als eine fremde Einmischung angesehen werden könne, hingegen jede Einschreitung der in Belgien provisorisch

bestehenden Autoritäten in die Angelegenheiten des Großherzogtums als eine solche betrachtet werden müsse." (S. 40)

Der Bundesversammlung daraufhin ein energisches Vorgehen vorzuschlagen, getrauten sich Österreich und Preußen aber nicht. Damit wurde wohl endgültig versäumt, die Rechte des Deutschen Bundes und des Königs der Niederlande auf das ungeteilte Großherzogtum Luxemburg durchzusetzen. Der lahme Beschluß der Versammlung begehrte hauptsächlich, zu erfahren, „welche Maßregeln von Seiten der Conferenz etwa noch zu erwarten seien, um ein Einschreiten des Bundes überflüssig zu machen, indem es nicht mit der Würde und dem Ansehen des Bundes, und nicht mit dem verfassungsmäßigen Schutze, den jedes Bundesglied auf sein Anrufen von der Gesamtheit des Bundes zu erwarten berechtigt ist, vereinbar wäre, diesem den Bundesgesetzen sowohl als den Erklärungen der fünf Mächte widerstrebenden Zustande im Großherzogtume Luxemburg länger ruhig zuzusehen" (S. 41).

Der zögernden Haltung der Bundesversammlung stand belgischerseits der unbedingte Wille zur Durchsetzung der eigenen Wünsche gegenüber, wobei Belgien insbesondere auf das Wohlwollen Frankreichs zählen konnte. Die Zeit arbeitete daher für Belgien. Für die Bundesversammlung war ihr Verhalten kein Ruhmesblatt; aber es entsprach ganz dem Verhalten der beiden deutschen Großmächte, denen die Vertretung des Deutschen Bundes in der Londoner Konferenz anvertraut war.

In der Sitzung am 17. März (Sep.-Prot. nach S. 274, § 2, S. IV–XXII) erhob der König-Großherzog durch den luxemburgischen Bundestagsgesandten Vorwürfe gegen das säumige Verhalten des Deutschen Bundes. Die unmittelbare Veranlassung dazu war eine kürzlich ergangene „Proclamation" „von dem so genannten Regenten Belgiens" (S. V), worin die Bürger von Luxemburg aufgefordert wurden, ihr Land entsprechend der geschichtlichen Verbundenheit als Teil von Belgien dessen Schutz anzuvertrauen (S. XXI f.).

Es heißt in der Erklärung des Gesandten u. a.:
„Während Se. Majestät Ihrer Seits, in Folge der letzten beklagenswerten Ereignisse, alles getan haben, was dazu führen kann, das Großherzogtum als einen selbständigen Bundesstaat bestehen zu lassen und Ihre verkannte Autorität in demselben wieder herzustellen, ist dage-

gen von Seiten der Belgier alles geschehen, die Beschlüsse der Mächte
als ohnmächtig, das Recht meines Königlichen Herrn als nichtig und
die Kraft des Bundes als wirkungslos hinzustellen.
...

Se. Majestät haben von Ihrem Botschafter in London die Erklärung
erhalten, daß die Ministerialconferenz alle Mittel erschöpft zu haben
vermeine, den Belgiern das Grundlose und Ungerechte ihrer erhobenen Ansprüche auf das Großherzogtum darzutun, und daß dieselbe
demnach dafür halte: es sei nunmehr an der Zeit, auf der durch ihre
gefaßten Beschlüsse gebrochenen und vorgezeichneten Bahn zu deren
Erfüllung zu schreiten und solche in Vollzug setzen zu lassen.
Der König-Großherzog ruft daher den Bund zur tätigen Beschützung
Seines gefährdeten Gebietes und zu schleuniger Ergreifung der zur
Verteidigung desselben gegen freventlichen Anfall höchst nötigen
Maßregeln, ..., dermalen um so dringender an, als eben jetzt noch
eine, nur durch die außerordentlichsten Anstrengungen hervorgeru-
fene, imponierende Streitmacht längs der ganzen Belgischen Grenze
sich Holländischer Seits aufgestellt befindet, und Se. Majestät erwartet zuversichtlich diejenige Unterstützung, welche der Deutsche Bund
jedem seiner Glieder nach dem Art. 11 des Bundesvertrags schuldig ist
...“ (S. V f.)

Dazu erklärten die Gesandten von Österreich und Preußen u. a.:
„Die Höfe von Österreich und Preußen haben, ..., den Gesinnungen
des Durchlaucht. Deutschen Bundes entgegenzukommen geglaubt,
indem sie, unter wiederholtem Vorbehalt aller durch die Bundes- und
Schlußacte zur Ordnung dieser innern Bundesangelegenheit dem
Bunde zustehenden Maßregeln, die beiden Bevollmächtigten neuerlich angewiesen haben, die Ministerialconferenz auf das rücksichts-
lose Benehmen der Belgier hinsichtlich des Großherzogtums Luxemburg, so wie auf die ohne Verletzung der Würde des Bundes durchaus
nicht mehr länger zu verschiebende Einschreitung, auf das nachdrücklichste aufmerksam zu machen.“ (S. VII)

Zu bemerken ist, daß der Hinweis des luxemburgischen Gesandten
auf bevorstehende militärische Maßnahmen Hollands gegen das ab-
gefallene Belgien die Bundesversammlung wohl nur zu um so größe-
rer Vorsicht bestimmen konnte. Die Zeit, da der Bund ohne Befürchtungen für den Frieden in Europa die frühere Ordnung im ganzen Großherzogtum Luxemburg hätte wieder herstellen können, war

verstrichen. Jetzt bestand wieder die Gefahr, daß ein Zusammensto-
ßen mit französischen Truppen auf belgischer Seite ernste Komplika-
tionen auslösen könnte.

Die inneren Verhältnisse Belgiens festigten sich dadurch, daß sich
Prinz Leopold von Sachsen-Koburg bereit fand, die ihm angebotene
belgische Königskrone anzunehmen. Er zog am 21. Juli 1831 in Brüssel ein. Die belgische Regierung erhoffte sich davon eine günstigere
Regelung der immer noch schwebenden Grenzstreitigkeiten. Mit
Schreiben vom 29. Juli teilte der belgische Minister der auswärtigen
Angelegenheiten dem Festungsgouverneur in Luxemburg u.a. mit,
daß zufolge des neuerlichen Standes der Verhandlungen in London
die Inbesitznahme der Provinz Luxemburg durch die belgische Regierung ihren Charakter der Feindseligkeit verloren habe (Separat-Protokoll der Bundesversammlung v. 11. August 1831, S.606 [b]).

Das war die Ankündigung einer Schwenkung zugunsten Belgiens in
der Londoner Konferenz, worüber der Bundesversammlung noch
nichts bekannt war. Sie beschloß, dem Festungsgouvernement zu bedeuten, er solle sich in dem ihm anbefohlenen Verhalten nicht irre-
machen lassen; die Gesandtschaften von Österreich und Preußen
wurden ersucht, durch ihre Höfe das Ansinnen des Belgischen Gouvernements „zur Kenntnis der Londoner Conferenz zu bringen" (S.
606 [c]).

Vier Wochen später, in der Sitzung vom 9. September, lagen der Bundesversammlung neuere Protokolle von der Londoner Konferenz vor,
darunter, datiert vom 26. Juni 1831 (S.644 [c]), das Angebot der fünf
Mächte, ihre guten Dienste dafür zu verwenden, daß der status quo
im Großherzogtum Luxemburg während der getrennten Verhandlungen, die der Souverän von Belgien mit dem König der Niederlande
und dem Deutschen Bund eröffnen werde, erhalten bleibe, worauf der
belgische Minister für auswärtige Angelegenheiten sein Schreiben
vom 29. Juli gegründet hatte.

Zugleich mit der Vorlage der erwähnten Protokolle teilten die Bundestagsgesandten von Österreich und Preußen u.a. mit:
„Die Bevollmächtigten Sr. Majestät des Königs der Niederlande hätten der Londoner Conferenz bereits erklärt, daß sie ermächtigt seien,
in Tauschunterhandlungen eines Teils des Gebiets von Luxemburg
gegen Territorialentschädigung einzugehen, ..." (S.644 [c])

Die Londoner Konferenz mochte ihre Aufgabe mit der Unterzeichnung der 24 Artikel enthaltenden Separationsacte am 15. Oktober 1831 wohl als erfüllt ansehen. Diese Akte legte die Grenze zwischen Holland und Belgien fest und bestimmte auch die Grenze zwischen Belgien einschließlich des ihm zugedachten wallonischen Teils von Luxemburg und dem verbleibenden weiterhin zum Deutschen Bund als Großherzogtum Luxemburg gehörenden deutschen Teil. Die Gebietsentschädigung des Deutschen Bundes für den abzutretenden Teil von Luxemburg blieb Verhandlungen zwischen den Niederlanden und dem Deutschen Bund überlassen.

Die Separationsakte lag der Bundestagssitzung vom 27. Oktober vor, zusammen mit Bemerkungen aus einem Begleitschreiben der Bevollmächtigten Österreichs und Preußens in London an ihre Höfe. Daraus zitieren wir:

„Wir glauben uns mit der Hoffnung schmeicheln zu dürfen, ..., daß wir ... im Interesse des Bundes alles erreicht haben, was unter den gegebenen Umständen zu erlangen möglich war.

Es ist nämlich von dem Großherzogtume Luxemburg nicht nur die für die Sicherheit des Bundes unentbehrliche Stadt und Festung Luxemburg, mit einem angemessenen Rayon, ..., sondern auch fast der ganze Deutsche Teil des Großherzogtums in dem alten Verhältnisse geblieben.

...

Was die für den abgetretenen Teil des Großherzogtums Luxemburg bestimmte Territorialentschädigung betrifft, so ist solche in der Provinz Limburg belegen. Das Areal und die Bevölkerung derselben lassen sich für den Augenblick von hier aus nicht genau bestimmen; auch sind die Rücksichten auf Areal und Volksmenge nicht die Hauptgesichtspunkte, auf die die Conferenz hierbei besonders sich stützen mußte.

Es kam vor allem darauf an, Holland solche Grenzen zu verschaffen, daß sein Territorium ein ununterbrochenes zusammenhängendes Ganzes bilde, daß namentlich die Festung Maastricht, welche mittelbar auch zum Deutschen Verteidigungssystem gehört, nicht in fremdem Gebiet enclaviert bleibe, ...

Dies ist allein durch den Gebietsaustausch im Luxemburgischen zu erlangen möglich gewesen. ... – Die Conferenz hat um so eher geglaubt, die Ermittelung und Feststellung der dem Bunde im Limburgischen zu gewährenden Territorialentschädigung einer künftigen besondern Unterhandlung zwischen dem Niederländischen Gouvernement und dem Deutschen Bunde vorbehalten zu müssen, als die Teile im Limburgischen, die der König der Niederlande, sei es als Altholländisches Gebiet, sei es als Entschädigungsland für das im Luxemburgischen abgetretene Gebiet erhält, so durcheinander vermengt liegen, daß nur eine sehr ins Einzelne gehende langwierige Untersuchung zu einem Resultate hätte führen können; überdies aber die Convenienz beider Teile hierbei Austausche und Abkommen möglich, rätlich und wahrscheinlich macht. Wir sind mit dieser Ansicht der Conferenz um so mehr einverstanden gewesen, als es uns mehr im Deutschen Interesse begründet zu sein schien, wenn diese rein Deutsche Angelegenheit direkt durch den Deutschen Bund und nicht hier, also unter Teilnahme der dabei gar nicht beteiligten Mächte England, Frankreich und Rußland verhandelt und abgemacht werde." (S. 829 b f.)

Die Durchführung der Bestimmungen der Separationsakte hing von der Zustimmung der Niederlande ab. Da deren König die 24 Artikel der Separationsakte nicht anerkannte, blieben die Streitigkeiten zwischen den Niederlanden und Belgien, von denen Luxemburg stark betroffen wurde, noch lange bestehen.

Zu einer Territorialentschädigung für den abzutretenden Teil des Großherzogtums Luxemburg fanden sich die Niederlande erst im Jahre 1838 bereit. Dies wurde der Bundesversammlung in ihrer Sitzung vom 15. Juni mitgeteilt. Es waren also fast sieben Jahre vergangen, bis die Niederlande die 24 Artikel vom 15. Oktober 1831 und die darin vorgesehene Territorialentschädigung für den Deutschen Bund anerkannten (S. 386 a).

Erst jetzt war der Weg frei für eine völlige Bereinigung der niederländisch-belgischen Streitigkeiten und für die vom Deutschen Bund geforderte Territorialentschädigung für den abzutretenden Teil des Großherzogtums Luxemburg. In der Sitzung vom 11. Mai 1839 lagen der Bundesversammlung die in London unterzeichneten Verträge vom 19. April 1839 vor; sie erteilte der Beitrittsurkunde „die Genehmigung und Ratification" (S. 228). Damit war endlich der Streit wegen des Abfalles der belgischen Landesteile von den Niederlanden beigelegt; die Londoner Conferenz tagte deshalb mit Unterbrechungen länger als acht Jahre.

Zu der Territorialentschädigung ließ der König-Großherzog in der Bundestagssitzung vom 16. August 1839 erklären:

„Se. Majestät beabsichtigen, an die Stelle des durch den II. Artikel des Londoner Vertrags abgetretenen Teils des Großherzogtums Luxemburg, mit dem ganzen Herzogtum Limburg, so wie es jetzt von Allerhöchstihnen gebildet worden, dem Deutschen Bunde beizutreten, und wenn auch Allerhöchstdieselben bei dieser Erklärung Sich vorbehalten müssen, ..., das Herzogtum Limburg unter dieselbe Verfassung und Verwaltung mit dem Königreich der Niederlande zu stellen, so verbinden Se. Majestät doch damit die Zusicherung, daß dieser Umstand die Anwendung der deutschen Bundesverfassung auf das erwähnte Herzogtum in keiner Weise hindern soll.

„..." (S. 578)

Die Zustimmung hierzu seitens des Deutschen Bundes erfolgte durch Beschluß der Bundesversammlung am 5. September 1839. Er lautet:

„Die Bundesversammlung erkennt mit Befriedigung in der von Sr. Majestät dem König der Niederlande, Großherzog von Luxemburg, gefaßten Entschließung, an die Stelle des durch den Art. II des zu London am 19. April l. J. abgeschlossenen Staatsvertrags an Belgien abgetretenen Gebiets im Großherzogtum Luxemburg mit dem ganzen, eine Bevölkerung von 147 527 Seelen in sich begreifenden, neu gebildeten Herzogtum Limburg dem Deutschen Bunde beizutreten, eine genügende Erfüllung derjenigen Bedingung, unter welcher allein der Deutsche Bund, ..., zu der Abtretung eines bisher demselben einverleibten Gebiets seine Einwilligung geben zu wollen, erklärt hat. So wie daher der Deutsche Bund von nun an das Herzogtum Limburg als zum Bundesgebiete gehörig betrachten wird, so bleiben auch dem nunmehrigen Großherzogtum Luxemburg und Herzogtum Limburg collectiv alle diejenigen Rechte und Vorzüge vorbehalten, welche bisher mit dem Großherzogtum Luxemburg allein verbunden waren.

..." (S. 637 f.)

Wenn nun auch das Großherzogtum Luxemburg und das Herzogtum Limburg zusammen als eine Einheit im Deutschen Bunde erschienen, so war doch das Herzogtum Limburg enger mit den Niederlanden verbunden als das Großherzogtum Luxemburg, das gebietlich nur mit Deutschland, nicht aber mit den Niederlanden zusammenhing. In dem beim Deutschen Bund verbleibenden Teil des Großherzogtums hatte das ohnehin schwache Gefühl der Zugehörigkeit zu Deutschland durch die fast neun Jahre während belgische Verwaltung sehr gelitten. Auch in der Stadt Luxemburg, die davon verschont blieb, neigte die Gesinnung der Bevölkerung sich Belgien zu. So wurde in diesem alten deutschen Grenzland, dessen beim Deutschen Bund verbleibender Teil von Deutschen bewohnt war, der Gedanke der nationalen Zugehörigkeit zu Deutschland sehr beeinträchtigt.

5. *Der Wachensturm in Frankfurt 1833 und seine Folgen*

Als ein trauriges Nachspiel zu den Auswirkungen der Juli-Revolution in Deutschland stellt sich der Wachensturm in Frankfurt am 3. April 1833 dar. Zugleich zeigte sich jedoch bei diesem Ereignis, daß die Bevölkerung – zumindest in Frankfurt – an solchem revolutionären Geschehen nicht mehr in dem Maße Anteil nahm, wie die Urheber des Anschlags voraussetzten. Bei der Bundesversammlung rief der Wachensturm große Bestürzung hervor, mußten doch die dort versammelten Gesandten sogar um ihre eigene Sicherheit bangen.

Der Bundestag trat schon am 4. April zu einer Beratung zusammen. Die Gesandten von Österreich und Preußen waren abwesend. Das Präsidium war dem Gesandten des Königreichs Sachsen anvertraut worden. Über seine Mitteilung sagt das Protokoll:
„Die Veranlassung zu dem heutigen Zusammentritt der Bundesversammlung hätten die gestern Nachts statt gefundenen bedauerlichen Vorfälle gegeben, bei denen der Bund nicht nur wegen der möglichen Verbindungen jener Vorfälle mit anderen Bundesstaaten, sondern auch, weil die Stadt Frankfurt der Sitz der Bundesversammlung sei, ein unmittelbares Interesse habe. Präsidium wolle zuerst die factische Darstellung jener Ereignisse, wie sie ihm von dem Herrn Gesandten der freien Stadt Frankfurt zugekommen sei, zur Kenntnis der hohen Bundesversammlung bringen, und sodann in Erwägung stellen, was unter diesen Umständen zu beschließen sei.
Die besagte Darstellung lautet, wie folgt:
Um halb zehn Uhr Abends zeigten sich Haufen Bewaffneter an der Haupt- und Constabler-Wache und drangen plötzlich, indem sie zugleich die ausstehenden Posten niederschossen, gleichzeitig ein, so daß es dem Militär unmöglich war, sich zu entwickeln und aufzustellen. In dem Handgemenge wurden Mehrere von beiden Seiten ver-

wundet und getötet, und es gelang den Angreifenden, die Türen der Gefängnisse einzuschlagen. Indessen entfernten sich die Gefangenen entweder gar nicht, oder stellten sich bald wieder; die Übrigen, welche bis diesen Morgen sich noch nicht selbst sistiert hatten, sind bereits wieder verhaftet. Auf der Constablerwache verteidigten die Gefangenen sogar den von den Angreifern verwundeten Gefangen(en)wärter. Das Linienmilitär, unter Anführung seines Obersten, säuberte in ganz kurzer Zeit beide Wachen, und die hiesigen Bürger nahmen so wenig Teil an der Meuterei, daß das Theater, an der Hauptwache liegend, beruhigt zu Ende ging. Die verwundeten und verhafteten Personen sind beinahe ohne Ausnahme fremde Studenten, welche den Angriff geleitet und geführt zu haben scheinen, was auch der Umstand beweisen möchte, daß ein Trupp die Sturmglocke zog, worauf sich die Bürger nur um so schneller zu versammeln pflegen, weil ihr Ertönen jedesmal ein ausgebrochenes Feuer bedeutet, und was den Erfolg hatte, daß diese nur um so schneller zu den Waffen griffen, und zur Sicherheit sowohl in der Stadt, als um dieselbe streiften ...
Da sehr viele Fremde unter den Angreifern bemerkt worden und höchst wahrscheinlich unter diesen viele verwundet waren, so waren alsbald alle Stadttore geschlossen und besetzt, und die zweckmäßigen Anordnungen getroffen worden, um dieselben an der Flucht zu hindern. Es scheinen indessen, sogleich nach vollbrachter Tat und noch ehe diese Maßregel ins Werk gesetzt werden konnte, als die Ruhestörer diesen Plan vereitelt sahen, viele derselben entkommen zu sein.
Die Nacht war vollkommen ruhig, und das ganze Unternehmen stellte sich als einen von Außen gemachten Versuch dar, die Stadt mittelst der Befreiung der Gefangenen in Aufruhr zu versetzen. Man sagt, daß an mehreren Orten in Deutschland, in diesen Tagen, Gleiches versucht werden solle.
Das Unternehmen diente übrigens nur dazu, den Meuterern zu zeigen, wie ihre verbrecherischen Pläne an der ruhigen und besonnenen Haltung der Bürgerschaft und des Linienmilitärs scheitern mußten. Leider hat das Linienmilitär 4 Tote und 15 Verwundete, von welchen letztern fünf sehr gefährlich verwundet sind; von den bereits verhafteten Ruhestörern sind zwei gleichfalls sehr gefährlich verwundet." (S. 380 ff.)

Aus dem Protokoll der Bundestagssitzung geht ferner hervor, daß der Bundestag am Nachmittag zuvor eine „vorläufige Anzeige von den bevorstehenden Unruhen" erhielt. Daraufhin sei „das Festungsgouvernement in Mainz benachrichtigt worden", „eine in der Bundesfestung entbehrliche Truppenzahl für alle Fälle in Bereitschaft zu halten".

Nach Beratung der Angelegenheit lautete der Beschluß der Bundesversammlung:

„1. Der Herr Gesandte der freien Stadt Frankfurt wird aufgefordert, der Bundesversammlung von den Resultaten der über die gestern statt gefundenen Vorfälle anzustellenden Untersuchungen, Verfolgung der Entflohenen, insbesondere auch rücksichtlich der Verzweigungen des Complotts in anderen Bundesstaaten, fortlaufende, erschöpfende und authentische Kenntnis mit möglichster Beschleunigung zu geben.

2. Die Bundesversammlung gewärtigt, daß die freie Stadt Frankfurt ihr diejenigen Maßregeln näher bezeichne, welche von ihr ergriffen worden sind, oder noch werden ergriffen werden, um der Wiederkehr ähnlicher Störungen der öffentlichen Ruhe und Ordnung in hiesiger Stadt und möglicher Verletzung der sich hier befindenden Gesandtschaften vorzubeugen.

3. Die Gesandtschaften von Österreich und Preußen werden ersucht, ..., dafür zu sorgen, daß, auf das erste Anrufen der Bundesversammlung oder des Präsidiums, die nötige militärische Hülfe mit möglichster Beschleunigung aus Mainz geleistet werde.

4. Dem Festungsgouvernement in Mainz wird hiervon Kenntnis gegeben, und dasselbe wird aufgefordert, die vorläufig getroffenen Anordnungen, wegen Entsendung einer Truppenzahl aus der Bundesfestung Mainz zur Aufrechterhaltung der Ruhe und Ordnung in der hiesigen Stadt und Umgegend, vor der Hand noch fortdauern zu lassen, damit die Bundesversammlung in kürzester Frist darüber verfügen könne; desgleichen die zur Unterhaltung der Verbindung zwischen hier und Mainz aufgestellten Cavallerieordonnanzen noch zur Zeit fortbestehen, auch dieselben soviel möglich zur Beobachtung der Umgegend verwenden zu lassen.

5. ...

6. ..." (S. 382 f.)

Der Frankfurter Gesandte äußerte hierauf:

„daß er ... vorläufig schon anzeigen könne, daß durch Verdoppelung der Wachen in der Stadt, Aufstellung von Abteilungen der Stadtwehr und des Linienmilitärs, wie durch Patrouillen zu Fuß und zu Pferd, mit welchen Maßregeln man bis nach den Osterfeiertagen jedenfalls vorerst fortzufahren gedenke, die Ruhe und Sicherheit in hiesiger Stadt vollständig garantiert sei, und zwar um so mehr, da das Ereignis vom 3. d. M. hauptsächlich von Außen eingeleitet, bei den Bürgern und Einwohnern selbst nicht den mindesten Anklang gefunden habe und die Ordnung auf der Stelle wiederhergestellt worden sei. ..." (S. 383)

Diese Erklärung ergänzte der Gesandte in der folgenden Sitzung am 9. April. Er entwickelte darin, welche Maßnahmen die Stadt Frankfurt ergriffen habe, um eine weitere Störung der Ruhe und Sicherheit auszuschließen. Die am 7. Juni 1832 gewählte Maßregelncommission wurde von der Versammlung ersucht, „über die Anzeigen der Gesandtschaft der freien Stadt Frankfurt und über die dermalige Lage der Sache und die durch dieselbe gebotenen Maßregeln schleunigsten Vortrag und Gutachten zu erstatten". Ferner wurde beschlossen: „2. Die Regierungen von Bayern, Kurhessen, Großherzogtum Hessen und Nassau werden ersucht, zur Entdeckung und Aufgreifung der Teilnehmer und Mitwisser an dem Complott ferner kräftig mitzuwirken, und auf Reisende geschärfte Aufsicht zu führen, auch an ihrer Grenze gegen Frankfurt eine hinlängliche Truppenzahl aufzustellen, welche alle Zugänge und Wege zu beobachten, zu besetzen und rein zu halten im Stande sein dürfte." (S. 390 f.)

Die Maßregelnkommission erstattete ihr Gutachten am 10. April, enthalten in einem Separat-Protokoll vom 10. und 11. April (S. 415 f.). Sie hielt eine Überführung der Gefangenen in die Bundesfestung Mainz für geboten, „ohne jedoch die Untersuchung, die daselbst von hiesigen Behörden und auf Kosten der hiesigen Stadt fortzuführen wäre, zu unterbrechen". Abschließend heißt es im Protokoll vom 10. April:

„Der Herr Gesandte der freien Städte für Frankfurt erklärte: Bei der vorwaltenden Ansicht, daß die Anwesenheit der Gefangenen in hiesiger Stadt die Ruhe und Sicherheit derselben gefährde, werde derselbe darüber Instruktion einholen, ob der Senat damit einverstanden sei, daß die Gefangenen von hier nach Mainz gebracht werden und die Untersuchung von Frankfurtischen Untersuchungsrichtern auf Kosten der Stadt Frankfurt fortgesetzt werde."

Die Fortsetzung der Beratungen am nächsten Tag führte zu dem Beschluß:

„1. Die Bundesversammlung sieht der Erklärung der freien Stadt Frankfurt spätestens bis morgen den 12. d. Mittags 12 Uhr, entgegen, indem sie keinen längern Anstand zu geben vermag, um die durch die Dringlichkeit der Verhältnisse gebotenen Beschlüsse zu fassen.

2. Die Militärcommission wird ersucht, bis zu gleicher Zeit sich über die Art der Unterbringung der wegen der Unruhen am 3. d. Gefangenen in der Bundesfestung Mainz berichtlich zu äußern."

In der Sitzung am 12. April gab der Gesandte für Frankfurt die verlangte Erklärung dahin ab:

„daß die Stadt alle diejenigen Mittel besitze, welche sowohl zur Sicherung der öffentlichen Ruhe und Ordnung, als zur Festhaltung der in Folge des Vorgangs vom 3. d. Verhafteten und insbesondere zum Schutze hoher Bundesversammlung nötig sind, um so mehr, als man zu den benachbarten hohen Regierungen die feste Zuversicht hege, daß sie ihrer Seits dem Beschlusse der hohen Bundesversammlung vom 9. April d. J. vollkommenes Genüge leisten werden." (S. 420)

Das Protokoll fährt fort:

„Präsidium bemerkte hierauf: Es kann darüber kein Zweifel obwalten, daß die Vorfälle vom 3. April nicht bloß gegen die Stadt Frankfurt, sondern auch gegen den Bund gerichtet gewesen sind, und Verzweigungen in andern Deutschen Staaten und im Auslande haben. Der Angriff auf hiesige Stadt hat nur als Anfang und Vorspiel weiterer frevelhafter Pläne dienen sollen, wie das von Weitem angelegte und meistens durch fremde Individuen ausgeführte Unternehmen beweiset. Indessen sind auch hiesige Einwohner bei jenen Verbrechen stark beteiligt gewesen, und es hat daher in der Natur der Sache gelegen, daß erneuten Versuchen durch gemeinschaftliches und kräftiges Einwirken des Bundes und der freien Stadt Frankfurt begegnet werde. Von Seiten des Bundes hat man die Wegschaffung der Gefangenen von hier für ratsam gehalten, teils zu deren sicherern Aufbewahrung, teils um erneute Angriffe auf die Stadt zur Befreiung derselben abzuwenden. Nachdem aber der Herr Gesandte der freien Städte für Frankfurt, Inhalts der vorhin verlesenen Erklärung, die Versicherung erteilt hat, daß die Stadt alle diejenigen Mittel, welche sowohl zur Sicherung der öffentlichen Ruhe und Ordnung, als zur Festhaltung der in Folge des Vorgangs vom 3. Verhafteten und insbesondere zum Schutze der Bundesversammlung nötig sind, um so mehr besitze, als man zu den benachbarten hohen Regierungen die feste Zuversicht hege, daß sie ihrer Seits dem Beschlusse der hohen Bundesversammlung vollkommenes Genüge leisten würden, hierin aber eine Ablehnung des auf Wegschaffung der Verhafteten in die Bundesfestung Mainz gemachten Anerbietens liegt; so wird sich die Bundesversammlung zunächst darüber Gewißheit zu verschaffen haben, ob die von der Stadt selbst anzuwendenden militärischen Mittel ausreichend sind, oder ob und welche Anordnungen vom Bunde zu dessen und der Stadt Sicherheit zu treffen sein möchten, ingleichen, wie weit auf eine Hülfe der benachbarten Regierungen für Frankfurt mit Sicherheit zu rechnen sei?

Hierauf äußerten sich, in Beziehung auf die letzterwähnte Mithülfe, der Kurfürstlich-Hessische, der Großherzoglich-Hessische und der Herzoglich-Nassauische Herr Gesandte: sie zweifelten nicht, daß die Truppen ihrer höchsten und hohen Committenten zu der allgemeinen Sicherheit im Ganzen und der Umgegend gewiß mit der größten Bereitwilligkeit und mit Nachdruck mitwirken würden, – vermöchten aber nicht zuzusichern, daß auf deren unmittelbare Hülfsleistung für Frankfurt, und wenn hier, im Mittelpunkte der genannten Bundesstaaten, ein Aufstand ausbräche oder gar gelänge, unter allen Umständen zu rechnen sei, weil sie nicht dafür stehen könnten, ob man dieser Truppen nicht im eignen Lande nötig habe."

Die Versammlung faßte alsdann einen Beschluß, dem sich lediglich der Gesandte der freien Städte nicht anschloß. Darin heißt es u.a.: „Die Bundesversammlung wünsche nun von der Militärcommission schleunigst über die Frage ein bestimmtes Gutachten zu erhalten: ob, ..., die Ruhe und Ordnung in der hiesigen Stadt und die Sicherheit der sich hier befindenden Gesandtschaften verbürgt werden könne, oder ob augenblickliche militärische Vorkehrung durch Herbeiziehung von Truppen der Garnison von Mainz zu treffen, und in welcher Weise und in welchem Umfange diese zu bewirken sei?" (S. 421)

Abends 7 Uhr, als die Sitzung fortgesetzt wurde, lag das Gutachten der Militärkommission bereits vor. Es beginnt mit den Worten: „Die Militärcommission kann die von Seiten der Stadt Frankfurt getroffenen und überhaupt ihr zu Gebot stehenden Mittel zur Siche-

rung der öffentlichen Ruhe, nach sorgfältiger Erwägung, nicht für genügend finden, um so weniger, wenn die in Folge der Auftritte vom 3. d. M. Verhafteten nicht entfernt, sondern hier müssen bewacht werden.
Sie kann also nur für die augenblickliche Herbeiziehung von Truppen der Garnison von Mainz stimmen, und zwar muß sie, in Rücksicht des Erfordernisses und nach Maßgabe der möglichen Fälle, die Stärke der herbeizuziehenden Truppen zu

>   2 Bataillons,
>   1 Schwadron und
>   4 Geschütze

bestimmen, welche aus den beiderseitigen Besatzungen (von Österreich und Preußen; d. Vf.) der Festung zu gleichen Teilen zusammengesetzt sind ...
..." (S. 421 f.)

Gemäß dem Gutachten wurde sofort von der Bundesversammlung beschlossen.

Am 18. April gab der Gesandte von Frankfurt die bisherigen Ergebnisse der Untersuchungen über die Vorfälle am 3. April bekannt. Wir zitieren daraus:
„Aus der bisherigen Vernehmung der angeschuldigten und geständigen Teilnehmer an dem bezeichneten Verbrechen, der von ihnen befreiten, aber wieder eingefangenen frühern Arrestanten und anderer Zeugen der Begebenheit, so wie aus den sonst aufgefundenen Spuren, auch Mitteilungen von auswärts, ergibt sich vorläufig zur Genüge, daß das Unternehmen keineswegs die freie Stadt Frankfurt an sich, oder die bloße Freimachung der Gefangenen bezielte, sondern daß dessen Absicht eine weitreichende, längst vorbereitete, und keine geringere war, als der Umsturz der bestehenden Dinge in Deutschland. Es waren hauptsächlich Studenten von verschiedenen Universitäten, und namentlich, was die hier oder auch auswärts bis jetzt zur Haft gebrachten betrifft, von Würzburg, Erlangen, Heidelberg, Straßburg, welche einzeln oder gemeinschaftlich hierher reisten, und mit wenigen hiesigen, meist jüngern Leuten aus dem Gelehrtenstande verbunden, die blutige Tat wagten. Sie suchten von den Gefangenen nur die wegen politischer Umtriebe Verhafteten in Freiheit zu setzen, riefen die sogenannten Liberalen auf, bemühten sich, das Landvolk aufzuwiegeln, gaben ihm das Signal durch Sturmläuten, und hatten dazu

auch Raketen in Bereitschaft. In die umliegende Gegend waren Schießgewehre, wahrscheinlich auch Pulver und Patronen, gegangen. Sie hofften sich durch anderweiten Anschluß, besonders von Handwerksburschen, zu verstärken, und erwarteten, wiewohl ganz vergeblich, daß die von ihnen laut aufgeforderten Frankfurter Einwohner, deren einigen sie Waffen aufnötigten, gemeine Sache mit ihnen machen würden. ... Die Verbündeten erschienen vermummt, mit geschwärzten Gesichtern, mit sogenannten Deutschen dreifarbigen Armbinden. Es waren angeblich Franzosen und hauptsächlich Polen unter ihnen. Bei dem Angriff auf beide Wachen waren mehrere Leute in Polnischer Form. Wichtiger als dies Alles sind folgende Aussagen von hiesigen und auswärtigen Mitbeteiligten oder Zeugen. Nach denselben sollte Frankfurt der Centralpunkt einer Deutschen Republik werden. Man wollte sich der Personen der Herren Gesandten bemächtigen, damit sie nicht an ihre Höfe berichten könnten. Man wollte zum Zweck der allgemeinen Aufregung die Mauthen als Hauptbeschwerde der Völker darstellen und zerstören. ... So viel scheint inzwischen ausgemacht, daß die Preßvereine und die Polenvereine, daß die Versammlungen zu Hambach und anderwärts, daß nähere und entferntere geheime Verbindungen, als die Pflanzstätten des für diesmal mißlungenen Versuchs des politischen Fanatismus und der moralischen Zügellosigkeit anzusehen sind. ...“ (S. 431 f.)

Die Maßregelnkommission, die am 7. Juni 1832 gewählt wurde, berichtete der Bundesversammlung über die Erkenntnisse bezüglich des Komplotts vom 3. April 1833 in der Sitzung vom 20. Juni (§ 258, S. 568 bis 576). Die Kommission kam zu dem Schluß:
„Das nächste, was dermalen zu geschehen haben dürfte, besteht in der Sicherstellung der Einheit und Vollständigkeit der Untersuchungen, damit man die Größe und den Umfang des Übels deutlich erkennen und hiernach die erforderlichen weiteren Maßregeln beschließen könne. Es sind die vielfältigsten Beweise von der weiten Verzweigung des Complotts vorhanden, die zum Teil über die Grenzen des gemeinsamen Vaterlandes hinausreichen. Einem solchen Complotte vermag man nur durch das kräftigste und einmütigste Zusammenwirken aller Bundesstaaten auf den Grund zu kommen. ... Damit aber ein solches Zusammenwirken von Erfolg sei, und dem Bunde die nötige Aufklärung zu Teil werde, scheint es unumgänglich notwendig zu sein, eine Centralbehörde des Bundes zu errichten, wo alle einzelnen Fäden der

Untersuchungen zusammenlaufen. Zu dem Behufe müssen der Centralbehörde solche Attributionen verliehen werden, die es ihr möglich machen, von allen Spezialuntersuchungen fortlaufende und vollständige Kenntnis zu nehmen, und dieselben aus dem Gesichtspunkte der Gesamtheit zu beleuchten und weiter zu verfolgen, sei es nun durch unmittelbare Communicationen mit den Local-Untersuchungsbehörden, oder durch Berichte, Vorschläge und Anträge an den wegen des Art. 28 der Wiener Schlußacte niedergesetzten Ausschuß. Hiervon ausgehend, hat der Ausschuß seine Anträge zur Errichtung einer solchen Centralbehörde des Bundes in Nachstehendem zusammen gestellt, und dabei zugleich darauf Bedacht genommen, daß die Competenz der Landesgerichte zur Untersuchung und Aburteilung eines gleichmäßig gegen die einzelnen Bundesstaaten gerichteten Verbrechens keine Beschränkung oder Hemmung erleide." (S. 572)

Der Beschluß zur Errichtung dieser Centralbehörde wurde von der Bundesversammlung in derselben Sitzung gefaßt. Er enthielt neun Artikel. Wir zitieren daraus:
„Artikel 1. Von Bundeswegen wird eine Centralbehörde niedergesetzt, deren Aufgabe ist, die näheren Umstände, den Umfang und den Zusammenhang des gegen den Bestand des Bundes und gegen die öffentliche Ordnung in Deutschland gerichteten Complotts, insbesondere des am 3. April l. J. zu Frankfurt statt gehabten Attentats, zu erheben und fortwährend von sämtlichen Verhandlungen der verschiedenen, mit Untersuchungen wegen Teilnahme an dem gedachten Complotte in den einzelnen Bundesstaaten beschäftigten Behörden im Interesse der Gesamtheit Kenntnis zu nehmen, auch gegenseitige Mitteilungen und Aufschlüsse unter denselben zu befördern, endlich für die Gründlichkeit, Vollständigkeit und Beschleunigung der anhängigen Untersuchungen Sorge zu tragen.
Diese Behörde versammelt sich 14 Tage nach gegenwärtigem Beschlusse zu Frankfurt am Main.
Artikel 2. Die Bundesversammlung wählt die Regierungen von Österreich, Preußen, Bayern, Württemberg und Großherzogtum Hessen, deren jede ein Mitglied der Centralbehörde zu ernennen hat.
...
Artikel 7. Die Centralbehörde des Bundes erstattet ihre Berichte an den in Folge des Art. 28 der Wiener Schlußacte ernannten Bundestags-Ausschuß. An diesen richtet sie ihre Anträge über die Leitung

und Beförderung der Untersuchungen, insbesondere bei sich zeigenden Anständen, und eben so legt sie demselben von Zeit zu Zeit das Ergebnis der Untersuchungen vor.

Sie hat alle über die aufrührerischen Complotte in den einzelnen Deutschen Bundesstaaten ihr zugehenden Notizen zusammenzustellen, die Tatsachen aufzuklären, die Urheber und Teilnehmer zu ermitteln, und hiermit ihre Anträge wegen gründlicher Hebung des Übels zu verbinden." (S. 575 f.)

Die neue Centralbehörde unterschied sich von der früheren Central-Untersuchungs-Commission zu Mainz hauptsächlich dadurch, daß sie nicht zu eigenen polizeilichen oder richterlichen Untersuchungen befugt war; diese blieben Sache der Landesbehörden. Wohl aber sollten die Fäden aller Untersuchungen bei ihr zusammenlaufen; sie sollte daraus ein Gesamtbild erstellen, um zu einer zuverlässigen Beurteilung der Lage zu gelangen.

Gegen den Willen der Stadt Frankfurt war am 12. April 1833 von der Bundesversammlung beschlossen worden, Bundestruppen aus Mainz in die Stadt Frankfurt und ihre unmittelbare Umgebung zu verlegen, um dadurch Ruhe und Ordnung in der Stadt, die Sicherheit des Bundessitzes und die Verwahrung der Gefangenen des Wachensturms vom 3. April zu gewährleisten. Dem Beschluß vom 12. April folgte am 5. Dezember ein Antrag des Bundestags-Ausschusses in Militärangelegenheiten, wonach die Stadt Frankfurt ihre Truppen „mit der von der Mainzer Garnison hergezogenen Truppenabteilung zu einem Sicherheitscorps zu vereinigen und unter den Oberbefehl des diese Truppenabteilung Commandierenden zu stellen" hätte (S. 1184). Diesem Antrag wurde nach Instruktionseinholung durch Mehrheitsbeschluß der Bundesversammlung am 3. April 1834 (§ 164, S. 353) entsprochen, während die Stadt Frankfurt die Auffassung vertrat, daß Einstimmigkeit erforderlich sei. So heißt es denn in der Abstimmung der freien Städte am 3. April:

„daß es genüge, wenn es bei dem Beschlusse vom 12. April 1833 (16. Sitzung, § 148) sein Bewenden behalte, um so mehr, als bei der dermaligen Lage der Sache ohnehin kein Beschluß durch Stimmenmehrheit gefaßt werden könnte.

Sie glauben vielmehr, in Übereinstimmung mit den Ansichten mehrerer Regierungen, daß diese Angelegenheit im Wege einer Vereinbarung mit der freien Stadt Frankfurt, unter Wahrung und Beachtung deren Rechte, zweckdienlich zu erledigen sei, weshalb sie, und insbesondere Frankfurt wiederholt, den Wunsch ausdrücken, diesen Weg einzuschlagen."

Die Mehrheit der Bundesversammlung war aber gewillt, der Stadt Frankfurt ihren Willen aufzuzwingen, obwohl es „an den rechtlichen Voraussetzungen des Bundeseingreifens" mangelte (Huber, Vf.Gesch., Bd.2, 2. Aufl., S.171). Der Bundesbeschluß vom 3. April 1834 bestätigte insbesondere die „Provisorische Norm der dienstlichen Bestimmungen für die zu Frankfurt und in der Umgegend vereinigten Bundestruppen" (S.389ff.). Durch sie wurde die Unterstellung des Frankfurter Militärs sowie der Stadtwehr unter den Oberbefehlshaber der Bundestruppen im einzelnen geregelt. Hiergegen erhob der Frankfurter Gesandte in der Bundesversammlung vom 10. April (§ 186, S.405ff.) Einwendungen, u. a.:

„Durch die Bestimmung, die Frankfurtischen Truppen bis auf weiter unter den Oberbefehl des Commandierenden zu stellen, würden der Regierung der Stadt Frankfurt alle Regierungsmittel entzogen, und dieselbe einem Militärgouvernement untergeordnet werden, indem es sich hier nicht von einem detachierten Corps, sondern von allen Militärmitteln der Stadt handelt.

Da dieses nun nach den Äußerungen sämtlicher höchsten und hohen Regierungen die Absicht nicht ist, auch nicht sein kann, so darf der Senat erwarten, daß diese Bestimmung so modifiziert werde, daß die Rechte der Stadt und ihre Selbständigkeit nicht gefährdet sei.
...

Eine Unterordnung der Stadtwehr unter das Commando des Oberbefehlshabers kann der Senat in keinem Falle zugeben; auch würde eine solche Unterordnung zu den verdrießlichsten Collisionen Anlaß geben. Der Senat, ..., wird jedoch – ... – die Stadtwehr oder Bürgerbewaffnung nie so verwenden, daß deren Dienst dem Dienste der Truppen entgegen wirkend oder hindernd sein könne, ..."

Der Beschluß darauf lautete:

„1. daß der Vollzug des in der 13. Sitzung vom 3. April d.J. bundesverfassungsmäßig gefaßten Beschlusses durch die heutige Erklärung der freien Stadt Frankfurt nicht aufgehalten werden könne, jedoch

2. die ebenbesagte Erklärung dem Bundestags-Ausschusse in Militärangelegenheiten zu dem Ende zuzuweisen sei, um, ..., zu erwä-

gen und nach Vernehmung der Militärcommission zu begutachten, in wie weit und unter welchen Modalitäten in die von der Stadt angedeuteten Erläuterungen der provisorischen Norm der dienstlichen Bestimmungen eingegangen werden könne?" (S. 409)

Der Ausschuß in Militärangelegenheiten berichtete dazu am 3. Juli 1834 (§ 336, S. 675 bis 681) und schlug, um den Wünschen Frankfurts entgegenzukommen, eine „modifizierte provisorische Norm" vor. Nach Instruktionseinholung trat durch Bundesbeschluß vom 27. November 1834 (§ 575, S. 1030) die „Modifizierte provisorische Norm der dienstlichen Bestimmungen für die zu Frankfurt und in der Umgegend vereinigten Bundestruppen" (S. 1039 bis 1042) in Kraft.

Noch ehe der Bundestags-Ausschuß in Militärangelegenheiten sein Gutachten vorlegen konnte, erzwang die Bundesversammlung die Unterwerfung des Senats der Stadt Frankfurt unter den Bundesbeschluß vom 3. April 1834. Dies begann mit dem Beschluß durch Stimmenmehrheit vom 24. April:

„Die freie Stadt Frankfurt wird aufgefordert, der Bundesversammlung bis zur nächsten Sitzung den Vollzug des Beschlusses vom 3. April d. J. (13. Sitz., § 164) anzuzeigen." (S. 454)

Dieser Beschluß kann als übereilt gelten; denn das Gutachten des Militär-Ausschusses auf Grund des Beschlusses vom 10. April hätte die Bundesversammlung doch wohl abwarten sollen, zumal eine akute Gefahr für den Sitz der Bundesversammlung nicht bestand, nachdem der Wachensturm ein volles Jahr zurücklag. Der neue Beschluß auf sofortige Unterwerfung wurde ausgelöst durch einen Bericht des „Oberbefehlshabers der zu Frankfurt und in der Umgegend vereinigten Bundestruppen" (§ 204, S. 453), worin dieser über den Widerstand klagte, dem er bei dem Senat der Stadt Frankfurt begegne, der sich darauf berief, daß über die am 10. April vorgebrachten Einwendungen seitens der Bundesversammlung noch nicht entschieden sei.

Der Senat der Stadt Frankfurt ließ auf den neuen Bundesbeschluß am 1. Mai (§ 221, S. 478 f.) erklären, „nochmals feierlich gegen den beregten Beschluß vom 3. April d. J. zu protestieren". Der Protest wurde von der Bundesversammlung „als bundesverfassungswidrig zurückgewiesen", und die Angelegenheit wurde „an die Vollziehungscommission" verwiesen mit dem Auftrag, „darüber Vortrag zu erstatten". Das bedeutete den ersten Schritt zum Exekutions-Verfahren.

Wir unterlassen es, die weiteren Schritte im einzelnen anzuführen. Die Zuspitzung des Konflikts zwischen der freien Stadt Frankfurt und der Bundesversammlung erreichte ihren Höhepunkt am 28. Mai 1834 (§ 274, S. 567 ff.) mit dem Beschluß der Maßnahmen zur Durchführung der eine Woche zuvor beschlossenen Bundesexekution. Nun unterwarf sich die Stadt Frankfurt zur Vermeidung der Exekution dem Beschluß der Bundesversammlung vom 3. April. Ihr Gesandter erklärte am 5. Juni die Vollziehung des Beschlusses (§ 276, S. 573); die Vollziehungskommission bestätigte am 19. Juni (§ 309, S. 641 ff.), daß dies vollkommen geschehen sei, worauf der Beschluß der Bundesversammlung lautete:

„Daß die von dem Senate der freien Stadt Frankfurt angezeigte Befolgung des Beschlusses vom 3. April d. J., betreffend die Ergänzung der dienstlichen Bestimmungen für die in Frankfurt und dessen Umgegend vereinigten Bundestruppen, als genügend betrachtet werde." (S. 643)

Die Anwesenheit von Bundestruppen in Frankfurt dauerte nun mit zwischenzeitlichen Erleichterungen bis zum Herbst 1842. Erschwerend für die Stadt Frankfurt wirkte wohl, daß am 2. Mai 1834 ein Versuch zur Befreiung der Gefangenen des Attentats vom 3. April 1833 unternommen wurde. In der Bundestagssitzung vom 5. Mai (§ 230, S. 493 ff.) wurde darüber eine Erklärung seitens des Frankfurter Gesandten abgegeben. Über das vorläufige Untersuchungsergebnis heißt es darin:

„So weit die geführte Untersuchung ein Urteil zuläßt, war dieses Ereignis nicht sowohl ein gewaltsamer Angriff auf die Wache, als ein Complott der Gefangenen zu ihrer Befreiung, in welches Personen von dem Gefangenwärterpersonale und einige Schützen verwickelt sind, und das mittelst einer Zusammenrottung von Menschen begünstigt und befördert werden sollte, die den Befreiungsversuch leiteten." (S. 494 f.)

Die Befreiung versuchten fünf Gefangene des Attentats vom 3. April 1833, indem sie sich an Seilen aus ihren Zellen herabließen. Nur einem gelang es zu entkommen, einer „zerbrach beim Herabstürzen aus seinem Arreste die Hirnschale und starb in Folge dessen".

Wir zitieren noch aus dem Bericht des Gesandten:

„Bei dem Verfolgen der Gefangenen und den Hindernissen, welche die einzelnen Menschengruppen dem nacheilenden Militär, ungeachtet aller Aufforderung, auseinander zu gehen, entgegensetzten, und da auch auf das Militär einige Schüsse fielen, war dasselbe in der Notwendigkeit, Feuer zu geben, ...

...

An Schußwunden starben vier Personen."

Der sofortige Beschluß der Bundesversammlung bezüglich des Befreiungsversuchs lautete:

„Die heutige Anzeige der freien Stadt Frankfurt über den Vorfall vom 2. Mai d. J. wird einstweilen zur Kenntnis genommen; zugleich ist die Centralbehörde des Bundes aufzufordern, unter Communication mit der städtischen Behörde zu Frankfurt, von der offenbar noch fortdauernden üblen Beschaffenheit und mangelhaften Beaufsichtigung der betreffenden hiesigen Criminalgefängnisse genaue Kenntnis zu nehmen, und darüber, so wie über die zur Beseitigung dieser Mängel etwa zu treffenden Anordnungen, sich gutachtlich zu äußern." (S. 495)

Am 12. Juni 1834 (§ 296, S. 591 ff.) schlug die Maßregeln-Kommission erneut vor, was ein Jahr zuvor am Widerstand Frankfurts scheiterte, Vorbereitungen für eine Überführung der Gefangenen nach Mainz zu treffen. Dieses Mal widersprach Frankfurt nicht, sondern erklärte am 17. Juli, daß es dem die Vorbereitungen betreffenden Beschluß der Bundesversammlung vom 12. Juni „nicht entgegen sei" (S. 722). Die Überführung der Gefangenen verzögerte sich jedoch bis ins Jahr 1837. Wir kommen auf diese Angelegenheit auf S. 212 zurück.

Das harte Vorgehen der Bundesversammlung im Mai 1834 veranlaßte die Gesandten Englands und Frankreichs am Bundestag zur Überreichung von Verbalnoten vom 21. bzw. 24. Mai 1834. Sie verwandten sich dafür, der Bundestag möge von einer Verletzung der Souveränitätsrechte der Stadt Frankfurt, indem dieser das Verfügungsrecht über ihre Truppen entzogen würde, Abstand nehmen.

Der französische Wortlaut der beiden Verbalnoten ist in den Protokollen der Bundesversammlung vom 22. bzw. 28. Mai (S. 533 f. und S. 554) abgedruckt. Der preußische Gesandte Nagler forderte als Vertreter des österreichischen Präsidialgesandten die Stadt Frankfurt auf, zu erklären, „ob sie ihrer Seits zu der vorliegenden (englischen) Note irgend eine Veranlassung gegeben habe?" (S. 534) Als in der Woche darauf die französische Note vom Präsidium verlesen wurde, gab der Frankfurter Gesandte für beide Noten die Erklärung ab, daß der Senat, sie „weder veranlaßt, noch darum nachgesucht habe" (S. 555). In beiden Fällen wurde Instruktionseinholung beschlossen. Der Beschluß über beide Noten wurde in der Versammlung vom 12. Juni (§ 287, S. 586 f.) gefaßt. Der hannoversche Gesandte erklärte, „wegen Mangels an Instruktion an dem Beschlusse keinen Teil nehmen zu können", konnte aber am 3. Juli die Billigung nachholen (S. 668). Der Beschluß vom 12. Juni lautete:

„die hier nachstehende Verbalnote gleichlautend den bevollmächtigten Ministern von Großbritannien und Frankreich, Herrn Cartwright und Herrn Baron Alleye de Cyprey, zuzustellen:

Die Bundesversammlung, welche von der Verbalnote des Königlich-Großbritannischen (Königlich-Französischen) bevollmächtigten Herrn Ministers vom 21. (24.) Mai d. J. Kenntnis genommen hat, kann nur bedauern, daß derselbe von seiner Regierung zur Communication über einen Gegenstand beauftragt worden ist, hinsichtlich dessen eine nähere Erläuterung – wäre es auch zur Berichtigung tatsächlich irriger Voraussetzungen – zu geben, die Bundesversammlung sich selbst dann versagen müßte, wenn ihr solche in den freundschaftlichsten Ausdrücken abverlangt würde.

Denn das Recht, seine inneren Angelegenheiten ohne fremde Einmischung zu ordnen, ist ein Recht des eigens zur Bewahrung der Unabhängigkeit der einzelnen Deutschen Staaten und zur Erhaltung der Sicherheit Deutschlands gestifteten Bundes. – Dieses Recht unverletzt zu bewahren, wird sich die Bundesversammlung eben so getreulich zur angelegentlichen Pflicht machen, als der Deutsche Bund hinsichtlich der Maßregeln, welche auswärtige Mächte zur Vorbeugung und Dämpfung von Unruhen und zur Unterdrückung der Anarchie im Umfange ihrer Staaten zu ergreifen in dem Falle sind, sich zu irgend einer Intervention nie berechtigt erachten wird."

Der Gesandte Frankreichs antwortete darauf mit einer Note vom 30. Juni, der Gesandte Englands mit einer Note vom 18. Juli, jeder im Auftrag seiner Regierung (Abdruck der französischen Texte S. 669 f. u. S. 747 ff.). Beide Noten leiteten aus der Tatsache, daß die Artikel 1 bis 11 der Bundesakte in die Wiener Kongreßakte aufgenommen wurden, das Recht der Intervention für den Fall der Verletzung von Rechten eines deutschen Staates ab. Nach Instruktionseinholung wurde die Angelegenheit in der Bundesversammlung vom 18. September 1834 erörtert. In der die Beratungen einleitenden Präsidialproposition, die Nagler stellvertretend verlas, wurde ein Beschlußentwurf vorgelegt, der einstimmige Billigung fand. Wir zitieren aus dem Protokoll:

„Nachdem hiernächst dieser Beschlußentwurf in anderweite Erwägung genommen und dessen Fassung im Einzelnen genau erörtert und festgestellt worden war, stimmten sämtliche Gesandtschaften demselben bei, wobei der Königlich-Hannöverische Herr Gesandte insbesondere erklärte: daß es bei dem Wunsche der Bundesversammlung, die Beantwortung der Noten ... zu beschleunigen, nicht möglich gewesen sei, die Befehle Sr. Majestät desfalls einzuholen, daß jedoch seine höchste Regierung keineswegs gemeint sei, die Beschlußziehung deshalb in irgend einer Weise aufzuhalten.
Hierauf wurde einhellig beschlossen:
In Erwägung,
daß der Deutsche Bund ausschließend nur von den souveränen Fürsten und freien Städten Deutschlands errichtet worden ist (Art. 1 der Bundesacte), –
daß durch die Einverleibung des Bundesvertrags in die Congreßacte den fremden Mächten, welche die Congreßacte mit unterzeichnet haben, weder ein Recht, die Aufrechterhaltung der in der Deutschen Bundesacte sanctionierten Grundsätze zu beaufsichtigen, eingeräumt, noch eine Verpflichtung, die Unabhängigkeit der einzelnen Glieder des Deutschen Bundes zu beschützen, übertragen worden, –
daß vielmehr daraus für gedachte Mächte die Verbindlichkeit, sich vermöge der vertragsmäßigen Grundverfassung des Bundes jeder Einmischung in dessen innere Angelegenheiten zu enthalten, hervorgegangen ist, –
daß es dagegen der eigentliche Zweck des Deutschen Bundes ist, die innere und äußere Sicherheit Deutschlands, und die Unabhängigkeit und Unverletzbarkeit der einzelnen Deutschen Staaten selbst zu erhalten (Art. 2 der Bundesacte);
in fernerer Erwägung,
daß der Bundesversammlung das Recht zusteht, die Grundgesetze des Bundes abzufassen und abzuändern (Art. 6),
und daß die Bundesglieder unter sich über diejenigen Fälle übereingekommen sind, in welchen die Bundesversammlung durch Stimmen-

mehrheit oder Stimmeneinhelligkeit gültige Beschlüsse zu fassen berechtigt ist (Art. 7), –
daß ferner die organische Einrichtung des Bundes, in Rücksicht auf seine militärischen, inneren und auswärtigen Angelegenheiten, ausdrücklich der Bundesversammlung zugewiesen ist (Art. 10), –
daß alle Mitglieder des Bundes in der Bundesacte (ohne irgendwo und irgendwie die Garantie fremder Mächte in Anspruch zu nehmen) versprochen haben, sowohl ganz Deutschland, als jeden einzelnen Bundesstaat gegen Angriff in Schutz zu nehmen, und sich gegenseitig ihre sämtlichen unter dem Bund begriffenen Besitzungen zu garantieren (Art. 11);
in Erwägung endlich,
daß Deutschland mittelst der Bundesverfassung ein eigener, durch sich selbst entstandener, für innere und äußere Zwecke so vollständig gebildeter und so fest begründeter politischer Körper geworden ist, daß es als ein Hauptbestandteil des Europäischen Staatengebäudes alle Mittel besitzt, um ohne fremde Beihülfe seine innere Ruhe eben so, als die unverbrüchliche Sicherheit und Selbständigkeit der im Bunde vereinten souveränen Fürsten und freien Städte, zu verbürgen; –
in Erwägung aller dieser Verhältnisse, kann der Deutsche Bund in dem Inhalte der Note des Königlich-Französischen bevollmächtigten Ministers vom 30. Juni, und jener des Königlich-Großbritannischen bevollmächtigten Ministers vom 18. Juli d. J. nur eine fremde Einmischung in seine inneren Angelegenheiten, und eine Anforderung von Rechten und Befugnissen erkennen, welche, wenn sie, dem Bundesvertrage und der Congreßacte zuwider, zugestanden würden, das ganze Verhältnis des Bundes verrücken, seine Selbständigkeit gefährden, und dem Bunde eine den Absichten und Zwecken seiner Stifter widerstrebende Abhängigkeit gegen das Ausland geben würden.

Diesemnach beschließt die Bundesversammlung:
1. daß der Deutsche Bund sich gegen die in den Noten des Königlich-Französischen und des Königlich-Großbritannischen Ministers vom 30. Juni und 18. Juli d. J. aufgestellten Theorien, als mit der Deutschen Bundesacte im directen Widerspruche stehend, feierlich verwahre; daß derselbe den fremden Mächten, als Mitunterzeichnern der Congreßacte, in Bundesangelegenheiten niemals Rechte zugestehen werde, welche, nach dem Wortlaute des Bun-

desvertrages und eben so nach dem Inhalte der Congreßacte, ausdrücklich nur den Gliedern des Deutschen Bundes und dessen Gesamtheit zustehen; daß der wahre Schutz und Schirm der einzelnen Bundesstaaten gegen Verletzung ihrer Unabhängigkeit in der ausschließend nur von den Bundesgliedern gegenseitig übernommenen Garantie ihrer im Bunde begriffenen Besitzungen liege, und daß der Bund in der ruhigen und consequenten Entwicklung und Ausbildung seiner Gesetzgebung nach Maßgabe der Bundeszwecke, und in der gewissenhaften und treuen Anwendung der im Bundesvertrage zwischen den Gliedern des Deutschen Bundes festgesetzten Grundsätze, sich durch keinen Versuch irgend einer Einmischung stören lassen werde.

2. Der Bundesversammlung und besonders dem Präsidium dient gegenwärtiger Beschluß zur Richtschnur für die Fälle, wenn wider Vermuten von Seiten fremder Mächte sich ähnliche Einschreitungen in die inneren Angelegenheiten des Bundes, oder eine Bestreitung der Competenz der Bundesversammlung erneuern sollten; und es werden sonach Noten solchen Inhalts diesen Grundsätzen gemäß behandelt werden, ohne sich in weitere Erklärungen einzulassen.

3. In der durch das Präsidium zu bewirkenden Mitteilung von Abschriften dieses Beschlusses an die Gesandtschaften von Frankreich und Großbritannien, werden die bevollmächtigten Minister genannter Höfe die Beantwortung ihrer Noten vom 30. Juni und vom 18. Juli d. J. finden." (S. 867 ff.)

Der Beschluß der Bundesversammlung bedeutete eine Klarstellung bezüglich der inneren und äußeren Verhältnisse des Deutschen Bundes dem Ausland gegenüber; er war ein begrüßenswertes nationales Bekenntnis. Indessen mußte die Form, in der ihre Noten behandelt wurden, von den Gesandten Frankreichs und Englands wohl als verletzend empfunden werden. Die Bundesversammlung ließ sich auf die Erwiderungen in der Note des französischen Gesandten vom 17. Oktober und der Note des englischen Gesandten vom 21. November 1834 überhaupt nicht ein. Die erstere Note veranlaßte das Präsidium, das jetzt wieder von Münch-Bellinghausen versehen wurde, zu der Äußerung:

„es werde kein Bedenken obwalten, die eben gedachte Note in das Protokoll der Bundesversammlung aufzunehmen, wodurch

selbige zur Kenntnis der höchsten und hohen Regierungen gelangen werde." (S. 940)

Dasselbe geschah bezüglich der englischen Note (S. 1029). In beiden
Fällen erklärten sich sämtliche Gesandtschaften einverstanden.

Das Jahr 1837 brachte in der Bundesversammlung ein Nachspiel zum
Wachensturm vom 3. April 1833. Gleich in der ersten Sitzung am
4. Februar (II. Sep.-Prot., § 2 nebst Beilagen, S. 58ᵈ bis 58ᶠᶠ, insgesamt
27 Seiten) brachte der stellvertretend präsidierende preußische Gesandte General von Schöler zur Kenntnis, daß sieben zu lebenslängli-
cher Haft verurteilte Gefangene, zunächst einer, später noch sechs
weitere gleichzeitig, aus ihrem Frankfurter Gefängnis entweichen
konnten. Dies gelang durch die Begünstigung von Aufsehern, die zusammen mit den Gefangenen flohen. Die erste Flucht ereignete sich
schon am 20. Oktober 1836, die zweite von sechs Gefangenen am
10. Januar 1837. Nachdem schon am 2. Mai 1834 Gefangene ausgebrochen waren, konnte es nicht ausbleiben, daß die Bundesversammlung am 16. Februar (Sep.-Prot., S. 143ᵃ ᵇⁱˢ ¹) die Überführung der politischen Gefangenen auf die Bundesfestung Mainz beschloß, womit
sich die Stadt Frankfurt schon am 17. Juli 1834 einverstanden erklärt
hatte (s. S. 207). Vollzogen wurde die Überführung von 25 Gefangenen in zwei aufeinanderfolgenden Nächten, die erste vom 27. auf den
28. Februar (S. 162ᵃ f.). Ein Gefangener, der nur noch weniger als
zwei Monate Haft zu verbüßen hatte, verblieb in Frankfurt (S. 212ᶜ
und 212ᵉ).

Welche Bestürzung die Flucht von sieben Gefangenen ausgelöst hatte,
zeigen treffend folgende Worte des Präsidiums am 4. Februar:
„Mithin ist Straflosigkeit fast aller Hauptteilnehmer an einem, auf
den Umsturz der Bundesverfassung gerichteten, blutigen Verbrechen
die endliche Frucht einer mehrjährigen Untersuchung, und diese
Frucht ist gereift, unmittelbar unter den Augen der Bundesversammlung, ohne daß die Centralbehörde des Bundes oder die aus der Be-
satzung der Bundesfestung Mainz hierher gezogene Truppenabteilung sich in der Lage befanden, dies verhindern zu können." (S. 58ᵉ)

6. Sicherheitsmaßnahmen auf Grund der Wiener Ministerial-Konferenzen 1834

Die Ereignisse der Jahre 1832 und 1833 waren Veranlassung, zu erörtern, ob es nicht angebracht sei, durch Ministerkonferenzen wie in Karlsbad und Wien 1819 und 1820 in das deutsche Geschehen einzugreifen, um so dem revolutionären Zeitgeist wirksam zu begegnen. Seit dem Sommer 1833 wurde dies zwischen Österreich und Preußen besprochen und nach Beratung mit anderen Regierungen beschlossen. So traten denn wie im November 1819 siebzehn bevollmächtigte Minister entsprechend den siebzehn Stimmen des engern Rats der Bundesversammlung in den Monaten Januar bis Juni 1834 in Wien zu gemeinsamen Beratungen zusammen.

Wir geben nachstehend das „Bruchstück aus der Eröffnungsrede des Fürsten von Metternich" wieder, das bei Klüber-Welcker: „Wichtige Urkunden für den Rechtszustand der deutschen Nation" (Mannheim, 1844), S. 372 abgedruckt ist. Danach führte Metternich u. a. aus: „Aus den Stürmen der Zeit ist eine Partei entsprossen, deren Kühnheit, wenn nicht durch Entgegenkommen, so doch durch Nachgiebigkeit, bis zum Übermut gesteigert ist. Jede Autorität anfeindend, weil sie selbst sich zur Herrschaft berufen wähnt, unterhält sie mitten im allgemeinen politischen Frieden einen innern Krieg, vergiftet den Geist und das Gemüt des Volks, verführt die Jugend, betört selbst das reifere Alter, trübt und verstimmt alle öffentlichen und Privatverhältnisse, stachelt mit voller Überlegung die Völker zu systematischem Mißtrauen gegen ihre rechtmäßigen Herrscher auf und predigt Zerstörung und Vernichtung gegen Alles, was besteht. Diese Partei ist es, welche sich der Formen der in Deutschland eingeführten Verfassungen zu bemächtigen gewußt hat. Ob sie diesen scheinbar gesetzlichen, langsamen und sichern Weg, oder den des offenen Aufruhrs einschlage, immer verfolgt sie den nämlichen Zweck. Planmäßig vorschreitend begnügte sie sich zuerst damit, in den ständischen Kammern den Regierungen gegenüber eine Position zu gewinnen. Allmählich ging ihr Streben weiter; die gewonnene Stellung sollte tunlichst verstärkt werden; dann galt es, die Regierungsgewalt in möglichst enge Grenzen einzuschließen; endlich sollte die wahre Herrschaft nicht länger in dem Staatsoberhaupte concentriert bleiben, sondern die Staatsgewalt in die Omnipotenz der ständischen Kammern verpflanzt werden.

Und in der Tat dürfen wir uns nicht verhehlen, daß die Partei mit größerem oder geringerem Erfolge, leider! ihren Zweck hie und da zu erreichen gewußt, und daß, wenn nicht bald dem überflutendem Strome dieses Geistes ein hemmender und rettender Damm entgegengesetzt und in dem mächtigen Entwicklungsgange jener Fortschritte der Faction ein Abschnitt gemacht wird, in Kurzem selbst das Schattenbild einer monarchischen Gewalt in den Händen mancher Regenten zerfließen könnte."

Das Anliegen der neuen Konferenzen war damit umrissen. Allein, es war schwierig, zu greifbaren Ergebnissen zu kommen. Die konstitutionellen Staaten konnten wegen der öffentlichen Meinung in ihren Ländern einen Eingriff in ihre Verfassungen nicht dulden, so daß zur Stärkung der monarchischen Gewalt nicht viel mehr geschehen konnte, als ein strenges Wachen darüber, daß weitere Einbrüche verhindert würden. Das Ergebnis monatelangen Ringens waren sechzig Artikel, zu deren strikter Einhaltung sich die Regierungen mit dem Schlußprotokoll vom 12. Juni 1834 verpflichteten. Sie wurden geheim gehalten. Etwa die Hälfte der Artikel wurde bis zum November 1835 zu Bundesbeschlüssen erhoben. Wie stand es um die Rechtswirksamkeit der übrigen, geheimen Artikel, die erst im Jahre 1843 durch eine Indiskretion bekannt wurden? Art. 60 besagte hierzu im ersten Absatz:

„Die Regierungen werden sich gegenseitig an vorstehende Artikel, als das Resultat einer Vereinbarung zwischen den Bundesgliedern, eben so für gebunden erachten, als wenn dieselben zu förmlichen Bundesbeschlüssen erhoben worden wären."

Huber (VG., Bd. 2, 2. Aufl., S. 179) meint dazu:

„Die geheimen Teile des Beschlusses vom 12. Juni 1834 waren eine außerhalb des Bundesrechts stehende völkerrechtliche Vereinbarung zwischen den deutschen Staaten, die sich auf Gegenstände der Bundeskompetenz bezogen. Indem die Gliedstaaten beanspruchten, diese zur Bundeskompetenz gehörenden Angelegenheiten außerhalb der Bundesverfassung durch eine unmittelbare Vereinbarung zu regeln, machten sie sich der Durchbrechung der Bundesverfassung schuldig. Schon daraus ergaben sich die stärksten Bedenken gegen die Rechtsverbindlichkeit der Wiener Geheimartikel."

Bezüglich ihrer Einhaltung schreibt Treitschke (D. G., Bd. 4, 3. Aufl., S. 348):

„Die verfassungstreuen constitutionellen Minister gelangten allesamt bald zu dem stillen Entschlusse, es mit der Ausführung der Wiener Vereinbarungen nicht sehr genau zu nehmen. Lindenau in Dresden erklärte dem preußischen Gesandten aufrichtig: die zu Bundesbeschlüssen erhobenen Artikel werden wir streng ausführen, die anderen auch – wenn unsere Kammern nicht widersprechen."

Die geheim gehaltenen Artikel betreffen insbesondere die Beschränkung der landständischen Rechte und die Handhabung der Zensurbestimmungen. Mit dem ersteren Gegenstand befaßten sich schon die sechs Artikel des Bundesbeschlusses vom 28. Juni 1832 (s. S. 176 ff.), so daß die darauf bezüglichen geheimen Artikel teils als nähere Bestimmungen, teils aber als Ergänzung und Verschärfung gelten können. Durch sie sollte, soweit nach den Bestimmungen der Bundesgesetze und der Länderverfassungen irgend möglich, eine Beschränkung der Rechte bewirkt werden, die die Repräsentativverfassungen einiger Staaten ihren Kammern eingeräumt hatten. Streitfälle zwischen einer Regierung und den Ständen sollten durch ein Schiedsgericht ausgeräumt werden; die diesbezüglichen Bestimmungen wurden durch Bundesbeschluß vom 30. Oktober 1834 bestätigt.

Zu den geheim gehaltenen Artikeln gehörten auch Vorschriften zur Gewährleistung einer strengen Handhabung der bestehenden bundesgesetzlichen Zensurbestimmungen. Ihre strenge Handhabung wurde bereits wiederholt durch Bundesbeschlüsse gefordert. Die geheimen Artikel gingen darüber hinaus, insbesondere mit Bestimmungen für die Zensoren, Verbot von Zensurlücken (weißen Stellen) in den Zeitungen und Zeitschriften und der Forderung, die Anzahl der politischen Tagblätter tunlichst, soweit dies ohne Verletzung erworbener Rechte möglich wäre, zu vermindern.

Die schon erwähnten Bestimmungen für ein Schiedsgericht als Bundeseinrichtung wurden durch die Plenar-Versammlung am 30. Oktober 1834 (Pr., S. 927 bis 936) zum Bundesbeschluß erhoben. Als Zweck des Instituts des Schiedsgerichtes bezeichnete Münch-Bellinghausen in seinem einleitenden Vortrag, „Irrungen zwischen Regierung und Ständen in allen den Fällen zu beseitigen, wo nicht durch Gesetz und Landesverfassung für diesen Zweck bereits Vorkehrungen getroffen sind". Diese Einrichtung werde „unbezweifelt dazu dienen, das in der deutschen Bundesverfassung liegende Band der Nationaleinheit immer fester zu knüpfen, und das Vertrauen zwischen Regierung und Landständen durch dieses, den zwischen ihnen bestehenden Rechtsverhältnissen gewährte, neue Schutzmittel dauernd zu befestigen" (S. 930).

Das zwölf Artikel umfassende Bundesgesetz über die Errichtung eines Schiedsgerichtes bestimmte im ersten Satz von Artikel II:
„Um das Schiedsgericht zu bilden, ernennt jede der siebzehn Stimmen des engern Rates der Bundesversammlung aus den von ihr repräsentierten Staaten, von drei zu drei Jahren, zwei durch Charakter und Gesinnung ausgezeichnete Männer, welche durch mehrjährigen Dienst hinlängliche Kenntnisse und Geschäftsbildung, der eine im juridischen, der andere im administrativen Fache, erprobt haben."

Wenn eine schiedsrichterliche Entscheidung zu treffen war, so sollten aus der Liste von 34 Spruchmännern laut Artikel III in der Regel sechs Schiedsrichter ausgewählt werden, und zwar drei von der Regierung und drei von den Ständen. Artikel IX bestimmte:
„Der schiedsrichterliche Ausspruch hat die Kraft und Wirkung eines austrägalgerichtlichen Erkenntnisses, und die bundesgesetzliche Executionsordnung findet hierauf ihre Anwendung."

Schließlich eröffnete Artikel XII den Mitgliedern des Bundes die Möglichkeit, auch die zwischen ihnen entstandenen Streitigkeiten durch ein Schiedsgericht beilegen zu lassen. Das bedeutete eine Entlastung der Austrägalgerichte. Das Institut des Schiedsgerichts war zweifellos ein Fortschritt im Ausbau der Bundeseinrichtungen.

Unter den sechzig Artikeln der Wiener Konferenz befanden sich auch Maßregeln für die Universitäten und andere Lehr- und Erziehungsanstalten, die ebenfalls zum Bundesbeschluß erhoben wurden. Das geschah in der Bundestagssitzung vom 13. November 1834 (§ 546, S. 976 bis 988). Der badische Bundestagsgesandte Blittersdorff berichtete namens der für das Universitätswesen gewählten Kommission. Dabei knüpfte er an die hannoverschen Vorschläge vom Jahre 1831 an (s. S. 158), auf Grund derer damals beschlossen wurde, die Regierungen derjenigen Staaten, in welchen Universitäten bestehen, zu ersuchen, „ihre Ansichten über die Königlich-Hannöverische Proposition durch die Bundestags-Gesandtschaften an die Commission gelangen zu lassen." (S. 977)

Blittersdorff fuhr fort:

„In Folge dieses Beschlusses kamen der Commission Erklärungen von Bayern, Württemberg, Baden, Großherzogtum Hessen, Holstein und Großherzogtum Sachsen-Weimar zu, welche schätzbare Materialien zur gründlichen Erledigung des zur Sprache gekommenen Gegenstandes enthalten. Die Commission hat aber noch außerdem genaue Kenntnis von den Ansichten sämtlicher höchsten und hohen Bundesregierungen über denselben Gegenstand erhalten, und nachdem ein wechselseitiger Austausch dieser Ansichten statt gefunden, ..., ist sie in den Stand gesetzt worden, nachstehende Bestimmungen in Vorschlag zu bringen, ..." (S. 977)

Diese Darstellung verschleierte oder deutete nur verschämt an, daß die vorgeschlagenen Bestimmungen in Wahrheit von der geheimen Wiener Konferenz beschlossen wurden. Von den damals vereinbarten Artikeln, die die Universitäten betrafen, blieben die Artikel 38 bis 41 geheim. Die Artikel 42 bis 56 wurden einstimmig gemäß dem Kommissionsvorschlag zum Bundesbeschluß erhoben. Das Universitätsgesetz der Karlsbader Beschlüsse wurde dadurch außerordentlich verschärft; gegenüber dem Geist der Hochschulen bestand das stärkste Mißtrauen bei den Regierungen, so daß diese die schärfsten Vorkehrungen für geboten hielten. Stern urteilt über die neuen Bestimmungen für die Universitäten und andere Lehr- und Erziehungsanstalten:

„Ein ganzes Gehege von kleinlichen Bestimmungen zwängte das akademische Studium und Leben ein. Selbst die Erlaubnis zu einer Reise sollte den Studierenden außerhalb der Ferien in der Regel nicht gewährt sein. Es ging noch über die Karlsbader Beschlüsse hinaus, daß allen Mitgliedern der Burschenschaft oder einer anderen unerlaubten Verbindung nicht nur der Weg zur Erlangung eines öffentlichen Amtes, sondern selbst zur Ausübung der Advokatur und der ärztlichen Praxis im ganzen deutschen Bundesgebiet versperrt sein sollte. Alle diese durch blinde Angst diktierten Gebote und Verbote waren auch auf alle anderen öffentlichen und auf alle Privaterziehungsanstalten auszudehnen." (E.G., Bd. 4, S. 334)

Die fünfzehn Artikel des Bundesbeschlusses füllen im Protokoll $5^1/_2$ Seiten (S. 983–988). Es handelt sich also um sehr detaillierte Bestimmungen, auf die wir aber nicht weiter eingehen wollen. Erwähnt sei nur, daß Art. XIV die Bestimmungen der Art. I bis XII zunächst für sechs Jahre für verbindlich erklärte. Diese Einschränkung erzwang Bayern.

Auch der Art. 57 der geheimen Wiener Beschlüsse wurde am 13. November (§ 547, S. 988 f.) zum Beschluß erhoben. Er lautet:

„Da sich ergeben hat, daß die im Artikel 12 der Bundesacte enthaltene Bestimmung wegen Verschickung der Acten auf eine Deutsche Facultät oder an einen Schöppenstuhl zur Abfassung des Endurteils zum Teil auch auf Polizei- und Criminal-Erkenntnisse ausgedehnt worden ist, eine solche Auslegung aber nicht in dem Sinne jenes Artikels liegt, so erklärt die Bundesversammlung, daß der gedachte Artikel 12 der Bundesacte nur auf Civilstreitigkeiten Anwendung zu finden habe."

Die Regierungen hatten mit den Rechtssprüchen juristischer Fakultäten unliebsame Erfahrungen gemacht!

Auf die Bedenken gegen die Aktenversendung an eine juristische Fakultät zwecks Urteilsfällung in politischen Strafsachen, insbesondere im Hinblick auf die bevorstehenden Urteile wegen des Wachensturms vom 3. April 1833, wies die Centralbehörde des Bundes schon in ihrem Bericht vom 20. März 1834 an den in Folge des Artikels 28 der Wiener Schlußacte gewählten Bundestagsausschuß hin. Der Bericht ist in den Protokollen der Bundesversammlung von 1834 auf den Seiten 1042 a bis f abgedruckt. Blittersdorff trug darüber namens des Ausschusses der Bundesversammlung am 27. November 1834 vor. Er äußerte dabei:

„In so fern nun der vorerwähnte, in der 39. Bundestagssitzung (am 13. November 1834) gefaßte Beschluß dazu bestimmt ist, den Art. XII der Bundesacte zu erläutern, so geht daraus hervor, daß zur Zeit mehr nicht festgesetzt ist, als daß keine bundesgesetzliche Verpflichtung zur Versendung der Acten in Criminal- und Polizei-Sachen bei den in Gemäßheit des Art. XII der Bundesacte errichteten gemeinschaftlichen Obergerichten vorhanden ist, und daß mithin diese Versendung, in so weit sie auf Verfassung oder Herkommen beruht, auch hiernach noch bei allen Gerichten statt finden kann." (S. 1036)

Um dies für politische Strafsachen allgemein in Zukunft zu unterbinden, beschloß die Bundesversammlung entsprechend dem Antrag des Ausschusses:

„1. Die Bundesversammlung spricht ihre volle Überzeugung von der Notwendigkeit aus, daß dem Übelstande der Verschickung der

Acten auf eine Facultät oder an einen Schöppenstuhl, wo nicht in allen Strafsachen, doch in Untersuchungen, die sich auf politische Strafsachen beziehen, im Interesse der Gesamtheit des Bundes für die Zukunft abzuhelfen sei.

2. Die höchsten und hohen Regierungen werden ersucht, der Bundesversammlung binnen eines Termins von sechs Wochen anzuzeigen, in welcher Weise sie dem bezeichneten Übelstande abzuhelfen gedenken, damit die Bundesversammlung, falls es erforderlich sein sollte, diesen Gegenstand weiterer Beratung unterziehen könne." (S. 1037 f.)

Die Frist von sechs Wochen konnte nicht eingehalten werden. Auch am 5. November 1835 – an diesem Tage wurde ein Beschluß bezüglich der Aktenversendung gefaßt – stand die Anzeige von Hohenzollern-Hechingen noch aus. In dem Vortrag, den der Präsidialgesandte namens der in Folge des Artikels 28 der Wiener Schlußakte gewählten Kommission am 5. November in der Bundesversammlung erstattete (§ 447, S. 930 ff.), sind die Stellungnahmen der Regierungen wiedergegeben. Der Beschluß lautete:

„Die Bundesstaaten, in denen die Verschickung der Acten in Polizei- und Criminal-Sachen an Facultäten und Schöppenstühle dermalen noch gestattet ist, werden veranlaßt, solche Anordnungen zu treffen, daß diese Verschickung der Acten, es sei an deutsche oder ausländische Universitäten, spätestens von dem 1. Januar 1837 an aufhöre. Die Regierungen, in deren Staaten Universitäten bestehen, werden ersucht, den Universitäten, von dem gleichen Termine an, die Annahme solcher Acten zum Spruche zu untersagen." (S. 945)

VI. Weitere Bundestagstätigkeit bis zur Revolution im Jahre 1848

1. *Bundesgesetzgebung*

Bevor wir uns den weiteren Beschlüssen der Bundesversammlung nach endgültiger Überwindung der Unruhen, die die Juli-Revolution in Deutschland auslöste, zuwenden, verweilen wir kurz bei dem Ereignis des Ablebens des Kaisers Franz von Österreich. Er starb am 2. März 1835. Der Präsidialgesandte von Münch-Bellinghausen äußerte in der Bundesversammlung aus diesem Anlaß:
„Was der verewigte Kaiser für Deutschland gewesen, wie Er, des alten ehrwürdigen Reiches letztes Oberhaupt, die Kämpfe einer schweren Zeit treu und ausdauernd bestanden, wie Er, nach endlich errungenem Siege, zur Knüpfung des neuen, die souveränen Fürsten und freien Städte Deutschlands vereinigenden Nationalbandes, als einer der ersten Stifter des Bundes mitgewirkt, und wie Er seit eingegangenem Bunde Sein Streben auf Erhaltung, Ausbildung und Befestigung desselben gerichtet, – alles dieses nach Gebühr zu würdigen, überlasse ich dem Gefühle dieser hohen Versammlung, welches dem meinigen gewiß entsprechen wird." (S. 238)

Aus diesen Worten des Gedenkens heben wir hervor, daß darin der Deutsche Bund als Nationalband – wie übrigens auch an vielen anderen Stellen in den Protokollen der Bundesversammlung – bezeichnet ist. Der Gedanke der nationalen Einheit verbindet sich darin mit dem andern Gedanken der souveränen Stellung der deutschen Fürsten, unter denen der Kaiser von Österreich den ersten Platz einnahm, und der freien Städte. Leider kann nicht geleugnet werden, daß in der Praxis des Bundesgeschehens die nationale Einheit außer in einer strengen polizeilichen Überwachung aller Deutschen, insbesondere der Presse, wenig zur Geltung kam.

Das Jahr 1835 brachte immerhin einen kleinen Schritt vorwärts in dieser Richtung, nämlich zur Verwirklichung der zweiten Forderung von

Art. 18 d) der Bundesakte, worin „die Abfassung gleichförmiger Verfügungen über die Preßfreiheit und die Sicherstellung der Rechte der Schriftsteller und Verleger gegen den Nachdruck" gefordert wurden.

Hinsichtlich der Preßfreiheit war es nur zu Zensurbestimmungen gekommen, also dem Gegenteil der prinzipiell vorgesehenen Preßfreiheit. Bezüglich der Sicherstellung der Rechte der Schriftsteller und Verleger gegen den Nachdruck waren im Laufe der Jahre mehrfach Versuche unternommen worden, ohne daß bis zum Jahre 1834 ein greifbares Ergebnis vorlag. Deshalb wurde diese Angelegenheit auf den Wiener geheimen Konferenzen erörtert, was zu der Bestimmung in Art. 36 führte:

„Die Regierungen vereinbaren sich dahin, daß der Nachdruck im Umfange des ganzen Bundesgebiets zu verbieten und das schriftstellerische Eigentum nach gleichförmigen Grundsätzen festzustellen und zu schützen sei."

Er wurde am 2. April 1835 zum Bundesbeschluß erhoben (§ 140, S. 270). Dieser bestimmte noch:

„2. Die höchsten und hohen Regierungen werden aufgefordert, der Bundesversammlung binnen zwei Monaten anzuzeigen, was sie zur Ausführung des durch vorstehenden Beschluß ausgesprochenen Verbots des Nachdrucks bereits verfügt haben oder noch zu verfügen beabsichtigen."

Das durch den Beschluß ausgesprochene grundsätzliche Verbot erforderte zur praktischen Handhabung ergänzende Vorschriften. Über diese wurden sich die Staaten erst im Jahre 1837 einig. Sie sind als Grundsätze in einem Beschluß der Bundesversammlung vom 9. November 1837 in sechs Artikeln formuliert (S. 846 g f.). Art. 2 legte eine Schutzfrist von mindestens zehn Jahren fest. Im Schlußabsatz nach den sechs Artikeln wurde bestimmt, daß spätestens Anfang 1842 wegen einer Verlängerung der zehnjährigen Frist beraten werden sollte.

Neben der Studentenschaft waren es insbesondere die wandernden Handwerksgesellen, die den Verdacht, revolutionäre Ideen zu verbreiten, auf sich zogen. Dem zu begegnen, sollte der Bundesbeschluß vom 15. Januar 1835 (§ 36, S. 56) dienen. Er lautete:

„Da es im Interesse des Deutschen Bundes liegt, daß die deutschen Handwerksgesellen an keinen Assoziationen und Versammlungen teilnehmen, wodurch die öffentliche Ruhe im In- oder Auslande bedroht oder gestört werden könnte, so soll

1. das Wandern der den Deutschen Bundesstaaten angehörigen Handwerksgesellen nach denjenigen Ländern und Orten, in welchen offenkundig dergleichen Assoziationen und Versammlungen geduldet werden, so lange diese Duldung notorisch besteht, verboten sein.

2. In Absicht auf die Zurückberufung der gegenwärtig in solchen Ländern, worin Assoziationen und Versammlungen der obgedachten Art geduldet werden, befindlichen Handwerksgesellen und deren Beaufsichtigung bei ihrer Rückkehr nach der Heimat, werden von den höchsten und hohen Regierungen dem Zwecke entsprechende Verfügungen getroffen werden.

3. Über die in Deutschland wandernden Handwerksgesellen wird strenge polizeiliche Aufsicht, insbesondere rücksichtlich der Verbindungen, in welche sie sich einlassen könnten, geführt werden.

4. Die Bundesregierungen werden sich durch ihre Bundestagsgesandtschaften in fortwährender Kenntnis erhalten, nach welchen Ländern und Orten sie wegen darin notorisch stattfindenden Assoziationen und Versammlungen der oben erwähnten Art das Wandern der Handwerksgesellen verboten haben."

Am 13. November 1834 waren die Art. 42 bis 56 der geheimen Wiener Beschlüsse als Art. I bis XV, die Universitäten und andere Lehr- und Erziehungsanstalten betreffend, zum Bundesbeschluß erhoben worden. Die Art. I bis XII sollten, wenn nicht eine Verlängerung beschlossen würde, für die Dauer von sechs Jahren gelten. Am 29. Juli 1841 (§ 243, S. 491 f.), also mit mehrmonatiger Verspätung, wurde die Verlängerung um weitere sechs Jahre beschlossen.

Nachdem die weiteren sechs Jahre abgelaufen waren, brachte das Präsidium die Frage einer nochmaligen Verlängerung der Bestimmungen für Universitäten und andere Lehr- und Erziehungs-Anstalten am 26. August 1847 (§ 240, S. 650 f.) zur Beratung. Ein Verlängerungsbeschluß kam infolge der Revolution im Frühjahr 1848 nicht mehr zustande.

Der Bundesbeschluß vom 9. November 1837, der in sechs Artikeln die Grundsätze über das Verbot des Nachdrucks bestimmte, sah bezüglich der Schutzfrist von zehn Jahren eine Beratung spätestens Anfang

1842 wegen Verlängerung dieser Frist vor. In der Tat wurden diese Beratungen im Jahre 1842 aufgenommen; aber erst am 19. Juni 1845 (§ 228, S. 538 f.) kam es zu einem neuen, den alten ergänzenden Beschluß in sieben Punkten. Wir beschränken uns auf die Wiedergabe des ersten:

„1. Der durch den Artikel 2 des Beschlusses vom 9. November 1837 für mindestens zehn Jahre von dem Erscheinen eines literarischen Erzeugnisses oder Werkes der Kunst an zugesicherte Schutz gegen den Nachdruck und jede andere unbefugte Vervielfältigung auf mechanischem Wege wird fortan innerhalb des ganzen deutschen Bundesgebiets für die Lebensdauer der Urheber solcher literarischen Erzeugnisse und Werke der Kunst, und auf dreißig Jahre nach dem Tode derselben gewährt."

Bereits am 22. April 1841 waren vier Bestimmungen „zum Schutze der inländischen Verfasser musikalischer Compositionen und dramatischer Werke gegen unbefugte Aufführung und Darstellung derselben im Umfange des Bundesgebiets" beschlossen worden (§ 130, S. 234 f.).

In der Sitzung vom 6. August 1846 (§ 210, S. 536 ff.) wies das Präsidium der Bundesversammlung auf eine neue Gefahr hin, die sich während der 1848 ausbrechenden Revolution deutlicher abzeichnen sollte, auf die kommunistische Bedrohung. Es heißt darüber im Protokoll: „Es haben sich in neuerer Zeit – wie allgemein bekannt – in Deutschland Spuren von communistischen Vereinen, die den Umsturz der bestehenden Ordnung der Dinge offenbar bezwecken, gezeigt, und es liegt gewiß in der heiligsten Pflicht der Regierungen, derlei Assoziationen, welches auch immer der Deckmantel sei, unter welchem sie ihre verbrecherischen Pläne verfolgen, nicht zu dulden."

Entsprechend einem Antrag des Präsidiums wurde beschlossen: „daß communistische Vereine als unter die Bestimmungen des § 2 der Beschlüsse vom 5. Juli 1832 ausdrücklich zu subsumieren angesehen werden, wobei sich von selbst verstehe, daß die Urheber, Häupter und Teilnehmer solcher Vereine, so weit dieselben hochverräterische Zwecke verfolgen, in allen Bundesstaaten die Strafe des Hochverrats, nach Maßgabe der bestehenden Landesgesetze, zu gewärtigen haben sollen."

2. Der Staatsstreich im Königreich Hannover

Am 20. Juni 1837 starb König Wilhelm IV. Damit endete die Personalunion zwischen England und Hannover. Auf dem englischen Thron folgte die Tochter des verstorbenen jüngeren Bruders, die Königin Viktoria, auf dem hannoverschen Thron aber der nächstfolgende Bruder Ernst August, Herzog von Cumberland, als König von Hannover. Dieser war bei Antritt der Regierung bereits 66 Jahre alt, von erzkonservativer Gesinnung; er überragte seine Brüder an Geisteskraft und Arbeitseifer. „Ohne Zweifel zeichneten Klugheit und herrscherliche Überlegenheit den neuen Landesherrn aus; doch war er zugleich selbstherrlich bis zur offenen Menschenverachtung" (Huber, VG., Bd. 2, 2. Aufl., S. 92).

Ernst August hatte mehrmals vor Regierungsantritt zu erkennen gegeben, daß er in einigen Punkten mit der Verfassung des Königreichs Hannover vom Jahre 1833 nicht einverstanden sei. Eine Änderung der Verfassung war laut Bundesrecht (Art. 56 WSA.) nur auf verfassungsmäßigem Wege möglich. Ein Versuch, auf diese Weise seine Wünsche auf Stärkung seiner Herrscherstellung durchzusetzen, erschien dem König wohl als unsicher. Aber er schwankte mehrere Monate, bis er sich zum Staatsstreich entschloß.

König Ernst August folgte schließlich den Scharfmachern unter seinen Ratgebern. Ihm war von dem Justizkanzleidirektor Leist ein Gutachten gefertigt worden, das seinen Standpunkt der Ungültigkeit der Verfassung vom Jahre 1833 bekräftigte. Daraufhin verkündete der König, nachdem er zwei Tage zuvor den Landtag aufgelöst hatte, durch Patent vom 1. November 1837 die Aufhebung des Staatsgrundgesetzes und die Wiedereinführung der alten Verfassung vom Jahre 1819. In dem Patent lautet ein Absatz:

„Ist nun das bisherige Staats-Grundgesetz von Uns für aufgehoben erklärt, so ergibt sich daraus von selbst, daß die sämtlichen Königlichen Diener, von welchen Wir übrigens die pünktlichste Befolgung Unserer Befehle mit völliger Zuversicht erwarten, ihrer, auf das Staats-Grundgesetz ausgedehnten, eidlichen Verpflichtung vollkommen enthoben sind." (Huber, Dok., Bd. 1, S. 251)

Dem widersprachen am 18. November sieben Professoren der Göttinger Universität in einem Protestschreiben an das Universitäts-Kuratorium. Sie fühlten sich in ihrem Gewissen gedrungen, zu erklären, daß sie sich nicht von der Ungültigkeit des Staats-Grundgesetzes überzeugen könnten. Sie wollten nicht „vor der studierenden Jugend als Männer erscheinen, die mit ihren Eiden ein leichtfertiges Spiel treiben" (Huber, a. a. O., S. 252 f.). Der Protest der sieben Professoren gelangte alsbald in die Öffentlichkeit und fand den stärksten Beifall, allerdings nicht bei den deutschen Regierungen. Der König mußte nun erkennen, auf welch gefährlichen Weg er sich begeben hatte. Treitschke bemerkt: „Es währte nicht lange, da rief er zornig: hätte ich gewußt, was mir die sieben Teufel für Not machen würden, so hätt' ich die Sache nicht angefangen" (D. G., Bd. 4, 3. Aufl., S. 661). Das mutige Verhalten der sieben Professoren, die dafür mit dem Verlust ihrer Stellungen und zum Teil auch Vertreibung aus dem Königreich Hannover bestraft wurden, bewirkte wohl, daß das ohnehin hohe Ansehen der deutschen Professoren im neunzehnten Jahrhundert noch gestärkt wurde.

Die Bundesversammlung brauchte sich mit dem Protest der Göttinger sieben Professoren nicht zu befassen. Aber ihr Protest blieb nicht der einzige, und so konnte es nicht ausbleiben, daß der Verfassungsbruch den Bundestag beschäftigte.

Am 19. März war dem Bundestag eine Verfassungsbeschwerde der Stadt Osnabrück zugegangen. Über die Beschwerde hielt der bayerische Gesandte von Mieg namens der Reklamationskommission am 12. Juli 1838 (§ 180, S. 487–512) Vortrag in der Bundesversammlung. Das Sitzungsprotokoll verzeichnet als Beschwerdepunkte der Reklamanten:

„1. die Aufhebung des Staatsgrundgesetzes durch das Patent vom 1. November 1837, und
2. die Berufung einer in jeder Hinsicht verfassungswidrigen Versammlung, um sowohl über eine neue Verfassungsurkunde, als über sonstige Rechte der Untertanen an der Stelle einer legalen Ständeversammlung zu entscheiden, wie solches durch die Proklamation vom 7. Januar 1838 geschehen sei." (S. 489 f.)

Die hannoversche Regierung hatte in der Bundestagssitzung vom 25. Mai ihre Stellungnahme zur Beschwerde der Stadt Osnabrück vortragen lassen. Sie beantragte „die sofortige Zurückweisung der Beschwerde des Magistrats und der Alterleute der Stadt Osnabrück wegen ermangelnder Legitimation zur Sache" (S. 342).

In der Tat gelangte auch die Reklamationskommission zu der Auffassung, daß in den bundesrechtlichen Bestimmungen keine hinreichende Grundlage für die Legitimation der Stadt Osnabrück zur Beschwerdeführung in der Bundesversammlung zu finden sei.

Zur Beschlußfassung über die von der Reklamationskommission empfohlene Zurückweisung der Beschwerde kam es in der Bundesversammlung am 6. September 1838 (§ 265, S. 812 ff.). Mehrere Regierungen hatten bei ihrer Abstimmung geltend gemacht, daß eine allgemeine Erörterung der mit dem hannoverschen Verfassungsstreit aufgeworfenen Fragen erforderlich und die hannoversche Regierung deshalb aufzufordern sei, alle darauf bezüglichen Aktenstücke der Bundesversammlung vorzulegen. Dieses Begehren befand sich schon in einem Separat-Votum des königlich-sächsischen Gesandten, der sich dem Antrag auf Abweisung der Reklamanten nicht ohne weiteres anschloß (S. 510). Der Bundesbeschluß vom 6. September berücksichtigte die erhobenen Einwendungen, indem er lautete:
„Dem Magistrate und den Alterleuten der Stadt Osnabrück ist durch ihren Bevollmächtigten, Dr. Hessenberg dahier, zu bedeuten, daß die Bundesversammlung in dem vorliegenden Falle ihre Legitimation zur Beschwerdeführung in den Bestimmungen der deutschen Bundes- und Schluß-Acte nicht begründet finde.
Die Bundesversammlung sieht übrigens der von der Königlich-Hannöverischen Gesandtschaft ... vorbehaltenen Erwiderung auf die in den Abstimmungen mehrerer Bundesglieder vorgekommenen Bemerkungen und Anträge entgegen, und hat mit Befriedigung vernommen, daß die Königlich-Hannöverische Gesandtschaft binnen vier bis sechs Wochen desfalls mit Instruktion versehen zu sein hoffe." (S. 817)

Die „Erwiderung auf die in den Abstimmungen mehrerer bundesglieder vorgekommenen Bemerkungen und Anträge", die die Bundesversammlung erwartete, ging nicht dieser, sondern laut Mitteilung des hannoverschen Gesandten in der Sitzung vom 29. November 1838 (§ 373, S. 1032) den Bundestagsgesandten zwecks Vorlage bei ihren Regierungen zu. Das konnte nur bedeuten, daß eine Erörterung in der Bundesversammlung von Seiten Hannovers als unerwünscht betrachtet wurde. Dadurch ließen sich aber Bayern und Baden nicht abhalten, die Angelegenheit im Bundestag erneut zur Sprache zu bringen. In der Sitzung vom 26. April 1839 (§ 69, S. 171 bis 179) gaben sie dazu Erklärungen ab. Bayern stellte den Antrag:

„daß die Bundesversammlung der Königlich-Hannöverischen Regierung erkläre, wie sie, abgesehen von den materiellen Rechtsverhältnissen, in dem Verfahren bei Aufhebung des Staats-Grundgesetzes vom 26. September 1833 die Beobachtung des Art. 56 der Wiener Schlußacte, dessen Handhabung die Mitglieder des Bundes sich wechselseitig zugesichert haben, vermisse, und in den Angriffsmitteln, welche aus fortdauernden formellen Rechtsirrungen in Hannover den Gegnern des monarchischen Princips bereitet werden, einen um so dringenderen Beweggrund erblicke, dermal der Königlich-Hannöverischen Regierung die Aufrechterhaltung des formellen Rechtszustandes, sonach die Herbeiführung etwa für nötig erachteter Abänderungen ausschließlich auf dem diesem Rechtszustande entsprechenden Wege angelegenst zu empfehlen." (S. 174 f.)

Der Antrag Badens lautete:
„daß ein besonderer Ausschuß ernannt und beauftragt werden möge, mit Rücksicht auf alle vorliegenden Actenstücke, so wie auf die von der Königlich-Hannöverischen Regierung den einzelnen Bundesregierungen erteilten Aufklärungen und die neueren notorischen Vorgänge, sofort umfassenden Vortrag darüber zu erstatten, in welchem Verhältnisse die von Sr. Majestät dem König von Hannover in der Verfassungsangelegenheit eingehaltene Verfahrensweise mit der Vorschrift des Art. 56 der Schlußacte stehe, und welche Maßnahme demzufolge zu ergreifen, die Bundesversammlung eben so berechtigt als verpflichtet sein dürfte." (S. 178)

Durch Stimmenmehrheit wurde beschlossen,
„daß, vor Überweisung der vorher vernommenen Anträge an eine zu gutachtlicher Berichterstattung zu wählende Commission, die Königlich-Hannöverische Regierung zu ersuchen sei, ihre Äußerung darüber mit möglichster Beschleunigung, längstens in vier Wochen, an die Bundesversammlung gelangen zu lassen." (S. 179)

Die Frist von vier Wochen wurde nicht eingehalten. Aber am 27. Juni 1839 (§ 161, S. 386 bis 432) lag der Bundesversammlung die von Hannover geforderte Äußerung vor. Sie füllt im Protokoll fast 45 Seiten, ungerechnet die Anlagen (S. 457–469), wobei die Anlage I, laut Protokoll 34 enggedruckte Quartseiten enthaltend, nicht abgedruckt ist. Ausführlichkeit kann der Darlegung der Verfassungsverhältnisse daher nicht bestritten werden; indessen wird dadurch nicht glaubhaft die Einhaltung des Art. 56 der Wiener Schlußakte nachgewiesen. Dazu hätte es des Beweises bedurft, daß sich die Verfassung vom 26. September 1833 beim Regierungsantritt des Königs Ernst August nicht „in anerkannter Wirksamkeit" befand. Es wurde aber unangefochten vier Jahre lang nach ihr verfahren. Indessen hatte der König nie seine Ablehnung verhehlt.

Die lange hannoversche Erklärung gibt als „Hauptgesichtspunkte, auf denen die Entschließung Seiner Majestät" beruhte, folgende an:
„1. Daß Allerhöchstsie in Ihrem Gewissen Sich völlig außer Stande befunden haben und fortwährend befinden, die unverbrüchliche Festhaltung der Landesverfassung vom 26. September 1833 – wie solches der § 13 eben dieser Verfassung erheischt – bei Ihrem Königlichen Worte zu versprechen.
  2. Daß der König sich davon überzeugt hält, wie Seinem Rechte, jene Verfassung einseitig außer Kraft zu setzen, weder allgemeine staatsrechtliche Gründe, noch die Gesetzgebung des Deutschen Bundes Schwierigkeiten in den Weg legen, so wie daß die Ausübung dieses Rechtes, vermöge Eigener Machtvollkommenheit, das einzige Mittel gewesen, die von der Geltung jener Verfassung unzertrennlichen Nachteile für das Land zu beseitigen." (S. 417)

Die Erklärung enthält gegen Schluß die Bemerkung, das Bestreben der königlichen Regierung sei „dahin gerichtet gewesen, sämtliche Verhältnisse mit unbeschränktem Vertrauen erschöpfend vorzulegen, um die hohe Bundesversammlung zu befähigen, mit Umgehung einer commissarischen Begutachtung, die Überzeugung zu fassen und auszusprechen, daß um so weniger einige Veranlassung vorhanden sei, sich mit der Verfassungsangelegenheit des Königreichs Hannover zu beschäftigen, als über deren bundesgesetzliche Erledigung, durch Wiederherstellung der landständischen Verfassung, wie solche sich auf den Grund des Patents vom 7. Dezember 1819 herausgebildet hatte, kein Zweifel obwalten könne." (S. 431)

Hannover wünschte also, daß die Bundesversammlung, ohne sich auf ein Kommissionsgutachten zu stützen, ausspräche, daß sie keine Veranlassung sähe, „sich mit der Verfassungsangelegenheit des Königreichs Hannover zu beschäftigen". Hannover stellte „vorgängige Instruktionseinholung" anheim. In der Tat beschloß die Bundesversammlung mit schwacher Mehrheit:

„über die Königlich-Hannöverische Erklärung Instructionen einzuholen, und die weitere Beratung über diese Angelegenheit in sechs Wochen wieder zu eröffnen." (S. 432)

Das Protokoll über die erteilten Instruktionen wurde am 22. August 1839 (§ 227, S. 594 bis 612) eröffnet. Aus der österreichischen Abstimmung heben wir hervor:

„Wenn man nun fragt, auf welchem Grunde der Antrag beruhe: die gegenwärtig in Hannover bestehende Ordnung der ständischen Verhältnisse zu beseitigen, und sie mit jener des Staatsgrundgesetzes vom Jahre 1833 zu vertauschen, so findet sich kein anderer, als die Behauptung, daß Seine Majestät der König bei Aufhebung dieser zuletzt erwähnten Verfassung die Bestimmungen des Art. 56 der Wiener Schlußacte außer Acht gelassen haben, und sonach der Bund dazu berufen sei, von Seiner Majestät die Einhaltung des fraglichen Bundesgesetzes zu verlangen.
Hierüber kann der Kaiserlich-Königliche Hof zuvörderst nicht unbemerkt lassen, daß die von dem Könige mittelst des Patents vom 1. November 1837 verfügte Aufhebung des Staatsgrundgesetzes eine vor Deutschland offen liegende Handlung war. Niemanden konnte damals entgehen, daß durch dieselbe eine, in anscheinend legaler Wirksamkeit befindliche Verfassung nicht in dem durch dieselbe bezeichneten Wege außer Kraft gesetzt war, und es stand sicher zu jener Zeit jeder Bundesregierung frei, sowohl im forum ihres Gewissens in Erwägung zu ziehen, als den Bund zur Entscheidung darüber aufzufordern, ob und in wie fern nicht in jener Tatsache eine Verletzung des Art. 56 der Schlußacte enthalten und der Bund veranlaßt sei, die Beobachtung desselben Seitens seines Bundesgliedes zu bewirken. Allein es nahmen zur Zeit der Erlassung des Patents weder der Bund, noch irgend eine einzelne Regierung im Bunde von demselben amtliche Kenntnis, und dies ohne Zweifel allseitig in der wohlwollenden und wohlberechneten Absicht, vorerst bei einer offenbar sehr schwierigen und vielfache Rücksichten umfassenden Angelegenheit den Entwick-

lungsgang der Sache im Innern des Hannöverischen Landes selbst abzuwarten, und zu sehen, ob und in wie fern es dem Könige gelingen werde, die Mitwirkung der nach der frühern Landesverfassung zur Vertretung des Landes berufenen Organe, zur Wiederherstellung dieser Verfassung an die Stelle der außer Kraft gesetzten, zu gewinnen." (S. 595 f.)

Die acht Seiten füllende österreichische Abstimmung schlug als Beschluß vor:

„die Bundesversammlung finde ein Einschreiten zur Abstellung der gegenwärtig im Königreiche Hannover bestehenden landständischen Verfassung, und zur formellen Aufrechthaltung des Staatsgrundgesetzes vom Jahr 1833 in den Bundesgesetzen nicht begründet." (S. 601)

Der Beschluß sollte ergänzt werden durch „die vertrauensvolle Erwartung":

„daß Seine Majestät der König von Hannover geneigt sein werde, Allerhöchstihrer wiederholt ausgesprochenen Absicht, mit den dermaligen Ständen über das Verfassungswerk eine Vereinbarung zu treffen, Folge zu geben." (S. 602)

Die Mehrzahl der Stimmen schloß sich Österreich an. Für Überweisung an eine Begutachtungskommission, die alsbald zu wählen sei, stimmten Bayern, Königreich Sachsen, Württemberg, Baden, die sächsischen Herzogtümer und die freien Städte. Der am 5. September 1839 (§ 256, S. 640) gefaßte Beschluß lautete:

„Daß den in der 5. Sitzung vom 26. April d. J. gestellten Anträgen auf ein Einschreiten des Bundes in der Hannöverischen Verfassungsfrage keine Folge gegeben werden könne, da bei obwaltender Sachlage eine bundesgesetzlich begründete Veranlassung zur Einwirkung in diese innere Landesangelegenheit nicht bestehe.
Dagegen hege die Bundesversammlung die vertrauensvolle Erwartung, daß Se. Majestät der König von Hannover, Allerhöchstihren landesväterlichen Absichten gemäß, geneigt sein werden, baldmöglichst mit den dermaligen Ständen über das Verfassungswerk eine den Rechten der Krone und der Stände entsprechende Vereinbarung zu treffen."

Der Streit um die hannoversche Verfassung war damit nicht beendet. Zum Beispiel verzeichnet das Bundestagsprotokoll vom 11. Mai 1840: „§ 130. Vorstellungen der Stadt Stade, der Wahlcorporation Neuhaus-Osten, und der Wahlcorporation des Landes Kehdingen, die Hannöverische Verfassungsangelegenheit betreffend" (S. 214 ff.). Der Vortrag der Reklamationskommission hierüber empfahl wie in früheren Fällen Zurückweisung der Vorstellungen, und demgemäß wurde von der Bundesversammlung beschlossen (S. 220).

Insgesamt verzeichnen die Protokolle der Bundesversammlung 48 „Vorstellungen und Protestationen von Corporationen gegen die Aufhebung oder Abänderung des Staatsgrundgesetzes des Königreichs Hannover vom 26. September 1833" (Alph. Hauptregister über die Protokolle der Bundesversammlung, 1837–1846, S. 117). Aus der großen Anzahl geht wohl mehr als deutlich hervor, welche Unruhe und Empörung König Ernst August durch den Verfassungsbruch in seinem Lande verursachte; die Empörung wurde in ganz Deutschland geteilt und auch in andern Ländern.

Am 6. August 1840 setzte der König die neue mit den Ständen ausgehandelte Verfassung in Kraft. Aber die Hoffnungen, die er an die Aufhebung des Staatsgrundgesetzes vom Jahre 1833 geknüpft hatte, „wurden nur in geringem Maß erfüllt" (Stern, E. G., Bd. 5, S. 131). Der neue Landtag „lebte in ewigem Hader mit der Regierung" (Treitschke, D. G., Bd. 4, 3. Aufl., S. 682). Der hohe Einsatz eines Staatsstreichs, der eine lange Zeit stärkster Unruhe im eigenen Lande und tiefste Empörung in ganz Deutschland und darüber hinaus mit sich brachte, hatte sich also nicht gelohnt. Das autokratische reaktionäre Verhalten des Königs mußte „dem monarchischen Prinzip" schaden, auf dem der Deutsche Bund errichtet war, und dieser selbst verlor sehr von seinem ohnehin schon geringen Ansehen durch sein unwürdiges Verhalten in dem hannoverschen Verfassungsstreit. Er setzte sich durch sein Verhalten „dem Vorwurf aus, daß er die ihm übertragenen Kompetenzen nicht im Geist der Bundesverfassung gleichmäßig anwende, sondern daß er nach Willkür verfahre. ... Das Versagen des Bundes im hannoverschen Verfassungskonflikt war eine der wesentlichen Etappen auf dem Weg zur nationaldemokratischen Revolution" (Huber, V. G., Bd. 2, S. 113 f.).

Dem können wir nur zustimmen; doch möchten wir zu bedenken geben, daß ein Verdammungsurteil gegen den Deutschen Bund sich in erster Linie gegen die ihn tragenden deutschen Großmächte Österreich und Preußen richten müßte. Diese mißbilligten zwar das Vorgehen des Königs Ernst August, waren aber nicht bereit, eine öffentliche Verurteilung durch den Bundestag zuzulassen. Schon ein hinhaltendes Verfahren in der Bundesversammlung mußte zugunsten des hannoverschen Königs wirken. Indem Österreich eine säumige Behandlung durchsetzte, erreichte es, in seiner Abstimmung über die Anträge von Bayern und Baden am 22. August 1839 darauf hinweisen zu können, daß nach dem Bekanntwerden des Patents vom 1. November 1837 keine deutsche Regierung beim Bundestag ein Einschreiten desselben begehrt habe. In der Tat war der richtige Zeitpunkt dafür seitens der konstitutionellen Regierungen versäumt worden. Der Vortrag der Reklamationskommission in der Osnabrücker Beschwerde am 12. Juli 1838 wies schon in die Richtung, die sich schließlich durchsetzte, daß nämlich die Bundesversammlung untätig in dem Verfassungsstreit bleiben sollte. Das Separat-Votum des königlich-sächsischen Gesandten begehrte, die Zurückweisung der Beschwerde wegen mangelnder Legitimation erst auszusprechen, wenn von seiten der hannoverschen Regierung die Legalität ihres Handelns nachgewiesen sei (Pr. 1838, S. 510). Hätte sich die Reklamationskommission diesen Standpunkt zu eigen gemacht, so wäre alsbald über die Hauptsache, die Rechtsgültigkeit der Aufhebung der Verfassung vom Jahre 1833, von Bundes wegen zu verhandeln gewesen. Tatsächlich wurde dies erst auf Grund der Anträge von Bayern und Baden am 26. April 1839 notwendig, nachdem also seit der Nichtigerklärung für das Grundgesetz vom Jahre 1833 mit Patent vom 1. November 1837 nahezu achtzehn Monate verstrichen waren. Als über die Anträge am 5. September 1839 Beschluß gefaßt wurde, war es wohl zu spät, um durch eine Bundestagskommission die Rechtlichkeit der Aufhebung der Verfassung vom Jahre 1833 prüfen zu lassen. Bis zur Entscheidung wäre dann sicher noch ein weiteres Jahr vergangen. Daher war die am 5. September 1839 getroffene Entscheidung wohl, so wie die Dinge gelaufen waren, praktisch richtig, obwohl nach rein formalem Recht schlecht haltbar. Die politische Vernunft liegt nun einmal oft im Widerstreit mit dem formalen Recht.

3. Die politischen Verfolgungen nach Errichtung der Bundes-Zentralbehörde

Auf Grund eines Bundesbeschlusses vom 20. Juni 1833, der als Antwort auf den Wachensturm vom 3. April desselben Jahres verstanden werden darf, war, wie weiter oben (S. 201) berichtet, in Frankfurt eine Bundes-Zentralbehörde errichtet worden. Ihre Berichte hatte sie an den am 7. Juni 1832 „in Folge Art. 28 der Wiener Schlußacte erwählten Bundestags-Ausschuß", auch als „Maßregeln-Commission" bezeichnet, zu richten. Wir wollen auf die Berichte, deren wichtigste sich in den Bundestagsprotokollen von 1839, 1840 und 1842 befinden, nicht näher eingehen, zumal Ilse sie in seiner „Geschichte der politischen Untersuchungen" ausführlich behandelt. Wir beschränken uns also auf wenige Bemerkungen.

Die Untersuchungen erfaßten mehr als 2000 verdächtige Personen. Die ausgesprochenen Strafen fielen, bei gleichem Tatbestand, sehr unterschiedlich aus, was nicht verwundern kann, da die Rechtsprechung reine Landesangelegenheit war. Durch besondere Härte zeichnete sich das Berliner Kammergericht aus, und zwar gegenüber der Zugehörigkeit zur Burschenschaft, die es als „hochverräterisch" erkannte. Das genügte diesem Gericht, aufgrund preußischer Gesetze von 204 wegen der Teilnahme an Burschenschaften Angeklagten 39 zum Tode zu verurteilen. Der König begnadigte in vier Fällen zu lebenslanger und in den anderen zu dreißigjähriger Freiheitsstrafe. Friedrich-Wilhelm III. war unter den deutschen Fürsten wohl am stärksten von Demagogenfurcht erfüllt, was die besondere Härte der Verfolgungen in Preußen mitbedingen mochte. Als der König starb, begnadigte Friedrich-Wilhelm IV. die inhaftierten Studenten und entließ sie in die Freiheit. Soweit sie der Anstellungsfähigkeit für verlustig erklärt waren, wurde ihnen diese wieder verliehen (Fußnote zu S. 44 des alph. Hauptregisters 1837–1846).

Zu den 35 Verurteilten, die dreißig Jahre abbüßen sollten, gehörte auch der Mecklenburger Fritz Reuter. Das Urteil gegen ihn war schon deshalb anfechtbar, weil er gar nicht zu dem Personenkreis gehörte, gegen den sich die preußische Aktion der Studentenverfolgung richtete. Dieser umfaßte alle Studenten, „die der Zugehörigkeit zur Burschenschaft auf preußischen Universitäten oder die als preußische

Staatsangehörige der Zugehörigkeit zur Burschenschaft auf außer-
preußischen Universitäten verdächtig waren" (Huber, Vf. G., Bd. 2,
2. Aufl., S. 176). Fritz Reuter hatte aber in Jena, der Universität von
Sachsen-Weimar, der Burschenschaft angehört. Er wurde, nachdem er
einen Teil der Strafe verbüßt hatte, an Mecklenburg überstellt, jedoch
unter der Bedingung, daß eine Begnadigung der Zustimmung des
preußischen Königs bedürfe. Bei der Amnestie unter Friedrich-Wilhelm IV. wurde er vergessen; aber sein Großherzog begnadigte ihn
dann aus eigenem Ermessen. „Ut mine Festungstid" gibt Zeugnis von
seinem Erleben.

Aus dem umfassenden Bericht der Bundes-Zentralbehörde vom
31. Januar 1842 heben wir die Aufdeckung geheimer Bünde hervor,
die erst nach dem mißglückten Wachensturm vom 3. April 1833 entstanden. Schon im Jahre 1834 bildete sich in Paris der Deutsche Bund
der Geächteten. Aus seinen Reihen erwuchs einige Jahre später der
deutsche Bund der Gerechten oder der Gerechtigkeit. Beide gingen
schließlich zum größeren Teil in dem Bund der Deutschen auf, der
sich im Anfang des Jahres 1840 in Paris bildete. Die Satzungen aller
drei Bünde sind als Beilagen zum Bericht vom 31. Januar 1842 abgedruckt. Die gerichtlichen Untersuchungen über die drei genannten
Bünde erfaßten 197 Personen.

Bezüglich dieser bemerkt die Bundes-Zentralbehörde:
„Von diesen ist bei weitem die überwiegende Mehrzahl vollkommen
geständig und, wie es scheint, zu der Überzeugung von dem Strafbaren und Törichten ihrer revolutionären Bestrebungen geführt worden,
– Umstände, welche eben so sehr zur Beschleunigung der Untersuchungen, als dazu beigetragen haben dürften, daß im Laufe derselben,
so drückend sie auch für Einzelne, wie für deren Familien geworden
sein mögen, dennoch nirgend Stimmen vernehmbar geworden sind,
welche die betreffenden Maßregeln der höchsten und hohen Regierungen in ein gehässiges Licht zu stellen sich unterfangen hätten."
(Pr., 1842, S. 69 des Berichts v. 31. Jan. 1842, hinter S. 458 d. Pr. abgedruckt)

Aus solcher Feststellung ließ sich wohl schließen, daß gefährliche revolutionäre Unternehmungen nicht mehr zu befürchten seien und daß
mithin die Bundes-Zentralbehörde die ihr zugewiesene Aufgabe gelöst habe. In der Tat fanden schon seit dem Jahre 1837 Erörterungen

über eine Umgestaltung, Vertagung oder Auflösung der Behörde statt. Nachdem diese ihre Tätigkeit auf spätere Umtriebe ausgedehnt hatte und aus deren Aufklärung gefolgert werden konnte, daß eine wirkliche Gefahr davon nicht zu befürchten wäre, so war wohl im Jahre 1842 wirklich die Zeit gekommen, die Tätigkeit der Bundes-Zentralbehörde zumindest vorübergehend einzustellen und der weiteren politischen Entwicklung entgegenzusehen. Demgemäß faßte die Bundesversammlung am 25. August 1842 (§ 254, S. 431 f.) den Beschluß:

„1. Der periodische Bericht der Centralbehörde vom 31. Januar d. J. wird sämtlichen höchsten und hohen Regierungen vorgelegt.

2. Die Bundesversammlung gibt der Centralbehörde über die Art und Weise, in welcher sie das ihr von Bundeswegen übertragene Geschäft geführt hat, ihre volle Befriedigung zu erkennen, und ... Nachdem übrigens die gegenwärtige Lage des der Centralbehörde übertragenen Geschäfts eine Vertagung derselben gestattet, mithin die Mitglieder dieser Behörde werden in ihre Heimat rückkehren können, sobald die Centralbehörde in einem bis zum 10. künftigen Monats zu erstattenden Schlußberichte über die Ergebnisse ihrer Amtstätigkeit seit 31. Januar l. J. Rechenschaft abgelegt haben wird, so richtet die Bundesversammlung an die Regierungen von Österreich, Preussen, Bayern, Württemberg und Großherzogtum Hessen das Ersuchen, ihre für die Bundes-Centralbehörde bestellten Commissarien in der Weise fortwährend disponibel zu halten, daß dieselben auf jedesmalige Aufforderung der Bundesversammlung an dem Sitz des Bundestags einzutreffen vermögen."

Eine solche Aufforderung ist nie ergangen. Die Tätigkeit der Zentralbehörde war tatsächlich mit der Vorlage des geforderten Schlußberichts mit Datum vom 5. September 1842 beendet.

4. Verhältnisse von Schleswig-Holstein

Von den beiden Herzogtümern Schleswig und Holstein gehörte nur Holstein zum Deutschen Bund wie vormals zum Deutschen Reich. Die Verfassungsfrage wurde für Holstein durch königliche Verordnung vom 15. Mai 1834 geregelt. Für die Herzogtümer Schleswig,

Holstein und Lauenburg wurde ein gemeinschaftliches Oberappellationsgericht geschaffen.

Im Jahre 1839 folgte auf König Friedrich VI. sein Vetter König Christian VIII. auf dem Throne Dänemarks. Der Sohn Christians, der spätere König Friedrich VII., war kinderlos. Mit seinem Tode würde für Dänemark die weibliche Thronfolge in Kraft treten, anders für die Herzogtümer Schleswig und Holstein, für welche die jüngere Linie der Gesamtdynastie, die Linie Sonderburg-Augustenburg, die Anwartschaft auf die Nachfolge geltend machen konnte. Es ist verständlich, daß dem regierenden König Christian daran gelegen war, die Gesamtmonarchie in vollem Umfang zu erhalten, also dafür zu sorgen, daß die Herzogtümer Schleswig, Holstein und Lauenburg auch noch nach dem Erlöschen der männlichen Linie mit dem Tode seines Sohnes mit Dänemark in Personalunion verbunden blieben.

In der Regierungszeit Christians VIII. von 1839 bis 1848 gewann die nationale Bewegung in nahezu ganz Europa gewaltig an Kraft. Dies hatte seine Auswirkungen auch in Dänemark. Das Herzogtum Schleswig war überwiegend deutsch, aber im kleineren nördlichen Teil dänisch; die Amtssprache war deutsch. Die Deutschen Schleswigs waren darauf bedacht, eine möglichst enge Verbindung mit Holstein aufrechtzuerhalten. Umgekehrt war das nationaldänische Interesse. Die in Dänemark entstandene Partei der Eiderdänen trachtete danach, Schleswig als Provinz dem Staate Dänemark einzuverleiben, der damit seine Grenze an der Eider fände. Die Eiderdänen stellten im Jahre 1844 in der 7. Sitzung der Rothschilder Ständeversammlung an den König den Antrag:

„Eure Majestät wollen auf feierliche Weise erklären, daß die Dänische Monarchie, das eigentliche Dänemark, die Herzogtümer Schleswig und Holstein samt dem Herzogtum Lauenburg, ein einziges unzertrennliches Reich sei, welches in unteilbares Erbe nach den Bestimmungen des Königsgesetzes gehe, und daß Eure Majestät als Folge hiervon die nötigen Veranstaltungen zu treffen wissen werden, um für die Zukunft jedes Unternehmen zu hemmen, welches darauf ausgehe, die Verbindung zwischen den einzelnen Staatsteilen zu lösen." (Pr., 1846, S. 727 f.)

Die Holsteinische Ständeversammlung vom 21. Dezember 1844 legte dagegen beim König Rechtsverwahrung ein (Pr., 1846, S. 727–734). Als Kernsätze heben wir daraus hervor:

„Wir behaupten:
Die Herzogtümer sind selbstständige Staaten.
...
Wir behaupten ferner:
Der Mannsstamm herrscht in den Herzogtümern.
...
Wir behaupten endlich:
Die Herzogtümer Schleswig und Holstein sind fest mit einander verbundene Staaten.
Der Stammvater Eurer Königlichen Majestät, König Christian I., hat bei seiner Wahl für sich und seine Nachfolger beschworen,
dat se bliven ewich tosamende ungedeelt.
...“ (S.729f.)

Seinen einstweiligen Höhepunkt erreichte der Streitfall in dem offenen Brief des Königs vom 8. Juli 1846, der die Bundesversammlung hinfort stark beschäftigen sollte. In dem Brief heißt es:
„Durch vielfache Tatsachen ist es zu Unserer Kenntnis gelangt, daß bei Manchen Unserer Untertanen unklare und irrige Vorstellungen über die Successionsverhältnisse in der Monarchie herrschen, und daß diese Vorstellungen dazu benutzt werden, um Unruhe und Bekümmernis über die Zukunft des gemeinsamen Vaterlandes für den Fall hervorzurufen, daß einst nach dem Ratschluß der Vorsehung Unsers Königlichen Hauses Mannsstamm erlöschen sollte, wodurch zugleich eine bittere Stimmung unter den Bewohnern in den verschiedenen Landesteilen erzeugt und genährt wird. Wir haben es daher für Unsere landesväterliche Pflicht erkannt, durch eine zu dem Ende von Uns allerhöchst ernannte Commission alle diese Erbverhältnisse betreffenden Acten und Documente, so weit dieselben haben zu Wege gebracht werden können, prüfen und zugleich eine genaue und gründliche Untersuchung aller darauf bezüglichen Verhältnisse vornehmen zu lassen.
Nachdem das Ergebnis dieser Untersuchung Uns in Unserm Geheimen-Staatsrat alleruntertänigst vorgetragen und von Uns erwogen worden ist, haben Wir darin die volle Bekräftigung gefunden, daß gleicherweise wie über die Erbfolge in Unserm der Krone Dänemark durch Verträge erworbenen Herzogtum Lauenburg kein Zweifel obwaltet, so auch die gleiche Erbfolge des Königsgesetzes im Herzogtum Schleswig ... in voller Kraft und Gültigkeit besteht.

In der festen Überzeugung, daß dies auf Recht und Wahrheit begründet ist, und in der Überzeugung ferner, daß Wir es nicht länger hinaussetzen dürfen, den schädlichen Folgen entgegen zu wirken, welche die fortwährend selbst innerhalb der Grenzen der Monarchie verbreiteten irrigen und falschen Ansichten über diese Verhältnisse hervorbringen, haben Wir Uns allerhöchst bewogen gefunden, durch diesen Unsern offnen Brief Unsern sämtlichen getreuen Untertanen gegenüber die Überzeugung von dem allen Unsern Königlichen Erbsuccessoren zuständigen Erbfolgerecht in das Herzogtum Schleswig auszusprechen, ein Recht, welches Wir und Unsere Nachfolger auf dem Dänischen Thron aufrecht zu erhalten für Unsere Pflicht und Unsern Beruf erachten werden.

Dagegen hat die angestellte Untersuchung ergeben, daß mit Rücksicht auf einzelne Teile des Herzogtums Holstein Verhältnisse obwalten, welche Uns verhindern, Uns mit gleicher Bestimmtheit über das Erbrecht Unserer sämtlichen Königlichen Erbsuccessoren an diesem Herzogtum auszusprechen. Während Wir indessen allen Unsern getreuen Untertanen und namentlich denen im Herzogtum Holstein die allergnädigste Versicherung erteilen, daß Unsere unablässigen Bestrebungen auch fernerhin darauf gerichtet sein werden, die zur Zeit vorhandenen Hindernisse zu beseitigen und die vollständige Anerkennung der Integrität des Dänischen Gesamtstaats zu Wege zu bringen, so daß die unter Unserm Scepter vereinigten Landesteile niemals voneinander getrennt werden, vielmehr für immer in ihren gegenwärtigen Verhältnissen und mit den einem jeden von ihnen zuständigen Rechten zusammen bleiben, so wollen wir namentlich Unsern getreuen Untertanen im Herzogtum Schleswig hierdurch eröffnet haben, daß es nicht von Uns beabsichtigt wird, durch diesen Unsern offenen Brief der Selbstständigkeit dieses Herzogtums, wie dieselbe bisher von Uns anerkannt worden ist, in irgend einer Weise zu nahe zu treten, oder irgend eine Veränderung in den sonstigen Verhältnissen vorzunehmen, welche gegenwärtig dasselbe mit dem Herzogtum Holstein verbinden; und wollen Wir vielmehr Unsere Zusage hiemit ausdrücklich wiederholen, daß Wir Unser Herzogtum Schleswig wie bisher, so auch ferner im Besitz der ihm als einem zwar mit Unserer Monarchie unzertrennlich verbundenen, aber zugleich selbstständigen Landesteile zuständigen Rechte schützen werden." (Pr., 1846, S. 735 f.)

Der Brief stieß in deutschen Kreisen auf starke Empörung. In der Bundestagssitzung vom 23. Juli 1846 (§ 198, S. 499) verwahrte sich dagegen der Großherzog von Oldenburg. Aus dem Protokoll zitieren wir:

„Da Seiner Königlichen Hoheit nicht bekannt geworden ist, daß Seine Majestät vor Erlaß dieses offenen Briefes Allerhöchstsich mit den verschiedenen Chefs der zum Gesamthause Oldenburg gehörigen Speciallinien verständigt hätten, gewiß wenigstens bei Seiner Königlichen Hoheit dem Großherzoge von Oldenburg, der zufolge der bestehenden Tractate der Repräsentant des Chefs der Schleswig-Holstein-Gottorpischen Linie in Deutschland ist, keine irgend darauf Bezug habenden Schritte geschehen sind, so haben Seine Königliche Hoheit der Großherzog von Oldenburg in dieser ohne Höchstihr Zutun erlassenen Erklärung nur eine Ansicht Seiner Majestät des Königs allein erkennen können, zugleich aber die Überzeugung gewinnen müssen, daß Höchstsie als Chef Ihres Hauses zur Erhaltung der eventuellen Rechte desselben verpflichtet sind, gegen alle aus dieser Erklärung etwa abzuleitende präjudizierliche Folgerungen die Höchstihnen und Höchstihrem Hause zustehenden Rechte feierlichst hiermit zu verwahren."

In ähnlicher Weise legte Herzog Christian August zu Schleswig-Holstein-Sonderburg-Augustenburg Verwahrung ein, und zwar gegenüber dem König von Dänemark unter dem 30. Juli und gegenüber der Bundesversammlung unter dem 4. August 1846. Der letzteren lag sie in ihrer Sitzung vom 27. August vor (§ 250, S. 651 ff.). Wir zitieren aus der Vorstellung „an die hohe Bundesversammlung vom 4. August 1846":
„Der von Seiner Majestät dem Könige zu Dänemark erlassene offene Brief tritt den agnatischen Rechten der jüngeren Königlichen Linie des Schleswig-Holsteinischen Hauses, dessen Chef der Unterzeichnete ist, zu sehr entgegen, als daß derselbe Stillschweigen beobachten könnte. Er hat eine durchaus gleichlautende Rechtsverwahrung unterm 2. August des laufenden Jahres Seiner Majestät dem Könige von Dänemark überreichen lassen, und glaubt zur Wahrnehmung der ihm obliegenden Pflichten hierbei nicht stehen bleiben zu dürfen." (S. 652)

Verwahrungen von anderen Seiten folgten bezüglich des Herzogtums Lauenburg, die wir ebenso wie eine Eingabe der Provinzial-Ständeversammlung des Herzogtums Holstein vom 3. August 1846 an die Bundesversammlung übergehen.

Am 20. Januar 1848 starb Christian VIII., und die Regierung ging auf seinen Sohn König Friedrich VII. über. Die Unruhen, die schon die letzten Jahre viele Länder Europas bedrohten, erreichten einen explosiven Charakter mit der Februar-Revolution des Jahres 1848 in Frankreich, von wo aus sich die Revolution schnell auf die deutschen Staaten ausdehnte. In Deutschland war sie durch eine nationale ebenso wie durch eine liberale und demokratische Tendenz gekennzeichnet. In den Herzogtümern Schleswig und Holstein stieß die nationaldeutsche Bewegung auf eine gleich heftige nationaldänische. Die Eiderdänen stellten die Forderung, das Herzogtum Schleswig als dänische Provinz der Monarchie einzuverleiben. Auf deutscher Seite stand dem das Begehren der Herzogtümer gegenüber, daß Schleswig seiner engen Verbindung mit Holstein wegen in den Deutschen Bund aufzunehmen sei. In der Bundesversammlung berichtete der preußische Gesandte am 2. April (§ 211, S. 319 bis 325) über den Stand der Angelegenheit. Er führte u. a. aus:

„Der Deputation von Schleswig-Holsteinischen Ständemitgliedern, welche am 22. März c. nach Kopenhagen gekommen war, um eine gemeinschaftliche freie Verfassung der Herzogtümer und den Anschluß Schleswigs an den Deutschen Bund zu erbitten, hat Seine Majestät der König von Dänemark am 24. den Bescheid erteilt:

daß Sie Ihr Herzogtum Schleswig dem Deutschen Bunde einzuverleiben weder das Recht, noch die Macht, noch den Willen hätten, dagegen die unzertrennliche Verbindung Schleswigs mit Dänemark durch eine gemeinsame freie Verfassung kräftigen wollten.

Hiermit ist also die Auflösung des Bandes, welches die Herzogtümer verknüpft, und die Einverleibung Schleswigs, als einer Provinz, in den Dänischen Staat entschieden ausgesprochen.

Es scheint außer Zweifel, daß man in Dänemark mit bedeutenden Zurüstungen zu einer militärischen Occupation Schleswigs eifrig beschäftigt sei. Die Bevölkerung der Herzogtümer hat bereits zu den Waffen gegriffen, um sich einem Angriffe auf Schleswig zu widersetzen. Die provisorische Regierung, welche zu Kiel sich gebildet hat, erklärt, daß die Herzogtümer nicht gegen ihren angestammten Herzog, sondern nur gegen die Angriffe der Dänischen Partei auf ihre Landesrechte die Waffen ergreifen.

Ein Krieg zwischen Dänemark und den Herzogtümern scheint, falls man in Copenhagen bei den gefaßten Entschlüssen beharren sollte, unvermeidlich zu sein.

Seine Majestät der König (von Preußen; d. Vf.) haben es für nötig erachtet, diesen Ereignissen gegenüber eine Stellung einzunehmen, welche Allerhöchstdieselben in den Stand setzt, sowohl zur Aufrechterhaltung des Friedens, als auch zur Abwehr der Gefahr von einem deutschen Gebiete, je nachdem die Umstände sich gestalten, in Gemeinschaft mit Allerhöchstihren deutschen Bundesgenossen handelnd auftreten zu können. Allerhöchstdieselben haben zu dem Ende befohlen, daß unverzüglich ein Observationscorps zusammen gezogen und an einem geeigneten Puncte an der Grenze, zunächst dem Schauplatze, aufgestellt werden solle. Zugleich haben Seine Majestät der Königlich-Hannöverischen Regierung anheimgestellt, im Vereine mit den Regierungen, deren Contingente das 10. Bundes-Armeecorps bilden, ähnliche Maßregeln anwenden zu wollen. Seine Majestät der König von Hannover sind hierauf bereitwillig eingegangen.

Nachdem Seine Majestät der König solchergestalt diejenigen Einleitungen sogleich getroffen haben, welche die Abwendung einer möglichen Gefahr für das Gebiet und die Interessen des Deutschen Bundes seiner Überzeugung nach, erforderten, machen Allerhöchstdieselben nunmehr ein weiteres Handeln in dieser Angelegenheit von den Beschlüssen abhängig, welche der Deutsche Bund darüber fassen wird." (S. 320 f.)

Hierzu äußerten sich Hannover, Mecklenburg-Schwerin und Hamburg im wesentlichen damit übereinstimmend. Der Gesandte von Dänemark als offizieller Vertreter von Holstein und Lauenburg widersprach den preußischen Maßnahmen. Er sei „angewiesen, sich gegen die – ... – militärische Dazwischenkunft der Königlich-Preußischen Regierung entschieden zu verwahren, und bei hoher Bundesversammlung nicht allein die Verhinderung des Fortgangs dieser Dazwischenkunft, sondern auch der Anzüge von Freischaren dringend zu beantragen" (S. 323).

Das Präsidium gab noch von zwei Schreiben der provisorischen Regierung der Herzogtümer Schleswig-Holstein an den Deutschen Bund vom 26. und 28. März Kenntnis. In letzterem wurde u. a. gesagt: „Die Aufnahme Schleswigs in den Bund in dem jetzigen Augenblicke in Anrege zu bringen, sieht sich die provisorische Regierung durch folgende Betrachtungen veranlaßt.

Durch die Seitens Sr. Majestät des Königs von Dänemark jetzt ausgesprochene Incorporation Schleswig's, ist die Frage auf unbeikommende Weise einseitig entschieden, und die unvermeidliche Folge dieser Entscheidung würde ein Kampf sein, dessen unzweifelhaft große Verwüstungen sich zunächst auf die Herzogtümer ergießen würden. Die sofortige Aufnahme Schleswig's in den Deutschen Bund würde zunächst nichts anders als die Sicherung des Status quo sein und namentlich, indem die Streitmacht des Deutschen Bundes dessen einstweilige Aufrechterhaltung garantierte, die Möglichkeit gewähren, durch Verhandlungen diejenige fernerweite Stellung des selbstständigen Herzogtums Schleswig's, welche den Wünschen und Interessen der Bevölkerung entsprechend ist, und sich als eine zeitgemäße Weiterführung alter zwischen Fürst und Ständen vereinbarter Rechte darstellt, gegen die Anmutungen und Übergriffe Dänemarks zu sichern. Somit beantragt die provisorische Regierung, überzeugt, daß der Landesherr, wenn er sich in unserer Mitte befände, nicht anders tun werde:

es wolle der hohe Deutsche Bund die Aufnahme Schleswig's in die Reihe deutscher Bundesstaaten ungesäumt beschließen und die angemessenen völkerrechtlichen Feststellungen dieser Aufnahme veranlassen." (S. 325)

Zur Begutachtung der Angelegenheit wurde auf Vorschlag des Präsidiums ein Ausschuß gewählt, bestehend aus den Gesandten von Österreich, Preußen, Bayern, Königreich Sachsen, Hannover, Baden und Großherzogtum Hessen.

Schon zwei Tage später, am 4. April (§ 228, S. 340 ff.), berichtete der Ausschuß in der Bundesversammlung. Aus seinen Ausführungen heben wir hervor:

„Da Gefahr im Verzuge war, so hat eine zu Rendsburg zusammengetretene provisorische Regierung sich an die zunächst gelegenen Bundesregierungen, Preußen und die Staaten des 10. Bundes-Armeecorps, gewendet, um schleunigst Hülfe zu erlangen." (S. 340)

Das Protokoll verzeichnet abschließend:

„Nach statt gefundener reiflicher Erörterung wurde dem Ausschußantrage gemäß

beschlossen:

1. die Bundesversammlung erklärt in Gemäßheit des Artikels 38 der Schlußacte, daß Gefahr eines Angriffs für das deutsche Bundesland Holstein vorhanden ist, und spricht ihre volle Anerkennung für die in föderalem und nationalem Sinne von Preußen und den Staaten des 10. Bundes-Armeecorps zum Schutz der Bundesgrenze in Holstein getroffenen Einleitungen aus;

2. die Bundesversammlung, um eine einheitliche Leitung in die zu jenem Zwecke etwa noch ferner notwendigen Maßregeln zu bringen, ersucht Preußen, sich mit den Staaten des 10. Armeecorps hierüber ins Einvernehmen zu setzen;

3. die Bundesversammlung ist bereit, behufs Verhütung von Blutvergießen und zum Zwecke der Herbeiführung einer gütlichen Einigung die Vermittlung zu übernehmen, und ersucht Preußen, das Vermittlungsgeschäft Namens des Deutschen Bundes auf der Basis der unverkürzten Rechte Holsteins, namentlich auch auf die staatsrechtliche Verbindung mit Schleswig, zu führen.

Als selbstverstanden wird dabei vom Bunde vorausgesetzt, daß die Feindseligkeiten sofort eingestellt werden und der status quo ante wieder hergestellt werde." (S. 341 f.)

Die revolutionären Ereignisse, über die weiter unten, soweit sie den Bundestag betrafen, berichtet wird, bewirkten sehr schnell eine Zuspitzung des Konflikts. Schon am 12. April wurde in der Bundesversammlung erneut über die Schleswig-Holsteinische Angelegenheit beraten (§ 267, S. 386 f.). Dabei ergab sich der folgende Beschluß:
„Die Bundesversammlung sieht sich veranlaßt, in Verfolg ihres Beschlusses vom 4. April d. J., die Schleswig-Holsteinische Angelegenheit betreffend,

1. zu erklären, daß, falls Dänischer Seits die Einstellung der Feindseligkeiten und die Räumung des Herzogtums Schleswig von den eingerückten Dänischen Truppen nicht erfolgt sein sollte, dies zu erzwingen sei, um das durch den Bund zu schützende Recht Holsteins auf die Union mit Schleswig zu wahren;

2. da nach ihrer Überzeugung die sicherste Garantie jener Union durch den Eintritt Schleswigs in den Deutschen Bund erlangt werden würde, Preußen zu ersuchen, bei dem Vermittlungsgeschäft möglichst auf diesen Eintritt hinzuwirken;

3. sich dahin auszusprechen, daß der Bund die provisorische Regierung, welche sich mit Vorbehalt der Rechte ihres Herzogs und Na-

mens desselben zur notgedrungenen Verteidigung der Landesrechte constituierte, als solche und in der Weise anerkenne, und daher von der vermittelnden Königlich-Preußischen Regierung erwarte, daß sie die Mitglieder dieser provisorischen Regierung und deren Anhänger in Schutz nehme."

Der Gesandte Dänemarks erklärte darauf seinen Austritt aus der Bundesversammlung unter Verwahrung der bundesverfassungsmäßigen Rechte des Königs als Herzog von Holstein und Lauenburg und seiner Rechte wegen des Herzogtums Schleswig.

Am folgenden Tage, dem 13. April (§ 268, S. 390 ff.), gab Preußen eine ausführliche Darstellung der militärischen Lage in Schleswig-Holstein. Trotz Vermittlungsangebot durch einen Abgesandten an das dänische Hauptquartier, worauf noch keine Antwort vorlag, drohte eine Ausweitung der militärischen Operationen. Der militärische Zustand und die Absicht Preußens, ihm zu begegnen, werden folgendermaßen beschrieben:

„Die noch schwach organisierten Streitkräfte der provisorischen Regierung stehen bei Flensburg, und sind in der dringenden Gefahr, von der ihnen bei weitem überlegenen Dänischen Armee auf Schleswig und Rendsburg zurückgedrängt zu werden. Angesichts solcher Eventualitäten ist es nicht tunlich, daß die Preußischen Streitkräfte noch länger an der Eider eine nur beobachtende Stellung behaupten. Man kann sich nicht der Gefahr aussetzen, daß die Schleswig-Holsteinischen Truppen vor den Augen der deutschen Hülfsmacht geschlagen und ganz Schleswig von den Dänen occupiert werde. Eine solche Wendung der Dinge würde das Ansehen Deutschlands, so wie die Ehre der Preußischen Waffen compromittieren, die Herzogtümer zu den extremsten Schritten treiben, die Möglichkeit einer Vermittlung und eines friedlichen Austrages vernichten und die Erhaltung der Souveränitätsrechte des Königs von Dänemark in Frage stellen.
Seine Majestät der König glauben unter diesen Umständen nicht länger zögern zu dürfen, und haben daher den Befehlshaber Ihrer Truppen in Holstein autorisiert, nach Lage der Umstände zu handeln und die gefährdete Stellung der Schleswig-Holsteinischen Truppen bei Flensburg durch Vorrücken in Schleswig zu unterstützen.
Das Vorrücken der Königlichen Truppen wird auch jetzt wieder mit der Erklärung begleitet werden, daß dieselben nicht als Feinde kommen, sondern nur, um dem Sr. Majestät dem Könige vom Bunde über-

tragenen Amte eines Vermittlers den Nachdruck zu geben, der durch
die Verletzung des status quo von Seiten Dänemarks notwendig geworden sei, daß Preußen und seine Verbündeten nur die Landesrechte
der Herzogtümer zu schützen, nicht die anerkannten Souveränitätsrechte des Königs-Herzogs zu beeinträchtigen beabsichtige."

Der Bundestag billigte die Mitteilung des preußischen Gesandten. Abschließend heißt es im Protokoll:

„Um übrigens keine Vorsichtsmaßregel unberücksichtigt zu lassen,
beschließt
die Bundesversammlung, Preußen zu ersuchen, bei der Verhandlung
mit Dänemark zugleich ein Hauptaugenmerk auf die Sicherung des
deutschen Handels und der deutschen Schiffahrt zu richten, und wo
möglich durch Vertrag mit einer Seemacht für den Schutz der deutschen Küsten- und Seestädte Vorsorge zu treffen." (S. 392)

Es lag sicher nahe, daß Dänemark versuchen könnte, notfalls seine
militärische Schwäche bei energischem Eingreifen Preußens durch
seine Überlegenheit zur See auszugleichen. Welche Seemacht mochte
aber bereit sein, in diesem Falle den Deutschen zu helfen? Mit einer
solchen Möglichkeit zu rechnen, hieß die wirklichen Verhältnisse völlig verkennen. Die internationalen Sympathien neigten sich dem
schwächeren Dänemark zu. Preußen sollte es später noch bereuen,
eine Initiative in der Schleswig-Holsteinischen Angelegenheit ergriffen zu haben.

Der Bundesbeschluß vom 12. April sprach unter Ziffer 3 die Anerkennung der provisorischen Regierung von Schleswig-Holstein aus. Es
war daher folgerichtig, wenn diese an Stelle des ausgeschiedenen Gesandten des Königs von Dänemark ihrerseits einen Gesandten für
Holstein zu ihrer Vertretung in der Bundesversammlung ernannte.
Dr. v. Madai, der dafür bestimmt war, unterrichtete darüber den Präsidialgesandten Graf von Colloredo-Wallsee, der zunächst vorläufig
zum Vertreter – er übernahm das Präsidium am 17. März – und seit
dem 1. April definitiv zum Nachfolger von Münch-Bellinghausen ernannt worden war, und zwar mit Schreiben vom 21. April (§ 318, S.
447). Anschließend an die Verlesung des Schreibens verzeichnet das
Protokoll:

„Präsidium trägt auf Instructionseinholung an hinsichtlich der Aufnahme eines Gesandten der provisorischen Regierung von Holstein in
die Bundesversammlung.

Bei der hierüber statt gehabten Umfrage erklärten sich sämtliche Stimmen mit Ausnahme der Österreichischen, welche sich für Einholung von Instructionen aussprach, für sofortige Beschlußfassung, und wurde sonach durch Stimmenmehrheit

beschlossen:

daß die Zulassung eines Gesandten der provisorischen Regierung von Holstein auf Grund und nach Maßgabe des Bundesbeschlusses vom 12. d. M. (§ 267 des Protokolls) statt zu finden habe."

Österreich war, wenn es für Instruktionseinholung stimmte, wohl darauf bedacht, einen für die Vermittlung, die Preußen aufgetragen war, günstigeren Schwebezustand aufrechtzuerhalten, indem die Stelle eines Gesandten für Holstein und Lauenburg für einige Zeit unbesetzt blieb. Der neue Bundesbeschluß bedeutete hingegen einen weiteren Schritt in Richtung einer kriegerischen Auseinandersetzung. Dem war Österreich abhold, aber nicht nur Österreich.

Schon das Herzogtum Lauenburg bewahrte eine eigene Haltung und schloß sich der provisorischen Regierung in Rendsburg nicht an. Die Bundesversammlung hatte am 15. April (§ 285, S. 406 f.) beschlossen:

„1. daß die Königlich-Preußische Regierung in Gemäßheit des § 46 der Kriegsverfassung zu ersuchen sei, unverzüglich den Oberbefehlshaber für die in Schleswig-Holstein zu agieren bestimmten Preußischen und die zum 10. Armeecorps gehörigen Bundestruppen zu ernennen ...

2. daß die Regierungen, deren Staaten das 10. Armeecorps zu bilden haben, zu ersuchen seien, sofort ihre Contingente zur Disposition des ... Oberbefehlshabers zu stellen.

3. ..."

Bereits fünf Tage später, am 20. April (§ 309, S. 435 f.), klagte der badische Gesandte in der Bundesversammlung, „daß, nach glaubwürdigen ihm zugekommenen Mitteilungen, die provisorische Regierung des Herzogtums Lauenburg die bisher in das Holsteinische Bundescontingent eingeteilt gewesene Lauenburgische Mannschaft von den Fahnen abberufen und zur Rückkehr in die Heimat genötigt habe".

Eine genauere Darstellung hierüber gab der hannoversche Gesandte in der Sitzung vom 25. April (§ 334, S. 459 f.). Sie lautete:

„Der hohen Bundesversammlung kann die eigentümliche Lage nicht entgangen sein, in welche das Herzogtum Lauenburg durch seine Beziehungen zu der Krone Dänemark sich samt seiner Regierungsbe-

hörde in einem Augenblicke versetzt sieht, wo Deutschland sich mit
Dänemark im Kriegszustande befindet.
Als deutsches Bundesland außer Stande, seinem Landesherrn in dem
Kriege gegen Deutschland zur Seite zu stehen, ohne gleichwohl der
dem eigenen Souverän schuldigen Verpflichtungen förmlich entbun-
den zu sein, findet das Herzogtum Lauenburg zur Ergreifung einer
Richtschnur seines Verhaltens sich in einer Weise auf sich selbst angewiesen, welche außerordentliche Entschließungen der dortigen Regierung nicht nur rechtfertigen, sondern auch von selbst mit sich führen
muß.
Zu solchen Entschließungen drängen die inneren Zustände des Landes.
Wenn gleich für den Augenblick noch im Besitze der Staatsgewalt
und durch Störungen der öffentlichen Ordnung von erheblicher Art
nicht beunruhigt, entbehrt die Lauenburgische Regierung gleichwohl
der zur Aufrechthaltung von Ruhe und Sicherheit eventuell erforderlichen Mittel. Das Lauenburgische Militär, bisher von Dänischen oder
Holsteinischen Offizieren und Unteroffizieren befehligt, ist tatsächlich dadurch aufgelöst, daß diese seine Führer zur Teilnahme an dem
bevorstehenden Kampfe des eigenen Vaterlandes in ihre Heimat zurückgekehrt sind. Die öffentlichen Cassen, deren Vorräte der Dänischen Regierung vorenthalten werden müssen, sind schutzlos. Den
Obrigkeiten im Lande fehlen die für die Handhabung ihrer Gewalt
nötigen Stützen.
Die Königlich-Dänische Regierung, bei Feststellung ihrer Absichten
rücksichtlich der Herzogtümer ohne Zweifel voraussehend, daß Zustände der angedeuteten Art in Lauenburg sich würden zu Tage legen
müssen, hat, was Anerkennung verdient, die Regierung des Landes zu
der Entwickelung einer den Umständen entsprechenden freien Tätigkeit durch erweiterte Vollmachten in den Stand gesetzt und hat einer
eigenen unmittelbaren Einwirkung auf deren Entschließungen für den
Augenblick anscheinend gänzlich entsagt.
Unter diesen außerordentlichen Umständen hat die Regierung zu
Ratzeburg erst schriftlich und dann wiederholt durch die Sendung eines ihrer Mitglieder den dringenden Antrag an die Königlich-Hannöverische Regierung gerichtet, ihr eine Abteilung Hannöverischer
Truppen zur Verfügung zu stellen, die von ihr nach dem augenblick-
lich etwa eintretenden Bedürfnisse könne verwandt werden.
So schwer nun auch, bei der dermaligen Lage des eigenen Landes und
bei den der Königlich-Hannöverischen Regierung bereits obliegenden

militärischen Bundespflichten, eigene Truppen entbehrt werden, so hat dieselbe doch geglaubt, dem wiederholt geäußerten dringenden Wunsche mittelst Entsendung zweier Compagnien Infanterie, die sich unverzüglich nach Lauenburg in Marsch setzen sollten, entsprechen zu müssen.

...

Indem der Hannöverische Bundestagsgesandte sich hierdurch des Auftrags seiner Regierung entledigt, muß er Namens derselben zugleich den Antrag daran knüpfen, daß hohe Bundesversammlung mittelst ausdrücklichen Beschlusses das von der Königlich-Hannöverischen Regierung beobachtete Verfahren im vorliegenden Falle gutheißen und genehmigen wolle."

Auf Empfehlung des Ausschusses in Militärangelegenheiten, dem die Erklärung der hannoverschen Regierung zugewiesen wurde, erfolgte am 4. Mai der Beschluß:
„Die Bundesversammlung erklärt sich mit dem Verfahren der Königlich-Hannöverischen Regierung, so wie damit einverstanden, daß die getroffenen Maßregeln so lange fortzudauern haben, als die gegenwärtig ungewissen Zustände von Lauenburg fortbestehen." (§ 414, S. 545)

Wir unterbrechen an dieser Stelle die Darstellung des Streites mit Dänemark wegen Schleswig-Holstein, um zunächst über die allgemeinen Auswirkungen zu berichten, die die revolutionären Ereignisse für die Bundesversammlung mit sich brachten.

5. *Die Bundesversammlung angesichts der revolutionären Ereignisse im ersten Halbjahr 1848*

Die Bundesversammlung befaßte sich mit der in Frankreich einige Tage zuvor ausgebrochenen Revolution erstmals am 29. Februar 1848. Ihr präsidierte der preußische Bundestagsgesandte Graf von Dönhoff; Österreichs Gesandter, Graf von Münch-Bellinghausen, kehrte nicht mehr nach Frankfurt zurück. In § 103 (S. 173 f.) des Protokolls, „Die Lage des Deutschen Bundes in Rücksicht auf die neuesten Ereignisse in Frankreich betreffend", wird ausgeführt:
„Präsidium. Die Größe und Bedeutung der neuesten Ereignisse in Frankreich, deren Rückwirkung auf ganz Deutschland augenschein-

lich in den vielfachsten und wichtigsten Beziehungen ebenso unmittelbar als tief sein wird, macht es der Bundesversammlung zur dringendsten Pflicht, die Lage des Deutschen Bundes auf diese Veranlassung sofort in ernste Erwägung zu ziehen, und zu überlegen, welche Maßregeln sich bei dem dermaligen Zustande der Dinge als rätlich und als nötig erweisen.

Die reißende Schnelle, mit der die Begebenheiten im Süden und Westen des Deutschen Bundes sich entwickeln, die unverkennbaren moralischen Einwirkungen derselben auf den Stand der öffentlichen Meinung in Deutschland selbst, und die Gefahren, die aus den dermaligen Europäischen politischen Verwicklungen sogar für die Sicherheit und Integrität des deutschen Bundesgebiets sich entwickeln können, gebieten dem deutschen Bundestage, ohne Zeitverlust seine Ansichten über dasjenige auszusprechen, was in dieser Hinsicht vorzukehren sei.

Es wird allen Bundesregierungen erwünscht sein können, die entsprechenden Vorschläge und Anträge ihres gemeinschaftlichen Central-Organs hierüber in möglichst kurzer Frist zu erhalten, um dann darüber sofort bestimmen zu können.

Präsidium schlägt daher vor: einen Ausschuß von fünf Mitgliedern behufs schleuniger Berichterstattung hierüber zu wählen.
...“
Das geschah denn auch.

Schon am folgenden Tag beschloß die Bundesversammlung auf Vorschlag des Ausschusses, hinfort kurz „politischer" Ausschuß genannt, eine Bekanntmachung durch die Frankfurter Zeitungen als offiziellen Artikel zu veröffentlichen. Sie lautete:
„Der deutsche Bundestag, als das gesetzliche Organ der nationalen und politischen Einheit Deutschlands, wendet sich vertrauensvoll an die deutschen Regierungen und das deutsche Volk.
Verfassungsmäßig berufen, für die Erhaltung der innern und äußern Sicherheit Deutschlands zu sorgen, spricht der Bundestag seine Überzeugung dahin aus, daß beide nur ungefährdet bleiben können, wenn in allen deutschen Landen das einmütigste Zusammenwirken der Regierungen und Völker und die innigste Eintracht unter allen deutschen Stämmen mit gewissenhafter Treue erhalten werden.
Nur auf dieser Eintracht und diesem Zusammenwirken beruht die Macht und die Unverletzlichkeit Deutschlands nach Außen und die

Aufrechterhaltung der gesetzlichen Ordnung und Ruhe, sowie die Sicherheit der Personen und des Eigentums im Innern. Die Geschichte Deutschlands gibt die Belege hierzu sowie die bitteren Lehren über die traurigen Folgen, wenn Zwietracht zwischen den Regierungen und Völkern und den einzelnen Stämmen die Kräfte der deutschen Nation zersplittert und schwächt und ihr Inneres zerreißt.

Mögen diese teuer erkauften Erfahrungen in der bewegten Gegenwart unvergessen sein und während der stürmischen Zukunft benutzt werden, die möglicherweise Deutschland nicht ferne steht.

Der deutsche Bundestag fordert daher alle Deutschen, denen das Wohl Deutschlands am Herzen liegt – und andere Deutsche gibt es nicht – im Namen des gesamten Vaterlandes dringend auf, es möge ein Jeder in seinem Kreise nach Kräften dahin wirken, daß diese Eintracht erhalten und die gesetzliche Ordnung nirgends verletzt werde.

Der Bundestag wird von seinem Standpunkt aus Alles aufbieten, um gleich eifrig für die Sicherheit Deutschlands nach Außen, sowie für die Förderung der nationalen Interessen und des nationalen Lebens im Innern zu sorgen.

Deutschland wird und muß auf die Stufe gehoben werden, die ihm unter den Nationen Europas gebührt, aber nur der Weg der Eintracht, des gesetzlichen Fortschritts und der einheitlichen Entwicklung führt dahin.

Die Bundesversammlung vertraut mit voller Zuversicht auf den in den schwierigsten Zeiten stets bewährten gesetzlichen Sinn, auf die alte Treue und die reife Einsicht des deutschen Volks." (§ 108, S. 179 f.)

Der am 29. Februar (§ 103) gewählte politische Ausschuß erstattete den von ihm geforderten Bericht über „die dermalige Lage des Deutschen Bundes" in der Bundestagssitzung vom 8. März (§ 133, S. 228 ff.); er wurde von dem badischen Gesandten von Blittersdorff vorgetragen. Wir geben ihn nachstehend, nur wenig gekürzt, wieder:
„Die Beleuchtung der innern Lage des Deutschen Bundes muß der Ausschuß mit dem betrübenden Bekenntnis beginnen, daß der Deutsche Bund und sein Organ, die Bundesversammlung, längst schon das allgemeine Vertrauen in ihre gedeihliche Wirksamkeit verloren haben. Ein solches Vertrauen ist aber die Grundbedingung des Fortbestandes einer jeden politischen Institution.

...

Schon die Grundverfassung des Bundes war eine mangelhafte und ungenügende.
Manche Gegenstände waren darin aufgenommen, die füglich den einzelnen Bundesgliedern hätten überlassen bleiben können, während andere und wichtigere, die zur Entwicklung und Erstarkung des Bundes unentbehrlich waren, von dessen Competenz ausgeschlossen, oder doch nur als Versprechen oder Wunsch bezeichnet wurden. – Die Erfüllung solcher Versprechen und Wünsche wurde aber von der Einhelligkeit der Stimmen abhängig, und dadurch die Erreichung eines befriedigenden Resultats von vornherein unmöglich gemacht. Auf diesem Wege konnten die zu einem wahren und kräftigen Bunde unentbehrlichen Institutionen nicht ausgebildet, und noch weniger zur Anwendung gebracht werden.
Der Souveränität der einzelnen Bundesstaaten wurde dadurch eine Ausdehnung gegeben, welche die Wirksamkeit des Bundes in stets engere Grenzen einzwängen mußte.
Hieraus entsprang die Abhängigkeit der Bundestagsgesandten von speciellen Instructionen, und die Unmöglichkeit der Entwicklung irgend einer selbstständigen Tätigkeit dieser hohen Versammlung. – ...
Die mit dem Präsidium hoher Bundesversammlung betraute erste Bundesmacht war seit vielen Jahren nur auf kurze Zeit durch ihren eigenen Gesandten dahier vertreten. Dies mußte die einheitliche und rasche Erledigung der Geschäfte noch mehr erschweren.
Kein Wunder, daß ... das Ansehen der Bundesversammlung von Tag zu Tag mehr sank, und sich zuletzt in sein Gegenteil verwandelte. ...
In demselben Verhältnisse aber, wie die Souveränität der Bundesstaaten sich auf Kosten des Bundes zu erweitern suchte, nahm die Wirksamkeit und das Ansehen der Ständeversammlungen in den einzelnen Bundesstaaten zu. Diese Ständeversammlungen bildeten die landständischen Verfassungen zu wahren Repräsentativ-Verfassungen aus und wurden dadurch zur eigentlichen Regierungsgewalt, und durch die Öffentlichkeit ihrer Verhandlungen auch zum Träger der allgemeinen Meinung.
Da die Bundesversammlung die Öffentlichkeit ihrer Verhandlungen aufgehoben hatte, so würde sie, selbst wenn sie die erforderliche Wirksamkeit besessen hätte, gegen eine solche neuerstehende Macht nicht haben in die Schranken treten können. Ihr war jeder Einfluß auf die öffentliche Meinung benommen, und der Bund konnte daher auch nicht durch diese Meinung gehoben und getragen werden.

Da die Bedürfnisse der Neuzeit dringend Befriedigung forderten, diese aber durch den Bund nicht gewährt werden konnte, wandten sich die deutschen Völker immer mehr den Ständeversammlungen zu, und überließen es den Regierungen und dem Bunde, sich gegenseitig unwirksam zu machen.

Ein solcher Bund konnte die Sympathieen der deutschen Völker nicht für sich gewinnen. Für das Versinken des Bundes konnten die Bemühungen vieler deutschen Regierungen, durch Separatvereine dasjenige zu erzielen, was Ersterer nicht zu gewähren vermochte, keinen hinreichenden Ersatz bieten. Diese Vereine dienten vielmehr dazu, die Unvollkommenheit und Mangelhaftigkeit des Bundes noch augenscheinlicher zu machen. Es wurde dadurch einer Hauptforderung des deutschen Volkes nicht genügt, der der Entwicklung und des Schutzes nationaler Interessen in den inneren und äußeren Beziehungen Deutschlands.

In dieser Lage wurde Deutschland von den neuesten Ereignissen in Frankreich überrascht. – Die Dynastie der Orleans wurde in kürzerer Zeit vom Throne gestürzt und aus dem Reiche vertrieben, als es bedurfte, die ältere Linie der Bourbons aus dem Erbe ihrer Väter zu verdrängen. Die Republik wurde proclamiert. Der Rückschlag auf Deutschland war ein gewaltiger. – Auch in diesem Lande waren die Gemüter auf eine große Umgestaltung vorbereitet, – in den Ständeversammlungen, in öffentlichen und geheimen Zusammenkünften, durch die Presse, war seit Jahren auf das gleiche Ziel hingearbeitet worden. Bei der Lage der Regierungen und des Bundes war eine sofortige Bewältigung dieses Rückschlages schwer möglich. Die Richtung desselben wurde zuerst durch die bekannten, im Großherzogtum Baden aufgestellten vier Forderungen: einer allgemeinen Volksbewaffnung, uneingeschränkter Freiheit der Presse, Einführung der Schwurgerichte und eines deutschen National-Parlaments, bezeichnet. Der Reihe nach wurden ähnliche Forderungen in anderen Bundesstaaten aufgestellt und deren Gewährung durch Deputationen, Adressen und Volksversammlungen herbeigeführt. Die Regierungen eilten Concessionen zu geben, die mehr oder weniger mit dem bisherigen Bundessysteme im Widerspruch stehen und eine völlige Umgestaltung der inneren Verhältnisse der einzelnen Bundesstaaten herbeiführen müssen.

… Die Aufgabe hoher Bundesversammlung ist es nun, wieder Einklang und Übereinstimmung in die gestörten Verhältnisse zu bringen,

und dadurch den innern und äußern Frieden Deutschlands zu sichern. – Hierzu dürfte die Tätigkeit dieser Behörde in ihrer dermaligen Lage und ohne bedeutende Verstärkung der Centralgewalt des
Bundes im nationalen Sinne nicht ausreichen. ... Es muß ... nach ...
Mitteln geforscht werden, um Deutschland vor innerem Zwiespalt
und Anarchie zu schützen. Es steht Großes und Entscheidendes auf
dem Spiele. Zwar hatte es den Anschein, daß die Gemäßigteren der
Anhänger der nationalen Entwicklung Deutschlands bei dem Verlangen eines deutschen Parlaments davon ausgehen, daß die einzelnen
Bundesstaaten und deren Verfassungen erhalten und in dem Parlamente nur die Gesamtheit der deutschen Fürsten und Völker als Gesamtmacht vertreten sein solle. In diesem Sinne hat sich eben erst die
am 5. d. M. in Heidelberg abgehaltene Versammlung von Angehörigen verschiedener Bundesstaaten ausgesprochen. – Allein hinter den
gemäßigten Männern des Fortschrittes steht die Partei der Ultraradi-
kalen und Republikaner, die nach einer allgemeinen deutschen Republik strebt. Gedrängt von der einen Seite durch die Gemäßigteren und
von der andern durch die noch nicht von der Bewegung ergriffenen
Regierungen, könnte diese Partei sich unter Verleugnung alles patriotischen Sinnes auf die Hülfe einer Partei des Auslandes stützen und
dadurch den Anlaß zu den bedenklichsten Conflicten geben.
Dieser Gefahr darf Deutschland nicht ausgesetzt werden.
Nach Obigem muß erkannt werden, daß die Verfassung des Deutschen Bundes, wenn Deutschland einig, stark und friedlich bleiben
soll, einer Revision auf breiter nationaler Grundlage bedarf.
Hohe Bundesversammlung dürfte sich gedrungen sehen, sich hierüber
offen auszusprechen. Als Folge hiervon würde sich ergeben, daß Bestimmungen über die Art und Weise getroffen werden müssen, wie
diese Revision der Bundesverfassung zu bewirken stehe. Hierüber behält der Ausschuß sich weitern Vortrag vor. Ist einmal bekannt, daß
die verfassungsmäßige Centralbehörde des Bundes sich mit der Revision der Bundesverfassung auf zeitgemäßer nationaler Basis beschäftigt, werden damit die zur Ausführung dieser Revision erforderlichen
Einleitungen mit der möglichsten Beschleunigung verbunden, so wird
die Bundesversammlung die Augen der deutschen Nation auf sich ziehen und, gelingt das große nationale Werk, das allgemeine Vertrauen
gewinnen. – Damit aber wird den Gefahren weitern Umsturzes vorgebeugt sein."

Auf Antrag des Ausschusses wurde „nach ausführlicher Erörterung des Vortrags" beschlossen:

„1. die Bundesversammlung spricht die Überzeugung aus, daß eine Revision der Bundesverfassung auf wahrhaft zeitgemäßer und nationaler Grundlage notwendig sei;

2. sie beauftragt den Ausschuß, gutachtlichen Vortrag über die Art und Weise, wie diese Revision zur Ausführung zu bringen sei, unverzüglich zu erstatten." (S. 231)

Der Ausschuß wurde um zwei weitere Mitglieder verstärkt.

Am folgenden Tage, dem 9. März (§ 136, S. 233 f.), stellte Baden in der Bundesversammlung den Antrag, „daß dieselbe zur vollkommenen Ausbildung des Organs des Deutschen Bundes weitere Einrichtungen, insbesondere eine ständische Vertretung der deutschen Bundesländer bei der Bundesversammlung, in Beratung nehmen, und einen darauf gehenden Beschluß der höchsten und hohen Bundesregierungen veranlassen möchte."

Der Antrag wurde dem politischen Ausschuß zugewiesen. In derselben Sitzung wurde auf Veranlassung des politischen Ausschusses beschlossen:

„Die Bundesversammlung erklärt den alten deutschen Reichsadler mit der Umschrift „Deutscher Bund" und die Farben des ehemaligen deutschen Reichspaniers – schwarz, rot, gold – zu Wappen und Farben des Deutschen Bundes, und behält sich vor, wegen der Anwendung derselben nach Erstattung des Ausschußvortrags das Weitere zu beschließen." (§ 137, S. 234 f.)

Zu der Frage einer Revision der Bundesverfassung äußerte Blittersdorff namens des Ausschusses am 10. März (§ 140, S. 237 f.):

„Der Ausschuß hat sich sofort damit beschäftigt, ist aber zu der Überzeugung gelangt, daß die dem engern Rate der Bundesversammlung nach Artikel VII der Bundesacte obliegende Vorbereitung einer Revision der Bundesverfassung auf der bezeichneten Grundlage nicht mit Erfolg vorgenommen werden kann, wenn der Bundesversammlung und deren Ausschüssen nicht unverzüglich Männer, die das allgemeine Vertrauen genießen, zum gutachtlichen Beirat beigegeben werden.

Er muß daher vor allen Dingen beantragen, hohe Bundesversammlung wolle beschließen:

sämtliche Bundesregierungen aufzufordern, Männer des allgemeinen Vertrauens, und zwar für jede der 17 Stimmen des engern Rats einen, alsbald (spätestens bis zu Ende dieses Monats) mit dem Auftrage hierher abzuordnen, der Bundesversammlung und deren Ausschüssen zum Behufe der Vorbereitung der Revision der Bundesverfassung mit gutachtlichem Beirat an die Hand zu gehen."

Die Bundesversammlung beschloß sofort antragsgemäß.

In der nächstfolgenden Sitzung, am 13. März, dem Tag, der in Wien den Sturz Metternichs brachte, teilte der präsidierende preußische Gesandte, der noch immer auch Österreich zu vertreten hatte, mit (§ 142, S. 240 f.):

„Der Gesandte hat hoher Bundesversammlung anzuzeigen, daß die allerhöchsten Höfe von Österreich und Preußen so eben sämtliche deutsche Bundesregierungen eingeladen haben, zum 25. d. M. Bevollmächtigte nach Dresden zu senden, um dort über die durch die gegenwärtige Lage Deutschlands nötig werdenden Maßregeln, so wie über die Entwicklung der Bundesorganisation zu beraten."

Daraufhin beschloß die Bundesversammlung:
„daß die Ausführung des Beschlusses vom 10. d. M. wegen Einleitung zur Revision der Bundesverfassung suspendiert bleibt, bis die hohen Regierungen sich hierüber geäußert haben werden und in Folge dessen eine neue Einladung Seitens der Bundesversammlung ergeht."

Erst in der Bundestagssitzung vom 17. März war Österreich wieder durch einen eigenen Gesandten vertreten, nämlich – zunächst provisorisch, definitiv ab 1. April – durch den Grafen von Colloredo-Wallsee. Ungefähr zur gleichen Zeit wurde der badische Gesandte von Blittersdorff abberufen; er galt als besonders reaktionär, was er jedoch in seinem Abschiedsschreiben an den Präsidialgesandten vom 15. März bestritt. Colloredo verlas das Schreiben in der Bundestagssitzung vom 29. März. Wir zitieren daraus:
„Diese hohe Behörde (die Bundesversammlung) wird mir, wie ich hoffe, das Zeugnis nicht versagen, daß ich nie einen andern Gedanken und nie anderes Streben hatte, als für die fortschreitende Entwicklung der Bundesverfassung und Bundesmacht in echt föderativem und nationalem Sinne wirksam zu sein, und daß ich daher den Namen nicht

verdiene, den man mir im entgegengesetzten Sinne zu machen gesucht hat." (§ 195, S. 299)

Der neue badische Gesandte war der fortschrittlich gesinnte Professor Dr. Carl Welcker, dessen Vollmacht vom 14. März 1848 datierte und der erstmals am 29. März in der Bundesversammlung zugegen war. Auf zahlreiche weitere personelle Veränderungen, die durch die fortschreitende Revolution in der Bundesversammlung ausgelöst wurden, wollen wir nicht eingehen.

Schon am 23. März lag der Bundesversammlung eine „Anzeige wegen Anmarsches eines Freicorps von Deutschen und Franzosen von Paris an den Oberrhein" vor (§ 170, S. 269 f.). Diese Anzeige Württembergs lautete:

„Es ist der Königlich-Württembergischen Regierung von Paris aus guter Quelle die Nachricht zugegangen, daß der deutsche demokratische Club daselbst beschlossen hat, am 21. oder 22. d. M. ein Freicorps von 5000 bis 6000 Deutschen und Franzosen von Paris aus an den Oberrhein ausziehen zu lassen, um in Baden, Großherzogtum Hessen und Rheinbayern die Republik zu proclamieren, und daß die französische Regierung dieses Corps nicht hindern werde. Die Königliche Regierung wird über die ihrerseits diesfalls zu ergreifenden Maßregeln sofort die nötige Beratung eintreten lassen, und sich auch mit den Nachbarstaaten hierüber zu verständigen suchen; indessen wird auch die Bundesversammlung nicht umhin können, diesem Gegenstand ihre volle Aufmerksamkeit zuzuwenden."

Indessen wollen wir auf die Maßnahmen, die hierzu im Laufe der nächsten Wochen ergriffen wurden, nicht eingehen; denn zu einem Konflikt mit Frankreich kam es nicht.

In der Sitzung vom 23. März äußerte der bayerische Gesandte noch als Wunsch seiner Regierung, „es möge dem Beschlusse vom 10. d. M. (§ 140 des Prot.) wegen Einleitung zur Revision der Bundesverfassung Folge gegeben werden". Einige andere Gesandte unterstützten dieses Begehren (§ 171, S. 270). Österreich und Preußen schlossen sich dem in der Sitzung vom 25. März (§ 180, S. 278 f.) an, indem sie erklärten:

„Nachdem bereits mehrere Bundesregierungen ihre Zustimmung zu dem Bundesbeschlusse vom 10. d. M., betreffend die Einladung zur Abordnung von Männern des allgemeinen Vertrauens zur Beratung über die Revision der Bundesverfassung erteilt haben, so beantragen Österreich und Preußen, daß diesem Bundesbeschlusse nunmehr Folge gegeben werde."

Abschließend sagt das Protokoll hierzu:
„Nach hierauf statt gefundener reiflicher Beratung des Gegenstandes
beschließt
die Bundesversammlung, die durch Bundesbeschluß vom 10. dieses an sämtliche deutschen Bundesregierungen ergangene Einladung zu alsbaldiger Abordnung von Männern des allgemeinen Vertrauens zur Beratung über die Revision der Bundesverfassung auf wahrhaft zeitgemäßer und nationaler Grundlage zu erneuern, damit diese Beratung sofort nach dem Eintreffen dieser Abgeordneten dahier beginnen könne."

Nachdem ein Teil der „Männer des allgemeinen Vertrauens" eingetroffen war, beantragte das Präsidium am 29. März, „nunmehr einen Ausschuß von etwa sieben Mitgliedern und einem Stellvertreter niederzusetzen, welcher sich behufs der Revision mit den besagten Männern in's Benehmen zu setzen und zunächst Vorschläge über die Art und Weise der Geschäftsbehandlung zu machen hätte" (§ 198, S. 303).

So geschah es, so daß neben den politischen Ausschuß ein „Ausschuß zur Vorbereitung der Revision der Bundesverfassung" trat, kurz als „Revisionsausschuß" bezeichnet.

Der neue Ausschuß trat sofort zu einer Beratung mit den schon eingetroffenen Männern des allgemeinen Vertrauens zusammen und trug der Bundesversammlung am folgenden Tage das Ergebnis vor. In dem Vortrag findet sich als Hauptsache die Aussage:
„Eine neue Verfassung kann entweder einfach aus der Vereinbarung der Regierungen hervorgehen, und von diesen gemeinschaftlich durch Bundesbeschluß octroyiert werden, oder sie kann im Wege des Vertrages und freier Zustimmung der Regierungen auf der einen und des Volkes auf der andern Seite zur Gültigkeit gebracht werden." (§ 209, S. 313)

Nur der letztere Weg erschien dem Ausschuß gangbar; eine octroyierte Verfassung würde „nie auf Beifall und Dank rechnen können". Der Ausschuß kommt bei seinen Betrachtungen zu dem Ergebnis:

„Es scheint also der einzig ratsame, vielleicht allein zulässige Weg der zu sein, daß der von der Bundesversammlung und ihrem Beirate ausgehende Entwurf einer neuen Bundesverfassung einer aus allen Bundesstaaten gewählten constituierenden Volksversammlung zur Annahme vorgelegt werde." (S. 316)

Der Beschluß der Bundesversammlung lautete entsprechend dem Ausschußantrag:

„Zu beschleunigter Entwerfung der Grundlagen einer neuen Bundesverfassung hat die Bundesversammlung mit einleitenden Arbeiten zu diesem Zwecke unter Zuziehung von Männern des öffentlichen Vertrauens bereits begonnen.

Zu weiterer Förderung dieser wichtigen Angelegenheit beschließt dieselbe, die Bundesregierungen aufzufordern, in ihren sämtlichen, dem deutschen Staatensystem angehörigen Provinzen auf verfassungsmäßig bestehendem oder sofort einzuführendem Wege Wahlen von Nationalvertretern anzuordnen, welche am Sitze der Bundesversammlung an einem schleunigst festzustellenden, möglichst kurzen Termine zusammenzutreten haben, um zwischen den Regierungen und dem Volke das deutsche Verfassungswerk zu Stande zu bringen.

Da der Drang der Umstände die einstweilige Annahme eines bestimmten Maßstabes der Bevölkerung, nach welchem die gedachten Volksvertreter in jedem Bundesstaate zu erwählen sind, erforderlich macht, so erscheint es zweckmäßig, in Bezug auf die bisherigen Bestandteile des Bundes das bestehende Bundes-Matrikularverhältnis dabei zum Grunde zu legen, und die Aufforderung dahin zu richten, daß auf 70 000 Seelen der Bevölkerung jedes Bundesstaates ein Vertreter zu wählen, auch denjenigen Staaten, deren Bevölkerung nicht 70 000 Seelen beträgt, die Wahl eines Vertreters zuzugestehen." (S. 317)

Am 2. April (§ 214, S. 326 f.) kam es zu einem förmlichen Beschluß zur Aufhebung der seit dem Jahre 1819 erlassenen Ausnahmegesetze. Er lautete:

„Auf den in der 22. Sitzung vom 23. März d. J. § 176 erfolgten Antrag der freien Städte für Frankfurt, daß, da die seit dem Jahre 1819 erlassenen sogenannten Ausnahmsgesetze des Deutschen Bundes unter veränderten Umständen bereits allenthalben außer Wirksamkeit getreten, dieselben auch von Seiten des Deutschen Bundes förmlich als aufgehoben und beseitigt zu erklären seien; beschließt die Bundesversammlung: daß die gedachten beanstandeten Ausnahmsgesetze und

Beschlüsse für sämtliche Bundesstaaten aufgehoben, mithin als bereits völlig beseitigt zu betrachten, und wo es noch erforderlich befunden werden sollte, darüber die nötigen Bekanntmachungen zu erlassen seien."

Am 31. März war in Frankfurt eine Versammlung von Abgeordneten deutscher Ständeversammlungen, üblicherweise „Vorparlament" genannt, zur Beratung über die Gründung eines deutschen Parlaments zusammengetreten. Das „Vorparlament" entbehrte einer legalen Grundlage; es besaß also einen rein revolutionären Charakter. Es war zusammengetreten, „um mit den Regierungen gemeinsam die Verwirklichung der Idee eines deutschen Parlaments" zu betreiben, „darüber hinaus aber ein kräftiges Zentralorgan des nationalen Lebens darzustellen" (Valentin, Geschichte der deutschen Revolution von 1848–1849, Bd. 1, S. 468). Es geriet damit in Konkurrenz zum Bundestag; dieser trat mit der Aufforderung zur Wahl einer Nationalversammlung schon vor dem Zusammentritt des Vorparlaments an die Öffentlichkeit. Die Bundesversammlung ließ sich die Lenkung der deutschen Geschicke zu der Zeit noch nicht aus der Hand nehmen. Die Mehrheit des Vorparlaments trug dem Rechnung, indem sie sich damit begnügte, die dem Parlament zugedachten Funktionen auf einen Ausschuß von fünfzig Männern zu übertragen. Dieser Ausschuß erhielt den Auftrag, nach Kräften Einfluß auf die Tätigkeit des Bundestags zu nehmen. Das Vorparlament selbst ging schon nach wenigen Tagen wieder auseinander, nachdem es am 31. März und 1. April zwei wichtige Beschlüsse gefaßt hatte, die sein Präsident der Bundesversammlung mit Schreiben vom 2. April 1848 mitteilte und die ihr am gleichen Tage zur Verhandlung vorlagen (§ 215, S. 327 ff.).

Die Beschlüsse des Vorparlaments lauteten:
„Sitzung vom 31. März 1848.
Die Versammlung beschließt:
1. daß Schleswig, als staatsrechtlich und national mit Holstein unzertrennlich verbunden, in den Deutschen Bund unverzüglich aufzunehmen und in der constituierenden Nationalversammlung gleich jedem andern deutschen Bundesstaate durch frei gewählte Abgeordnete zu vertreten sei;
2. daß die Preußischen deutschen Länder von Ost- und West-Preußen auf gleiche Weise in den Deutschen Bund aufzunehmen seien;

3. daß es eine heilige Pflicht des deutschen Volkes sei, mit allen Kräften die Wiederherstellung des Polenreichs zu bewirken, um das durch die Teilung des Polenreichs verübte Unrecht wieder gut zu machen;

4. daß in Beziehung auf die Einberufung einer constituierenden deutschen Nationalversammlung die Wahl der Vertreter des Volkes so zu geschehen habe, daß je nach 50 000 Seelen ein Vertreter gewählt werde, daß, wenn der Überfluß der Bevölkerung 25 000 Seelen übersteigt, ein weiterer Abgeordneter zu wählen sei, und daß jeder kleinere Staat, dessen Bevölkerung nicht 50 000 Seelen erreicht, einen Vertreter zu wählen habe;

5. (betrifft nähere Bestimmungen für die zu wählenden Abgeordneten)"

„Sitzung vom 1. April 1848.

Die Versammlung beschließt:

1. daß die constituierende Nationalversammlung ihre Sitzungen in Frankfurt hält;

2. daß die Nationalversammlung so zusammenberufen werden müsse, daß sie bis zum 1. Mai ihre erste Sitzung halten kann;

3. daß die gegenwärtige Versammlung einen permanenten bis zum Zusammentritt der constituierenden Versammlung in Frankfurt verweilenden Ausschuß von fünfzig Mitgliedern wähle;

4. daß dieser Ausschuß zu beauftragen sei:

a) die Bundesversammlung bei Wahrung der Interessen der Nation und bei der Verwaltung der Bundesangelegenheiten bis zum nahen Zusammentritt der constituierenden nationalen Versammlung selbstständig zu beraten und die für nötig erachteten Anträge zu stellen;

b) die Bundesversammlung einzuladen, über alle Bundesangelegenheiten bis zum Zusammentritt der constituierenden Nationalversammlung mit dem Ausschuß als Männern des Vertrauens des Volkes in Benehmen zu treten;

c) den Ausschuß zu beauftragen, im Falle von Gefahren die gegenwärtige Versammlung wieder einzuberufen."

Die Bundesversammlung ließ dem Präsidenten des Vorparlaments darauf antworten, daß sie bereit sei, „den ausgesprochenen Wünschen entgegenzukommen".

Dies geschah bezüglich der Wünsche für „die Einberufung einer constituierenden deutschen Nationalversammlung" durch den Beschluß vom 7. April (§ 238, S. 348 bis 353):

„Daß die Bundesversammlung in Berücksichtigung des inmittelst bekannt gewordenen öffentlichen Wunsches und gestützt auf das einstimmige Gutachten der ihr beigeordneten Männer des öffentlichen Vertrauens, ihren Beschluß vom 30. v. M. in Beziehung auf die Verhältniszahl der Vertretung dahin abändere und ferner in der Weise vervollständige, daß

1. die Wahl der Vertreter des Volks zu der constituierenden deutschen Nationalversammlung so zu geschehen habe, daß, unter Beibehaltung des Verhältnisses der Bundesmatrikel, je nach 50 000 Seelen ein Vertreter gewählt werde, daß, wenn der Überschuß der Bevölkerung 25 000 Seelen übersteigt, ein weiterer Abgeordneter zu wählen sei, und daß jeder kleinere Staat, dessen Bevölkerung nicht 50 000 Seelen erreicht, einen Vertreter zu wählen habe;

2. ...

6. endlich, daß dieselbe die höchsten Regierungen ersuche, diese Wahlen so zu beschleunigen, daß, wo möglich, die Sitzungen der Nationalversammlung am 1. Mai beginnen können."

Dem Begehren des Vorparlaments, das Herzogtum Schleswig in den Deutschen Bund aufzunehmen, standen in der Bundesversammlung starke Bedenken entgegen. Anders als mit Zustimmung Dänemarks wollte die Bundesversammlung die Aufnahme Schleswigs nicht vollziehen. Es war nämlich zu befürchten, daß Rußland und England in den ohne Kriegserklärung ausbrechenden Krieg in Schleswig-Holstein auf Grund alter Garantieversprechen eingreifen würden, wenn der Deutsche Bund eigenmächtig die Aufnahme Schleswigs als Bundesstaat erklärte. Bei ihrer Zurückhaltung verblieb die Bundesversammlung auch bei dem am 27. April (§ 357, S. 478 ff.) gestellten „Antrag der provisorischen Regierung des Herzogtums Holsteins auf Aufnahme Schleswigs in den Deutschen Bund". Der Antrag „wurde dem für die Angelegenheiten der Herzogtümer Schleswig und Holstein erwählten Ausschuß zur Begutachtung zugewiesen". Über eine solche „Begutachtung" ist den Protokollen jedoch nichts zu entnehmen, woraus zu schließen ist, daß der Ausschuß die Aufnahme Schleswigs in den Deutschen Bund nicht zu empfehlen vermochte.

Viel einfacher lagen die Verhältnisse bei dem Begehren des Vorparlaments, Ost- und West-Preußen in den Deutschen Bund aufzunehmen. Am 11. April (§ 257, S. 379 ff.) beantragte der preußische Bundestagsgesandte auf Weisung seiner Regierung und Wunsch der Provinzialstände „die sofortige Einverleibung der Provinz Preußen (Ost- und West-Preußen) in den Deutschen Bund". Dem wurde sofort entsprochen. In dem Beschluß der Bundesversammlung heißt es:

„1. Der Beitritt der Provinz Preußen (Ost- und West-Preußen) zum Deutschen Bunde wird mit freudiger Anerkennung der dem Antrage zu Grunde liegenden, nationalen und föderalen Gesinnung einstimmig angenommen und somit Ost- und West-Preußen in den Bund aufgenommen.

2. (enthält Maßnahmen zur Teilnahme an der Wahl zur Nationalversammlung)".

Der Aufnahme von Ost- und Westpreußen in den Bund folgte am 22. April (§ 319, S. 447 ff.) ein Antrag Preußens, auch einen Teil des Großherzogtums Posen dem Bunde einzugliedern, damit die darin wohnende überwiegend deutsche Bevölkerung an der Wahl zur Nationalversammlung teilnehmen könne. Auch diesem Antrag wurde von der Bundesversammlung sofort entsprochen. Am 1. Mai (§ 378, S. 507 f.) beantragte Preußen, diesen deutschen Teil des Großherzogtums noch zu erweitern, da insbesondere die Stadt Posen ebenfalls in den Deutschen Bund aufgenommen werden möchte. Die zur Aufnahme vorgeschlagenen weiteren Distrikte umfaßten 273 500 Personen. Die Abstimmung über den preußischen Antrag wurde „auf den Wunsch der Gesandten von Württemberg und Holstein" „bis zur nächsten Bundestagssitzung ausgesetzt". Diese fand am 2. Mai (§ 389, S. 521 f.) statt. Über die Abstimmungen verzeichnet das Protokoll: „Württemberg: stimmt unter der Voraussetzung bei, daß die Bewohner der unter der neuen Aufnahme begriffenen Bezirke, in welchen die polnischen Elemente vorherrschend sind, den Anschluß an den Deutschen Bund in ihrem eigenen Interesse wünschenswert finden. Holstein: Da es sich um Wahrung deutscher Nationalität und deutschen Interesses handle, stimme der Gesandte für den Antrag. Allein er halte für seine Pflicht, bei dieser Gelegenheit hohe Bundesversammlung daran zu erinnern, daß es sich um die Wahrung deutscher Nationalität auch in seinem Vaterlande handle und daß er demgemäß der hohen Bundesversammlung auf das Dringendste die baldigste Be-

schlußnahme über den von ihm gestellten Antrag der Aufnahme Schleswigs in den Deutschen Bund ans Herz lege.
Alle übrigen Gesandten traten einfach dem Königlich-Preußischen Antrage bei."

Über das Schicksal des Antrags auf Aufnahme Schleswigs in den Deutschen Bund vom 27. April, der in der holsteinischen Abstimmung gemeint war, haben wir schon berichtet.

Am 18. April beantragte Baden in der Bundesversammlung die „Einführung vollkommener Verkehrs- und Zollfreiheit zwischen allen Staaten des Deutschen Bundes" (§ 296, S. 415 f.). Der Antrag wurde „an die für die Erfüllung des Artikels 19 der Bundesacte niedergesetzte Commission zur Begutachtung" überwiesen.
In derselben Sitzung stellte Baden noch einen Antrag, der die „provisorische Begründung einer executiven Bundesgewalt" beabsichtigte (§ 297, S. 416 f.). Dazu beschloß die Bundesversammlung auf Präsidialantrag Verweisung an den Revisionsausschuß mit der Aufforderung, in möglichst kurzer Frist Vortrag über den badischen Antrag zu halten. Der Ausschuß berichtete am 3. Mai (§ 406, S. 532 ff.) und empfahl die Annahme des Antrags mit einigen „Modificationen", indem er zu beschließen vorschlug:

„In Erwägung des allgemein gefühlten, namentlich auch von den siebzehn Männern des Vertrauens, wie von denen des Fünfziger-Ausschusses anerkannten Bedürfnisses, ..., beschließt die Bundesversammlung:

Den sämtlichen Bundesregierungen vorzuschlagen, daß sie, ...,
1. bis zu der nach Beendigung der constituirenden Versammlung in's Leben tretenden Neugestaltung des Deutschen Bundes, der Bundesversammlung drei weitere besondere Abgesandte anschließen, und

2. diese Abgesandten in der Art erwählen, daß die beiden größten Bundesstaaten Österreich und Preußen je einen derselben, die übrigen Bundesstaaten ebenfalls Einen ernennen, wobei die letzteren in der Art zu verfahren hätten, daß Bayern drei Männer aus drei verschiedenen Bundesstaaten vorschlägt, aus welchen die übrigen Staaten durch Stimmenmehrheit der 4. bis 17. Stimme der engern Versammlung des Bundestags Einen erwählen.

3. Diese drei Abgesandten behalten vorzugsweise zu ihrer Aufgabe:

   a) die für die innere und äußere Sicherung und Wohlfahrt des Gesamtvaterlandes nötigen Unterhandlungen und Maßregeln,

   b) eine gemeinschaftliche Oberleitung der gesamten Verteidigungseinrichtungen und insbesondere auch die der Volksbewaffnung,

   c) die Vermittlung und Vereinigung der Ansichten und Wünsche der Regierungen unter einander und mit der constituierenden Versammlung in Beziehung auf die im gemeinschaftlichen Vereine in das Leben zu rufende neue deutsche Verfassung.

4. Die drei Abgesandten werden in eiligen Fällen nach eigener Entschließung, in allen andern Fällen aber, nach dem Rate der Bundesversammlung handeln. Sie sind der Nation wie den Regierungen verantwortlich.

5. Die betreffenden Regierungen werden demnach ersucht, baldmöglichst jene Abgesandten zu ernennen, und hierfür an den Sitz des Bundestages wie auch der constituierenden Versammlung zu senden, Bayern insbesondere aber, die drei Vorgeschlagenen der Bundesversammlung zu nennen, damit diese die durch die betreffenden Bundestagsgesandten vorzunehmende Wahl des dritten Abgesandten alsbaldigst veranlassen könne."

Das Protokoll schließt:
„Unter allgemeiner Zustimmung wurden die Anträge zum Beschlusse erhoben."

Der Beschluß der Bundesversammlung widersprach wenigstens teilweise den Forderungen des Fünfziger-Ausschusses. Dieser hatte bezüglich der drei zu benennenden Personen in seinem der Bundesversammlung mitgeteilten Beschluß vom 27. April verlangt:
„Die drei Personen werden von der Bundesversammlung nach Vereinbarung mit den Männern des Vertrauens und mit dem permanenten Ausschusse (der Fünfziger) den Regierungen vorgeschlagen.
Dieselben sind für ihre Handlungen der deutschen Nation verantwortlich, und ihre Wirksamkeit währt so lange, als sich nicht die constituierende Nationalversammlung gegen deren Fortdauer erklärt."
(Pr., § 364, S. 496)

Der Fünfziger-Ausschuß, der sein Recht auf Mitbestimmung aus den revolutionären Ereignissen ableitete, forderte für die demnächst zusammentretende Nationalversammlung völlige Freiheit und Alleinentscheidung über die künftige deutsche Verfassung. Die Bundesversammlung hingegen bestand darauf, daß die neue Verfassung durch Vereinbarung mit den Regierungen ins Leben treten sollte. Die schnelle Durchführung des Bundesbeschlusses vom 3. Mai allein hätte die Bundesversammlung in die Lage versetzen können, die Lenkung der politischen Dinge in der Hand zu behalten und ihre Auffassung einer Vereinbarung der von der Nationalversammlung auszuarbeitenden Verfassung durchzusetzen. Indessen kam es nicht zur Durchführung des Beschlusses. Zwar legte Bayern die von ihm begehrte Dreier-Liste vor, Preußen aber schwankte bezüglich der Person des von ihm zu benennenden Abgesandten, und Österreich ließ nicht von sich hören.

Der Fünfziger-Ausschuß widersprach dem Bundesbeschluß sofort, nämlich mit einem Schreiben vom 5. Mai, welches der Bundesversammlung am 8. Mai (§ 435, S. 559 f.) vom Präsidium zur Stellungnahme vorgelegt wurde. In dem beschlossenen Antwortschreiben wird u. a. gesagt:

„Die Bundesversammlung hat den fraglichen Beschluß, zu welchem der erste Vorschlag aus ihrer Mitte hervorging, im reinsten Gefühl, dem deutschen Vaterlande einen Dienst zu leisten, selbstständig gefaßt, und als Motiv hierzu angeführt, daß auch der Fünfziger-Ausschuß das Bedürfnis eines concentrierten und – wo es nötig ist – beschleunigte Tätigkeit entwickelnden Organs anerkannt habe. Zur vorläufigen Einsetzung dieses Organs die erforderlichen Einleitungen zu treffen, fand sich die Bundesversammlung – ... – vollkommen befugt. Wenn der Fünfziger-Ausschuß von der Voraussetzung ausgeht, daß die Bundesversammlung hierbei an den von ihm unterm 27. April gefaßten Beschluß irgendwie gebunden sei, so kann man hierin nur eine Verkennung der Stellung des Fünfziger-Ausschusses und der der Bundesversammlung gegenüber den Regierungen zukommenden Befugnisse erblicken, und indem die Bundesversammlung ihr Bedauern ausspricht, daß bei den nach ausdrücklichem Beschlusse des Fünfziger-Ausschusses veröffentlichten Verhandlungen desselben so maßlose Angriffe eines seiner Mitglieder vorkommen konnten, wie solche in öffentlichen Blättern zu lesen sind, muß sie die Protestation des Fünfziger-Ausschusses gegen den gesetzmäßigen Gang dieser Angelegenheit entschieden zurückweisen."

Bedenkt man, wie kläglich das Werk der Nationalversammlung schließlich scheiterte, so muß man wohl bedauern, daß die Bundesversammlung sich in ihrem Bemühen, wie es sich in ihrem Beschluß vom 3. Mai ausspricht, nicht durchzusetzen vermochte. Die Schuld daran ist den beiden deutschen Großmächten anzulasten, obwohl ihnen zugute zu halten ist, daß sie in ihrer damaligen Lage nur schwer den Mut zu energischem, zukunftsbewußtem Handeln aufbringen konnten. Einige Monate später war es anders, und sie setzten sich entschieden zur Verteidigung ihrer Belange zur Wehr. Während der Schwäche der deutschen Regierungen, wie sie noch im Monat Mai bestand, arbeitete die Zeit für die revolutionäre Bewegung. Eine Evolution, wie sie die Bundesversammlung ermöglichen wollte, wäre wohl besser gewesen. Ob sie ebenso wie die Revolution gescheitert oder erfolgreich gewesen wäre, läßt sich natürlich nicht entscheiden.

Die Nationalversammlung sollte nach dem Bundesbeschluß vom 7. April am 1. Mai 1848 mit ihren Sitzungen beginnen. In Anbetracht dessen, daß sich dies nach Mitteilung mehrerer Bundesstaaten nicht ermöglichen ließe, wurde von der Bundesversammlung am 26. April (§ 352, S. 474) beschlossen:

„diejenigen Regierungen, in deren Landen die Wahlen nicht schon früher vollendet sein können, aufzufordern, dieselben in der Weise zu beschleunigen, daß die Sitzungen der Nationalversammlung am 18. Mai beginnen können, ..."

Am Tage darauf, dem 27. April, legten die siebzehn Männer des öffentlichen Vertrauens in der Bundesversammlung „den von ihnen ausgearbeiteten Entwurf einer Verfassung für Deutschland" vor. „Das hierzu vom Professor Dahlmann verfaßte Vorwort" wurde verlesen (Pr., S. 477). Vorwort und Verfassungsentwurf sind als Beilage zum Protokoll (S. 485 bis 493) abgedruckt.

Die Versammlung sah keine Veranlassung, einer alsbaldigen Veröffentlichung des Entwurfs auf eigene Verantwortung der Männer des Vertrauens zu widersprechen. Es wurde ferner „allseitig anerkannt", daß das Verbleiben der Vertrauensmänner „in Frankfurt zur Beratung der Bundesversammlung in den hierzu geeigneten Fällen, und insbesondere über den von ihnen eingereichten Verfassungsentwurf, wünschenswert erscheine".

Aus dem Entwurf zitieren wir dessen § 5:
„Die Würde des Reichsoberhaupts (deutschen Kaisers) soll um der Sicherstellung der wahren Wohlfahrt und Freiheit des deutschen Volks willen erblich sein." (S. 488)

Zu dem Verfassungsentwurf legte der Großherzoglich-Hessische Bundestagsgesandte Frh. v. Lepel als Referent des Revisionsausschusses ein Promemoria vor, mit dem sich die Bundesversammlung am 4. Mai befaßte. Der besondern Vertraulichkeit wegen wurde es in einem Separat-Protokoll – unter Ziffer 3 (S. 546 ᶜ⁻ᵍ) – festgehalten. Der Antrag des Revisionsausschusses dazu, der einstimmig zum Beschluß erhoben wurde, lautete:
„Die Bundesversammlung wolle den allerhöchsten und höchsten Regierungen das von ihrem Revisionsausschusse eingereichte Promemoria, unter Bezugnahme auf den Beschluß vom gestrigen wegen Anordnung einer Bundes-Centralbehörde, zur gutfindenden Kenntnisnahme einsenden, mit dem Antrage jedoch, nicht nur ihre Gesandten, bezüglich des bereits zu ihrer Kenntnis gebrachten, von den siebenzehn Männern des Vertrauens ausgearbeiteten Verfassungsentwurf, mit Instruction zu versehen, sondern auch den Gesandten ausgedehnte Vollmachten in Beziehung auf die Verhältnisse der Regierungen zu der Nationalversammlung und die Verhandlungen mit derselben zu erteilen." (S. 546 ᶠ f.)

Trotz der Vertraulichkeit erhielt der Fünfziger-Ausschuß Kenntnis von diesem Beschluß. Er richtete deshalb an die Bundesversammlung ein Schreiben vom 10. Mai, welches das Präsidium am folgenden Tage beantwortete (Pr. v. 12. Mai, § 468, S. 583 f.). Wir gehen auf diesen Schriftwechsel nicht näher ein. Sowohl für den Fünfziger-Ausschuß als auch für die Bundesversammlung waren die Tage des Wirkens gezählt, denn bereits am 18. Mai begann die Nationalversammlung zu tagen. Auch für die Bundesversammlung, die noch zwei Monate tätig blieb, bestand keine Möglichkeit mehr, die Lenkung des weiteren Geschehens in den Griff zu bekommen.

Äußerungen zu dem Verfassungsentwurf der Vertrauensmänner enthält das Protokoll der Bundesversammlung vom 17. Mai (§ 513, S. 611 ff.), und zwar von seiten der Königreiche Sachsen und Hannover sowie einiger kleinerer Staaten, zu denen sich am 2. Juni (§ 590, S. 657) noch Schwarzburg-Rudolstadt gesellte. Die Zeit arbeitete im

Mai 1848 gegen den Bundestag. Er hatte sich vergeblich bemüht, die Zügel in der Hand zu behalten und die Vereinbarung einer neuen Bundesverfassung zwischen Regierungen und Nationalversammlung zu erreichen.

Mit einem Schreiben vom 23. Mai baten die siebzehn Männer des öffentlichen Vertrauens, „die Bundesversammlung wolle die Auflösung des Rats der Vertrauensmänner ausdrücklich aussprechen, und die Mitglieder desselben ihrer Obliegenheiten in dieser Stellung entheben" (Pr. v. 27. Mai, § 549, S. 632).

Demgemäß wurde am 5. Juni von der Bundesversammlung beschlossen:

„Die Auflösung des Rates der Vertrauensmänner, im Hinblicke auf die erfolgte Erledigung seiner Aufgabe, auszusprechen und die Mitglieder desselben ihrer Obliegenheiten in dieser Stellung zu entheben, zugleich aber das Präsidium zu ersuchen, den Vertrauensmännern den Dank der Bundesversammlung für den regen Eifer auszudrücken, mit welchem sie sich dem ihnen übertragenen schwierigen Geschäfte gewidmet haben." (§ 601, S. 666)

Die revolutionären Ereignisse bewirkten einen Austausch fast aller Bundestagsgesandten. In der Sitzung vom 15. Mai wurde Preußen erstmals durch den neuen Gesandten von Usedom an Stelle des Grafen von Dönhoff vertreten, obwohl dieser sich in den kritischen Monaten des Jahres 1848 besondere Verdienste um die Erhaltung der Kraft des Bundestages erwarb. Österreich änderte zum zweitenmal im Jahre 1848 den Gesandten. In der Sitzung vom 19. Mai führte Graf von Colloredo als seinen Nachfolger den Ritter von Schmerling ein, der bis dahin Österreich unter den siebzehn Vertrauensmännern vertrat. Überdies gehörte Schmerling zu den Abgeordneten der Nationalversammlung, so daß er günstige Voraussetzungen besaß, in dem weiteren Geschehen eine bedeutende Rolle zu spielen.

In der ersten Sitzung unter dem neuen Präsidialgesandten am 19. Mai kam es zu dem nachfolgenden Beschluß zufolge des badischen Antrags vom 18. April „auf Einführung vollkommener Verkehrs- und Zollfreiheit zwischen allen Staaten des Deutschen Bundes" (§ 531, S. 622):

„Um zu der Ausführung der notwendigen Freiheit des innern Verkehrs und zu einem großen einheitlichen Handels- und Zollsystem in

möglichst kurzer Frist gelangen zu können, ergeht an die sämtlichen
jetzt noch durch verschiedene Zollsysteme getrennten deutschen Bundesstaaten, nämlich

1. an Österreich,
2. an Preußen und die mit ihm im Zollvereine verbundenen deutschen Staaten,
3. an Hannover und die mit ihm im Steuervereine verbundenen Staaten,
4. an das Herzogtum Holstein,
5. an die beiden Großherzogtümer Mecklenburg,
6. an die drei freien Hansestädte Lübeck, Bremen und Hamburg

die Aufforderung, sachverständige Männer hierher nach Frankfurt zu
senden, welche über ein gemeinschaftliches Handels- und Zollsystem
sich zu verständigen und die geeigneten Vorschläge zur Ausführung
zu machen haben."

Eine praktische Auswirkung hatte dieser Beschluß nicht mehr; es erging ihm damit ebenso wie dem Verfassungsentwurf der siebzehn
Vertrauensmänner und Badens Antrag auf provisorische Begründung
einer executiven Bundesgewalt. Die Regierungen wußten sich in jenen
erregten Tagen nicht zu schnellem, einmütigem Handeln aufzuraffen;
sie versäumten es so, der Nationalversammlung eine von ihnen abhän-
gige kraftvolle Institution entgegenzusetzen. So erhielt denn die Nationalversammlung vorerst freie Hand, die nationalen Belange
Deutschlands nach ihrem Belieben allein zu vertreten. Zu einer Zusammenarbeit zwischen dem Bundestag und der Nationalversammlung kam es nicht.

Auf Antrag des Revisionsausschusses beschloß die Bundesversammlung am 17. Mai (§ 517, S. 613 f.), ein kurzes Begrüßungsschreiben an
die Nationalversammlung zu ihrer Eröffnung am 18. Mai zu senden.
Es lautete:

„Die Macht außerordentlicher Begebenheiten, das Verlangen, welches
sich laut in unserm ganzen Vaterlande ausgesprochen hat, und der aus
Beiden hervorgegangene Aufruf der Regierungen, haben in dieser
großen Stunde eine Versammlung hierhergeführt, wie unsere Geschichte sie noch niemals sah.
In seinen Grundfesten hat das alte politische Leben gebebt, und von
dem Jubel und dem Vertrauen des ganzen deutschen Volkes begrüßt,
erhebt sich eine neue Größe: das deutsche Parlament.

Die deutschen Regierungen und ihr gemeinschaftliches Organ, die Bundesversammlung, mit dem deutschen Volke in der gleichen Liebe für unser Vaterland vereint, und aufrichtig huldigend dem neuen Geiste der Zeit, reichen den Nationalvertretern die Hand zum Willkomm, und wünschen Heil und Segen."

Während in der Verfassungsfrage zwischen Fünfziger-Ausschuß und Bundesversammlung hart gerungen wurde, nämlich darum, ob die neue deutsche Verfassung durch Vereinbarung oder allein als Werk der Nationalversammlung entstehen sollte, bestand weitgehende Einigkeit in dem nationalen Anliegen, soweit es Schleswig-Holstein betraf. Hierin war Preußen der führende deutsche Staat. Indessen verliefen die Dinge anders als gedacht. Am 13. April hatte der preußische Gesandte in der Bundesversammlung darüber berichtet, daß die militärischen Umstände verlangten, daß preußische Truppen in Schleswig vorrückten (s. S. 244). Dem folgte eine Woche später, am 20. April (§ 306, S. 432 f.), der folgende Bericht:

„Der Gang der Ereignisse in Schleswig ist rascher gewesen, als es erwartet werden konnte. Dänemark hat in seinen, von der Flotte unterstützten Operationen eine größere Schnelligkeit und Energie entwickelt, als man in Schleswig voraussah, und anderer Seits haben sich die unorganisierten Streitkräfte der provisorischen Regierung ungeeignet gezeigt, den regulären Truppen des Feindes in offenem Felde zu begegnen.

Die Königlichen Truppen, welche bereits in und um Rendsburg standen, waren nicht im Stande, diesem Ausgange vorzubeugen. Da die Cavalerie und ein Teil der Artillerie noch nicht eingetroffen war (weil es in der Unmöglichkeit lag, daß sie der mit Eisenbahn beförderten Infanterie so rasch folgen konnte), so war der Befehlshaber der diesseitigen Truppen noch nicht im Stande, seine Operationen zu beginnen, ohne sich den ungünstigsten Chancen auszusetzen. Auch war in den Bewegungen der Hülfstruppen, welche von den Staaten des 10. Bundes-Armeecorps, besonders von Hannover, erwartet wurden, eine Zögerung eingetreten, welche den diesseitigen Befehlshaber in seinen Operationen hemmen mußte, da Holstein in jedem Falle nicht entblößt und ohne Verteidigung gelassen werden durfte.

Es ist zu bedauern, daß es Dänemark nun gelungen ist, bereits einen so großen Teil von Schleswig zu besetzen. Es wird denselben nicht gutwillig räumen, und Preußen und seinen Bundesgenossen wird da-

her die Aufgabe obliegen, die Räumung zu erzwingen. Dies wird mit allem Nachdruck unternommen werden, sobald militärisch Alles so vorbereitet ist, daß man des Erfolges gewiß sein kann. Der Augenblick dazu steht nahe bevor.
..."

Auch Fragen „zur Bildung einer deutschen Kriegsflotte" wurden in der Bundestagssitzung vom 20. April – wie auch schon zwei Tage zuvor – erörtert, nachdem schon durch Beschluß vom 13. April Preußen u. a. ersucht worden war, „wo möglich durch Vertrag mit einer Seemacht für den Schutz der deutschen Küsten- und Seestädte Vorsorge zu treffen". Wir beschränken uns darauf, aus der Sitzung vom 20. April Ausführungen aus einem Kommissionsbericht wiederzugeben, die sich in einem Separatprotokoll vom gleichen Tage (Ziffer 2, S. 444 ᵇ f.) befinden:

„Die Gefahren, welche unter den gegenwärtigen Verhältnissen die gesamten Handels- und Schiffahrts-Interessen des nördlichen Deutschlands, insbesondere aber auch die Sicherheit der norddeutschen Küsten und Hafenplätze selbst bedrohen, lassen es wünschenswert erscheinen, daß hohe Bundesversammlung ein Mitglied aus ihrer Mitte mit behufiger Vollmacht, um als Abgesandter des hohen Deutschen Bundes mit dem Cabinet Ihrer Großbritannischen Majestät in Communication treten zu können, baldtunlichst nach England entsende, damit dasselbe im Einvernehmen mit der Königlich-Preußischen und Königlich-Hannöverischen Gesandtschaft zu London sich möglichst vollständige Kenntnis von den in den obigen Beziehungen dort herrschenden Ansichten zu verschaffen, die Natur der zwischen dem Bunde und Seiner Majestät dem König von Dänemark entstandenen Differenzen über die Schleswig-Holsteinische Frage als deutsche Bundesangelegenheiten darzulegen, und darüber bestehende irrtümliche Ansichten zu berichtigen suche; endlich aber für den Fall, daß eine Blockade oder feindliche Angriffe auf die einzelnen Hafenplätze als fortdauernd zu betrachten wären, Notizen darüber einziehe, ob in England oder anderswo Gelegenheit zur Anschaffung von Kriegs-Dampfschiffen und anderer Armierungsgegenstände zu finden sei, und darüber zu berichten."

Zufolge eines an diese Ausführungen anschließenden Antrags des Ausschusses wurde von der Bundesversammlung beschlossen:

„1. daß die Entsendung eines Abgeordneten der Bundesversammlung in der Person des Gesandten der freien Stadt Hamburg, Herrn Syndikus Banks, mit der oben angedeuteten Bestimmung sofort stattzufinden, und

2. der Bundestags-Ausschuß zu diesem Behufe die dem genannten Abgeordneten mitzugebenden Instructionen fördersamst auszuarbeiten und der Bundesversammlung zur Genehmigung vorzulegen habe." (S. 444 [c])

Die mitzugebenden Instruktionen wurden schon am 22. April beschlossen (Sep.-Pr., Ziffer 3, S. 452 [d] ff.). An diesem Tage wurde die Bundesversammlung auch vom preußischen Gesandten über einen Einspruch der englischen Regierung gegen den Einmarsch preußischer Truppen in das Herzogtum Schleswig unterrichtet, wobei sich England auf seine Garantie aus einem Vertrag von 1720 berief. Die englische Note datierte vom 18., die preußische Antwort vom 19. April. Beide sind im Separatprotokoll (Ziffer 2, S. 452 [b] ff.) abgedruckt. Preußen verwies in seiner Antwort auf die Zuständigkeit des Deutschen Bundes, den es unterrichten wolle. Der letzte Absatz der Antwort lautete:

„Si le Gouvernement Britannique voulait, par son influence sur le Gouvernement Danois, contribuer à cette pacification, la Diète Germanique reconnaitrait sans doute volontiers les bons offices d'un allié bienveillant et impartial dans l'intérêt commun de la paix et de l'ordre." (S. 452 [d])

(Eigene Übersetzung: Wenn die britische Regierung durch ihren Einfluß auf die dänische Regierung zu dieser Befriedung beitragen möchte, würde der deutsche Bundestag ohne Zweifel gern die guten Dienste eines wohlwollenden und unparteiischen Verbündeten im gemeinen Interesse von Frieden und Ordnung anerkennen.)

Demgemäß beschloß die Bundesversammlung:

„die bona officia Englands zur Ausgleichung der Differenz zwischen Dänemark und dem Deutschen Bunde anzunehmen" und „daß Preußen ermächtigt sei, Namens des Bundes hiernach zu verfahren …"
(S. 452 [d])

Die Vermittlung Englands war langwierig und verdrießlich, zumal die Feindseligkeiten sich zunächst noch verstärkten. Der politische Druck auf Preußen nahm indessen zu. Auch Rußland und Schweden mißbilligten Preußens Vorgehen gegen Dänemark, und so trat denn neben die englische noch eine schwedische Vermittlung. Angesichts des Drucks der Großmächte befand sich Preußen in einer peinlichen Lage. Die Unterstützung, die es durch andere Bundesstaaten empfing, war gering. Österreich stand völlig abseits und ließ während der ganzen Zeit der Kämpfe gegen Dänemark die diplomatischen Beziehungen bestehen. Wir berichteten, daß sich auch Lauenburg aus dem Streit um Schleswig herauszuhalten trachtete. Dasselbe kann von den Hansestädten behauptet werden, die nach Möglichkeit durch Wohlverhalten eine Schädigung ihres Handels durch dänische Blockademaßnahmen zu vermeiden suchten. Preußen sah sich zufolge mangelnder Unterstützung und massiven Drucks anderer Mächte genötigt, am 26. August 1848 den Waffenstillstand von Malmö abzuschließen, worüber in anderem Zusammenhang näher berichtet werden soll.

In der Geschichte der Nationalversammlung war ein Akt von besonderer Bedeutung die Wahl von Erzherzog Johann, Bruder des verstorbenen letzten deutschen Kaisers Franz II., am 29. Juni 1848 zum Reichsverweser. Mit dieser Wahl war die Ausübung einer executiven Gewalt durch ein Dreier-Direktorium als Einrichtung der Bundesversammlung endgültig hinfällig; denn die Ausübung dieser Gewalt oblag nunmehr dem Reichsverweser. In diesen bewegten Wochen des Nebeneinander von Bundestag und Nationalversammlung spielte der Präsidialgesandte und Abgeordnete der Nationalversammlung Schmerling eine entscheidende Rolle. Ihm gelang es, den weiteren Verlauf der Revolution zugunsten Österreichs zu wenden, dessen politische Stellung in dem revolutionären Geschehen in Deutschland bis dahin sehr schwach war. Preußen hatte in den vergangenen Jahren eine starke Stellung in Deutschland erringen können; die Mehrheit der Abgeordneten der Nationalversammlung, insbesondere ihr Präsident Heinrich von Gagern, trachteten Preußen die Führung Deutschlands anzuvertrauen. Indem die Nationalversammlung ein Mitglied des österreichischen Kaiserhauses zum Reichsverweser wählte, war ein starkes Hindernis für die Durchsetzung einer preußischen Führung errichtet. Heinrich von Gagern erkannte dies wohl nicht sofort, anders aber der überlegene Schmerling, unter dessen Leitung noch am 29. Juni abends 6 Uhr eine Bundestagssitzung stattfand, deren einziger Gegenstand die Würdigung der Wahl des Reichsverwesers war.

Das über die Sitzung errichtete Protokoll (S.718 f.) geben wir nachstehend – etwas gekürzt – wieder:
„Präsidium eröffnete die Sitzung mit nachstehendem Vortrage:
Die deutsche Nationalversammlung hat in ihrer heutigen, so eben
beendeten Sitzung Seine Kaiserliche Hoheit, Johann Erzherzog von
Österreich, zum Reichsverweser erwählt.
Dieses Ereignis gehört zu den bedeutungsvollsten der Geschichte unsers gemeinsamen Vaterlandes. Mit welcher Innigkeit, ja Begeisterung
die Nation durch das gesetzliche Organ ihrer in Frankfurt versammelten Vertreter, so wie die Tausende, welche in der Sct. Paulskirche
und deren nächster Umgebung mit erwartungsvoller Beklommenheit
der Entscheidung dieser großen Stunde harrten, dies Ereignis begrüßt
haben, wir Alle waren Zeugen davon, selbst tief bewegte Zeugen dieser ergreifenden und glückverheißenden Kundgebung.
Wie freudig aber auch Ihrer Seits die Fürsten dem neuen Reichsverweser entgegen kommen werden, dafür bürgen uns (die) hier vereinten Bevollmächtigten derselben, die Gesinnungen, welche uns diese
Fürsten in Bezug auf die nunmehr Erwählten bereits bei Gelegenheit
der Verhandlungen über die Bildung einer Executivgewalt eben so
entschieden als einhellig kund gegeben haben.
…
Damit jedoch der allverehrte Reichsverweser diese hohe Bestimmung
zu erfüllen im Stande sei, muß Er Sich ihr mit Beruhigung und Zuversicht widmen können. Ihm diese zu gewähren, vermag aber nur die
Gewißheit allseitiger Zustimmung, aufrichtigen und innigen Anschlie-
ßens der Gesamtheit, der Fürsten wie des Volkes.
An der Bundesversammlung ist es, ihm im Namen der Fürsten, deren
Gesinnungen uns Allen ja hinlänglich bekannt sind, diese Zusicherung
zu erteilen, und glaubt daher das Präsidium beantragen zu sollen, daß
dies zur Stunde in bündiger, entschiedener Weise geschehen möge.
Sämtliche Gesandten traten diesem Antrage bei, und wurde demgemäß einhellig
                          beschlossen:
nachstehendes Schreiben an Seine Kaiserliche Hoheit den Herrn Erzherzog Reichsverweser zu richten:
                Durchlauchtigster Erzherzog!
In würdigem feierlichem Acte wurden Eure Kaiserliche Hoheit so
eben von der deutschen Nationalversammlung zum Reichsverweser
unsers großen Vaterlandes erwählt.

Die Bundesversammlung teilt die Verehrung mit der ganzen deutschen Nation für Eure Kaiserliche Hoheit, und die erhebenden patriotischen Gefühle, die sich an dieses große Ereignis knüpfen; sie teilt das feste Vertrauen, daß diese Wahl heilverkündend und die beste Bürgschaft für die Einheit und Kraft, für die Ehre und Freiheit des Gesamtvaterlandes sein werde. Sie beeilt sich, Eurer Kaiserlichen Hoheit diese Überzeugung und diese Gesinnungen glückwünschend auszudrücken.

Ganz besonders aber gereicht es den in der Bundesversammlung vereinigten Bevollmächtigten der deutschen Regierungen zur höchsten Genugtuung, Eurer Kaiserlichen Hoheit die Versicherung ausdrücken zu dürfen, daß sie schon vor dem Schlusse der Beratungen über die Bildung einer provisorischen Centralgewalt von ihren Regierungen ermächtigt waren, für die Wahl Eurer Kaiserlichen Hoheit zu so hohem Berufe sich zu erklären.

Die deutsche Bundesversammlung ist in dieser eben so großen als ernsten Zeit von dem wärmsten Wunsche belebt, Eure Kaiserliche Hoheit mögen dem allseitigen Vertrauen und der Berufung zu der erhabenen Würde möglichst bald entsprechen und dadurch ihre Hoffnungen bestärken, die Vorsehung werde die deutsche Nation zu neuen Zeiten des Heiles und der Größe führen.

Präsidium erklärte hierauf die heutige Beratung für geschlossen, da die Würde des verhandelten Gegenstandes eine weitere Geschäftserledigung nicht wohl zulasse."

Der Reichsverweser trat sein Amt am 12. Juli an. An diesem Tage trat die Bundesversammlung um 10 Uhr vormittags zu einer Plenar-Sitzung zusammen. Über deren Eröffnung sagt das Protokoll (S. 755 f.):

„Präsidium eröffnete die heutige Plenarversammlung mit der Anzeige, daß seine Kaiserliche Hoheit der Durchlauchtigste Herr Erzherzog **Reichsverweser** die hohe Würde eines Regenten Deutschlands in einer diesen Vormittag stattfindenden feierlichen Sitzung der deutschen Nationalversammlung antreten werde und die Bundesversammlung in Folge dessen Seine Kaiserliche Hoheit durch eine an Höchstdieselben zu entsendende Deputation geziemend einzuladen hätte, nach Beendigung jener Feierlichkeit in ihrer Mitte erscheinen zu wollen, um die Ausübung der verfassungsmäßigen Befugnisse und Verpflichtungen, welche der Bundesversammlung zugestanden haben und nunmehr Namens der deutschen Regierungen auf die provisorische

Centralgewalt zu übertragen, beziehungsweise in die Hände Seiner Kaiserlichen Hoheit als Verweser des deutschen Reiches zu legen sein werden, mit der von der Bundesversammlung als Organ dieser Regierungen gleichzeitig abzugebenden Zusicherung entgegenzunehmen, daß dieselben der Centralgewalt ihre Mitwirkung zu allen Verfügungen, welche Deutschlands Macht im Innern wie nach Außen begründen und befestigen sollen, freudig bieten werden."

Nachdem entsprechend beschlossen war, wurde die Sitzung für eine Stunde unterbrochen und um 11 $^1/_2$ Uhr nach Erscheinen des Reichsverwesers fortgesetzt. Die Begrüßung durch den Präsidialgesandten mit der Geschäftsübergabe lautete:
„Die Nationalversammlung, und in ihr die Vertreter des deutschen Volkes, hat Eurer Kaiserlichen Hoheit, dem von ihr erwählten Reichsverweser, eben erst in feierlicher Stunde ihre Huldigung dargebracht. Mit lautem Jubel hat sie ausgesprochen, daß sie Deutschlands Recht und Deutschlands Freiheit, die Unabhängigkeit, die Ehre und die Macht des deutschen Volkes Eurer Kaiserlichen Hoheit vertraue.
Die Bundesversammlung war es, die Sie, erlauchter Prinz, an dem denkwürdigen Tage Ihrer Wahl auch im Namen der deutschen Regierungen als Reichsverweser freudig begrüßte. Sie sah ihre Wünsche erfüllt, indem Eure Kaiserliche Hoheit dieses hohe Amt anzunehmen erklärt haben, und mit großer Befriedigung hat sie es vernommen, daß Sie, hoher Fürst, auf den Ausdruck des Vertrauens, womit sämtliche deutschen Regierungen Ihnen entgegenkamen, den entschiedensten Wert legten.
Eure Kaiserliche Hoheit treten an die Spitze der provisorischen Centralgewalt, jener Gewalt, geschaffen nach dem Wunsche des deutschen Volkes, um für die allgemeine Sicherheit und Wohlfahrt des deutschen Bundesstaates zu sorgen, seine bewaffnete Macht zu leiten, und seine völkerrechtliche Vertretung auszuüben. Nach der Verfassung Deutschlands war die Bundesversammlung berufen und verpflichtet, die Sicherheit und Unabhängigkeit unseres Vaterlandes zu wahren, den Bund in seiner Gesamtheit vorzustellen, und das beständige Organ seines Willens und Handelns zu sein. Sie war berechtigt, für die Aufrechterhaltung friedlicher und freundschaftlicher Verhältnisse mit den auswärtigen Staaten Sorge zu tragen, Gesandte von fremden Mächten anzunehmen und im Namen des Bundes solche an dieselben abzuordnen, Unterhandlungen für den Bund zu führen und

Verträge für denselben abzuschließen. Der Bundesversammlung war es übertragen, die auf das Militärwesen des Bundes Bezug habenden militärischen Einrichtungen, und die zur Sicherstellung seines Gebietes erforderlichen Verteidigungsanstalten zu beschließen und zu überwachen, über Krieg und Frieden zu entscheiden.

Die Bundesversammlung überträgt Namens der deutschen Regierungen die Ausübung dieser ihrer verfassungsmäßigen Befugnisse und Verpflichtungen an die provisorische Centralgewalt, sie legt sie insbesondere mit dem Vertrauen in die Hände Eurer Kaiserlichen Hoheit, als des deutschen Reichsverwesers, daß für die Einheit, die Macht und die Freiheit Deutschlands Großes und Erfolgreiches erzielt werden, Ordnung und Gesetzlichkeit bei allen deutschen Stämmen wiederkehren, und das deutsche Volk der Segnungen des Friedens und der Eintracht dauernd sich erfreuen werde.

Die deutschen Regierungen, die nur das wohlverstandene Interesse des Volkes kennen und beachten, sie bieten freudig die Mitwirkung zu allen Verfügungen der Centralgewalt, die Deutschlands Macht nach Außen und im Innern begründen und befestigen sollen.

Mit diesen Erklärungen sieht die Bundesversammlung ihre bisherige Tätigkeit als beendet an, und die Gesandten erneuern den Ausdruck ihrer persönlichen Huldigung für Euere Kaiserliche Hoheit den deutschen Reichsverweser." (S. 756 f.)

Die Bundesversammlung sah also nach diesen Erklärungen „ihre bisherige Tätigkeit als beendet an", nachdem sie ihre Befugnisse auf den Reichsverweser als „die Spitze der provisorischen Centralgewalt" übertragen hatte. Eine Auflösung der Bundesversammlung war damit nicht ausgesprochen. Die Möglichkeit eines Wiederzusammentritts blieb also offen.

VII. Die unruhige Zeit bis zur Wiederaufnahme der Bundestagstätigkeit

1. *Das Scheitern der Revolution*

Zwei Forderungen beherrschten die politische Geschichte Deutschlands im neunzehnten Jahrhundert vor allem: die nationale Einigung und das Verfassungsbegehren. Dem letzteren hatten insbesondere die süddeutschen Staaten schon in der Anfangszeit des Deutschen Bundes entsprochen; die Revolution des Jahres 1830 brachte der konstitutionellen Bewegung weitere Erfolge, so in Kurhessen und den Königreichen Sachsen und Hannover. Das reaktionäre Verhalten des Bundestags konnte die Entwicklung zur parlamentarischen Demokratie in den konstitutionellen Staaten allenfalls verzögern, aber nicht verhindern. Der Beginn des fünften Jahrzehnts verlieh dem nationalen Gedanken Auftrieb als Erwiderung auf neuerliche Gelüste Frankreichs nach der Rheingrenze. In der Mitte des Jahrzehnts gewann der Nationalismus durch die Zuspitzung in der schleswig-holsteinischen Frage an Stärke.

Das überragende Ereignis des Jahrzehnts, die Revolution im Jahre 1848, ist denn auch treffend gekennzeichnet durch Nationalismus und Konstitutionalismus. Wenn ein einziges Prädikat das Wesen dieser Revolution ausdrücken soll, so meinen wir, daß sie nationaldemokratisch zu nennen ist. Damit soll nicht geleugnet werden, daß sich in ihr auch Bewegungen geltend machten, die nicht durch das genannte Prädikat erfaßt werden, wobei wir an die Forderung einer deutschen Republik und an die in ihren Anfängen befindliche sozialistische Bewegung denken. Aber sie blieben Randerscheinungen, die allerdings zum Scheitern der Revolution wesentlich beitrugen.

Schon auf dem Wartburgfest im Jahre 1817 wurden Forderungen laut, die im Jahre 1848 auf Erfüllung hoffen konnten. Damals waren es Professoren und Studenten, war es eine dünne Schicht geistiger Führung, die Ideen Ausdruck verlieh, denen die Zukunft gehören sollte.

Auf dem Hambacher Fest im Jahre 1832 waren die burschenschaftlichen Forderungen schon Allgemeingut des Volkes geworden; das
Bürgertum insgesamt hatte sie sich zu eigen gemacht. Scheinbar gelang es der Reaktion noch einmal, die fortschrittlichen Forderungen
zum Schweigen zu bringen. Aber ein Fortwirken in den Ständekammern und in der öffentlichen Meinung war trotz Pressezensur und
Verbot politischer Parteien nicht zu verhindern. Die im Jahre 1848
auftretenden Parteien bildeten sich im Vormärz im stillen, ohne daß
sie in organisierter Form an die Öffentlichkeit traten.

Im Jahre 1847 hatten sich die Verhältnisse so weit zugespitzt, daß eine
Änderung der staatlichen Zustände unvermeidbar schien. Als Beweis
für das Erstarken der Opposition in den süddeutschen Landtagen, für
ihr wachsendes Bewußtsein um die eigene Kraft kann eine Versammlung in Heppenheim im Oktober 1847 gelten. Es handelte sich um
eine Zusammenkunft der badischen, württembergischen und hessisch-
darmstädtischen Kammeropposition mit anderen führenden Oppositionellen aus Westdeutschland. Dabei kam es „zu einer Aussprache
über das Vorgehen im Laufe der nächsten Monate" (Valentin, Bd. 1,
S. 162). Die Opposition rüstete sich also zum Kampf auf breiter
Front.

Das Jahr 1848 begann mit Unruhen in Mailand, die auf andere Ge-
genden Italiens übergriffen. Am 12. Februar stellte Bassermann, ein
Führer der Liberalen in der badischen Zweiten Kammer, dort den Antrag, den Großherzog zu bitten, „auf geeignete Weise dahin wirken
zu wollen, daß zur Vertretung der deutschen Nation Ständekammern
am Bundestag als ein sicheres Mittel zur Erzielung gemeinsamer Gesetzgebung und einheitlicher Nationaleinrichtungen geschaffen werden" (Huber, VG., Bd. 2, 2. Aufl., S. 590). Das war eine revolutionäre
Forderung, die auf eine grundlegende Revision der deutschen Bundesverfassung zielte.

Zu der geistigen Entwicklung, die sich im Vormärz vollzogen hatte
und auf Änderung der staatlichen Zustände drängte, kam hinzu, daß
auch die wirtschaftlichen Verhältnisse den Ausbruch der Revolution
begünstigten. Das Jahr 1847 brachte in der wirtschaftlichen Entwicklung den Tiefpunkt einer Depression, wie sie jede Phase eines Aufschwungs nach sich zu ziehen pflegt. Eine Notlage auf dem Lande bestand schon infolge der Bevölkerungszunahme. Sie wurde mancher-

orts durch Mißernten verschärft und auch durch Lasten aus der noch nicht überall aufgehobenen veralteten Feudalordnung. Hinzu kam eine Notlage bei vielen Handwerksgesellen, die unter der begonnenen Industrialisierung litten und unter ihren kleinbürgerlichen Stand in das entstehende Industrie-Proletariat abzusinken drohten. (Wegen ausführlicherer Darstellung der wirtschaftlichen Gegebenheiten sei auf Hamerow, Teil I, Ziff. 5, S. 75 ff. verwiesen.) In der Tat trat bei Ausbruch der Revolution eine sozialrevolutionäre Bewegung stark in Erscheinung, wovon Baden am härtesten betroffen wurde.

Der Umsturz in Paris in den letzten Februartagen 1848 griff alsbald auf das Frankreich benachbarte Großherzogtum Baden über. Schon am 27. Februar kam es in Mannheim, am 29. Februar in Heidelberg und am 1. März in Karlsruhe zu Massenversammlungen. Während diese sich ohne Gewaltanwendung auf die Durchsetzung politischer Forderungen beschränkten, ereigneten sich schwere Aufstände unter der notleidenden Landbevölkerung des Odenwalds und des Schwarzwalds mit dem Ziel, die drückenden Feudallasten abzuschütteln. Der Aufruhr griff sehr schnell auf andere deutsche Staaten über und erinnerte an die Bauernkriege im sechzehnten Jahrhundert.

Die sozial-revolutionären Unruhen, die hier und da von dem in Entstehung befindlichen Industrie-Proletariat unterstützt wurden, entsprachen gar nicht dem Sinne der liberalen Führer der Revolution. Der liberale Gedanke wurde hauptsächlich von der bürgerlichen Oberschicht vertreten. Das Unternehmertum wünschte freie wirtschaftliche Betätigung; der Staat sollte sich einer Bevormundung enthalten und seine Ordnungsfunktion auf das unbedingt Notwendige beschränken. Von der Idee her vertrug sich der Liberalismus ebenso gut mit der Forderung der Republik wie mit einer konstitutionellen Monarchie, zu der sich die Mehrheit der Liberalen bekannte.

Den gemäßigten Liberalen standen die radikaleren Demokraten gegenüber, die damals auch schlechthin als Radikale bezeichnet wurden. Stand für die Liberalen die Freiheit im Vordergrund, so betonten die Demokraten die Gleichheit aller Staatsbürger vor dem Gesetz. Mochten jene wohl das Wahlrecht von einem Besitz oder einem höheren Mindesteinkommen abhängig wünschen, so forderten diese das allgemeine gleiche Wahlrecht. Unter den Demokraten war die Forderung nach der Republik stärker vertreten als unter den Liberalen; aber auch unter den Demokraten gab es eine gemäßigtere Richtung, die die konstitutionelle Monarchie befürwortete.

Die Revolution verbreitete sich im Laufe des Monats März über ganz Deutschland. Die sozial-revolutionäre Bewegung, die die Revolution begleitete, konnte bei deren liberalen Führern nur größtes Unbehagen auslösen. So gingen sie denn in Baden, dem Ausgangspunkte der deutschen Revolution, ein Bündnis mit dem Monarchen ein, der die revolutionären Forderungen der neuen Männer durchweg bewilligte. Was sich in Baden ereignete, wiederholte sich mit geringen Unterschieden in den anderen deutschen Staaten. Im Keime deutete sich im Jahre 1848 in Deutschland schon eine Revolution an, wie sie im Jahre 1917 den Sieg in Rußland errang. Das Kommunistische Manifest von Marx und Engels erschien unmittelbar vor Ausbruch der Revolution von 1848. Es hatte kaum Einfluß auf das damalige Geschehen; seine gewaltige Wirkung zeigte sich erst sieben Jahrzehnte später. Das Zusammenfallen der bürgerlichen Revolution in Deutschland 1848 mit einer im Keim sich andeutenden sozialistischen Revolution hat stark zum Scheitern der Revolution beigetragen. Diese war trotzdem das zentrale Ereignis der deutschen Geschichte in der Mitte des Jahrhunderts. Daß dies so empfunden wurde, geht schon daraus hervor, daß die Zeit vor der Revolution seitdem als Vormärz bezeichnet wird. Der März 1848 wurde also als deutlicher Einschnitt erkannt. Es ist auch nicht so, als wäre nach dem Scheitern der Revolution alles wieder so gewesen wie vorher. Die Verfassungsbewegung, die schon 1830 an Boden gewann, wurde zu einer nicht mehr zu beseitigenden Kraft. Mit dem absoluten Monarchentum war es nach 1848 vorbei. Nur in Mecklenburg bestand die alt-landständische Verfassung noch bis ins Jahr 1918.

Das große Ziel eines starken einigen Reiches konnte im Jahre 1848 wohl nur erreicht werden, wenn Deutschland Republik wurde. Dies erstrebte aber nur eine Minderheit radikaler Demokraten. Die Anhänglichkeit an das angestammte Fürstenhaus war viel zu stark, als daß das deutsche Bürgertum in seiner weit überwiegenden Mehrheit sich von ihm hätte trennen mögen. Das zeigte sich auch noch nach 1918; im Bürgertum bejahte nur eine Minderheit die Republik. Erst 1945, als wir Deutschen für einige Zeit nichts selbst zu bestimmen hatten, war das anders.

Durch das Bündnis, das die Revolutionäre im Jahre 1848 mit den Monarchen eingingen, erstarkten die partikulären Kräfte in Deutschland. Sie waren im Besitz der Macht. Nur in der Stunde der Schwäche im März 1848 und in den Wochen danach mochten sie sich bereit finden, sich einer zu schaffenden Zentralgewalt unterzuordnen. Nach einigen Monaten war das ganz anders. Die partikulären Kräfte erholten sich sehr schnell dank der Aufnahme staatstreuer liberaler Männer in die Regierung, und sie fanden Gefallen an ihrer Eigenstaatlichkeit, die ein Hindernis für die aufzubauende Zentralgewalt sein mußte. Am wenigsten war von Österreich, schon der Vielfalt seiner Völker wegen, eine Unterordnung zu erwarten. Aber auch in Preußen hielt sich nicht lange der Wille, im Reich aufzugehen. Auch die andern Königreiche bestanden auf ihrer Eigenstaatlichkeit. Wenn die Kleinstaaten bereit waren, sich einer Zentralgewalt unterzuordnen, so bedeutete das wenig; denn sie vermochten nichts gegenüber den Groß- und Mittelstaaten. So erwies sich denn auch der Partikularismus, den nur die Durchsetzung der Republik hätte besiegen können, als ein Hindernis für die Ziele der Revolution.

In den schönen Märztagen, die der milde Frühling des Jahres 1848 bescherte, sah das freilich ganz anders aus. Die Revolution setzte sich durch, ohne, abgesehen von den sozial-revolutionären Unruhen, namhaften Widerstand zu finden. Ihre Führer täuschten sich aber sehr, wenn sie glaubten, den Sieg schon errungen zu haben. Auch in dem nationalen Verlangen, eine starke Zentralgewalt zu errichten, begegnete die Revolution einige Monate lang keinem Widerstand. Die Forderung nach Ständekammern am Bundestag als ersten Schritt in dieser Richtung hatte Bassermann schon am 12. Februar gestellt (s. S. 279). Sie darf als Vorbote des nationalen Begehrens der Revolution gewertet werden. Eine aus der Revolution geborene Tat war es, daß sich am 5. März in Heidelberg 51 Männer, überwiegend süddeutsche Kammermitglieder, versammelten, um sich „über die dringendsten nationalen Maßregeln zu verständigen" (Stern, E. G., Bd. 7, S. 64). Schon in dieser Versammlung zeigte sich eine klare Überlegenheit der Vertreter der konstitutionellen Monarchie über die Befürworter der Republik. Die Versammlung beauftragte sieben ihrer Mitglieder mit den Arbeiten zur Einberufung eines Vorparlaments nach Frankfurt als Vorläufer einer das ganze Volk repräsentierenden Nationalversammlung. Aus dem Vorparlament ging der Fünfziger-Ausschuß hervor, der auf Grund seines revolutionären Anspruchs in Konkurrenz zum Bundestag trat, der seinerseits eine legale Entwicklung zu bewirken versuchte. Wir haben darüber bereits berichtet und verweisen auf die früheren Ausführungen (S. 259 ff.).

Die Wahlen zur Nationalversammlung, die am 18. Mai ihre Sitzungen eröffnete, erfolgten auf legalem Wege, wobei der Bundestag den Forderungen des Fünfziger-Ausschusses Rechnung trug. Aufgabe der Nationalversammlung sollte sein, eine neue Bundesverfassung auszuarbeiten. Nach Zustimmung der Regierungen der deutschen Staaten würde diese in Kraft treten; das Erfordernis einer Vereinbarung wurde allerdings von den Revolutionärgesinnten bestritten. Die Nationalversammlung erweiterte ihre Zuständigkeit, wobei sie sich nur darauf berufen konnte, daß ihr durch die Revolution und die dadurch gewonnene Volkssouveränität die volle Entscheidungsfreiheit in allen nationalen Angelegenheiten zugefallen sei. Auf dem Boden des bestehenden Bundesrechts konnte die Nationalversammlung nur eine der Vereinbarung mit den Regierungen bedürftige Verfassung erstellen. Sie beschloß aber darüber hinaus die Begründung einer provisorischen Zentralgewalt, die bis zur Vollendung des Verfassungswerks bestehen sollte. Das geschah durch das Reichsgesetz über die Einführung einer provisorischen Zentralgewalt für Deutschland vom 28. Juni 1848, auf Grund dessen der Erzherzog Johann zum Reichsverweser zwecks Ausübung der Zentralgewalt durch von ihm zu ernennende Minister gewählt wurde. Diese Wahl fand die Zustimmung der deutschen Regierungen (s. S. 275), womit diese das Gesetz vom 28. Juni billigten. In diesen Sommertagen wagten die Regierungen noch keinen Widerspruch gegen die Nationalversammlung. Eine reale Macht besaß diese aber noch nicht; die mußte sie erst noch gewinnen – oder unterliegen. Die partikularen Regierungen besaßen reale Macht; durch ihre Verjüngung fanden sie bald zu der vorübergehend verlorenen Sicherheit und zum Gebrauch ihrer Macht zurück. Die Machtlosigkeit der Nationalversammlung zeigte sich schon im Sommer 1848 angesichts der schleswig-holsteinischen Angelegenheit, nämlich im Waffenstillstandsvertrag vom 26. August. Dieser wurde ohne Mitwirkung der Frankfurter Zentralgewalt, der die internationale Anerkennung mangelte, von dem in Europa isolierten Preußen abgeschlossen. Wenn der Vertrag schon für Preußen demütigend war, so erst recht für die deutsche Nationalversammlung, war doch das Eintreten für die Belange Schleswig-Holsteins ein Hauptanliegen für die deutsche Revolution. Der öffentlichen Meinung in Deutschland war daher die schwächliche Haltung Preußens, die durch die internationalen Gegebenheiten bedingt war, in höchstem Grade ärgerlich. Das Ansehen der Nationalversammlung erlitt eine schwere Einbuße. Der Waffenstillstandsvertrag löste in ihr einen Sturm der Entrüstung aus. Dennoch fand sich nach tagelangen Verhandlungen am 16. September eine Mehrheit von 257 zu 236 Stimmen für den Waffenstillstand; gerade die Einsicht der schleswig-holsteinischen Abgeordneten war dafür ausschlaggebend.

Für die Belange Schleswig-Holsteins war besonders die republikanisch gesinnte Linke der Nationalversammlung eingetreten. Ihr nahestehende Gruppen nutzten die Gunst der Stunde, in Frankfurt einen Volksaufstand zu inszenieren; die Linke der Nationalversammlung hatte ihn nicht gewollt. Der Aufstand erreichte schon am 18. September seinen Höhepunkt.

Schmerling, derzeit Innenminister im Ministerium des Reichsverwesers, erkannte die Chance, durch energisches Niederwerfen des Aufstandes das angeschlagene Ansehen des Ministeriums und der Nationalversammlung aufzubessern. Auf seine Veranlassung rückten in der Nacht zum 18. September 2000 Preußen und Österreicher aus der Bundesfestung Mainz in Frankfurt ein. Aus Darmstadt traf im Laufe des Tages auch hessisches Militär ein. So erwies sich in den blutigen Kämpfen dieses Tages das Militär als überlegen und konnte die Ruhe wiederherstellen.

Unter den Opfern befanden sich zwei Mitglieder der Nationalversammlung, der preußische General Hans von Auerswald und der Fürst Felix Lichnowsky, ein glänzender Redner der Rechten des Parlaments. Dieser hatte in Spanien einen Krieg mitgemacht und darin die dem Barrikadenkampf ähnlichen Guerilla-Methoden kennengelernt. Er überredete den alten General, Kämpfer der Freiheitskriege, zu einem Erkundungsritt, bei dem sie auf einen Haufen Aufständischer stießen, von denen sie als der Rechten angehörige Abgeordnete erkannt wurden. In grausamer Weise wurde Auerswald ermordet und Lichnowsky so schwer verletzt, daß er noch am Abend starb. So hatte denn die Nationalversammlung ihre Märtyrer. Dem Ansehen der Linken hat die Mordtat sehr geschadet, obwohl sie nicht schuld an dem

Verbrechen war. Die Nationalversammlung hatte nun einen Sieg über die sozial-revolutionäre Bewegung aufzuweisen, von der die Unruhen seit den Märztagen getragen wurden. Aber sie hatte dennoch in den Augen der Öffentlichkeit wegen ihres schwankenden Verhaltens in der Frage des Waffenstillstands an Ansehen verloren. Stern urteilt: „Die überschwenglichen Hoffnungen auf Verwirklichung deutscher Einheit und Freiheit durch die aus dem souveränen Volkswillen hervorgegangene Nationalversammlung hatten einen starken Stoß erlitten. Die jugendfrische Zeit des revolutionären Aufschwungs war vorüber" (E. G., Bd. 7, S. 189).

Die Septemberkrise infolge der schleswig-holsteinischen Angelegenheit machte die Ohnmacht der Zentralgewalt deutlich. Zu ihrer eigenen Sicherheit bedurfte sie der Hilfe preußischer und österreichischer Truppen. Die Zurückgewinnung innerer Stabilität in Österreich, Preußen und anderen deutschen Staaten, bevor noch eine Zentralgewalt fest im Sattel saß, bildete ein großes Hindernis für die Durchsetzung der revolutionären Ziele der Nationalversammlung.

Auch die Person des Reichsverwesers stand dem im Wege, zumal einer Verwirklichung der kleindeutschen Pläne, der Übertragung der Kaiserwürde auf den König von Preußen. Konnte denn im Ernst daran gedacht werden, daß der Erzherzog aus dem Hause Habsburg nichts anderes als Statthalter für einen zu wählenden Kaiser aus dem Hause Hohenzollern sein solle? Die Wahl eines Habsburgers zum Reichsverweser mußte doch wohl, wenn ein Kaiser das Oberhaupt des Reiches bilden sollte, zur Folge haben, daß die Kaiserkrone des Reiches dem österreichischen Kaiser angetragen würde. Die Unmöglichkeit, anders zu handeln, hat Heinrich von Gagern offenbar nicht bedacht. Schmerling, der als Österreicher die großdeutsche Idee vertrat, hatte in der Tat einen Sieg errungen, als Erzherzog Johann zum Reichsverweser gewählt wurde.

Als dies im Sommer des Jahres 1848 geschah, mochte vielleicht mancher Abgeordnete der Paulskirche noch der Meinung sein, daß Österreich als Vielvölkerstaat in den revolutionären Wirren auseinanderbrechen würde, so daß Preußen als dem nach der Revolution stärkeren Staat die Führung Deutschlands zufallen müsse. Indessen sollte das Zerbrechen Österreichs noch siebzig Jahre auf sich warten lassen. Die Slawen, an Zahl den Deutschen überlegen, erwiesen sich während der Revolution des Jahres 1848 als Stütze des Kaiserstaates. Die Tschechen in Böhmen lehnten es ab, Vertreter in die deutsche Nationalversammlung zu senden. Sie wollten nicht zum einigen Reich der Deutschen gehören, aber in Österreich ihr Eigenleben neben den dortigen Deutschen führen. Palacký, der politisch führende Kopf der Tschechen, äußerte: „Wahrlich, existierte der österreichische Kaiserstaat nicht schon längst, man müßte im Interesse Europas, im Interesse der Humanität selbst sich beeilen, ihn zu schaffen." (Zitiert nach Valentin, Bd. 1, S. 515.)

In der Tat bewies der im Frühling 1848 schwer geschüttelte, scheinbar in seinen Grundfesten erschütterte Kaiserstaat eine zähe Lebenskraft, dank derer er sich in wenigen Monaten neu festigen und die inneren Widerstände – mit Ausnahme der ungarischen und italienischen – überwinden konnte. Mit der Niederschlagung des Oktoberaufstands in Wien errang die Reaktion den Sieg über die Revolution. Österreich war von da ab nicht mehr auszuschalten bei der Neugestaltung der deutschen Verhältnisse. Dies galt um so mehr, nachdem der regierungsunfähige Kaiser Ferdinand zugunsten seines erst achtzehn Jahre alten Neffen, der als Kaiser Franz Joseph die Regierung übernahm, am 2. Dezember 1848 abgedankt hatte. Der Ministerpräsident Felix Fürst zu Schwarzenberg, ein Neffe des Oberkommandierenden in den Freiheitskriegen, erwies sich als würdiger Nachfolger des gestürzten Fürst Metternich. In der Wahrnehmung der rein österreichischen Interessen war er diesem, der sich den gesamt-europäischen Interessen verpflichtet fühlte, von Rücksichtnahmen ungehemmt, sogar überlegen. In Preußen stand ihm kein ebenbürtiger Politiker gegenüber.

Unter diesen Umständen war es eine Fehleinschätzung des Möglichen, wenn die Kleindeutschen der Paulskirche darauf beharrten, Preußen die Führung in Deutschland und seinem König die Kaiserkrone anzutragen. Tatsächlich stimmten am 28. März 1849 von 538 anwesenden Mitgliedern der Nationalversammlung – es fehlten 29 – 290 für Friedrich Wilhelm IV. von Preußen als deutschen Kaiser; 248 enthielten sich der Wahl (Valentin, Bd. 2, S. 373). Die Stimmenthaltungen müssen wohl als Ablehnung gewertet werden. Von einer Einmütigkeit für Friedrich Wilhelm IV. kann jedenfalls nicht die Rede sein.

Es konnte den Männern der Paulskirche nicht unbekannt sein, daß die Annahme der Kaiserkrone durch den preußischen König keineswegs gewiß war. Aus den Händen der deutschen Fürsten einschließlich des Kaisers von Österreich hätte er sie wohl mit etwas innerem Widerstreben angenommen; aus den Händen der Vertreter der Revolution vermochte er dies nicht. Nach seinem romantischen Empfinden hätte die deutsche Kaiserkrone dem Hause Habsburg gebührt. Um so mehr stellt sich die Frage, warum der junge Kaiser Franz Joseph sich nicht bereit zeigte, die Würde eines deutschen Kaisers für sich in Anspruch zu nehmen.

Natürlich war diese Möglichkeit in den vorhergehenden Wochen erörtert worden. Insbesondere trat der Österreicher Schmerling, der dem Ministerium des Reichsverwesers bis zum 15. Dezember 1848 angehörte, dafür ein, die deutsche Kaiserkrone dem österreichischen Kaiser anzubieten. Srbik weiß zu berichten (D. E., Bd. 1, S. 396), „daß er (Schmerling) am 26. Dezember 1848, der Ministerkonferenz in Wien beigezogen, die stärkste Gegenwirkung gegen ein erbliches Kaisertum Preußens forderte und ein Direktorium Österreichs, Preußens und Bayerns verlangte, um die Kaiserwahl des Hohenzollern zu verhindern; wir wissen, daß er darauf hinwies, bei dieser Organisation werde ,der Kaiser von Österreich seinerzeit gewiß auch deutscher Kaiser werden'".

Warum zeigten sich Kaiser Franz Joseph und der Minister Schwarzenberg dem Gedanken, für Österreich auch die deutsche Kaiserkrone zu begehren, abgeneigt? Es erschien ihnen als unmöglich, die von der Paulskirche an Österreich gestellten Forderungen mit den Bedürfnissen dieses Staates in Einklang zu bringen.

Der ursprüngliche Verfassungsentwurf der Nationalversammlung enthielt die folgenden für Österreich bedeutsamen Bestimmungen:

„§ 1: Das Deutsche Reich besteht aus dem Gebiet des bisherigen Deutschen Bundes.

§ 2: Kein Teil des Deutschen Reiches darf mit nichtdeutschen Ländern zu einem Staate vereinigt sein.

§ 3: Hat ein deutsches Land mit einem nichtdeutschen Lande dasselbe Staatsoberhaupt, so ist das Verhältnis zwischen beiden Ländern nach den Grundsätzen der reinen Personalunion zu ordnen."

(Zitiert nach Stadelmann, 2. Aufl., S. 149.)

Das Verhältnis der deutschen Länder Österreichs zu dessen übrigen Ländern sollte demnach ähnlich demjenigen sein, welches bis zum Jahre 1837 zwischen Hannover und England bestand. Die verlangte Spaltung Österreichs mußte in Wien als unerträglich erscheinen. Schwarzenberg war im Gegenteil bestrebt, in Anknüpfung an die Ideen Josephs II. Österreich mit einer zentralistischen Verfassung, die für den gesamten Kaiserstaat gelten sollte, zu versehen. Mit dem Gedanken eines deutschen Nationalstaats mit Einschluß des kulturell führenden deutschsprachigen Teils Österreichs war der zentralistisch zu verwaltende Vielvölkerstaat, als der sich Österreich darstellte, unvereinbar. Ein föderalistisch gegliedertes Österreich hätte es vielleicht ertragen können, einen Teil dem deutschen Nationalstaat angehören zu lassen. Auf die Verbindung mit dem außerösterreichischen Deutschland konnte ein zentralistisches Österreich schon deshalb nicht verzichten, weil nur so der deutsche Führungsanspruch gegenüber den anderssprachigen Völkerschaften als vereinigende Klammer aufrechterhalten werden konnte. Schwarzenbergs Absicht war, daß der Kaiserstaat als Ganzes dem Deutschen Bund beitreten solle.

Die Verwirklichung eines solchen Plans hätte bedeutet, daß in Form eines Staatenbundes eine Art mitteleuropäisches Universalreich entstanden wäre. Konnte dessen Spitze nicht doch der österreichische Kaiser als Kaiser auch des größeren Staatenverbandes sein? Als Antwort zitieren wir Srbik (D.E., Bd. 1, S. 401 f.):

„Die Annahme der deutschen Volkskrone widersprach ja dem einheitsstaatlichen Denken des Monarchen und seines ersten Ratgebers, die von einer staatsrechtlichen Föderalisierung Österreichs nichts wissen und die deutschen Bundesländer ihres Gesamtstaates dem deutschen Nationalstaat nicht einverleiben wollten. Sie widersprach ebenso der tiefen Abneigung gegen die Revolution, der Scheu vor einer Kaiserwürde, die dem revolutionserzeugten Parlament entstammte. Sie stieß wohl auch auf die Sorge vor der starken Staatlichkeit Preußens und der kräftigeren Mittelstaaten und auf die Abneigung gegen ein allzu konstitutionell gebundenes deutsches Kaisertum, das der österreichischen Kaiserkrone keinen sonderlich erhöhten Glanz gegenüberzustellen vermochte. Motive, wie sie einst in der Zeit des Wiener Kongresses zum Schaden der deutschen Stellung Kaiser Franz abgehalten hatten, die uralte, ehrwürdige römische Reichskrone wieder auf sein Haupt zu setzen, mögen seinen Enkel nun veranlaßt haben, die deutsche, nicht mehr übernationale Kaiserkrone einer gesamtnationalen Volksvertretung abzulehnen. Aus der Hand der Fürsten hätte er sie vielleicht zögernd genommen, wie trotz seiner Ehrfurcht vor Habsburg auch Friedrich Wilhelm IV."

Zum deutschen Kaiser wurde in der Tat, wie schon berichtet, der König von Preußen gewählt, und dieser erklärte, die Kaiserkrone nur aus den Händen der deutschen Fürsten entgegennehmen zu können. Die preußische Regierung versuchte demgemäß, durch Verhandlungen mit den anderen deutschen Regierungen die Bildung eines engeren Bundes unter preußischer Führung innerhalb des umfassenderen Bundes aller deutschen Staaten einschließlich der deutschen Länder Österreichs zustande zu bringen. Wenn das gelungen wäre, so wäre damit der Plan, den Heinrich von Gagern in der Paulskirche verfochten hatte, wenigstens teilweise verwirklicht worden. Dieser Plan bestand darin, einen deutschen Nationalstaat als Bundesstaat mit erblichem preußischem Kaiser als Spitze unter Ausschluß Österreichs zu gründen. Zwischen diesem Nationalstaat und dem Kaiserstaat Österreich sollte „nach definitiver Konstituierung beider Zwillingsreiche" eine enge dauernde Verbindung geschaffen werden (Valentin, Bd. 2, S. 307).

Die angebotene Kaiserkrone wurde in preußischen politischen Kreisen sehr unterschiedlich beurteilt. Der Gegensatz zwischen dem König und seiner Regierung ist sogar aus der Zirkulardepesche an die preußischen Gesandtschaften bei den deutschen Regierungen vom 3. April zu erkennen, welche die Stellungnahme des Königs zur Kaiserwahl zu erläutern und positiv auszulegen suchte. Der König sei bereit, an die Spitze eines Bundesstaates zu treten, der aus den sich freiwillig anschließenden Staaten bestehen sollte. Die Regierungen wurden daher aufgefordert, ohne Verzug durch Bevollmächtigte in Frankfurt bindende Erklärungen abzugeben:

„1. über den Beitritt zum Bundesstaate und die Bedingungen, unter denen er erfolgt;

 2. über die Stellung, welche die solchergestalt zu einem Bundesstaate zu vereinigenden Regierungen demnächst zu der deutschen Nationalversammlung und den von ihr bereits gefaßten Beschlüssen einzunehmen haben, mit der Maßgabe, daß das Werk der Vereinbarung über die Verfassung unverzüglich in Angriff genommen wird;

3. über das Verhältnis zu denjenigen deutschen Staaten, welche diesem Bundesstaate beizutreten Anstand nehmen, wobei es wünschenswert und anzustreben ist, die noch bestehenden Bundesverhältnisse der neuen Staatsform anzupassen." (Huber, Dok., Bd. 1, Nr. 109.)

Die preußische Regierung hoffe, daß sie auf die Weise imstande sein werde, „binnen längstens 14 Tagen eine definitive Erklärung über die deutsche Sache abzugeben". Die Erklärung des Königs gegenüber der Deputation der Nationalversammlung sollte also nicht als endgültige Ablehnung der Kaiserkrone aufgefaßt werden. Anders dachte die Deputation; sie sah in der Stellungnahme des Königs eine klare Ablehnung.

Während in Preußen unterschiedliche Richtungen um die Durchsetzung ihrer Auffassung rangen, verfolgte Österreich konsequent seine Ziele in der deutschen Frage. Schon am 8. April teilte Schwarzenberg die Ablehnung auf die preußische Zirkularnote mit. Bereits am 5. April hatte er die österreichischen Abgeordneten aus der Paulskirche abberufen; nur wenige leisteten dem keine Folge.

Die Verwirrung in den preußischen Plänen erreichte ihren Höhepunkt durch die Kollektivnote von achtundzwanzig Kleinstaaten vom 14. April als Antwort auf die preußische Zirkulardepesche. Zu diesen Staaten hatte der preußische Bevollmächtigte in Frankfurt schon in den Tagen vor der Kaiserwahl einen engen Kontakt herstellen können. Sie erklärten sich zustimmend unter Anerkennung der verkündeten Reichsverfassung, und dies letztere gefiel in Preußen nicht. Sie erachteten die auch „von ihnen gehegten Bedenken nicht im richtigen Verhältnisse zu den großen Gefahren, welche ein längerer Verzug des Verfassungswerkes dem gemeinsamen Vaterlande notwendig bringen müßte" (Huber, Dok., Bd. 1, Nr. 111, S. 334).

Ihre Anerkennung der Reichsverfassung war mit einer Aufforderung an Preußen verbunden, sie auch seinerseits anzuerkennen, um auf dieser Grundlage zu einer Einigung mit den noch abseits stehenden Mittelstaaten zu gelangen. Indessen lehnte die preußische Regierung am 28. April die Reichsverfassung und die Kaiserwahl endgültig ab, nachdem ihre Bemühungen in Frankfurt auf Grund der Zirkulardepesche vom 3. April ohne den gewünschten Erfolg geblieben waren. Insbesondere hatten die andern Königreiche Widerstand gegen die preußischen Pläne geleistet. Sie waren stark genug, um sich ebenso wie Österreich dem Verfassungswerk der Paulskirche wie den ähnlich gearteten preußischen Unionsplänen zu widersetzen, während die Kleinstaaten es vorzogen, sich den Schutz Preußens zu sichern; da sie von Österreich wegen Bindung seiner militärischen Kraft durch die noch andauernden Aufstände in Ungarn und Italien einen etwa begehrten Schutz nicht erwarten konnten. So waren sie denn auf das gute Einvernehmen mit dem benachbarten Großstaat Preußen angewiesen.

Etwas abweichend von den anderen Königreichen war die Stellungnahme Württembergs, dessen König schließlich dem Druck des Volkes, der Kammern und der Regierung nachgab und am 25. April die Reichsverfassung anerkannte. Die Ablehnung durch Preußen wog aber schwerer als die Anerkennung durch neunundzwanzig andere deutsche Staaten. Die Paulskirche war mit ihrem Bemühen um eine neue Verfassung für Deutschland gescheitert. Preußen, genauer: König Friedrich Wilhelm IV., trug daran die Schuld. Tiefe Empörung in ganz Deutschland war die Folge. Im Kampf für die Aufrechterhaltung der Reichsverfassung kam es zu einer neuen und letzten Welle revolutionärer Aufstände, mit Fug und Recht als Bürgerkrieg bezeichnet. Die treibende Kraft in diesem Kampf bildete der Zentralmärzverein, der Ende November von Mitgliedern der Linken der Paulskirche gegründet worden war. Er bezweckte die Zusammenfassung aller demokratischen Kräfte im Ringen mit den gegenrevolutionären Mächten. Obwohl er gut durchorganisiert war, vermochte er schwerlich entscheidende Erfolge im Bürgerkriegsgeschehen zu erringen, nachdem in den beiden deutschen Großmächten die Gegenrevolution gesiegt hatte. Voraussetzung für örtliche Erfolge war, daß die bewaffnete Macht eines Staates sich den Revolutionären zugesellte. Dieser Fall trat am ausgeprägtesten und vollständigsten in Baden ein.

Der Geist aufständischer Empörung äußerte sich in den ersten Tagen des Mai in Kaiserslautern und anderen – auch preußischen – Orten, am heftigsten aber in einem am 3. Mai beginnenden Aufstand in Dresden. Die Regierung in Dresden sah sich daher veranlaßt, Preußen um militärische Hilfe zu bitten. Am 9. Mai fand der Aufruhr sein Ende; preußische und sächsische Soldaten waren die Sieger. An Toten waren zu verzeichnen: beim Militär 5 Offiziere und 26 Soldaten, bei den Aufständischen rund 250 Mann (Valentin, Bd. 2, S. 488). Es war erbittert gekämpft worden.

Aufstände in den westlichen Landesteilen Preußens wurden ziemlich leicht militärisch besiegt. Schwieriger war es, der revolutionären Bewegung in der bayerischen Rheinpfalz und in Baden Herr zu werden. Die Rheinpfalz sagte sich am 17. Mai von Bayern los, weil dieses die Reichsverfassung nicht anerkannte. Der provisorischen Regierung gelang es, das ganze Gebiet der Pfalz bis auf die Festungen Landau und Germersheim in die Hand zu bekommen. Indessen wurde dem Abfall durch eigenmächtiges Einrücken preußischer Truppen bald ein Ende bereitet. Ein Hilfersuchen der bayerischen Regierung erfolgte erst am 4. Juni, nachdem Preußen die Pfalz fast ganz besetzt hatte.

In Baden nahm der Kampf für die Reichsverfassung seine schärfste Form an, und dies, obwohl Baden die Verfassung anerkannte. Die demokratischen Volksvereine besaßen hier großen Einfluß auf die öffentliche Meinung. Ihre organisatorische Spitze bildete der in Mannheim ansässige Landesausschuß. Noch vor der Volksversammlung in Offenburg am 13. Mai, zu der der Landesausschuß aufgerufen hatte, war es zu einer Meuterei in der Bundesfestung Rastatt gekommen, die alsbald auf die gesamte bewaffnete Macht des Großherzogtums übergriff. Im badischen Militär herrschte nach Einführung der allgemeinen Wehrpflicht große Unzufriedenheit. Der radikaldemokratische Geist der Volksvereine erfaßte auch das Heer. Anlaß der Meuterei war, daß Soldaten des Wachdienstes in Rastatt die Freilassung von Häftlingen forderten, die wegen der Teilnahme an Aufständen im Jahre 1848 gefangengehalten wurden. Da die Regierung dies verweigerte, kam es am 12. Mai in Rastatt und auch in anderen Orten zu Gehorsamsverweigerungen und Ausschreitungen des Militärs. Am folgenden Tag, als in Offenburg die große Volksversammlung stattfand, flohen der Großherzog und seine Regierung außer Landes. Es bildete sich eine neue, provisorische Regierung, die einen gemäßigten Kurs verfolgte. Ihre Lage gegenüber der revolutionären Bewegung war jedoch recht hoffnungslos, obwohl sie über die militärische Macht des Großherzogtums und freiwillige andere Kräfte verfügte. Diese konnten der aus der Rheinpfalz vorrückenden preußischen Heeresmacht unter dem Oberbefehl des Prinzen Wilhelm, des späteren Kaisers, nicht standhalten. Am längsten hielt sich die Festung Rastatt; sie kapitulierte am 23. Juli.

Nun begannen preußische Standgerichte im Namen des Großherzogs in Mannheim, Rastatt und Freiburg ihre blutige Arbeit. „Siebenundzwanzig Märtyrer der Freiheit und des Reichsgedankens, meist Soldaten, wurden erschossen" (Stadelmann, 2. Aufl., S. 212). Dies geschah nur in Baden; die aus gleichem Anlaß in Sachsen und in der bayerischen Rheinpfalz gefällten Todesurteile wurden nicht vollstreckt. Die preußischen Standgerichte in Baden zeigten die gleiche grausame Härte wie frühere preußische Gerichte bei den Demagogenverfolgungen.

Parallel zur Unterdrückung der Volksbewegung zur Durchsetzung der Reichsverfassung verlief die Auflösung des Frankfurter Reichsparlaments. Als die letzte Hoffnung auf eine nachträgliche Einigung mit Preußen geschwunden war, demissionierte am 10. Mai das seit dem 22. März nur noch interimistisch tätige Reichsministerium Gagern. An seine Stelle trat ein völlig reaktionäres Ministerium unter Führung des preußischen pensionierten Justizrats Grävell und des hannoverschen Advokaten Detmold. Die neue Zentralregierung stand dem Rumpfparlament der Nationalversammlung feindlich gegenüber. Von ihr war also eine Unterstützung der Volksbewegung zugunsten der Reichsverfassung nicht zu erwarten.

Eine Schwächung der Nationalversammlung bedeutete insbesondere, nachdem Österreich seine Abgeordneten schon am 5. April abberufen hatte, die königliche Verordnung vom 14. Mai, die das Mandat der preußischen Abgeordneten für erloschen erklärte und ihnen die weitere Teilnahme an den Parlamentsverhandlungen verbot. Es folgten weitere Austritte am 20. Mai, und zwar waren es die noch verbliebenen Erbkaiserlichen, deren Mehrheit aus Verzweiflung über das Scheitern ihrer Pläne das Parlament verließ. Weitere Abgeordnete der Mitte traten am 26. Mai zurück, so daß fast nur noch die Linke vertreten war.

Das sehr zusammengeschrumpfte Parlament fühlte sich in Frankfurt nicht länger sicher. Die deutschen Groß- und Mittelstaaten waren seine Feinde, aber auch der Reichsverweser und seine Regierung standen auf seiten der Reaktion. Von den Königreichen hatte immerhin Württemberg die Reichsverfassung anerkannt. Das mochte die trügerische Hoffnung erwecken, daß von dort Unterstützung der revolutionären Volksbewegung in Baden und der bayerischen Rheinpfalz zu erwarten sei. So ist es zu verstehen, daß am 30. Mai, wenn auch mit nur schwacher Mehrheit, die Verlegung des Parlamentssitzes nach Stuttgart beschlossen wurde.

Am 6. Juni trat das Rumpfparlament in Stuttgart zu seiner ersten Sitzung zusammen. Der König und die Regierung waren gar nicht davon erbaut, daß das Parlament von Stuttgart aus den Kampf für die Durchsetzung der Reichsverfassung fortführen wollte. Sie waren nicht bereit, ihr Land in den badisch-pfälzischen Aufstand hineinziehen oder diesen gar durch ihr Militär unterstützen zu lassen. Am 17. Juni teilte das württembergische Ministerium dem Präsidenten des Rumpfparlaments mit, er möge bewirken, daß das Parlament seinen Sitz außerhalb Württembergs nehme. Notfalls werde die Regierung Gewalt anwenden, um dies zu erzwingen. Das war das Ende der Nationalversammlung, die vor dreizehn Monaten so selbstbewußt und hoffnungsvoll ihre Tätigkeit begonnen hatte. Ein Zug von Abgeordneten mit dem Parlamentspräsidenten und dem Dichter Uhland an der Spitze wurde von württembergischer Reiterei am 18. Juni zersprengt. Zu einer weiteren in Karlsruhe vorgesehenen Sitzung kam es nicht mehr.

2. Interim und Wiederzusammentritt des Bundestags

Ein gleiches Schicksal, wie Preußen es der revolutionären Bewegung und dem Werk der Paulskirche bereitete, widerfuhr der norddeutschen Großmacht bei dem Versuch, durch Verhandlungen mit den Regierungen den engeren Bund innerhalb des größeren Bundes mit Einschluß Österreichs zustande zu bringen. Preußen scheiterte damit in gleicher Weise wie die Nationalversammlung. Wir gehen darauf nicht näher ein, sondern wenden uns dem Schicksal der Reichszentralgewalt zu.

Der Reichsverweser hatte sofort nach der Kaiserwahl seinen Rücktritt erklärt, ließ sich aber dazu bestimmen, „die Abdankung erst dann zu vollziehen, ‚sobald es ohne Nachteil für die öffentliche Ruhe und Wohlfahrt Deutschlands irgend geschehen kann'" (Valentin, Bd. 2, S. 375). Dem Kaiser von Österreich und dessen Minister Schwarzenberg war daran gelegen, daß der Reichsverweser der österreichischen Belange wegen sein Amt behielte. Er verharrte deshalb länger, als von ihm beabsichtigt war, auf seinem Posten.

Erst der Vertrag vom 30. September 1849 zwischen Österreich und Preußen ermöglichte ein baldiges Ende der Reichsverweserschaft von Erzherzog Johann. Dieser Vertrag sah vor, daß nach seiner Billigung durch die deutschen Regierungen der Kaiser von Österreich und der König von Preußen gemeinsam das Amt des Reichsverwesers versehen und daß je zwei österreichische und preußische Kommissare die Zentralgewalt ausüben sollten. Als Endtermin dieses Interims war der 1. Mai 1850 festgesetzt. Das Interim sollte es ermöglichen, das Verfassungswerk für Deutschland in freier Vereinbarung der deutschen Staaten zu vollenden. Wenn sich Preußen davon Vorteile für seine Unionspläne versprach, gab es sich damit einer trügerischen Hoffnung hin. – Der seit langem seines Amtes müde Erzherzog Johann schied am 20. Dezember 1849 von seinem Posten als Reichsverweser.

Die mittelstaatlichen Königreiche konnten sich nicht lange damit abfinden, daß Österreich und Preußen allein die Zentralgewalt ausübten ohne Beteiligung anderer deutscher Staaten. Die vier Königreiche unterbreiteten daher einen Verfassungsentwurf, der allerdings nur von Bayern, Sachsen und Württemberg am 27. Februar 1850 vertraglich unterzeichnet wurde. Der Entwurf sah ein siebenköpfiges Direktorium vor; Österreich, Preußen, die vier anderen Königreiche und beide Hessen zusammen sollten je ein Mitglied stellen. Aber Preußen versagte dem Entwurf seine Zustimmung.

Inzwischen war Österreich nach Niederkämpfung der Aufstände in Italien und Ungarn, in letzterem mit russischer militärischer Hilfe, wieder erstarkt und nicht mehr wie während des deutschen Bürgerkriegs im Jahre 1849 gehindert, notfalls mit bewaffneter Macht in die deutschen Verhältnisse einzugreifen. Schwarzenberg war nun nicht zur Verlängerung des Interims bereit, zumal dies auf Widerstand bei den mittelstaatlichen Königreichen gestoßen wäre. Er lud am 26. April 1850 alle deutschen Staaten ein, eine außerordentliche Plenarversammlung in Frankfurt am 10. Mai zu beschicken. Ihre Aufgabe sollte sein, ein neues provisorisches Zentralorgan einzusetzen und über die Revision der Bundesverfassung zu beraten.

Preußen sah in Österreichs eigenmächtigem Vorgehen eine Brüskierung. Es rang sich gegen Widerstand in den eigenen Reihen dazu durch, die Versammlung nicht zu beschicken. Darin folgten ihm die seiner Union noch anhängenden kleineren Staaten. So waren denn in der Plenarversammlung am 10. Mai in Frankfurt nur zehn Staaten vertreten, nämlich: Österreich, Bayern, Sachsen, Hannover, Württemberg, Kurhessen, Hessen-Homburg, Liechtenstein, Dänemark für Holstein und Lauenburg und die Niederlande für Limburg.

Die am 10. Mai 1850 in Frankfurt zusammengetretene Versammlung von nur zehn Vertretern deutscher Staaten beschloß, ihre erste Sitzung am 16. Mai fortzusetzen. An diesem Tage war auch noch ein Vertreter von Schaumburg-Lippe zugegen. Die Versammlung beschloß nun, „alsbald die erste ihrer Aufgaben, nämlich die Bildung eines neuen provisorischen Bundes-Centralorganes, in Angriff zu nehmen" (Pr. 1850, § 6, S. 3). Der österreichische Präsidial-Bevollmächtigte beantragte hierzu die Wahl eines Ausschusses zur gutachtlichen Berichterstattung; gewählt wurden hierfür die Bevollmächtigten von Österreich, Sachsen, Hannover und Württemberg.

In der nächsten Sitzung, am 6. Juni, waren auch die Großherzogtümer Hessen und Mecklenburg-Strelitz vertreten, also dreizehn Staaten; Kurhessen mitgezählt, dessen Bevollmächtigter am Erscheinen verhindert war. Aus dem Protokoll (§ 11, S. 10) zitieren wir:
„Präsidium zeigt an: Der zur gutachtlichen Berichterstattung über die von Österreich gemachten Vorlagen zur Bildung einer neuen provisorischen Bundes-Centralgewalt gebildete Ausschuß habe seine Arbeiten beendigt, und sei bereit seinen Bericht zu erstatten.
In der gegründeten Hoffnung jedoch, den nun schon lange vergebens erwarteten Eintritt der noch fehlenden Bundesmitglieder in Kürze erfolgen zu sehen, ist Präsidium der Ansicht noch einige Tage zuzuwarten, und behält sich vor, die nächste Sitzung anzuberaumen."

Die Hoffnung auf Zutritt der noch fehlenden Bundesmitglieder erfüllte sich nicht, womit Österreichs Plan, durch eine von allen Bundesstaaten zu beschickende Plenarversammlung zu einer Bundesreform zu gelangen, gescheitert war. Allerdings erstattete in der dritten Sitzung der Plenarversammlung, am 7. August (§ 14, S. 12 bis 36), der dafür gewählte Ausschuß noch seinen Bericht zur Bildung eines neuen Bundes-Centralorgans mit dem Präliminar-Antrag:
„es wolle der hohen Plenarversammlung belieben, sich sofort zum engeren Rate zu bilden, und zunächst die dem berichterstattenden Ausschusse gestellte Aufgabe zum Gegenstande der Wirksamkeit desselben zu machen" (S. 20).

Österreich war aber inzwischen zu der Überzeugung gekommen, indem es das Scheitern seines Planes eingestand, daß es geboten sei, jegliche Art von Provisorium aufzugeben und auf alsbaldige unmittelbare Reaktivierung der Bundesversammlung zu dringen, deren Kern verfassungsmäßig der engere Rat bildete. Der erneute engere Rat sollte demgemäß nicht durch Umbildung der Plenarversammlung, sondern durch Einberufung der Bundesversammlung durch Österreich als Präsidialmacht zustande kommen. Es sei noch bemerkt, daß die Reaktivierung der Bundesversammlung nicht bedeuten sollte, die alte Bundesverfassung unverändert zu lassen. Im Gegenteil: die Bundesversammlung sollte die seinerzeit der Nationalversammlung übertragene Aufgabe der Erstellung einer neuen Bundesverfassung nun in ihre Hände nehmen.

Wenn Preußen die rechtmäßige Einberufung der Bundesversammlung durch Österreich bestreiten wollte, so ist dem entgegenzuhalten, daß die Nationalversammlung mit dem ihr erteilten Auftrag zur Erstellung einer neuen Verfassung für den Deutschen Bund gescheitert war und daß daher die alte Bundesverfassung noch als verbindlich für alle deutschen Staaten gelten mußte. Unbestritten war der Deutsche Bund durch den Zusammentritt der Nationalversammlung nicht aufgelöst worden. Das beständige verfassungsmäßige Organ des Bundes war die Bundesversammlung. Sie stellte nach Artikel 7 der Schlußakte „den Bund in seiner Gesamtheit vor" und war „das beständige verfassungsmäßige Organ seines Willens und Handelns". Nachdem das Bemühen um eine neue Bundesverfassung sich als vergeblich erwiesen hatte, mußte das erneute Zusammentreten der Bundesversammlung als durch die bestehenden Umstände geboten erscheinen. Der Bundesbeschluß über die Übertragung der Zuständigkeiten des Bundestags auf den Reichsverweser vom 12. Juli 1848 stand dem nicht entgegen; denn die Bundesversammlung sah damit nur „ihre bisherige Tätigkeit als beendet an". Der Bundesbeschluß ließ also die Möglichkeit der Wiederaufnahme ihrer Tätigkeit offen. Wenn die Nationalversammlung und der Reichsverweser die ihnen erteilte Aufgabe nicht erfüllen konnten, aus welchen Gründen auch immer, so fielen die auf den Reichsverweser übertragenen Vollmachten an die Bundesversammlung zurück.

Der Einwand, daß dies der Bestimmung von Ziff. 13) des Reichsgesetzes über die Einführung einer provisorischen Zentralgewalt für

Deutschland vom 28. Juni 1848 widerspreche, erscheint als nicht stichhaltig. Die Bestimmung lautete: „Mit dem Eintritte der Wirksamkeit der provisorischen Zentralgewalt hört das Bestehen des Bundestages auf." Da das Gesetz vom 28. Juni 1848 nicht in vollem Inhalt durch die Bundesversammlung bestätigt wurde, sondern nur bezüglich der Einsetzung eines Reichsverwesers, so mußte die Bestimmung der Ziff. 13) hinfällig sein, wenn die provisorische Zentralgewalt nicht von einer dauernden Zentralgewalt abgelöst wurde, wie dies der Erwartung im Juni 1848 entsprach. Aber selbst dann, wenn man das Reichsgesetz vom 28. Juni 1848 als in vollem Inhalt anerkannt erachtete, mußten die auf die provisorische Zentralgewalt übertragenen Befugnisse an die Bundesversammlung zurückfallen, nachdem es sich als unmöglich erwiesen hatte, die provisorische Zentralgewalt durch eine neue endgültige abzulösen. In diesem Fall mußten die den Bund bildenden deutschen Staaten notwendigerweise die Bundesversammlung als dessen Organ seines Willens und Handelns wiederherstellen.

Am 2. September hielt die neue Bundesversammlung ihre erste Sitzung ab. Es hatten aber nur die schon in den Sitzungen der Plenarversammlung vertretenen Staaten Bevollmächtigte gesandt. Der bisher nur für Limburg bestimmte Bevollmächtigte der Niederlande hatte jetzt auch Luxemburg zu vertreten; das war die einzige Änderung.

Als sehr dringend fand die Bundesversammlung in ihrer ersten Sitzung die Aufgabe der Ratifikation des Friedensvertrags mit Dänemark vor. Der Vertrag war in Berlin am 2. Juli 1850 zwischen Dänemark einerseits und Preußen in eigenem Namen und namens des Deutschen Bundes andererseits abgeschlossen worden. Er bedurfte zu seiner Wirksamkeit der Ratifikation durch den Deutschen Bund. Bevor wir hierauf eingehen, berichten wir noch kurz über das Geschehen in dem Konflikt mit Dänemark seit dem Waffenstillstand von Malmö.

Dänemark kündigte diesen am 26. Februar 1849 auf den 26. März. In der Tat kam es im April erneut zu Feindseligkeiten. Preußen war aber inzwischen an dem Krieg mit Dänemark nicht mehr wirklich interessiert, zumal es starkem Druck von England und Rußland ausgesetzt war und dieser Krieg auch zu sehr dem in Berlin wiedererstarkten monarchischen Bewußtsein widersprach. Am 18. Mai 1849 erklärte die preußische Regierung, daß sie, ohne sich weiter an die Frankfurter

Zentralgewalt gebunden zu halten, die Kriegsführung und Unterhandlung mit Dänemark selbständig in ihre Hand nehmen wolle. Am 10. Juli kam es zufolge von Verhandlungen in Berlin zu einem neuen Waffenstillstand, dem erst fast ein Jahr später, nämlich am 2. Juli 1850, der Friedensvertrag folgte. Er sicherte Dänemark zu, den früheren Zustand wiederherzustellen, der vor Ausbruch der Revolution bestand.

Da die Feindseligkeiten durch die während der Revolution entstandene Statthalterschaft in Rendsburg trotz des Friedensvertrages fortgesetzt wurden, sah sich der dänische Gesandte für Holstein und Lauenburg veranlaßt, neben der Ratifikation eine Intervention des Bundes zu erbitten zwecks Wiederherstellung der Ruhe in Schleswig-Holstein, wie dies in Artikel 4 des Friedensvertrags vorgesehen war. Der Gesandte beantragte bei der Bundesversammlung: „Hochdieselbe wolle mit Rücksicht auf die drohende Sachlage und die dem Bunde im Frieden reservierte Intervention behufs Herstellung der legitimen Autorität in Holstein sofort ein Inhibitorium an die s. g. Statthalterschaft in Rendsburg beschließen, etwa dahin lautend, daß selbige sich ferneren kriegerischen Maßregeln, namentlich alles Überschreitens der Holsteinischen Grenze zu enthalten und den Status quo in Holstein nicht im Widerspruch mit dem, Namens des Bundes abgeschlossenen Frieden zu alterieren habe" (§ 5, S. 9). (Mit der Wiedereröffnung der Bundesversammlung beginnt in den Protokollen für 1850 eine neue Paragraphen- und Seitenzählung.)

Zur sofortigen Prüfung und Begutachtung wählte die Versammlung einen Ausschuß von fünf Mitgliedern.

Eine weitere dringende Angelegenheit, die große Schwierigkeiten in sich barg, kam sehr bald hinzu. Die in den Protokollen enthaltene Registratur einer am 12. September abgehaltenen vertraulichen Sitzung verzeichnet ein Hilfegesuch von Kurhessen. Dort war ein schwerer Konflikt entstanden, indem die Ständeversammlung der Regierung die erforderlichen Steuern verweigerte. Der eigentliche Grund zu dem Konflikt war der, daß die Regierung von Kurhessen sich an die Union mit Preußen nicht mehr gebunden hielt, indem sie einen Bevollmächtigten zum Bundestag entsandte, was die Ständeversammlung mißbilligte. Die Regierung von Kurhessen war also in das österreichische Lager übergetreten, während die Ständeversammlung an der preußischen Union festhielt.

Der Bundestagsausschuß, der zur gutachtlichen Äußerung in der kurhessischen Angelegenheit am 17. September gebildet wurde, berichtete am 21. September (§ 10, S. 56 bis 63) über die Sachlage:
„Die Landstände des Kurfürstentums Hessen, welche für Aufbringung des ordentlichen und außerordentlichen Staatsbedarfs, soweit die übrigen Hülfsmittel zu dessen Deckung nicht hinreichen, durch Verwilligung von Abgaben zu sorgen haben, haben von dem ihnen in dieser Weise zustehenden Steuerbewilligungsrechte keinen Gebrauch gemacht.
Dadurch hat sich das Staatsoberhaupt, um die Mittel zur Führung der Regierung zu erhalten, genötigt gesehen, von dem der Staatsgewalt zustehenden Steuererhebungsrechte, in der Weise Gebrauch zu machen, daß es unter Contrasignatur des Gesamtministeriums die zur Erhebung der Steuern für nötig erachteten Verordnungen erließ und auf deren Durchführung berechnete Maßregeln anordnete.
Bei der Ausführung der desfallsigen Anordnungen und Maßregeln weigerten sich die obersten Finanzbehörden die Befehle des Staatsoberhaupts zu vollziehen und dieselbe Widersetzlichkeit gegen die Obrigkeit betätigten auch andere Organe der höchsten Staatsgewalt.
Bei diesen außerordentlichen Begebenheiten findet sich die Kurfürstlich Hessische Staatsregierung veranlaßt, die bundesverfassungsmäßige Tätigkeit der Bundesversammlung in Anspruch zu nehmen." (S. 56 f.)

Auf Grund des Ausschußberichts wurde von der Bundesversammlung beschlossen:
„1. die Kurfürstlich Hessische Regierung wird aufgefordert, alle einer Bundesregierung zustehenden Mittel anzuwenden, um die ernstlich bedrohte landesherrliche Autorität im Kurfürstentum sicher zu stellen,
2. die Kurfürstlich Hessische Regierung wird zugleich ersucht, ungesäumt der Bundesversammlung die in dieser Beziehung von ihr zu ergreifenden Maßregeln, sowie deren Erfolg anzuzeigen,
3. die Bundesversammlung behält sich vor, alle zur Sicherung oder Wiederherstellung des gesetzlichen Zustandes erforderlich werdenden Anordnungen zu treffen" (S. 63).

Die kurhessische Regierung versuchte vergeblich, die ihr im Lande begegnenden Widerstände zu überwinden. Sie sah sich daher gezwun-

gen, in der Bundestagssitzung vom 15. Oktober (§ 29, S. 117 ff.) den Antrag zu stellen, zu beschließen:
„daß nach Maßgabe des Art. 26 der Wiener Schlußacte und Art. VI der Executionsordnung die Hülfeleistung (des Bundes) alsbald eintreten solle" (S. 119).

Der Executionsausschuß der Bundesversammlung erhielt daraufhin den Auftrag, am folgenden Tage „gutachtlichen Bericht zu erstatten". So geschah es, und der Bericht vom 16. Oktober (§ 30, S. 122 bis S. 131) endete mit dem Antrag, „zur Wiederherstellung der gesetzmäßigen Ordnung im Kurfürstentum Hessen … die erforderlichen Executionsmaßregeln von Seiten des Bundes … in Anwendung zu bringen". Der Antrag empfahl weiter insbesondere: „mit der Vollziehung dieser Maßregeln werden im Namen des Bundes die Königlichen Regierungen von Bayern und Hannover beauftragt" (S. 130). Der Beschluß der Versammlung entsprach dem Antrag des Executionsausschusses.

Das Königreich Hannover sah sich jedoch nicht in der Lage, der Aufforderung, gemeinsam mit Bayern die Bundesexecution in Kurhessen zu betreiben, nachzukommen. Das Präsidium berichtete in der Bundestagssitzung vom 25. Oktober (§ 32, S. 133 f.), daß ihm vom österreichischen Gesandten in Hannover vertraulich angezeigt worden sei, „daß die Lage der dortigen Verhältnisse der Königlichen Regierung zu ihrem Bedauern noch nicht gestattet, über die in der Kurhessischen Angelegenheit unter dem 16. d. M. zu Frankfurt gefaßten Beschlüsse ihrerseits eine bestimmte Erklärung abzugeben".

Über die Maßnahmen von Bayern konnte das Präsidium hingegen berichten:
„Die Königlich Bayerische Regierung hat in dieser Beziehung laut einer dem Präsidium von Seiten des Königlich Bayerischen Gesandten gemachten Anzeige, die Aufstellung eines Armeecorps am Main unter dem Oberbefehl des Generals der Cavallerie Fürsten von Thurn und Taxis angeordnet und diese Aufstellung mit dankenswerter Bereitwilligkeit so beschleunigt, daß die erste Division dieses Armeecorps unter dem Commando des Generalmajors Dambör seit dem 23. d. M. bereit steht, auf Befehl sofort die Kurhessische Grenze zu überschreiten" (S. 134).

Die beschlossene Bundesexecution berührte in starkem Maße die preußischen Interessen; denn durch Kurhessen liefen vertraglich festgelegte preußische Militärstraßen, die die Verbindung zwischen der östlichen und der westlichen Landeshälfte garantierten. Wenn aber Kurhessen durch bayerische Truppen besetzt wurde, so war dadurch die Verbindung der getrennten preußischen Landesteile gefährdet. Es drohte daher ein bewaffneter Konflikt, eine kriegerische Auseinandersetzung zwischen Preußen einerseits und Österreich nebst den ihm anhangenden Mittelstaaten andererseits.

Schon am 26. Oktober (§ 36, S. 144 bis 151) berichtete der kurhessische Gesandte, der Staatsminister Hassenpflug, der Bundesversammlung über Mitteilungen, die seine Regierung über preußische Pläne erhalten habe. Wir zitieren aus dem Vortrag:

„Diese Mitteilungen gehen dahin, daß das Königlich Preußische Truppencorps, welches gegen die Grenzen des Kurstaates auf Königlich Preußischem Gebiete aufgestellt und dessen bedeutende Vermehrung dabei als in Aussicht genommen angezeigt ist, die Bestimmung hat, zu derselben Zeit in den Kurstaat einzurücken, zu welcher auf irgend einer andern Grenze des Kurstaates Truppen eines andern Staates einmarschieren würden. Der commandierende General des erwähnten Truppencorps ist bereits, wie der Kurhessischen Regierung ebenfalls zur Kenntnis gekommen, mit Ordre versehen, um in dem gedachten Fall sofort den Einmarsch zu vollziehen.

Als Veranlassungsgrund dieser Eventualität ist angegeben, daß Preußen nicht zugeben könne, daß sich zwischen den von einander getrennten Bestandteilen des Preußischen Staates eine fremde Truppenmacht befinde" (S. 144).

Die Bundesversammlung verhielt sich noch abwartend bezüglich Maßnahmen, einem preußischen Eingreifen zu begegnen. Die beschlossene Bundeshilfe zur Wiederherstellung der gesetzlichen Ordnung im Kurfürstentum Hessen blieb davon unberührt. Diesbezüglich wurde am 26. Oktober beschlossen:

„1. Die Bundestruppen haben nunmehr in den Kurstaat einzurücken.
 2. Der Zeitpunkt des Überschreitens der Kurhessischen Grenze wird der Bestimmung des Civilcommissärs im Einvernehmen mit dem Oberbefehlshaber anheimgegeben" (S. 146).

Bezüglich der Befürchtung eines preußischen Eingreifens wurde der Executionsausschuß zur Berichterstattung aufgefordert. Der Ausschuß erstattete seinen Vortrag am 28. Oktober (§ 38, S. 156 bis 163), und daraufhin wurde zunächst einmal die Kurfürstliche Regierung aufgefordert, „offene, umständliche und erschöpfende Mitteilung über den Ursprung und den ganzen Sachverhalt der zur Anzeige gebrachten Bedrohung durch die Königlich Preußische Regierung, ungesäumt an die Bundesversammlung gelangen zu lassen" (S. 162).

Am 8. November (§ 45, S. 169 ff.) berichtete Hassenpflug in der Bundesversammlung, daß „der Einmarsch Königlich Preußischer Truppen wirklich in Cassel und in Fulda am 2. l. M. stattgefunden" habe (S. 170). Er schloß seinen Vortrag mit dem Antrag,

„daß für die Aufrechterhaltung des Besitzstandes unverzüglich durch die hohe Versammlung Sorge getragen, mithin es bewirkt werde, daß unverzüglich die Räumung des Kurstaates erfolge, – wobei es sich von selbst versteht, daß die Kurhessische Regierung selbst dafür Sorge tragen wird, daß die aus der Etappenconvention hervorgehenden Verpflichtungen ihre vertragsmäßige Erfüllung erhalten" (S. 171).

Die entscheidenden Bemühungen um die Beilegung des Konflikts fanden außerhalb der Bundesversammlung statt, die ja von Preußen nicht als rechtmäßig tagend anerkannt war. Friedrich Wilhelm IV. war nicht gewillt, es zu einer militärischen Auseinandersetzung kommen zu lassen. Er erreichte schließlich durch ein Schreiben an seinen Neffen, Kaiser Franz Joseph, daß dieser seinem Minister Schwarzenberg befahl, mit dem preußischen Minister Otto von Manteuffel wegen einer Verständigung zu verhandeln. Dies geschah in Olmütz am 28. und 29. November, wodurch ein befriedigender Ausgleich der Gegensätze erreicht wurde. Indessen soll zunächst noch darüber berichtet werden, wie sich die Entwicklung des schweren Konflikts zwischen den beiden deutschen Großmächten im Laufe des Monats November in den Protokollen der Bundesversammlung darstellt. Schon am 9. November (§ 48, S. 175 f.) konnte das Präsidium dem Bundestag Berichte vorlegen, „aus welchen die bevorstehende Räumung Fuldas Seitens der Königlich Preußischen Truppen und demzufolge die Besetzung dieser Stadt durch die unter dem Oberbefehl des Generals der Cavallerie, Fürsten von Thurn und Taxis, stehenden Bundestruppen zu entnehmen ist".

Eine versöhnliche Haltung bewies das Präsidium besonders in der Bundestagssitzung vom 14. November (§ 53, S. 180 ff.). Es beantragte, nachdem der Stand der kurhessischen Angelegenheit von ihm und von Kurhessen aus beleuchtet war:

„Die hohe Versammlung möge beschließen, den Kaiserlichen Präsidialhof zu ermächtigen

im Namen der in der Bundesversammlung vertretenen Regierungen eine förmliche Erklärung abzugeben

1. über Zweck und Dauer der Occupation des Kurstaates durch Bundestruppen,

2. darüber, daß die vertragsmäßige Benützung der Etappenstraßen niemals dem geringsten Anstand unterworfen gewesen sei, daß dieselbe von der Kurfürstlichen Regierung vollständig anerkannt und auf das Gewissenhafteste gesichert werden würde, daß übrigens die Bundesversammlung selbst für die pünktliche Beobachtung der darauf bezüglichen Convention Sorge tragen würde, so wie auch die bestimmtesten Weisungen in dieser Beziehung an den Civilcommissär und den Oberbefehlshaber der Bundestruppen erlassen sind" (S. 182).

Die Versammlung beschloß dementsprechend. Der Ermächtigung waren Fühlungnahmen zwischen Preußen und Österreich vorhergegangen. Die von Preußen begehrte Erklärung bezüglich der Sicherung seiner Militärstraßen durch kurhessisches Gebiet wurde von Schwarzenberg am 20. November abgegeben. Sie wurde der Bundesversammlung in der Sitzung vom 5. Dezember (§ 63, S. 197 ff.) unterbreitet. Im Anschluß daran unterrichtete das Präsidium die Versammlung über das Ergebnis der Verhandlungen zu Olmütz, die am 28. und 29. November zwischen Österreich und Preußen stattfanden (§ 64, S. 199 ff.). Aus der Olmützer Punctation zitieren wir:

„§ 1

Die Regierungen von Österreich und Preußen erklären, daß es in ihrer Absicht liege, die endliche und definitive Regulierung der Kurhessischen und der Holsteinischen Angelegenheit durch die gemeinsame Entscheidung aller deutschen Regierungen herbeizuführen.

§ 2

Um die Cooperation der in Frankfurt vertretenen und der übrigen deutschen Regierungen möglich zu machen, sollen in kürzester Frist von Seiten der in Frankfurt vertretenen Bundesglieder, sowie von Seiten Preußens und seiner Verbündeten, je ein Commissär ernannt werden, welche über die gemeinschaftlich zu treffenden Maßregeln in Einvernehmen zu treten haben.

§ 3

Da es aber im allgemeinen Interesse liegt, daß sowohl in Kurhessen wie in Holstein ein gesetzmäßiger, den Grundgesetzen des Bundes entsprechender und die Erfüllung der Bundespflichten möglich machender Zustand hergestellt werde; ..., so kommen die beiden Regierungen von Österreich und Preußen ... überein:

a) in Kurhessen wird Preußen der Action der von dem Kurfürsten herbeigerufenen Truppen kein Hindernis entgegenstellen und zu dem Ende die nötigen Befehle an die dort commandierenden Generale erlassen, um den Durchgang durch die von Preußen besetzten Etappenstraßen zu gestatten. Die beiden Regierungen von Österreich und Preußen werden im Einverständnisse mit ihren Verbündeten Seine Königliche Hoheit den Kurfürsten auffordern, seine Zustimmung dazu zu erteilen, daß ein Bataillon der von der Kurfürstlichen Regierung requirierten Truppenmacht und ein Königlich Preußisches Bataillon in Cassel verbleiben, um die Ruhe und Ordnung zu erhalten.

b) Nach Holstein werden Österreich und Preußen nach gepflogener Rücksprache mit ihren Verbündeten, ..., gemeinsam Commissäre schicken, welche im Namen des Bundes von der Statthalterschaft die Einstellung der Feindseligkeiten, die Zurückziehung der Truppen hinter die Eider und die Reduction der Armee auf ein Drittel der jetzt bestehenden Truppenstärke verlangen, unter Androhung gemeinschaftlicher Execution im Weigerungsfalle. Dagegen werden beide Regierungen auf das Königlich Dänische Gouvernement dahin einwirken, daß dasselbe im Herzogtume Schleswig nicht mehr Truppen aufstelle, als zur Erhaltung der Ruhe und Ordnung erforderlich sind.

§ 4

Die Ministerialconferenzen werden unverzüglich in Dresden stattfinden. Die Einladung dazu wird von Österreich und Preußen gemeinschaftlich ausgehen, und zwar so erfolgen, daß die Conferenzen um die Mitte Dezember eröffnet werden können."

Auf den Antrag des Präsidialgesandten, die bekanntgegebene Punctation zu genehmigen, „erklärten sich sämtliche Gesandten nicht für ermächtigt, ohne vorherige Instruction ... abzustimmen". Es wurde daher Instructionseinholung beschlossen.

Auf vielfachen Wunsch wurde am 13. Dezember (§ 72, S. 210) ein Ausschuß zur Prüfung der Olmützer Punctation gebildet. Dieser erstattete seinen Bericht am 28. Dezember (§ 74, S. 212 bis 218). Er glaubte eine „ausdrückliche Genehmigung der Olmützer Punctation" nicht empfehlen zu sollen. Statt dessen schlug er vor zu beschließen: „Die Bundesversammlung ... erteilt dem Kaiserlichen Präsidialhofe, unter Vorbehalt der Zuständigkeit und Rechte der Bundesversammlung, Vollmacht, um die Regelung der in der Olmützer Punctation genannten Angelegenheiten nach Maßgabe der Bundesgesetze und der in diesen Angelegenheiten bereits vorliegenden Bundesbeschlüsse herbeizuführen.
..." (S. 217).

Demgemäß beschloß die Bundesversammlung, was einer Zustimmung nahekam. Der bayerische Gesandte brachte in seiner Zustimmung zum Ausdruck, er sei „angewiesen, ausdrücklich zu erklären, daß die hiernach für die Kurhessische und Holsteinische Angelegenheit ausnahmsweise beliebte Behandlungsart für künftige Fälle in keiner Weise maßgebend sein könne, vielmehr die bundesverfassungsmäßige Behandlung der Bundesangelegenheiten als Regel fortzubestehen habe" (S. 217). Darin sprach sich wohl eine Mißstimmung Bayerns darüber aus, daß Österreich ohne Hinzuziehung der ihm anhangenden Mittelstaaten eine Verständigung mit Preußen herbeigeführt hatte. Wenn bei der Olmützer Punctation die Frage nach Sieger und Besiegtem gestellt wird, so können in Wahrheit wohl nur die Mittelstaaten als Besiegte gelten, wie dies auch Srbik meint (D. E., Bd. 2, S. 88). Preußen und Österreich hatten einen Ausgleich gefunden, der beiden ein Nachgeben gegenüber dem andern abverlangte. Trotzdem gab es in Preußen Kreise – und dazu gehörte der Kronprinz, der spätere König und Kaiser Wilhelm –, die Olmütz als Schmach empfanden. Der damalige sächsische Minister Beust, der bis zum Jahre 1866 im Amt blieb, hingegen urteilt: „Olmütz war nicht eine preußische Demütigung, sondern eine österreichische Schwäche" (Beust: Aus drei Viertel-Jahrhunderten, Bd. 1, S. 120). Er meint, Schwarzenberg hätte Österreichs militärische Überlegenheit, die damals – nicht unbestritten – bestand, nicht genutzt, um günstigere Bedingungen zu erreichen. Schwarzenberg verhandelte aber unter dem Zwang, einen Kompromiß zu erzielen, und das verlangte ein mindestens teilweises Eingehen auf preußische Vorstellungen. Eine friedliche Lösung wollte Kaiser Franz Joseph ebenso wie König Friedrich Wilhelm, und Schwarzenberg entsprach dem Willen seines Kaisers. Auch dem Minister war an einem Einverständnis mit Preußen gelegen, er handelte also nicht nur aus Zwang. (Vgl. Srbik, D. E., Bd. 2, S. 80.)

Die Lösung der deutschen Frage, der Vereinbarung einer neuen Bundesverfassung, blieb den Dresdener Ministerialconferenzen vorbehalten. Die Vorstellungen der beiden deutschen Großmächte waren in dieser Frage grundverschieden. Österreich vertrat in abgewandelter Form, nämlich unter Einbeziehung seines Gesamtstaates, die großdeutsche Idee, Preußen die kleindeutsche, die sich in der Paulskirche durchgesetzt hatte und die Radowitz mit der preußischen Union zu verwirklichen suchte, womit er gescheitert war. Schwarzenbergs Vorstellung ging dahin, ganz Österreich in den Deutschen Bund aufzunehmen, der als Staatenbund mit einer Bevölkerung von siebzig Millionen zu einem einheitlichen Wirtschaftsgebiet auszubauen wäre. Das war ein großartiger kühner Plan, dessen Verwirklichung gewiß noch manche Schwierigkeit gerade in Österreich entgegenstand. Heute aber, angesichts der Europäischen Gemeinschaft, mutet der mitteleuropäische Plan von Schwarzenberg und dessen Handelsminister Bruck wohl weniger phantastisch an. Indessen war Preußen bestrebt, seinen Zollverein unter Ausschluß Österreichs allmählich auf die noch abseits stehenden deutschen Mittel- und Kleinstaaten auszudehnen. So konnte auf der Grundlage des Zollvereins vielleicht einmal die politische Vorherrschaft Preußens in einem engeren kleindeutschen Bund Verwirklichung finden.

Grundsätzlich einig waren Österreich und Preußen darin, den engeren Rat der Bundesversammlung mit seinen siebzehn Stimmen durch ein Direktorium als kraftvolle Executive, die der Bundesversammlung bisher mangelte, zu ersetzen. Das Direktorium sollte über neun Stimmen verfügen; auf Österreich und Preußen sollten je zwei Stimmen entfallen. Ein Plan hierfür befindet sich schon als Beilage zur ersten Sitzung in den Protokollen der Bundesplenarsitzungen des Jahres 1850 auf Seite 5. Danach sollten die vier mittelstaatlichen Königreiche über je eine Stimme und beide Hessen zusammen über die letzte

Stimme verfügen. Die kleineren Staaten sollten mit den stimmführenden verbunden werden. Auch an insgesamt elf Stimmen wurde später gedacht, um die Rechte der Kleinstaaten besser zu schützen, für die dann zwei weitere Stimmen verfügbar wären. Preußen war aber sehr daran gelegen, die volle Parität mit Österreich zu erreichen. Dies war im Direktorium jedoch kaum möglich; denn die Mittelstaaten würden wohl im allgemeinen auf Österreichs Seite stehen, wie es sich bei Preußens Unionsplan gezeigt hatte. Die preußische Mindestforderung, die erst geltend gemacht wurde, als das Ende der Dresdener Konferenz in Aussicht stand, war die Parität im Präsidium, welches abwechselnd von Österreich und Preußen ausgeübt werden sollte.

Die Konferenz wurde in Dresden am 23. Dezember 1850 von Schwarzenberg feierlich eröffnet. Sie arbeitete in mehreren Kommissionen nach dem Vorbild der Wiener Konferenzen 1820 und 1834. Während aber damals weitgehende Übereinstimmung zwischen Österreich und Preußen bestand, war das in Dresden nicht der Fall. Schwarzenberg hatte sich offenbar getäuscht, wenn er glaubte, ein Einvernehmen mit Preußen über die seit dem März 1848 öffentlich geforderte Bundesreform erzielen zu können. Wenn sich schon die beiden Großmächte nicht auf einen gemeinsam vertretenen Plan einigen konnten, so war es ganz unmöglich, eine von allen deutschen Staaten gebilligte Reform zu erzielen. Es blieb daher kein anderer Ausweg, als es bei der alten Bundesverfassung zu belassen. Das bedeutete, daß alle Bundesstaaten sich wieder in Frankfurt in der Bundesversammlung vertreten ließen. Am 15. Mai 1851 fanden die Dresdener Konferenzen mit einer Rede Schwarzenbergs, der über ihren Fehlschlag tief betrübt war, ihr unrühmliches Ende. Gleichwohl lobte der österreichische Ministerpräsident die in den Kommissionen geleistete Arbeit, deren Ergebnisse „als schätzbare Materialien" an die Bundesversammlung überwiesen wurden.

Von dem Standpunkt der Forderung nationaler Einigkeit aus ist das Ergebnis der Dresdener Konferenzen als sehr betrüblich zu bezeichnen. Mangelte es Schwarzenberg an der nötigen Geduld und Geschmeidigkeit, die Metternich seinerzeit auszeichneten und ihm unter gewissen Zugeständnissen das Erreichen seiner Ziele in den Hauptpunkten sicherten? An der reinen Prestigefrage der paritätischen Leitung des Direktoriums durften doch die Konferenzen im Jahre 1851 eigentlich nicht scheitern. Offenbar war der Wille zu einer Einigung anders als zur Zeit Metternichs auf preußischer Seite nicht vorhanden. Die Chance eines Mittel-Europa von siebzig Millionen unter deutscher Führung wurde nicht verwirklicht.

Wenn Olmütz, äußerlich betrachtet, eher als Niederlage Preußens erscheinen mochte, so bedeutete Dresden ein Scheitern Österreichs mit seiner Hoffnung, eine Bundesreform im Einvernehmen mit Preußen erzielen zu können, eine Reform, die die österreichischen und die gesamtdeutschen Belange in gleicher Weise wahren sollte. So waren denn nacheinander an der Neugestaltung der Bundesverfassung die Nationalversammlung mit dem preußischen Erbkaisertum, Preußen mit seinem Unionsplan und jetzt Österreich mit seinem Mitteleuropa-Plan gescheitert.

Als erster der mit Preußen verbündet gewesen Staaten kehrte Baden in die Bundesversammlung zurück; es war bereits in der Sitzung am 2. Mai dort vertreten. Preußens Gesandter war in der Sitzung am 14. Mai anwesend, und am 13. Juni waren alle deutschen Staaten in Frankfurt wieder vertreten.

VIII. Tätigkeit des erneuerten Bundestags

1. Die holsteinische und die kurhessische Angelegenheit

Wir berichteten bereits, daß der König von Dänemark laut Protokoll der Bundesversammlung vom 2. September 1850 um die Intervention des Bundes „behufs Herstellung der legitimen Autorität in Holstein" ersuchte und daß „zur sofortigen Prüfung und Begutachtung" ein Ausschuß von fünf Mitgliedern gewählt wurde (s. S. 298 f.). Diesem fiel die doppelte Aufgabe zu, sich erstens zur Frage der Ratifikation des Friedensvertrags vom 2. Juli 1850 und zweitens zur Frage der Intervention des Bundes in Holstein zu äußern. Der Ausschuß beschränkte sich in seinem Vortrag vom 21. September (§ 11, S. 64 bis 76) im wesentlichen auf die erste Frage. Er befürwortete die alsbaldige Ratifikation und behielt sich bezüglich einer Intervention des Bundes die Unterbreitung von Anträgen in einer späteren Sitzung vor.

Die Ratifikation wurde in der Plenarsitzung vom 3. Oktober 1850 einstimmig beschlossen (Preußen und die ihm anhangenden Staaten waren abwesend). Wir übergehen die weiteren Beratungen des Bundestags in der holsteinischen Angelegenheit und wenden uns sofort den Ereignissen zu, die auf die Olmützer Punctation folgten.

Am 11. Juni 1851 gaben Österreich und Preußen in der Bundesversammlung zur kurhessischen und zur holsteinischen Angelegenheit eine gemeinsame Erklärung ab, aus der wir bezüglich Holsteins zitieren:

„In Gefolge der Olmützer Convention haben in Vertretung des Bundes Österreich und Preußen die geeigneten Schritte getan, um die landesherrliche Autorität in Holstein wieder herzustellen. Die von beiden Mächten im Namen des Bundes abgesandten Commissarien haben zuvörderst die Statthalterschaft zur Einstellung der Feindseligkeiten, Zurückziehung der Truppen hinter die Eider und Reduction der vorhandenen Streitkräfte veranlaßt und, nachdem die Statthalterschaft abgetreten, in Gemeinschaft mit dem von dem Landesherrn er-

nannten Commissar die oberste Regierung im Namen des König-
Herzogs und im Auftrage des Bundes übernommen.

Unter ihrer Leitung hat seitdem die Herstellung gesetzlicher und bun-
desgemäßer Zustände ihren ungehinderten Fortgang genommen. Die
seit dem 24. März 1848 erlassenen Gesetze sind, als der landesherrlichen Sanction entbehrend, dieses Charakters entkleidet worden. Insbesondere ist das in den Herzogtümern während jener Zeit eingeführte Staatsgrundgesetz außer Kraft gesetzt und die auf Grund desselben zusammentretende Landesversammlung aufgelöst. Die Reor-
ganisation der noch vorhandenen Streitkräfte als Bundescontingent
ist ihrer Vollendung nahe." (§ 44, S. 59).

Die Tätigkeit der Commissare in Holstein währte noch etwas länger
als ein Jahr. Erst in der Bundestagssitzung vom 29. Juli 1852 (§ 197,
S. 775 bis 789) konnten Österreich und Preußen in einer gemeinsamen
Erklärung über deren Abschluß berichten. Die der Erklärung beige-
fügten „Protokolle der Bundescommissarien in Holstein" umfassen
33 Seiten (abgedruckt hinter S. 850). Von dänischer Seite wurde die
„Allerhöchste Bekanntmachung" des Königs vom 28. Januar 1852
vorgelegt (S. 885–888). Aus ihr zitieren wir:

„Wir haben ... den Allerhöchsten Beschluß gefaßt, daß mit der Ordnung der Angelegenheiten Unserer Monarchie, unter Beibehaltung
und weiterer Ausbildung der alle Teile derselben umfassenden sowohl, als der für einzelne Teile gegründeten Einrichtungen, in dem
Geiste der Erhaltung und Verbesserung rechtlich bestehender Verhältnisse vorgeschritten werden soll.

So wie daher die ungeschmälerte Erhaltung Unserer Monarchie in
ihrem ganzen Gesamtumfange mit dem Beistande der Europäischen
Großmächte für die Zukunft gesichert werden wird, so soll ebenfalls
die Verbindung der verschiedenen Teile der Monarchie zu einem
wohl geordneten Ganzen zunächst im Wege der Verwaltung der gemeinschaftlichen Angelegenheiten durch gemeinschaftliche Behörden
erhalten und befestigt, demnächst aber auf die Einführung einer gemeinschaftlichen Verfassung zum Zwecke der Behandlung der gemeinschaftlichen Angelegenheiten bald tunlichst Bedacht genommen
werden.

...

Der Minister für das Herzogtum Schleswig und der Minister für die
Herzogtümer Holstein und Lauenburg sind Uns allein für ihre Amts-

führung verantwortlich. Die Verantwortlichkeit der übrigen Minister dem Dänischen Reichstage gegenüber ist auf denjenigen Teil ihrer amtlichen Wirksamkeit beschränkt, welcher das Königreich Dänemark betrifft, ...

...

So wie an Unserem festen Willen, die Bestimmungen des Dänischen Grundgesetzes unverbrüchlich zu halten, nicht gezweifelt werden kann, so wollen Wir auch auf verfassungsmäßigem Wege den Provinzialständen Unseres Herzogtums Schleswig sowohl, als Unseres Herzogtums Holstein eine solche Entwicklung angedeihen lassen, daß jedes der gedachten beiden Herzogtümer hinsichtlich seiner bisher zu dem Wirkungskreise der beratenden Provinzialstände gehörigen Angelegenheiten eine ständische Vertretung mit beschließender Befugnis erhalten wird.

Wir werden zu dem Ende Gesetzentwürfe für jedes der beiden gedachten Herzogtümer ausarbeiten und den Provinzialständen zur Begutachtung ... vorlegen lassen.

Der zu dem gedachten Zwecke für das Herzogtum Schleswig auszuarbeitende Gesetzentwurf wird insbesondere die erforderlichen Bestimmungen erhalten, um der Dänischen und der deutschen Nationalität in dem gedachten Herzogtum völlig gleiche Berechtigung und kräftigen Schutz zu verschaffen und zu sichern.

Die Suspension der Wirksamkeit des Schleswig-Holstein-Lauenburgischen Ober-Appellationsgerichts hinsichtlich des Herzogtums Schleswig dauert fort. Zum Zwecke der definitiven Beschränkung der Competenz dieses höchsten Gerichtshofs auf die Herzogtümer Holstein und Lauenburg wird den nächsten Versammlungen der Provinzialstände ein Gesetzentwurf zur Begutachtung vorgelegt werden.

Die Provinzialstände des Herzogtums Schleswig und des Herzogtums Holstein sollen bald tunlichst nach dem Ablaufe der gegenwärtigen, mit diesem Jahre zu Ende gehenden Wahlperiode zusammenberufen, zuvor aber neue Wahlen von Abgeordneten vorgenommen werden ... Die Seiner Durchlaucht dem Herzoge von Schleswig-Holstein-Sonderburg-Augustenburg beigelegte erbliche Virilstimme in der Schleswigischen Provinzialstände-Versammlung fällt weg. Der freie Gebrauch der Dänischen wie der deutschen Sprache in der Versammlung der Provinzialstände des Herzogtums Schleswig wird schon in der nächsten Versammlung derselben ohne alle Beschränkung gestattet und zu dem Ende das Erforderliche von Uns verfügt werden.

...

Hinsichtlich der Verfassung Unseres Herzogtums Lauenburg werden Wir nach vorgängiger verfassungsmäßiger Verhandlung mit Unserer getreuen Ritter- und Landschaft Unsere Allerhöchsten Beschlüsse zur öffentlichen Kunde bringen. Unser Verhältnis als Mitglied des Deutschen Bundes für die Herzogtümer Holstein und Lauenburg bleibt unverändert.

..."

Zu dieser Bekanntmachung des Königs bemerkten Österreich und Preußen in ihrer gemeinsamen Erklärung vor der Bundesversammlung:

„Ihrer Seits sind die Gesandten von Österreich und Preußen zu der Erklärung angewiesen, daß diese Bekanntmachung in denjenigen ihrer Verfügungen, die sich auf die zwischen Dänemark und dem Deutschen Bunde streitig gewesenen Fragen beziehen, den Ausdruck der Verständigung enthält, zu welcher die im Namen des Bundes handelnden Allerhöchsten Höfe mit der Königlich-Dänischen Regierung sich geeinigt haben" (S. 778).

Die gemeinsame Erklärung endete:

„Die Gesandten von Österreich und Preußen schließen die gegenwärtige Darlegung, indem sie den Antrag stellen:

hohe Bundesversammlung wolle

1. die Bestimmungen der am 28. Januar d. J. erlassenen Bekanntmachung Seiner Majestät des Königs von Dänemark, Herzogs von Holstein und Lauenburg, so weit dieselben die Angelegenheiten der Herzogtümer Holstein und Lauenburg betreffen, auch nach Lage der Sache der verfassungsmäßigen Prüfung und Beschlußfassung des Deutschen Bundes unterliegen, als den Gesetzen und Rechten des Bundes entsprechend anerkennen, und der sonach von Seiner Majestät dem Könige im Einverständnisse mit den im Namen des Bundes handelnden Regierungen von Österreich und Preußen bewirkten Beilegung der seitherigen Streitigkeiten zwischen Dänemark und dem Deutschen Bunde die vorbehaltene definitive Genehmigung erteilen;

Sie wolle

2. die Königlich-Dänische, Herzoglich-Holstein-Lauenburgische Gesandtschaft ersuchen, die gegenwärtige Verhandlung der Königlichen Regierung zur Kenntnis zu bringen, mit dem Beifügen, daß die Bundesversammlung sich überzeugt halte, Seine Majestät werde auch in Zukunft über die Erhaltung und gedeihliche Ausbildung sowohl der gesetzlich bestehenden Einrichtungen seiner deutschen Bundeslande, als auch der Stellung, die ihnen im Verbande mit den übrigen Teilen der Monarchie gebührt, in eben dem gerechten und versöhnlichen Geiste wachen, von welchem die Königliche Bekanntmachung vom 28. Januar d. J. Zeugnis gibt;

Endlich beantragen die Gesandten:
hohe Bundesversammlung wolle

3. die den Regierungen von Österreich und Preußen übertragenen ... Vollmachten in der Holsteinischen Angelegenheit mit der Fassung der so eben in Vorschlag gebrachten Beschlüsse als erloschen betrachten" (S.780 f.).

Es wurde sofort zur Abstimmung über diese Anträge geschritten. Das Präsidium begründete dies damit, daß die „Angelegenheit seit geraumer Zeit Gegenstand direkter Verhandlungen zwischen den ... Regierungen gewesen" sei und „somit sämtliche Herren Gesandte bereits mit Instructionen in dieser Beziehung versehen" wären (S.782). Die Mehrheit der Stimmen entschied für die Annahme der Anträge. Bayern stimmte zu „unter dem Ausdrucke des Bedauerns, daß es unmöglich geworden, die Lage der Herzogtümer besser zu wahren". Dieser Bemerkung Bayerns schloß sich Baden an. Entschiedenen Widerspruch gegen die sofortige Annahme erhob der Gesandte der Großherzoglich- und Herzoglich-Sächsischen Häuser. Er sei „beauftragt, vor Allem darauf anzutragen, daß zum Behufe einer eingehenden Prüfung der Frage: ob die Bekanntmachung vom 28. Januar d. J. den Rechten des Bundes in der Tat Genüge leiste, ein Ausschuß von etwa fünf Mitgliedern der Bundesversammlung gewählt werde" (S.784). Aus der eingehenden Begründung zitieren wir:
„Der Ausspruch in der Königlich-Dänischen Bekanntmachung vom 28. Januar d. J., daß die Aufrechterhaltung der Monarchie in deren gesamtem territorialen Umfange durch den Beistand der Europäischen Großmächte für die Zukunft gesichert bleiben werde, würde nur unter Voraussetzung einer bereits gegebenen Zustimmung der berech-

tigten Agnaten den Bundesrechten, insonderheit auch dem Bundesbeschlusse vom 17. September 1846, für entsprechend gehalten werden
können, während eine solche Zustimmung bisher bekanntlich fehlt.
Die in Aussicht gestellte, gemeinschaftliche Verfassung für das erst in
den letzten Jahren constitutionell gewordene Königreich Dänemark
und die mit demselben unter Einem Regenten verbundenen Herzogtümer ist etwas von dem Jahrhunderte langen Zustande vor 1848 so
ausnehmend Abweichendes, daß der Bund seine Übereinstimmung
mit der Absicht, eine derartige Verfassung ins Leben zu rufen, jedenfalls nicht früher füglich wird kund geben dürfen, als bis die nähere
Modalität der Verfassung vorliegt und darüber die Landesvertretungen von Holstein und Lauenburg vernommen sein werden, zumal eine
constitutionelle Verbindung von Ländern verschiedener Nationalität
und Sprache an sich erheblichen Bedenken unterliegt."

Zum Schluß wiederholte der Gesandte „die feierliche Verwahrung",
„die er schon früher gegen jede Regulierung der Erbfolge in der Dänischen Gesamtmonarchie niedergelegt hat, welche geeignet sein
würde, die Rechte des Durchlauchtigsten Sachsen-Ernestinischen Gesamthauses auf eventuelle Succession in das Herzogtum Lauenburg
zu beeinträchtigen, indem er sich beehrt, eine nähere Ausführung dieser Rechte hiermit zu überreichen" (S. 786). Diese Verwahrung veranlaßte den Gesandten des Königreichs Sachsen, „auch seiner Seits die
eventuellen Successionsrechte des Königlichen Hauses Sachsen auf
das Herzogtum Lauenburg zu verwahren" (S. 788). Dasselbe geschah
von mecklenburgischer Seite (S. 786).

Die weitere Entwicklung bestätigte vollends die Richtigkeit der Einstellung der Sächsischen Herzogtümer zu der Bekanntmachung des
dänischen Königs vom 28. Januar 1852.

Bedenklich mußte aus deutscher Sicht insbesondere der Ausspruch
sein, daß „die ungeschmälerte Erhaltung" der dänischen „Monarchie
in ihrem ganzen Gesamtumfange mit dem Beistande der Europäischen Großmächte für die Zukunft gesichert" sein werde. Die Hoffnung der Herzogtümer Schleswig und Holstein ging doch gerade dahin, daß sie mit dem in Aussicht stehenden Wirksamwerden der weib-
lichen Erbfolge im dänischen Könighaus infolge des für sie geltenden
anderen Erbrechts ihre Unabhängigkeit von Dänemark erwerben

würden, womit sich für Schleswig die schon 1848 geforderte Aufnahme in den Deutschen Bund erreichen ließe.

Als die Bundesversammlung am 29. Juli mit Mehrheit die Bekanntmachung vom 28. Januar 1852 billigte, war von den fünf Großmächten und von Schweden schon die Zusicherung der ungeschmälerten Erhaltung der Gesamtmonarchie gegeben worden, und zwar durch das Londoner Protokoll vom 8. Mai 1852. Danach sollte mit dem zu erwartenden Aussterben der männlichen Linie der regierenden Dynastie das Erbfolgerecht für die Gesamtmonarchie auf den Prinzen Christian der Nebenlinie Schleswig-Holstein-Sonderburg-Glücksburg übergehen. Die Nebenlinie Schleswig-Holstein-Sonderburg-Augustenburg sollte das Erbfolgerecht durch aktive Beteiligung an dem 1848 begonnenen Aufstand verwirkt haben. Ihr Haupt, Herzog Christian August und seine beiden Söhne, Friedrich und Christian, hatten im Heer gegen den König gekämpft. Sie hatten demzufolge das Land verlassen müssen. Sie verloren nicht nur, wie in der Bekanntmachung vom 28. Januar bestimmt wurde, ihre erbliche Virilstimme in der Schleswigschen Provinzialstände-Versammlung, sondern auch ihren beschlagnahmten Grundbesitz. Für diesen wurde dem Herzog Christian August durch Übereinkunft, die erst am 30. Dezember 1852 rechtsverbindlich wurde, eine weit unter dem Wert bleibende Entschädigung von 2¼ Millionen Taler zugestanden. Der Herzog verpflichtete sich dagegen für sich und seine Familie, „sich außerhalb des dänischen Reiches aufzuhalten, nichts vorzunehmen, wodurch die Ruhe in den Landen des Königs von Dänemark gestört und gefährdet werden könne, und den von dem König bezüglich der Erbfolge für alle seine Lande gefaßten oder künftig zu fassenden Beschlüsse in keiner Weise entgegentreten zu wollen" (Stern, E. G., Bd. 7, S. 476). Die volljährigen Söhne traten dieser Erklärung nicht bei und hielten sich durch sie nicht gebunden.

Auf den Beitritt des Deutschen Bundes zum Londoner Protokoll vom 8. Mai 1852 wurde verzichtet; auch hatte sich Preußen nur schwer dazu durchgerungen, hatte es doch zur Unterstützung des Augustenburgers im Jahre 1848 militärische Schritte gegen Dänemark unternommen. Wieviel weniger mochten aber die deutschen Mittel- und Kleinstaaten bereit sein, das Londoner Protokoll gutzuheißen! Bismarck, der Preußen seit dem 27. August 1851 im Bundestag vertrat, berichtete darüber nach Berlin, diese Staaten wollten „sich in der öffentlichen Meinung von der Teilnahme an allen mißliebigen Sachen nach Möglichkeit freihalten, um ihren Kammern gegenüber das Odium aller unpopulären Elaborate der europäischen Diplomatie den beiden deutschen Großmächten zuschieben zu können." (Zitiert nach Stern, E. G., Bd. 7, S. 476.)

Bezüglich der kurhessischen Angelegenheit zitieren wir aus der am 11. Juni 1851 abgegebenen gemeinsamen Erklärung von Österreich und Preußen:

„Nachdem die schroffe Durchführung staatsrechtlicher Auffassungen, zu denen man in der Hessischen Verfassung den Anhaltspunkt fand, die regelmäßige Verwaltung vollständig gelähmt hatte, konnten allein in den grundgesetzlichen Befugnissen und Verpflichtungen des Deutschen Bundes die Mittel zur Wiederherstellung der landesherrlichen Autorität und eines dem Wohle des beteiligten Bundeslandes, wie der Gesamtheit entsprechenden Zustandes gefunden werden. Die Regierungen von Österreich und Preußen haben der endlichen Erreichung dieses Zieles ihre gemeinschaftlichen Bemühungen gewidmet, und während die definitive Regulierung der Kurhessischen Angelegenheit der gemeinsamen Entscheidung aller deutschen Regierungen vorbehalten blieb, haben Österreich und Preußen sich der Pflicht nicht entziehen zu dürfen geglaubt, durch ihre in Vertretung des Bundes nach Cassel entsendeten Commissäre, teils für die einstweilige Aufrechthaltung der öffentlichen Ruhe und des Ansehens der Gesetze Sorge zu tragen, teils die endliche Entscheidung in einer Richtung einzuleiten und vorzubereiten, die geeignet ist, in diesem deutschen Bundeslande dauerndes Recht und dauernde Ordnung wieder herbeizuführen" (§ 44, S. 57).

Daß dabei an eine Änderung der kurhessischen Verfassung gedacht wurde, ergibt sich eindeutig aus folgenden Absätzen der Erklärung: „Inzwischen haben die Commissarien ihre Aufmerksamkeit einem speciellen Gegenstande zuwenden müssen, welcher wesentlich dazu beigetragen hat, die Zersetzung des öffentlichen Rechtszustandes in Kurhessen in so hohem Grade zu steigern, daß die Bundeshülfe nötig war, um ihn auch nur äußerlich wieder herzustellen. Es ist dieses der Einfluß der für die Stellung der Beamten im Allgemeinen so bedenklichen Kurhessischen Verfassungsbestimmungen, und späterer gesetzlichen Modifikationen derselben auf das Verhältnis der Kurhessischen Armee, und namentlich ihres Officierscorps zum Kurfürsten als obersten Kriegsherrn" (S. 58).

Den Regierungen der beiden deutschen Großmächte genügte es also nicht, die Ruhe und Ordnung in Kurhessen wieder herzustellen, sondern sie strebten darüber hinaus eine Änderung der kurhessischen Verfassung an. So kann es denn nicht verwundern, daß die Vorlage der Ergebnisse der Tätigkeit der Kommissare in der Bundesversammlung erst am 7. Januar 1852 (§ 3, S. 6 ff.) möglich war. Vorgelegt wurden von den Gesandten Österreichs und Preußens:

„1. eine Denkschrift der von den beiden Regierungen im Namen des Bundes aufgestellten Commissarien über die von ihnen zur Wiederherstellung der Ruhe und Ordnung in Kurhessen veranlaßten Maßregeln; und

2. eine Denkschrift derselben Commissarien über die künftige definitive Regelung der Verfassungsangelegenheit" (S. 7).

Die erste Denkschrift mit Datum vom 18. September 1851 befindet sich als Beilage zum Protokoll auf den Seiten 17 bis 34, die zweite mit Datum vom 30. September 1851 auf den Seiten 35 bis 108 der Protokolle 1852 abgedruckt. Die letztere, „die Reform der zur Zeit bestehenden Kurhessischen Verfassung betreffend", enthält drei Teile. Der erste Teil ist geschichtlicher Art, der zweite enthält die „Kritik der jetzt bestehenden Kurhessischen Verfassung" und der dritte die „Begutachtung der von der Kurfürstlichen Regierung vorgeschlagenen Verfassungsrevision". In Zusammenarbeit mit den von Österreich und Preußen benannten Kommissaren hatte die Regierung Kurhessens den „Entwurf einer revidierten Verfassungsurkunde für das Kurfürstentum Hessen, wie er von den Bundescommissären im Wesentlichen approbiert worden ist", erstellt, der als Beilage zum Protokoll auf den Seiten 109 bis 130 wiedergegeben ist. Man sollte meinen, daß der Bundesversammlung bezüglich der Kurhessischen Verfassung ein ausgereiftes Werk vorgelegt wurde. Die Regierung des Kurfürsten sollte aber, wenn sie solcher Ansicht sein mochte, noch ihre Enttäuschung erleben.

Das Protokoll der Bundestagssitzung vom 7. Januar 1852 verzeichnet im Anschluß an die von Österreich und Preußen in der kurhessischen Angelegenheit abgegebene Erklärung:

„Die Bundesversammlung nahm diese Mitteilungen entgegen und beschloß auf Antrag des Präsidiums einen Ausschuß von drei Mitgliedern niederzusetzen, welcher mit der schleunigsten gutachtlichen Berichterstattung über diesen Gegenstand zu beauftragen sei" (S. 8).

Der Ausschuß erstattete am 6. März einen umfassenden Bericht (§ 66, S. 328 bis 351), auf Grund dessen er einen Beschluß mit acht Punkten vorschlug. Nach Instruktionseinholung über den Beschlußentwurf des Ausschusses wurde von der Bundesversammlung mit Stimmenmehrheit am 27. März (§ 90, S. 425 bis 433) gemäß den Anträgen des Ausschusses beschlossen. Wir zitieren die Punkte 2 bis 6 des Beschlusses:

„2. Sie (die Bundesversammlung) erklärt, kraft der nach Art. 61 und 27 der Wiener Schlußacte ihr zustehenden Competenz, indem sie in dem Mangel einer bundesgesetzmäßigen Ordnung der Verfassungsverhältnisse des Kurfürstentums die Veranlassung der eingetretenen Unruhen erkennt, daß die Verfassungsurkunde vom 5. Januar 1831, nebst den in den Jahren 1848 und 1849 dazu gegebenen Erläuterungen und daran vorgenommenen Abänderungen und samt dem Wahlgesetze vom 5. April 1849 in ihrem wesentlichen ... Inhalte mit den Grundgesetzen des Deutschen Bundes, ... nicht vereinbar, und daher außer Wirksamkeit zu setzen ist.

3. Dem gemäß und nach der über die Revision dieser Verfassung zwischen der Kurfürstlichen Regierung und den Bundescommissären statt gehabten Beratung wird die Kurfürstlich-Hessische Regierung aufgefordert, ..., eine dem Resultate dieser Beratung entsprechende revidierte Verfassung für das Kurfürstentum Hessen nebst Wahlgesetz und Geschäftsordnung, an die Stelle der seitherigen, ohne Zögerung als Gesetz zu publizieren, dieselbe der in Gemäßheit dieser Verfassung und des Wahlgesetzes einzuberufenden Ständeversammlung zur Erklärung vorzulegen und von dem Resultate dieser Erklärung, eventuell der etwaigen weiteren Verhandlung, bei der demnächstigen Nachsuchung der Garantie des Deutschen Bundes für die revidierte Verfassung des Kurfürstentums, der Bundesversammlung Mitteilung zu machen.

4. Die Bundesversammlung erteilt jedoch dem Entwurfe der revidierten Verfassung zur Zeit nur im Allgemeinen ihre Zustimmung, ohne über die Billigung aller in demselben enthaltenen einzelnen Bestimmungen sich auszusprechen.

5. Die Kurfürstliche Regierung wird ersucht, über den Erfolg der zur Befestigung der wieder hergestellten gesetzlichen Ordnung getroffenen Maßregeln, so wie über die Beendigung des verhängten Kriegszustandes, so bald solche für zulässig erkannt sein wird, demnächst nähere Mitteilungen an die Bundesversammlung gelangen zu lassen.

6. Nach Maßgabe der ad 3 und 5 dieses Beschlusses zu erwartenden Mitteilungen behält sich die Bundesversammlung in Rücksicht ihrer Einwirkung auf eine beruhigende definitive Erledigung der Verfassungsangelegenheit des Kurfürstentums die weitere Beschlußnahme vor" (S. 432).

Genau einen Monat später, am 27. April, vermerkt das Protokoll der Bundesversammlung in § 121 (S. 492), „Vorlage der Verfassungsurkunde für das Kurfürstentum Hessen vom 13. April 1852":

„Kurhessen. Der Gesandte ist beauftragt, hoher Bundesversammlung die Höchste Verordnung und die Verfassungsurkunde vom 13. d. M. mit der vorläufigen Erklärung vorzulegen, daß dieselben in gesetzlicher Form im Kurfürstentum publiciert seien, und daß die Kurfürstliche Regierung mit Bestimmtheit annehme, es werde diese Maßregel zur Herstellung der gesetzlichen Ordnung wesentlich beitragen; die weiter ... von der Kurfürstlichen Regierung erwartete Anzeige werde seiner Zeit erstattet werden.

Beschluß: diese Vorlage dem Bundestags-Ausschusse für die Kurhessische Angelegenheit zu überweisen".

Danach verzeichnen die Protokolle für lange Zeit nichts mehr bezüglich der Kurhessischen Verfassung.

Die Veröffentlichung der oktroyierten Verfassung vom 13. April entsprach Punkt 3 des Bundesbeschlusses vom 27. März. Dieser Punkt verlangte aber darüber hinaus, die Verfassung der „einzuberufenden Ständeversammlung zur Erklärung vorzulegen" und das „Resultat dieser Erklärung, eventuell der etwaigen weiteren Verhandlung" der Bundesversammlung mitzuteilen mit dem Ersuchen, die Verfassung durch den Bund zu garantieren. Das war der Grund, daß die oktroyierte Verfassung den Charakter eines Provisoriums behielt. Beide Kammern, die auf Grund der neuen Verfassung zusammentraten, verweigerten dieser ihre Zustimmung. Es kam darüber zu keiner Einigung. Der Streit um die kurhessische Verfassung fand in der deutschen Öffentlichkeit starken Widerhall, und die Bundesversammlung mußte sich, bedingt durch ihren Beschluß vom 27. März 1852, wiederholt mit ihm befassen. Die Beendigung dieser für den Bundestag lästigen Angelegenheit wurde durch einen Antrag Badens vom 4. Juli 1861 (§ 191, S. 574 ff.) eingeleitet. In seiner Begründung wird zu dem Streit in der Verfassungsfrage u. a. angeführt:

„Es ist dafür ein Weg betreten worden, der keinen Ausgang zeigt, und es muß als bewiesen angenommen werden, daß das im Kurhessischen Volke lebendige Rechtsbewußtsein zu mächtig war, als daß die Art und Weise, wie zu einer Revision der Verfassung vom 5. Januar 1831 geschritten werden wollte, willkürlich gewählt werden konnte" (S. 575).

Als Schlußfolgerung forderte Baden die Bundesversammlung insbesondere dazu auf, zu beschließen:

„..., (es) stehe nichts im Wege, daß die Kurfürstlich-Hessische Regierung die Verfassung vom 5. Januar 1831, die in den Jahren 1848 und 1849 dazu gegebenen Erläuterungen und daran vorgenommenen Abänderungen samt dem Wahlgesetze vom 5. April 1849 im Ganzen und namentlich mit Bezug auf die zu berufende Landesvertretung als rechtskräftig und in Wirksamkeit bestehend betrachte; daß, soweit Bestimmungen jener Verfassungsgesetze mit unzweideutigen und durch die bisherige Übung bekräftigten Bundesgesetzen in Widerspruch stehen sollten, die Kurfürstlich-Hessische Regierung die aus diesem Grunde gebotenen oder sonst nützlich scheinenden Abänderungen mit der legalen Ständeversammlung verfassungsmäßig vereinbaren möge" (S. 577).

Ähnlich hatte sich Preußen, ohne damit durchzudringen, schon in der Bundesversammlung am 12. November 1859 (§ 323, S. 833) geäußert, als es in der kurhessischen Verfassungsangelegenheit dafür eintrat, daß „die Verfassung vom 5. Januar 1831 wieder in Wirksamkeit gesetzt, gleichzeitig aber die bundeswidrigen Bestimmungen auf einem der Verfassung wie dem Bundesrechte entsprechenden Wege aus derselben entfernt werden". Bei den Verhandlungen, die der badische Antrag vom 4. Juli 1861 auslöste, schloß sich Österreich der Auffassung von Preußen und Baden an, zu der sich schon vorher noch einige andere deutsche Staaten bekannt hatten. So wurde denn von der Bundesversammlung am 24. Mai 1862 (§ 186, S. 278 bis 286) beschlossen:

„die Kurfürstliche Regierung aufzufordern, ... geeignete Einleitung zu treffen, damit die im Jahre 1852 außer Wirksamkeit gesetzte Verfassung vom 5. Januar 1831, vorbehaltlich derjenigen zunächst auf verfassungsmäßigem Wege zu vereinbarenden Abänderungen, welche zur Herstellung der Übereinstimmung mit den Bundesgesetzen erforderlich sind, wieder in Wirksamkeit trete".

Die Vollziehung dieses Beschlusses ist in dem Protokoll der Bundesversammlung vom 26. Juni 1862 (§ 210, S. 315) verzeichnet. Es lautet: „*Kurhessen.* Der Gesandte ist beauftragt, hoher Bundesversammlung die Mitteilung zu machen, daß die Kurfürstliche Regierung dem Bundesbeschlusse vom 24. v. M. nachgekommen sei und die Verfassung vom 5. Januar 1831 durch die angeschlossene landesherrliche Verkündigung wieder hergestellt habe.
Auf Vorschlag des Präsidiums nahm die Bundesversammlung diese Mitteilung, ..., mit Befriedigung zur Kenntnis."

Die erwähnte „landesherrliche Verkündigung" ist als Beilage 1 zum Protokoll der Bundesversammlung auf den Seiten 365 bis 367 abgedruckt. Damit war der langwierige Verfassungskonflikt in Kurhessen für den Bundestag beigelegt. Zu wirklichem Frieden zwischen dem Kurfürsten und der Volksvertretung des Landes war es noch nicht gekommen.

Wie ernst sich die Lage in Kurhessen und insbesondere dessen Beziehungen zu Preußen zeitweilig gestalteten, ist aus den Protokollen der Bundesversammlung nicht zu erkennen. In der Tat drohte Preußen gelegentlich mit einem militärischen Einschreiten, was an die Verhältnisse im Jahre 1850 erinnern mochte.

2. *Erneuerungs- und Reaktionsmaßnahmen*

Österreich hatte in Dresden die Aufnahme des Gesamtstaates in den Deutschen Bund nicht erreichen können. England und Frankreich waren dagegen; aber auch Preußen war nur unter der Bedingung völliger Parität mit Österreich im Deutschen Bund bereit, einer Aufnahme des ganzen Vielvölkerstaats zuzustimmen. Andernfalls befürchtete es, durch das Übergewicht Österreichs erdrückt zu werden und auf die Bedeutung eines Mittelstaates abzusinken. Wenn aber Österreich nur mit seinen deutschen Landesteilen (einschließlich Böhmens mit überwiegend tschechischer Bevölkerung) dem Deutschen bund angehörte, so mußten folgerichtig die im Jahre 1848 beigetretenen Provinzen Preußen und Posen (mit seinem deutschen Teil) aus dem Bund wieder ausscheiden. Andernfalls wäre Preußen darin bevölkerungsmäßig stärker als Österreich vertreten gewesen und hätte mehr als dieses zu den Lasten des Bundes beitragen müssen. Der dadurch bedingten moralischen Stärkung von Preußens Stellung im Bunde stand das starke Bedenken gegenüber, daß es um seine Bedeutung als europäische Macht fürchten müsse, wenn es praktisch mit seinem ganzen Gebiet dem Deutschen Bund angehörte und damit auf eine rein deutsche Macht absänke. In der Tat befindet sich in der Einleitung von Poschinger zu seinem Buch „Preußen im Bundestag 1851 bis 1859" die Bemerkung, „die 1848 dem Bundesgebiete einverleibten Provinzen Posen, Ost- und Westpreußen wieder von demselben zu trennen" sei „als rechtliche Grundlage der Selbständigkeit seiner Europäischen Politik" „unentbehrlich" gewesen (1. Teil, S. 9* f.).

Um die Aufnahme der Provinzen rückgängig zu machen, erklärte Preußen in der Bundestagssitzung vom 11. Juni 1851 (§ 45, S. 61), es „dürften sich die begründetsten Bedenken dagegen erheben lassen, daß die Aufnahme in genügender Form zu Stande gekommen sei".

„Um jedoch diese Frage baldmöglichst zur Erledigung zu bringen, und, so viel an ihr liegt, jede Unklarheit über Rechtsverhältnisse im Bunde zu heben, hält es die Königliche Regierung für angemessen, diesen Gegenstand, nachdem sämtliche Bundesglieder Sich im Schoße dieser hohen Versammlung wieder vertreten finden, der gemeinsamen Erörterung anheim zu geben, und sich ihre eigene Erklärung demnächst vorzubehalten."

In den Protokollen der Bundesversammlung findet sich die nächste Eintragung über diesen Gegenstand unter dem 20. September (§ 149, S. 336). An diesem Tage erklärte Preußen:
„In der Sitzung der Bundesversammlung vom 11. Juni d. J. hat Preußen bereits das Verhältnis der Königlichen Provinzen Preußen und Posen zu dem Deutschen Bunde zur Sprache gebracht. Nachdem die Sache von den einzelnen Regierungen in reifliche Erwägung gezogen worden, glaubt der Gesandte nunmehr den Zeitpunkt gekommen, um den

Antrag

zu stellen:
hohe Bundesversammlung möge zur Beseitigung jeder Ungewißheit über das Rechtsverhältnis der Königlichen Provinzen Preußen und Posen erklären, daß diese Landesteile nicht als zum Gebiet des Deutschen Bundes gehörig zu betrachten seien."

Seit dem 27. August wurde Preußen im Bundestag durch Otto von Bismarck-Schönhausen vertreten, der entschlossen war, vitale preußische Interessen notfalls mit Härte zu verfechten. In der Frage des Ausscheidens der Provinzen Preußen und Posen aus dem Bundesgebiet mußte Preußen bemüht sein, um dem Bundesrecht zu genügen, einhellige Zustimmung zu seinem Antrag zu erlangen (was Preußen allerdings nicht für erforderlich hielt). Das Ringen darum kostete Bismarck große Mühe und stieß in Frankfurt auf viel Widerstreben. Sein Hinweis darauf, daß „die Sache von den einzelnen Regierungen" in dem seit dem ersten Antrag verflossenen Vierteljahr „in reifliche Erwägung gezogen worden" sei, sollte offensichtlich dazu dienen, eine schnelle Entscheidung gemäß dem preußischen Antrag zu bewirken.

Das Bundestagsprotokoll vom 20. September bemerkt im Anschluß an den gestellten Antrag:
„Nach allseitiger Erörterung wurde beschlossen: die Abstimmung über den vorstehenden Antrag einer folgenden Sitzung vorzubehalten."

Danach wies Bismarck noch darauf hin, daß er notfalls „die bei seiner Allerhöchsten Regierung feststehende Überzeugung werde geltend zu machen haben, daß die Aufnahme der Provinzen Preußen und Posen in den Deutschen Bund als rechtlich zu Stande gekommen nicht zu betrachten sei".

Die Abstimmung über den Antrag fand am 3. Oktober (§ 178, S. 421 ff.) statt. Das Königreich Sachsen betonte, „daß die nationale Frage ... der Revolution entwunden und auf Bundesboden gelöst werden müsse". „Jede Beengung des Bundesgebiets" könne sich für die weitere Entwicklung „als hemmend" darstellen. Die königliche Regierung könne dem Antrag Preußens „nicht ohne Widerstreben ihre Zustimmung" erteilen. Das Großherzogtum Hessen und die Großherzoglich- und Herzoglich-Sächsischen Häuser erklärten in ähnlicher Weise nur mit Bedauern ihre Zustimmung. Der Beschluß lautete im ersten Satz:
„Die Bundesversammlung erklärt, daß die Provinzen Ost- und West-Preußen, so wie die im Bundesprotokoll vom 22. April und 1. Mai 1848 bezeichneten Teile des Großherzogtums Posen nicht als zum Gebiete des Deutschen Bundes gehörig zu betrachten sind."

Auch die freien Städte, die als letzte abzustimmen hatten, stimmten zu, um die Einmütigkeit des Beschlusses nicht zu gefährden. Sie bemerkten aber vorweg:

„Die Senate der freien Städte haben seiner Zeit die Aufnahme der Provinz Preußen und Posen in den Deutschen Bund als mit den Interessen desselben in Einklang erachtet und bisher die gegen die Rechtsgültigkeit dieser Aufnahme erhobenen Bedenken nicht als überwiegend betrachten können. Sie müssen sich deshalb, ..., zuvörderst für eine vorgängige Beratung dieser wichtigen Angelegenheit in der Bundesversammlung zu stimmen veranlaßt sehen, und zwar um so mehr, als in der diesjährigen zehnten Sitzung bereits eine Verhandlung über dieselbe beschlossen ist."

Sie anerkannten jedoch, daß zufolge der schon geleisteten Abstimmungen eine solche Beratung nicht zu erreichen sei. Diese hätte nach bestehender Übung stattfinden müssen.

Als Preußen seinen Antrag auf Ausscheiden der Ostprovinzen aus dem Bundesgebiet am 11. Juni stellte, kam dies Österreich sehr ungelegen, da Preußens Verlangen seinem Bemühen um Aufnahme des gesamten österreichischen Staatsgebiets in den Deutschen Bund im Wege stand, dem sich auch England und Frankreich entgegenstellten.

Am 17. Juli 1851 hatte sich die Bundesversammlung mit Noten der Gesandten Frankreichs und Großbritanniens zu befassen, „den Gesamteintritt von Österreich und Preußen in den Deutschen Bund betreffend" (§ 79, S. 167 bis 175). Schon während der Verhandlungen in Dresden hatten beide Staaten zu erkennen gegeben, daß sie den Eintritt Gesamt-Österreichs in den Deutschen Bund, ein Hauptanliegen des Ministerpräsidenten Schwarzenberg, nicht hinnehmen wollten. Sie unterbreiteten diese Angelegenheit jetzt durch ihre Gesandten der Bundesversammlung.

Der Präsidialgesandte bewirkte durch seinen Vortrag den sofortigen Beschluß:

„1. Die Bundesversammlung, nachdem sie von den durch das Präsidium ihr vorgelegten Noten des außerordentlichen Gesandten der französischen Republik vom 9. d. M., und des Königlich-Großbritannischen außerordentlichen Gesandten von demselben Datum Kenntnis genommen, kann in deren Inhalt nur eine fremde Einmischung in die inneren Angelegenheiten des Deutschen Bundes und eine Anforderung von Rechten und Befugnissen erkennen, welche, als mit der deutschen Bundesacte in Widerspruch stehend, niemals zugestanden werden können; sie findet sich demnach nicht bewogen, darüber in weitere Erklärungen sich einzulassen, sondern bezieht sich lediglich auf den Bundesbeschluß vom 18. September 1834, § 455, welcher seiner Zeit den Gesandtschaften von Frankreich und Großbritannien mitgeteilt, und wodurch ein- für allemal die Grundsätze festgestellt worden sind, welche ihr für die Fälle, wenn von Seiten fremder Mächte Einschreitungen in die inneren Angelegenheiten des Bundes oder eine Bestreitung der Competenz der Bundesversammlung stattfinden sollten, zur Richtschnur zu dienen haben.

2. Präsidium wird ersucht, in dem Sinne dieses Beschlusses an die Gesandten von Frankreich und Großbritannien die entsprechende Mitteilung zu machen" (S. 175).

Der Beschluß wurde von allen deutschen Staaten einhellig getragen. Bezüglich Dänemarks wegen Holstein und Lauenburg und der Niederlande wegen Luxemburg und Limburg sagt das Protokoll, daß ihre Gesandten „sich ohne vorherige Instructionseinholung nicht für befugt hielten, dem Präsidialantrage beizutreten".

Zu der Zeit, als die Noten Frankreichs und Englands der Bundesversammlung zugingen, hatte Österreich seine Absicht, mit seinem ganzen Staatsgebiet dem Deutschen Bund beizutreten, anscheinend noch nicht aufgegeben. Wenig vorher nämlich, am 29. Juni, berichtete Bismarck, der damals noch dem preußischen Gesandten Generallieutenant von Rochow zur Vorbereitung auf seine demnächst zu übernehmende Tätigkeit als Bundestagsgesandter beigeordnet war, nach Berlin an Minister Manteuffel von Bemühungen Österreichs in Frankfurt, die dort weilenden Bundestagsgesandten und ihre Regierungen für den Eintritt Gesamt-Österreichs in den Bund zu gewinnen (Poschinger a. a. O., 4. Teil, S. 15 f.). Das gegensätzliche Interesse der beiden deutschen Großmächte in der Frage der Zugehörigkeit ihres gesamten Staatsgebietes zum Deutschen Bund erklärt wohl, warum im Bundestag nicht in ordentlicher Sitzung über Preußens Antrag vom 11. Juni verhandelt wurde. Nur durch mühevolle Unterredungen mit den einzelnen Gesandten erreichte Bismarck, daß schließlich am 3. Oktober das Ausscheiden der Ostprovinzen aus dem Bundesgebiet einhellig beschlossen werden konnte (Poschinger, a.a.O., 1. Teil, S.18 f. u. 4. Teil, S.15 und S.31).

Das Verhältnis Preußens zu den andern deutschen Staaten am Bundestag war recht gespannt, insbesondere zu Österreich. Zur Veranschaulichung dessen zitieren wir aus dem oben erwähnten Bericht Bismarcks vom 29. Juni nach Poschinger (4. Teil, S. 15):

„Die Grenze, bis zu welcher sie (die andern deutschen Staaten) uns entgegenkommen, wird … lediglich durch die Vorteile oder Nachteile bedingt, welche ihnen zu versprechen oder anzudrohen in unserer Macht liegt. Diese wie ich glaube unzweifelhafte Disposition der übrigen Staaten, einschließlich Österreichs, setzt uns in die Notwendigkeit, jenseitigen Wünschen aller Art niemals aus Gefälligkeit, sondern nur gegen äquivalente Concessionen zu entsprechen, auch dann, wenn ersteres ohne Unbequemlichkeit für uns geschehen könnte."

Gerade die letzten Worte erhellen, ein wie schwieriger Verhandlungspartner Bismarck für den jeweiligen Präsidialgesandten sein mußte. Es sei noch angemerkt, daß Österreich in der Bundesversammlung einen Antrag auf Beitritt mit seinem ganzen Staatsgebiet nicht eingebracht hat.

Nachdem der Bundestag im Jahre 1851 wieder vollzählig versammelt war, hatte er sich vordringlich mit der Frage zu befassen, wie er es mit der Veröffentlichung von Verhandlungen in der Bundesversammlung halten wolle, die im Revolutionsjahr 1848 beschlossen worden war. Im Protokoll vom 21. Juni 1851 (§ 55, S.92 f.) ist hierzu verzeichnet: „Der Kaiserlich-Österreichische Präsidialgesandte erlaubt sich die Aufmerksamkeit der hohen Bundesversammlung auf die Frage zu lenken, auf welche Art und Weise und in welchem Umfange die Sitzungsprotokolle des Bundestags zu veröffentlichen wären, und schlägt vor, die Prüfung dieses wichtigen Gegenstandes einem besonderen Ausschusse zu übertragen."

Demgemäß wurde von der Bundesversammlung beschlossen und ein Ausschuß eingesetzt. Dieser erstattete sein Gutachten in der Sitzung vom 31. Oktober, und schon in der nächsten Sitzung, am 7. November (§ 208, S.470 ff.), wurde entsprechend den Ausschußanträgen beschlossen:

„1. die Verhandlungen einer jeden Sitzung der Bundesversammlung werden, in so weit deren alsbaldigen Bekanntmachung nichts entgegensteht, ihrem wesentlichen Inhalte nach mit möglichster Beschleunigung durch die hierzu ausersehenen Tagesblätter veröffentlicht.

2. die Bekanntmachung der Sitzungsprotokolle ist unter vorgängiger Ausscheidung desjenigen, was schlechthin geheim zu halten ist, nach Ablauf einer jeweils näher zu bestimmenden Periode und längstens nach Ablauf eines Jahrs, von dem Datum des betreffenden Protokolls an gerechnet, gestattet. Hiebei behält sich die Bundesversammlung diejenigen Maßnahmen vor, welche zur Sicherung eines wortgetreuen Abdrucks der Protokolle als erforderlich erscheinen.

3. es wird ein aus fünf je für ein Jahr gewählten Mitgliedern der Bundesversammlung bestehender Ausschuß niedergesetzt, welcher

   a) den Vollzug des Beschlusses sub num. 1 unverzüglich einzuleiten ...

   b) die treue, dem Zwecke entsprechende Abfassung der für die öffentlichen Blätter bestimmten Resümés der Sitzungen, unter Ausscheidung des nicht zur gleichbaldigen Veröffentlichung Geeigneten, zu leiten und zu überwachen und für deren möglichst rasches Erscheinen Sorge zu tragen,

   c) die successive Bekanntmachung der Sitzungsprotokolle durch Festsetzung des Termins, wann solche gestattet und durch Ausscheidung desjenigen, was unbedingt geheim zu halten ist, vorzubereiten hat.

   ...

   Endlich wird dieser Ausschuß beauftragt

   d) zu geeigneter Zeit der Bundesversammlung darüber Vortrag zu erstatten, wie sich dieser Beschluß in der Erfahrung erprobt habe und welchen Modificationen derselbe hiernach etwa zu unterwerfen sein dürfte."

Die Geheimhaltung der Bundestagstätigkeit, die seit dem Beschluß vom 1. Juli 1824 bis zur Aufhebung im Jahre 1848 die Regel bildete, wurde also nicht wieder eingeführt. Anzumerken ist, daß Preußen dem Beschluß nicht zustimmte. Es wünschte Veröffentlichung nur „in einzelnen geeigneten Fällen". So ist es verständlich, daß Preußens Gesandter von Bismarck nicht in den Ausschuß gemäß Ziffer 3 des Beschlusses gewählt wurde.

Preußen befürchtete, daß der Ausschuß die Veröffentlichungen in den Tageszeitungen zu einer für Preußen ungünstigen Darstellung benutzen könnte, und sah sich darin sehr bald bestätigt. Es kam darüber in der Bundestagssitzung vom 20. Dezember zu einer erregten Auseinandersetzung; da vereinbart wurde, sie als vertraulich anzusehen, verzeichnet das Protokoll nichts darüber (Poschinger, Preußen im Bundestag, 1. Teil, Nr. 34, S. 50 ff.).

Erst das Protokoll vom 21. Februar 1852 enthält eine amtliche Erklärung Preußens. Sie schließt:

„Es möchte sich daher am meisten empfehlen, wenn die Publication der Protokolle selbst, wie zur Zeit der Fassung des noch die Rechtsbasis bildenden Beschlusses vom 14. November 1816, in einer besonderen Sammlung erfolgte, wobei sich die Kosten des Drucks sehr vermindern würden, wenn letztere(r) gleichzeitig mit den für die hohen Regierungen abzugebenden Exemplare auch für die zur Veröffentlichung bestimmten erfolgte."

Auf den entsprechenden Antrag des Gesandten wurde beschlossen:

„den vorstehenden Antrag dem für Leitung der zu veröffentlichenden Bundestags-Verhandlungen niedergesetzten Ausschusse zur Begutachtung zu überweisen und denselben zu diesem besondern Zwecke um zwei Mitglieder zu verstärken" (S. 249).

So wurden denn die Gesandten von Preußen und Bayern noch mit in den Ausschuß gewählt und damit für Bismarck die Möglichkeit gegeben, zu verhindern, daß die Veröffentlichungen in Tagesblättern eine antipreußische Färbung erhielten.

Am 8. Juli 1851 (§ 67, S. 127 ff.) legte das Präsidium der Bundesversammlung „die auf der Ministerialconferenz zu Dresden von den hierzu gebildeten Commissionen zu Stande gebrachten Vorschläge und Arbeiten" vor. Sofort einhellig beschlossen wurde, weil darüber schon in Dresden Einigkeit bestand:

„1. Die in Bezug auf gewisse Änderungen der bestehenden Geschäftsordnung, insbesondere auf die Beschränkung der Frist für Instructionseinholung zu Dresden vereinbarten Grundsätze hiermit förmlich anzunehmen;

2. einen aus drei Mitgliedern bestehenden Ausschuß zu ernennen, welcher diese Grundsätze in einen definitiven Beschluß zu formulieren und den entsprechenden Entwurf alsbald der Bundesversammlung vorzulegen haben wird;

3. die Wahl dieses Ausschusses in der nächsten Sitzung vorzunehmen" (S. 128).

Der am 10. Juli (§ 75, S. 164) gewählte Ausschuß erstattete seinen Bericht am 16. August (§ 115, S. 252 ff.). Sein Vorschlag für die von ihm
zu formulierenden Grundsätze zur „Beschleunigung des Geschäfts-
ganges bei der Bundesversammlung" umfaßte vier Punkte, die vom
Bundestag sofort zum Beschluß erhoben wurden. Dieser forderte zugleich den am 30. Juli (§ 103, S. 219) gewählten „Ausschuß für Revision der Geschäftsordnung im Allgemeinen" dazu auf, „bei Vollziehung des ihm erteilten Auftrags" die angenommenen vier Grundsätze
„der Geschäftsordnung einzuverleiben".

Damit war eine Angelegenheit der Dresdener Konferenz geregelt.
Zur Bearbeitung der in Dresden ungelöst gebliebenen Aufgaben
schlug der Präsidialgesandte am 8. Juli vor, drei besondere Ausschüsse
zu bilden, nämlich:
„a) einen aus sieben Mitgliedern bestehenden politischen Ausschuß,
    ...

 b) einen ebenfalls aus sieben Mitgliedern bestehenden handelspoliti-
    schen Ausschuß, ...

 c) einen aus fünf Mitgliedern bestehenden Ausschuß, der die hin-
    sichtlich eines obersten Bundesgerichtes eingereichten Vorschläge
    ... zu bearbeiten hat" (S. 129).

Die Wahl dieser Ausschüsse fand, wie vorgeschlagen und beschlossen
wurde, in der nächsten Sitzung, am 10. Juli, statt (§ 76, S. 164 f.).

Aus der Bundestagssitzung vom 8. Juli ist noch eine gemeinsame Erklärung von Österreich und Preußen über „Maßregeln zur Wahrung
der öffentlichen Sicherheit und Ordnung im Deutschen Bunde" (§ 68,
S. 129 ff.) zu erwähnen. Die in der Erklärung enthaltenen Anträge
wurden „dem in der nächsten Sitzung niederzusetzenden politischen
Ausschusse zur schleunigen Begutachtung" zugewiesen (S. 133). Dieser Ausschuß erstattete sein Gutachten am 16. August (§ 116, S. 254–
264). Die Abstimmung über den darin enthaltenen Beschlußentwurf
wurde auf die nächste Sitzung festgesetzt. Der Beschluß, der am
23. August (§ 120, S. 269 ff.) mit Stimmenmehrheit gefaßt wurde, lautete:

„ I. Durch Art. II der Bundesacte und Art. I der Wiener Schlußacte,
   ..., hält sich die Bundesversammlung, ..., für berechtigt und für

verpflichtet, dafür Sorge zu tragen, daß in keinem Bundesstaate Institutionen und Zustände bestehen, welche für die innere Ruhe und Ordnung desselben und dadurch für die allgemeine Sicherheit des Bundes bedrohlich sind. Die Bundesversammlung fordert daher die hohen Bundesregierungen auf, die in den einzelnen Bundesstaaten, namentlich seit dem Jahre 1848 getroffenen staatlichen Einrichtungen und erlassenen gesetzlichen Bestimmungen einer sorgfältigen Prüfung zu unterwerfen und dann, wenn sie mit den Grundgesetzen des Bundes nicht in Einklang stehen, diese notwendige Übereinstimmung ohne Verzug wieder zu bewirken.

Wenn die Bundesversammlung nun auch die zuversichtliche Erwartung hegt, daß alle hohen Bundesregierungen diese unerläßliche Übereinstimmung durch alle gesetzlichen Mittel herzustellen bemüht sein, und durch ihr eigenes Verhalten in Fragen der öffentlichen Ordnung den Grundgesetzen des Bundes volle Genüge leisten werden, so muß sie sich ihre verfassungsmäßige Einwirkung doch für die Fälle vorbehalten, wenn solche als notwendig erkannte Abänderungen auf Hindernisse stoßen sollten, und sie wird hierbei in Erwägung ziehen, welche innerhalb ihrer Competenz liegenden Mittel und Wege, namentlich ob die Absendung von besonders zu instruierenden Commissionen zur Erreichung des oben ausgesprochenen Zweckes in Anwendung zu bringen sind.

Sie beschließt, einen eigenen Ausschuß aus ihrer Mitte zu bestellen, welcher über die zu einer solchen Einwirkung sich eignenden Fälle ohne Verzug Bericht zu erstatten und dabei jedesmal über die Art und Weise derselben sein Gutachten abzugeben haben wird.

II. Die Bundesversammlung beauftragt ferner den am 10. Juli in Folge der in Dresden abgehaltenen Ministerialconferenzen niedergesetzten politischen Ausschuß mit möglichster Beschleunigung allgemeine Bundesbestimmungen zu Verhinderung des Mißbrauchs der Preßfreiheit in Vorschlag zu bringen, und fordert die höchsten und hohen Bundesregierungen auf, auch vor Erlassung dieser Vorschriften durch alle gesetzlichen Mittel die Unterdrückung der Zeitungen und Zeitschriften unter Bestrafung der Schuldigen herbeizuführen, welche atheistische, socialistische oder communistische, oder auf den Umsturz der Monarchie gerichtete Zwecke verfolgen und insbesondere auch dafür Sorge zu tragen, daß es an ausreichenden gesetzlichen Mitteln hierzu in den einzelnen Bundesländern nicht fehle. Damit dem Ausschusse die Förderung der Bundes-Preßgesetzgebung möglich werde, ist die Bundesversammlung geneigt, demselben einen oder mehrere Fachmänner zu Bearbeitung der Vorlagen beizuordnen und sieht den Anträgen des Ausschusses über die Wahl derselben entgegen" (S. 271 f.).

Der unter I Absatz 3 bezeichnete Ausschuß wurde erst am 3. Oktober (§ 179, S. 423) gewählt. In den Protokollen wird er schlicht „Ausschuß vom 23. August" genannt; intern und in der Öffentlichkeit bürgerte sich die Bezeichnung „Reaktionsausschuß" ein. Seine Dauer wurde bis zum 1. Januar 1852 festgesetzt, aber viele Male verlängert.

Als weitere Reaktionsmaßnahme stellt sich der „Antrag von Österreich und Preußen in Betreff der sogenannten Grundrechte des deutschen Volkes" vom 17. Juli 1851 dar (§ 81, S. 183 f.). Er wurde, geringfügig verändert, am 23. August (§ 121, S. 272 ff.) in folgender Form zum Beschluß durch Stimmenmehrheit erhoben:
„Die in Frankfurt unter dem 27. Dezember 1848 erlassenen, in dem Entwurfe einer Verfassung des deutschen Reichs vom 28. März 1849 wiederholten sogenannten Grundrechte des deutschen Volks können weder als Reichsgesetz, noch, so weit sie nur auf Grund des Einführungsgesetzes vom 27. Dezember 1848 oder als Teil der Reichsverfassung in den einzelnen Staaten für verbindlich erklärt sind, für rechtsgültig gehalten werden. Sie sind deshalb in so weit in allen Bundesstaaten als aufgehoben zu erklären. Die Regierungen derjenigen Staaten, in denen Bestimmungen der Grundrechte durch besondere Gesetze ins Leben gerufen sind, sind verpflichtet, sofort die erforderlichen Einleitungen zu treffen, um diese Bestimmungen außer Wirksamkeit zu setzen, in so fern sie mit den Bundesgesetzen oder den ausgesprochenen Bundeszwecken in Widerspruch stehen" (S. 274).

Die Krönung der Reaktionsmaßnahmen und der Beherrschung des Bundes durch die beiden deutschen Großmächte mochte wohl beider Antrag vom 11. Oktober 1851 sein, der die „Einsetzung einer Central-Polizeibehörde" bezweckte (§ 185, S. 431 ff.). Nach vorhergehender Begründung lautete der Antrag:
„die Bundesversammlung wolle die Einsetzung einer Central-Polizei-

stelle des Bundes beschließen, und zu diesem Zwecke sich durch einen Ausschuß schleunigen gutachtlichen Bericht erstatten lassen". Die Gesandtschaften von Österreich und Preußen waren „angewiesen, einen ... ausgearbeiteten Entwurf als Grundlage der Beratungen im Ausschusse vorzulegen".

Über die Tätigkeit des sofort gewählten Ausschusses ist in den Protokollen der nächsten Jahre nichts vermerkt. Demnach ist wohl anzunehmen, daß die Meinungsverschiedenheiten über die Einrichtung einer Central-Polizeibehörde sich nicht überbrücken ließen. In den Protokollen des Jahres 1858 ist am 8. Juli in „§ 305. Ergänzung von Bundestags-Ausschüssen." verzeichnet: „Die Ergänzung des Ausschusses für Errichtung einer Central-Polizeibehörde wurde ausgesetzt, da sich für denselben noch kein Anlaß zur Wirksamkeit ergeben hat" (S. 870). Damit war diese Angelegenheit wohl endgültig begraben. Offenbar gediehen nicht alle Blütenträume der Reaktion zur Reife der Erfüllung.

Wir wenden uns kurz der Tätigkeit des „Reaktionsausschusses" zu, dem insbesondere oblag, über die Säuberung der Landesverfassungen von revolutionären Bestimmungen aus den Jahren 1848/49 zu wachen. Dies geschah in vielen Fällen durch die Landesregierungen ohne Eingreifen des Bundes, zuweilen durch Außerkraftsetzung der bestehenden Verfassung und Rückkehr zu der vor 1848 in Kraft befindlichen. Es kam auch vor, daß die Verfassungsrevision durch Eingaben an die Bundesversammlung ausgelöst wurde. So geschah es im Falle Hannovers. Die erste Eingabe dieser Art kam von der Ritterschaft des Fürstentums Osnabrück und datierte vom 18. Juni; sie lag der Bundesversammlung am 30. Juni 1851 vor und ist unter Num. 16 (S. 106) verzeichnet als „Beschwerde gegen die Königlich-Hannöverische Landesregierung wegen bereits erfolgter oder in Aussicht gestellter Beeinträchtigung ihrer verfassungsmäßigen landständischen Rechte". Viele ähnliche Beschwerden aus dem Königreich Hannover folgten. Mit ihnen hatte sich in erster Linie die Reklamationskommission zu befassen. Sie gaben aber auch dem Reaktionsausschuß Veranlassung, sich seinerseits um die Verfassungsangelegenheit des Königreichs Hannover zu bekümmern. Die durch die Beschwerden ausgelösten Verhandlungen zogen sich sehr lange hin, und zwar bis zum Jahr 1855. Indessen wollen wir auf die Entscheidung zu den Beschwerden selbst nicht eingehen, sondern nur auf die Folgerungen, die der Reaktionsausschuß in der Verfassungsangelegenheit zog. Aus dessen Bericht in der Bundesversammlung am 22. März 1855 (§ 120, S. 315 bis 339) geht hervor, daß er sich seit Oktober 1851 mit der Angelegenheit befaßte (S. 316, Mitte). Er fand, „daß durch das Königlich-Hannöverische Gesetz vom 5. September 1848 (durch welches die Verfassung vom Jahre 1840 wesentlich verändert wurde; d. Vf.), sowie durch die spätere Gesetzgebung des Königreichs Hannover staatliche Einrichtungen getroffen und gesetzliche Bestimmungen erlassen worden sind, welche in vieler Hinsicht mit den Grundgesetzen des Bundes in offenbarem Widerspruch stehen" (S. 338). Die beanstandeten Bestimmungen sind in dem Gutachten des Ausschusses aufgeführt.

Die Bundesversammlung beschloß am 19. April 1855 (§ 154, S. 407) unter Bezugnahme auf den Bundesbeschluß vom 23. August 1851, § 120:

„1. die Königlich-Hannöverische Regierung, unter Bezugnahme auf den in der 10. diesjährigen Sitzung, § 120, erstatteten Ausschußbericht, zu ersuchen, die Verfassung und Gesetzgebung des Königreichs einer sorgfältigen Prüfung zu unterwerfen, und die Übereinstimmung derselben mit den Grundgesetzen des Bundes ohne Verzug wieder zu bewirken;

2. sich dabei für den Fall, daß die als notwendig zu erachtenden Abänderungen auf Hindernisse stoßen sollten, ihre verfassungsmäßige Einwirkung, wie sie in dem gedachten Bundesbeschlusse vorgesehen worden, vorzubehalten;

3. die Königlich-Hannöverische Regierung ferner zu ersuchen, ihr seiner Zeit Mitteilung darüber machen zu wollen, wie sie dem unter Num. 1 an sie gerichteten Ersuchen entsprochen habe, oder welche Hindernisse und Anstände sich etwa hierbei ergeben hätten; endlich aber

4. der Königlich-Hannöverischen Regierung dabei zu erklären, wie – solange nicht die Notwendigkeit einer direkten sub num. 2 vorbehaltenen Einwirkung des Bundes vorliege – in Beachtung des Artikels 55 der Wiener Schlußacte, die Art und Weise, in welcher diese Übereinstimmung der Verfassung und Gesetzgebung des Königreichs mit den Bundesgrundgesetzen herbeizuführen sei, sowie die Ausdehnung der vorzunehmenden Revision, ihr zwar überlassen bleibe, daß aber eine bundesrechtliche Pflicht, den im Artikel 56 der Wiener Schlußacte vorgezeichneten Weg einzu-

schlagen, in so weit nicht stattfinde, als es sich um Abänderung der im Ausschußberichte als bundeswidrig bezeichneten oder damit in untrennbarem Zusammenhange stehenden Bestimmungen des Gesetzes vom 5. September 1848 und um Wiederherstellung der hierauf bezüglichen Bestimmungen des Landesverfassungs-Gesetzes von 1840 handelt."

Bezüglich dieses Beschlusses ist dem Schreiben des Gesandten vom 6. August, welches zufolge der sommerlichen Vertagung erst der Bundestagssitzung vom 25. Oktober (§ 278, S. 910 ff.) vorlag, zu entnehmen, daß die Regierung zunächst versuchte, die Durchführung im Einvernehmen mit der Ständeversammlung vorzunehmen. Indessen versagte der ständische Verfassungsausschuß seine Zustimmung, vielmehr leugnete er „die Competenz der hohen Bundesversammlung in der Verfassungssache" (S. 911), so daß der König sich veranlaßt sah, „nunmehr ohne Verzug mit Publication und Ausführung des Bundesbeschlusses vom 19. April d. J. vorzuschreiten". Das geschah am 1. August 1855. Es war der zweite hannoversche Staatsstreich, zu dem die Bundesversammlung dieses Mal vorweg ihren Segen erteilt hatte. Er stieß anders als 1837 nur auf geringen Widerstand.

Die Bundesversammlung hatte sich noch mit verschiedenen anderen Verfassungsangelegenheiten zu befassen. Von ihnen zeichnete sich die der freien Hansestadt Bremen dadurch aus, daß der Senat von sich aus um die Unterstützung von seiten des Bundes bat. Es ist dies der einzige Fall, in dem die Bundesversammlung von ihrem Recht der „Absendung von besonders zu instruierenden Commissionen" laut Art. I Abs. 2 des Beschlusses vom 23. August 1851 Gebrauch machte. Der Senat von Bremen mußte erkennen, daß keine Möglichkeit bestand, mit der bremischen Bürgerschaft, dem Landesparlament, zu einer Vereinbarung über die Verfassungsänderungen zu kommen, die notwendig waren, um dem Bundesbeschluß vom 23. August 1851 gerecht zu werden. Das Ersuchen des Senats um Bundeshilfe ist in einer Note des Bremer Bundestagsgesandten, des Bürgermeisters Dr. Smidt, enthalten, der die freie Stadt seit dem Jahre 1816 in Frankfurt vertrat. Die an den Reaktionsausschuß gerichtete Note datiert vom 28. Januar 1852. Sie ist in dem der Bundesversammlung am 6. März (§ 65, S. 292 bis 328 nebst Beilagen A bis E S. 359 bis 378) vorgelegten Bericht des Ausschusses wiedergegeben. In ihr heißt es u. a.:

„Wenn nun aber die dergestalt als notwendig erkannten Abänderungen der Bremischen Verfassung erwiesener Maßen bei den jetzigen Vertretern desjenigen Factors der Staatsgewalt auf fortgesetzten Widerstand stoßen, welcher nach eben dieser Verfassung bei Abänderungen derselben mitzuwirken hat, so bleibt dem Senate keine andere Wahl, als die Einwirkung des Bundes auf die Herstellung eines normalen Verhältnisses des Bremischen Freistaats zu demselben in Anspruch zu nehmen. Es ist keine fremde Autorität, die hier aushelfend eintreten soll, sondern eine von Bremen mit erkorne und vermöge des Bundesvertrags in Fällen, wie der vorliegende, zur Aushülfe ausdrücklich angewiesene" (S. 306).

Es ist wohl nur zu gut verständlich, wenn der Reaktionsausschuß auf solche Aufforderung bereitwillig einging, indem er u. a. beantragte: „Hohe Bundesversammlung wolle beschließen

4. Einen Bundescommissär nach Bremen zu senden, damit derselbe bei den ferneren Schritten des Senats der freien Stadt Bremen zur Herstellung der notwendigen Übereinstimmung der Verfassung und Gesetzgebung der freien Stadt mit den Grundgesetzen des Bundes, die Rechte und Befugnisse des Bundes wahrnehme und geltend mache; erforderlichen Falls aber, im Einvernehmen mit dem Senate und durch denselben, die notwendigen Anordnungen Namens des Bundes provisorisch treffe" (S. 326).

Auf Grund der vom Präsidium sofort gehaltenen Umfrage wurde mit Stimmenmehrheit gemäß den Ausschußanträgen beschlossen. Einige Stimmen lauteten auf kurze Verschiebung der Abstimmung oder auf Instruktionseinholung.

Die hannoversche Regierung wurde aufgefordert, einen ihrer höheren Beamten als Bundescommissär zu benennen. Sie ernannte als solchen „den Staatsminister außer Dienst, Generalmajor Jacobi zu Hannover" (§ 80, S. 417). Dieser entledigte sich seines Auftrags binnen zwei Jahren. Er erstattete seinen Schlußbericht unter dem 27. März 1854; dieser ist dem Protokoll der Bundesversammlung vom 6. April (§ 100, S. 214 f.) als Beilage 1 beigefügt (S. 253–286).

3. *Bundespreßgesetz, Grundsätze für das Vereinswesen, Geschäftsordnung*

Durch den Bundesbeschluß vom 23. August 1851 wurde in Artikel II der politische Ausschuß beauftragt, „mit möglichster Beschleunigung allgemeine Bundesbestimmungen zu Verhinderung des Mißbrauchs der Preßfreiheit in Vorschlag zu bringen" (s. S. 331). Dem Ausschuß wurde auf seinen Antrag vom 20. September (§ 154, S. 341 f.) gestattet, seinerseits „mehrere Fachmänner mit der Bearbeitung des Bundes-Preßgesetzes zu beauftragen". Die Regierungen von Österreich, Preußen, Königreich Sachsen und Großherzogtum Hessen stellten je einen Fachmann zur Verfügung (Pr. 1852, § 220, S. 906). Der preußische Fachmann legte einen Entwurf vor, der sich auf die Formulierung von Grundsätzen für die Gesetzgebung der Bundesstaaten über die Presse in elf Punkten beschränkte. Der Entwurf der drei anderen Fachmänner sah detailliertere Bestimmungen in 32 Paragraphen vor. Der am 5. August 1852 (§ 220, S. 905–927) berichtende Ausschuß entschied sich für den Entwurf der Mehrheit. Auch Bismarck, der dem Ausschuß angehörte, stimmte zu, daß bei den weiteren Erörterungen zweckmäßig von dem Entwurf mit 32 Paragraphen auszugehen sei, in dem sich die elf Grundsätze des Entwurfs des preußischen Fachmanns wiederfanden. Er begehrte aber in vielen Punkten der 32 Paragraphen eine andere Fassung, die jeweils dem vom Ausschuß empfohlenen Wortlaut als Minoritätserachten hinzugefügt ist.

Es erwies sich als sehr schwierig, eine Fassung zu erarbeiten, auf die sich alle deutschen Regierungen zu einigen vermochten. So erstattete denn der politische Ausschuß am 18. Mai 1854 (§ 157, S. 422–441) zum dritten Mal Vortrag zu dem beabsichtigten Preßgesetz. Mit dem mehrmals überarbeiteten Entwurf, der 26 Paragraphen umfaßte, durfte der Ausschuß hoffen, einmütige Zustimmung zu finden. In der Tat fanden die neuerlichen „allgemeinen Bundesbestimmungen zur Verhinderung des Mißbrauchs der Presse" nach nochmaliger Instruktionseinholung in der Bundesversammlung am 6. Juli 1854 (§ 213, S. 616–624) einmütige Annahme und wurden zum Beschluß erhoben. Die Niederlande gaben ihre Zustimmung nur für Luxemburg; für Limburg hatten sie schon am 24. November 1853 (S. 909) erklärt, daß die Bestimmungen auf dieses Herzogtum nicht angewendet werden könnten. Dänemark trat dem Beschluß für Holstein und Lauenburg am 3. August 1854 bei (§ 240, S. 744).

Aus den beschlossenen „allgemeinen Bestimmungen zur Verhinderung des Mißbrauchs der Presse" heben wir die wohl wichtigste Bestimmung des § 17 hervor, der nunmehr lautete:

„§ 17

Die Strafgesetzgebung jedes Bundesstaates hat gegen nachfolgende Angriffe durch die Presse ausreichenden Schutz zu gewähren und solche mit angemessenen Strafen zu bedrohen:
Angriffe auf die Religion oder auf die Lehren, Gebräuche und Gegenstände der Verehrung einer anerkannten Religionsgesellschaft;
Angriffe auf die Grundlagen des Staates und der Staatseinrichtungen, auf die letzteren selbst, auf die Anordnungen der Obrigkeit, auf die zur Handhabung derselben berufenen Personen, die Beleidigungen der letzteren, der Regierungen und des Oberhauptes eines fremden Staates.

Als strafbarer Angriff ist jeder anzusehen, welcher durch Kundgabe erdichteter, oder entstellter Tatsachen, oder durch die Form der Darstellung den Gegenstand des Angriffs dem Hasse oder der Mißachtung auszusetzen geeignet ist" (S. 622).

In dem ersten Entwurf, vom 5. August 1852 (S. 923), aber schon nicht mehr in dem zweiten, vom 4. August 1853 (S. 737), waren im § 17 nach den Angriffen auf die Religion mit Strafe bedroht:
„Majestätsbeleidigung und Beleidigungen der zum Deutschen Bunde gehörigen Regenten, so wie des Oberhauptes eines auswärtigen Staates. Angriffe auf das monarchische Prinzip, auf die Unverletzlichkeit und die Regierungsrechte des Landesfürsten, auf den Bestand des Deutschen Bundes, und auf das Ansehen und die Würde der obersten Bundesbehörde."

Es muß wohl befremden, daß der Deutsche Bund darauf verzichtete, Angriffe auf seinen Bestand, sein Ansehen und seine Würde unter Strafe zu stellen. Einige Regierungen hatten denn auch gemeint, solche Angriffe seien in den Strafkatalog des § 17 wieder aufzunehmen.

Daß dies nicht geschah, ist nur auf dem Hintergrund des tiefgreifenden Gegensatzes zwischen Österreich und Preußen zu verstehen, dessenungeachtet sie aus mancherlei Gründen in entscheidenden Fragen Einmütigkeit zur Schau zu tragen hatten. In der Frage des Preßgesetzes waren sie sich einig darin, daß ein von allen Regierungen gutgeheißenes Bundesgesetz zu vereinbaren sei. Preußen konnte sich daher mit seinem Verlangen durchsetzen, daß die Presse-Bestimmungen seinen Vorstellungen einer Minimalregelung Rechnung tragen müßten. Es trat im Gegensatz zu Österreich für enge Grenzen der Bundes-

kompetenz ein. Der Wille zu allerseits gebilligten Bestimmungen in der Preßgesetzgebung zwang also zu einer Regelung, die Preußen gestattete, eine Zügelung der Presse nur in dem Umfang vorzunehmen, wie es ihm genehm war. Pressefehden waren ein Mittel des Kampfes der beiden deutschen Großmächte um die Vormachtstellung in Deutschland, die Österreich politisch besaß und verteidigte, während Preußen sie handelspolitisch schon für sich gewonnen hatte. Ihm war es recht, wenn Österreich oder der Deutsche Bund mit Kritik bedacht wurden. Angriffe auf den Bestand des Bundes, sein Ansehen und seine Würde wollte Preußen nicht ahnden müssen, wenn solche Angriffe die eigene Stellung stärken konnten. Über das Preßgesetz, wie es am 6. Juli 1854 zustande kam, urteilt A. O. Meyer in „Bismarcks Kampf mit Österreich am Bundestag zu Frankfurt" (S. 116):
„Was dann (nach Durchsetzung der preußischen Wünsche; d. Vf.) noch übrig blieb, war eine so stumpfe Waffe gegen antiösterreichische Regungen der öffentlichen Meinung, daß Preußen ruhig sein durfte."

Über die Eigenmächtigkeit, mit der Bismarck seine Forderungen an das Preßgesetz durchfocht, schreibt A. O. Meyer (a. a. O., S. 491):
„Von ihm (Bismarck) wurden die Normen für die Behandlung der Bundespreßbestimmungen aufgestellt und durchgeführt, ohne daß seine Regierung ein Wort von der Unbefangenheit erfuhr, mit der Bismarck für Straflosigkeit der Angriffe auf Bestand und Würde des Deutschen Bundes eintrat."

Das Vorgehen Bismarcks in diesem Fall war geradezu erpresserisch. Kein Wunder also, daß die Präsidialgesandten darüber klagten, welchen Schwierigkeiten sie bei Verhandlungen mit Bismarck begegneten.

Die früheren Zensurbestimmungen lebten nicht wieder auf; im übrigen aber waren die neuen Bestimmungen viel detaillierter als die des provisorischen Preßgesetzes vom 20. September 1819. Ob sie wirksamer waren, ist eine andere Frage, die nicht leicht zu entscheiden sein dürfte.

Einen ähnlichen Einfluß wie die Presse mochten wohl politische Vereine auf die öffentliche Meinung ausüben; auch sie konnten möglicherweise die gesetzliche Ordnung und Ruhe im Deutschen Bunde gefährden. So ist es denn zu verstehen, daß Österreich und Preußen am 14. April 1853 (§ 102, S. 312 f.) in der Bundesversammlung einen gemeinsamen Antrag einbrachten, „die Wirksamkeit der Arbeitervereine betreffend". Insbesondere von diesen Vereinen wurde eine Gefahr befürchtet. In der Begründung zu dem gemeinsamen Antrag wird gesagt, es scheine „doch die Frage einer vorgängigen Prüfung zu bedürfen, welcher Umfang den zu fassenden Bundesbeschlüssen zu geben sein wird, um einerseits Vereine von revolutionärem Charakter mit Sicherheit zu unterdrücken, andererseits das Bestehen solcher Vereine, welche nützliche Zwecke verfolgen, nicht zu hindern ..." Entsprechend dem Antrag wurde beschlossen: „den politischen Ausschuß mit Berichterstattung über die im Interesse der gemeinsamen Sicherheit gegen die Arbeitervereine zu ergreifenden Maßregeln zu beauftragen".

Am 4. August (§ 228, S. 740 bis 746) hielt der Ausschuß seinen Vortrag vor der Bundesversammlung. Darin legte er dar, er habe „geglaubt, seine Aufgabe weiter fassen und Bestimmungen in Vorschlag bringen zu sollen, welche das Vereinswesen im Allgemeinen nach gleichen Grundsätzen zu regeln bezwecken, und somit auch gefährliche Arbeitervereine, gleich wie andere schädliche Verbindungen treffen, dagegen aber nützliche Genossenschaften von Handwerkern nicht beeinträchtigen würden".

Zu dem erarbeiteten Entwurf über die zu treffenden Bestimmungen wurde beschlossen, daß die Regierungen sich „darüber binnen drei Monaten erklären" möchten. Am 8. Dezember (§ 318, S. 957 bis 970) wurde beschlossen, die erfolgten „Abstimmungen dem politischen Ausschusse zur Vereinbarung eines neuen Entwurfs zuzuweisen".

Diesen legte der Ausschuß der Bundesversammlung am 27. April 1854 vor (§ 123, S. 310–319). Für die Einholung von Instruktionen wurde eine Frist von sechs Wochen vereinbart. Die Beschlußfassung fand am 13. Juli statt (§ 219, S. 635 ff.). Wir beschränken uns darauf, von den Bestimmungen des Beschlusses nur den Einleitungssatz sowie den ersten und den letzten Paragraphen wiederzugeben:

„Da es im Interesse der gemeinsamen Sicherheit und Ordnung geboten erscheint, allgemeine Grundsätze für das Vereinswesen in den sämtlichen deutschen Bundesstaaten aufzustellen, so haben sich die höchsten und hohen Bundesregierungen über nachstehende Bestimmungen vereinigt:

§ 1

In allen deutschen Bundesstaaten dürfen nur solche Vereine geduldet werden, die sich darüber genügend auszuweisen vermögen, daß ihre

Zwecke mit der Bundes- und Landes-Gesetzgebung im Einklange stehen und die öffentliche Ordnung und Sicherheit nicht gefährden.
...

§ 8

Im Interesse der gemeinsamen Sicherheit verpflichten sich sämtliche
Bundesregierungen ferner, die in ihren Gebieten etwa noch bestehenden Arbeitervereine und Verbrüderungen, welche politische, socialistische oder communistische Zwecke verfolgen, binnen zwei Monaten
aufzuheben, und die Neubildung solcher Verbindungen bei Strafe zu
verbieten."

Die Durchführung des Bundespreßgesetzes vom 6. Juli und des Bun-
desvereinsgesetzes vom 13. Juli 1854 lag in den Händen der einzelnen
Regierungen. Es war also von vornherein zu erwarten, daß die Anwendung der Gesetze mit unterschiedlicher Strenge und Zielsetzung
erfolgen würde.

So beantragte denn Baden am 10. Juli 1862 (§ 228, S. 389 f.):
„daß der Bundesbeschluß vom 6. Juli 1854 über die Presse seinem
ganzen Wortlaute nach außer Kraft gesetzt und die Erlassung der nötigen gesetzlichen Vorschriften zur Verhinderung des Mißbrauches
der Preßfreiheit den einzelnen Bundesregierungen anvertraut
werde;
eventuell, daß, wenn eine Mehrheit der hohen Bundesregierungen
hierauf nicht eingehen zu können glauben sollte, die Aufhebung des
Concessionssystems, wie es jener Bundesbeschluß anordnet, als unver-
schieblich beschlossen werden möge".

Zum Vereinsgesetz beantragte Baden am gleichen Tage (§ 229,
S. 391 f.): „die hohe Bundesversammlung möge ihren Beschluß vom
13. Juli 1854, die Aufstellung allgemeiner Grundsätze für das Vereinswesen in den sämtlichen deutschen Bundesstaaten betreffend, aufhe-
ben und dabei aussprechen, daß sie mit vollem Vertrauen den Bundesregierungen selbst die Erlassung der in gedachter Beziehung nötigen
gesetzlichen Bestimmungen auf dem Wege der Landesgesetzgebung
überlasse".

Die Anträge wurden an den politischen Ausschuß verwiesen. Einen
Vortrag darüber hat der Ausschuß vor der Bundesversammlung nicht
erstattet; denn in den Protokollen ist darüber nichts verzeichnet.

Die „vorläufige Geschäftsordnung der deutschen Bundesversammlung", die in der Plenarversammlung vom 14. November 1816 beschlossen wurde, bestand mit mehrfachen Änderungen auch noch im
Jahre 1854 weiter. Die letzte Änderung war die vom 16. August 1851
(s. S. 330). Als diese erfolgte, bestand bereits, und zwar seit dem
30. Juli (§ 103, S. 219), der „Ausschuß für die definitive Revision der
Geschäftsordnung im Allgemeinen".

Dieser Ausschuß, dem in der Tat eine schwierige Aufgabe übertragen
war, erstattete seinen Bericht am 4. Mai 1854 (§ 140, S. 353–377). In
der Beilage 5 zum Protokoll (S. 387–401) befinden sich die „vorläufige Geschäftsordnung" und die „revidierte Geschäftsordnung" ge-
genübergestellt. Mit den Änderungen konnte Preußen durchsetzen,
daß der Handlungsspielraum des Präsidiums, seine Möglichkeit, in
gewissen Fällen nach eigenem Gutdünken in der Geschäftsführung zu
verfahren, durch feste Regeln eingeengt wurde. Es war dies ein Sieg
Bismarcks gegenüber dem Präsidialgesandten von Prokesch-Osten,
der gelegentlich Anlaß zur Klage wegen Willkürlichkeiten in der Geschäftsführung gegeben hatte. Der Feldmarschall-Lieutenant Freiherr
von Prokesch-Osten versah das Präsidium auf Grund seiner vom
24. Januar 1853 datierenden Vollmacht erstmals in der Bundestagssitzung vom 3. Februar d. J. Er war Nachfolger des seit dem Jahre 1850
amtierenden Präsidialgesandten Graf von Thun-Hohenstein.

Auf Einzelheiten der Änderungen in der Geschäftsordnung einzugehen, dürfte heute wohl wenig Interesse finden. Offenbar war in
manchmal harten Verhandlungen erreicht worden, einen Text für die
definitive Geschäftsordnung zu erarbeiten, der allseitige Zustimmung
finden konnte. In der Tat wurde laut Protokoll vom 16. Juni 1854
(§ 181, S. 528 f.) „unter allgemeiner Zustimmung
                        beschlossen:
,die in der Beilage zu gegenwärtigem Protokolle enthaltenen Bestimmungen, unter Aufhebung der vorläufigen Geschäftsordnung vom
14. November 1816 und der dieselbe ergänzenden Beschlüsse, in so
weit sie hier einer Abänderung unterworfen werden, zu genehmigen
und als definitive Geschäftsordnung der Bundesversammlung bei den Verhandlungen derselben fortan zur Richtschnur zu
nehmen'".

In der Beilage zum Protokoll (S. 549–556) findet sich in 42 Paragraphen die „Geschäftsordnung der Deutschen Bundesversammlung" abgedruckt.

4. Der Krim-Krieg

Die Türkei galt schon lange als kranker Mann am Bosporus. Ihr Fortbestand als ein Reich von großer Ausdehnung, das auf dem Balkan lediglich das befreite Griechenland und die zu Österreich gehörigen Länder nicht umfaßte, beruhte darauf, daß die Großmächte, die Vorteile aus einem Zerfall der Türkei erlangen konnten, sich solche gegenseitig mißgönnten. Einen Landgewinn konnten Rußland und Österreich anstreben; maritime Interessen an der Erhaltung der Türkei besaßen England und Frankreich. Den Griechen gelang es im dritten Jahrzehnt des neunzehnten Jahrhunderts, sich ihre Freiheit von der Türkei zu erringen. Damit konnten sich die interessierten Großmächte, zu denen lediglich Preußen nicht gehörte, noch recht gut abfinden. Für die Seemächte England und Frankreich war es wichtig, daß die Türkei die Beherrschung der Meerengen, der Dardanellen und des Bosporus, behielt, während umgekehrt Rußland vornehmlich danach streben mußte, die Kontrolle über die Ausfahrt vom Schwarzen Meer in das Mittelländische Meer für sich zu gewinnen. Dies mußte hinwiederum auch Österreich unbequem sein, weil dadurch sein Interesse an der Donauschiffahrt berührt und verletzt wurde.

Es bedeutete daher eine schwere Bedrohung des Friedens, als Rußland im März 1853 von der Türkei die vertragliche Anerkennung als Beschützer der griechisch-katholischen Christen ihres Herrschaftsbereichs beanspruchte und nach Ablehnung seines Begehrens die Fürstentümer Moldau und Walachei, die später einmal zum Staat Rumänien vereinigt werden sollten, im Juli 1853 ohne Kriegserklärung besetzte. Nach vergeblichem Protest dagegen sah sich die Türkei veranlaßt, Rußland am 4. Oktober 1853 den Krieg zu erklären.

Dieses Geschehen auf dem Balkan berührte unmittelbar die Interessen Österreichs, was Folgen für den Deutschen Bund als Gesamtmacht haben konnte, wenn nämlich Österreich in den Krieg hineingezogen wurde. Rußland glaubte wohl, daß die Dankbarkeit, die ihm die Habsburger Monarchie wegen seiner Hilfeleistung in Ungarn während der Revolution 1848/49 schuldig sei, ein Eingreifen Österreichs gegen das Zarenreich verbieten werde. Daß Rußland sich hierin

getäuscht hatte, wie der weitere Ablauf des Krieges zeigen sollte, war
Anlaß zu einer bleibenden Verstimmung zwischen Petersburg und
Wien und dadurch mit eine Ursache für den unglückseligen Kriegs-
ausbruch im Sommer 1914.

In der Bundestagssitzung vom 10. November 1853 (§ 271, S. 853 ff.) –
es war die zweite nach der Sommerpause – gab Österreich eine Erklärung zu dem Geschehen auf dem Balkan ab. Sie beginnt:
„Während der Zeit der Vertagung dieser hohen Versammlung haben
die im Osten Europas entstandenen Verwicklungen zu einer förmlichen Unterbrechung des Friedens zwischen dem Russischen Kaiser-
reiche und der Ottomanischen Pforte geführt. Den eifrigen Bemühungen des Österreichisch-Kaiserlichen Hofes und der übrigen Europäischen Mächte ist es nicht gelungen, dieser neuen und ernsten Wendung eines Streites vorzubeugen, für dessen friedliche Beilegung so
viele und so mächtige Beweggründe sprechen."

Die Erklärung schließt:
„Treu ihrer friedlichen Politik wird sie (die Kaiserliche Regierung)
aber unverändert bemüht sein, nach dem vollen Maße ihres Einflusses
dazu beizutragen, daß der örtlich bereits entstandene Brand eine weitere Verbreitung nicht gewinne. Sie hat um so gerechteren Grund, die
Hoffnung des Gelingens des Friedenswerkes auch noch bei dem gegenwärtigen Stande der Dinge festzuhalten, als ihr die bestimmten
und wiederholten Erklärungen des Russischen Kaiserhofes die Gewißheit geben, daß diese Macht weder die Integrität des Ottomanischen Reiches, noch die souveränen Rechte des Sultans zu beeinträchtigen beabsichtigt, und als Rußland die gleichen beruhigenden Gesinnungen auch nach der Kriegserklärung der Pforte zu erkennen zu geben und zu betätigen nicht aufgehört hat.
Im Vereine mit den Höfen von Berlin, von Paris und London wird daher das Österreichische Cabinet die Bemühungen freundschaftlicher
Vermittlung fortsetzen, an deren glücklichem Erfolge die an die Erhaltung des allgemeinen Friedens geknüpften Interessen der Regierungen und Völker so tief beteiligt sind.
Indem die Kaiserliche Regierung es für ihre Pflicht erachtet, der
hohen Bundesversammlung diese Mitteilung zu machen, darf sie zugleich die Hoffnung nähren, und es sich gestatten, sie auszusprechen,
daß ihre Haltung und Bestrebung vor dem ruhigen und sicheren
Blicke der Regierungen Deutschlands der Anerkennung nicht entbeh-

ren wird, in welcher sie nicht bloß eine Beruhigung, sondern auch eine wirkliche Stütze und Hülfe findet."

Dem Versuch der zitierten „freundschaftlichen Vermittlung" dienten die Konferenzen in Wien zwischen bevollmächtigten Vertretern von Österreich, Frankreich, Groß-Britannien und Preußen, deren erste am 5. Dezember 1853 stattfand. Die Protokolle der fünf Konferenzen, die bis zum 9. April 1854 gehalten wurden, sind in den Protokollen der Bundesversammlung als Beilagen zu dem Separat-Protokoll vom 24. Mai 1854 abgedruckt (S. 448 [i–y]).

Am 5. Dezember einigten sich die Bevollmächtigten auf eine Note an die Türkei, in der die vier Mächte um Unterrichtung darüber baten, unter welchen Bedingungen die ottomanische Regierung bereit wäre, über einen Friedensvertrag zu verhandeln. Laut zweitem Protokoll vom 13. Januar 1854 fanden die Bevollmächtigten die türkische Antwort befriedigend und ließen sie zur Kenntnis Rußlands gelangen. In der darauffolgenden Konferenz vom 2. Februar, der die russische Antwort vorlag, mußten sie jedoch feststellen, daß die russischen Vorschläge so sehr von den türkischen abwichen, daß sie es nicht ratsam fanden, die russische Antwort der Türkei mitzuteilen. Sie überließen es den von ihnen vertretenen Höfen, ihre Entschließungen zu treffen.

Am 5. März trafen die Vertreter der vier Großmächte, die mehr oder weniger die Türkei unterstützten, zum vierten Mal zu einer Konferenz in Wien zusammen. Sie hatten über ein Dokument zu beraten, welches Rußland der Wiener Regierung unterbreitet hatte. Es enthielt den Entwurf von Präliminarien für einen zwischen Rußland und der Türkei auszuhandelnden Friedensvertrag. Rußland erklärte sich bereit, nach Unterzeichnung des Präliminarvertrags mit der Zurückziehung seiner Truppen aus den Donaufürstentümern zu beginnen, stellte aber die Vorbedingung, daß sich die Türkei zuvor von den Seemächten zusichern ließe, daß diese zugleich mit dem Abzug der russischen Truppen ihre Flotten aus dem Schwarzen Meer sowie dem Bosporus und den Dardanellen zurückziehen würden. Dies wollten England und Frankreich aber erst nach Abschluß des definitiven Vertrages tun. Die Konferenzteilnehmer erkannten es als unmöglich, den russischen Vorschlägen zu folgen.

Ein fünftes Mal fand am 9. April eine Konferenz statt. Die Bevollmächtigten von Frankreich und Groß-Britannien erklärten, daß der

Kriegszustand mit Rußland jetzt auch seitens Frankreichs und Groß-Britanniens bestehe, nachdem Rußland auf eine Aufforderung zur Räumung der Fürstentümer Moldau und Walachei binnen einer festen Frist nicht geantwortet habe. Die vier Bevollmächtigten bestätigten ihre Einigkeit mit dem doppelten Ziel, die territoriale Integrität des Ottomanischen Reiches aufrechtzuerhalten und die zivilen und religiösen Rechte seiner christlichen Untertanen zu sichern. Die von ihnen vertretenen Regierungen verpflichteten sich, gemeinsam die Garantien zu erforschen, die am geeignetsten wären, die Erhaltung der Türkei mit dem europäischen Gleichgewicht zu verbinden, wie sie sich auch bereit erklärten, über die Anwendung der passendsten Mittel zur Erreichung ihres gemeinsamen Zieles zu beraten und sich zu verständigen.

Während Frankreich und England jetzt als Verbündete der Türkei gegen Rußland Krieg führten, blieben Österreich und Preußen neutral. Die Meinung hierüber war in diesen beiden deutschen Ländern geteilt. Am entschiedensten verweigerte Friedrich Wilhelm IV. die Teilnahme an einem Krieg gegen Rußland.

Es ist jetzt an der Zeit, auf das Separat-Protokoll vom 24. Mai 1854 selbst (S. 448 [a bis g]) näher einzugehen. An diesem Tage unterrichteten Österreich und Preußen in einer gemeinsamen Erklärung die Bundesversammlung über den Stand der orientalischen Angelegenheit. Österreich habe „es jetzt für nötig geachtet, bedeutende Streitkräfte an den südöstlichen Grenzen des Reiches aufzustellen" (S. 448 [a]). Österreich und Preußen „haben nicht verkennen können, daß die Fortdauer der militärischen Machtentfaltung Rußlands an der untern Donau nicht nur mit den wichtigsten nachbarlichen Interessen Österreichs, sondern auch mit denen Deutschlands unvereinbar ist. Nicht nur würden dadurch die bestehenden politischen Machtverhältnisse in einer für Deutschland nachteiligen Weise bedroht, sondern auch die natürliche Entwicklung seiner materiellen Wohlfahrt in empfindlichster Weise beeinträchtigt werden."

„Von dieser Überzeugung geleitet, wenden die Höfe von Österreich und Preußen sich vertrauensvoll an ihre deutschen Bundesgenossen."
...
„Es erscheint ihnen als eine Forderung der politischen Stellung Deutschlands, als ein Element seiner erhaltenden Politik, und als eine Bedingung der natürlichen Entfaltung seines Nationalreichtums, daß

in den Ländern der untern Donau geordnete und den Interessen des mittleren Europas entsprechende Zustände bestehen."

„Der Industrie und dem Handel Deutschlands eröffnet sich im Oriente ein weites und fruchtbares Feld des Wetteifers mit anderen Nationen, ein Gebiet, das für die Verwertung deutscher Intelligenz und Arbeitskraft um so größere Wichtigkeit gewinnen muß, je rascher die Entwicklung der allgemeinen Culturzustände und Verkehrsverhältnisse fortschreitet. Die materiellen Interessen Deutschlands sind in der Richtung der großen Wasserstraße nach dem Osten des mächtigsten Aufschwungs fähig, und es ist daher ein allgemein deutsches Anliegen, die Freiheit des Donauhandels möglichst gesichert, und die naturgemäße Belebung der Verkehrswege nach dem Orient nicht durch Beschränkungen zurückgedrängt zu sehen."

„Vor Allem aber betrachten es die beiden Mächte nicht nur als das gemeinsame hohe Interesse, sondern auch als eine unverbrüchliche politische Pflicht der Regierungen des Deutschen Bundes, mit vereinter Kraft darüber zu wachen, daß nicht in Folge des gegenwärtigen Krieges die bestehenden Machtverhältnisse der Europäischen Großstaaten zum Nachteile Deutschlands verändert werden. Wenn der Deutsche Bund gegründet wurde, damit das nationale Band der Deutschen erhalten werde, und Deutschland in seinen äußeren Verhältnissen als eine in politischer Einheit verbundene Gesamtmacht bestehe, so wird sich die Kraft des Bundes zumeist in großen Europäischen Krisen zu bewähren haben, die in ihrer Tragweite über jede locale Gefahr hinausreichen, und je nach ihrem Ausgange den Rang, den die Völker künftig unter sich einnehmen werden, bestimmen."

„Die eng verbundenen Höfe von Österreich und Preußen glauben, indem sie ihren Standpunkt als Europäische Mächte in der gegenwärtigen Weltlage wahrten, zugleich ihre Aufgabe als Mitglied des Deutschen Bundes getreu erfüllt zu haben. Sie dürfen daher das feste Vertrauen haben, daß ihre hohen Bundesgenossen insgesamt bereit sein werden, der von ihnen gemeinschaftlich eingenommenen Stellung sich anzuschließen. ..." (S. 448 b f.)

Der bayerische Gesandte äußerte im Auftrag seiner Regierung, nachdem die Erklärung abgegeben war, „lebhafte Freude" über die dadurch „beurkundete Übereinstimmung der höchsten Regierungen von Österreich und Preußen" und beantragte, „daß die der hohen Bundes-

versammlung soeben gemachte erfreuliche Eröffnung an einen Ausschuß zur Berichterstattung gegeben werde" (S. 448 c). Dementsprechend wurde von der Versammlung beschlossen und ein Ausschuß für
die orientalischen Angelegenheiten gewählt.

Eine weitere gemeinsame Erklärung von Österreich und Preußen zur
orientalischen Angelegenheit findet sich im Separatprotokoll vom
20. Juli 1854 (§ 1, S. 728 a–c). Sie unterrichtete die Bundesversammlung,
nachdem schon drei Monate verflossen waren, über den Abschluß eines „Schutz- und Trutz-Bündnis zwischen Österreich und Preußen"
am 20. April 1854 (Beilage 1 und 2, S. 728 e–h). Es wurde beschlossen:
„die ... Vorlage der Allerhöchsten Regierungen von Österreich und
Preußen an den für die orientalische Angelegenheit niedergesetzten
Ausschuß mit dem Auftrage abzugeben, mit möglichster Beschleunigung den desfallsigen Beschlußentwurf vorzulegen" (S. 728 c).

Österreich und Preußen unterbreiteten der Bundesversammlung am
gleichen Tage auch „das am 23. Mai d. J. zu Wien von den vier Mächten unterzeichnete Conferenzprotokoll Num. 6" (S. 728 c–d). Die erneute Zusammenkunft der Bevollmächtigten diente der gegenseitigen
Unterrichtung über die Conventionen, die zwischen Frankreich und
England am 10. April d. J. einerseits und zwischen Preußen und
Österreich am 20. April andererseits geschlossen wurden.

Wir beschänken uns darauf, die Artikel I und II des Schutz- und
Trutz-Bündnisses zwischen Österreich und Preußen wiederzugeben.

Sie lauten:

„I.

Seine Kaiserlich-Königlich-Apostolische Majestät und Seine Majestät
der König von Preußen garantieren sich gegenseitig den Besitz ihrer
deutschen und außerdeutschen Länder, so daß jeder auf das Länder-
gebiet des Einen gerichtete Angriff, woher er auch komme, auch von
dem Andern als ein gegen das eigene Gebiet gerichtetes feindliches
Unternehmen angesehen werden wird.

II.

In gleicher Weise halten sich die hohen Contrahenten für verpflichtet,
die Rechte und Interessen Deutschlands gegen alle und jede Beeinträchtigung zu schützen, und betrachten Sich demnach zur gemeinsa-

men Abwehr jedes Angriffs auf irgend einen Teil Ihrer Gebiete auch in dem Falle als verbunden, wenn Einer derselben im Einverständnisse mit dem Andern zur Wahrung deutscher Interessen activ vorzugehen Sich veranlaßt findet.

Die Verständigung über den Eintritt des eben bezeichneten Falles, sowie über den Umfang der alsdann zu gewährenden Hülfeleistung wird den Gegenstand einer besondern und als integrierender Teil des vorliegenden Vertrags zu betrachtenden Übereinkunft bilden." (S. 728 f.)

Aus den einleitenden Bemerkungen zu dieser „Übereinkunft" zitieren wir:

„Die Allerhöchsten Höfe von Österreich und Preußen sind in dem Wunsche einig, jede Beteiligung an dem zwischen Rußland einerseits, der Türkei, Frankreich und Großbritannien andererseits ausgebrochenen Kriege wo möglich vermeiden und zugleich zur Wiederherstellung des allgemeinen Friedens beitragen zu können. Insbesondere betrachten Sie die neuerlich von dem Hofe von St. Petersburg in Berlin gegebenen Erklärungen, wonach Rußland die ursprüngliche Ursache zur Besetzung der Fürstentümer durch die nunmehr den christlichen Untertanen der Pforte gemachten und in nahe Aussicht gestellten Zugeständnisse als beseitigt anzusehen scheint, als ein wichtiges Element der Pacification, welchem Sie einen weiteren praktischen Einfluß nur mit Bedauern versagt sehen könnten. Sie hoffen daher, daß die zu erwartenden Rückäußerungen des Petersburger Cabinets auf die unter dem 8. d. dorthin abgegangenen Preußischen Vorschläge Ihnen die erforderliche Gewähr für ein baldiges Zurückziehen der Russischen Truppen vom türkischen Gebiete darbieten werden. Für den Fall jedoch, daß diese Hoffnung getäuscht werden sollte, haben die ernannten Bevollmächtigten, ... die folgende nähere Verabredung ... getroffen." (S. 728 g f.)

Diese lautet:

„Einziger Artikel.

Die Kaiserlich-Österreichische Regierung wird auch Ihrerseits an den Kaiserlich-Russischen Hof eine Eröffnung zu dem Zwecke richten, um von Seiner Majestät dem Kaiser von Rußland die nötigen Befehle zu erwirken, damit sofort jedem weiteren Vorrücken Seiner Armee auf türkischem Gebiete Einhalt geschehe, sowie um vollgültige Zusicherungen wegen baldiger Räumung der Donaufürstentümer von Sei-

ner Majestät zu begehren, und die Preußische Regierung wird diese
Eröffnungen mit Rücksicht auf Ihre bereits nach St. Petersburg gegangenen Vorschläge wiederholt auf das nachdrücklichste unterstützen.
Ist die auf diese Schritte der Cabinete von Berlin und Wien erfol-
gende Antwort des Kaiserlich-Russischen Hofes wider Verhoffen von
der Art, daß sie Ihnen nicht volle Beruhigung über die erwähnten beiden Punkte gewährt, so werden die von Einem der contrahierenden
Teile zur Erreichung derselben zu ergreifenden Maßregeln unter die
Bestimmung des Artikels II des am heutigen Tage abgeschlossenen
Schutz- und Trutz-Bündnisses mit der Maßgabe fallen, daß jeder
feindliche Angriff auf das Gebiet Einer der beiden hohen contrahierenden Mächte von der Andern mit allen dieser zu Gebote stehenden
militärischen Kräften abgewehrt wird.
Ein offensives beiderseitiges Vorgehen aber würde erst durch eine Incorporation der Fürstentümer, sowie durch einen Angriff oder Übergang des Balkans von Seiten Rußlands bedingt. Die gegenwärtige
Übereinkunft soll der Ratification der Allerhöchsten Souveräne
gleichzeitig mit dem obenerwähnten Vertrage unterzogen werden."
(S. 728 h)

Mit der Vorlage des Schutz- und Trutz-Bündnisses und des Zusatzartikels zu diesem in der Bundesversammlung am 20. Juli 1854 verbanden die Gesandten von Österreich und Preußen die Einladung an
„den Deutschen Bund zum Beitritt zu diesem Vertrag" (S. 728 b), wie
dies dessen Artikel IV vorsah. Vorher war mit den deutschen Regierungen schon auf diplomatischem Weg entsprechend verhandelt worden. Der für die orientalische Angelegenheit bestehende Ausschuß erstattete seinen Vortrag am 24. Juli (§ 233, S. 729 bis 737), also nach
nur vier Tagen. Er beantragte den Beitritt des Deutschen Bundes zum
Schutz- und Trutz-Bündnis, wobei als „Verabredung" gelten sollte,
„daß Seine Majestät der Kaiser von Österreich und Seine Majestät
der König von Preußen die durch Artikel XI der Bundesacte übernommenen Verpflichtungen durch ihre gesamte deutsche und außer-
deutsche Macht erfüllen werden". Außerdem sollte gelten:
„Die zur Ausführung des vorstehenden Beschlusses erforderlichen
Maßregeln bleiben besonderer Beschlußfassung vorbehalten. Mit der
Vorbereitung derselben wird der in der Sitzung vom 24. Mai dieses
Jahres gewählte besondere Ausschuß mit der Befugnis beauftragt, sich

zu diesem Zwecke mit dem Militärausschusse in Verbindung zu setzen." (S. 731 u. 737)

Entsprechend dem Ausschußantrag wurde noch an demselben Tag von der Versammlung beschlossen.

Am 17. August (§ 257, S. 782 bis 784 nebst Beilagen 1 bis 11, S. 795 bis 820) unterrichteten Österreich und Preußen die Bundesversammlung durch eine gemeinsame Erklärung über den neuerlichen Stand der orientalischen Angelegenheit. Rußland hatte durch Depeschen vom 29. Juni in Wien und vom 30. d. M. in Berlin seine Bereitschaft zu einem Einlenken unter gewissen Voraussetzungen bekundet. Frankreich und England, die durch die deutschen Mächte unterrichtet wurden, stellten in einer Note vom 8. August (Beilage 7, S. 808) vier Vorbedingungen für den Abschluß eines Friedensvertrages. In der Erklärung vor der Bundesversammlung am 17. August heißt es hierzu: „Das Kaiserlich-Österreichische Cabinet hat diese Punkte, vier an der Zahl, als gemäßigt und den Interessen des Europäischen Gleichgewichts, besonders aber auch den Interessen Deutschlands entsprechend anerkannt, ... und mittelst ... Depesche an den Kaiserlichen Gesandten in Petersburg, d. d. Wien 10. August, die Annahme dieser vier Punkte dringend empfohlen." (S. 783)

Österreich und Preußen hofften um so mehr auf „die Wiederherstellung eines dauerhaften und die Interessen Deutschlands wahrenden Friedens", „als inzwischen der Kaiserlich-Russische Gesandte, Fürst Gortschakoff, zu Wien die mündliche Anzeige gemacht hat, es sei von Seiner Majestät dem Kaiser von Rußland der Befehl zur vollständigen Räumung der Donaufürstentümer durch die Kaiserlich-Russischen Truppen erteilt worden. Dieser Maßregel wurde zwar von Rußland nicht die Bedeutung eines Zugeständnisses, sondern nur die einer rein strategischen Bewegung beigelegt. Seine Majestät der Kaiser Franz Joseph haben sie aber in demselben Geiste, der sie ohne Zweifel eingegeben, aufgenommen, und werden zur Besetzung der Wallachei und Moldau, zu welcher Maßregel Allerhöchstdieselben durch Ihre Pflichten und Verbindlichkeiten berufen sind, in keiner gegen das Russische Kaiserreich feindlichen Absicht schreiten." (S. 783)

Es stand also in Aussicht, daß Rußland in Kürze die Donaufürstentümer räumen und Österreich sie alsdann im Einvernehmen mit der Türkei besetzen würde. Die Grundlage hierfür bot die „Convention zwischen dem Kaisertum Österreich und der hohen Ottomanischen Pforte, in Betreff der eventuellen Besetzung der Donaufürstentümer" vom 14. Juni 1854 (Beilage 11, S. 817 ff.). Ihr Artikel 1 lautete: „Seine Majestät der Kaiser von Österreich macht sich verbindlich, alle Mittel im Wege der Unterhandlung und auch sonst zu erschöpfen, um die Räumung der Donaufürstentümer von Seiten der fremden Armee, welche dieselben besetzt hält, zu bewirken, und nötigenfalls selbst die zur Erreichung dieses Zweckes erforderliche Truppenanzahl zu verwenden."

Österreich drohte also, sich dem Krieg der Türkei und der Seemächte gegen Rußland anzuschließen, wenn dieses die Donaufürstentümer nicht freiwillig räumte. Diese unfreundliche Haltung hat Rußland dem ihm bis dahin sehr nahe verbundenen Kaiserreich nie verziehen.

In der Bundesversammlung am 5. Oktober (§ 298, S. 885 f. nebst Beilagen 1 bis 3, S. 905 bis 913) gab Österreich eine Erklärung über den neuerlichen Stand der orientalischen Angelegenheit ab. Auf die Depesche vom 10. August hatte Rußland am 26. d. M. geantwortet, daß es den vier von den Seemächten gestellten Vorbedingungen seine Zustimmung verweigern müsse. Die Antwort befindet sich in der Beilage 1 zum Protokoll. Die österreichische Erklärung schließt: „Die Kaiserliche Regierung, indem sie die in ihren Bereich fallenden weiteren Elemente zur Beurteilung der dermaligen Sachlage vorlegt, stellt der Weisheit dieser hohen Versammlung, die als Vertreterin des Bundes das europäische sowohl als das deutsche Interesse ins Auge zu fassen hat, die Erwägungen, die sich aus eben dieser Sachlage ergeben, mit Beruhigung anheim."

Am 30. November folgte eine gemeinsame Erklärung von Österreich und Preußen (§ 360, S. 1120 f.). Sie unterrichtete die Bundesversammlung über einen am 26. d. M. „unterzeichneten Zusatzartikel zu dem Schutz- und Trutz-Bündnisse vom 20. April d. J.". Durch ihn verpflichtete sich Preußen, Österreich auch dann beizustehen, wenn die kaiserlichen Truppen in den Donaufürstentümern angegriffen würden. Der Bund wurde aufgefordert, auch diesem Zusatzartikel beizutreten.

Der Ausschuß für die orientalische Angelegenheit berichtete zu den ihm zugewiesenen Vorlagen in der Bundestagssitzung vom 9. Dezember (§ 368, S. 1130 ff.). Auf Grund seiner Empfehlung wurden in den Beitrittsbeschluß die folgenden Punkte aufgenommen:

„1. daß der Deutsche Bund als Europäische Macht die ... zur Kenntnis der Bundesversammlung gebrachten vier Präliminarpunkte, ihrem wesentlichen Inhalte nach, als eine geeignete Grundlage zur Anbahnung eines gesicherten Rechts- und Friedensstandes in Europa anerkennt, ...;

2. daß demgemäß die Friedensbedingungen auf dieser Grundlage mit Nachdruck zu verfolgen sind;

3. daß aber andererseits ein Angriff auf Österreich, sei es gegen das Gebiet des Kaiserstaates, sei es gegen seine Truppen in den Donaufürstentümern, das gesamte Deutschland zur Unterstützung Österreichs mit allen Mitteln verpflichtet;

4. daß demzufolge, und mit Rücksicht auf die immer bedrohlicher werdende Lage der Europäischen Angelegenheiten die Militärcommission beauftragt wird, die erforderlichen Anträge wegen Sicherstellung der rechtzeitigen militärischen Bereitschaft des Bundes zu stellen, sowie daß

5. auch die beiden vereinigten Ausschüsse für die orientalischen und die Militärangelegenheiten zur Stellung der Anträge ermächtigt sind, welche zur Ausführung der dem Bedürfnisse entsprechenden militärischen Maßregeln erforderlich sein werden."

Die sofortige Beschlußfassung ohne Instruktionseinholung war möglich, weil die Bundesregierungen durch vertrauliche Mitteilungen aus Wien und Berlin hinreichend unterrichtet waren, um ihre Gesandten zu sofortiger positiver Abstimmung zu ermächtigen.

Indessen war die erzielte Einmütigkeit trügerisch und von Zweifeln begleitet, ob nicht Österreich vielleicht einen Weg beschreiten würde, der für den Deutschen Bund gefährlich wäre. Bei gegensätzlichen Auffassungen zwischen Österreich und Preußen würden in der orientalischen Angelegenheit die andern deutschen Staaten auf Preußens Seite treten, um ein politisches Abenteuer zu vermeiden. Nach dieser Richtung hin betätigte sich insbesondere Bismarck als preußischer Bundestagsgesandter.

Schon durch das Bundestagsprotokoll vom 25. Januar 1855 (§ 13, S. 59 ff.) wird deutlich, daß Preußen eine etwas andere Auffassung als Österreich vertrat, indem nämlich Preußen eine eigene Erklärung vor der Bundesversammlung abgab. Darin wird ausgeführt, „daß das Cabinet von St. Petersburg, ..., die vier Punkte, welche durch den Beschluß vom 9. Dezember als geeignete Grundlage des Friedens anerkannt wurden, auch seinerseits in der Form, wie sie ihm vorgeschlagen waren, und ohne jeden Vorbehalt, als solche angenommen hat". In der Erklärung heißt es unmittelbar anschließend:

„Da sonach die kriegführenden Mächte beiderseits über diese von den Westmächten selbst festgestellten Punkte als präliminare Grundlagen der Friedensverhandlungen einig sind, so darf der Einleitung der letzteren mit Vertrauen entgegengesehen werden, und, sobald solche durch direkte Beteiligung der beiden deutschen Großmächte einen allgemeinen Europäischen Charakter angenommen haben werden, wird die Königliche Regierung nicht verfehlen, in Betreff derselben mit dem Bunde auch ferner in das geeignete Einvernehmen zu treten."

Als besonders wichtig heben wir aus der Erklärung noch hervor, „daß wiederholte und bündige Versicherungen Rußlands die Befürchtung ausschließen, die Kaiserlich-Österreichischen Truppen würden, so lange sie nicht zu einem Angriff gegen Rußland verwendet werden, ihrerseits einem Russischen Angriff ausgesetzt sein, und daher der Fall, in welchem die deutschen Streitkräfte in Ausführung des Zusatzartikels zu activer Beteiligung berufen sein würden, als bevorstehend nicht anzusehen ist" (S. 60).

Der Präsidialgesandte antwortete auf die preußische Erklärung sofort für die österreichische Regierung. Er schilderte, wie diese „Schritt für Schritt" vorging und „daß nach ihrer Ansicht die Anbahnung der Friedensverhandlungen nicht mit dem Abschlusse derselben zu verwechseln sei, und daß die sicherste Bürgschaft für einen solchen Frieden, wie die anerkannten Interessen Deutschlands ihn verlangen, in der Betätigung des kräftigen und treuen Zusammenstehens durch eine gemeinsame, unverzögerte und genügende Machtentfaltung liege" (S. 61).

Das war doch wohl eine deutliche Ermahnung an Preußen und die anderen deutschen Staaten, geboren aus der Befürchtung, sie könnten sich für Maßnahmen entscheiden, die Österreich unbequem wären. Beide Erklärungen wurden „an die vereinigten Ausschüsse für die orientalischen und für die Militärangelegenheiten" abgegeben.

Für die vereinigten Ausschüsse berichtete der Gesandte von Bayern der Bundesversammlung am 8. Februar 1855 (§ 49, S. 135 ff.). Den

Ausschüssen lag seit einer Woche die Stellungnahme der Militärcommission zu dem ihr am 9. Dezember 1854 erteilten Auftrag vor.

Aus dem daran anknüpfenden Gutachten der vereinigten Ausschüsse zitieren wir:

„Indem die Ausschüsse diesen Bericht (der Militärcommission, d. Vf.) der hohen Versammlung vorlegen, werden sie sich zunächst darüber gutachtlich zu äußern haben, ob zur Zeit ein Bedürfnis zur Ausführung militärischer Maßregeln, wie der Beschluß vom 9. Dezember v. J. es voraussetzt, eingetreten sei?

In dieser Beziehung hat die hohe Versammlung aus den in der Bundestags-Sitzung vom 25. vorigen Monats erfolgten, den berichtenden Ausschüssen zugewiesenen Mitteilungen (§ 13 des Prot.) entnommen, daß die vier Präliminarpunkte, welche die Versammlung durch den Beschluß vom 9. Dezember v. J. ihrem wesentlichen Inhalte nach als eine geeignete Grundlage zur Anbahnung eines gesicherten Rechts- und Friedensstandes in Europa erkannt hat, nunmehr auch von der Kaiserlich-Russischen Regierung als Friedensgrundlage angenommen worden sind, und daß sich an die desfallsige Erklärung des Kaiserlich-Russischen Cabinets weitere Verhandlungen angereiht haben.

Über den Stand dieser Verhandlungen fehlt aber zur Zeit noch jede nähere Aufklärung, und es vermögen sich deshalb die Ausschüsse kein Urteil darüber zu bilden, ob sich an dieselben günstige Hoffnungen für Wiederherstellung des allgemeinen Friedens knüpfen lassen, oder nicht?

Hiernach will es den Ausschüssen scheinen, es dürfte die hohe Versammlung, ehe sie in dieser Richtung Entschließungen fassen kann, zunächst zu gewärtigen haben, daß ihr von der Sachlage nähere Kenntnis gegeben und dabei die in der Erklärung der höchsten Regierungen von Österreich und Preußen vom 20. Juli v. J. (Seite 728 c des Protokolls) in Aussicht gestellte gebührende Einflußnahme gesichert werde. Bis dahin wird dieselbe des Anlasses ermangeln, in dieser Beziehung Maßregeln in Ausführung bringen zu lassen.

Imgleichen ist auch zur Zeit noch die Notwendigkeit, zur Erfüllung der durch den Beschluß vom 9. Dezember v. J. übernommenen Defensivverpflichtung zu schreiten, nicht nachgewiesen.

Wenn nun aber die Ausschüsse dessen ungeachtet die Anträge der Militärcommission der Genehmigung der hohen Versammlung anempfehlen, so erachteten sie sich hierzu durch die Erwägung verpflichtet, daß die Lage der Europäischen Angelegenheiten fortan als eine bedrohliche erscheint, und daß viele Staaten Europas teils in Waffen stehen, teils rüsten.

Angesichts dieser Lage der Dinge wird der Deutsche Bund, dem nach Artikel II der Bundesacte die Erhaltung der äußern und innern Sicherheit Deutschlands, der Unabhängigkeit und Unverletzbarkeit der deutschen Staaten obliegt, nicht umhin können, Vorbereitungen zu treffen, um bei allenfalls näher rückender Gefahr dieser Obliegenheit mit Erfolg genügen und allen etwa eintretenden Ereignissen gerüstet entgegentreten zu können. Die Ausschüsse erachten es deshalb für geboten, die Streitkräfte des Bundes sofort in der Art bereit zu halten, daß dieselben im Falle einer vom Bunde zu beschließenden Mobilisierung binnen längstens vierzehn Tagen in zureichender Stärke schlagfertig ausrücken und zur Abwendung drohender Gefahr in jeder Richtung alsbald zusammengezogen und verwendet werden können. ...“

Die Bundesversammlung entsprach der Empfehlung der Ausschüsse und stimmte den Anträgen der Militärcommission zu.

Als bemerkenswert in dem Gutachten erscheint uns die Aussage, daß die Bereithaltung der Streitkräfte des Bundes „zur Abwendung drohender Gefahr in jeder Richtung" dienen solle. Ganz in diesem Sinne erklärte sich Preußen in der Bundestagssitzung vom 22. Februar mit den Worten: „daß aber die Sorge für die nach Artikel II der Bundesacte dem Bunde obliegende Erhaltung der äußeren und inneren Sicherheit Deutschlands, der Unabhängigkeit und Unverletzbarkeit der deutschen Staaten, den Bund in den Fall setzt, Vorbereitungen zu treffen, um diesen Obliegenheiten genügen zu können, und daß endlich die für den Bund bereit zu haltenden Streitkräfte nach jeder Richtung hin verwendbar gedacht werden" (§ 64, S. 174).

Preußen vertrat also eine bewaffnete Neutralität nach beiden Seiten, während Österreich das Schutz- und Trutz-Bündnis mit den beiden Zusatzartikeln nur als gegen eventuelle Angriffe von russischer Seite gerichtet ansah. Die Haltung Preußens, der sich fast alle andern deutschen Staaten anschlossen, bedeutete die Verweigerung eines Durchmarsches französischer Truppen durch Deutschland. Der Einfluß Bismarcks auf die andern deutschen Gesandten am Bundestag war damals zum Ärger Österreichs sehr stark. Diese Macht hatte sich in eine sehr gefährliche Lage manövriert, die es leicht dazu zwingen konnte, sich dem Krieg gegen Rußland anzuschließen. Diese Gefahr bestand zufolge des „Allianzvertrags zwischen Österreich, Frankreich und England" vom 2. Dezember 1854, allseitig ratifiziert am 14. Dezember 1854. Der Text ist als Beilage 1 (S. 773 ff.) zum Protokoll der Bundesversammlung vom 19. Juli 1855 (§ 249, S. 753 ff.) abgedruckt. Wir beschränken uns darauf, den Artikel II wiederzugeben. Er lautet: „Nachdem Seine Majestät der Kaiser von Österreich kraft des am 14. Juni d. J. mit der hohen Pforte abgeschlossenen Vertrages die Fürstentümer Moldau und Walachei durch ihre Truppen haben besetzen lassen, so machen Sich Allerhöchstdieselben verbindlich, die Grenze der genannten Fürstentümer gegen jede Rückkehr der Russischen Streitkräfte zu verteidigen; die Österreichischen Truppen werden zu diesem Zwecke die nötigen Stellungen einnehmen, um jene Fürstentümer vor jedem Angriffe zu schützen. Da auch Seine Majestät der Kaiser der Franzosen und Ihre Majestät die Königin des vereinigten Königreichs Großbritannien und Irland am 12. März mit der hohen Pforte einen Vertrag unterzeichnet haben, der Sie ermächtigt, Ihre Streitkräfte nach allen Punkten des Osmanischen Reiches zu senden, so kann die obenerwähnte Besetzung der freien Bewegung der englisch-französischen oder der türkischen Truppen in denselben Gebietsteilen gegen die russische Militärmacht oder das russische Gebiet keinen Eintrag tun. Es wird zu Wien zwischen den Bevollmächtigten Österreichs, Frankreichs und Großbritanniens eine Commission gebildet werden, welcher auch die Türkei eingeladen werden wird einen Bevollmächtigten beizuordnen, und deren Aufgabe es sein wird, alle Fragen zu untersuchen und zu erledigen, die entweder den ausnahmsweisen und provisorischen Zustand, in welchem die genannten Fürstentümer sich befinden, oder den freien Durchzug der verschiedenen Armeen durch ihr Gebiet betreffen."

Daraus erhellt wohl mit größter Deutlichkeit, in eine wie schwierige Lage Österreich sich und seine deutschen Bundesgenossen gebracht hatte. Rußlands Gegner durften dieses von dem von österreichischen Truppen besetzten Gebiete aus angreifen. Wie leicht konnten da bei einer erfolgreichen Abwehr der Russen die Österreicher in Kämpfe verwickelt werden! In der Tat war der Allianzvertrag vom 2. Dezember schwer mit einer wahren Neutralität zu vereinbaren. Österreich nahm dadurch mehr noch als bisher eine entschieden russenfeindliche Haltung ein; es gab in Wien Kräfte, die Österreichs Teilnahme am Krieg anstrebten. Preußen und die anderen deutschen Staaten hatten alle Veranlassung zu einer skeptischen Beurteilung der politischen Verhältnisse in Europa. Sie waren über den Allianzvertrag vom 2. Dezember – jedenfalls offiziell – noch nicht unterrichtet, als die Bundesversammlung am 9. Dezember den Beitritt zu der Vereinbarung zwischen Österreich und Preußen vom 26. November beschloß. Österreich wollte den Allianzvertrag als Druckmittel gegenüber Rußland gewertet wissen, um den unglückseligen Krieg zu beenden, setzte sich damit aber der Gefahr aus, selbst in den Krieg hineingezogen zu werden.

Eine umfassende Erklärung Österreichs in der Bundesversammlung am 19. Juli 1855 (§ 249, S. 753 bis 758) beginnt mit der Eröffnung: „Die Conferenzen, in welchen zu Wien über die Bedingungen der Wiederherstellung des allgemeinen Friedens unterhandelt worden ist, sind geschlossen worden, ohne ihren großen und heilsamen Zweck erreicht zu haben."

Die Conferenzen fanden vom 15. März bis 4. Juni statt. Teilnehmer waren Österreich, Frankreich, Großbritannien, Rußland und die Türkei. Das neutrale Österreich war durch zwei Bevollmächtigte vertreten: den Außenminister Graf Buol-Schauenstein, Sohn des ersten Präsidialgesandten am Bundestag, und den deshalb vorübergehend aus Frankfurt zurückberufenen Freiherrn von Prokesch-Osten. Dieser wurde am Bundestag durch Graf Rechberg vertreten, der vom 3. März bis 28. Juni 1855 das Präsidium provisorisch versah und ab 8. November 1855 definitiv. Über den Grund des Scheiterns der Conferenzen vermerkt die Erklärung vom 19. Juli: „Die Mächte haben zwar sich einigen können über eine Formel, die dem im Grundsatze wichtigsten Zwecke, den Bestand des Ottomanischen Reiches im Interesse des Europäischen Gleichgewichtes durch eine Collectivgarantie gegen jeden Angriff zu sichern, eine genügende Sanction zu verleihen schien. Über die Mittel, dem Übergewichte Rußlands im Schwarzen Meere ein Ziel zu setzen, hat dagegen eine Einigung nicht stattgefunden." (S. 755)

Wir zitieren noch:
„Die hohe Wichtigkeit, die Österreich dem Grundsatze der Erhaltung der Integrität des türkischen Gebietes beilegt, hat es durch seine Ein-

wirkung bewiesen, und es wird auch ferner auf der Notwendigkeit bestehen, den Territorialbestand der Türkei unter eine möglichst wirksame allgemeine Bürgschaft zu stellen. Es wird stets verpflichtet zu
sein glauben, diese Bürgschaft nicht nur selbst zu achten, sondern ihr
auch mit allen Mitteln seiner Macht Achtung zu sichern. Schon jetzt
fühlt es sich berufen, an der Donau über die Aufrechterhaltung dieses
Princips zu wachen. Seine Truppen werden daher bis zum Abschlusse
des Friedens die Fürstentümer besetzt halten, und es hofft, daß die
dort übernommene Sendung bis zuletzt den Zweck erfüllen wird,
einer weiteren Ausdehnung der gegenwärtigen Verwicklung auf der
für Deutschland bedrohlichsten Seite vorzubeugen." (S. 756 f.)
Die Beschlußfassung über die Mitteilungen wurde auf die nächste Sitzung festgesetzt. Der einstimmige Beschluß der Bundesversammlung
vom 26. Juli (§ 260, S. 852) lautet:

„1. der Kaiserlichen Regierung ihren Dank für die erhaltene Mitteilung und für die Bestrebungen, welche Dieselbe der Herstellung
   des Europäischen Friedens gewidmet hat, auszusprechen;

2. sich damit einverstanden zu erklären, daß die dermalige Lage im
   Hinblick auf die in Mitte liegenden Bundesbeschlüsse vom
   24. Juli und 9. Dezember v. J. keine Veranlassung für den Bund
   enthalte, neue Verbindlichkeiten zu übernehmen oder die bestehenden zu erweitern;

3. anzuerkennen, wie das Interesse des Friedens erfordert, daß der
   Bund in seiner bisherigen Stellung fest und einig verharre, und die
   am 8. Februar d. J. beschlossene Bereitstellung der Contingente
   vorläufig fortdauern lasse."

Nachzutragen ist noch, daß das Königreich Sardinien, welches berufen war, demnächst die Einigung Italiens zu erzwingen, am 4. März
1855 an Rußland den Krieg erklärte, indem es dem zwischen Frankreich und England am 10. April 1854 abgeschlossenen Vertrag beitrat.
Die Bundesversammlung erhielt davon in der Sitzung vom 15. März
Kenntnis (§ 96, S. 230 nebst zwei Beilagen S. 293–296).

Am 7. Februar 1856 konnte der Präsidialgesandte der Bundesversammlung endlich mitteilen, daß es Österreich mit Unterstützung
Preußens und anderer deutscher Staaten gelungen sei, von Rußland
die Anerkennung der Präliminarien für einen Friedensvertrag zu erreichen, so daß noch in dem laufenden Monat in Paris mit den Friedensverhandlungen begonnen werden könne (§ 52, S. 79–81). In der

Tat kamen diese zügig voran, so daß der Friedensvertrag als Staats-
vertrag am 30. März 1856 abgeschlossen wurde. Hierüber unterrichteten Österreich und Preußen die Bundesversammlung am 8. Mai
durch eine gemeinsame Erklärung (§ 157, S.364f. nebst Beilagen
S. 383 bis 397).

Rußland fand sich durch den Friedensvertrag damit ab, daß das
Schwarze Meer neutralisiert wurde. Rußland und die Türkei verzichteten darauf, an seiner Küste Befestigungen anzulegen. Beide Mächte
durften im Schwarzen Meer nur eine beschränkte Zahl von Kriegs-
schiffen halten. Diese Bestimmungen waren für Rußland recht demütigend, und im Jahr 1870 sagte es sich einseitig davon los. Im übrigen
aber stellte der Friedensvertrag vom 30. März 1856 im wesentlichen
den Zustand wieder her, der vor Kriegsbeginn bestand. Der Türkei
wurden ihre Unabhängigkeit und Integrität garantiert. Ihren christlichen Untertanen gewährte sie völlige Religionsfreiheit; die andern
Mächte verzichteten auf die Möglichkeit einer Einmischung.

5. *Vereinbarungen zur Gesetzgebung*

Am 21. Februar 1856 (§ 71, S.228) stellte Bayern in der Bundesversammlung den sehr bedeutsamen Antrag, die „hohe Versammlung
wolle beschließen:
> eine Commission zur Entwerfung und Vorlage eines allgemeinen
> Handelsgesetzbuches für die deutschen Bundesstaaten niederzu-
> setzen, zu diesem Ende aber vorerst an die höchsten und hohen
> Regierungen, welche geneigt wären, zu dieser Commission auf
> ihre Kosten Rechtsgelehrte oder Sachverständige abzuordnen,
> das Ansuchen zu stellen, hiervon in Zeit von sechs Wochen Mit-
> teilung machen zu wollen".

Der Antrag wurde „dem Ausschusse für die handelspolitischen Angelegenheiten zur Begutachtung" zugestellt. Dieser sprach sich in der
Bundestagssitzung vom 3. April (§ 116, S.282f.) dafür aus, gemäß
dem bayerischen Antrag, geringfügig textlich verändert, zu beschließen. Dem wurde durch Abstimmung am 17. April (§ 141, S.319) entsprochen.

Preußen mußte schon wegen seines Zollvereins daran gelegen sein,
die Führung in handelspolitischen Angelegenheiten zu besitzen, und
Bismarck vermochte seine Regierung – sie wollte den bayerischen An-

trag ablehnen, was aber die Annahme mit Mehrheit nicht verhindern konnte – davon zu überzeugen, daß sie sich dem bayerischen Antrag nicht gut widersetzen und deshalb eine Teilnahme an den Arbeiten einer Kommission zur Erstellung eines allgemeinen Handelsgesetzbuches nicht verweigern könne (Poschinger, 2. Teil, Nr. 192, S. 368 ff.). Bismarck gab die Erklärung zu dem bayerischen Antrag, die er für Preußen am 17. April noch vorbehalten hatte, am 29. Mai (§ 171, S. 432 ff.) ab. Darin wies er darauf hin, daß es zweckmäßig sei, wenn der demnächst zusammentretenden Kommission ein bereits vorhandener Entwurf als Leitfaden dienen könne. Die preußische Regierung sei „schon seit längerer Zeit damit beschäftigt, auf der Basis der drei verschiedenen, in den Königlichen Staaten bestehenden civilrechtlichen Systeme den Entwurf eines Handelsgesetzbuches auszuarbeiten, welcher im Laufe der nächsten Monate voraussichtlich zur vollständigen Zusammenstellung gediehen sein" werde. „Die Königliche Regierung" habe „keineswegs das Verlangen, daß gerade der von ihr auszuarbeitende Entwurf den gemeinsamen Beratungen vorzugsweise zur Richtschnur dienen solle, sie setzt vielmehr voraus, daß auch von anderen Seiten ähnliche Entwürfe der Auswahl der Commission werden unterbreitet werden." Aus zeitlichen Gründen bat Preußen um Aufschub für die Einberufung der von Bayern vorgeschlagenen „Commission von Rechtsgelehrten und Sachverständigen". Die Erklärung von Preußen sowie Erklärungen einiger anderer Regierungen zum gleichen Gegenstand wurden „dem für handelspolitische Angelegenheiten bestellten Ausschusse" zugewiesen. Am 13. November (§ 299, S. 719 f.) sah sich Bismarck imstande, in der Bundesversammlung mitzuteilen, „daß die diesseitigen Arbeiten über den Entwurf eines Handelsgesetzbuches gegenwärtig so weit vorgeschritten sind, um voraussichtlich bis zum 1. Dezember d. J. vorgelegt werden zu können". Die Mitteilung besagt ferner:
Die Königliche Regierung geht „von der Voraussetzung aus, daß den bevorstehenden Verhandlungen der Charakter freier Vereinbarung ... gewährt bleiben werde, ..., daß demnach aus der Teilnahme an der Beratung für keine Regierung eine Verpflichtung zur Publication des vereinbarten Entwurfs gefolgert werden könne, daß es vielmehr jeder Regierung überlassen bleibe, diesen Entwurf zu prüfen und danach zu ermessen, ob sie ihn zur Annahme für geeignet hält, ...
Unter dieser Voraussetzung dürfte es den höchsten und hohen Regierungen, welche die Conferenz durch Sachverständige beschicken wol-

len, unbedenklich erscheinen, ..., auf jede Instructionseinholung der
Commissarien während der Beratung zu verzichten, so daß die Sachverständigen ermächtigt und angewiesen sein würden, auf alle vorkommenden Fragen ihr Votum jederzeit nach bestem Wissen und Gewissen abzugeben, ohne durch Rückfragen eine Verzögerung herbeiführen zu dürfen. Es sprechen hierfür die wichtigsten praktischen
Gründe, indem einerseits im Falle der Instructionseinholung die Ab-
schließung des Werks kaum abzusehen ist, andererseits das Resultat
der Beratung ein befriedigenderes sein wird, wenn es lediglich aus den
durch die vielseitigen Besprechungen gebildeten Ansichten und den in
der Versammlung gefaßten Beschlüssen hervorgeht, als wenn außerhalb der Versammlung gewonnene Entschließungen darauf einwirken.

Die Königliche Regierung würde sich daher nur dann ein gedeihli-
ches Resultat versprechen können, wenn als Ort der Conferenz eine
Stadt gewählt wird, in welcher die Commissarien sich ihrer Aufgabe
widmen können, ohne in der Lösung derselben durch politische und
diplomatische Einflüsse beirrt oder zum Abwarten der Entschließung
oder Instruierung anderer Organe ihrer Regierungen veranlaßt zu
werden. Aus diesem Grunde muß die Königliche Regierung sich entschieden gegen Frankfurt als Ort des Zusammentrittes der Commission aussprechen, und erlaubt sich vielmehr Nürnberg oder Bamberg
vorzuschlagen, welche sich, ..., zu diesem Zwecke durch ihre geographische Lage und andere Bedingungen empfehlen.
..."

Der handelspolitische Ausschuß machte sich in seinem Vortrag vom
4. Dezember (§ 328, S. 757 ff.) die preußischen Vorstellungen zu eigen. Er schlug als Tag des Zusammentritts der Kommission den
15. Januar 1857 und als Ort Nürnberg vor. In der Abstimmung über
die Ausschußanträge am 18. Dezember (§ 352, S. 789 ff.) wurde deutlich, daß Österreich und noch einige andere Staaten lieber Frankfurt
als Konferenzort gesehen hätten, aber auf die Erfüllung dieses Wunsches verzichteten. Der Beschluß lautete:

„1. Die zur Ausarbeitung des Entwurfes eines allgemeinen Handelsgesetzbuches für die deutschen Bundesstaaten niederzusetzende
Commission hat am 15. Januar 1857 zu Nürnberg zusammenzutreten.

2. Dieselbe hat, unter angemessener Benutzung des vorhandenen Materials und der ihr mitgeteilten Vorarbeiten, in gemeinsamer Beratung einen vollständigen Gesetzentwurf aufzustellen und diesen schließlich der Bundesversammlung zur Mitteilung an die höchsten und hohen Regierungen und zur weiterer Einleitung in Vorlage zu bringen.

3. Die zur Förderung des Geschäftes und zur Feststellung des Beratungsergebnisses erforderlichen Beschlüsse sind durch einfache Stimmenmehrheit zu fassen. Es gebührt hierbei jedem in der Commission, sei es durch einen oder durch mehrere Sachverständige vertretenen Staate eine Stimme, mehreren etwa durch einen gemeinsamen Commissär vertretenen Staaten indessen gleichfalls nur eine Stimme.

4. Im Übrigen wird die Geschäftsbehandlung dem freien Ermessen der Commission anheimgegeben.

5. Die höchsten und hohen Regierungen, welche Sachverständige zu gedachter Commission abzuordnen beabsichtigen, werden ersucht, dieselben demgemäß mit entsprechenden Instructionen und von vornherein mit so ausreichenden Vollmachten zu versehen, daß sie über alle vorkommenden Fragen in der Regel ohne weitere vorgängige Rückfragen ihre Stimme abzugeben vermögen.

6. Die Königlich-Bayerische Regierung ist zu ersuchen, die erforderlichen Einleitungen treffen zu wollen, damit die Commission am 15. Januar k.J. ihre Arbeiten und Sitzungen in Nürnberg beginnen könne."

Der Beschluß dokumentiert einen vollständigen Sieg Preußens in einem heißen Ringen innerhalb des handelspolitischen Ausschusses. Bismarck hatte sich, indem der Ausschuß den Beschluß vom 18. Dezember empfahl, in allen Punkten durchsetzen können. Über das Ringen im Ausschuß ist den Protokollen der Bundesversammlung nur wenig zwischen den Zeilen zu entnehmen. Der daran näher interessierte Leser sei auf die Darstellungen von Poschinger und A.O. Meyer verwiesen.

Die Nürnberger Kommission arbeitete mit großem Fleiß. In ihrem Bericht an die Bundesversammlung vom 2. Juli 1857 konnte sie mitteilen, daß „die Beratung der drei ersten Bücher des Preußischen als Leitfaden angenommenen Entwurfes vollendet" wurde. Nach einer Pause bis zum 15. September sollte „die Conferenz in Nürnberg die

Beratung der drei ersten Bücher in zweiter Lesung" beginnen. „Bevor hierauf die in Nürnberg fortzusetzende Beratung über das fünfte und sechste Buch des Entwurfes" stattfinde, sollte „das Seerecht in Hamburg oder Bremen" beraten werden (Prot. v. 9. Juli 1857, § 249, S. 544 ff.).

Die Bundesversammlung genehmigte „die Verlegung des Commissionssitzes, für die Dauer der Beratungen über den Entwurf des Seerechts nach der freien Stadt Hamburg" in ihrer Sitzung vom 25. Juli (§ 273, S. 589 f.).

Die Beratungen über das Seerecht gestalteten sich recht langwierig. Der fertige Entwurf des Handelsgesetzbuches wurde der Bundesversammlung von der beauftragten Kommission mit Schreiben vom 14. März 1861 zugestellt (Prot. v. 16. März 1861, § 71, S. 109). Der handelspolitische Ausschuß berichtete hierzu in der Bundestagssitzung vom 8. Mai (§ 132, S. 191–207 nebst Beilage: „Entwurf eines Allgemeinen deutschen Handelsgesetzbuches", 911 Artikel in fünf Büchern enthaltend, S. 215–380). Der Bericht des Ausschusses schildert die Zusammensetzung der mit der Ausarbeitung des Handelsgesetzbuches beauftragten Kommission und bietet einen Überblick über die von der Kommission geleistete Arbeit. In Hamburg trat die Kommission am 26. April 1858 zusammen; nach mehr als zweijähriger Unterbrechung nahm sie am 19. November 1860 ihre Tätigkeit in Nürnberg wieder auf. Nachdem die Regierungen Gelegenheit hatten, sich zu dem Entwurf der Kommission zu äußern, erstellte diese die Schlußfassung ihres Entwurfs.

Aus dem Ausschußvortrag zitieren wir:

„Es bedarf wohl keines näheren Nachweises, wie wünschenswert es ist, daß der vorliegende Entwurf nun baldmöglichst in allen Bundesstaaten Gesetzeskraft erlange, um durch Gemeinsamkeit des Rechtes in diesem wichtigen Gebiete des Völkerlebens einem allseitig gefühlten Bedürfnisse Befriedigung zu gewähren, und für weitere Entwicklung der Rechtseinheit in der deutschen Nation eine Grundlage zu gewinnen.

Auf die baldige und unveränderte Erhebung des vorliegenden Entwurfes zum Gesetze wird daher die Bundesversammlung vermittelnd hinzuwirken haben, und darauf glaubt der Ausschuß seine Anträge richten zu sollen. Es wird dann der hohen Bundesversammlung das Verdienst bleiben, diesen großen und gewiß segensreichen Fortschritt in der deutschen Gesetzgebung angeregt, eingeleitet und vermittelnd zum Ziele geführt zu haben." (S. 203)

Infolge von in der Kommission in der dritten Lesung zutage getretenen Differenzen, auf die wir nicht eingegangen sind, stimmte eine Minorität im berichtenden Ausschuß dem fünf Punkte enthaltenden Beschlußentwurf der Majorität im ersten und letzten Punkte nicht zu.

Die Beschlußfassung geschah am 31. Mai (§ 151, S. 400 bis 406). Mit Mehrheit wurde entsprechend dem Majoritätsvorschlag beschlossen:

„1. den in der Sitzung vom 16. März d. J. zur Vorlage gekommenen Entwurf eines allgemeinen deutschen Handelsgesetzbuches in allen seinen Teilen als nach den Anordnungen des Bundesbeschlusses vom 18. Dezember 1856 regelmäßig und vollständig beraten anzusehen, und seine Vorlage als die befriedigende Ausführung dieses Bundesbeschlusses anzuerkennen;

2. die freudige Anerkennung der Gewissenhaftigkeit, des unermüdlichen Eifers und der Sachkenntnis auszusprechen, mit welchen sämtliche Mitglieder der zu Nürnberg und Hamburg versammelt gewesenen Commission, insbesondere der Präsident und die Referenten derselben, die ihnen gesetzte Aufgabe glücklich gelöst haben;

3. der Königlich-Bayerischen Staatsregierung und dem Senate der freien Stadt Hamburg für die bundesfreundliche Aufnahme und Unterstützung der Commission zu danken;

4. nunmehr an sämtliche höchsten und hohen Bundesregierungen die Einladung zu richten, dem in der Sitzung vom 16. März d. J. vorgelegten und dem Protokolle der 16. diesjährigen Sitzung beigedruckten Entwurfe eines allgemeinen deutschen Handelsgesetzbuches baldmöglichst und unverändert im geeigneten Wege Gesetzeskraft in ihren Landen zu verschaffen, sowie

5. den Wunsch auszusprechen, daß die betreffenden höchsten und hohen Regierungen mit der Anzeige über die Einführung des Handelsgesetzbuches die Bereitwilligkeit erklären möchten, etwa später als wünschenswert erscheinende Abänderungen oder Ergänzungen dieses Gesetzbuches nicht einseitig, sondern vielmehr in derselben Weise, wie dasselbe ins Leben gerufen worden, zur Ausführung zu bringen."

Es war ein bedauerlicher Schönheitsfehler, daß eine Minorität dem Beschluß in zwei Punkten glaubte nicht zustimmen zu sollen. Das vermochte aber nichts an der praktischen Bedeutung des Werkes der Handelsgesetzgebung zu ändern. Daß ein so umfassendes Gesetz unter den Verhältnissen des Deutschen Bundes zustande gebracht werden konnte, beweist doch wohl, daß der Bund nicht so unfähig und mißgestaltet war, wie damals und wohl bis heute das vorherrschende Urteil lautete.

Noch im Laufe des Jahres 1861 teilten Preußen (§ 225, S. 626 f.), Nassau (§ 261, S. 679) und Bayern (§ 301, S. 751) der Bundesversammlung die ungeänderte Einführung des Handelsgesetzbuches mit, und zwar die beiden ersteren für den 1. März und letzteres für den 1. Juli 1862.

Am 3. August 1865 erstattete der handelspolitische Ausschuß einen ausführlichen Bericht über den Stand der Einführung des Handelsgesetzbuches in den deutschen Staaten (§ 156, S. 366 f. nebst Beilage S. 369–373). Danach lehnten nur die Niederlande für Limburg und Luxemburg die Einführung ab. Für Limburg hatten sie schon im Jahre 1856 die Unmöglichkeit erklärt, weil Limburg der Niederländischen Handelsgesetzgebung unterlag. Für Luxemburg stellte sich die Unzweckmäßigkeit erst später heraus. Von vier Bundesstaaten, nämlich Liechtenstein, Schaumburg-Lippe, Bremen und Hamburg erfolgte noch keine Anzeige.

„Von Württemberg und Holstein und Lauenburg" – heißt es im Bericht – „ist zwar von ersterem in bestimmter, bezüglich letzterer in bedingter Weise die Absicht zu erkennen gegeben worden, das gedachte Gesetz einzuführen, eine weitere Anzeige aber noch nicht erstattet worden.
In allen übrigen Bundesstaaten ist das allgemeine deutsche Handelsgesetzbuch, mit Ausnahme des fünften Buches über das Seerecht, von welchem in Österreich abgesehen wurde, unverändert zur Annahme gelangt, und es übt hiernach dasselbe bereits in dem weitaus größten Teile Deutschlands Gesetzeskraft.
Der Versuch, ein allen deutschen Bundesstaaten gemeinsames Handelsgesetz in das Leben zu rufen, kann hiernach als im Wesentlichen gelungen und nahezu vollständig erreicht betrachtet werden, und es wird sich der Hoffnung hingegeben werden dürfen, daß auch aus jenen Bundesländern, aus welchen bisher Anzeigen über die Einführung des gedachten Gesetzes noch nicht eingegangen sind, solche in nicht allzuferner Zeit werden erstattet werden können."

Hamburg teilte am 13. Januar 1866 mit, daß das Handelsgesetzbuch „mit dem 1. Mai 1866 in Hamburg unverändert in Wirksamkeit treten wird" (§ 6, S. 4). Liechtenstein zeigte am 22. Februar an, daß sich das Handelsgesetzbuch seit dem 1. Januar 1866 in Kraft befinde (§ 53, S. 53).

In dem Bestreben zu übereinstimmender Gesetzgebung in den deutschen Staaten entfaltete die Bundesversammlung in dem letzten Jahrzehnt ihres Bestehens eine außerordentliche Aktivität. Die Anregungen dazu kamen insbesondere von Bayern. Nachdem die Kommission für die Handelsgesetzgebung in Nürnberg ihre Tätigkeit aufgenommen hatte, stellte Bayern am 5. Februar 1857 (§ 59, S. 81 f.) den Antrag, „hohe Bundesversammlung wolle beschließen:
> die zur Entwerfung eines Handelsgesetzbuches niedergesetzte Commission mit Ausarbeitung von Vorschlägen für eine allgemeine Gesetzgebung über den Gerichtsstand und über die Vollziehbarkeit rechtskräftiger Urteile zu beauftragen."

Die Bundesversammlung beschloß dies am 12. März (§ 129, S. 225 ff.). Die Kommission in Nürnberg ernannte aus ihren Reihen eine Unterkommission, die einen ersten Entwurf zur gegenseitigen Rechtshilfe erarbeitete. Die Beratungen hierüber fanden in der Gesamtkommission erst statt, nachdem das Werk der Handelsgesetzgebung erstellt war. Das Resultat wurde der Bundesversammlung von der Kommission für die Handelsgesetzgebung zugleich mit dem Entwurf des Handelsgesetzbuches als „Gesetzentwurf, die in den deutschen Bundesstaaten in bürgerlichen Rechtsstreitigkeiten gegenseitig zu gewährende Rechtshülfe betreffend", überreicht. Der handelspolitische Ausschuß berichtete darüber in der Bundesversammlung am 25. Juli 1861 (§ 220, S. 601–605 nebst „Gesetzentwurf" als Beilage, S. 613–624). Er beantragte, da die Regierungen noch nicht die Möglichkeit hatten, Wünsche bezüglich des Entwurfs vorzubringen, „daß
1. die höchsten und hohen Regierungen ersucht werden mögen, sich darüber auszusprechen, ob und in welchem Umfange sie geneigt sind, dem anliegenden Entwurfe ihre Zustimmung zu erteilen, und daß
2. die Bundesversammlung den sämtlichen Mitgliedern der zur Ausarbeitung jenes Entwurfes in Nürnberg versammelt gewesenen Conferenz und der von ihr niedergesetzten Commission ... ihre volle und dankbare Anerkennung zu erkennen gebe."

Es „wurde beschlossen:
die vorstehenden Ausschußanträge in vierzehn Tagen zur Abstimmung zu bringen".

Am 8. August 1861 beschloß die Bundesversammlung gemäß den Ausschußanträgen (§ 238, S. 644 f.). Nun waren die Regierungen aufgefordert, sich zu dem Gesetzentwurf zu äußern. Ihre Erklärungen wurden dem handelspolitischen Ausschuß zugeleitet. Dieser konnte am 24. Juli 1862 (§ 250, S. 417 f.) unter Bezugnahme auf den Beschluß vom 8. August 1861 berichten:

„Demgemäß sind nun Erklärungen eingegangen von Baden am 16. Januar d. J. (§ 22), von Bayern in der 5. diesjährigen Sitzung vom 30. Januar (§ 40), von Mecklenburg-Schwerin und Mecklenburg-Strelitz und den vier freien Städten am 6. Februar d. J. (6. Sitz., § 56), ferner von Nassau am 3. und von Königreich Sachsen am 10. April l. J. (14. und 15. Sitz. §§ 119 und 126).

„In allen diesen Erklärungen wird die Bereitwilligkeit zur unveränderten Annahme des Entwurfes in der Voraussetzung gleicher Annahme desselben durch die übrigen oder die Mehrzahl der übrigen Bundesregierungen zugesichert; ..."

Eine Einschränkung enthielt nur die Zustimmung von Hamburg. Die mit der Erklärung rückständigen Regierungen wurden laut Beschluß vom gleichen Tage ersucht, „ihre desfallsigen Äußerungen tunlichst innerhalb einer Frist von sechs Wochen hier abzugeben." Bei der Beschlußfassung konnte der herzoglich-sächsische Gesandte „auf die in heutiger Sitzung für Sachsen-Meiningen, Sachsen-Altenburg und Sachsen-Coburg-Gotha abgegebenen Erklärungen" verweisen.

Bis zum Ablauf des Jahres 1862 erklärten die meisten Staaten ihre Zustimmung. Die Niederlande teilten für Luxemburg und Limburg mit, daß beide den Gesetzentwurf nicht anzunehmen beabsichtigten (§ 317, S. 528 f.).

Es fehlten bis zur Zerstörung des Bundes die Äußerungen von Österreich, Hannover, Holstein-Lauenburg (dessen Verhältnisse seit 1864 ungeklärt waren) und Schaumburg-Lippe. Die Bundesversammlung hat nach dem Jahre 1862 anscheinend wegen des Gesetzentwurfs zur gegenseitigen Rechtshilfe keine Initiative mehr ergriffen; jedenfalls ist aus den Protokollen nichts derartiges zu entnehmen.

Am 3. November 1859 stellte Baden einen Antrag „in Betreff der Wiederaufnahme der Beratungen über die Errichtung eines Bundesgerichts" (§ 305, S. 793–795 nebst Denkschrift S. 807–814). Aus der Einleitung zu der diesbezüglichen badischen Erklärung zitieren wir: „Auf Errichtung eines ständigen Bundesgerichtes ist schon bei den ersten Verhandlungen über die Constituierung des Deutschen Bundes, so wie später auf den Dresdener Conferenzen gedrungen worden. Stets wurde ein solches Gericht als eine höchst wichtige und zur Entwicklung der Bundeseinrichtungen selbst notwendige Institution anerkannt. Der Mangel derselben hat sich seither wiederholt fühlbar gemacht.

Um diese Lücke in der Bundesgesetzgebung auszufüllen, hat hohe Bundesversammlung in ihrer Sitzung vom 8. Juli 1851 einen besonderen Ausschuß zur Bearbeitung der hinsichtlich eines obersten Bundesgerichtes eingereichten Vorschläge der vierten Dresdener Commission niedergesetzt. Wenn diese Angelegenheit seitdem nicht den erwünschten Fortgang gehabt hat, so ist der Grund wohl darin zu suchen, daß man die der Ausführung im Allgemeinen wie einer Vereinbarung über die Detailpunkte entgegenstehenden Schwierigkeiten nicht überwinden zu können glaubte."

Der Beschluß vom gleichen Tage lautete:
„den obigen Antrag der Großherzoglich-Badischen Regierung nebst dessen Anlage dem am 8. Juli 1851 für den in Rede stehenden Gegenstand niedergesetzten Ausschusse zuzuweisen".

Die Angelegenheit der Errichtung eines Bundesgerichts erscheint in den Protokollen der Bundesversammlung, abgesehen von einer Erinnerung durch das Königreich Sachsen am 20. Dezember 1860 (§ 267, S. 636 f.), erst wieder am 14. August 1862, und zwar als gemeinschaftliche Erklärung von Österreich, den Königreichen außer Preußen, bei den Hessen, Sachsen-Meiningen und Nassau wegen Wiederaufnahme der Verhandlungen und Beschleunigung der Vortragserstattung bezüglich der Einsetzung eines obersten Bundesgerichts durch den betreffenden Ausschuß. Dabei legte Österreich „einen Entwurf bezüglich eines einzusetzenden Bundesgerichtes samt dem dazu gehörigen Memorandum" vor (§ 274, S. 484; Entwurf und Memorandum S. 493–503). Aus dem Memorandum ist zu entnehmen, daß der dafür eingesetzte Ausschuß schon im Jahre 1860 einen Entwurf ausgearbeitet hatte, von dem Memorandum als „Frankfurter Entwurf" bezeichnet. Der neue österreichische Entwurf stellte nach dem Memorandum eine Umgestaltung und Vervollständigung des Frankfurter Entwurfes dar. Die Angelegenheit wurde an den dafür bestehenden Ausschuß verwiesen. Danach ist aus den Protokollen nichts mehr über die Errichtung eines Bundesgerichts zu entnehmen.

Unter Bezugnahme auf den badischen Antrag vom 3. November 1859 wegen eines Bundesgerichts stellten Bayern und neun weitere Staaten, darunter die Königreiche Sachsen und Württemberg, am 17. Dezember desselben Jahres den Antrag, „hohe Bundesversammlung wolle den mit Erörterung der Frage wegen Errichtung eines Bundesgerichtes beauftragten Ausschuß veranlassen, ... über die Frage, ob und in wie weit die Herbeiführung einer gemeinsamen Civil- und Criminal-Gesetzgebung wünschenswert und ausführbar sein werde, sich gutachtlich zu äußern" (§ 355, S. 888 f.). Dem Antrag wurde durch Mehrheitsbeschluß in der Bundestagssitzung vom 5. Januar 1860 entsprochen (§ 15, S. 13 f.).

Der Ausschuß erstattete einen sehr ausführlichen Bericht am 12. August 1861 (§ 248, S. 655–669). Die Majorität bejahte die gestellte Frage und stellte den Antrag:
„Hohe Bundesversammlung wolle beschließen:
1. die allmähliche Herbeiführung einer gemeinsamen Civil- und Criminalgesetzgebung für Deutschland sei allerdings wünschenswert, jedoch seien die hierauf zu richtenden Bestrebungen zunächst auf einige Teile des Civilrechtes und auf das gerichtliche Verfahren in bürgerlichen Rechtsstreitigkeiten zu beschränken;
2. zunächst eine Commission zur Ausarbeitung und Vorlage des Entwurfes einer allgemeinen Civilproceßordnung für die deutschen Bundesstaaten in Hannover niederzusetzen;
3. ferner eine Commission zur Ausarbeitung und Vorlage des Entwurfes eines allgemeinen Gesetzes über die Rechtsgeschäfte und Schuldverhältnisse (Obligationenrecht) für die deutschen Bundesstaaten mit dem Sitze in Dresden in Aussicht zu nehmen;
4. an die höchsten und hohen Regierungen, welche geneigt wären, zu diesen Commissionen auf ihre Kosten Rechtsgelehrte abzuordnen, durch Vermittlung der Herren Bundestags-Gesandten das Ansuchen zu stellen, hiervon in Zeit von sechs Wochen Mitteilung machen und sich zugleich über den ihnen genehmen Zeitpunkt des

Zusammentrittes der einen oder andern dieser Commissionen aussprechen zu wollen."

In dem Vortrag des Ausschusses heißt es anschließend, auszugsweise zitiert:

„Ein Mitglied des Ausschusses hat Bedenken getragen, sich den Ausführungen des vorstehenden Gutachtens im Allgemeinen anzuschließen und den Anträgen der Majorität des Ausschusses beizutreten.
...
Seiner Ansicht nach wird zunächst mit Grund bezweifelt werden dürfen, ob eine Maßregel, welche so tief, wie die in Rede stehende, in die Justizhoheit und Staatsverwaltung der Bundesglieder eingreift, unter die im Artikel 64 der Wiener Schlußacte berücksichtigten sogenannten ‚gemeinnützigen Anordnungen' zu begreifen sei.
Die bisherigen Versuche, durch Vermittlung der Bundesversammlung allgemein gültige Normen und Gesetze aufzustellen, können ihre Rechtfertigung darin finden, daß sie die Sicherheit des Bundes bezweckten, oder daß es sich dabei vornehmlich um Specialeinrichtungen der Nützlichkeit für den Verkehr handelte. Die vorliegende Frage aber trifft das gesamte Staats- und Rechtsleben der Bundesländer, und eine Entscheidung derselben im Sinne der Majoritätsanträge würde zu der Consequenz führen können, auch noch andere gesetzgeberische und politische Einigungsacte in die Competenz des Bundes zu legen. Eine solche Auffassung der Bundesbefugnis widerstreitet aber dem Geiste und dem Worte der Bundesgrundgesetze und es würde keinesfalls zulässig erscheinen, daß die Bundesversammlung aus sich selbst und ohne das Hinzutreten dazu berechtigender Staatsacte sich dieselbe beilegen wollte.
..."

Es wurde beschlossen, über die Ausschußanträge „in drei Monaten abzustimmen".

Tatsächlich fanden die Abstimmungen erst am 6. Februar 1862 (§ 58, S. 59–63) statt. Bevor damit begonnen wurde, gab Preußen, dessen Gesandter v. Usedom sich dem Gutachten der Majorität nicht angeschlossen hatte, eine Erklärung ab. Darin wurde gesagt:
„Die Königliche Regierung hat niemals ihr Interesse an der Herstellung einer gemeinsamen Civil- und Criminalgesetzgebung in Deutschland verleugnet. Sie hat diese Gesinnung auch neulich durch den

Versuch betätigt, die größeren unter ihren deutschen Bundesgenossen zu vorläufigen Besprechungen und Verständigungen in der Sache selbst zu bewegen. Sie glaubte bei diesem Schritte von der Annahme ausgehen zu dürfen, daß hierin die Sache der Behandlungsform voranstehe und daß die Form sich leichter finden würde, sobald über die Materie eine Einigung angebahnt worden. Der Erfolg hat jedoch diese Annahme nicht gerechtfertigt. Fast überall trat der Königlichen Regierung die Ansicht entgegen, die Behandlung am Bunde sei vor Allem notwendig; außer am Bunde war man nicht gemeint, sich auf Prüfung der Materie einzulassen. Dieser Umstand hat die Königliche Regierung veranlassen müssen, die Frage noch näher zu untersuchen, ob in diesem Falle der Bundesweg wirklich die berechtigte und geeignete Form sei, oder nicht?"

Preußen bekannte also, daß es mit seinem Bestreben, die Angelegenheit vom Bunde fernzuhalten und unmittelbar von Regierung zu Regierung zu behandeln, keine Zustimmung fand. Seine Erklärung fuhr fort:
„Die vorurteilsfreie Betrachtung der Bundeszwecke und der einschlagenden Bundesgesetze setzt es nun außer Zweifel, daß legislatorische Attributionen im Allgemeinen, insbesondere auf dem Felde des Privatrechts der Einzelstaaten, zu den Befugnissen der Bundesversammlung nicht gehören; schon die völkerrechtliche Natur des Bundesverhältnisses steht dem principiell entgegen.
Aber auch solche anderweite Gegenstände, welche ausnahmsweise in den Bundesbestimmungen der hohen Bundesversammlung zur Behandlung anheimgestellt sind, wie die im Artikel 64 der Wiener Schlußacte erwähnten gemeinnützigen Anordnungen, können nur in strictem Sinne interpretiert ... werden. Das Civil- und Criminalrecht ist eine tiefe ... Notwendigkeit des Völkerlebens und müßte mit einem schwerer wiegenden Ausdrucke zu bezeichnen sein. ... Ohne dem Texte der Bundesbestimmungen und dem deutschen Sprachgebrauche Gewalt anzutun wird man die gesamte Rechtssphäre einer Nation nicht mit dem Namen ‚gemeinnützige Anordnung' belegen können ...
Das Civil- und Criminalrecht zu entwickeln, hierzu sind in allen deutschen Staaten die Landesvertretungen mitberufen, und es würde kaum gerechtfertigt erscheinen, wollte eine Regierung ihre Initiative an solche vorgängige Verabredungen mit ihren Bundesgenossen knüpfen,

welche ihr die Hände bänden und auf die Ständeversammlungen einen moralischen Zwang übten ...

Zur Übernahme einer die Landesgesetzgebungen beschränkenden legislatorischen Tätigkeit fehlt aber außerdem der hohen Bundesversammlung diejenige organische Verfassung und Gliederung, welche für die Übung gesetzgeberischen Berufes notwendig sind; vor Allem fehlt in der gegenwärtigen Gestaltung des Bundes die Vertretung durch entsprechende legislative Factoren, welche in keiner Weise durch den Zusammentritt technischer Fach- und Specialcommissäre ersetzt werden kann. Erst wenn die Bundesorganisation eine gesetzgeberischen Zwecken genügende Reform erfähre, würden auch die einer allgemeinen deutschen Gesetzgebung sich entgegenstellenden Schwierigkeiten eine leichtere Lösung finden.

Es scheint also gewiß, daß der vorliegende Gegenstand der Civil- und Criminalgesetzgebung dem Kreise der Bundescompetenz nicht angehört und auch durch keine besondere Bestimmung demselben überwiesen worden ist. Will die hohe Bundesversammlung einen Gegenstand, welcher nicht in ihrer Competenz liegt, in Behandlung nehmen, so ist dies alsdann auf dem Felde der Bundesaction ein Novum und kann als solches nur nach dem einstimmigen Übereinkommen aller Mitglieder des Bundes erfolgen. Soll hiernach die Civil- und Criminalgesetzgebung in die Bundescompetenz und die Bundesbehandlung gezogen werden, so wird dies nicht anders zu geschehen haben, als etwa in der Weise, wie überhaupt Zusätze zu der Bundesacte und neue organische Einrichtungen – auch innerhalb des unzweideutigen Bundeszweckes – zu Stande kommen sollen. Kann eine Regierung, wie in diesem Falle die Preußische, mit dem Novum sich nicht einverstanden erklären, so wird die hohe Bundesversammlung diesen Widerspruch nicht unbeachtet lassen und nicht ohne Weiteres zur eigentlichen Behandlung des Gegenstandes übergehen können. ... Aus diesem Grunde hat der Königliche Gesandte von seiner allerhöchsten Regierung Befehl erhalten, gegen einen derartigen eventuellen Beschluß Verwahrung einzulegen und zu erklären, daß eine solche Commission als Bundescommission anzuerkennen nicht möglich sein würde."

Der bayerische Gesandte von der Pfordten, die treibende Kraft in der Bundesversammlung für deren Initiativen bezüglich einer einheitlichen Gesetzgebung, erwiderte bei seiner Abstimmung u. a.:

„Der Zweck der Ausschußanträge wird auch von der allerhöchsten Königlich-Preußischen Regierung gebilligt und dieselbe spricht ihr Interesse an der Herstellung einer gemeinschaftlichen Civil- und Criminalgesetzgebung in Deutschland aus. Sie bestreitet aber, daß zu Erreichung dieses Zweckes der Bundesweg die berechtigte und geeignete Form sei, und weist dagegen auf freie Verständigung der Regierungen außerhalb des Bundes hin. Was zunächst die Berechtigung anlangt, so ist diese in dem Artikel 64 der Wiener Schlußacte als begründet zu erachten. Mag dieser nun in gewöhnlicher Weise oder als eine ausnahmsweise Competenzbestimmung nur in strictem Sinne zu interpretieren sein, immerhin wird diese Interpretation nur der hohen Bundesversammlung selbst zustehen, welche berufen ist, die Bestimmungen der Bundesacte zu erklären und ihre richtige Anwendung zu sichern. Mögen auch gemeinnützige Anordnungen ihrer Natur nach vorzugsweise dem Gebiete der Verwaltung angehören, so können sie doch auch in dem Gebiete der Gesetzgebung Platz greifen und die Tätigkeit, welche die hohe Bundesversammlung in den letzten Jahren unter dankenswerter Mitwirkung der Königlich-Preußischen Regierung in Bezug auf die Wechselordnung, die Handelsgesetzgebung, die gegenseitige Rechtshülfe mit gutem Erfolge entwickelt hat, liefert den Beweis, daß die Majorität des Ausschusses die bisherige Auffassung und Übung des Bundesrechtes für sich hat, indem sie den Artikel 64 der Wiener Schlußacte ihren Anträgen zu Grunde legt."

Die Ausschußanträge wurden mit Mehrheit beschlossen; immerhin sprachen sich einige Stimmen mit Preußen für die Ablehnung aus. Nach der Beschlußfassung legte Preußen „gegen den so eben gefaßten Beschluß Verwahrung ein". Der Gesandte bemerkte dazu, „daß die gegenwärtige Verwahrung sich auf die mangelnde Competenz der hohen Bundesversammlung, in einer nur mit Stimmeneinhelligkeit zu beschließenden Angelegenheit gegen den Widerspruch auch nur einer Regierung einen Majoritätsbeschluß zu fassen, bezieht". Preußens Haltung wurde von Bayern mit guten Gründen angefochten. Wenn Preußen positiv in den Fragen des Handelsrechts und gegenseitiger Rechtshilfe mitwirkte und die Tätigkeit der Nürnberger Kommission als Bundeskommission nicht gut bestreiten konnte, was Preußen aber versuchte, so bot doch nur der Artikel 64 der Wiener Schlußakte die Möglichkeit, daß vom Bunde aus Gesetzgebungsangelegenheiten als von ihm zu fördernde „gemeinnützige Anordnungen" betrachtet wurden. Wenn dies für das Handelsrecht und die gesetzliche Ordnung gegenseitiger Rechtshilfe gelten sollte, so war der Charakter „gemeinnütziger Anordnungen" nicht gut für andere Rechtsgebiete zu bestreiten. Wie aber ließ sich Preußens neuerliche Haltung erklären? Sie muß wohl auf dem Hintergrund der außerhalb der Bundesversammlung diskutierten Bundesreformpläne gesehen werden, wodurch ein verstärktes Mißtrauen gegen Österreich bewirkt wurde. Die Bundesverfassung verschaffte der Präsidialmacht eine bevorzugte überragende Stellung unter den deutschen Staaten, und so konnte Österreich in aller Regel der Unterstützung durch eine Majorität in der Bundesversammlung, insbesondere durch die mittelstaatlichen Königreiche, sicher sein. Nur während des Krimkrieges konnte Preußen für kurze Zeit die Führung der anderen deutschen Staaten Österreich streitig machen. Preußen rang vergeblich seit dem Jahre 1850 um die Gleichstellung mit Österreich. So wie die Dinge lagen, konnte eine Erweiterung der Kompetenzen der Bundesversammlung nur Österreichs Vormachtstellung stärken. Österreich wäre dadurch fester mit den andern deutschen Staaten verbunden worden, während Preußen ein gleiches Ziel verfolgte und tatsächlich durch den Zollverein, dem nur wenige Staaten in Norddeutschland nicht angehörten, eine Führung in Fragen des Handels und Verkehrs errungen hatte. Eine engere Bindung durch gemeinsames Recht mit den andern deutschen Staaten mußte wohl schließlich einen Eintritt Österreichs in den Zollverein nach sich ziehen, was Preußen bisher verhindern konnte. Dann würde Preußen auch für den Zollverein nicht mehr die absolute Vormachtstellung behaupten können. Ohne vorhergehende Regelung eines friedlichen Dualismus im Deutschen Bunde war Preußen nicht mehr bereit, eine Ausweitung der Bundeskompetenzen gutzuheißen; daher seine Verwahrung gegen den Bundesbeschluß vom 6. Februar 1862.

Die Kommission zur Ausarbeitung einer gemeinsamen deutschen Civilprozeßordnung trat in Hannover am 15. September 1862 zusammen (§ 289, S. 507), die Kommission zur Ausarbeitung eines Gesetzentwurfes über ein allgemeines deutsches Obligationsrecht am 7. Januar 1863 in Dresden (§ 16, S. 25).

Der Schlußbericht der in Hannover tagenden Kommission mit Datum von 28. März 1866 wurde der Bundesversammlung vom Präsidium am 9. April d.J. (§ 89, S.99) vorgelegt. Darin wurde die Beendigung der „Beratungen des Entwurfes einer allgemeinen Civilproceßordnung" mitgeteilt. Der Ausschuß für Errichtung eines Bundesgerichtes, dem der Bericht zugewiesen wurde, erstattete darüber am 21. April seinen Vortrag. Daraufhin wurde die Veröffentlichung des „Entwurfes einer allgemeinen Civilproceßordnung, nebst den hierzu gehörigen Beratungsprotokollen" beschlossen (§ 103, S.113 f.). Danach erstattete der Ausschuß für Errichtung eines Bundesgerichtes nochmals Vortrag am 21. Juni, und die Bundesversammlung beschloß:

„1. den von der Commission zu Hannover ausgearbeiteten Entwurf einer allgemeinen Civilproceßordnung für die deutschen Bundesstaaten zur Kenntnis der höchsten und hohen Bundesregierungen zu bringen und dieselben zu ersuchen, sich darüber äußern zu wollen, ob und unter welchen Voraussetzungen sie geneigt seien, diesen Entwurf in ihren Landen auf gesetzlichem Wege zur Einführung zu bringen;

2. ...

3. ..." (§ 188, S.243 f.)

Es handelte sich wie bei dem Handelsgesetzbuch auch bei dem „Entwurf einer allgemeinen Civilproceßordnung" um ein umfangreiches Gesetzgebungswerk. Es ist im Protokoll auf den Seiten 247 bis 362 abgedruckt.

Über den Schlußbericht der in Dresden tagenden Kommission verzeichnet das Protokoll der Bundestagssitzung vom 11. Juni 1866 (§ 163, S.201), der Vorsitzende der Kommission habe mit Schreiben vom 7. Juni mitgeteilt, daß die

„in Dresden zur Ausarbeitung eines Gesetzes über Obligationenrecht niedergesetzte Bundescommission" den entsprechenden „Gesetzentwurf nunmehr auch in zweiter und letzter Lesung definitiv ausgearbeitet" habe.

Das Protokoll schließt:
„Dieser Bericht samt Anlage wurde dem Ausschusse für Errichtung eines Bundesgerichtes zugewiesen."

Da der Zusammenbruch des Bundes unmittelbar bevorstand, konnte es zu einem Bericht des Ausschusses schwerlich noch kommen.

Am 23. Februar 1860 stellten Bayern und sieben andere Staaten, darunter die Königreiche Sachsen und Württemberg, einen Antrag auf „Einführung gleichen Maßes und Gewichtes in den deutschen Bundesstaaten" (§ 72, S. 113 f.). „Mit Begutachtung der zu diesem Zwecke zu treffenden Einleitungen" sollte nach dem Antrag zunächst ein Ausschuß beauftragt werden. Der Antrag der acht Staaten wurde dem handelspolitischen Ausschuß zugewiesen. Dieser berichtete am 8. Juni 1860 (§ 158, S. 292 ff.). Seine Mehrheit beantragte:

„Hohe Bundesversammlung wolle beschließen:
1. am Sitze der Bundesversammlung eine Commission zu Ausarbeitung eines Gutachtens wegen Einführung gleichen Maßes und Gewichtes in allen Bundesstaaten und zu Eröffnung von Vorschlägen über die am zweckmäßigsten zu wählenden Systeme, so wie die zu Einführung derselben erforderlichen Maßregeln niederzusetzen;
2. zu diesem Ende aber vorerst an die hohen Regierungen, welche geneigt wären, zu dieser Commissin auf ihre Kosten sachverständige Commissare abzuordnen, ... das Ansuchen zu stellen, hierüber in Zeit von 6 Wochen Mitteilung machen zu wollen."

Die Minderheit war „dagegen der Ansicht, daß zunächst auch diejenigen Regierungen, welche nicht den Antrag gestellt haben, ... aufzufordern seien ihre Ansicht über die Bedürfnisfrage ... auszusprechen".

Über den Antrag der Ausschußmehrheit wurde am 28. Juni 1860 abgestimmt (§ 172, S. 313–320). Preußen begründete ausführlich, aber – wie uns scheint – wenig überzeugend seine von der Mehrheit abweichende Meinung. Bezüglich des Gewichtes bestünden von der Sache her wohl keine Schwierigkeiten, anders könne es für das Maßsystem sein. Die Erklärung schließt:

„Im Hinblick auf diese Erwägungen kann die Königliche Regierung nur dafür stimmen, daß die hohen Bundesregierungen ersucht werden, sich über das Bedürfnis der Einführung eines gleichen Maßes in allen Bundesstaaten zu äußern und, so weit sie solches für angemessen halten, bestimmte Vorschläge über die Ausführung als Grundlage für die weiteren Verhandlungen mitzuteilen.
Im Falle dieser Weg gewählt wird, ist die Königliche Regierung gern bereit, die zur Erörterung der Bedürfnisfrage erforderlichen Einleitungen zu veranlassen und das Resultat der hohen Bundesversammlung vorzulegen."

Die Bundesversammlung beschloß mit Mehrheit gemäß der Majorität des Ausschusses. Preußen entsandte keinen Fachmann für die beschlossene Kommission und begründete dies in der Bundestagssitzung vom 27. Oktober (§ 220, S. 574 f.). Wenigstens der Schlußsatz der neuerlichen Erklärung der preußischen Regierung lautete positiv: „Sie wird aber auch ferner dem vorliegenden Gegenstande ihr lebhaftes Interesse widmen und nicht unterlassen, das aus Beratungen der Fachmännercommission etwa hervorgehende Material der sorgfältigsten Prüfung zu unterziehen."

Die Kommission der Fachmänner begann ihre Tätigkeit am 12. Januar 1861. Sie war in der Lage, ihr Gutachten bis zum 30. April zu erstellen. Es wurde von der Bundesversammlung am 8. Mai dem handelspolitischen Ausschuß zur Berichterstattung zugewiesen (§ 129, S. 189 f.). Diese erfolgte am 27. Juni 1861 (§ 183, S. 461–465; Gutachten als Beilage S. 479–570). Das Kommissionsgutachten empfahl als Einheit für das Längenmaß das Meter. Für das Gewicht würde sich folgerichtig am besten das Kilogramm eignen. Da aber „die große Mehrzahl der deutschen Staaten sich über ein gleiches Handelsgewicht geeinigt" hatten, „nämlich ... das früher sogenannte Zollpfund – Pfund von 500 Gramm oder $1/2$ Kilogramm –" (S. 512), empfahl die Kommission das Pfund als Gewichteinheit. In beiden Fällen wurde das Dezimalsystem zur Unterteilung vorgeschlagen. Die Flächen- und Raummaße wurden entsprechend dem Meter als Längenmaß festgesetzt. Der berichtende Ausschuß empfahl:

„Hohe Bundesversammlung wolle
1. das von der hierzu berufenen Commission ausgearbeitete Gutachten über Einführung gleichen Maßes und Gewichtes in den deutschen Bundesstaaten zur Kenntnis der höchsten und hohen Bundesregierungen bringen;
2. die höchsten und hohen Bundesregierungen ersuchen, sich darüber erklären zu wollen, ob sie gemeint seien, das darin empfohlene System in ihren Staaten einzuführen, ...
3. den Mitgliedern der hier versammelt gewesenen Commission die volle und dankbare Anerkennung der Sachkenntnis, des regen Eifers und der aufopfernden Tätigkeit aussprechen, mit denen sie ein so gediegenes und zweckentsprechendes Werk in verhältnismäßig kurzer Zeit zu Stande gebracht haben."

Diesen Anträgen erteilte die Bundesversammlung am 18. Juli (§ 212, S. 594 f.) ihre Zustimmung; auch Preußen schloß sich davon nicht aus. Nachdem fast alle Regierungen ihre Bereitschaft bekundet hatten, das vorgeschlagene Maß- und Gewichtssystem in vollem Umfang oder mit Einschränkungen einzuführen, gab Österreich am 16. Juli 1863 folgende Erklärung ab (§ 173, S. 359):

„Die Kaiserliche Regierung ist geneigt, die von der Bundescommission wegen Einführung gleichen Maßes und Gewichtes in den deutschen Bundesstaaten gemachten Vorschläge dem Principe nach ... anzunehmen und auf erwähnter Grundlage eine Gesetzesvorlage bei dem Reichsrate zur verfassungsmäßigen Behandlung einzubringen.

Was die Abfassung des Gesetzentwurfes selbst betrifft, so erscheint es der Kaiserlichen Regierung als das Zweckmäßigste, hierbei dieselbe Modalität zu beobachten, welche bei Ausarbeitung des allgemeinen deutschen Handelsgesetzbuches eingehalten worden ist, und sonach eine von den Bundesregierungen zu beschickende Commission von Fachmännern mit der Vorlage eines bezüglichen Entwurfes zu betrauen."

Diese Erklärung wurde auf Vorschlag des Präsidiums an den handelspolitischen Ausschuß überwiesen. Auf dessen Vortrag am 6. April 1865 (§ 72, S. 88 ff.) wurde am 27. April d.J. der nochmalige Zusammentritt einer Kommission von Fachmännern entsprechend der österreichischen Erklärung beschlossen (§ 80, S. 192). Der Auftrag der neuen Kommission lautete:

„auf Grundlage des bereits vorliegenden, im Princip nahezu von sämtlichen hohen Bundesregierungen gebilligten Sachverständigen-Gutachtens, alle diejenigen Punkte des Systems und der Ausführung, deren unbedingte Übereinstimmung in allen Staaten festzuhalten sein würde, definitiv zu formulieren und in einer zur Publication geeigneten Weise zu redigieren".

Auf Wunsch von Preußen, welches sich an der neuen Kommission beteiligen wollte, blieb der Zeitpunkt des Zusammentritts zunächst noch offen, so daß erst am 22. Juni 1865 der Beschluß erfolgte (§ 109, S. 300 f.):

„1. die in Folge des Bundesbeschlusses vom 27. April d.J. niedergesetzte Commission von Sachverständigen hat sich am 20. Juli d.J.

am Sitze der Bundesversammlung zu vereinigen und ihre Arbeiten zu beginnen;

2. diejenigen hohen Regierungen, welche auf ihre Kosten Bevollmächtigte zu dieser Commission abzuordnen beabsichtigen, werden ersucht, bis zu dem gedachten Zeitpunkte über die getroffene Wahl eine Mitteilung zu machen."

Schon in der Sitzung vom 7. Dezember 1865 lag der Bundesversammlung der Bericht des Vorsitzenden der Kommission vom gleichen Tage vor. Er lautete:

„Die in Folge der hohen Bundesbeschlüsse vom 27. April und 22. Juni d.J. wegen der Einführung gleichen Maßes und Gewichtes in allen deutschen Bundesstaaten nochmals hierher einberufene Commission von Fachmännern erachtete die ihr gestellte Aufgabe durch die Formulierung einer deutschen Maß- und Gewichtordnung lösen zu sollen, deren von sämtlichen Commissionsmitgliedern übereinstimmend gutgeheißene und durch ihre Unterschriften bekräftigte Redaction der ehrerbietigst Unterzeichnete im Namen und Auftrage der Commission unter Beifügung der gedruckten Sitzungsprotokolle im Anschlusse überreicht." (§ 208, S. 483)

Der Bericht wurde dem handelspolitischen Ausschusse zugewiesen. Dieser erstattete seinen Vortrag dazu am 8. Februar 1866 (§ 37, S. 30 ff.). Auf Grund seines Antrags wurde von der Bundesversammlung am 22. Februar (§ 55, S. 54) einhellig beschlossen:

„1. den von der Commission ausgearbeiteten ... Entwurf einer deutschen Maß- und Gewichtordnung nebst Beilage zur Kenntnis der höchsten und hohen Regierungen mit dem Ersuchen zu bringen, sich baldtunlichst darüber äußern zu wollen, ob sie geneigt seien, die Bestimmungen dieses Entwurfes ins Leben treten zu lassen, und

2. den Mitgliedern der Commission für ihre ersprießliche Tätigkeit die dankbare Anerkennung auszusprechen."

Der „Entwurf einer deutschen Maß- und Gewichtordnung" nebst Beilage ist auf den Seiten 35 bis 39 abgedruckt. Viele Staaten, darunter Österreich, gaben noch im ersten Halbjahr 1866 eine grundsätzlich zustimmende Erklärung ab.

Bayern und acht weitere Staaten, darunter die Königreiche Sachsen und Württemberg, brachten am 26. Juli 1860 (§ 197, S. 354) einen Antrag zur Patentgesetzgebung vor die Bundesversammlung. Sie verwiesen dabei auf frühere Verhandlungen bei den Dresdner Ministerialconferenzen und einen Entwurf aus dem Jahre 1852. Der handelspolitische Ausschuß berichtete zu dem neuerlichen Antrag am 1. August 1861 (§ 229, S. 629–636). Die Majorität des Ausschusses beantragte: „die hohe Bundesversammlung wolle beschließen:

1. am Sitze der Bundesversammlung eine Commission von Fachmännern zur Ausarbeitung gutachtlicher Vorschläge für eine den sämtlichen Bundesstaaten gemeinsame Regelung der zum Schutze für Erfindungen aufzustellenden Vorschriften zusammentreten zu lassen;

2. zu dem Ende aber vorerst an die hohen Regierungen, welche geneigt wären, zu dieser Commission auf eigene Kosten sachverständige Commissäre abzuordnen, ... das Ersuchen zu richten, hierüber innerhalb einer Frist von sechs Wochen Anzeige zu machen."

Der preußische Gesandte, der dem Ausschuß angehörte, fügte dessen Vortrag eine Äußerung hinzu, in der er Schwierigkeiten für die beabsichtigte Patentregelung geltend machte und „einen Aufschub weiterer Discussion ... für angezeigt" hielt. Dabei wies er darauf hin, daß seine Regierung „gegenwärtig mit der Aufstellung eines vollständigen Entwurfes für eine entsprechende Vereinbarung der deutschen Regierungen über die Patentgesetzgebung beschäftigt und daß dessen Vollendung in kurzer Frist zu gewärtigen" sei (S. 635).

Die Abstimmung über die Ausschußanträge fand am 5. Dezember statt (§ 309, S. 761 ff.). Preußen widersprach ihnen. Der Gesandte hatte dabei „auf die Bedenken hinzuweisen, welche in dem Vortrage des Ausschusses für Errichtung eines Bundesgerichtes vom 12. August d. J. über die Art der Herbeiführung einer gemeinsamen Civil- und Criminalgesetzgebung von der Minorität niedergelegt worden sind. Das innere preußische Staatsrecht legt der Königlichen Regierung die Notwendigkeit auf, den zur legislatorischen Tätigkeit verfassungsmäßig berufenen Factoren durch Teilnahme an Beschlüssen des Bundestags über Materien der Gesetzgebung nicht vorzugreifen. Auch ist nicht zu übersehen, daß der hohen Bundesversammlung durch die Grundgesetze des Bundes eine Mitwirkung für Acte der Landesgesetzgebung nicht zugewiesen worden ist."

Die Mehrheit entschied für Annahme der Ausschußanträge. Durch Beschluß vom 24. Juli 1862 wurde von der Bundesversammlung der 24. November d. J. als Tag des Zusammentritts der Kommission für die Patentgesetzgebung festgesetzt (§ 253, S. 433). Das Ergebnis ihrer Arbeit lag der Bundesversammlung in ihrer Sitzung vom 11. Juni 1863 vor (§ 131, S. 213 f.). Der handelspolitische Ausschuß hielt darüber Vortrag am 8. Oktober d. J. (§ 237, S. 452–487 nebst zwei Beilagen für die Vereinbarungsentwürfe A und B, S. 489–499). Der Beschluß der Bundesversammlung lautete, das Gutachten der Kommission nebst den beiden Vereinbarungsentwürfen den Regierungen mit der Bitte um Äußerung dazu zur Kenntnis zu bringen.

Am 21. März 1866 (§ 85, S. 92 ff.) berichtete der handelspolitische Ausschuß der Bundesversammlung über die bisher vorliegenden Äußerungen. Nur fünf Staaten, nämlich Österreich, Bayern, Hannover, Württemberg und Frankfurt, hatten sich „zustimmend" erklärt. „In der Hauptsache oder zur Zeit ablehnend" hatten sich fünfzehn Staaten geäußert, darunter Preußen. Die Regierungen, die noch nicht geantwortet hatten, wurden durch Bundesbeschluß zu „baldiger Abgabe der noch rückständigen Erklärungen" aufgefordert. In den wenigen Monaten, die der Bundesversammlung für ihre Tätigkeit noch verblieben, war aber unmöglich ein positives Resultat zu erwarten.

Ein weiterer Gegenstand der Gesetzgebung, mit dem sich die Bundesversammlung zu befassen hatte, war die „Herbeiführung eines allgemeinen deutschen Gesetzes gegen den Nachdruck". Einen diesbezüglichen Antrag stellte das Königreich Sachsen in der Bundestagssitzung vom 23. Januar 1862 (§ 29, S. 31 f.). „Die Bundesbeschlüsse vom 9. November 1837 und 19. Juni 1845" hätten „zwar den Grundsatz des gesetzlichen Schutzes von Werken der Literatur und Kunst gegen widerrechtliche Nachbildung festgestellt, auch die Dauer dieses Schutzes bestimmt, dagegen aber in allen übrigen Beziehungen der Specialgesetzgebung über den Nachdruck ganz oder fast ganz freie Hand gelassen". Sachsen hielt „eine derartige Abweichungen ausschließende, speciellere Regelung der Nachdrucksfrage durch ein allgemeines deutsches Gesetz gegen den Nachdruck" für „dringend wünschenswert". Es beantragte deshalb, zur „Beratung eines solchen Gesetzes eine Commission ... aus Sachverständigen zu bilden". Bayern und Württemberg erklärten hierzu sofort ihr Einverständnis. Auf Antrag des Präsidiums wurde beschlossen, zunächst einen besonderen

Bundestagsausschuß zu wählen, der sich mit dem Gegenstand befassen sollte. Als eine Woche darauf, am 30. Januar (§ 50, S. 53 f.), zur Wahl geschritten werden sollte, erklärte der Gesandte Preußens vorher, daß seine „Regierung sich an den Verhandlungen in Betreff des ... eingebrachten Antrages ... nicht beteiligen wird und daß er deshalb angewiesen worden ist, weder an der Wahl des beabsichtigten Ausschusses noch eventuell an dem Ausschusse selbst Teil zu nehmen". Preußen behauptete, daß der Bund durch die in Kraft befindlichen Beschlüsse auf eine weitergehende bundesgesetzliche Regelung verzichtet und nähere Bestimmungen den Landesregierungen überlassen habe.

Der Bundestagsausschuß wurde gewählt. Er empfahl am 24. Juli 1862 (§ 251, S. 419–429) die Einsetzung einer Sachverständigenkommission gemäß dem sächsischen Antrag, worüber auf Vorschlag des Präsidiums in sechs Wochen in der Bundesversammlung abgestimmt werden sollte. Tatsächlich fand die Abstimmung der Bundestagsferien wegen erst am 16. Oktober statt (§ 304, S. 515 ff.), und nun vergingen noch viele Monate, bis am 16. Juli 1863 (§ 180, S. 365 ff.) der Zusammentritt der Sachverständigenkommission in Frankfurt am 26. Oktober d. J. beschlossen wurde.

Die Kommission arbeitete zügig, so daß das Präsidium der Bundesversammlung am 9. Juni 1864 (§ 163, S. 216) mitteilen konnte, daß ihm der von der Kommission ausgearbeitete Gesetzentwurf nebst Protokollen zugegangen sei. Die Angelegenheit wurde dem dafür bestehenden Bundestagsausschuß zur Berichterstattung zugewiesen. In dessen Vortrag vom 1. September 1864 (§ 238, S. 453 ff.) heißt es u. a.: „Er glaubt ..., der Bundesversammlung empfehlen zu sollen, die materielle Prüfung des Gesetzentwurfes sofort den höchsten und hohen Regierungen anheimstellen zu wollen, um nach dem Ergebnisse der zu erwartenden Erklärungen das Weitere zu allseitiger Verständigung vorzukehren" (S. 454). Demgemäß wurde von der Bundesversammlung am 6. Oktober beschlossen (§ 253, S. 520 f.). Der Gesetzentwurf ist auf den Seiten 491 bis 501 und der Bericht der Sachverständigenkommission dazu auf den Seiten 502 bis 509 der Protokolle abgedruckt.

Über den Stand der Angelegenheit berichtete der zuständige Bundestagsausschuß am 15. Februar 1866 (§ 47, S. 44–50). Danach hatten sich fünfzehn Regierungen geäußert; hinzu kamen noch die in derselben Sitzung abgegebenen Erklärungen von Weimar und Frankfurt. Das Königreich Sachsen erachtete mehrere Änderungen für erforderlich, sprach sich aber wie die anderen Äußerungen im Prinzip zustimmend aus. Den erwähnten siebzehn Stimmen standen als ablehnend gegenüber Preußen, Anhalt und die Niederlande für Luxemburg und Limburg. Dreizehn Staaten hatten sich noch nicht geäußert. Es leuchtet ein, daß unter den obwaltenden Umständen ein von der Bundesversammlung empfohlener „Entwurf eines Gesetzes zum Schutze der Urheberrechte an literarischen Erzeugnissen und Werken der Kunst" bis zum Sommer 1866 nicht zustande kommen konnte.

Einen Antrag, der bei Annahme den Keim zu einer Änderung der Bundesverfassung in sich trüge, stellten in der Bundesversammlung am 14. August 1862 (§ 273, S. 479 ff.) gemeinsam Österreich, die vier mittelstaatlichen Königreiche, beide Hessen und Nassau. Aus deren einleitender Erklärung zitieren wir:

„Damit ... das materielle Prüfungsrecht der deutschen Ständeversammlungen mit dem Wunsche nach einheitlicher Gestaltung der Gesetzgebung in zweckmäßiger Weise vermittelt würde, müßte eine Einrichtung getroffen werden, durch welche den einzelnen Ständekammern schon am Bunde selbst eine Gelegenheit zur Einwirkung auf das Zustandekommen der fraglichen Gesetze dargeboten würde. Nach dem Erachten der antragstellenden Regierungen könnte diese Einrichtung darin bestehen, daß die im Auftrage des Bundes ausgearbeiteten Gesetzentwürfe einer von den Einzellandtagen zu wählenden Versammlung von Delegierten zur Beratung vorgelegt würden. Von der Bundesversammlung, in Übereinstimmung mit den Beschlüssen dieser Gesamtvertretung festgestellt, wären dann diese Entwürfe von den Regierungen behufs der Einholung der verfassungsmäßigen Zustimmung empfehlend an die Ständeversammlungen in den einzelnen Staaten zu leiten. Das innere Verfassungsrecht dieser Staaten bliebe sonach in uneingeschränkter Geltung und Wirksamkeit, aber zwischen der deutschen Bundesverfassung und den Verfassungen der Einzelstaaten würde ein lebendiger Zusammenhang hergestellt, und sachlich würde stets eine starke Bürgschaft dafür vorhanden sein, daß einer Vorlage, welche am Bunde gleichsam mit den Gesetzgebungsausschüssen der einzelnen Kammern beraten und festgestellt worden wäre, auch die verfassungsmäßige Zustimmung dieser Kammern selbst nicht fehlen würde."

Die acht beteiligten Regierungen stellten demgemäß den Antrag: „Hohe Bundesversammlung wolle sich durch einen Ausschuß die näheren Vorschläge über die Art der Zusammensetzung und Einberufung einer aus den einzelnen deutschen Ständekammern durch Delegation hervorgehenden Versammlung erstatten lassen, welcher demnächst die laut Bundesbeschlusses vom 6. Februar d.J. auszuarbeitenden Gesetzentwürfe über Civilproceß und über Obligationenrecht zur Beratung vorzulegen sein werden."

Unmittelbar anschließend folgte die Schlußbemerkung: „Sowie übrigens die Regierungen, welche sich zu diesem Antrage vereinigt haben, zugleich in der Ansicht und dem Wunsche übereinstimmen, daß der Vorschlag, gemeinsame deutsche Gesetze durch Delegierte der Einzellandtage am Bunde beraten zu lassen, nicht etwa bloß als Auskunftsmittel für einen einzelnen Fall, sondern auch dauernd in die Organisation des Deutschen Bundes übergehe, so haben die genannten Regierungen andererseits sich gegenwärtig halten müssen, daß die organische Einfügung eines repräsentativen Elementes in die deutsche Bundesverfassung mit Notwendigkeit zugleich eine entsprechend veränderte Gestaltung der Executive des Bundes bedinge. Die hohen antragstellenden Höfe behalten sich in der einen wie in der anderen Beziehung ihre weiteren Anträge vor."

Die darauf sofort abgegebene Antwort Preußens lautete einleitend: „Die Königliche Regierung hat ihre Ansicht über das Verhältnis der Bundesgesetze zu der Frage über gemeinnützige Anordnungen für die deutschen Bundesstaaten wiederholt kundgegeben. Diese Ansicht geht dahin, daß die hohe Bundesversammlung die sogenannte „vorläufige Frage" über sachlich eingehende Behandlung nur mit Stimmen einhelligkeit zu entscheiden im Stande ist. Der soeben gestellte Antrag auf Abordnung einer Versammlung von Delegierten der deutschen Ständeversammlungen hat hingegen die Berechtigung zu einer Entscheidung hierüber durch eine Stimmen mehrheit zur Voraussetzung. Die Königliche Regierung muß deshalb zunächst die Verwahrung, welche sie in der Sitzung vom 6. Februar d.J. gegen die Einsetzung einer Bundescommission für eine gemeinsame Civilproceßordnung abgegeben hat, nunmehr auch auf eine Erweiterung derselben durch zugezogene Delegierte ausdehnen."

Der Antrag der acht Staaten wurde dem Ausschuß für Errichtung eines Bundesgerichts zugewiesen. Dieser hielt darüber Vortrag in der Bundestagssitzung vom 18. Dezember 1862 (§ 371, S. 591–616). Der Umfang, den der Vortrag im Protokoll einnimmt, war durch die Schwierigkeiten bedingt, die die durch den vorliegenden Antrag aufgeworfenen Fragen in sich bargen; allein die Begründung des ablehnenden preußischen Votums erforderte schon fünf Seiten (S. 600–605). Außer dem preußischen vermochte sich auch der badische Gesandte dem Gutachten der Majorität des Ausschusses nicht anzuschließen; sie gaben jeder ein Separatvotum ab. Der preußische Gesandte beharrte darauf, „daß der Bund sich erst mit Stimmeneinhelligkeit schlüssig gemacht haben müsse, ehe er eine solche Initiative seinerseits ergreifen könne" (S. 600).

Mit anderer Argumentation, bei der im Vordergrund stand, ob nicht die vorgeschlagene Delegiertenversammlung als organische Einrichtung aufgefaßt werden müsse (die sie u. E. wäre), gelangte auch der badische Gesandte ebenso wie der preußische zu einer Ablehnung des Antrags der Majorität, welcher lautete:

„Hohe Bundesversammlung wolle beschließen:
1. es sei zweckmäßig und rätlich, eine aus den einzelnen deutschen Landesvertretungen durch Delegation hervorgehende Versammlung einzuberufen, welcher demnächst die laut Bundesbeschlusses vom 6. Februar d. J. auszuarbeitenden Gesetzentwürfe über Civilproceß und Obligationenrecht zur Beratung vorzulegen seien, und
2. es sei deshalb der Ausschuß für Errichtung eines Bundesgerichtes zu beauftragen, daß er sofort nähere Vorschläge über die Art der Zusammensetzung und Einberufung einer solchen Versammlung erstatte." (S. 600)

Über diesen Antrag wurde am 22. Januar 1863 abgestimmt (§ 31, S. 72–93). Das Ergebnis war eine Ablehnung durch Mehrheitsentscheidung. Als kennzeichnend für die Abstimmungen und für die Sache, um die es ging, kann die Erklärung von Kurhessen gelten:
„Die Kurfürstliche Regierung ist bei Stellung des Antrages vom 14. August v. J. von der Voraussetzung ausgegangen, daß die Einführung von Delegiertenversammlungen als Bundessache nicht bloß in Folge einer Vereinbarung unter einzelnen Regierungen stattfinden solle; da jedoch schon jetzt als feststehend anzunehmen ist, daß eine solche Einführung der fraglichen Versammlungen, wozu unzweifel-

haft Stimmeneinhelligkeit erforderlich ist, nicht eintreten kann, hiernach aber ein weiteres Vorschreiten in dieser Sache den angestrebten Erfolg nicht nur nicht zu erreichen vermag, sondern sogar besondere politische Nachteile herbeizuführen droht, so hält die Kurfürstliche Regierung, wie sie glaubt in wahrhaft föderativer Gesinnung, eine weitere Verfolgung dieser Angelegenheit für nicht rätlich und vermag deshalb den gestellten Majoritätsanträgen des Ausschusses ihre Zustimmung nicht zu erteilen." (S. 85)

Das Abstimmungsergebnis bedeutete eine Niederlage Österreichs und einen klaren Sieg Preußens, das sich nicht zu einem Schritt zur Einleitung einer ihm unbequemen Bundesreform zwingen lassen wollte. Preußens Befürchtung ging dahin, daß Österreich versuchen möchte, durch Mehrheitsentscheidungen eine Lage herbeizuführen, die eine Bundesexecution gegen Preußen wegen Nichtbefolgung eines Bundesbeschlusses ermöglichen würde. Wenn Österreich ernstlich eine Bundesreform anstrebte, so war dafür von der Sache her als erster Schritt eine Verständigung mit Preußen über das anzustrebende Ziel erforderlich.

Wir beschließen unsere Darstellung über das Mißlingen zur Einleitung einer Bundesreform durch den Antrag der acht Staaten, indem wir aus der preußischen Abstimmung am 22. Januar 1863 noch zitieren: „Innerhalb der bestehenden Bundesverträge und nach der bisherigen Praxis würde aber einer solchen, der Bundesversammlung beizugebenden Volksvertretung eine praktische Tätigkeit nur auf dem Gebiete der Matrikularleistungen an Truppen und Geldbeiträgen zufallen. Um ihr einen befriedigenden Wirkungskreis und zugleich eine erhöhte Bedeutung für die Einigkeit und Festigkeit des Bundes zu gewähren, würde dem zentralen Organismus, durch Abänderung und Erneuerung der Bundesverträge, die dem jetzigen Bundestage fehlende, gesetzgebende Gewalt für das Bundesgebiet beigelegt und deren Umfang in einer der Tätigkeit eines deutschen Parlamentes würdigen Ausdehnung bemessen werden müssen. Wenn eine solche nach der Volkszahl bemessene Nationalvertretung mit Rechten ausgestattet würde, welche sie befähigten, der die Bundesregierungen vertretenden Centralbehörde als Gleichgewicht an die Seite zu treten, so würde die Königliche Regierung einer so gestalteten Bundesgewalt ausgedehntere Befugnisse einräumen können, ohne die Interessen Preußens zu gefährden."

6. *Der Krieg in Italien 1859*

In Italien war die Idee der nationalen Einigung im vorigen Jahrhundert gleich stark lebendig wie in Deutschland. Als besonders schmerzlich wurde der Einfluß des Hauses Habsburg in Ober- und Mittelitalien empfunden, vor allem die Zugehörigkeit des Lombardo-venetianischen Königreichs zum Kaisertum Österreich. Das benachbarte Königreich Sardinien mit der Hauptstadt Turin trachtete schon im Jahre 1858 ernstlich danach, Österreich seinen italienischen Besitz zu entreißen und sich anzugliedern. Seinem Minister Cavour gelang es, den französischen Kaiser Napoleon III. für seine Pläne zu gewinnen. Zwischen Frankreich und dem Königreich Sardinien kam es zu einer Defensiv-Allianz für den Fall eines österreichischen Angriffs. Diesen wollte man im Laufe des Jahres 1859 provozieren, um durch einen gemeinsamen Krieg gegen Österreich das gesteckte Ziel zu erreichen. Als Belohnung erwartete Napoleon für Frankreich die Abtretung des Herzogtums Savoyen, dessen Haus der König von Sardinien entstammte, und der Stadt Nizza, deren Bevölkerung, in Savoyen schon durch die Sprache, Frankreich zuneigten.

In Preußen waren durch die schwere Erkrankung von Friedrich-Wilhelm IV. tiefgreifende personelle Veränderungen eingetreten. Die Regierungsgeschäfte übte seit dem Jahre 1857, zunächst als Stellvertreter, später als Prinzregent, der Bruder des Königs aus, der diesem demnächst als Wilhelm I. auf dem Thron folgen sollte. Im November 1858 verlor Manteuffel seine Stellung als Ministerpräsident; er hatte Bismarck weitgehend freie Hand in der Ausübung seiner Frankfurter Tätigkeit gelassen, indem er zumeist dessen Vorschläge für Preußens Haltung in der Bundesversammlung guthieß. Bismarck besaß zu der Zeit noch nicht das volle Vertrauen des Prinzregenten, und seine Feinde, deren er sich viele erworben hatte, waren darauf bedacht, daß er seinen Posten als Bundestagsgesandter verlöre. Dies geschah im Februar 1859, als der Krieg Österreichs in Italien bereits greifbar nahe bevorstand. Diesen hätte Bismarck in härtester Weise zugunsten einer Stärkung Preußens im Bunde, wenn nicht bereits zu dessen Sprengung benutzen wollen. In der Abberufung Bismarcks aus Frankfurt bestätigte Preußen Österreich gegenüber seinen Willen, mit ihm zu einem besseren Einvernehmen zu gelangen.

In der Bundestagssitzung vom 24. Februar 1859 teilte Bismarck mit, „daß Seine Königliche Hoheit der Prinz-Regent geruht haben, ihn, unter Beauftragung mit einstweiliger Fortführung der Geschäfte, aus seiner hiesigen Stellung zu einer anderen Bestimmung abzuberufen und den wirklichen Geheimen Rat von Usedom zum Königlichen Bundestags-Gesandten zu ernennen" (§ 49, S. 89). In der Tat oblag diesem schon in der folgenden Sitzung am 3. März die Vertretung Preußens.

In den Protokollen der Bundesversammlung ist von der Spannung zwischen Frankreich und Sardinien einerseits und Österreich andererseits, die den baldigen Kriegsausbruch befürchten ließ, unter dem 23. April 1859 (§ 139, S. 263 f.) die Rede. In einer Erklärung Preußens an diesem Tage wird gesagt:

„Seit dem Beginne der italienischen Krisis hat Preußen, geleitet von dem hohen Interesse, Europa den Frieden zu bewahren, im Vereine mit den Cabinetten von London und St. Petersburg seine eifrigen Bemühungen dahin gerichtet, die zwischen den Regierungen von Sardinien und Frankreich auf der einen, und von Österreich auf der anderen Seite eingetretene Spannung im Wege freundschaftlicher Vermittlung zu einem friedlichen Austrage zu leiten.

Als entsprechendstes Mittel für diesen Zweck erschien es, daß die Angelegenheit zum Gegenstande gemeinsamer Beratung eines Europäischen Congresses gemacht werde. Leider sind jedoch alle Anstrengungen in dieser Richtung bisher erfolglos geblieben.

Der Beruf, Europa die Segnungen des Friedens zu erhalten, ist ein zu wichtiger, als daß Preußen seine Bestrebungen dafür einstellen und seine Hoffnungen auf Erreichung des Zieles aufgeben könnte. Dennoch darf die Königliche Regierung ihren deutschen Bundesgenossen ihre Überzeugung nicht verhehlen, daß nach dem gegenwärtigen Stande der Verwicklung die Ruhe Europas ernstlich bedroht erscheint. Die Lage des Bundes inmitten allgemeiner Rüstungen von ausgedehntem Maßstabe ist der Königlichen Regierung längst Gegenstand reiflicher Erwägung gewesen, und wenn sie zu einzelnen vorsorglichen Vorkehrungen, die sich auf Instandsetzung der Verteidigungsmittel bezogen, schon bisher gern ihre Mitwirkung gewährt, so hält sie es nunmehr für an der Zeit, zu allgemeinen Maßnahmen den Anstoß zu geben, welche bezwecken, im Hinblick auf die Armierungen in den Nachbarstaaten auch im Deutschen Bunde den entsprechenden Verteidigungszustand herzustellen.

Lediglich zu diesem Zwecke und von dem Bestreben geleitet, im Interesse der Würde und der Sicherheit des Bundes rechtzeitig mitzuwir-

ken, hat des Prinz-Regenten Königliche Hoheit bereits die Kriegsbereitschaft von drei Preußischen Armeecorps, welche das Bundescontingent zu bilden bestimmt sind, Allerhöchst zu befehlen geruht. ...
Bei diesem Vorgehen liegt Preußen übrigens, ..., jede aggressive Tendenz fern, indem es sich für die Lösung der schwebenden Europäischen Frage auch zum Besten des Bundes selbst seine Stellung als
vermittelnde Macht nach wie vor zu bewahren gedenkt.

Da nun nach der Ansicht der Königlichen Regierung für den gesamten Bund der Augenblick gekommen ist, um, treu dem defensiven
Charakter des Bundeszweckes, diejenigen Rüstungen anzuordnen,
welche ihn in den Stand setzen würden, der weiteren Entwicklung der
Ereignisse für alle Eventualitäten mit Ruhe entgegenzusehen, so hat
der Gesandte, ..., den Antrag zu stellen:
Hohe Bundesversammlung wolle beschließen, die Bundesregierungen
zu ersuchen, ihre Hauptcontingente in Marschbereitschaft zu setzen,
und gleichzeitig in den Bundesfestungen alle erforderlichen Vorbereitungen für die Armierung zu treffen."

Die Bundesversammlung beschloß dies sofort.

Nur wenig später, am 2. Mai (§ 154, S. 282 ff.), lag der Bundesversammlung eine Mitteilung Österreichs über die weitere Entwicklung
der italienischen Angelegenheit vor. Daraus zitieren wir:
„Dem Beschlusse, durch welchen die hohe Bundesversammlung, auf
Antrag des Königlich-Preußischen Hofes, am 23. v. M. die Marschbereitschaft des Hauptcontingentes des Bundesheeres und die Vorbereitungen zur Armierung der Bundesfestungen angeordnet hat, sind binnen wenigen Tagen entscheidende Ereignisse nachgefolgt.
Österreich hatte an die Königlich-Sardinische Regierung die Aufforderung gerichtet, ihre Armee auf den Friedensfuß zu setzen, und die
in Piemont gebildeten Freicorps zu entlassen. Mit diesem Schritte
hatte es die Erklärung verbunden, daß im Falle einer Weigerung Seine
Majestät der Kaiser mit tiefem Bedauern Sich genötigt sehen würde,
zur Anwendung der Gewalt der Waffen zu schreiten. Dieser Aufforderung hat der Turiner Hof nicht entsprochen, und die Kaiserlichen
Truppen haben daher den Befehl erhalten, in Piemont einzurücken.
Indem die Kaiserliche Regierung der Bundesversammlung hiervon
Anzeige erstattet, legt sie hohen Wert darauf, in der Mitte ihrer deutschen Bundesgenossen auszusprechen, daß sie, obwohl militärisch
zum Angriffe gegen Sardinien geschritten, nichts desto weniger sich

fortwährend als im Zustande gerechter Gegenwehr befindlich ansieht. Offenkundige Tatsachen geben ihr hierzu das Recht. Schon seit geraumer Zeit sieht sie ihre Stellung in Italien und selbst ihren dortigen Territorialbesitz den übermütigsten Anfeindungen ausgesetzt, ohne daß sie hierzu irgend eine Veranlassung gegeben hätte. ... Sardinien verweigerte ihr die Maßregel der Entwaffnung, die den Frieden erhalten sollte, und die von allen Mächten im Princip gebilligt und angenommen war. Genötigt, ihre Waffen gegen Piemont zu gebrauchen, fühlt unter solchen Umständen die Kaiserliche Regierung sich jeder Verantwortlichkeit für den Ausbruch des Krieges enthoben. Österreich ist die in ihren Rechten beharrlich angegriffene Macht, die erst nach Erschöpfung aller ehrenvollen Mittel des Friedens durch ihre Offensive derjenigen des Gegners zuvorkommt.

Ein Staat von dem Range Piemonts würde sich einer so herausfordernden Handlungsweise gegen Österreich enthalten haben, wenn er nicht in der Lage gewesen wäre, auf den Beistand eines mächtigeren Bundesgenossen zählen zu können. Frankreich, von Österreich in keiner Weise beleidigt, hat die ungerechte Sache Sardiniens zu der seinigen gemacht.

Der Französische Geschäftsträger in Wien, Marquis Banneville, hat dem Kaiserlichen Cabinete erklärt, daß Frankreich die Überschreitung des Ticino durch die Kaiserlich-Österreichischen Truppen als eine Kriegserklärung gegen sich betrachten würde. Frankreich, welches nicht gerüstet zu haben vorgab, hat letzteres Ereignis nicht einmal erwartet, um sofort handelnd aufzutreten. Noch während zu Wien der Antwort Piemonts auf Österreichs Aufforderung entgegengesehen wurde, überschritten Französische Truppen die Land- und Seegrenze Sardiniens. Das Einschreiten Frankreichs hat sonach augenscheinlich Piemont darin bestärkt, auf Österreichs Verlangen nicht einzugehen. Frankreich gegenüber befindet sich Österreich in jeder Hinsicht in der Stellung des angegriffenen Teiles."

Der Krieg war von kurzer Dauer. Nach der Niederlage bei Magenta am 4. Juni zogen sich die Österreicher aus der Lombardei zurück. Bei Solferino kam es am 24. Juni erneut zu einer Schlacht, die von beiden Seiten für damalige Zeit ungeheure Verluste forderte. Die Verbündeten waren wieder die Sieger; aber die Österreicher waren keineswegs vernichtend geschlagen. Bis zu einem vollen Sieg mit einer Vertreibung der Österreicher auch aus Venetien mochte es gute Weile haben.

Es würde den Verbündeten schwerfallen, das Festungsviereck, bestehend aus den Festungen Mantua, Peschiera, Verona und Legnago, zu bezwingen. Angesichts dessen und der hohen schon erlittenen schweren Verluste hielt es Napoleon, sehr zum Ärger des Königs Victor-Emanuel und noch mehr seines Ministers Cavour, für geboten, einen baldigen Frieden anzustreben. Es kam für Napoleon hinzu, daß er ein Eingreifen Preußens und des Deutschen Bundes in das Kriegsgeschehen befürchten und daher Truppen an seiner Ostgrenze gegenüber Westdeutschland bereithalten mußte. Deshalb sandte er einen Boten zu Kaiser Franz-Joseph, der sich in Verona befand, um in Verhandlungen wegen eines Waffenstillstands und der Präliminarien für einen Friedensvertrag einzutreten. Franz-Joseph ging gern darauf ein; denn auch er war sich der Haltung Preußens nicht völlig sicher und mochte befürchten, daß Preußen für seine Hilfeleistung im Kriege die Forderung nach Gleichstellung mit Österreich im Deutschen Bunde durchsetzen könnte. Lieber mochte er einen Verlust italienischen Gebietes als eine Schwächung Österreichs im Deutschen Bunde hinnehmen.

Wir übergehen die Separatprotokolle über militärische Maßnahmen im Deutschen Bunde, die dadurch ihr Ende fanden, daß Österreich am 16. Juli 1859 mitteilen ließ:
„Der Gesandte hat in Folge erhaltenen Auftrages die Ehre, der hohen Bundesversammlung anzuzeigen, daß am 12. d. M. zu Villafranca Friedenspräliminarien zwischen Seiner Majestät dem Kaiser, seinem Allergnädigsten Herrn, und Seiner Majestät dem Kaiser der Franzosen abgeschlossen worden sind.
...
Zugleich ist der Gesandte beauftragt, zu beantragen:
Hohe Bundesversammlung wolle die Versetzung der Contingente und Festungen des Bundes in den Friedensstand beschließen." (Sep.-Prot., S. 480 ᵃ)

Dem Antrag wurde durch Bundesbeschluß vom 21. Juli entsprochen (Sep.-Prot., S. 506 ᶜ f.). Am 1. Dezember folgte die Erklärung des Präsidialgesandten:
„Der Gesandte ist von seinem allerhöchsten Hofe beauftragt, die Verträge, welche am 10. v. M. zwischen Österreich und Frankreich und zwischen Österreich, Frankreich und Sardinien zu Zürich abgeschlossen und deren Ratificationen seitdem ausgewechselt worden sind, der hohen Bundesversammlung mitzuteilen." (§ 342, S. 859)

Die Verträge sind als Beilagen 2 und 3 zum Protokoll auf den Seiten 864 bis 875 abgedruckt. Artikel IV des ersten Vertrags bestimmte den Verzicht des Kaisers von Österreich zugunsten des Kaisers der Franzosen auf seine Rechte und Titel über die Lombardei mit Ausnahme der Festungen Peschiera und Mantua. Napoleon überließ das ihm danach zustehende Gebiet seinerseits dem König von Sardinien. Venetien mit dem Festungsviereck verblieb bei Österreich. Ihr Kriegsziel hatten die Verbündeten also nicht erreicht, und Napoleon stellte seine Forderungen auf Savoyen und Nizza noch zurück. Indessen wollen wir auf die Nachwirkungen des Krieges vom Jahre 1859 in Italien im folgenden Jahre nicht eingehen, da sie Österreichs eigenen Besitz in Italien (Venetien) und den Deutschen Bund nicht berührten.

7. Streitigkeiten um Schleswig-Holstein

Nach dem Jahre 1852 erschien die holsteinische Verfassungsangelegenheit erstmals wieder am 29. Oktober 1857 (§ 306, S. 630 ff.) auf der Tagesordnung der Bundesversammlung. Österreich und Preußen berichteten gemeinsam über die Begebenheiten in der Zwischenzeit. Das Protokoll verzeichnet nicht weniger als zwanzig Beilagen zu dem gemeinsamen Bericht; sie füllen die Seiten 648 bis 769.

Der Bericht knüpfte an die am Tage zuvor eingetroffene Beschwerde der Stände des Herzogtums Lauenburg an (s. Poschinger, Bd. 3, S. 166). Er war schon länger vorbereitet; die lauenburgische Beschwerde erschien Österreich als geeigneter Anknüpfungspunkt, ihn gemeinschaftlich mit Preußen zu erstatten. Die Beschwerde ist im „Verzeichnis der Eingaben" (§ 319, S. 646) als „Num. 57 (eingeg. am 29. und dat. Ratzeburg den 21. Oktober 1857) Vorstellung und Bitte der Ritter- und Landschaft des Herzogtums Lauenburg, Schutz der verfassungsmäßigen und vertragsmäßigen Rechte und Verhältnisse des Herzogtums Lauenburg betr." vermerkt. Ähnlichen Inhalts war die dem gemeinsamen Bericht angefügte Beilage 20: „Bedenken der Provinzialständeversammlung des Herzogtums Holstein über den Entwurf eines Verfassungsgesetzes für die besonderen Angelegenheiten dieses Herzogtums" mit Datum vom 12. September 1857.

Das Präsidium beantragte, „für diese Angelegenheit einen aus sieben Mitgliedern bestehenden Ausschuß niederzusetzen, und dessen Wahl in der nächsten Sitzung vorzunehmen". Demgemäß wurde verfahren. Der Ausschuß „für die Verfassungsangelegenheit der Herzogtümer Holstein und Lauenburg" erstattete seinen Vortrag in der Bundestagssitzung vom 14. Januar 1858 (§ 19, S. 29–59). Wir beschränken uns darauf, aus dem Vortrag zu zitieren: „Die Cabinete von Österreich und Preußen beanstanden,

1. daß das Verfassungsgesetz für die gemeinschaftlichen Angelegenheiten der Monarchie vom 2. Oktober 1855 ohne Vernehmung der Provinzialstände der Herzogtümer erlassen worden ist; sie nehmen hierin eine Verletzung des Artikels 56 der Wiener Schlußacte, so wie der im Jahre 1852 übernommenen Verpflichtungen wahr." (S. 30)

Gemäß den Anträgen, die der Ausschuß im Anschluß an sein Gutachten stellte (S. 58), wurde von der Bundesversammlung am 11. Februar 1858 (§ 70, S. 161 bis 167) beschlossen:

„durch Vermittlung des Königlich-Dänischen Herrn Gesandten für Holstein und Lauenburg

1. der Königlich-Dänischen, Herzoglich-Holstein- und Lauenburgischen Regierung kund zu geben, daß sie

   a) im Hinblicke auf die Bestimmung des Artikels 56 der Wiener Schlußacte, die Verordnung vom 11. Juni 1854, betreffend die Verfassung für das Herzogtum Holstein, in so weit Bestimmungen derselben der Beratung der Provinzialstände des genannten Herzogtums nicht unterbreitet worden sind, wie die Allerhöchste Bekanntmachung vom 23. Juni 1856, eine nähere Bestimmung der besonderen Angelegenheiten des Herzogtums Holstein betreffend, dann das Verfassungsgesetz für die gemeinschaftlichen Angelegenheiten der Dänischen Monarchie vom 2. October 1855, in so weit dasselbe auf die Herzogtümer Holstein und Lauenburg Anwendung finden soll, als in verfassungsgemäßer Wirksamkeit bestehend nicht erkennen könne, und

   b) in den zum Behufe der Neugestaltung der Verfassungsverhältnisse der Herzogtümer Holstein und Lauenburg und der Ordnung ihrer Beziehungen zu den übrigen Teilen der Königlich-Dänischen Monarchie und ihrer Gesamtheit seither erlassenen Gesetzen und Anordnungen die allseitige Beachtung der in den Jahren 1851 und 1852, und namentlich durch die Allerhöchste

Bekanntmachung vom 28. Januar 1852 in Bezug auf Abänderung der Verfassungen der genannten Herzogtümer, wie auf die denselben in der Gesamtmonarchie einzuräumende, gleichberechtigte und selbstständige Stellung gegebenen bindenden und das damals erzielte Einverständnis begründenden Zusicherungen vermisse,

c) auch das Verfassungsgesetz für die gemeinschaftlichen Angelegenheiten der Dänischen Monarchie nicht durchweg mit den Grundsätzen des Bundesrechtes vereinbar erachte;

2. demzufolge aber an die Königlich-Herzogliche Regierung das Ansuchen zu stellen,

a) in den Herzogtümern Holstein und Lauenburg einen den Bundesgrundgesetzen und den erteilten Zusicherungen entsprechenden, insbesondere die Selbstständigkeit der besonderen Verfassungen und der Verwaltung der Herzogtümer sichernden und deren gleichberechtigte Stellung wahrenden Zustand herbeizuführen, und

b) der Bundesversammlung baldigst über die zu diesem Zwecke getroffenen oder beabsichtigten Anordnungen Anzeige erstatten zu wollen."

Auf Drängen von Hannover beschloß die Bundesversammlung am 25. Februar 1858 (§ 96, S. 205 f.) noch:

„die Erwartung auszusprechen, daß die Königlich-Dänische, Herzoglich-Holstein- und Lauenburgische Regierung sich von jetzt an in den Herzogtümern Holstein und Lauenburg aller weiteren, mit dem Bundesbeschlusse vom 11. Februar d.J. (Prot. § 70) nicht im Einklang stehenden, die dermalige Sachlage ändernden Vorschritte auf der Basis der für dieselben verfassungsmäßiger Wirksamkeit entbehrenden Gesetze enthalten werde".

Auf beide Beschlüsse antwortete Dänemark in der Bundestagssitzung vom 26. März (§ 152, S. 293–297). Seine Erklärung wurde dem für diese Angelegenheit bestehenden Ausschuß zugewiesen. Dieser befand die dänische Antwort als unbefriedigend, so daß die Bundesversammlung mit Beschluß vom 20. Mai 1858 (§ 242, S. 605 f.) eine weitere Erklärung der dänischen Regierung darüber forderte, „wie sie, im Vollzuge des Bundesbeschlusses vom 11. Februar l.J. Ziffer 2 lit. a,

die Verhältnisse der Herzogtümer Holstein und Lauenburg zu ordnen gedenke".

Die Antwort Dänemarks hierauf in der Bundesversammlung am
15. Juli (§ 311, S. 873–878) wurde wieder an den zuständigen Ausschuß verwiesen. Dieser befand (Pr. v. 29. Juli 1858, § 338, S. 939 bis
946), daß in der dänischen „Erklärung eine hinlängliche Vollziehung
des Beschlusses vom 20. Mai d. J. nicht wahrzunehmen sei, und es
erachtete sich derselbe demnach für verpflichtet, im Hinblicke auf die
Executionsordnung vom 3. August 1820, die nach Maßgabe des Artikels II derselben gewählte Commission – welcher es zunächst zu-
kommt, die Erfüllung bundesmäßiger Verpflichtungen zu überwachen, und, wo nötig, die zu deren Erwirkung erforderlichen Anträge
zu stellen – zu deren Beratungen beizuziehen".

Wir gehen auf den Vortrag der vereinigten Ausschüsse nicht näher ein
und verzichten auch auf eine Darstellung der sich anschließenden
Vorgänge, die zu keiner den Deutschen Bund befriedigenden Lösung
führten. Wir nehmen unsern Bericht erst mit Vorfällen im Jahre 1863
wieder auf, und zwar mit einer Erklärung Dänemarks in der Bundesversammlung am 16. April (§ 101, S. 166 ff. nebst Beilage S. 175 ff.).

Darin brachte der Gesandte dem Bundestag die als Beilage abge-
druckte „Allerhöchste Bekanntmachung, betreffend die Verfassungsverhältnisse des Herzogtums Holstein" vom 30. März 1863 zur
Kenntnis. Die Erklärung schloß mit den Worten:
„Durch die jetzt getroffene Ordnung hofft die Königliche Regierung
einen Zustand herbeiführen zu können, der es Seiner Majestät dem
Könige möglich machen wird, auch in Holstein Seine landesväterlichen Absichten im vollen Maße zu verwirklichen, und der dazu dienen wird, die freundschaftlichen Beziehungen, die im beiderseitigen
Interesse früher zwischen der Dänischen Monarchie und dem Bunde
bestanden, völlig wieder herzustellen." (S. 167)

Die Mitteilung wurde an die vereinigten Ausschüsse überwiesen, die
dazu in der Bundesversammlung am 18. Juni berichteten (§ 142, S. 237
bis 261 nebst neun Beilagen S. 263 bis 308). Aus ihrem Vortrag zitieren wir:
„Alle zum Zwecke einer Verständigung geführten vertraulichen Verhandlungen sind erfolglos geblieben, und die Königlich-Herzogliche
Regierung hat die ihr gemachten Vermittlungsvorschläge abgelehnt.

Die Vereinbarungen von 1851/52 und die Allerhöchste Bekanntmachung vom 28. Januar 1852 sind bis jetzt nicht in Vollzug gesetzt worden.

Die Königlich-Dänische Regierung hat diese Vereinbarungen zunächst in den Verhandlungen in einem von ihrem Wortlaute und Geiste abweichenden Sinne zu interpretieren versucht, sodann aber deren rechtlich bindenden Charakter großenteils in Abrede gestellt, und jetzt officiell erklärt, daß dieselben nicht in Ausführung gebracht werden könnten.

Die Königliche Regierung hat aber überdies durch eine Reihe von staatsrechtlichen Acten sowohl jenen Vereinbarungen als den auf sie gestützten Bundesbeschlüssen direct zuwider gehandelt und schließlich in der Allerhöchsten Bekanntmachung vom 30. März d.J. ein vollkommen entgegengesetztes Verfassungsprogramm kundgegeben, welches teils sofort, teils nach einem Jahre in Vollzug gesetzt werden soll." (S. 256)

Entsprechend den Anträgen der vereinigten Ausschüsse wurde in der Bundesversammlung am 9. Juli 1863 (§ 167, S. 338 bis 352) beschlossen:

„I. die Königlich-Dänische, Herzoglich-Holstein-Lauenburgische Regierung aufzufordern, der Königlichen Bekanntmachung vom 30. März d.J. keine Folge zu geben, dieselbe vielmehr außer Wirksamkeit zu setzen, und der Bundesversammlung binnen sechs Wochen die Anzeige zu erstatten, daß sie zur Einführung einer die Herzogtümer Holstein und Lauenburg mit Schleswig und mit dem eigentlichen Königreiche Dänemark in einem gleichartigen Verbande vereinigenden Gesamtverfassung – ... – die erforderlichen Einleitungen getroffen habe;

II. von diesem Beschlusse wegen der Herzogtümer Holstein und Lauenburg der Königlich-Herzoglichen Regierung auf Grund des Artikels III der Executionsordnung und zugleich in Erwiderung ihrer Mitteilung vom 16. April d.J. durch Vermittlung ihres Herrn Gesandten Kenntnis zu geben;

III. an die höchsten Regierungen von Österreich und Preußen das Ersuchen zu richten, daß sie diesen Beschluß um seiner Beziehung auf das Herzogtum Schleswig willen im Namen des Bundes durch ihre bei dem Königlich-Dänischen Hofe beglaubigten Vertreter der Königlichen Regierung mitteilen lassen;

IV. den Ausschuß für die Holstein-Lauenburgische Verfassungsangelegenheit und die Executionskommission zu beauftragen, die
Maßregeln zu beraten und demnächst vorzuschlagen, welche ergriffen werden müßten, wenn die Königliche Regierung die obigen Anforderungen nicht erfüllte." (S. 349 f.)

In der Tat entsprach die dänische Regierung mit ihrer Erklärung am
27. August (§ 208, S. 412 ff.) nicht den Anforderungen des Bundesbeschlusses. Die vereinigten Ausschüsse berichteten dazu in der Bundestagssitzung vom 19. September (§ 218, S. 424 bis 430). Sie kamen zu
dem Schluß, „sich einstimmig dafür auszusprechen, daß der Fall der
Nichterfüllung der bundesmäßigen Verpflichtung begründet und sonach das geeignete Executionsverfahren zu beschließen sei" (S. 427).
In dem Vortrag der Ausschüsse heißt es ferner:

„Das Executionsobjekt besteht aber unverkennbar in der Ausführung
der Bundesbeschlüsse vom 11. Februar und 12. August 1858, 8. März
1860, 7. Februar 1861 und 9. Juli 1863, soweit dieselbe nicht bereits
stattgefunden, somit in Erfüllung der bezüglich der Herzogtümer
Holstein und Lauenburg in den Jahren 1851/52 eingegangenen, durch
die Königliche Bekanntmachung vom 28. Januar 1852 verkündigten
Verpflichtung, also:

in der Begründung einer die genannten Herzogtümer mit Schleswig und mit dem eigentlichen Königreiche Dänemark in einem
gleichartigen Verbande vereinigenden Gesamtverfassung, welche
die Selbstständigkeit und Gleichberechtigung der einzelnen Teile
in der Art sicher stellt, daß kein Teil dem anderen untergeordnet
ist, und zugleich in der Feststellung von Provinzialverfassungen
der Herzogtümer Holstein und Lauenburg, in welchen eine ständische Vertretung mit beschließender Befugnis enthalten ist.

Aus dieser Beschaffenheit des Executionsobjectes ergibt sich von
selbst die allgemeine Natur der anzuwendenden Executionsmittel. So
lange nämlich die so eben bezeichneten Verfassungsverhältnisse nicht
hergestellt sind, ist das Herzogtum Holstein einer steten Gefahr der
Verletzung seiner Rechte und Interessen ausgesetzt, wie die Erfahrung bis herab auf die Königliche Bekanntmachung vom 30. März
d. J. gezeigt hat, und auch die Lage des Herzogtums Lauenburg ist
wenigstens nicht ausreichend gesichert. Deshalb kann, da ein directer
Zwang zur Begründung neuer Verfassungen nicht tunlich ist, die Ex-

ecution nur in der Weise eingeleitet und durchgeführt werden, daß
der Einfluß der Königlich-Dänischen Regierung auf diese beiden
Herzogtümer völlig sistiert und die Verwaltung derselben anstatt und
im Namen des Königs-Herzogs durch den Bund selbst und durch die
mit der Execution beauftragten Civilcommissäre geführt werde. Dabei wären die souverainen Rechte des Königs-Herzogs ausdrücklich
nur als temporär sistiert zu bezeichnen, ..." (S. 427 f.)

Entsprechend dem Antrag der vereinigten Ausschüsse beschloß die
Bundesversammlung am 1. Oktober (§ 228, S. 440 ff.) das Executionsverfahren. Punkt II und III des Beschlusses lauteten:

„II. der Auftrag zur Vollziehung ist an die Kaiserlich-Österreichische, die Königlich-Preußische, die Königlich-Sächsische und
die Königlich-Hannöverische Regierung zu erteilen, und zwar
sind

1. die höchsten Regierungen von Sachsen und Hannover zu ersuchen, je einen Civilcommissär zu ernennen, welche eintretenden Falles nach der ihnen dieserhalb von der Bundesversammlung zu erteilenden Instruction das Executionsverfahren
zu leiten und demzufolge, bis zur vollständigen Erreichung
des ... Executionszweckes, im Auftrage des Deutschen Bundes
die Verwaltung der Herzogtümer Holstein und Lauenburg anstatt und im Namen des Königs-Herzogs, unbeschadet der nur
zeitweise sistierten Rechte Desselben, zu führen haben würden
und

2. dieselben höchsten Regierungen zu veranlassen, den Civilcom-
missären eine Truppenabteilung von etwa 6000 Mann, in zwischen ihnen zu verabredender Zusammensetzung, beizugeben;
zugleich aber auch die höchsten Regierungen von Österreich
und Preußen zu ersuchen, in Gemeinschaft mit denen von Königreich Sachsen und Hannover zur sofortigen Unterstützung
der gedachten Truppenabteilung im Falle tatsächlichen Wider-
standes gegen die Executionsvollstreckung überlegene Streitkräfte bereit zu halten;

III. von diesem Beschlusse ist der Königlich-Herzoglichen Regierung
auf Grund des Artikels IV der Executionsordnung durch ihren
Herrn Gesandten Mitteilung zu machen und zugleich an dieselbe
... die Aufforderung zur Folgeleistung und Anzeige darüber binnen drei Wochen zu richten." (S. 443 f.)

Bei Durchführung der Bundesexecution bestand die Gefahr, daß sie bei einem militärischen Widerstand Dänemarks zu einem Krieg gegen das Königreich führen würde. Der Streit zwischen dem Deutschen Bund und Dänemark wegen der Rechte der Herzogtümer Holstein und Lauenburg war daher nicht nur eine innerdeutsche Angelegenheit, sondern zugleich eine europäische. So sah es die dänische Regierung, aber insbesondere auch die englische. Diese war durch ihren Gesandten beim Bundestag über den Vortrag der vereinigten Ausschüsse vom 19. September und die darin empfohlene Bundesexecution unterrichtet. Noch bevor die Bundesversammlung am 1. Oktober ihren Executionsbeschluß faßte, teilte das Präsidium mit, daß der britische Gesandte ihm am gleichen Tage eine Note mit Abschrift einer Depesche des Staatssekretärs des Auswärtigen, Grafen Russell, vom 29. September überreicht habe. Die Note wurde den vereinigten Ausschüssen zugewiesen (§ 223, S. 433 f.). Diese berichteten der Bundesversammlung dazu am 22. Oktober (§ 246, S. 512 ff.). In dem Vortrag der Ausschüsse ist die Depesche vom 29. September in deutscher Übersetzung (als Beilage S. 519 f. auch im englischen Text) wiedergegeben, deren Schlußsatz lautete:

„Ihrer Majestät Regierung bittet daher ernstlich die deutsche Bundesversammlung innezuhalten und die Streitfrage zwischen Deutschland und Dänemark der Mediation anderer an dem Streite unbeteiligter, aber bei Erhaltung des Friedens von Europa und der Unabhängigkeit Dänemarks sehr beteiligter Mächte zu unterziehen." (S. 514)

Der sofortige Beschluß der Bundesversammlung besagte, „daß sie nicht in der Lage sei, der Mitteilung des Königlich-Großbritannischen Herrn Gesandten vom 1. d. M. eine Folge zu geben" (S. 516).

Wenige Wochen später trat ein Ereignis ein, welches das gespannte Verhältnis wegen der Rechte der nordelbischen Herzogtümer nur noch verhärtete: der Tod des dänischen Königs Friedrich VII. am 15. November; denn damit trat nun die Erbfolgefrage zu den ungelösten Fragen hinzu. In den Protokollen der Bundesversammlung erscheint die Anzeige vom Tod Friedrichs VII. und der Nachfolge Christians IX. am 21. November (§ 269, S. 545). Die Sitzung dieses Tages beschäftigte sich ausschließlich mit der Frage der Nachfolge in den Herzogtümern. Für die Nachfolge in Schleswig und Holstein stand dem König Christian IX. der Herzog Friedrich VIII. gegenüber, dessen Vater Christian August von Schleswig-Holstein-Sonderburg-Augustenburg zu seinen Gunsten auf den Regierungsantritt in den Herzogtümern verzichtete. Beide, Christian IX. und Friedrich VIII., behaupteten, die Regierung in Schleswig und Holstein angetreten zu haben, ersterer auch in Lauenburg. Für dieses Herzogtum waren seit 1846 in der Bundesversammlung von vielen Seiten – Anhalt, Königreich Sachsen und Staaten der Sachsen-Ernestinischen Linie sowie Mecklenburg – Ansprüche erhoben worden. Als Vertreter für Friedrich VIII. und von dessen Seite zur Wahrnehmung der Stimme für Holstein beauftragt wies sich der badische Bundestagsgesandte von Mohl aus. Er beantragte, „daß der bisherige Königlich-Dänische Gesandte hiermit jede amtliche Wirksamkeit einstelle" (S. 545). Österreich und Preußen wiesen in einer gemeinsamen Erklärung (§ 271, S. 546 f.) darauf hin, Dänemark sei „dem Deutschen Bunde gegenüber die Verpflichtung eingegangen:

das Herzogtum Schleswig weder dem Königreiche Dänemark einzuverleiben, noch irgend welche dies bezweckende Schritte zu übernehmen."

In der Erklärung hieß es weiter:

„Dennoch hat die Königlich-Dänische Regierung dem Dänischen Reichsrate ein für das eigentliche Königreich und für das Herzogtum Schleswig bestimmtes, die Incorporation Schleswigs bezweckendes Verfassungsgesetz vorlegen lassen, und es ist diesem von dem Dänischen Reichsrate in dreimaliger Lesung angenommenen Gesetze, öffentlichen Blättern zufolge, am 18. d. M. in Copenhagen die Königliche Sanction erteilt worden.
Die Königlich-Dänische Regierung kann zwar selbstverständlich die die Incorporation Schleswigs ausschließenden Rechte des Deutschen Bundes nicht vermindern; es erscheint der Kaiserlich-Königlich Österreichischen und der Königlich-Preußischen Regierung aber doch als erforderlich, daß solcher Vorgang, welcher deutlich einen förmlichen Bruch der zwischen dem Deutschen Bunde und Dänemark getroffenen Stipulationen constatiert, auch nicht zeitweise mit Stillschweigen übergangen, vielmehr gegen denselben und gegen alle und jede Forderung, welche daraus zum Nachteil der Rechte des Deutschen Bundes gezogen werden könnte, Protest eingelegt werde."

Gegenüber dem von Baden angezeigten Regierungsantritt von Herzog Friedrich VIII. in Schleswig und Holstein bemerkte der Gesandte von Dänemark wegen Holstein und Lauenburg:

„Der Gesandte muß Namens seiner allerhöchsten Regierung gegen jeden Anspruch von Mitgliedern der Herzoglich-Augustenburgischen Linie auf eine Erbfolge in den Herzogtümern Holstein und Lauenburg, als vollkommen unbegründet, in entschiedenster Weise Protest einlegen und unterläßt nicht, dabei noch hinzuzufügen, wie – um allen etwaigen zukünftigen desfälligen Prätentionen ein für allemal vorzubeugen – der Herzog Christian August von Augustenburg durch Acte vom 30. Dezember 1852 der Königlichen Regierung eine Versicherung gegeben hat, welche in den Artikeln 2 und 3 folgendermaßen lautet:

2. Überdies verpflichten Wir Uns hierdurch nicht allein dazu, für Unsere Person und Unsere Familie ins Künftige Unseren Aufenthalt außerhalb Ihro Königlichen Majestät Reiche und Lande, worin wir und Unsere Nachkommen selbstverständlich kein Grundeigentum erwerben dürfen und wollen, zu nehmen, sondern

3. geloben und versprechen außerdem für Uns und Unsere Familie bei Fürstlichen Worten und Ehre Nichts, wodurch die Ruhe in Ihro Königlichen Majestät Reiche und Lande gestört oder gefährdet werden könnte, vornehmen, imgleichen den von Ihro Königlichen Majestät in Bezug auf die Ordnung der Erbfolge für alle unter Allerhöchstdero Scepter gegenwärtig vereinigten Lande, oder die eventuelle Organisation Allerhöchstdero Monarchie gefaßten oder künftig zu fassenden Beschlüsse in keiner Weise entgegentreten zu wollen.

Der Gesandte darf sich ferner auf den in London unterm 8. Mai 1852 von sämtlichen Großmächten, Schweden und Dänemark zur Aufrechterhaltung des Friedens und der Integrität der Dänischen Monarchie abgeschlossenen Tractat beziehen, in welchem die Erbfolge in derselben festgestellt worden ist. ..." (S. 548)

Darauf erwiderte der Gesandte von Bayern:
„Ohne jetzt in die Hauptfrage irgend wie einzugehen, muß der Gesandte gegenüber der soeben vernommenen Bezugnahme auf einen unter dem 8. Mai 1852 in London abgeschlossenen Vertrag erklären, daß dieser Vertrag bis jetzt der hohen Bundesversammlung nicht officiell zur Kenntnis gebracht und noch weniger von derselben anerkannt ist. Dieser Vertrag existiert daher zur Zeit für die hohe Bundesversammlung rechtlich nicht, dieselbe hat vielmehr demselben gegenüber vollkommen freie Hand." (S. 549)

Oldenburg unterrichtete die Bundesversammlung über seinen in Kopenhagen unter dem 17. November 1863 erhobenen Protest gegen den Regierungsantritt Christians IX. in Schleswig und Holstein (§ 276, S. 553 und Beilage 4, S. 559 f.). Der Protest wurde damit begründet, daß das dänische Thronfolgegesetz „auch der Zustimmung der Stände Schleswig-Holsteins bedurft hätte" (S. 559). Wegen der Erbfolge in Lauenburg legten Königreich Sachsen, die Ernestiner, Mecklenburg und Anhalt Verwahrung ein. Sämtliche die Erbfolge und die holsteinische Stimme betreffenden Anträge wurden dem Ausschuß für die Holstein-Lauenburgische Verfassungsangelegenheit zugewiesen. Auf dessen Vortrag am 28. November (§ 286, S. 575 ff.) beschloß die Bundesversammlung am gleichen Tag:

„1. die Führung der Holstein-Lauenburgischen Stimme in der Bundesversammlung zur Zeit zu suspendieren;

2. hiervon sowohl dem bisherigen Königlich-Dänischen, Herzoglich-Holstein-Lauenburgischen Herrn Gesandten als dem Herrn Geheimen Rat von Mohl Mitteilung zu machen." (S. 580)

Diesem von der Majorität des Ausschusses empfohlenen Beschluß hatte sich „die aus den Gesandten von Österreich und Preußen bestehende Minorität des Ausschusses" nicht anschließen können. Sie erklärten:

„Die Stellung der Kaiserlich-Österreichischen und der Königlich-Preußischen Regierung ist durch den Vertrag bedingt, welchen beide in Gemeinschaft mit Frankreich, Großbritannien, Rußland und Schweden am 8. Mai 1852 in London mit der Krone Dänemark abgeschlossen haben, nachdem die Vorbedingungen desselben durch Verhandlungen mit Dänemark im Laufe der Jahre 1851/52 festgestellt worden waren. Beide allerhöchsten Regierungen fassen die Gesamtheit dieser Verabredungen als ein untrennbares Ganzes auf, welches durch den Londoner Vertrag seinen Abschluß erhalten hat. Nachdem der Fall, welchen dieser Vertrag im Auge hatte, nunmehr eingetreten ist, sind beide allerhöchsten Regierungen zur Ausführung des Vertrages bereit, wenn die Krone Dänemark ihrerseits die vorgängigen Verabredungen ausführt, deren Verwirklichung eine Voraussetzung der Unterzeichnung des Londoner Vertrages durch Österreich und Preußen bildete.
Die Succession in Lauenburg steht dem König Christian IX. nach Ansicht beider allerhöchsten Regierungen auch dann zu, wenn der Lon-

doner Vertrag hinfällig wird, nachdem der nächstberechtigte Erbe weiland Königs Friedrich VII., der Prinz Friedrich von Hessen, seine Rechte auf König Christian IX. übertragen hat. Die Zulassung des vom Könige von Dänemark für Lauenburg ernannten Gesandten in dem Maße, wie die Vertreter der einzelnen Bestandteile stimmberechtigter Curien zur Teilnahme an den Sitzungen berechtigt sind, erscheint daher nicht anfechtbar. Für Einräumung des auf der Gesamtcurie Holstein und Lauenburg ruhenden Stimmrechtes aber vermögen beide allerhöchsten Regierungen nur dann zu votieren, wenn der König Christian IX. diejenigen Zusagen erfüllt, im Vertrauen auf welche beide Mächte den Londoner Vertrag, welcher ihnen gegenüber den Successionstitel des Königs in Holstein bildet, angenommen haben." (S. 578)

Dieser Erklärung folgte in der nächsten Sitzung, am 7. Dezember (§ 288, S. 583 bis 594), die Mitteilung von Österreich und Preußen: „Die Gesandten sind beauftragt, Namens ihrer allerhöchsten Regierungen bei der gegenwärtigen Lage der Holsteinischen Angelegenheit den nachstehenden dringenden Antrag zu stellen:

Hohe Bundesversammlung wolle,

in Erwägung

1. daß die in Ziffer III des Bundesbeschlusses vom 1. October d. J. binnen drei Wochen erforderte Folgeleistung und Anzeige darüber nicht erfolgt ist;

2. daß durch die Ausführung der ins Auge gefaßten Maßregeln den vom Deutschen Bunde innerhalb seiner Competenz zu fassenden Entschließungen über die von mehreren Regierungen gestellten Anträge in der Erbfolgefrage nicht präjudiciert wird;

3. daß ... Gefahr im Verzuge als vorhanden erachtet werden muß,

beschließen:

1. die in Ziffer IV des Beschlusses vom 1. October vorgesehene Aufforderung zum sofortigen Vollzuge der beschlossenen Maßregeln nunmehr an die Regierungen von Österreich, Preußen, Sachsen und Hannover zu richten;

2. ...

3. ..."

Das Präsidium schlug vor, „der großen Dringlichkeit wegen die Abstimmung über den vorliegenden Antrag sofort vorzunehmen". Dem entsprach die Versammlung gegen den Widerspruch einiger Stimmen, worauf zur Abstimmung über den österreichisch-preußischen Antrag geschritten wurde.

Dabei erklärte Bayern, daß durch den Tod Friedrichs VII. „die Sachlage" bezüglich des Executionsbeschlusses „vollständig verändert" sei. „Die Succession in die genannten Herzogtümer ist streitig geworden, wie dies hohe Bundesversammlung selbst durch ihren Beschluß vom 28. November d.J. bezüglich der beiden zum Bunde gehörigen Herzogtümer Holstein und Lauenburg anerkannt hat.

Die Königliche Regierung hält zwar auch jetzt noch die sofortige Besetzung dieser beiden Herzogtümer für notwendig. Diese kann sich aber nicht mehr ausschließlich auf die Gesichtspunkte des Beschlusses vom 1. October d.J. stützen, sie muß vielmehr nun auf den Schutz aller derjenigen Rechte gerichtet sein, zu deren Wahrung der Bund unter den jetzigen, durch den Beschluß vom 28. November d.J. anerkannten Verhältnissen eben so berechtigt als verpflichtet ist.

Dieser Aufgabe kann durch den einfachen Vorbehalt der Erbfolgefrage nach der Ansicht der Königlichen Regierung nicht genügt werden, am wenigsten wenn dieser Vorbehalt so gefaßt ist, wie in dem so eben vernommenen Antrage der höchsten Regierungen von Österreich und Preußen.

Die Königliche Regierung sieht sich daher außer Stande, diesem Antrage ihre Zustimmung zu geben, und muß vielmehr darauf antragen, hohe Bundesversammlung wolle heute beschließen:

1. die zum Zwecke der Execution früherer Bundesbeschlüsse bereits durch den Beschluß vom 1. October d.J. in Aussicht genommenen Maßregeln seien nun zum Schutze aller Rechte, deren Wahrung dem Deutschen Bunde unter den gegenwärtigen Verhältnissen obliegt, sofort in Vollzug zu setzen;

2. an die Königlichen Regierungen von Sachsen und Hannover sei das Ersuchen zu richten, daß sie unverzüglich ihre Truppen in die Herzogtümer Holstein und Lauenburg einrücken und die Verwaltung dieser Länder durch die von ihnen bereits ernannten Civilcommissäre im Namen des Bundes ergreifen und nach der noch zu erteilenden Instruction führen lassen;

3. die höchsten Regierungen von Österreich, Preußen und Hannover
seien zu ersuchen, daß sie die nötigen Reservetruppen in der verabredeten Weise sofort bereit stellen;

4. die höchsten Regierungen von Österreich, Preußen, Sachsen und
Hannover seien zu ersuchen, daß sie der Königlich-Dänischen Regierung von diesem Beschlusse Mitteilung machen und dieselbe
auffordern, ihre Truppen aus den Herzogtümern Holstein und
Lauenburg zurückzuziehen."

Dem bayerischen Antrag schlossen sich Württemberg und Baden sowie die Curie von Braunschweig und Nassau an, ferner bedingt das
Großherzogtum Hessen und die Großherzoglich- und Herzoglich-
Sächsischen Häuser. Für den Fall, daß sich eine Majorität für den
bayerischen Antrag nicht erreichen ließe, stimmten sie dem Antrag
von Österreich und Preußen zu. Aus der langen, ausführlichen Erklärung von Baden zitieren wir:
„Die Großherzogliche Regierung ist der Ansicht, daß es durch die
Natur und Lage der rechtlichen und factischen Verhältnisse geboten
wäre, in der schwebenden Verhandlung über die Bundesländer Holstein und Lauenburg und deren Rechte zuerst über die Frage schlüssig zu werden, ob dem bisherigen Prinzen von Schleswig-Holstein-
Sonderburg-Glücksburg, welcher nunmehr den Dänischen Thron als
König Christian IX. bestiegen hat, bei dem evidenten Mangel einer
Berechtigung durch angeborenes Erbrecht oder durch Landesrecht
aus der Londoner Übereinkunft von 1852 ein Besitztitel auf die Herzogtümer Schleswig-Holstein und Lauenburg zugestanden werden
kann.

Die Großherzogliche Regierung wird zu dieser Auffassung vornehmlich durch folgende Erwägungen geleitet:
1. Die Anerkennung oder Nichtanerkennung des dermaligen Königs
von Dänemark in den Herzogtümern ist vorläufig der wichtigste
der in Rücksicht kommenden Punkte, gegen welchen alle übrigen
an praktischer unmittelbarer Bedeutung zurückstehen.
Die Lösung dieses Punktes bringt Klarheit sowohl in die Beantwortung der Frage, welche verschiedenen Rechte zu wahren dem
Deutschen Bunde obliegt, als welche Mittel derselbe zu deren
Schutze und Geltendmachung zu ergreifen hat, und verhindert,
daß nicht Maßregeln ergriffen werden, welche eine Präjudicierung
seines Rechtes enthalten könnten.

Insbesondere würde jeder außergewöhnliche Aufwand für militärische Bundesleistungen als überflüssig sich nicht rechtfertigen können ..., wenn die hohe Bundesversammlung zu einer Bejahung der Frage, ob dem dermaligen Könige Christian IX. von Dänemark aus der Londoner Übereinkunft von 1852 ein Rechtsanspruch auf die Thronfolge in den Herzogtümern erwachsen sei, gelangen könnte. Denn in solchem Falle dürfte die Dänische Regierung durch die gegen den Bundeswiderspruch gesicherte Fortdauer im Besitze der deutschen Herzogtümer nicht (das Wort ‚nicht‘ oder die Vorsilbe ‚un‘ ist wohl irrtümlich gesetzt) unschwer sich zu gütlicher und billiger Feststellung der Verfassungsangelegenheit bereit finden lassen.

2. ...

Nach dem Urteile der Großherzoglichen Regierung wird die angegebene dringendste, unvermeidliche Frage gegen die Berechtigung des Königs von Dänemark Christian IX. ausfallen müssen.
...“

Die Bundesversammlung beschloß mit Mehrheit gemäß dem österreichisch-preußischen Antrag, obwohl Bayern, Sachsen und Baden sehr deutlich auf das Bedenken hinwiesen, daß entgegen der Behauptung in Erwägung 2. des Antrags dieser eine Präjudicierung in der Erbfolgefrage in sich trüge. Die dringliche Behandlung, die die beiden Großmächte erzwangen, bedeutete wohl nicht weniger als eine Überrumpelung für manchen Bundestagsgesandten, der sich und seine Regierung an einer ruhigen Urteilsbildung gehindert sah. Das gewählte Verfahren und dessen Ergebnis, die Annahme des österreichisch-preußischen Antrags, entsprachen ganz dem Wunsche des preußischen Ministerpräsidenten, der seit gut einem Jahr der frühere Bundestagsgesandte Otto von Bismarck war. Auch auf seiten Österreichs erkannte man wohl nicht, wie man Bismarcks geheimen Plänen Förderung angedeihen ließ. Dessen Absicht war schon zu der Zeit, die Herzogtümer möglichst für Preußen zu gewinnen und ihm einzuverleiben. Die nationale Begeisterung, die das Anliegen Schleswig-Holsteins in der deutschen Öffentlichkeit auslöste, wußte Bismarck gut für Preußen zu nutzen, wobei Österreich sich gezwungen sah, Preußen zu folgen, um nicht an Ansehen wegen mangelnder Wahrung nationaler deutscher Interessen in der öffentlichen Meinung einzubüßen.

Auf Antrag Bayerns wurde in der Bundesversammlung am 23. Dezember (§ 309, S. 610 ff.) beschlossen:

„den Ausschuß für die Holstein-Lauenburgische Verfassungsangelegenheit zu beauftragen, ohne weiteren Verzug die Frage der Erbfolge in den deutschen Herzogtümern eingehend zu prüfen und mit der der Dringlichkeit dieser Angelegenheit entsprechenden möglichsten Beschleunigung das Ergebnis dieser Prüfung der Bundesversammlung vorzutragen."

Die am 7. Dezember beschlossene Bundesexecution bezüglich der Rechte von Holstein und Lauenburg begegnete keinem Widerstand von dänischer Seite. Das Separatprotokoll vom 22. Dezember (§ 58, S. 608 ª f.) verzeichnet u. a.:

„Präsidium zeigt an: der Commandierende der Executionstruppen, der Königlich-Sächsische Generallieutenant von Hake, habe telegraphisch aus Boitzenburg vom 21. d. M. gemeldet, daß sich der Königlich-Dänische Commandierende in Holstein an diesem Tage wegen Räumung der Herzogtümer mit Vermeidung der Feindseligkeiten an ihn gewendet habe und daß dadurch der diesseitige Einmarsch nicht aufgehalten werde."

Bezüglich der „Wahrung der dem Deutschen Bunde in Bezug auf Schleswig zustehenden Rechte" verzeichnet das Protokoll der Bundesversammlung am 28. Dezember (§ 311, S. 613 f.):

„Österreich und Preußen. Bereits durch ihren Beschluß vom 9. Juli d. J. hat die hohe Bundesversammlung constatiert, daß die Königlich-Dänische Regierung der von ihr eingegangenen Verpflichtung, das Herzogtum Schleswig weder dem eigentlichen Königreiche Dänemark zu incorporieren, noch irgend welche dies bezweckende Schritte zu unternehmen, durch die Bekanntmachung vom 30. März d. J. entgegengehandelt habe. Für den Fall, daß Dänemark bei dieser Rechtsverletzung beharrte, hat die Bundesversammlung sich vorbehalten, alle geeigneten Mittel zur Geltendmachung der dem Bunde in Bezug auf Schleswig durch ein völkerrechtliches Abkommen erworbenen Rechte in Anwendung zu bringen.

Der Hof von Copenhagen hat nun zwar die erwähnte Verordnung außer Kraft gesetzt. Allein es ist dies erst geschehen, nachdem dieselbe ihren Zweck erreicht hatte, und für Dänemark und Schleswig ein neues Grundgesetz erlassen worden war, welches virtuell einer Einverleibung des Herzogtums in das Königreich vollkommen gleichkommt. Dieses Grundgesetz hat ungeachtet der dringenden Abmahnungen der deutschen Mächte am 18. November d.J. die Königliche Sanction erhalten, ein demselben entsprechendes Wahlgesetz ist so eben in Schleswig verkündigt worden, und der 1. Januar 1864 ist als Termin für den Eintritt der Wirksamkeit der neuen Verfassung bestimmt.

Nach der Ansicht der allerhöchsten Regierungen von Österreich und Preußen nötigt die Königlich-Dänische Regierung durch dieses rechtswidrige Verfahren den Deutschen Bund, sich in Gemäßheit des erwähnten Vorbehaltes der ihm zur Verfügung stehenden Mittel zu bedienen, um den Rechten, die ihm gegenüber der Krone Dänemark auch in Bezug auf Schleswig, somit auf internationalem Gebiete zustehen, die gebührende Genugtuung zu sichern.

Österreich und Preußen stellen sonach den Antrag:
Hohe Bundesversammlung wolle an die Kölniglich-Dänische Regierung die Aufforderung richten, das Grundgesetz vom 18. November d.J. bezüglich des Herzogtums Schleswig nicht in Vollzug zu setzen, sondern dasselbe definitiv wieder aufzuheben, und sie wolle mit diesem Verlangen die Erklärung verbinden, daß im Falle der Weigerung der Deutsche Bund im Gefühle seines Rechtes und seiner Würde die erforderlichen Maßregeln ergreifen müßte, um sich durch eine militärische Besetzung des Herzogtums Schleswig ein Pfand für die Erfüllung seiner gerechten Forderungen zu verschaffen.

An der Wirkung des bereits gelegentlich des Bundesbeschlusses vom 7. Dezember ausgesprochenen Vorbehaltes einer rechtlichen Prüfung der Erbfolgefrage würde selbstverständlich durch die Annahme des vorstehenden Antrages Nichts geändert werden.

...

Es wurde beschlossen:
diesen Antrag dem Ausschusse für die Holstein-Lauenburgische Verfassungsangelegenheit zuzuweisen."

Unabhängig von Österreich und Preußen stellte das Großherzogtum Hessen am gleichen Tage den weitergehenden Antrag (§ 314, S. 615 ff.):

„die hohe Bundesversammlung wolle zum Schutze aller Rechte, deren Wahrung dem Deutschen Bunde unter den gegenwärtigen Verhältnissen auch in Bezug auf das Herzogtum Schleswig obliegt, insbesondere zur Verhinderung der Einverleibung Schleswigs in das Königreich Dänemark und zur Sicherung aller verfassungsmäßigen Beziehungen Holsteins zu Schleswig, die nötigen Maßregeln schleunigst ergreifen, namentlich die einstweilige Besetzung Schleswigs durch Bundestruppen bis zur Erledigung der jetzt schwebenden Fragen anordnen."

Auch dieser Antrag wurde an den genannten Ausschuß verwiesen.

Auf Drängen von Österreich und Preußen, die „große Dringlichkeit" bezüglich ihres Antrags vom 28. Dezember geltend machten, wurde von der Bundesversammlung am 11. Januar 1864 beschlossen, ohne „ein Ausschußgutachten abzuwarten" in der nächsten Sitzung über den Antrag abzustimmen (§ 20, S. 25). Die Abstimmung am 14. Januar (§ 32, S. 32 bis 40) nahm einen anderen Verlauf, als die beiden Großmächte wünschten. Ihr Antrag wurde abgelehnt. Diese Möglichkeit hatten sie bedacht, wie aus ihrer Reaktion auf die Ablehnung hervorgeht, über die noch zu berichten sein wird. Sie mußten damit rechnen, nachdem sie für die Durchführung der im Prinzip schon früher beschlossenen Execution, Holstein und Lauenburg betreffend, am 7. Dezember gerade noch eine Mehrheit erzielen konnten. Die beiden Großmächte hielten sich an das Londoner Protokoll vom Jahre 1852 gebunden, dem der Deutsche Bund nicht beigetreten war. Während demzufolge die deutschen Mittel- und Kleinstaaten die Rechtmäßigkeit des Regierungsantritts von Christian IX. für die Herzogtümer bestritten, oder zumindest für der Nachprüfung bedürftig hielten, erkannten Österreich und Preußen jene an, vorausgesetzt, daß von seiten Dänemarks die Vereinbarungen zugunsten der Herzogtümer aus den Jahren 1851/52 eingehalten würden.

Bei der Abstimmung am 14. Januar hielten viele Staaten für erforderlich, zunächst die Erbfolgefrage zu klären. Kurz und bündig erklärte Hannover:

„Der Gesandte ist angewiesen, gegen den Österreichisch-Preußischen Antrag zu stimmen, indem seine allerhöchste Regierung der Ansicht ist, daß vor weiterem Vorgehen wegen Schleswigs die Erbfolgefrage am Bunde ihre Erledigung gefunden haben müsse."

Eine Auffassung, die praktisch auf eine Zustimmung zu dem hessischen Antrag vom 28. Dezember hinauslief, vertrat Bayern. Es erklärte:

„Die Königliche Regierung findet sich durch den Verlauf, welchen die vorliegende Angelegenheit seit ihrem Antrage vom 23. Dezember

v. J. genommen hat, in der Ansicht bestärkt, daß die Entscheidung der Frage der Erbfolge in den Herzogtümern vor jedem anderen Schritte dringend geboten ist, um die Maßnahmen übersehen zu können, welche der Bund in Bezug auf Schleswig zu beschließen haben wird.

Die Königliche Regierung verkennt aber eben so wenig die Zweckmäßigkeit von Vorkehrungen, welche die Sicherung der Rechte bezwecken, deren Wahrung dem Bunde in diesem Herzogtume obliegt, und schließt sich daher dem Österreichisch-Preußischen Antrage nur in so weit an, als derselbe die militärische Besetzung Schleswigs durch Bundestruppen in Aussicht nimmt, und unter der Modification, daß diese Besetzung zur Wahrung der gedachten Rechte sofort stattzufinden habe."

Ähnlich äußerte sich Sachsen. Die Erklärung des Großherzogtums Hessen schließt:

„Der Gesandte ist daher angewiesen, gegen den Antrag der höchsten Regierungen von Österreich und Preußen und für den von der Großherzoglichen Regierung in der Sitzung vom 28. December gestellten Antrag zu stimmen ...
Der Großherzogliche Gesandte hält sich übrigens für ermächtigt, in zweiter Linie sich auch der bedingten Zustimmung der Herren Gesandten von Bayern und Königreich Sachsen zu dem Antrage Österreichs und Preußens anzuschließen, da nach seiner Ansicht diese bedingte Zustimmung mit dem diesseitigen Antrage völlig zusammenfällt."

Nachdem das Präsidium die Ablehnung des österreichisch-preußischen Antrags festgestellt hatte, erklärten Österreich und Preußen:

„Angesichts der eben erfolgten Ablehnung ihres gemeinsamen Antrages müssen die allerhöchsten Regierungen von Österreich und Preußen lebhaft bedauern, daß die gehoffte Verständigung über die von ihnen zur unverweilten Sicherung der Rechte des Deutschen Bundes in Bezug auf Schleswig vorgeschlagenen Maßregeln nicht erzielt worden ist.
Unter solchen Umständen glauben die beiden Regierungen in der ihnen durch ihre Dazwischenkunft bei Herbeiführung der jene Rechte feststellenden Stipulationen von 1851/52 erwachsenden besonderen Stellung, sowie wegen der großen Dringlichkeit der Sache sich der Pflicht nicht entziehen zu dürfen, die Geltendmachung jener Rechte in ihre eigenen Hände zu nehmen und ihrerseits zur Ausfüh-

rung der in ihrem Hauptantrage vom 28. v. M. u. J. bezeichneten Maßregeln zu schreiten. Durch Abgabe vorstehender Erklärung kommen die Gesandten dem Auftrage ihrer allerhöchsten Regierungen nach."

Darauf erwiderte das Königreich Sachsen: „Der Gesandte hat Namens seiner höchsten Regierung entschiedene Verwahrung gegen die beabsichtigte Maßregel einzulegen, sofern der Einmarsch in Schleswig nicht ohne Durchmarsch durch Holstein zu gewärtigen ist und dieses Bundesland, welches jetzt im ausschließlichen Besitze des Bundes sich befindet, nur mit dessen Genehmigung betreten werden darf, wenn anders das Bundesverhältnis nicht mißachtet und verletzt werden soll."

Zuvor hatte schon Bayern Verwahrung eingelegt; andere Staaten schlossen sich an. Die Antwort von Österreich und Preußen darauf lautete: „Die Gesandten müssen sich gegen diese Verwahrung ihrerseits auf das entschiedenste verwahren und ihren allerhöchsten Regierungen jede weitere Erklärung und Entschließung vorbehalten."

Österreich und Preußen gaben am 19. Januar (§ 34, S. 41 f.) eine weitere Erklärung ab, in der abschließend gesagt wird: „Aber die beiden Regierungen überlassen sich ... der zuversichtlichen Hoffnung, daß ihrem die Wahrung der Interessen Deutschlands, so wie derjenigen Schleswigs bezweckenden Vorgehen das bereitwillige und bundesfreundliche Entgegenkommen derjenigen ihrer hohen deutschen Verbündeten, deren Landesgebiete hierdurch berührt werden, und der Bundesverwaltung in Holstein und Lauenburg nicht fehlen werde."

Diese Erklärung wurde auf Antrag des Präsidiums an die vereinigten Ausschüsse überwiesen. Aber schon drei Tage später, am 22. Januar (§ 39, S. 57) folgte die weitere Erklärung von Österreich und Preußen: „Die Gesandten sind in dem Falle, hoher Bundesversammlung in Verfolg ihrer Erklärung vom 19. d. M. anzuzeigen, daß die Dringlichkeit der Umstände es unvermeidlich gemacht hat, mit dem in jener Erklärung als bevorstehend bezeichneten Durchmarsche Kaiserlich-Österreichischer und Königlich-Preußischer Truppen durch Holstein zu beginnen, und daß daher voraussichtlich am gestrigen Tage die

Grenze des Herzogtums bereits von einzelnen Truppenteilen überschritten worden ist. Die Gesandten verbinden mit dieser Anzeige den erneuten Ausdruck
der Zuversicht ihrer Regierungen, daß ... dem Durchmarsche ihrer
Truppen durch Holstein jede tunliche Erleichterung Seitens der Civilcommissäre und des Commandierenden der Bundes-Executionstrup-
pen, Generallieutenants von Hake, zu Teil werden wird."

Daß die Bundesversammlung auf jeglichen Widerstand gegen das
Vorgehen von Österreich und Preußen verzichtete, geht aus dem Separatprotokoll vom 22. Januar (§ 12, S. 60 a bis 60 e) hervor, welches
insbesondere eine von den vereinigten Ausschüssen entworfene „Instruction für die Civilcommissäre" enthält, die einen reibungslosen
Durchmarsch der österreichischen und preußischen Truppen gewährleisten sollte. Sie wurde am gleichen Tage von der Bundesversammlung durch Mehrheitsbeschluß gebilligt, nur Baden lehnte sie ab.

Ganz ohne widrige Zwischenfälle verlief der Durchmarsch der zur
Besetzung Schleswigs bestimmten Truppen indessen nicht. Als Beispiel führen wir die „Beschwerde Oldenburgs wegen Verletzung seiner Hoheitsrechte im Fürstentum Lübeck von Seiten Preußens" an
(Pr. v. 13. Februar 1864, § 66, S. 95 bis 100). Im Herzogtum Schleswig
begegneten die Besatzer heftigem dänischem Widerstand; indessen
waren die Dänen sehr bald der Übermacht der deutschen Großmächte unterlegen. Über die kriegerischen Ereignisse verzeichnen die
Protokolle der Bundesversammlung fast nichts; denn der Bund hatte
daran ja keinen Anteil. Die österreichischen und preußischen Truppen überschritten die Eider, die Grenze zwischen Holstein und
Schleswig, bereits am 1. Februar. „Der Krieg, aus dem sich unvorher-
gesehene Umwälzungen in Europa entwickelten, nahm seinen Anfang" (Stern, E.G., Bd. 9, S. 354).

Angesichts seiner Unterlegenheit auf dem Lande versuchte Dänemark
wie schon im Jahre 1848 seine Stellung durch Blockademaßnahmen
und Beschlagnahme von deutschen Schiffen zu verbessern. Davon
wurden jedoch hauptsächlich neutrale deutsche Staaten betroffen, die
allen Grund hatten, sich zu beklagen. Die erste Klage dieser Art verzeichnet das Separatprotokoll vom 11. Februar in § 20 (S. 94 b): „Beschlagnahme Lübeckischer Schiffe von Seiten der Dänischen Regierung." Die erste geschah bereits am 2. Februar, also einen Tag nach

Ausbruch der Feindseligkeiten, an denen Lübeck unbeteiligt war. Das Separatprotokoll vom 18. Februar enthält in § 27 (S. 106ᶜ) die Mitteilung von seiten Hamburgs:

„Der Gesandte ist von dem Senate zu Hamburg beauftragt, bei der hohen Bundesversammlung zur Anzeige zu bringen, daß die Dänischen Kriegsschiffe Befehl erhalten haben, alle Deutschen Schiffe zur See aufzubringen."

Dieses Protokoll verzeichnet ferner in § 28 (S. 106ᶜff.) den Vortrag der vereinigten Ausschüsse, die zu dem Lübecker Vorfall zu berichten hatten, und den darauf gründenden Beschluß:

„sämtliche Bundesregierungen, in deren Gebieten sich Seehäfen befinden, zu veranlassen, sofort alle in ihren Häfen befindlichen Dänischen Schiffe mit Beschlag zu belegen".

In der Bundesversammlung ließ Österreich am 25. Februar (Sep.-Pr., § 30, S. 120ᵃ) mitteilen:

„Der Gesandte beehrt sich, erhaltenem Auftrage zufolge, zur Kenntnis der hohen Bundesversammlung zu bringen, daß, da Dänemark die gegenwärtigen Verhältnisse zum Anlasse nimmt, um das Prisenrecht gegen Österreichische, Preußische und andere Deutsche Handelsschiffe auszuüben, Seine Kaiserlich-Königlich-Apostolische Majestät die Ausrüstung einer Escadre der Kaiserlich-Königlichen Kriegsmarine anzuordnen geruht haben, von welcher ein Teil auch jenseits Gibraltar bis in den Canal la Manche kreuzen wird, und deren Aufgabe es ist, nicht nur die Österreichische, sondern auch die Preußische und die übrigen Deutschen Handelsflaggen gegen die Angriffe der Dänischen Kriegsfahrzeuge auf der See zu schützen."

Dänemark hatte wohl, als es sich zum Widerstand gegen die Besetzung Schleswigs entschloß, mit der Unterstützung von anderer Seite gerechnet. Hauptsächlich mochte man auf Hilfe von England bauen. Allein wollte sich Großbritannien auf einen Krieg mit den beiden deutschen Großmächten aber nicht einlassen, nachdem feststand, daß Frankreich und Rußland sich neutral verhalten würden. So verblieb für England, dessen Sympathien Dänemark galten, nur der Versuch, dem Krieg durch eine europäische Konferenz ein Ende zu bereiten.

Die Einladung Englands zur Teilnahme an einer Konferenz in London durch Entsendung eines eigenen Bevollmächtigten lag der Bundesversammlung am 26. März 1864 vor (§ 113, S. 160ff.). Diese beschloß am 14. April (§ 132, S. 183 bis 189), die Einladung anzunehmen. Österreich und Preußen hatten sich darauf geeinigt, die Wahl des sächsischen Staatsministers Freiherr von Beust zum Bevollmächtigten des Bundes zu empfehlen. Auf ihn entfielen am 14. April vierzehn Stimmen; nur zwei wurden für den bayerischen Bundestagsgesandten von der Pfordten abgegeben. Es war das einzige Mal, daß der Deutsche Bund durch einen eigenen Bevollmächtigten auf einer internationalen Konferenz vertreten war und er so „als europäische Großmacht selbständig neben den beiden deutschen Großmächten aufzutreten" vermochte (Srbik, D. E., Bd. IV, S. 138).

Die Konferenz wurde am 25. April eröffnet. Teilnehmende Mächte waren: Österreich, Dänemark, Frankreich, der Deutsche Bund, Großbritannien, Preußen, Rußland und Schweden. Diese Reihenfolge in den Protokollen ist die alphabetische der französischen Sprache. Die Protokolle über die Sitzungen sind als Beilage zum Protokoll der Bundesversammlung vom 30. Juni 1864 (S. 253 bis 363) abgedruckt. Die im folgenden in deutscher Sprache angeführten Zitate aus den Protokollen der Londoner Konferenz stellen eine eigene Übersetzung aus dem französischen Originaltext dar.

Kurz vor der Eröffnung der Londoner Konferenz am 18. April war es den preußischen Truppen gelungen, die Düppeler Schanzen zu erstürmen. Dieser Sieg schuf günstige Voraussetzungen dafür, die deutschen Vorstellungen bei den Verhandlungen auf der Konferenz durchzusetzen, deren erstes Bemühen auf einen Waffenstillstand gerichtet war. In der Tat wurde dieser am 9. Mai mit Wirkung ab 12. Mai für einen Monat vereinbart. Zufolge Verhandlungen in den Sitzungen der Konferenz vom 6. und 9. Juni wurde erreicht, daß erneute Kampfhandlungen nicht vor dem 26. Juni stattfinden sollten.

Schon in der Sitzung vom 12. Mai sagten sich die deutschen Mächte von den Bindungen aus früheren Verträgen los, indem der erste Bevollmächtigte Preußens die folgende Erklärung abgab: „Bevor man in eine Diskussion über die Bedingungen der Wiederherstellung des Friedens mit Dänemark eintreten könne, glauben die Bevollmächtigten der Deutschen Mächte bemerken zu müssen, daß sie das Feld der Diskussion als vollkommen frei von jeglicher Beschränkung betrachten, die aus Verpflichtungen folge, die vor dem Krieg zwischen ihren Regierungen und Dänemark bestanden haben können, und daß die Grundlage, auf welcher neue Kombinationen werden gefunden werden können, aus ihrer Sicht einen der Hauptgegenstände der zu eröffnenden Verhandlungen bilden wird." (S. 262)

Die darauffolgende Diskussion veranlaßte am 17. Mai den Bevollmächtigten des Deutschen Bundes zu einer Erklärung, die im Protokoll mit folgenden Worten festgehalten ist: „Der Freiherr von Beust glaubt feststellen zu müssen, daß die Bevollmächtigten von Österreich und Preußen der Meinung sind, daß, indem sie ihre Vorschläge machen, sie keinesfalls daran denken, die Herzogtümer in die Hände Dänemarks zurückzugeben, bevor nicht die Rechtsfrage durch den Deutschen Bund entschieden sei." (S. 273)

In Anbetracht der starken Gegensätze, selbst bezüglich einer Einigung darüber, in welcher Weise etwa eine Personalunion zwischen Dänemark und den Herzogtümern zu bewerkstelligen sei, vertagte sich die Konferenz bis zum 28. Mai. In der Zwischenzeit einigten sich Österreich und Preußen darauf, die Erbfolge des Augustenburgers für die Herzogtümer Schleswig und Holstein anzuerkennen, obwohl Bismarck ihren Erwerb für Preußen weiterhin im Auge behielt. Ihre Bevollmächtigten forderten in der Sitzung am 28. Mai „in Übereinstimmung mit dem Bevollmächtigten des Deutschen Bundes die vollständige Trennung der Herzogtümer Schleswig und Holstein vom Königreich Dänemark und ihre Vereinigung in einen einzigen Staat unter der Souveränität des Erbprinzen von Schleswig-Holstein-Sonderburg-Augustenburg, der in den Augen Deutschlands nicht nur das meiste Recht der Nachfolge in den genannten Herzogtümern geltend machen kann und dessen Anerkennung durch den Deutschen Bund folglich gesichert ist, sondern der auch die unstrittige Zustimmung der weit überwiegenden Mehrheit der Bevölkerung auf sich vereinigt" (S. 275).

In den weiteren Sitzungen ging es hauptsächlich um zwei Fragen: erstens, wie die Grenze irgendwo zwischen Eider und Königsau gezogen werden sollte, damit die Dänen in Nordschleswig bei Dänemark verblieben und die Deutschen im Süden des Herzogtums mit Holstein vereinigt würden, und zweitens darum, ob und wie in der mittleren gemischtsprachigen Zone dem Wunsche der Bevölkerung auf Anschluß an Dänemark oder an Holstein entsprochen werden solle. Es gab darüber keine Einigung.

Für die spätere Entwicklung in den schleswig-holsteinischen Angelegenheiten war ein Vorfall in der Sitzung am 2. Juni von großer Bedeutung, nämlich die Mitteilung des russischen Bevollmächtigten, daß der Zar seine eventuellen Rechte zufolge des Warschauer Protokolls vom 24. Mai/5. Juni 1851 (es ist im Protokoll der Bundesversammlung als Anlage zum Protokoll der Londoner Konferenz vom 2. Juni 1864 auf S. 294 ff. abgedruckt) an den Großherzog von Oldenburg abgetreten habe (S. 291 u.). Wenn König Christian IX. die vorgesehene Nachfolge in den Herzogtümern Schleswig und Holstein entgegen der Voraussetzung im Warschauer Protokoll und dem darauf aufbauenden Londoner Vertrag vom Jahre 1852 nicht antrat, konnten in der Tat Rechte des Zaren als Haupt der älteren Linie des Hauses Holstein-Gottorp wieder aufleben und dieser vermochte sie an den Großherzog von Oldenburg als Haupt der jüngeren Linie abzutreten. Es konnte Bismarck nur recht sein, wenn damit ein Gegenkandidat zu dem Augustenburger erschien.

In der Sitzung am 22. Juni mußten die Bevollmächtigten endgültig feststellen, daß eine Einigung nicht möglich war. Der dänische Hauptbevollmächtigte erklärte zum Schluß laut Protokoll, „daß er keine Bedingungen vorzuschlagen hat, die die Deutschen Bevollmächtigten anzunehmen geneigt seien" (S. 340). Am 25. Juni kam man noch ein letztes Mal zusammen, um den Gesamtverlauf der Konferenz festzustellen.

Dazu zitieren wir aus Sterns Europäischer Geschichte (Bd. 9, S. 382): „Es war klar, daß die Diplomaten wieder den Soldaten den Platz zu räumen hatten. Die Londoner Konferenz war gescheitert. Ihre letzte Sitzung vom 25. Juni diente nur dazu, einen Rückblick auf die fruchtlosen Verhandlungen zu werfen, der sich je nach dem Standpunkt der einzelnen Teilnehmer sehr verschieden ausnahm. Daß das Hauptergebnis, die Vernichtung des Londoner Protokolls von 1852, der deutschen Sache überaus zustatten kam, mußte selbst Clarendon (der zweite englische Bevollmächtigte, d. Vf.) widerwillig zugestehen. ‚Sie sind', sagte er nach dem Schluß der Sitzung zu Bernstorff (preußischer Bevollmächtigter), ‚in die Konferenz als Herren der Situation eingetreten und Sie verlassen Sie als Herren der Situation. Wie lange das dauern wird, ist ja eine andere Frage.' Die Antwort auf diese Frage ließ, als die Kanonen wieder das Wort hatten, nicht auf sich warten."

Die Worte von Clarendon finden eine Ergänzung, indem Beust (Aus drei Viertel-Jahrhunderten, Bd. 1, S. 374) mitzuteilen weiß: „Als nach dem Schluß der Konferenz Lord Russel im Oberhaus über deren Verlauf ein Statement vortrug, machte er unter Anderem eine Bemerkung, es scheine, der Bevollmächtigte des Deutschen Bundes habe mehr zu sagen gehabt als die Vertreter der deutschen Mächte. Daß das Wort mehr den Zweck hatte, meinen Kollegen etwas Unangenehmes als mir Angenehmes zu sagen, konnte mir nicht entgehen."

Auf jeden Fall besitzt wohl die Anerkennung, die Beust seitens der Deutschen Bundesversammlung (Sep.-Prot. v. 2. Juni 1864, § 72, S. 214ᵃ und v. 7. Juli, § 91, S. 374ᵃ f.) zuteil wurde, volle Berechtigung.

Die erneuten Feindseligkeiten waren von kurzer Dauer. Dänemark vermochte der Übermacht der österreichischen und preußischen Truppen nicht standzuhalten, und schon am 18. Juli kam es wieder zu einer Waffenstillstandsvereinbarung. Die alsbald in Wien beginnenden Friedensverhandlungen führten zu dem Friedensvertrag vom 30. Oktober 1864. Dieser wurde nach allseitiger Ratifizierung der Bundesversammlung von Österreich und Preußen in der Sitzung vom 29. November in Abschrift vorgelegt (§ 284, S. 857); er ist als Beilage zum Protokoll im französischen Urtext und in deutscher Übersetzung abgedruckt (S. 861 bis 878). Wir zitieren daraus: „Artikel III. Se. Majestät der König von Dänemark verzichtet auf alle Seine Rechte auf die Herzogtümer Schleswig, Holstein und Lauenburg zu Gunsten Ihrer Majestäten des Kaisers von Österreich und des Königs von Preußen und verpflichtet Sich, die Verfügungen, welche Ihre genannten Majestäten hinsichtlich dieser Herzogtümer treffen werden, anzuerkennen."

Auf Grund dieser Bestimmung erachtete die preußische Regierung die Bundesexecution in Holstein und Lauenburg als „gegenstandslos geworden" und forderte die Königreiche Sachsen und Hannover durch zwei Noten, die als Beilage zum Protokoll der Bundesversammlung vom 1. Dezember 1864 (S. 883 bis 886) abgedruckt sind, auf, ihre die Execution ausübenden Truppen „aus den Herzogtümern zurückzuziehen". Sie berief sich dabei auf Art. 13 der Executionsordnung, der anordnete: „Sobald der Vollziehungsauftrag vorschriftsmäßig erfüllt ist, hört alles weitere Executionsverfahren auf, und die Truppen müssen ohne

Verzug aus dem mit der Execution belegten Staate zurückgezogen werden.

Die mit der Vollziehung beauftragte Regierung hat zu gleicher Zeit der Bundesversammlung davon Nachricht zu geben." (a. a. O., S. 884f.)

Sachsen behauptete demgegenüber in der Bundestagssitzung vom 29. November (§ 285, S. 858 ff.), es glaubte „die Frage, ob und in wie weit unter den neuerdings eingetretenen Umständen die Besetzung und Verwaltung obgedachter Herzogtümer Seitens des Bundes aufzuhören habe, als eine solche betrachten zu sollen, welche die Regierungen von Sachsen und Hannover durch eine vorgreifende Verfügung der Entscheidung des Bundes zu entziehen nicht berechtigt seien". Es stellte deshalb den Antrag:
„Es wolle hoher Bundesversammlung gefällig sein, unverweilt einen Beschluß darüber zu fassen, ob die Königlich Sächsische Regierung den ihr erteilten Auftrag als vorschriftsmäßig erfüllt zu betrachten und demgemäß ihre Truppen aus den Herzogtümern zurückzuziehen habe."

Auf Vorschlag des Präsidiums wurde beschlossen, „den eben vernommenen Antrag den vereinigten Ausschüssen zur beschleunigten Berichterstattung zuzuweisen".

Dazu kam es aber nicht, da Österreich und Preußen zwei Tage später, in der Bundestagssitzung vom 1. Dezember (§ 288, S. 879 ff.), gemeinsam „den dringenden Antrag" stellten:
„Hohe Bundesversammlung wolle das am 7. Dezember v. J. beschlossene Executionsverfahren in den Herzogtümern Holstein und Lauenburg als beendigt ansehen und die mit dem Vollzuge desselben beauftragten Regierungen von Königreich Sachsen und Hannover ersuchen, ihre Truppen aus den genannten Herzogtümern zurückzuziehen, sowie die von ihnen dahin abgeordneten Civilcommissäre abzuberufen."

Österreich erklärte hierzu: „Bei Einbringung dieses gemeinschaftlichen Antrages bezieht sich der Gesandte auf seine in der vorgestrigen Sitzung aus Anlaß der Vorlage des Friedensvertrages mit Dänemark in Betreff des Artikels 3 desselben abgegebene Erklärung, wonach die Kaiserliche Regierung von den mit der Königlich-Preußischen Regierung behufs einer den Rechten und Interessen des Bundes entsprechenden Lösung der Hauptfrage eingeleiteten Verhandlungen ein günstiges Ergebnis erhofft."

Als „Hauptfrage" war die Erbfolgefrage in den Herzogtümern zu verstehen, in der die Auffassungen von Österreich und Preußen weit auseinandergingen. Der österreichischen Erklärung fügte Preußen hinzu: „Unter Bezugnahme auf die von dem Kaiserlich-Österreichischen Herrn Präsidialgesandten abgegebenen Erklärungen ist der Gesandte beauftragt, in Ergänzung derselben, Namens seiner allerhöchsten Regierung noch hinzuzufügen, daß auch die Königlich-Preußische Regierung mit Befriedigung durch den Abschluß des Friedens die Möglichkeit gegeben findet, durch Verhandlung der beiden Mächte unter einander und mit den Prätendenten die definitive Lösung der streitigen Fragen herbeizuführen, aber ablehnen muß, der desfalls eingeleiteten Verhandlung Folge zu geben, so lange nicht der ihres Erachtens unberechtigten Fortdauer des Executionsverfahrens ein Ziel gesetzt ist.

Um dieses zu bewirken, hat die Königliche Regierung die beiden Noten, welche sich der Gesandte beehrt, hoher Bundesversammlung hiermit vorzulegen, bei den Königlichen Regierungen von Sachsen und Hannover übergeben lassen.

Die Königlich-Hannöverische Regierung hat in bewährter bundesfreundlicher Gesinnung sich zur Ausführung der in Artikel 13 der Executionsordnung vorgeschriebenen Maßnahmen bereit erklärt; die Königlich-Sächsische Regierung dagegen ist hierauf nicht eingegangen.

Unter diesen Umständen hat die Königliche Regierung den gemeinschaftlichen Antrag mit der Kaiserlich-Österreichischen Regierung gestellt, um der hohen Bundesversammlung Gelegenheit zur Verhütung von Verwicklungen zu geben, welche aus der fortgesetzten Nichterfüllung der Ausführung des Artikels 13 der Executionsordnung sich ergeben könnten, und ersucht um schleunigste Erledigung dieses Antrages."

Während Sachsen dem preußischen Ansinnen widersprach und sein Handeln von einem Bundesbeschluß abhängig machte, erklärte Hannover sofort seine Bereitschaft, dem Wunsche Preußens auf Zurückziehung seiner Truppen entsprechen zu wollen. Was die von Preußen angesprochene „Verhütung von Verwicklungen" betrifft, so war es in der Tat schon am 17. und 18. Juli in Rendsburg zu ernsten Zwischenfällen zwischen Executions- und preußischen Truppen gekommen, auf die wir aber nicht eingehen wollen.

Zu dem gemeinsamen Antrag von Österreich und Preußen wurde beschlossen, darüber ohne Einschaltung der vereinigten Ausschüsse am 5. Dezember abzustimmen. Bevor wir über diese Abstimmung berichten, erscheint es uns erforderlich, den Stand der Erörterungen über die Erbfolgefrage in der Bundesversammlung zu schildern. Wir knüpfen dazu an den Beschluß vom 23. Dezember 1863 an, der von dem Ausschuß für die Holstein-Lauenburgische Verfassungsgelegenheit verlangte, „ohne weiteren Verzug die Frage der Erbfolge in den deutschen Herzogtümern zu prüfen" (s. o. S. 408).

Der Ausschuß hielt dazu Vortrag in der Bundesversammlung am 11. Februar 1864 (§ 63, S. 82 bis 93). Drei unterschiedliche Meinungen mit entsprechend abweichenden Anträgen wurden darin vorgestellt. Gleichwohl wurde Beschlußfassung in vierzehn Tagen vereinbart.

Die Abstimmung über die Anträge fand wie vorgesehen in der Sitzung vom 25. Februar statt (§ 80, S. 112 bis 120). Das Ergebnis war der Beschluß:

„1. daß die in der 38. vorjährigen Sitzung vom 28. November zur Vorlage gekommene Vollmacht Seiner Majestät des Königs Christian IX. von Dänemark für den Geheimen Conferenzrat Freiherrn von Dirckinck-Holmfeld aus dem Titel des Londoner Vertrages vom 8. Mai 1852 nicht angenommen werden kann;

2. daß vielmehr der Ausschuß für die Holstein-Lauenburgische Verfassungsangelegenheit zu beauftragen ist, über die Erbfolge in den Herzogtümern Holstein und Lauenburg zum Zwecke der Entscheidung über die vorliegenden Vollmachten mit möglichster Beschleunigung weiteren Vortrag zu erstatten, ohne dabei diesen Vertrag zur Grundlage zu nehmen."

Nach diesem Beschluß gaben Österreich und Preußen noch eine gemeinsame Erklärung ab, in der sie zwar eine Beschleunigung der Berichterstattung des Ausschusses im Prinzip bejahten, aber hinzufügten: „Allein es ist die Beratung einer Angelegenheit von der Schwierigkeit und der Tragweite der hier in Rede stehenden, …, nicht im Voraus auf ein bestimmtes enges Zeitmaß zu beschränken. Es läßt sich nicht verkennen, daß eine solche Beschränkung die Hintansetzung von bewährten und in den Bundesgesetzen begründeten

Regeln und Übungen der Geschäftsbehandlung zur Folge haben würde.

Die Gesandten haben deshalb Namens ihrer allerhöchsten Regierungen schon jetzt hervorzuheben, daß solcher Hintansetzung sich Bedenken von viel größerem Gewichte entgegenstellen würden, als durch den beabsichtigten Zeitgewinn irgend aufgewogen werden können."

Damit offenbaren die beiden deutschen Großmächte, daß ihnen an einer schnellen Entscheidung in der Erbfolgefrage nicht gelegen war, und widersetzten sich dem entgegengesetzten Bestreben der Mittelstaaten. Dies wird besonders deutlich, indem der bayerische Gesandte anschließend an die Erklärung der Großmächte mitteilte, „daß dem Ausschusse schon seit Anfang dieses Monates sein ausführliches Votum über die Erbfolgefrage in Holstein vorliegt". Zwecks Beschleunigung stellte Bayern in der Bundestagssitzung vom 12. März (§ 95, S. 142 f.) einen Antrag, dessen Punkt 1 lautete:
„Prinz Friedrich Christian August von Schleswig-Holstein-Sonderburg-Augustenburg sei als legitimer Herzog von Holstein anzuerkennen."

Damit verband Bayern den Antrag auf Abstimmung „binnen acht Tagen". Österreich und Preußen begegneten dem mit einer gemeinsamen Erklärung, in der es u. a. hieß:
„Die beiden allerhöchsten Regierungen sind damit beschäftigt, zur Begründung ihrer übereinstimmenden Ansicht weitere Vorlagen an den Ausschuß gelangen zu lassen, ...
Deshalb vermögen sie diese Angelegenheit noch nicht als hinreichend vorbereitet für eine sachliche Abstimmung anzusehen, haben vielmehr zu befürworten, daß hohe Bundesversammlung zunächst dem tunlichst zu beschleunigenden Gutachten des Ausschusses entgegensehen wolle."

Bayern bestand daher auf Abstimmung binnen acht Tagen nicht mehr, „da durch diese Eröffnung die Vortragserstattung des Ausschusses in nahe Aussicht gestellt sein dürfte".

Anschließend vermerkt das Protokoll:
„Präsidium schlägt vor, den Antrag der Königlich-Bayerischen Regierung sofort an den Ausschuß für die Holstein-Lauenburgische Verfassungsangelegenheit zu überweisen.

Nachdem sich für diesen Präsidialvorschlag keine Stimmenmehrheit ergeben hatte, wurde jede Beschlußfassung über die geschäftliche Behandlung vorbehalten.

Die Herren Gesandten von Österreich und Preußen behielten ihren allerhöchsten Regierungen weitere etwaige Erklärungen sowohl in der Sache selbst, als auch hinsichtlich der geschäftlichen Behandlung vor."

Als nächsten Vorgang in der Erbfolgefrage verzeichnen die Protokolle der Bundesversammlung am 23. Juni 1864 (§ 179, S. 244 f.) eine Erklärung Oldenburgs zur Geltendmachung der „Successionsansprüche Seiner Königlichen Hoheit des Großherzogs von Oldenburg auf die Herzogtümer Holstein und Schleswig" unter Bezugnahme auf die entsprechende Erklärung des russischen Bevollmächtigten bei der Londoner Konferenz (s. o. S. 417). Die Erklärung Oldenburgs wurde dem Ausschuß für die Holstein-Lauenburgische Verfassungsangelegenheit zugewiesen. Auf dessen Antrag beschloß die Bundesversammlung am 7. Juli (§ 194, S. 367 ff.), die oldenburgische Regierung aufzufordern, möglichst bald die von ihr in Aussicht gestellte „speziellere Darlegung der fraglichen Successionsverhältnisse" mitzuteilen. Am 14. Juli (§ 203, S. 378 f.) beantragten Österreich und Preußen, auch den Augustenburger Erbprinzen „zu ersuchen, eine seine Successionsansprüche begründende Nachweisung mit tunlichster Beschleunigung an die Bundesversammlung gelangen zu lassen". Der Antrag fand Annahme durch Mehrheitsbeschluß am 21. Juli (§ 212, S. 392 bis 399). Einige Stimmen, insbesondere Bayern und Sachsen, widersprachen auf Grund der Tatsache, daß Österreich, Preußen und der Deutsche Bund in der Sitzung der Londoner Konferenz vom 28. Mai das Erbfolgerecht des Augustenburgers bereits anerkannt hätten.

Die Stellungnahme des Erbprinzen lag der Bundesversammlung am 1. September vor (§ 233, S. 449 nebst Beilagen S. 457 bis 490 und 490 A bis 490 WW) und eine Ergänzung dazu am 3. November (§ 268, S. 532 nebst Beilagen S. 535 bis 582). An letzterem Tag überreichte auch der oldenburgische Gesandte die Begründung der Sukzessionsansprüche des Großherzogs (§ 269, S. 532 f. nebst Beilagen S. 583 bis 770). Die Vorgänge wurden sämtlich dem Ausschuß für die Holstein-Lauenburgische Verfassungsangelegenheit zugewiesen, dem es nun gewiß nicht an zu begutachtendem Material mangelte.

Wir kehren zurück zu der für den 5. Dezember vereinbarten Abstimmung über den gemeinsamen Antrag von Österreich und Preußen zur Beendigung der Bundesexecution in Holstein und Lauenburg vom 1. Dezember (s. S. 419). Der Antrag wurde bei Stimmenthaltung von Luxemburg gegen sechs ablehnende Stimmen angenommen; die letzteren stammten von den drei Königreichen Bayern, Sachsen und Württemberg, Großherzogtum Hessen, Braunschweig (stimmführend für die Kurie Braunschweig-Nassau) und der Kurie der sächsischen Herzogtümer. Die Mehrzahl der Mittelstaaten stellte sich also gegen Österreich und Preußen (§ 295, S. 890 bis 901). Nach unserer Ansicht verfügten die Gegenstimmen über die besseren Argumente.

Wir zitieren aus der bayerischen Abstimmung:
„Der Grundsatz, daß Niemand mehr Rechte übertragen kann, als er selbst hat, leidet auch auf den Artikel III des Friedensvertrages vom 30. Oktober d. J. Anwendung. Die Königliche Regierung hat aber niemals anerkannt, daß dem jetzigen Könige von Dänemark auf die Herzogtümer Schleswig und Holstein andere Rechte zustehen, als die eventuellen Erbrechte, welche ihm als Glied der Glücksburgischen Linie für den Fall des Aussterbens oder Verzichtes des ganzen Augustenburgischen Hauses zukommen, und sie hat um so weniger Grund, diese ihre Überzeugung nochmals näher zu begründen, seitdem auf den Conferenzen zu London in der Sitzung vom 28. Mai d. J. dieselbe Anschauung durch die Vertreter von Österreich und Preußen eben so wie durch den Vertreter des Deutschen Bundes kund gegeben und durch den Bundesbeschluß vom 2. Juni d. J. allseitig anerkannt worden ist. Unmöglich können jetzt die höchsten Regierungen von Österreich und Preußen aus dem Artikel III des Friedensvertrages Rechte als übertragen betrachten, deren Nichtexistenz sie selbst feierlich anerkannt und geltend gemacht haben.
Aber auch Besitz an den genannten Herzogtümern hatte der König von Dänemark nicht, als er den Friedensvertrag schloß, und der Artikel III dieses Vertrages kann daher für dieselben eben so wenig einen Besitztitel, als ein Recht, sondern höchstens nicht begründete Ansprüche übertragen. Im Besitze von Schleswig waren und sind die beiden deutschen Mächte, im Besitze von Holstein war und ist der Deutsche Bund, und zwar ausschließlich; denn die Anwesenheit Österreichischer und Preußischer Truppen in Holstein beruht auf der von den höchsten Regierungen von Österreich und Preußen selbst als erfor-

derlich anerkannten und veranlaßten Zustimmung der hohen Bundesversammlung oder ihrer Organe, und hatte nie den Zweck dauernder
Besetzung, sondern wurde stets nur auf das Bedürfnis der militärischen Verbindung mit Schleswig oder des Rückmarsches auf Etappenstraßen gestützt.

Die hohe Bundesversammlung ist allerdings verpflichtet, das von ihr
allein jetzt legal besessene Herzogtum Holstein baldmöglichst zu
übergeben, aber nur an den legitimen Herzog, und jedenfalls nicht an
den jetzigen König von Dänemark oder an Nachfolger in dessen
Rechte oder Ansprüche. ...
Der vorliegende Antrag bezeichnet aber nicht einmal, an wen denn
der Besitz des Herzogtums Holstein übergehen soll, und seine Annahme würde daher einem völligen Preisgeben des Landes von Seiten
des Bundes gleichstehen.
Die Königliche Regierung würde hiernach dem gestellten Antrage nur
haben zustimmen können, wenn damit zugleich die Anerkennung des
legitimen Herzogs verbunden gewesen wäre. Die in Aussicht gestellte
Verhandlung mit den Prätendenten kann jene Anerkennung nicht ersetzen, und die hohe Bundesversammlung kann die ihr obliegende
Pflicht, die bei ihr anhängig gemachte Erbfolgefrage zur Lösung zu
bringen und bis dahin den Besitz und die Verwaltung des Landes zu
behaupten und fortzuführen, weder auf Andere übertragen, noch
schlechthin aufgeben."

Nach Ausführung des Bundesbeschlusses lag die Verwaltung der
nordelbischen Herzogtümer allein bei Österreich und Preußen; letzteres hatte es in der Lösung der Erbfolgefrage nicht eilig. Daher wurden diesbezüglich Bayern, Königreich Sachsen und Großherzogtum
Hessen am 27. März 1865 in der Bundesversammlung vorstellig (§ 66,
S. 79 bis 86). Wir geben die Einleitung ihrer Erklärung im Wortlaut
wieder, weil sie geeignet ist, einen Eindruck von der öffentlichen Meinung in Deutschland über die schleswig-holsteinische Angelegenheit
zu vermitteln:
„Seit mehr als einem Jahre ist Deutschland durch eine Frage von nationaler Bedeutung auf das tiefste erregt. Eine Begeisterung und eine
Einmütigkeit der Gesinnung, wie sie seit den Befreiungskriegen nicht
wieder hervorgetreten waren, hatte sich aller Classen der Bevölkerung
bemächtigt. Getragen von dieser Stimmung haben sich die Bestrebungen aller deutschen Regierungen einem und demselben Ziele zuge-

wendet, der Befreiung deutscher Länder. Die glänzenden Erfolge der
Österreichisch-Preußischen Waffen und die beharrliche Abwehr
fremder Einmischung haben dazu geführt, daß die Trennung der Elbherzogtümer von Dänemark nunmehr auch völkerrechtlich feststeht.
Und dennoch ist für Deutschland die Frucht, die jeder Sieg einer Nation zu bringen pflegt, noch nicht gewonnen. Die innere Befriedigung
und das gehobene Machtgefühl, welche zumal aus einem Siege des
Rechtes hervorgehen sollen, sind nicht vorhanden, und das Gegenteil
droht einzutreten, wenn durch die Benutzung des Sieges die innere
Eintracht nicht gekräftigt, sondern erschüttert wird. Daß Deutschland heute dieser Gefahr gegenübersteht, ist eben so gewiß, als daß es
derselben sehr leicht entzogen und in den Vollgenuß aller Vorteile
des errungenen Sieges gesetzt werden kann. Gleichwie aber der Wille
hierzu auf allen Seiten unzweifelhaft besteht, eben so sicher ist es, daß
längeres Zögern dessen Vollziehung und Vollbringen nur erschweren,
ja vielleicht unmöglich machen wird. Die deutschen Mächte, welche
in den Besitz der Herzogtümer getreten sind, beabsichtigen, dieselben
dem rechtmäßigen Regierungsnachfolger auszuantworten, und die
Bundesversammlung hat durch ihr bisheriges Verfahren und alle ihre
Beschlüsse kundgegeben, daß sie die baldmöglichste Lösung der
schwebenden Fragen in gleichem Sinne erstrebe. Die Erfüllung dieser
Absichten wird dadurch verzögert, daß verschiedene Ansprüche erhoben werden. So sehr nun der Gedanke, in solchem Falle einer rechtlichen Entscheidung nicht vorgreifen zu wollen, Anerkennung verdient,
so treten doch auf der anderen Seite Betrachtungen entgegen, welche
ein derartiges Zuwarten nicht gerechtfertigt erscheinen lassen."

Die drei Staaten sprechen sich dann dafür aus, den Erbprinzen von
Augustenburg in die Regierung von Holstein einzusetzen, mit wel-
chem Schleswig unzertrennlich verbunden sei. Für den „angemeldeten
Mitprätendenten" würde „solchen Falles das Beschreiten des Austrägalverfahrens offenstehen". Ihr Antrag lautete demgemäß:
„Hohe Bundesversammlung wolle unter Vorbehalt weiterer Beschlußfassung die vertrauensvolle Erwartung aussprechen, es werde den
höchsten Regierungen von Österreich und Preußen gefallen, dem
Erbprinzen von Schleswig-Holstein-Sonderburg-Augustenburg das
Herzogtum Holstein in eigener Verwaltung nunmehr zu übergeben,
bezüglich der wegen des Herzogtums Lauenburg aber unter ihnen ge-

troffenen Vereinbarungen der Bundesversammlung Eröffnung zugehen zu lassen."

Zugleich beantragten sie Abstimmung binnen acht Tagen. Die Aussprache hierüber offenbarte, daß zwischen Österreich und Preußen kein volles Einvernehmen mehr in der schleswig-holsteinischen Angelegenheit bestand. Österreich erklärte sich mit baldiger Abstimmung einverstanden, da der „gestellte Antrag keine Entscheidung des Bundes bezweckt, sondern bei den Regierungen von Österreich und Preußen lediglich innerhalb ihres Rechtes liegende Entschließungen" befürworte. Preußen hingegen erklärte:

„Der Gesandte ist beauftragt, die Verweisung des vorliegenden Antrages an den Ausschuß für die Holstein-Lauenburgische Verfassungsangelegenheit zu verlangen.

Maßgebend für die Königliche Regierung sind hierbei folgende Erwägungen:

Der vorliegende Antrag involviert eine Beschlußnahme der Bundesversammlung über diejenige Stellung, welche die hohe Versammlung zu der streitigen und am Bunde selbst noch gar nicht zur wirklichen Verhandlung gekommenen Erbfolgefrage einnehmen soll. Der Antrag behandelt ferner das Erbrecht des Erbprinzen von Augustenburg als ein nachgewiesenes, während die Königliche Regierung im Einverständnis mit anderen Bundesregierungen es entschieden bestreitet, daß ein solcher Nachweis bereits geführt sei. Hiernach erscheint die Fassung eines derartigen Beschlusses ohne vorgängige gründliche Prüfung im Ausschusse als übereilt, enthält einen Mangel an Rücksicht für die Ansprüche deutscher Bundesfürsten, und muß der Sache selbst in so fern schaden, als sie einer im allseitigen Interesse wünschenswerten Verständigung den Raum versagt."

Ebenso wie Preußen trat Hannover für Verweisung an den Ausschuß ein. Die eingehende u. E. überzeugende Begründung umfaßt im Protokoll mehr als drei Seiten (S. 81 bis 84). Auch Kurhessen, Mecklenburg, die 15. Kurie, der Oldenburg zugehörte, und die Kurie der freien Städte stimmten wie Preußen. Der auf schnellstmögliche Abstimmung gerichtete Antrag von Bayern, Sachsen und Großherzogtum Hessen wurde mit Mehrheit in der Form angenommen, daß die Abstimmung auf den 6. April, die nächste ordentliche Sitzung, anberaumt wurde.

An diesem Tage waren die Fronten unverändert. Die Stimmen, die am 27. März für Verweisung an den zuständigen Ausschuß eintraten, verblieben dabei und stimmten gegen den Hauptantrag. Die Abstimmungen (§ 74, S. 92 bis 112) gingen zum Teil sehr ausführlich auf die Problematik der vorliegenden Frage ein; besonders gilt dies für Bayern und Hannover.

Aus der preußischen Abstimmung zitieren wir:

„Da die Motive des vorliegenden Antrages auf die in der Londoner Conferenz gemachten Vorschläge der Königlichen Regierung Bezug nehmen, so glaubt der Gesandte in dieser Beziehung noch Folgendes bemerken zu müssen.

Die Königliche Regierung konnte die Einsetzung des Erbprinzen von Augustenburg auf der Londoner Conferenz als eine den damaligen Umständen entsprechende Lösung der kriegerischen Complicationen, als ein Mittel zu friedlicher Verständigung der europäischen Mächte vorschlagen, ohne damit ihrerseits einen zweifellosen und ausschließlichen Rechtsanspruch des Erbprinzen auf Succession anzuerkennen.

Dieser Vorschlag aber hat mit seiner definitiven Ablehnung auf der Conferenz jede weitere Bedeutung um so mehr verloren, als seitdem die rechtliche und factische Lage der Dinge eine wesentlich andere geworden ist.

Die Königliche Regierung konnte den Antrag damals stellen, ohne anderen als den eigenen Ansprüchen des Brandenburgischen Hauses (von denen noch nie die Rede war; d. Vf.) und denen des Königs Christian, mit welchem sich Preußen bekanntlich im Kriege befand, zu nahe zu treten. Seitdem aber ist in der Person Seiner Königlichen Hoheit des Großherzogs von Oldenburg ein neuer Prätendent aufgetreten, dessen Ansprüche ein volles Recht auf die Prüfung seiner Bundesgenossen haben. Seitdem ist ferner, nach Fortsetzung des Krieges gegen Dänemark, der Friede geschlossen, welcher die Rechte des Königs Christian auf Preußen und Österreich übertrug."

Der bayerischen Abstimmung war das „Votum des Königlich-Bayerischen Gesandten im Ausschusse für die Holstein-Lauenburgische Verfassungsangelegenheit, die Erbfolge in den deutschen Herzogtümern betreffend", vom 27. Januar 1864 beigefügt. Es ist im Protokoll vom 6. April 1865 als Beilage abgedruckt auf S. 113 bis 163 und mit „Übersicht" und „Anmerkungen" bis 173. Für Bayern war also seit mehr als einem Jahr die Erbfolgefrage zugunsten des Erbprinzen von Augustenburg entschieden.

Die acht Seiten (S. 95 bis 103) umfassende Abstimmung von Hannover schließt mit den Worten:

„Genug! Die Gründe, mit welchen die Motivierung des Antrages zu beweisen sucht, daß der Erbprinz von Augustenburg ohne vorausgegangene förmliche Untersuchung und Entscheidung am Bunde als der Bestberechtigte angesehen und behandelt und in den Besitz der Herzogtümer eingesetzt werden müsse, erscheinen der Königlichen Regierung wenig zutreffend.

Sie hält daran fest, wovon der hohe Bundestag beim Beginne des Streites ausging, daß nur eine rechtliche und förmliche Prüfung der Ansprüche aller Prätendenten und eine darauf gebaute Entscheidung zu einer gedeihlichen Lösung der Schleswig-Holsteinischen Frage führen kann. Ohne eine solche Basis sind alle Schritte des Bundes schädliche Palliative und führen, wie der vorliegende Antrag zeigt, zu Überschreitungen der Bundescompetenz und zu ungerechten Maßregeln."

Nachdem der Antrag von Bayern, Sachsen und Großherzogtum Hessen durch Stimmenmehrheit zum Beschluß erhoben war, gaben Österreich und Preußen Erklärungen ab, die uns dadurch, daß sie die unterschiedliche Einstellung zur Erbfolgefrage erhellen, als so bedeutsam erscheinen, daß wir sie fast dem ganzen Wortlaut nach wiedergeben.

Österreich erklärte:

„Die von Österreich und Preußen auf der Londoner Conferenz gemachten Vorschläge sind der Bundesversammlung bekannt, ebenso daß die beiden Mächte im Artikel III des zu Wien abgeschlossenen Friedensvertrages sich ausdrücklich von Dänemark die Anerkennung jedweder Verfügung ausbedungen haben, welche sie über die von dem Könige Christian IX. ihnen abgetretenen Rechte treffen würden. Demgemäß hat Österreich alsbald nach Ratification des Friedensvertrages in Berlin beantragt, diese Rechte dem Erbprinzen von Augustenburg weiter zu cedieren, welche Cession die Übertragung des Besitzes auf diesen Fürsten zur Folge gehabt haben würde, unbeschadet der Rechtsansprüche, welche andere deutsche Souveräne im Wege des Austrägalverfahrens geltend machen könnten. Auf diesen Vorschlag ist jedoch die Königlich-Preußische Regierung, eine weitere Prüfung der Rechtsfrage für nötig haltend, nicht eingegangen. Auch heute noch ist der Kaiserliche Hof vollkommen bereit, falls Preußen seinerseits die Hand dazu bietet, eine rasche Erledigung der schwebenden Frage im angedeuteten Sinne herbeizuführen, und unter dieser Voraussetzung – abgesehen von dem Ersatze der Kriegs- und sonstigen Kosten – auf jeden speciellen Vorteil zu verzichten. Österreich legt den entschiedensten Wert darauf, den Abschluß der Schleswig-Holsteinischen Angelegenheit ohne Störung des zwischen ihm und Preußen bestehenden Einverständnisses, welchem die errungenen Erfolge zu danken sind, möglich zu machen, und indem es daher nicht aufhört, bei dem Königlich-Preußischen Hofe die Notwendigkeit einer baldigen Entscheidung der Souveränitätsfrage hervorzuheben, kann es für jetzt nur erklären, daß es die Benutzung seines Besitztitels nicht aufgeben werde, bis eine den eigenen Überzeugungen und den Interessen des Deutschen Bundes entsprechende Lösung erzielt sein wird."

Die im Ton härtere preußische Erklärung lautete, vollständig wiedergegeben:

„Vorerst darf der Gesandte nicht unterlassen, gegenüber von einzelnen bei der Abstimmung selbst erfolgten Erklärungen seiner allerhöchsten Regierung die ihr etwa nötig erscheinenden Verwahrungen und Gegenerklärungen vorzubehalten.

Insbesondere muß er schon jetzt der in der Königlich-Sächsischen Abstimmung enthaltenen Folgerung, als spreche das Königlich-Preußische Cabinet, indem es eine gleichmäßige Prüfung aller Erbansprüche fordert, der Bundesversammlung damit ein Recht auf endgültige Entscheidung über dieselbe zu, ausdrücklich entgegentreten.

Dagegen kann der Gesandte, mit Bezugnahme auf die soeben nach der Abstimmung abgegebene Erklärung der Kaiserlich-Österreichischen Regierung, schon jetzt dasjenige, was in jener Erklärung über den tatsächlichen Verlauf der Verhandlungen zwischen den Cabineten von Preußen und Österreich mitgeteilt worden ist, auch seinerseits nur bestätigen und Namens seiner allerhöchsten Regierung zugleich deren Bereitwilligkeit aussprechen, die bisherigen Verhandlungen zu weiterer Verständigung fortzusetzen.

Daß die Königliche Regierung auf der in diesen Verhandlungen vertretenen Ansicht von der Unerläßlichkeit der Prüfung der Rechtsfrage beharren wird, hat der Gesandte dabei ausdrücklich zu erklären und gleichzeitig für die Preußischen Ansprüche eine gleiche Beachtung wie für alle übrigen zu verlangen.

Auch darin stimmt die Königliche Regierung mit der von der Kaiserlichen Regierung abgegebenen Erklärung überein, daß sie ihre Rechte an dem gemeinsamen Besitze zu wahren und die Benutzung ihres Besitztitels nicht aufzugeben entschlossen ist, bis eine ihren eigenen Überzeugungen und den Interessen des Deutschen Bundes entsprechende Lösung erzielt sein wird.

Unter diesen Umständen und mit Rücksicht auf die in der heutigen Sitzung kundgegebene diesseitige Rechtsauffassung glaubt der Gesandte schon jetzt die Gewißheit aussprechen zu können, daß eine Erfüllung der durch Annahme des Antrages ausgesprochene Erwartung nicht in Aussicht steht."

In der Tat konnte kaum erwartet werden, daß Preußen dem Wunsch des Antrags von Bayern, Sachsen und Großherzogtum Hessen entsprechen werde, nachdem seinem berechtigten Verlangen nach Prüfung in dem zuständigen Ausschuß nicht zugestimmt wurde. Daß sich Österreich dabei den Mittelstaaten anschloß, mag von Preußen als beleidigend empfunden worden sein und nachteilig auf das nötige Einvernehmen zwischen den beiden Großmächten gewirkt haben.

Als nächsten Vorgang in der Erbfolgefrage verzeichnen die Protokolle der Deutschen Bundesversammlung am 17. Juni 1865 in § 103 (S. 214) zur weiteren Begründung der Sukzessionsansprüche des Großherzogs von Oldenburg die Nachreichung eines gedruckten Exemplars der „Wiener Actenstücke zur Schleswig-Holsteinischen Successionsfrage, als Nachtrag zu den urkundlichen Beilagen der Begründung der Successionsansprüche Seiner Königlichen Hoheit des Großherzogs Nicolaus Friedrich Peter von Oldenburg auf die Herzogtümer Schleswig-Holstein", abgedruckt als Beilage zum Protokoll auf den Seiten 223 bis 295. Die Vorlage wurde dem Ausschuß für die Holstein-Lauenburgische Verfassungsangelegenheit zugewiesen.

Darauf folgte am 27. Juli (§ 148, S. 355 ff.) ein zweiter Antrag von Bayern, Sachsen und Großherzogtum Hessen, anknüpfend daran, daß der in dem Beschluß vom 6. April ausgesprochenen Erwartung bezüglich Holstein und Lauenburg noch nicht entsprochen war, „indem sich fortwährende Meinungsverschiedenheiten über das Erbrecht und über die künftigen Beziehungen dieser Länder zu dem Königreich

Preußen entgegengestellt haben". Der Antrag, zu dem sich die drei
Staaten veranlaßt sahen, lautete:
„Hohe Bundesversammlung wolle beschließen:

1. an die höchsten Regierungen von Österreich und Preußen die Anfrage zu richten, welche Schritte sie getan haben oder zu tun beabsichtigen, um eine definitive Lösung der bezüglich der Elbherzogtümer noch schwebenden Fragen herbeizuführen; ob dieselben insbesondere gesonnen sind, eine aus freien Wahlen hervorgehende
allgemeine Vertretung des Herzogtums Holstein in Gemeinschaft
mit einer gleichen Vertretung des Herzogtums Schleswig zur Mitwirkung bei jener Lösung zu berufen, und für welchen Zeitpunkt
diese Einberufung, deren Beschleunigung sich ... als in hohem
Grade wünschenswert darstellt, in Aussicht genommen werden
kann;

2. an dieselben höchsten Regierungen das Ersuchen zu stellen, daß
sie auf die Aufnahme des Herzogtums Schleswig in den Deutschen
Bund hinwirken;

3. für diesen Fall und sobald die in dem Bundesbeschlusse vom
6. April d. J. ausgesprochene vertrauensvolle Erwartung sich erfüllt
haben werde, die Bereitwilligkeit zum Verzicht auf den Ersatz der
Executionskosten bezüglich Holsteins und Lauenburgs und zur
Beteiligung an Tragung der Kriegskosten bezüglich Schleswigs zu
erklären, sei es, daß der Bund in seiner Gesamtheit für die Kriegskosten aufkommt, oder daß ein verhältnismäßiger Anteil von denjenigen Bundesstaaten, welche an der Kriegführung nicht beteiligt
waren, übernommen wird."

Der Antrag wurde auf Vorschlag des Präsidiums dem Ausschuß für
die Holstein-Lauenburgische Verfassungsangelegenheit zugewiesen.
Aus der – wenig befriedigenden – Antwort der beiden Großmächte in
ihrer gemeinsamen Erklärung vom 24. August (§ 172, S. 387 ff.) zitieren wir:
„Die Regierungen von Österreich und Preußen haben inzwischen es
für die nächste Aufgabe erachten müssen, die Schwierigkeiten zu beseitigen, welche sich aus der bisherigen nicht zweckentsprechenden
Form der Ausübung der durch den Art. III des Wiener Friedens vom
30. Oktober 1864 erworbenen Rechte ergeben hatten, um dadurch
Raum für die weiteren Verhandlungen über eine definitive Lösung zu
gewinnen. Es gereicht den beiden Regierungen zur Befriedigung, ho-

her Bundesversammlung nunmehr mitteilen zu können, daß es ihren Bemühungen gelungen ist, über eine jene Schwierigkeiten beseitigende Organisation der Verwaltung der Herzogtümer sich zu verständigen, und die Gesandten sind beauftragt, hoher Bundesversammlung von dem in dieser Beziehung am 14. August l.J. verabredeten und am 20. desselben Monats von den beiden Monarchen genehmigten Übereinkommen durch die Überreichung der anliegenden beglaubigten Abschriften desselben Mitteilung zu machen.

Hohe Bundesversammlung wird hieraus die Überzeugung gewinnen, daß die Regierungen von Österreich und Preußen ernstlich bemüht sind, die Frage der Elbherzogtümer einer definitiven Lösung zuzuführen und die derselben noch entgegenstehenden Schwierigkeiten zu beseitigen.

Die einzelnen in dem Antrage der hohen Regierungen von Bayern, Königreich Sachsen und Großherzogtum Hessen erwähnten Punkte sind gegenwärtig Gegenstand der weiteren Verhandlung zwischen Österreich und Preußen. Die beiden Regierungen hegen die Zuversicht, daß diese Verhandlungen zu einem allseitig befriedigenden Ergebnis führen werden, und ersuchen die hohe Bundesversammlung, diesem Ergebnis mit Vertrauen entgegenzusehen, indem sie sich weitere Mitteilungen vorbehalten."

Das erwähnte Übereinkommen ist dem Protokoll als Beilage zugefügt (S. 391 bis 394), es ist betitelt:
„Übereinkunft zwischen Ihren Majestäten dem Kaiser von Österreich und dem König von Preußen, zu Gastein abgeschlossen am 14. und in Salzburg ratificiert am 20. August 1865." Wir zitieren daraus:

„Art. 1. Die Ausübung der von den hohen vertragschließenden Teilen durch den Art. 3 des Wiener Friedenstractates vom 30. Oktober 1864 gemeinsam erworbenen Rechte wird, unbeschadet der Fortdauer dieser Rechte beider Mächte an der Gesamtheit beider Herzogtümer, in Bezug auf das Herzogtum Holstein auf Seine Majestät den Kaiser von Österreich, in Bezug auf das Herzogtum Schleswig auf Seine Majestät den König von Preußen übergehen."

„Art. 9. Seine Majestät der Kaiser von Österreich überläßt die im mehrerwähnten Wiener Friedensvertrage erworbenen Rechte auf das Herzogtum Lauenburg Seiner Majestät dem Könige von Preußen, wogegen die Königlich-Preußische Regierung sich verpflichtet, der

Kaiserlich-Österreichischen Regierung die Summe von zwei Millionen fünfmalhunderttausend Dänische Reichstaler zu entrichten, in Berlin zahlbar in Preußischem Silbergelde vier Wochen nach Bestätigung gegenwärtiger Übereinkunft durch Ihre Majestät den Kaiser von Österreich und den König von Preußen."

Preußens Gesandter ergänzte die abgegebene gemeinsame Erklärung dahingehend, „daß seine allerhöchste Regierung nicht verfehlen wird, hoher Bundesversammlung über den bevorstehenden Regierungsantritt Seiner Majestät des Königs in Lauenburg und die Vertretung dieses Herzogtums im Bunde seiner Zeit geeignete Anzeige zu machen". Auf Antrag des Präsidiums wurden die gemeinsame Erklärung und die preußische Ergänzung dem Ausschuß für die Holstein-Lauenburgische Verfassungsangelegenheit zugewiesen. Mit ihrer Zustimmung hierzu verbanden eine Verwahrung bezüglich ihrer zum Teil seit langem geltend gemachten Ansprüche auf das Herzogtum Lauenburg: das Königreich Sachsen, Kurhessen, die Großherzoglich und Herzoglich Sächsischen Häuser, Nassau, Mecklenburg und Anhalt.

Die drei Staaten Bayern, Sachsen und Großherzogtum Hessen vermochten in den Erklärungen von Österreich und Preußen keine genügende Antwort auf ihren Antrag vom 27. Juli zu erblicken. In der ersten Sitzung nach der Sommerpause, die gegen ihren Widerspruch von der Bundesversammlung am 31. August (§ 182, S. 398 ff.) beschlossen wurde, brachten die drei Staaten ihr Anliegen vor. Ihre Erklärung am 4. November (§ 186, S. 441 ff.) lautete zum Schluß: „Um von allen übrigen Punkten zu schweigen, genügt es, ins Auge zu fassen, daß das genannte Provisorium (Die Gasteiner Übereinkunft; d. V.) gerade von dem Hauptsatze abweicht, welcher bisher sowohl von den Herzogtümern selbst als von der hohen Bundesversammlung der Verteidigung und Wahrung ihrer Rechte zu Grunde gelegt worden ist, – von dem Grundsatze der unteilbaren Zusammengehörigkeit beider Lande, und daß von einer Beteiligung der Bevölkerung und ihrer Vertreter an der endgültigen Regelung weder in der Convention vom 20. August d. J., noch in den Erklärungen vom 24. August d. J. die mindeste Andeutung enthalten ist.
Die antragstellenden Regierungen erachten daher die hohe Bundesversammlung ebenso berechtigt als verpflichtet, gerade jetzt, während die Verhandlungen über die definitive Ordnung noch schweben, sich auszusprechen und darauf hinzuwirken, daß das Resultat dieser Ver-

handlungen den allseitigen Rechten entspreche. Da jedoch kein Mittel zu Gebote steht, die Majorität des Ausschusses zur Vortragserstattung zu bestimmen, so wenden sich die genannten Regierungen unmittelbar an die hohe Bundesversammlung, indem sie den Antrag vom 27. Juli d. J. in der durch die späteren Ereignisse gebotenen Modification wiederholen und um Abstimmung über denselben ohne Verweisung an den Ausschuß ersuchen.

Aus diesen Erwägungen stellen die genannten Regierungen den Antrag:

Hohe Bundesversammlung wolle beschließen:

an die höchsten Regierungen von Österreich und Preußen das Ersuchen zu richten,

1. daß sie baldigst eine aus freien Wahlen hervorgehende allgemeine Vertretung des Herzogtums Holstein berufen, um zur definitiven Lösung der bezüglich der Elbherzogtümer noch schwebenden Fragen mitzuwirken;

2. daß sie auf die Aufnahme des Herzogtums Schleswig in den Deutschen Bund hinwirken.

Zugleich beantragen die genannten Regierungen, daß über diesen ihren Antrag in einer der nächsten Sitzungen der hohen Bundesversammlung abgestimmt werde.

Indem die genannten Regierungen solchem nach ihren unterm 27. Juli d. J. eingebrachten Antrag, soviel die Punkte 1 und 2 desselben betrifft, hiermit zurückziehen, haben sie dagegen über den Punkt 3 letztgedachten Antrages der Vortragserstattung des Ausschusses entgegenzusehen."

Darauf wurde „nach stattgefundener vertraulicher Erörterung eine Frist von 14 Tagen zur Abstimmung über die geschäftliche Behandlung des vorliegenden Antrages festgesetzt".

In der Tat wurde hierüber am 18. November verhandelt (§ 205, S. 475 bis 479). Österreich und Preußen erklärten:

„Bereits früher haben die Regierungen von Österreich und Preußen die Absicht ausgesprochen, auf eine Berufung der Ständeversammlung des Herzogtums Holstein Bedacht nehmen zu wollen. Es ist in diesen Intentionen auch jetzt eine Änderung nicht eingetreten, nachdem die Ausübung der Souveränitätsrechte im Herzogtume Holstein auf Seine Majestät den Kaiser von Österreich übergegangen ist, jedoch muß die Wahl des Zeitpunktes für die Berufung der Stände noch weiterer Erwägung vorbehalten bleiben und kann der gegenwärtige Augenblick als dazu nicht geeignet erscheinen. Seiner Zeit werden die beiden allerhöchsten Regierungen gern bereit sein, der hohen Bundesversammlung, sobald die Sache so weit gediehen sein wird, weitere Mitteilung zukommen zu lassen.

Auf die unter Punkt 2 des Antrages gestellte Anfrage wegen Aufnahme des Herzogtums Schleswig in den Deutschen Bund sind die beiden Regierungen nur in der Lage, zu erwidern, daß sie in eine eingehende Erörterung dieser Frage für jetzt einzutreten aus maßgebenden Gründen sich nicht veranlaßt sehen können.

Wenn auch nach dem Dafürhalten der beiden allerhöchsten Regierungen der vorbezeichnete Antrag mit dieser Erklärung im Wesentlichen schon eine Erledigung finden dürfte, so sind gleichwohl die Gesandten, mit Rücksicht auf den Umstand, daß eventuell im Ausschusse sich die Gelegenheit weiterer Äußerung und Erörterung ergeben dürfte, beauftragt, die Verweisung des Antrages nebst dieser von ihnen abgegebenen Erklärung an den Ausschuß für die Holstein-Lauenburgische Verfassungsangelegenheit zu befürworten."

Demgegenüber beharrte Bayern auf „Festsetzung eines Termines zur Abstimmung ... ohne Verweisung an den Ausschuß".

Für den österreichisch-preußischen Antrag erklärten sich acht Stimmen, für den bayerischen sieben; Luxemburg enthielt sich der Abstimmung. Die drei Staaten, die die Anträge vom 27. Juli und 4. November gestellt hatten, zeigten sich über die erlittene Niederlage erbittert, wie aus ihrer nach der Abstimmung abgegebenen Erklärung hervorgeht. Diese endet:

„Die Regierungen von Bayern, Königreich Sachsen und Großherzogtum Hessen verzichten darauf, in eine nähere Darlegung dessen einzugehen, was Seitens der hohen Regierungen von Österreich und Preußen inmittelst geschehen ist. Es erscheint ihnen müßig, daran zu erinnern, daß Schritte geschehen sind, welche mehr und mehr darauf abzielen, die nationale Frage von Schleswig-Holstein einem tatsächlichen Abschlusse zuzuführen, ohne die Stimme des erbberechtigten Fürsten, der Herzogtümer selbst und des Deutschen Bundes zu hören und zur Geltung kommen zu lasssen.

Wenn die Mehrheit hoher Bundesversammlung, wie es den Anschein gewinnt, gemeint ist, sich diesem Verlaufe gegenüber, wenn nicht aus-

drücklich billigend, doch stillschweigend zu verhalten, so haben die
genannten drei Regierungen diesen Mehrheitsbeschluß, so tief sie
denselben – ihrer innersten Überzeugung nach – beklagen müssen,
dennoch zu achten, und es steht nicht in ihrer Macht, ihren Bestrebungen für eine andere Haltung des Bundes den gewünschten Erfolg
zu verschaffen. Wohl aber glauben sie, nachdem sie alle ihnen nach
der Bundesverfassung zu Gebote stehenden Mittel erschöpft haben,
sich selbst schuldig zu sein, zu erklären, daß, sofern und solang nicht
dem Bunde zu einer von der Grundlage des Rechtes ausgehenden Beratung und Beschlußfassung Aussicht geboten wird, sie ihre Aufgabe
und Tätigkeit in dieser Angelegenheit innerhalb der Bundesversammlung als abgeschlossen betrachten und sich auf eine laute und entschiedene Verwahrung gegen jede dieser Grundlage fremde Abma-
chung beschränken werden."

8. Die Zerstörung des Bundes

Schon das unterschiedliche Verhalten der beiden deutschen Großmächte gegenüber dem Antrag von Bayern, Sachsen und Großherzogtum Hessen vom 27. März 1865 (s. S. 425 ff.) beleuchtete in aller
Deutlichkeit den Tatbestand ihrer Uneinigkeit in der schleswig-holsteinischen Angelegenheit. Österreich hielt daran fest, dem Erbprinzen von Augustenburg entsprechend der einmütigen Bekundung der
deutschen Großmächte und des Deutschen Bundes in London am
28. Mai 1864 (s. S. 416) die Regierungsgewalt in Schleswig-Holstein
zu übertragen. Preußen hingegen war bestrebt, unter dem Vorwand
einer eingehenden Prüfung der Ansprüche anderer Prätendenten die
Regelung der Erbfolgefrage hinauszuschieben in der Hoffnung, daß
der Zeitgewinn seinen Plan einer Annexion der Herzogtümer begünstigen würde. Die Möglichkeit einer kriegerischen Auseinandersetzung zwischen den beiden Großmächten deutete sich schon im Sommer 1865 an. Indessen kam es in Bad Gastein noch einmal zur Wiederherstellung des Einvernehmens zwischen Österreich und Preußen,
dem aber keine lange Dauer beschieden war.

Nachdem Österreich die Verwaltung von Holstein und Preußen die
von Schleswig übernommen hatten, verfolgten sie in den von ihnen
besetzten Herzogtümern entgegengesetzte Tendenzen. Preußen

erachtete jegliches öffentliches Auftreten des augustenburgischen Erbprinzen als unfreundlichen Akt, der seinem Ansehen schade. Österreich unternahm wenig, um den Erbprinzen in seiner Werbung um Vertrauen in Holstein zu behindern. Anders verfuhr Preußen in Schleswig, wo dem Erbprinzen anhangende Beamte ihres Postens enthoben wurden. Das gegensätzliche Verhalten der beiden Großmächte verursachte Reibereien, die das neuerlich mühsam wiederhergestellte Einvernehmen sehr bald völlig zerstörten.

Bismarck verstand es, in König Wilhelm Mißtrauen gegenüber dem Erbprinzen hinsichtlich dessen Einstellung zu Preußen zu erwecken und so den König allmählich für den Plan eines Erwerbs der Herzogtümer für Preußen zu gewinnen. In dem Kronrat, den der König für den 28. Februar 1866 einberief, äußerte dieser, daß er notfalls für den Erwerb von Schleswig-Holstein zum Krieg gegen Österreich bereit sei, den friedlichen Erwerb aber vorzöge. Erst von da ab war Bismarck wirklich entschlossen, auf den Kriegsausbruch unter für Preußen günstigen Voraussetzungen hinzuarbeiten.

Es war nicht nur der Gegensatz in der schleswig-holsteinischen Frage, der trennend zwischen Österreich und Preußen stand. Stark belastet wurde ihr Verhältnis zueinander seit langem durch die ausstehende Bundesreform, die zumindest seit dem Jahre 1848 als notwendig erkannt war. Die Paulskirche scheiterte mit ihrem Bemühen um eine Neuordnung der deutschen Verfassungsverhältnisse. Dasselbe Schicksal erlitt Friedrich Wilhelm IV. mit seinem Unionsplan. Die Dresdener Konferenz unter der Leitung von Schwarzenberg hätte vielleicht die Möglichkeit einer Bundesreform geboten. Dies hätte jedoch die grundsätzliche vorgängige Einigung zwischen Österreich und Preußen vorausgesetzt; aber diese war nicht zu erreichen. Preußen begehrte Gleichstellung mit Österreich im Deutschen Bund, und Österreich war nicht bereit, seine Vormachtstellung preiszugeben. Schwarzenberg und seine Nachfolger besaßen wohl nicht das gleiche Geschick und die gleiche Geduld und Kompromißbereitschaft wie zuvor der Staatskanzler Metternich, dem in zähem Bemühen die Errichtung des Deutschen Bundes und seine Sicherung bis zum Revolutionsjahr 1848 gelang. Nachdem man sich in Dresden nicht auf einen Reformplan einigen konnte, kehrten die deutschen Staaten im Jahre 1851 zur alten Bundesverfassung zurück. Damit war der Gedanke an die Notwendigkeit einer Reform des Bundes nicht aufgegeben, son-

dern in der Schwebe geblieben. Bismarck setzte sich, während er preußischer Bundestagsgesandter war und später als Ministerpräsident,
leidenschaftlich dafür ein, Preußens Stellung im Deutschen Bund zu
stärken, jedoch ohne wesentlichen Erfolg.

In einem Privatschreiben an den Minister Manteuffel vom 26. April
1856, abgedruckt bei Poschinger, Teil 2, S. 359 bis 368, hat Bismarck
seine Gedanken zur preußischen Lage nach Beendigung des Krim-
kriegs ausführlich dargelegt. Zur Stellung Preußens gegenüber Österreich äußerte er:

„Nach der Wiener Politik ist einmal Deutschland zu eng für uns
beide; so lange ein ehrliches Arrangement über den Einfluß eines jeden in Deutschland nicht getroffen und ausgeführt ist, pflügen wir
beide denselben streitigen Acker, und so lange bleibt Österreich der
einzige Staat, an den wir nachhaltig verlieren, und von dem wir nachhaltig gewinnen können." (S. 364)

Bismarck bekannte sich also zu der Möglichkeit einer bundesvertrag-
lich gesicherten gemeinsamen Lenkung Deutschlands durch Österreich und Preußen nach Einigung „über den Einfluß eines jeden in
Deutschland". Aber er hielt es für wenig wahrscheinlich, eine solche
Einigung tatsächlich zu erreichen. Er fährt in seinem Schreiben nach
einem Zwischenabsatz fort:

„Ich beabsichtige, mit diesem Raisonnement keineswegs zu dem
Schlusse zu gelangen, daß wir jetzt unsere Politik darauf richten sollen, die Entscheidung zwischen uns und Österreich unter möglichst
günstigen Umständen herbeizuführen. Ich will nur meine Überzeugung aussprechen, daß wir in nicht zu langer Zeit für unsere Existenz
gegen Österreich werden fechten müssen, und daß es nicht in unserer
Macht liegt, dem vorzubeugen, weil der Gang der Dinge in Deutschland keinen anderen Ausweg hat." (S. 365)

Wenn nach Bismarcks Meinung eine kriegerische Auseinandersetzung
mit Österreich in naher Zukunft unvermeidlich war, so waren die
Verhältnisse im ersten Halbjahr 1866 geeignet, den Ausbruch des
Krieges anzustreben. Ohne den Gegensatz in Fragen der Bundesre-
form hätte sich wohl eine beide Großmächte befriedigende Lösung
der schleswig-holsteinischen Frage finden lassen. Zwar widerstrebte
Kaiser Franz Joseph dem Gedanken, gegen eine Geldabfindung seine
Rechte auf den Besitz von Holstein zufolge der Gasteiner Überein-

kunft an Preußen abzutreten, und König Wilhelm dem Gedanken eines Ländertausches, indem Österreich für den Verzicht auf Holstein etwa die seit 1849 zu Preußen gehörigen hohenzollernschen Fürstentümer anzubieten wären, aber bei seiner Fähigkeit, den König von der Richtigkeit seiner Auffassung und der Notwendigkeit, entsprechend zu handeln, zu überzeugen, hätte es Bismarck wohl gelingen sollen, einen gangbaren Weg mit Österreich auszuhandeln. Für Lauenburg war ja ohnehin bereits die Geldabfindung in der Übereinkunft von Gastein vereinbart worden. Für Holstein konnte neben einer symbolischen Gebietsabtretung, die nicht als hinreichend gelten mochte, also auch eine Geldzahlung erwogen werden. Da Bismarck indessen die Umstände für einen Krieg als für Preußen günstig erachtete, konnte es ihm nur recht sein, daß die Monarchen in der schleswig-holsteinischen Frage nicht übereinstimmten. Er verstand es vielmehr, in seinem König Mißtrauen gegenüber Österreich und dessen Kaiser wie bereits früher gegenüber dem Erbprinzen von Augustenburg zu erwecken.

Österreich befand sich in einer recht mißlichen Lage; es hatte mit inneren Schwierigkeiten, mit der Unzufriedenheit der nichtdeutschen Völkerschaften wie auch mit finanziellen Sorgen, zu kämpfen. Von Italien aus bestand das Begehren, auch Venetien zu gewinnen, nachdem sich die Lombardei schon seit 1859 in seinem Besitz befand. In diesem Bemühen erfreute sich Italien moralischer Unterstützung durch Kaiser Napoleon. Es lag daher für Preußen nahe, sich der Waffenhilfe Italiens und der Neutralität Frankreichs zu vergewissern, wenn es zwischen den beiden deutschen Großmächten zum Krieg käme. Für seine militärische Unterstützung konnte Italien für den Fall eines Sieges, mit dem die militärische Leitung Preußens bei einem Zwei-Fronten-Krieg Österreichs rechnete, der Erwerb Venetiens versprochen werden.

Der Kriegsgrund sollte nach Bismarcks Willen aber nicht die schleswig-holsteinische Angelegenheit sein, sondern die Bundesreform, die Österreich unmöglich in der schließlich von Preußen begehrten Weise zugestehen konnte. Als am 8. April 1866 in einem geheimen Vertrag eine Offensiv- und Defensivallianz zwischen Preußen und Italien zustande kam, ging Italien darin die Verpflichtung ein, seinerseits in den Krieg einzutreten, wenn Preußen diesen binnen drei Monaten bei Scheitern seiner Bundesreformpläne an Österreich erklärte. Wenn es innerhalb der Frist von drei Monaten nicht zum Krieg käme, sollte der Vertrag erlöschen.

Am 9. April (§ 90, S. 99 bis 104), also am Tage nach Abschluß des Geheimvertrags, brachte Preußen in der Bundesversammlung seinen Reformantrag vor. In der einleitenden Erklärung nahm es auf den Fürstentag in Frankfurt im Januar 1863 Bezug, den letzten Reformversuch, der von Österreich ausging. Er scheiterte, weil Preußens König auf Betreiben Bismarcks dem Fürstentag fernblieb und den mit Mehrheit gefaßten Beschlüssen, nachdem sie ihm mitgeteilt waren, eine klare Absage erteilte. Der österreichische Reformversuch erwies sich als ein Schlag ins Wasser. In den Protokollen der Bundesversammlung ist nichts darüber zu lesen, bis Preußen es für gut befand, sich für seinen Reformvorschlag auf Österreichs Bemühen im Jahre 1863 zu beziehen. Wir zitieren:

„Die Königliche Regierung will nur noch an die ... Berufung des Fürstentages nach Frankfurt a. M. im Jahre 1863 erinnern. Österreich hat damals erklärt, daß weder es selbst, noch Preußen ‚sich mit irgend einem Grade von Vertrauen auf den Bund in seinem jetzigen Zustande stützen könne‘, und es hat die Hoffnung, ‚daß die morschen Wände den nächsten Sturm noch aushalten möchten‘, als einen bloßen Wunsch bezeichnet, der dem Gebäude die nötige Festigkeit nicht wiedergeben könne. Wenn gleich Preußen an den damaligen zur Abhülfe dieses Zustandes eingeleiteten Schritten nicht hat Teil nehmen können, so hat es doch ausdrücklich auch seinerseits bei dieser Gelegenheit Veranlassung genommen, das Bedürfnis der Reform anzuerkennen, und in seiner Eröffnung an die deutschen Regierungen vom 22. September 1863 sich darüber klar ausgesprochen. Seit jener Zeit sind wichtige Ereignisse eingetreten, welche die Schäden der bestehenden Bundesverhältnisse in ein noch helleres Licht gestellt haben, ...
Zunächst hat der Dänische Krieg gezeigt, daß der Bund in seiner gegenwärtigen Gestalt für die Sicherstellung der nationalen Unabhängigkeit und für die Erfordernisse einer activen Politik, ..., auch unter den günstigsten Verhältnissen nicht ausreichend ist. Denn selbst hier, wo die beiden deutschen Großmächte in voller Einigkeit der Nation vorangingen, hat es auf Grund der Bundesinstitutionen nicht gelingen wollen, Deutschland an einer activen, nationalen und erfolgreichen Politik Teil nehmen zu lassen.“

Wir übergehen einige Absätze und fahren fort (S. 100 u.):

„Einen ernsthaften Antagonismus aber zwischen Österreich und Preußen können die Bundesverhältnisse nicht ertragen, und die gegenwärtige gespannte Situation zwischen beiden Mächten hebt daher in Wahrheit gerade die Voraussetzungen auf, welche allein die volle Durchführung der Bundesverfassung möglich machen.

Von diesem Gesichtspunkte aus sah sich die Königliche Regierung veranlaßt, an die einzelnen deutschen Bundesregierungen sich zu wenden und an sie eine Anfrage über die von ihnen zu erwartende Unterstützung im Falle eines Angriffes gegen Preußen zu richten. Die hierauf erhaltenen Erwiderungen können indes der Königlichen Regierung in keiner Weise zu einer Beruhigung dienen, welche sie über die Unzulänglichkeit der Bundesverfassung selbst hinwegsehen ließe. Im Angesicht drohender Österreichischer Rüstungen ist die Königliche Regierung von den übrigen deutschen Regierungen auf den Artikel XI der Bundesacte verwiesen worden, d. h. auf einen in der Bundesversammlung zu stellenden Antrag, während dessen Prüfung und Beratung die Rüstungen und Kriegsvorbereitungen ihren Fortgang gehabt haben würden und voraussichtlich lange vor der Fassung eines Bundesbeschlusses auf einen Punkt gediehen sein dürften, wo sich der Krieg unmittelbar aus denselben entwickelt hätte. Ein solcher Hinweis auf Artikel XI kann daher nur bedeuten, daß Preußen in dem bezeichneten Falle ganz allein auf sich und seine eigene Kraft angewiesen sein und ihm die Hülfe des Bundes in jedem Falle zu spät kommen würde."

Wir verzichten auf weitere Zitate aus der langen Erklärung. Der auf sie gestützte Antrag Preußens lautete:

„Hohe Bundesversammlung wolle beschließen:

eine aus direkten Wahlen und allgemeinem Stimmrecht der ganzen Nation hervorgehende Versammlung für einen noch näher zu bestimmenden Tag einzuberufen, um die Vorlagen der deutschen Regierungen über eine Reform der Bundesverfassung entgegenzunehmen und zu beraten,

in der Zwischenzeit aber, bis zum Zusammentritt derselben, durch Verständigung der Regierungen unter einander diese Vorlagen festzustellen." S. 103)

Auf Vorschlag des Präsidiums wurde beschlossen, „diesen Antrag sofort zur Kenntnis der höchsten und hohen Regierungen zu bringen und die geschäftliche Behandlung desselben einer in der nächsten Woche anzuberaumenden Sitzung vorzubehalten."

Als diese am 21. April stattfand (§ 104, S. 114 bis 121), beantragte Österreich, den preußischen Reformantrag an einen besonderen Ausschuß zu überweisen. Die Bundesversammlung nahm den Antrag Österreichs an und wählte den besonderen Ausschuß, bestehend aus neun Mitgliedern, darunter die Gesandten von Österreich und Preußen, und zwei Stellvertretern, am 26. April (§ 113, S. 129).

Die Erklärung, die Österreich bei Stellung seines Antrags am 21. April abgab, erscheint uns als so aufschlußreich, daß wir sie in fast vollem Umfang anführen:

„An der Stelle selbst, wo diese hohe Versammlung tagt, haben vor nicht langer Zeit die eigenen Worte Seiner Majestät des Kaisers für das Bedürfnis einer zeitgemäßen Entwickelung der Gesamtverfassung Deutschlands ein erhabenes Zeugnis abgelegt. Ein sorgfältig erwogener und strenge gegliederter Vorschlag zu einer Umgestaltung der Bundeseinrichtungen hat damals den aufrichtigen Ernst und den für die gesamte deutsche Nation wohlmeinenden Charakter der Kaiserlichen Initiative betätigt. Sämtliche Bundesgenossen des Kaisers, die Fürsten und freien Städte Deutschlands mit alleiniger Ausnahme Seiner Majestät des Königs von Preußen, haben sich an den Beratungen über jenen Vorschlag beteiligt, und ihr hochsinniges Zusammenwirken hat zu einem Einverständnisse geführt, welches, wäre ihm nicht die mächtige Stimme Preußens versagt geblieben, ein volkstümliches Element in das Bundesleben eingeführt und den Beginn einer fruchtbaren und Deutschlands würdigen Entwickelung des Föderativprinzips bezeichnet haben würde. Preußen stützte sich damals auf keinen Gegenvorschlag. Es begnügte sich damit, durch jene Erklärung vom 22. September 1863, auf welche der jetzt gestellte Antrag sich zurückbezieht, und welche das Kaiserlich-Österreichische Cabinet durch ein Memorandum vom 30. Oktober desselben Jahres beantwortete, die Mitwirkung Preußens zu Verhandlungen über Reform des Bundes von gewissen Vorbedingungen abhängig zu machen. Weit entfernt, ein zusammenhängendes System darzustellen, schienen diese Vorbedingungen damals keinen anderen praktischen Zweck, als den der Negation gegenüber den Vorschlägen Österreichs erfüllen zu sollen. Jetzt ist es die Regierung Preußens, welche an die hohe Bundesversammlung mit der Aufforderung zu erneuten Verhandlungen über

Bundesreform herantritt. Wie immer im Augenblicke, ..., die Lage der Verhältnisse im Deutschen Bunde beschaffen sein möge, die Kaiserliche Regierung wird sich, ..., der Pflicht unbefangener Prüfung der Anträge Preußens nicht entziehen. Allein sie muß hervorheben, daß die Reformen, welche die Königlich-Preußische Regierung für heilsam und ausführbar hält, sich nicht einmal in den allgemeinsten Umrissen erkennen lassen, ... Der Berliner Hof hat ohne Zweifel seinen wichtigen Entschluß nicht gefaßt, ohne mit sich über die Zielpunkte einer Revision der deutschen Bundesverfassung vollkommen im Reinen zu sein, und demgemäß die Vorschläge festgestellt zu haben, welche nach seiner Ansicht den Gegenstand eines Einverständnisses zwischen den Regierungen und einer Vereinbarung zwischen diesen und einer aus direkten Volkswahlen hervorgehenden Versammlung bilden sollen. Die hohe Bundesversammlung aber wird vor Allem diese Vorschläge kennen müssen, ehe sie in eine Verhandlung wieder eintritt, ..., und der Kaiserliche Hof wird sonach zunächst seinem Vertreter keine andere Instruction zu erteilen im Stande sein, als daß der Bund vor allem Weiteren den Vorlagen der Königlich-Preußischen Regierung entgegenzusehen habe.

Österreich findet sich übrigens durch die dem Antrage vom 9. d. M. zu Grunde gelegten Motive noch zu einer anderen Erklärung veranlaßt.

Die Regierung Preußens ist mit ihrem Antrage zu einem Zeitpunkte hervorgetreten, in welchem das oberste Gesetz des Bundes, das Gesetz brüderlichen Friedens zwischen seinen Mitgliedern, zum tiefen Bedauern des Kaiserlichen Hofes seine Wirkung versagen zu wollen schien. Ernste Besorgnisse des Ausbruches eines unseligen Kampfes sind den Vaterlandsfreunden nicht erspart geblieben. Um so wichtiger ist es für die Regierung Seiner Majestät des Kaisers Franz Joseph, bei jedem neuen Anlasse zu constatieren, daß die Verantwortlichkeit für die Entstehung dieser Besorgnisse sie nicht treffe, und einen solchen Anlaß muß sie nunmehr auch in den Aufstellungen der Königlich-Preußischen Erklärung vom 9. d. M. erkennen. Der Gedanke einer Gefährdung Preußens geht durch diese ganze Darlegung ... Und doch hatte die Kaiserliche Regierung bereits vor Einbringung des Preußischen Antrages vom 9. d. M. die Unterstellung, als sei von Seiten Österreichs eine Verletzung des Artikels XI der Bundesacte und des Artikels 19 der Wiener Schlußacte zu besorgen, durch eine feierliche Erklärung von sich gewiesen. Sie wiederholt hiermit ... diese am

31. v. M. zu Berlin abgegebene Erklärung, indem sie die hohe Versammlung ersucht, eine Abschrift derselben zu ihren Acten nehmen zu wollen. Mit Befriedigung darf sie übrigens hinzufügen, daß seitdem auch der Hof von Berlin sich über seine Absichten in beruhigendem Sinne ausgesprochen hat, und sonach die Hoffnung begründet ist, es werde dem deutschen Vaterlande unverweilt jene volle Sicherheit der Erhaltung des inneren Friedens zurückgegeben werden, welche ein unverletzliches Gesetz des Bundesvertrages und ohne Zweifel auch die erste und dringendste Vorbedingung für eine gedeihliche, von gegenseitigem Wohlwollen getragene Beratung über Bundesreform bildet. Wenn in dem Antrage vom 9. d. M. gesagt ist, daß die gegenwärtige gespannte Situation zwischen Österreich und Preußen die Voraussetzungen aufhebe, welche allein die volle Durchführung der Bundesverfassung möglich machen, so wird wohl mit mehr Recht entgegnet werden dürfen, daß diese Spannung, so lange sie nicht ihre Lösung im Geiste der Bundesverträge und in aufrichtiger Anerkennung der Gesamtinteressen Deutschlands gefunden habe, die Möglichkeit einer erfolgreichen gemeinsamen Verhandlung über Revision der Bundesverfassung suspendiere."

Die erwähnte, zu Berlin am 31. März abgegebene Erklärung (abgedruckt im Prot. S. 124) enthält als Kern die Feststellung, „daß den Absichten Seiner Majestät des Kaisers nichts ferner liege, als ein offensives Auftreten gegen Preußen".

Das Königreich Sachsen benutzte die Abstimmung vom 21. April, auf die Leistungen des Bundes in dem Konflikt mit Dänemark hinzuweisen, indem es ausführte:

„Der Deutsche Bund darf aber auch den Vorwurf zurückweisen, daß er in dieser Frage an einer nationalen und erfolgreichen Politik nicht Teil genommen habe. Er ist berufen worden, im Rate der europäischen Cabinete seine Stimme vernehmen zu lassen, und weil er sich in der Lage erhalten hatte, dem einmütigen Verlangen des deutschen Volkes rückhaltlosen Ausdruck leihen zu können, ist seine Stimme nicht erfolglos verhallt.

Daß aber in dieser nämlichen Epoche erwiesen worden sei, daß die Militäreinrichtungen des Bundes nicht in der für die Sicherheit Deutschlands unbedingt notwendigen Weise geordnet seien, ist eine Behauptung, deren nähere Begründung die Königliche Regierung um so mehr erwarten darf, als sie in eben dieser Zeit ihr Contingent zur

Verfügung des Bundes gestellt hat und ihr bisher bezüglich ihrer dies-
fallsigen Leistung Ausstellungen nicht bekannt geworden sind."
(S. 117)

Als Beispiel für ein notfalls schnelles Handeln des Bundes führte die
sächsische Erklärung an:

„Es darf nur daran erinnert werden, mit welcher Beschleunigung die
Bundesversammlung wegen Zurückziehung der Bundestruppen aus
Holstein Beschluß faßte, um an diesem Beispiele wenigstens das nach-
zuweisen, wie wenig die Voraussetzung einer Verschleppung in Fällen
drohender Conflicte gerechtfertigt sei." (S. 118)

Von preußischer Seite wurden die Kriegsvorbereitungen im April
1866 so dargestellt, als handle es sich nur um Sicherheitsvorkehrun-
gen gegenüber einer Bedrohung von österreichischer Seite. In Wahrheit aber war es umgekehrt. Österreich war der Gefahr eines Doppel-
angriffs von Norden und Süden ausgesetzt; denn auch in Italien wurden Kriegsvorbereitungen zur Eroberung von Venetien in einem
Krieg von Italien und Preußen gegen Österreich getroffen. Mit Recht
mobilisierte daher Österreich seine militärischen Kräfte. Durch die
Kriegsvorbereitungen der beiden ihm benachbarten deutschen Großmächte sah sich auch das Königreich Sachsen bedroht, weil der
Durchmarsch der gegnerischen Truppen der Großmächte im Falle eines Krieges zu befürchten war. Kein Wunder also, daß auch Sachsen
militärische Vorsichtsmaßnahmen traf, die nun Preußen als bedrohlich für sich hinstellte. Dies geschah in einer Depesche, die Bismarck
am 27. April an den preußischen Gesandten in Dresden zur Vorlage
bei dem sächsischen Minister Beust richtete (abgedruckt: Prot., S.
135 f.). Wir zitieren daraus:

„Die Natur unserer gegenwärtigen Beziehungen zu Österreich und
die geographische Lage Sachsens erlauben uns nicht, diese Vorbereitungen und Rüstungen unbeachtet zu lassen. Wir können es nicht
gleichgültig ansehen, wenn in einem solchen kritischen Augenblicke
ein Staat, dessen Haltung von Bedeutung für beide Teile ist, Maßregeln trifft, welche nur einen Sinn haben, wenn die Neutralität aufgegeben werden soll. Dazu kommt – zu meinem Bedauern muß ich es
aussprechen – daß die bisherige Stellung der Königlich-Sächsischen
Regierung und der in der Sächsischen officiösen Presse sich kundge-
bende Geist der Feindseligkeit gegen Preußen uns kaum eine andere
Annahme erlaubt, als daß diese Rüstungen gegen uns gerichtet seien."

Sachsen begnügte sich nicht mit der von Beust an den sächsischen Gesandten in Berlin zur Vorlage bei Bismarck gerichteten Antwort vom 29. April (abgedr.: Prot., S. 136 ff.), sondern brachte die Angelegenheit am 5. Mai (§ 117, S. 131 ff.) auch vor die Bundesversammlung mit dem Antrag:

„Hohe Bundesversammlung wolle ungesäumt beschließen, die Königlich-Preußische Regierung darum anzugehen, daß durch geeignete Erklärung dem Bunde mit Rücksicht auf Artikel XI der Bundesacte volle Beruhigung gewährt werde."

Mit Mehrheit wurde dies in der Bundesversammlung am 9. Mai beschlossen (§ 124, S. 143 bis 148). Aus der preußischen Abstimmung an diesem Tage zitieren wir:

„Die Kaiserlich-Österreichische Regierung hat in ihrer neuesten Mitteilung vom 4. d. M. die Verhandlung über eine gleichzeitige Zurücknahme der von Preußen gegenüber Österreich und Österreich gegenüber Preußen angeordneten militärischen Vorbereitungen für erschöpft erklärt. Die Königlich-Sächsische Regierung hat auf das Ersuchen um Aufklärung über ihre Rüstungen, welche am 27. v. M. an sie gerichtet wurde, unter dem 29. ejusd. eine Erwiderung gegeben, welche in keiner Weise eine Beruhigung gewähren konnte. ... Weder die von Sachsen geforderten Erklärungen, noch die dabei in Aussicht gestellten Gegenmaßregeln bezweckten etwas Anderes, als die vollständige Sicherstellung des Preußischen Gebietes. Da also hiernach diese Maßregeln, insoweit sie in das Leben getreten sind, einen entschieden defensiven Charakter an sich tragen, so sieht sich des Gesandten allerhöchste Regierung nicht in dem Falle, solche zurückzunehmen, bevor der Anlaß beseitigt ist, welcher sie hervorgerufen, und bis die Regierungen, welche mit den Rüstungen begonnen haben, auch mit der gewünschten Abrüstung vorangegangen sein werden. In diesem Sinne ist es die Preußische Regierung, welche mit Befremden in dem Königlich-Sächsischen Antrage die Verhältnisse umgekehrt sieht, und welche daher vielmehr ihrerseits von der Bundesversammlung erwarten darf, daß sie die hohen Regierungen von Sachsen und Österreich veranlassen werde, ihre eingestandenermaßen Preußen gegenüber getroffenen Rüstungen baldmöglichst einzustellen."

In der erwähnten Mitteilung vom 4. Mai, als Beilage zum Protokoll abgedruckt S. 149 f., wird österreichischerseits gesagt:

„..., daß wir ... die Verhandlung über eine gleichzeitige Zurücknahme der von Preußen gegenüber Österreich und von Österreich gegenüber Preußen angeordneten militärischen Vorbereitungen für erschöpft halten müssen. Durch die von uns in Berlin wie in Frankfurt
erteilten feierlichen Versicherungen steht fest, daß Preußen von uns
keine Offensive, Deutschland keinen Bruch des Bundesfriedens zu
besorgen habe. Eben so wenig beabsichtigt Österreich, Italien anzugreifen, wiewohl die Losreißung eines Teiles des Österreichischen
Staatsgebietes das bei jeder Gelegenheit offen ausgesprochene Programm der Florentiner Regierung bildet. Dagegen ist es unsere
Pflicht, für die Verteidigung der Monarchie zu sorgen, und wenn die
Regierung Preußens in unseren Defensivmaßregeln gegen Italien ein
Motiv erblickt, ihre eigene Kriegsbereitschaft aufrecht zu erhalten, so
bleibt uns nur übrig, dieser Pflicht, die keine fremde Kontrolle zuläßt,
Genüge zu tun, ohne uns in fernere Erörterungen über die Priorität
und den Umfang einzelner militärischer Vorkehrungen einzulassen."

Auf Grund eines Antrags der Regierungen von Bayern, Württemberg,
Baden, Großherzogtum Hessen, Sachsen-Weimar, Sachsen-Meiningen, Sachsen-Coburg-Gotha und Nassau zur „Wahrung des Bundesfriedens" vom 19. Mai (§ 128, S. 152 ff.) wurde von der Bundesversammlung am 24. Mai (§ 141, S. 170 ff.) „einhellig beschlossen: an alle
diejenigen Bundesglieder, welche militärische, über den Friedensstand
hinausgehende Maßnahmen oder Rüstungen vorgenommen haben,
das Ersuchen zu richten, in der nächsten Sitzung der Bundesversammlung zu erklären, ob und unter welchen Voraussetzungen sie bereit
seien, gleichzeitig und zwar von einem in der Bundesversammlung zu
vereinbarenden Tage an die Zurückführung ihrer Streitkräfte auf den
Friedensstand anzuordnen".

Aus den Erörterungen am 19. Mai erwähnen wir eine von Österreich
ausgesprochene Verdächtigung:
„Sicherem Vernehmen nach werden zwischen der Königlich-Preußischen und der Königlich-Hannöverischen Regierung Verhandlungen
gepflogen, welche zur Folge haben könnten, daß die Befolgung der
Bundesbeschlüsse, namentlich solcher, welche auf Grund des Artikels
XI der Bundesacte und des Artikels XIX der Wiener Schlußacte gefaßt würden, nicht unter allen Umständen gesichert wäre." (S. 154)

Dazu erklärte Hannover in der folgenden Sitzung, am 24. Mai, daß „man von der Königlichen Regierung nach ihrem Verhalten von jeher die Überzeugung hegen dürfe, daß sie sich vollkommen bewußt sei, was zu den in den Bundesgrundgesetzen enthaltenen Rechten und Pflichten der Bundesglieder gehört, und daß sie diese Pflichten auch in der gegenwärtigen Lage gewissenhaft inne halten werde." (§ 136, S. 165)

In der Tat war das Ergebnis der Verhandlungen zwischen Preußen und Hannover wegen eines Vertrages auf unbewaffnete Neutralität, worauf sich Österreichs Verdächtigung bezog, der Art, daß Hannover den Zeitpunkt damals für einen solchen Vertrag ungeeignet fand.

Aus Preußens Erklärung bei seiner Abstimmung am 24. Mai (§ 141, S. 170 f.) zitieren wir noch:

„Die Königliche Regierung, in voller Würdigung der Leiden, welche die bedrohliche Haltung einiger Bundesglieder schon jetzt in Gestalt der Stockung des Verkehrs und der Erwerbsquellen über Deutschland heraufbeschworen, hat ihrerseits rechtzeitig den Weg eingeschlagen, auf welchem dem Kriege vorgebeugt und sichere Bürgschaften gegen die Wiederkehr des unnatürlichen Verhältnisses gewonnen werden können, daß Deutsche gegen Deutsche unter Waffen stehen. Sie hat am 9. April die Berufung des deutschen Parlaments beantragt, in der Gewißheit, daß das Parlament den Frieden sichern wird. In dem einträchtigen Zusammenwirken der Regierungen und des Volkes für die Befriedigung gerechter Forderungen der Nation würde der drohende Zwiespalt sich lösen und die sichersten Bürgschaften des künftigen Bundesfriedens gefunden werden. ... Die schleunige Berufung des deutschen Parlaments wird daher das beste, vielleicht das einzige Mittel sein, den Krieg innerhalb des Bundes mit allen daran sich knüpfenden, für die Wohlfahrt und die Sicherheit Deutschlands verhängnisvollen Folgen zu verhüten. Die Königliche Regierung benutzt deshalb auch diesen Anlaß zu erneuter dringender und ernster Mahnung an ihre Bundesgenossen, dem deutschen Volke das Elend eines inneren Krieges zu ersparen, indem sie zu schleuniger Beschlußnahme über die am 9. April von Preußen beantragte Berufung der deutschen Volksvertretung schreiten."

Das Heil zur Lösung der Spannung zwischen den deutschen Staaten in der Berufung eines deutschen Parlaments zu suchen, dessen Zu-

standekommen und wirksames Eingreifen in die politischen Verhältnisse nicht von heute auf morgen möglich war, war doch wohl ein zu
verwegener Gedanke, den niemand ernst nehmen konnte.

An dem Tage der Beschlußfassung über den von Bayern und anderen
deutschen Staaten gestellten Antrag „zur Wahrung des Bundesfriedens" lag der Bundesversammlung ein Antrag von Oldenburg über
den „Erbanspruch Seiner Königlichen Hoheit des Großherzogs von
Oldenburg auf das Herzogtum Holstein" vor (§ 137, S..165 bis 169).
Zur Durchsetzung dieses Anspruchs sah sich Oldenburg veranlaßt,
Klage gegen „den Kaiser von Österreich als den gegenwärtigen Besit-
zer des Herzogtums Holstein" zu erheben. Die Erklärung der oldenburgischen Regierung schließt:
„Indem sie daher
    die Constituierung einer Austrägalinstanz
hierdurch beantragt, ersucht sie die hohe Bundesversammlung vertrauensvoll
    um die erforderlichen Verfügungen nach Maßgabe der Austrä-
    galordnung des Deutschen Bundes."

Auf Vorschlag des Präsidiums wurde der Antrag dem Ausschuß für
die Holstein-Lauenburgische Verfassungsangelegenheit zugewiesen.

In der Sitzung vom 29. Mai (§ 144, S. 175 bis 179) lag der Bundesversammlung in drei Noten der Gesandten von Frankreich, Großbritannien und Rußland eine „Einladung an den Deutschen Bund zur Teilnahme an Verhandlungen in Paris wegen Aufrechterhaltung des Friedens" vor. Die Beratungen sollten die Frage der Elbherzogtümer, die
des italienischen Streitpunktes und schließlich die der Bundesreform,
insoweit sie das Gleichgewicht der Kräfte in Europa berühren könnte,
zum Gegenstand haben. Die Einladung war auch an Österreich, Preußen und Italien gerichtet. Der Deutsche Bund beschloß schon am
1. Juni (§ 152, S. 186 ff.) die Annahme der Einladung und bestimmte
den bayerischen Staatsminister von der Pfordten als seinen Bevollmächtigten. Der Konferenzplan scheiterte jedoch an österreichischen
Einwendungen zur italienischen Frage.

Am gleichen Tage gaben die durch den Bundesbeschluß vom 24. Mai
zur „Zurückführung ihrer Streitkräfte auf den Friedensstand" aufgeforderten deutschen Staaten die verlangten Erklärungen ab (§ 149,
S. 181 bis 185).

Österreich äußerte:

„Die hohen Regierungen des Deutschen Bundes sind im Besitze vielfacher Beweise für die ausdauernde Friedensliebe, welche der Kaiserlich-Österreichische Hof in seinen Verhandlungen mit Preußen über die Zukunft der Elbherzogtümer an den Tag gelegt hat. Österreich blickt auf seine langmütigen trotz mancher Verkennung beharrlich fortgesetzten Bestrebungen, ein Einverständnis mit Preußen zu Stande zu bringen, mit um so ruhigerem Bewußtsein zurück, je tiefer und allgemeiner in der Nähe der Gefahr die Schwere des Unglücks gefühlt wird, welches ein Bruch zwischen beiden deutschen Großmächten und ein innerer Krieg über Deutschland heraufbeschwören würde. Seine Majestät der Kaiser Franz Joseph ist in seinen Zugeständnissen an Preußen so weit gegangen, als es Österreichs Würde und angestammte Stellung in Deutschland, als es des Deutschen Bundes Recht und Verfassung nur irgend gestatteten. Allein der Berliner Hof hat nicht nur unberechtigte Forderungen aufgestellt, sondern auch unglücklicher Weise in stets sich steigerndem Maße die Neigung betätigt, diese Forderungen mit Hintansetzung aller anderen Rücksichten und zuletzt selbst mit gewaltsamen Mitteln durchzusetzen. Sowie Preußen schon kurz nach dem Abschlusse des Wiener Friedensvertrages die Räumung Holsteins durch die Truppen Sachsens und Hannovers mit Eigenmacht zu erzwingen gedroht hatte, so behandelte es auch gegenüber Österreich, seinem Bundesgenossen in dem im Namen deutschen Rechtes gegenüber Dänemark unternommenen Kriege, die schließliche Lösung der Verwickelung als eine bloße Frage der Macht, und trat selbst nicht vor dem beklagenswerten Entschlusse zurück, sich auf die Hülfe auswärtiger Gegner des Kaiserstaates zu stützen. Schon zur Zeit der Gasteiner Convention hatte die Königlich-Preußische Regierung sich der Allianz des Florentiner Hofes gegen Österreich zu versichern getrachtet, und sie erneuerte dieses Bestreben, als später das Kaiserliche Cabinet die unbillige Forderung, Holstein nach den Dictaten der Preußischen Annexionspolitik zu verwalten, ablehnte und man in Berlin anfing, über kriegerische Eventualitäten Rat zu halten.

Von zwei Seiten gefährdet, ungewiß, ob der erste Angriff im Süden oder im Norden erfolgen werde, hat Österreich sich in Verteidigungszustand gesetzt, um das Seinige zu behaupten, …

Solches war die Veranlassung der Rüstungen Österreichs; aus der Veranlassung ergeben sich von selbst die Voraussetzungen, unter welchen die Kaiserliche Regierung die Rückkehr zum Friedensstande beschließen könnte.

... Was diese (die Heeresaufstellung gegen Preußen) betrifft, so würde der Kaiserliche Hof bereit sein, sie rückgängig zu machen, sobald Österreich weder auf eigenem Gebiete, noch in Holstein, noch auf dem Gebiete seiner Bundesgenossen einen Angriff von Seiten Preußens zu besorgen hätte, und ihm gegen die Wiederkehr der entstandenen Kriegsgefahr genügende Sicherheit geboten wäre. Der gesamte Deutsche Bund bedarf nicht weniger wie Österreich dieser Sicherheit. Sie hängt im Allgemeinen davon ab, daß in Deutschland nicht eine Politik der Gewalt, sondern Recht und Vertrag regiere, und daß auch Preußen, wiewohl europäische Macht, den grundgesetzlich verbürgten Frieden des Bundes, wie dessen verfassungsmäßige Beschlüsse achte. Sie ist insbesondere dadurch bedingt, daß die Schleswig-Holsteinische Frage, aus welcher der gegenwärtige Conflict hervorgegangen ist, nicht nach den einseitigen Ansprüchen Preußens, sondern nach Recht und Gesetz des Deutschen Bundes und im Einklange mit dem Landesrechte der Herzogtümer ihre Lösung erhalte. Der Kaiserliche Präsidialgesandte ist demgemäß beauftragt, der hohen Bundesversammlung unter Bezugnahme auf die Erklärung Österreichs und Preußens in der Sitzung vom 24. August v. J. die Anzeige zu erstatten, daß die Kaiserliche Regierung ihre Bemühungen, einen definitiven bundesgemäßen Abschluß der Herzogtümerfrage durch ein Einverständnis mit Preußen vorzubereiten, für jetzt als vereitelt betrachte, und daß sie in dieser gemeinsamen deutschen Angelegenheit alles Weitere den Entschließungen des Bundes anheimstelle, welchen von Seiten Österreichs die bereitwilligste Anerkennung gesichert ist.

... Der Gesandte hat schließlich mit der vorstehenden Erklärung die weitere Anzeige zu verbinden, daß dem Kaiserlichen Statthalter in Holstein soeben die erforderliche Specialvollmacht zur Einberufung der Holsteinischen Ständeversammlung übersendet worden ist, damit die gesetzliche Vertretung des Landes, um dessen Schicksal es sich handelt, und dessen Wünsche und Rechtsanschauungen einen der berechtigten Factoren der Entscheidung bilden, nicht länger der Gelegenheit entbehre, ihre Ansichten auszusprechen."

Die Mitteilung der Preußischen Regierung enthielt die Erklärung,
„daß sie auf den Friedensfuß zurückkehren werde, wenn der Bund die
Regierungen von Österreich und Sachsen zur Abstellung ihrer den
Frieden bedrohenden Rüstungen bewogen und der Königlichen Regierung Bürgschaften gegen die Wiederkehr derartiger Beeinträchtigungen des Bundesfriedens gewährt haben wird."

Sie fuhr fort:
„Wenn der Bund zur Gewährung solcher Bürgschaften nicht im
Stande ist, und wenn seine Mitglieder sich der Einführung der Reformen versagen, durch welche die Wiederkehr der bedauerlichen Zustände der Gegenwart verhütet werden könnte, so wird die Königliche Regierung daraus den Schluß ziehen müssen, daß der Bund in seiner gegenwärtigen Gestalt seiner Aufgabe nicht gewachsen sei, und
seine obersten Zwecke nicht erfülle, und sie wird ihren weiteren Entschließungen diese ihre rechtliche Überzeugung zu Grunde zu legen
haben.

In Beziehung auf die so eben vernommene Österreichische Erklärung
ist der Gesandte verpflichtet, Namens seiner allerhöchsten Regierung
sich gegen die Darstellung der zwischen den hohen Höfen von Preußen und Österreich gepflogenen Verhandlungen, sowohl was die Tatsachen als wie die daran geknüpften Unterstellungen betrifft, ebenso
entschieden wie förmlich zu verwahren.

Die Königliche Regierung hat ihrerseits bis zur Stunde auf dem zur
Schleswig-Holsteinischen Frage von ihr eingenommenen Standpunkte
fest verharrt und hat die Ansprüche und berechtigten Interessen Preußens nur nach Maßgabe der vertragsmäßig erworbenen Rechte zu
verfolgen sich bestrebt. Sie hat dabei aber niemals eine gewaltsame
Verfolgung oder Durchführung ihrer Zwecke beabsichtigt und muß
der Gesandte unter Bezugnahme auf die wiederholt von ihm abgegebenen Erklärungen nochmals ausdrücklich darauf hinweisen, daß
nicht die Schleswig-Holsteinische Frage, in so weit sie noch nicht gelöst ist, Anlaß zur gegenwärtigen schweren Verwickelung gegeben
hat, sondern lediglich die an der Preußischen Grenze von Österreich
und Sachsen unternommenen, ebenso ungerechtfertigten wie bedrohlichen Rüstungen."

Eine ausführlichere Darstellung der preußischen Auffassung in der
Schleswig-Holsteinischen Frage findet sich in der Erklärung des preußischen Gesandten in der Bundesversammlung am 9. Juni (§ 161, S.

196 ff.). Sie war die Antwort auf Österreichs Erklärung bezüglich der Elbherzogtümer vom 1. Juni. Wir zitieren:

„Der Gesandte hat in Bezug auf die Eröffnung, durch welche Österreich die ganze Schleswig-Holsteinische Angelegenheit den Entschließungen des Bundes anheimgestellt und diesen von Seiten Österreichs die bereitwilligste Anerkennung zugesichert hat, die Erklärung abzugeben, daß seine Regierung diesen Act des Kaiserlichen Hofes weder mit den zwischen den beiden Mächten bestehenden Verträgen noch mit der Competenz des Bundes in Einklang bringen kann.

Die Beziehungen Preußens und Österreichs zu einander in der Schleswig-Holsteinischen Angelegenheit sind von Anbeginn derselben durch bestimmte Vereinbarungen geregelt worden. Als im Januar 1864 die beiden Mächte in die Lage kamen, die Wahrung der Rechte der Herzogtümer selbstständig in die Hand zu nehmen, wurde am 16. des gedachten Monats eine Convention zwischen denselben geschlossen, welche zunächst in transitorischen Bestimmungen die unmittelbar zu treffenden Maßregeln ordnet, zugleich aber auch den Fall ins Auge faßt, daß die Entwickelung der Ereignisse die beiden deutschen Mächte von früheren Verträgen lösen sollte. In dieser Beziehung enthält die Convention im § 5 den folgenden klaren und unzweideutigen Passus, welcher die vertragsmäßige Grundlage aller späteren Beziehungen zwischen Preußen und Österreich geblieben ist:

Für den Fall, daß es zu Feindseligkeiten in Schleswig käme und also die zwischen den deutschen Mächten und Dänemark bestehenden Vertragsverhältnisse hinfällig würden, behalten die Höfe von Preußen und Österreich sich vor, die künftigen Verhältnisse der Herzogtümer nur im gegenseitigen Einverständnis festzustellen. Zur Erzielung dieses Einverständnisses würden sie eintretenden Falles die sachgemäßen weiteren Abreden treffen. Sie werden jedenfalls die Frage über die Erbfolge in den Herzogtümern nicht anders als im gemeinsamen Einverständnis entscheiden.

Entsprechend dieser von den beiden Mächten eingenommenen Stellung, wurden im Wiener Frieden vom 30. Oktober desselben Jahres die Rechte des von ihnen anerkannten Königs Christian des IX. an Preußen und Österreich abgetreten und das gemeinsame Verfügungsrecht beider Mächte über die Herzogtümer anerkannt.

Ein Ausfluß dieses Verfügungsrechts war die in Gastein am 14. August v. J. abgeschlossene Convention, worin die Ausübung der durch jenen Frieden erworbenen Rechte geographisch geteilt, die Souveräni-

tätsrechte aber für beide Herzogtümer beiden Monarchen gemeinschaftlich vorbehalten und dadurch dem Prinzip, daß über dieselben
nur durch gemeinsames Einverständnis entschieden und verfügt werden könne, eine neue Sanction erteilt wurde.
Diesen Vereinbarungen widerspricht die Kaiserlich-Österreichische
Regierung, indem sie, ohne vorher sich des Einverständnisses Preußens versichert zu haben, mit der ausdrücklichen Erklärung, daß sie
auf dieses Einverständnis verzichte, die ganze Angelegenheit zur Verfügung des Deutschen Bundes stellt und sich der Entscheidung desselben zu unterwerfen verspricht."
Bezüglich der Verquickung der Schleswig-Holsteinischen Frage mit
der vorgeschlagenen Bundesreform heißt es in der Erklärung der
preußischen Regierung:
„Sie erwartet auch jetzt nur den Augenblick, wo sie diese Frage (der
Elbherzogtümer) mit einer Bundesgewalt verhandeln und erledigen
kann, in welcher die Mitwirkung der nationalen Vertretung dem Ein-
flusse pertikularer Interessen das Gegengewicht hält und die Bürgschaft gewährt, daß die von Preußen gebrachten Opfer schließlich
dem gesamten Vaterlande und nicht der dynastischen Begehrlichkeit
zu Gute kommen. Unter den gegenwärtigen Umständen aber und bei
der positiven Begrenzung, welcher die Competenz der Bundesversammlung durch die bestehende Verfassung unterliegt, muß sie Einspruch dagegen erheben, daß über eigene, durch blutige Kämpfe und
durch internationale Verträge erworbene Rechte, ohne ihre Zustimmung, Verfügung getroffen werde.
In Betreff der von der Kaiserlichen Regierung mit ihrer Erklärung
verbundenen Anzeige, daß dem Freiherrn von Gablenz Specialvollmacht zu Einberufung des Holsteinischen Landtages erteilt worden
sei, hat der Gesandte zu bemerken, daß seine Regierung die Einberufung der Stände als ein Souveränitätsrecht ansieht, welches unter den
bestehenden Vertragsverhältnissen, und namentlich nachdem die Bestimmungen der Gasteiner Übereinkunft hinfällig geworden, von den
beiden Souveränen gemeinschaftlich ausgeübt werden müssen."
Die sofortige Erwiderung Österreichs lautete:
„Gegenüber der von dem Königlich-Preußischen Herrn Gesandten
eben abgegebenen Erklärung muß der Gesandte sich zuvörderst auf
die Seitens der Kaiserlichen Regierung in der Sitzung vom 1. d. M. erfolgte Erklärung zurückziehen und den Vorwurf des Vertragsbruches

auf das Entschiedenste zurückweisen. Insbesondere muß er hervorheben, daß die Kaiserliche Regierung ihre Bereitwilligkeit, die Gasteiner
Übereinkunft als Provisorium bis zu einer definitiven Regelung der
ganzen Angelegenheit durch Bundesbeschlüsse fortdauern zu lassen,
dem Berliner Cabinete gegenüber ausgesprochen hat.

Hinsichtlich der die Competenz der Bundesversammlung betreffenden Ausführungen in der eben vernommenen Erklärung muß der Gesandte mit allem Nachdruck darauf hinweisen, daß von der Kaiserlichen Regierung, ohne Widerspruch von Preußischer Seite, wiederholt
im Schoße der hohen Bundesversammlung erklärt worden ist, es
werde bei den Verhandlungen zwischen beiden Regierungen eine den
Rechten und Interessen des Bundes entsprechende Lösung
der Schleswig-Holsteinischen Frage angestrebt. Daß diese Verhandlungen nicht zum Ziele geführt haben, bedauert Niemand lebhafter
als die Kaiserliche Regierung.

Was die Berufung der Holsteinischen Stände anbelangt, so muß der
Gesandte darauf hinweisen, daß die Befugnis dazu Seiner Majestät
dem Kaiser nach dem ausdrücklichen Wortlaute des Artikels 1 der
Gasteiner Übereinkunft zusteht und daß dieser Standpunkt in den
Verhandlungen zwischen Wien und Berlin stets festgehalten worden
ist.

Bei dem Ernste der Lage muß der Gesandte seiner Allerhöchsten Regierung alles Weitere vorbehalten, jedoch schon jetzt den Seitens der
Königlich-Preußischen Regierung durch den Einmarsch ihrer Truppen in Holstein erfolgten Bruch der Gasteiner Übereinkunft constatieren und gegen diesen Act der Selbsthülfe den entschiedensten Protest einlegen."

Darauf verzeichnet das Protokoll nur:

„Diese Erklärungen wurden dem Ausschusse für die Verfassungsangelegenheit der Herzogtümer Holstein und Lauenburg zugewiesen."

Das Vorgehen Preußens in Holstein veranlaßte Österreich, am
11. Juni (§ 164, S. 202 ff.) die „Mobilmachung sämtlicher nicht zur
Königlich-Preußischen Armee gehörigen Armeecorps des Bundeshee-
res" zu beantragen. Aus der einleitenden Erklärung dazu zitieren wir:
„Der Königlich-Preußische Gouverneur im Herzogtum Schleswig,
Generallieutenant Freiherr von Manteuffel (Vetter des früheren Mi-
nisterpräsidenten; d. Vf.), hat dem Kaiserlichen Statthalter für das
Herzogtum Holstein, Feldmarschall-Lieutenant Freiherrn von Ga-

blenz, amtlich angezeigt, daß er von seiner Regierung befehligt sei, zur Wahrung der Condominatsrechte Preußens die nicht von Österreichischen Truppen besetzten Teile Holsteins zu besetzen. Der Kaiserliche Statthalter hat gegen dieses Vorhaben Protest erhoben und die ihm unterstehenden Kaiserlichen Truppen bei Altona concentriert.

Ungeachtet dieser feierlichen Einsprache und ungeachtet die Gasteiner Convention die Ausübung aller Souveränitätsrechte, die Verwaltung und die militärische Besetzung Holsteins, mit Ausnahme einiger namhaft gemachter Punkte, in die Hände Seiner Majestät des Kaisers von Österreich gelegt hat, haben die Preußischen Truppen die Grenze Holsteins überschritten und sich über das ganze Land verbreitet. Der Präsidialgesandte ist beauftragt worden, der hohen Bundesversammlung von diesem Vorgehen Anzeige zu erstatten. Die Kaiserliche Regierung muß dasselbe als einen Bruch der Gasteiner Übereinkunft bezeichnen, welche einen provisorischen Zustand vertragsmäßig festgesetzt hatte, den bis zur definitiven Entscheidung des Bundes über Holstein fortdauern zu lassen Österreich bereit war.

Freiherr von Manteuffel hat seitdem erklärt: er sei genötigt, die Regierungsgewalt auch in Holstein an sich zu nehmen; hierin liegt eine Verletzung des Wiener Friedensvertrages.

…

Es liegt demnach der im Artikel XIX der Wiener Schlußacte vorgesehene Fall vor und die Bundesversammlung ist berufen, der unternommenen Selbsthülfe Einhalt zu tun.

Nach diesem gewalttätigen Vorgehen, welchem Preußens umfangreiche Rüstungen zur Seite stehen, kann nur in Aufbietung aller übrigen verfügbaren militärischen Kräfte des Bundes eine Gewähr des Schutzes für die innere Sicherheit Deutschlands und die bedrohten Rechte seiner Bundesglieder gefunden werden.

Die Kaiserliche Regierung erachtet die schleunige Mobilmachung sämtlicher nicht zur Preußischen Armee gehörigen Armeecorps des Bundesheeres für notwendig.ʺ

Die Abstimmung über den österreichischen Antrag fand am 14. Juni statt (§ 170, S. 207 bis 217). Österreich erklärte, daß seinerseits „das I., II. und III. Bundesarmeecorps bereits vollständig mobil gemacht sind." Preußen teilte mit:

„Der Gesandte muß gegen jede geschäftliche Behandlung des von der Kaiserlich-Österreichischen Regierung gestellten Antrages, somit also auch gegen die eventuelle Überweisung an einen Ausschuß, als formell und materiell bundeswidrig, stimmen und legt dagegen Namens seiner allerhöchsten Regierung hiermit ausdrücklich Protest ein."

Die bayerische Abstimmung lautete:

„Die Königliche Regierung, welche noch immer an der Hoffnung der Erhaltung des Friedens festhält, stimmt dem Antrage, in so weit er die Mobilisierung des VII., VIII., IX. und X. Bundes-Armeecorps betrifft, bei, da sie im Hinblicke auf die fortdauernden Rüstungen Österreichs und Preußens, deren Differenzen inhaltlich der beiderseitigen Erklärungen vom 1. l. M. noch immer ungeschlichtet sind, die hohe Bundesversammlung ebenso für verpflichtet als berechtigt erachtet, in der beantragten Weise die erforderlichen Vorsichtsmaßregeln zu treffen, um etwaigen Störungen des Bundesfriedens gegenüber die ihr obliegenden Verpflichtungen zu erfüllen.

Dabei vermag sich indessen die Königliche Regierung die Motivierung des Antrages mit dem erfolgten Bruche der Gasteiner Convention nicht anzueignen, da diese Convention für die Königliche Regierung, wie für den Bund nicht existiert."

Das Königreich Sachsen und das Großherzogtum Hessen schlossen sich der bayerischen Abstimmung an, lehnten also ebenfalls die Motivierung mit dem Bruch der Übereinkunft von Gastein ab. Am deutlichsten widersprachen der österreichischen Motivierung Sachsen-Weimar und Sachsen-Coburg-Gotha. In ihrer Erklärung wird u. a. gesagt:

„Wenn Österreich aus Anlaß der Verletzung seiner Condominatsrechte in Holstein auf Grund des Art. XIX der Bundesacte den Bund anruft, so wird es erlaubt sein, daran zu erinnern, daß die Bundesacte kein Condominat von Österreich oder Preußen in Holstein, sondern einzig und allein die Besitz- und Herrschaftsrechte Österreichs und Preußens in ihren eigenen Bundeslanden kennt und nur den Schutz jeder Bundesregierung in dem bundesmäßigen Besitze ihres zum Bunde gehörigen Territoriums sich zur Aufgabe hat machen können.

Die beiden Staatsregierungen sind demgemäß des Dafürhaltens, daß der Antrag Österreichs auf Mobilmachung der nichtpreußischen Bundes-Armeecorps wegen der neuesten militärischen Vorschritte Preußens in Holstein aus Veranlassung der angeblich Österreichischen

Condominatsrechte in diesem Lande seine Begründung in den Bundesgrundgesetzen vergeblich sucht. Soll die Angelegenheit der Elbherzogtümer wieder in den gebührenden bundesrechtlichen Weg geleitet werden, würde derselbe mit anderen Acten als mit denen der Execution eines dem Bunde völlig fremden Vertrages zuerst mit Feststellung des wahren Rechtsverhältnisses zu beginnen haben."
Die Kurie der Sächsischen Herzogtümer stimmte denn auch gegen den österreichischen Antrag. Dasselbe taten die Niederlande wegen Luxemburg und Limburg, Mecklenburg, die Kurie von Oldenburg, Anhalt und Schwarzburg sowie die Kurie der freien Städte. Einschließlich Preußen gab es sechs Stimmen gegen den österreichischen Mobilisierungsantrag. Dieser wurde bei Stimmenthaltung Badens also mit neun zu sechs Stimmen – im wesentlichen unverändert – angenommen.

Nach der Abstimmung erklärte der Gesandte Mecklenburgs für Mecklenburg-Schwerin:
„Der Gesandte hat Verwahrung gegen die bundesverfassungsmäßige Verbindlichkeit dieses Beschlusses zum Protokoll einzulegen."

Schwerwiegender war die Erklärung Preußens, aus der wir zitieren:
„Nachdem die hohe Bundesversammlung ohnerachtet des von dem Gesandten im Namen seiner allerhöchsten Regierung gegen jede geschäftliche Behandlung des Österreichischen Antrages eingelegten Protestes zu einer dem entgegenstehenden Beschlußfassung geschritten ist, so hat der Gesandte nunmehr die ernste Pflicht zu erfüllen, hoher Versammlung diejenigen Entschließungen kundzugeben, zu welchen, gegenüber der so eben erfolgten Beschlußfassung, des Gesandten allerhöchste Regierung in Wahrung der Rechte und Interessen der Preußischen Monarchie und ihrer Stellung in Deutschland zu schreiten für geboten erachtet.
Der Act der Einbringung des von der Kaiserlich-Österreichischen Regierung gestellten Antrages an sich selbst steht nach der festen Überzeugung des Königlichen Gouvernements zweifellos mit der Bundesverfassung in offenbarem Widerspruch und muß daher von Preußen als ein Bruch des Bundes angesehen werden.
Das Bundesrecht kennt Bundesgliedern gegenüber nur ein Executionsverfahren, für welches bestimmte Formen und Voraussetzungen vorgeschrieben sind; die Aufstellung eines Bundesheeres gegen ein

Bundesglied auf Grund der Bundes-Kriegsverfassung ist dieser eben so fremd, wie jedes Einschreiten der Bundesversammlung gegen eine Bundesregierung außerhalb der Normen des Executionsverfahrens. Insbesondere aber steht die Stellung Österreichs in Holstein nicht unter dem Schutze der Bundesverträge und Seine Majestät der Kaiser von Österreich kann nicht als Mitglied des Bundes für das Herzogtum Holstein betrachtet werden.

...

Nachdem das Vertrauen Preußens auf den Schutz, welchen der Bund jedem seiner Mitglieder verbürgt hat, durch den Umstand tief erschüttert worden war, daß das mächtigste Glied des Bundes seit drei Monaten im Widerspruche mit den Bundesgrundgesetzen zum Behufe der Selbsthülfe gegen Preußen gerüstet hat, die Berufungen der Königlichen Regierung aber an die Wirksamkeit des Bundes und seiner Mitglieder zum Schutze Preußens gegen willkürlichen Angriff Österreichs nur Rüstungen mehrerer Bundesglieder ohne Aufklärung über den Zweck derselben zur Folge gehabt haben, mußte die Königliche Regierung die äußere und innere Sicherheit, welche nach Artikel II der Bundesacte der Hauptzweck des Bundes ist, bereits als in hohem Grade gefährdet erkennen.

Diese ihre Auffassung hat der vertragswidrige Antrag Österreichs und die eingehende, ohne Zweifel auf Verabredung beruhende Aufnahme desselben durch einen Teil ihrer bisherigen Bundesgenossen nur noch bestätigen und erhöhen können.

Durch die nach dem Bundesrechte unmögliche Kriegserklärung gegen ein Bundesmitglied, welche durch den Antrag Österreichs und das Votum derjenigen Regierungen, welche ihm beigetreten sind, bedingt ist, sieht das Königliche Cabinet den Bundesbruch als vollzogen an.

Im Namen und auf allerhöchsten Befehl Seiner Majestät des Königs, seines allergnädigsten Herrn, erklärt der Gesandte daher hiermit, daß Preußen den bisherigen Bundesvertrag für gebrochen und deshalb nicht mehr verbindlich ansieht, denselben vielmehr als erloschen betrachten und behandeln wird.

Indes will Seine Majestät der König mit dem Erlöschen des bisherigen Bundes nicht zugleich die nationalen Grundlagen, auf denen der Bund auferbaut gewesen, als zerstört betrachten.

Preußen hält vielmehr an diesen Grundlagen und an der über die vorübergehenden Formen erhabenen Einheit der deutschen Nation fest und sieht es als eine unabweisliche Pflicht der deutschen Staaten an, für die letztere den angemessenen Ausdruck zu finden.

Die Königliche Regierung legt ihrerseits die Grundzüge einer neuen, den Zeitverhältnissen entsprechenden Einigung hiermit noch vor und erklärt sich bereit, auf den durch eine solche Reform modifizierten Grundlagen einen neuen Bund mit denjenigen deutschen Regierungen zu schließen, welche ihr dazu die Hand reichen wollen.

Der Gesandte vollzieht die Befehle seiner allerhöchsten Regierung, indem er seine bisherige Tätigkeit hiermit nunmehr für beendet erklärt.

..."

Das Präsidium erwiderte darauf:

„Der Deutsche Bund ist nach Artikel I der Bundesacte ein unauflöslicher Verein, auf dessen ungeschmälerten Fortbestand das gesamte Deutschland, sowie jede einzelne Bundesregierung ein Recht hat, und nach Artikel V der Wiener Schlußacte kann der Austritt aus diesem Vereine keinem Mitgliede desselben freistehen.

Indem Präsidium sich gegenüber der von dem Königlich-Preußischen Gesandten eben erfolgten beklagenswerten Erklärung auf den gefaßten competenzmäßigen Beschluß bezieht, Namens der hohen Versammlung auf obige Grundgesetze hinweist und die Motive der Preußischen Erklärung als rechtlich unzulässig und factisch unbegründet erklärt, muß dasselbe in förmlichster und nachdrücklichster Weise alle Rechte und Zuständigkeiten des Bundes wahren, welcher in vollkommen bindender Kraft fortbesteht.

Präsidium behält der hohen Bundesversammlung alle weiteren Entschließungen vor und ladet Hochdieselbe ein, sich diesem feierlichen Proteste anzuschließen."

Hierzu äußerten sich die Bundestagsgesandten der Reihe nach, jedoch nicht mehr der preußische. Inmitten der Erklärungen der Gesandten verzeichnet das Protokoll:

„Während der Äußerung des Königlich-Württembergischen Herrn Gesandten verließ der Königlich-Preußische Herr Bundestags-Gesandte von Savigny den Sitzungssaal."

Im Anschluß an die Umfrage wegen des Protestes verzeichnet das Protokoll:

„Nachdem sich die Bundesversammlung dem Proteste angeschlossen hatte, äußerte Präsidium:

Die Verantwortlichkeit für die schwere Verwicklung, welche in Folge des Schrittes der Preußischen Regierung für Deutschland eintritt, trifft diese allein. Die bundestreuen Regierungen werden ihre Pflichten gegen einander und gegen die deutsche Nation zu erfüllen wissen, indem sie auf dem Boden des Bundesrechtes fest zusammenstehen."

Die „Grundzüge einer neuen Bundesverfassung", die Preußens Gesandter der Bundesversammlung vorlegte, sind als Beilage zum Protokoll (S. 220 bis 222) wiedergegeben. Wir zitieren zunächst den ersten und den letzten Artikel. Sie lauten:

„Artikel I. Das Bundesgebiet besteht aus denjenigen Staaten, welche bisher dem Bunde angehört haben, mit Ausnahme der Kaiserlich-Österreichischen und Königlich-Niederländischen Landesteile."

„Artikel X. Die Beziehungen des Bundes zu den deutschen Landesteilen des Österreichischen Kaiserstaates werden nach erfolgter Vereinbarung über dieselben mit dem zunächst einzuberufenden Parlamente durch besondere Verträge geregelt werden."

Das entsprach der kleindeutschen Lösung der Reichsverfassung vom Jahre 1849, jedoch unter Verzicht auf Bezeichnung des Bundes als „Reich". Der Bundestag sollte unter Ausschluß von Österreich und den Niederlanden wenigstens einstweilen in alter Form weiterbestehen. Dies besagte Artikel III; er lautete:

„Die Umgestaltung des Bundestages ist unter den Bundesregierungen und mit dem nach dem Preußischen Antrage vom 9. April zu berufenden Parlamente zu vereinbaren. So lange bis dies geschehen sein wird, bleibt das Stimmverhältnis, welches für die Mitglieder des Bundes auf dem bisherigen Bundestage gültig war, in Kraft."

Die „Nationalvertretung" sollte laut Artikel IV „nach den Bestimmungen des Reichswahlgesetzes vom 12. April 1849" gewählt werden. Bismarck ging also siebzehn Jahre später ein Bündnis mit der damals von Preußen – und auch Österreich – verdammten Paulskirche ein und verhalf dieser nachträglich zu einem teilweisen Erfolg, nämlich in der Gestaltung der Verfassung des Norddeutschen Bundes und des auf ihn folgenden Deutschen Reiches.

Auf Preußens Erklärung des Bundesbruchs folgte die Eröffnung der Feindseligkeiten. Wir schildern ihren Verlauf an Hand der Protokolle der Bundesversammlung. Zunächst stellte diese am 16. Juni (§ 172, S.

224 ff.) noch einmal die Unzulässigkeit des preußischen Verhaltens vom 14. d. M. fest. Mit Mehrheit erfolgte „der Beschluß:
zu erklären, daß die in der letzten Sitzung erfolgte Austrittserklärung Preußens rechtlich ungültig ist, und daß die Beschlüsse der Bundesversammlung für Preußen fortwährend verpflichtend sind."

Die Niederlande erklärten in ihrer Abstimmung:
„Die Königlich-Niederländische, Großherzoglich-Luxemburgische Regierung ist der Ansicht, daß die nicht mehr vollständige Bundesversammlung nicht berechtigt sei, die Mobilisierung der diesseitigen Contingente zu verlangen.
Die Haltung der Königlich-Großherzoglichen Regierung wird daher eine streng neutrale sein und ist der Gesandte angewiesen, solche genau zu beobachten."

In derselben Sitzung beantragte das Königreich Sachsen „Ergreifung aller nötigen Maßregeln gegen das erfolgte Einrücken Königlich-Preußischer Truppen in Sachsen" (§ 173, S. 226 ff.). Sachsen teilte zur Begründung seines Antrags mit:
„Die Königlich-Preußische Regierung hat gestern an die Königlich-Sächsische die Aufforderung gerichtet, ihre Streitkräfte auf den Friedensstand zurückzuführen und damit die Drohung verbunden, wenn bis zum Abend eine befriedigende Antwort nicht erfolge, werde das Königreich Sachsen als im Kriegszustande gegen Preußen betrachtet werden.
Gegenüber diesem gewaltsamen und bundeswidrigen Verfahren konnte die Königliche Regierung ... darüber nicht in Zweifel sein, daß sie die treue Beobachtung der Bundespflichten durch sofortige Ablehnung der Preußischen Sommation zu betätigen habe, was die Kriegserklärung der Königlich-Preußischen Regierung und das Einrücken Königlich-Preußischer Truppen im Königreich Sachsen zur Folge hatte."

Österreich erklärte:
„Der Gesandte stimmt dem Königlich-Sächsischen Antrage zu. Er verbindet hiermit die Mitteilung, daß authentischen Nachrichten zufolge gestern auch an die Königlich-Hannöverische und an die Kurfürstlich-Hessische Regierung eine gleiche Sommation gerichtet worden.

Im Hinblick auf diese Tatsachen ist der Gesandte von seiner allerhöchsten Regierung beauftragt, zu erklären:
Seine Majestät der Kaiser wird mit Seiner vollen Macht der gegen Seine Bundesgenossen geübten Gewalt entgegentreten und demgemäß mit Aufbietung aller militärischen Kräfte unverzüglich handeln. Allerhöchstderselbe erwartet ein gleiches Einstehen für die gemeinsame Sache, für Deutschlands Recht und Freiheit von allen bundestreuen Regierungen ..."

Auf Grund des sächsischen Antrags wurde mit Mehrheit beschlossen: „unverweilt die geeigneten Maßregeln ... zu treffen, damit der vorhandenen Störung Einhalt getan werde, insbesondere aber die höchsten Regierungen von Österreich und Bayern zu ersuchen, die von der Königlich-Preußischen Regierung ergriffenen Maßregeln dafern nötig mit Gewalt zurückzuweisen und zu einem solchen Vorgehen ohne Aufschub das Nötige vorzukehren."

Am 18. Juni (§ 181, S. 236 f.) teilte der Gesandte von Kurhessen mit, er sei „beauftragt, der hohen Bundesversammlung die offizielle Anzeige von der erfolgten feindlichen Besetzung Kurhessischen Gebietes durch Preußische Truppen zu machen", und „den dringenden Antrag zu stellen, unverweilt die geeigneten militärischen Maßregeln zu treffen, damit der vorhandenen Störung Einhalt geschehe und die zu gewährende Bundeshülfe weiterer Gewalttat vorbeuge".

Der daraufhin gefaßte Beschluß lautete bei einigen Stimmenthaltungen:
„sämtliche in der Bundesversammlung vertretenen Regierungen zu ersuchen, alle militärischen Maßregeln mit größter Beschleunigung zu treffen, um den durch das gewalttätige Vorgehen Preußens bedrängten, gegen Recht und Gesetz des Bundes mit Krieg überzogenen bundestreuen Regierungen die tunlichste Unterstützung und Hülfe zu gewähren".

Am 21. Juni ließ Mecklenburg-Schwerin erklären (§ 184, S. 239 f.):
„Aus den bereits zum Protokoll vom 14. d. M. angegebenen Gründen vermag die Großherzogliche Regierung den beregten Beschluß (vom 16. d. M.; d. V.) als einen gültigen nicht anzuerkennen, muß darin vielmehr einen unberechtigten Gebrauch der Formen des Bundesrechts von Seiten derjenigen Staaten erblicken, welche in dem Kriege zwischen Österreich und Preußen, an dem der Deutsche Bund nicht

beteiligt ist, sich auf die Seite Österreichs gestellt haben. Da nun die bezüglichen Majoritätsbeschlüsse vom 14. und 16. d. M. mit Notwendigkeit noch mehrere Beschlüsse in gleicher Richtung und auf gleicher Grundlage nach sich ziehen werden, so verwahrt sich die Großherzogliche Regierung, um ähnliche Beeinträchtigungen ihrer bundesgrundgesetzlichen Berechtigungen abzuwenden, gegen die Verpflichtung, solchen Beschlüssen Folge zu leisten. Dabei ist die Regierung, ohne im Übrigen ein Urteil über die Frage auszusprechen, unter welchen Voraussetzungen einer Regierung das Recht erwächst, den Bund als gelöst anzusehen, nicht der Ansicht, daß sich der Bund durch das Fassen unverbindlicher Beschlüsse in einzelnen Fragen oder auf einzelnen Gebieten sofort auflöse."

Am gleichen Tage ließ Oldenburg anzeigen (§ 185, S. 241 f.):

„Die Großherzoglich-Oldenburgische Regierung ist der Ansicht, daß nach den neuesten Ereignissen, insbesondere nachdem Preußen vom Bunde sich losgesagt, derselbe tatsächlich nicht mehr Bestand habe.

Die Großherzogliche Regierung sieht daher die Functionen ihres Gesandten als erledigt an."

Ähnlich erklärte Lippe (§ 186, S. 242):

„Da durch den Bundesbeschluß vom 14. d. M. über Österreichs Mobilmachungsantrag und durch die darauf gefolgten Ereignisse die Voraussetzungen und Grundbedingungen, auf welchen die Tätigkeit hoher Bundesversammlung beruht, zur Zeit unzutreffend geworden sind, so sieht die Fürstliche Regierung, welche bereits an den in der Sitzung vom 16. d. M. erfolgten Abstimmungen sich nicht beteiligt hat, sich zu der Erklärung genötigt, daß sie unter den gegenwärtigen Verhältnissen an den Verhandlungen und Abstimmungen der unvollständigen Bundesversammlung nicht Teil nehmen werde."

Das Präsidium verwahrte in jedem der drei Fälle „alle Rechte und Zuständigkeiten des Bundes" und fand dazu die Billigung der Versammlung.

Das Protokoll der Bundesversammlung vom 22. Juni enthält drei Mitteilungen über kriegerische Vorkommnisse:

„Kurhessen. Der Gesandte hält es für seine Pflicht, auf Grund von Nachrichten, deren Quelle er für zuverlässig halten muß, der hohen Bundesversammlung die Anzeige zu machen, daß Seine Königliche

Hoheit der Kurfürst, sein allergnädigster Herr, von den Preußischen Truppen, welche das Kurfürstentum mit Krieg überzogen, die Residenzstadt Cassel besetzt und landesherrliche Schlösser mit Einquartierung gefüllt haben, in einer Art von Kriegsgefangenschaft gehalten wird, so daß Ihm jede Communication abgeschnitten und Er namentlich verhindert ist, mit Seinen Ministern Sich zu beraten. ..." (§ 191, S. 364 f.).

„Sechzehnte Stimme für Reuß älterer Linie. Der Gesandte ist von Fürstlicher Regierung beauftragt, hoher Bundesversammlung die Anzeige zu machen, daß die Kriegserklärung Preußens an die Fürstliche Regierung Reuß älterer Linie wegen Ausharren beim Bunde erlassen und der Einmarsch Preußischer Truppen in das Fürstentum stündlich zu erwarten ist ..." (§ 192, S. 365 f-).

In einem Separatprotokoll (§ 42, S. 368ᵃ) wird über die „Verletzung deutschen Bundesgebietes in Tirol durch Vortruppen des Königs Victor Emanuel" berichtet.

Am 25. Juni teilt der Gesandte der Großherzoglich- und Herzoglich-Sächsischen Häuser für Sachsen-Altenburg mit, „daß er von Seiner Hoheit dem Herzog von Sachsen-Altenburg sein Abberufungsschreiben erhalten hat" (§ 196, S. 370).

Am selben Tag wurde der Bundesversammlung kund, daß Anhalt und Schwarzburg-Sondershausen sich nicht weiter an der Tätigkeit der Bundesversammlung beteiligen würden und letzteres „den Deutschen Bund als aufgelöst betrachte". Waldeck ließ wissen, „daß, nachdem der Deutsche Bund durch den Austritt Preußens tatsächlich zerfallen sei, Seine Durchlaucht der Fürst durch die obwaltenden Verhältnisse Sich veranlaßt gesehen habe, Sein Contingent Seiner Majestät dem Könige von Preußen zur Verfügung zu stellen und demzufolge das bisherige Verhältnis zum Bunde auch Seinerseits für gelöst zu betrachten" (§ 197, S. 371 f.).

Die Mitteilung des kurhessischen Gesandten vom 22. Juni fand am 27. d. M. (§ 200, S. 376 f.) folgende Ergänzung:

„Dem Gesandten liegt die schwere Pflicht ob, unter Bezugnahme auf die Mitteilungen, welche er bereits wegen der Kurhessen gegenüber von der Preußischen Regierung verübten Gewalttaten zu machen in dem Falle war, nunmehr hoher Bundesversammlung die exorbitante

Tatsache zur Anzeige zu bringen, daß Seine Königliche Hoheit der Kurfürst als Kriegsgefangener nach Stettin abgeführt worden ist. ..."

Am 29. Juni (§ 205, S. 382 f.) erfuhr die Bundesversammlung das „Einrücken Königlich-Preußischer Truppen in das Herzogtum Nassau". An diesem Tag (§ 206, S. 383 f.) stellten auch Schwarzburg-Rudolstadt, Schaumburg-Lippe und die freien Städte Lübeck, Bremen und Hamburg ihre Tätigkeit bei der Bundesversammlung ein. Schwarzburg-Rudolstadt betrachtete „das Bundesband als gelöst". Die drei Städte wollten nur „bis auf Weiteres sich nicht an der Tätigkeit" der Bundesversammlung beteiligen; sie sagten sich nicht vom Bunde los. Am 2. Juli (§ 209, S. 386 f.) teilten Sachsen-Coburg-Gotha, beide Mecklenburg und Reuß jüngere Linie die Einstellung ihrer Tätigkeit in der Bundesversammlung mit. Dasselbe geschah am 5. Juli (§ 224, S. 404) seitens des Großherzogtums Sachsen-Weimar.

In einem Separatprotokoll zur Sitzung vom 11. Juli (§ 61, S. 406 a) ist ein Schreiben des österreichischen „Armeecommandanten Feldzeugmeisters Ritters von Benedek" an den Präsidialgesandten vom 4. Juli wiedergegeben, worin er mitteilt, „daß nach dem nicht günstigen Ausgang der gestern bei Königgrätz zwischen meiner und der Preußischen Armee vorgefallenen Schlacht ich beschlossen habe, die Kaiserlich-Königliche Armee, sowie das Königlich-Sächsische Armeecorps nach Olmütz zu führen."

Die Bundesversammlung hielt die nächste Sitzung am 18. Juli in Augsburg ab. Es waren nur noch elf von fünfzehn Stimmen (ohne Holstein und Preußen) vertreten. Das Präsidium bemerkte (§ 228, S. 408), „daß der Königlich-Niederländische Großherzoglich-Luxemburgische Herr Gesandte weder der Bundesversammlung nach Augsburg gefolgt sei, noch eine Anzeige wegen einer Substitution dem Präsidium gemacht habe."

Dem § 232 (S. 410) ist zu entnehmen, daß der Beschluß, den Sitz der Bundesversammlung eventuell nach Augsburg zu verlegen, in einer vertraulichen Sitzung am 11. d. M. gefaßt und in eine geheime Registratur aufgenommen wurde. Diese ist als Beilage zu § 232 (S. 413 ff.) abgedruckt. Wir zitieren daraus:

„Präsidium. Bei den Bewegungen der feindlichen Truppen kann plötzlich der Fall eintreten, daß Frankfurt der Bundesversammlung nicht jene Sicherheit darbietet, welche zu ungestörten Beratungen notwendig ist.

Da es in den gegenwärtigen Verhältnissen höchst wichtig ist, daß die hohe Versammlung in keiner Weise in ihrer Tätigkeit gehemmt und so viel als möglich der freie Verkehr mit den bundestreuen Regierungen gewahrt bleibe, erscheint es angemessen, in Erwägung zu ziehen und im Voraus zu bestimmen, daß eintretenden Falles die Bundesversammlung zeitweilig ihren Sitz in eine mehr südlich gelegene Stadt zu verlegen habe. Augsburg dürfte wegen seiner geographischen Lage sich zum provisorischen Sitze der Bundesversammlung eignen.

Sobald der Ausschuß in Militärangelegenheiten den Zeitpunkt hiezu für eingetreten erachten würde, hätte Präsidium davon sämtliche Herren Bundestags-Gesandten zu benachrichtigen und dem bei dem Deutschen Bunde accreditierten diplomatischen Corps von der provisorischen Verlegung des Sitzes der Bundesversammlung nach Augsburg Kenntnis zu geben und dasselbe einzuladen, ihr dahin zu folgen ..."

Am 26. Juli kam in der Bundesversammlung „das gewalttätige Verfahren der Königlich-Preußischen Regierung gegen die freie Stadt Frankfurt zur Sprache" (§ 235, S. 418 f.). Dazu erfolgte der einhellige Beschluß:

„Die seither von den Preußischen Militärautoritäten notorisch in Frankfurt verübten Gewaltacte, insbesondere die Suspendierung des Senates, Auferlegung exorbitanter Contributionen u. s. w., veranlassen die Bundesversammlung, unter Ausdruck ihrer lebhaften Teilnahme, hiergegen entschiedene Verwahrung in ihr Protokoll niederzulegen und zugleich dieses völkerrechtswidrige Vorgehen gegen eine friedliche und offene freie Stadt dem Urteile der gesamten civilisierten Welt anheimzugeben."

An diesem Tage berief Sachsen-Meiningen seinen Gesandten aus der Bundesversammlung ab (§ 242, S. 425). Am 2. August folgte der „Austritt Badens aus dem Deutschen Bunde" (§ 246, S. 430 f.) und am 4. d. M. der „Austritt Braunschweigs aus dem Deutschen Bunde" (§ 254, S. 437). In der Sitzung dieses Tages unterrichtete das Präsidium die Versammlung von dem seit dem 2. August bestehenden „Waffenstillstand zwischen Österreich, Bayern, Württemberg, Baden und Großherzogtum Hessen einerseits und Preußen andererseits" (§ 252, S. 436).

Die nächste und letzte Sitzung der Bundesversammlung fand am 24. August 1866 statt. Ihr lagen die „Abberufung des Königlich-Niederländischen Großherzoglich-Luxemburgischen Bundestags-Gesandten Herrn Staatsrats von Scherff" und der „Austritt von Reuß älterer Linie aus dem Deutschen Bunde" vor (§§ 257 u. 258, S. 440). Das Präsidium beantragte nun die „Beendigung der Tätigkeit der Deutschen Bundesversammlung" mit dieser Sitzung, und die Versammlung beschloß demgemäß (§ 261, S. 441 f.).

IX. Rückblick und Ausschau

Die Entscheidungsschlacht von Königgrätz besiegelte das Schicksal des Deutschen Bundes. Uns stellt sich jetzt die Frage: Verdiente der Bund dieses Schicksal, etwa auf Grund eigenen Fehlverhaltens oder erwiesener Unfähigkeit? Im Falle einer Verneinung ist weiter zu fragen: Erforderte das Interesse des deutschen Volkes dennoch die Zerstörung des Bundes?

Zur Beantwortung der ersten Frage werfen wir den Blick zurück auf die Zeit der Gründung des Deutschen Bundes, auf die Umstände, unter denen er geschaffen wurde. Napoleon war gestürzt. Nun galt es, eine neue Ordnung zu begründen. Auf die Zeit der Revolution, die zuende war, folgte notwendigerweise die Zeit der Restauration. In Frankreich wurde das Königtum wiederhergestellt, aber nicht in gleicher Vollmacht wie vor der Revolution. Die Wiederherstellung kann im Sinne Hegels als die Synthese zwischen dem Zustand vor der Revolution und dem während ihrer Herrschaft verstanden werden. Genau so stellte die Restauration in Deutschland nicht eine Wiederherstellung des alten Zustands vor dem Zusammenbruch des ehrwürdigen Kaiserreichs dar, sondern die Errichtung innerstaatlicher Verhältnisse, die den Veränderungen in der napoleonischen Zeit Rechnung trugen, und diese Veränderungen mußten als überwiegend positiv gewertet werden. Die Kleinstaaterei war auf ein leidlich erträgliches Maß, im Norden Deutschlands weniger als im Süden, herabgedrückt worden. Die verbliebenen deutschen Staaten erfreuten sich im Rheinbund einer Souveränität, die sie im alten Reich nicht in gleichem Maße besaßen. Ihre Souveränität bestand zwar praktisch außenpolitisch nicht zufolge der Abhängigkeit von dem Willen Napoleons, wohl aber bezüglich der Ordnung der inneren Verhältnisse. Die in der napoleonischen Zeit erreichte Souveränität konnte den deutschen Staaten, zumal den neuen Königreichen, nicht so leicht wieder genommen werden. So kam es zur Gründung des Deutschen Bundes als einer Vereinigung unlösbar verbundener souveräner Staaten. Der

Bund trat an die Stelle des alten Reiches. Das zum Bund gehörige Gebiet der deutschen Staaten deckte sich weitgehend mit dem des unter-
gegangenen Reiches; die Gebiete von Österreich und Preußen, die
dem Reich nicht angehört hatten, verblieben auch außerhalb des
Deutschen Bundes. Dieser stellte sich als ein Staatenbund dar, dem
aber von vornherein Züge eines Bundesstaates anhafteten. Es ist nur
zu gut verständlich, daß die Kompromißlösung der Gründung des
Deutschen Bundes von Beginn an starker Kritik seitens derer ausgesetzt war, die die Neuerrichtung eines starken einigen Deutschen Reiches mit demokratischen Freiheiten seiner Bürger anstrebten.

Heute, nach mehr als anderthalb Jahrhunderten, haben wir für jene
Zeit der Restauration nach der Niederringung Napoleons wohl mehr
Verständnis als damals in der nachrevolutionären Zeit. Auch wir leben – seit dem Jahre 1945 – in einer Zeit der Restauration. Damals
handelte es sich in Frankreich um die Wiederaufrichtung der Monarchie unter Herrschaft der Bourbonen und in Deutschland um die
Wahrung des monarchischen Prinzips gegenüber den revolutionären
Kräften, die durch die Ereignisse in Frankreich seit 1789 ausgelöst
und belebt wurden. Die Revolutionsfurcht der Monarchen war ein
Kennzeichen der damaligen Restauration und veranlaßte die Regierungen zum Widerstand gegen jegliche Freiheitsbestrebung im Volke.

Zum Verständnis der Ähnlichkeit der Restauration von 1945 mit der
vom Jahre 1815 erscheint es angezeigt, auf Parallelerscheinungen zwischen den Revolutionen von 1789 in Frankreich und 1918 in Deutschland kurz einzugehen. Äußerlich gesehen mag der Verlauf der beiden
Revolutionen als recht verschieden erscheinen. Im Vergleich mit der
französischen stellt sich die deutsche als sehr zahm dar; denn diese
ließ sich, um die Sicherheit des Staates nicht zu gefährden, auf ein
Bündnis mit Offizierskorps und Beamtenschaft des alten Regimes ein,
was ihr nicht gedankt wurde. Beide Revolutionen mündeten aber in
eine Diktatur. Dies geschah in stetiger Weise in Frankreich, indem
Napoleon als Vollender und Vollstrecker der Revolution auftreten
konnte. Anders in Deutschland, wo die Machtübernahme durch Hitler als Gegenrevolution, als eine zweite Revolution mit stark entgegensetzten Zielen, erscheint, obwohl sie an der bestehenden Verfassung von Weimar formal nicht rüttelte. Napoleon übernahm die Führung der Kriege, in die die Revolution den Staat verstrickt hatte, und
begann immer neue Kriege, um seine Stellung zu festigen. Dabei war

wohl sein Ziel, in Europa eine von Frankreich bestimmte und garantierte Ordnung zu schaffen, die einen Einfluß von England und Rußland auf dieselbe ausschloß.

In diesem Punkt besteht Übereinstimmung zwischen Napoleon und Hitler. Dieser mußte erst Deutschland von den militärischen Fesseln des Versailler Vertrages befreien, um auf der Grundlage wiedergewonnener militärischer Kraft seine weiteren Ziele in Angriff zu nehmen. Das Großdeutsche Reich, damals Traumwunsch aller Deutschen, konnte er noch ohne Kriegsausbruch errichten; aber die Kriegsgefahr bestand schon im Herbst 1938. Es ist hier nicht der Ort, näher auf die Umstände einzugehen, unter denen es am 1. September 1939 zum Krieg mit Polen kam, der die Schrecken des zweiten Weltkriegs zur Folge haben sollte. Nur soviel muß gesagt werden, daß England nicht bereit war, eine gewaltsame weitere Ausdehnung der deutschen Machtsphäre hinzunehmen. Englands Haltung gegenüber Hitler war nun dieselbe wie seinerzeit gegenüber Napoleon. Hitlers Ziel war, wie er schon in seinem Buch „Mein Kampf" ausgeführt hatte, die Erweiterung des deutschen Lebensraumes nach Osten. Das hätte bedeutet, wenn es gelungen wäre, daß Deutschland eine Macht in Europa gewonnen hätte wie im Anfang des neunzehnten Jahrhunderts Frankreich unter Napoleon. Es mag als Ironie des Schicksals empfunden werden, daß beide Diktatoren an Rußland mit seinem weiten Raum scheiterten, Napoleon in dem 1812 unternommenen Feldzug und Hitler in dem 1941 begonnenen Krieg. Nach der Niederlage im Jahre 1945 war die Behandlung Deutschlands durch die Siegermächte ungleich härter als die Frankreichs 1814/15. Letzteres konnte ohne Gebietsverlust zur Herrschaft der Bourbonen zurückkehren. Deutschland aber wurde in Besatzungszonen aufgeteilt; die Mitglieder seiner nach Hitlers Tod bestehenden Regierung wurden verhaftet und vor Gericht gestellt; die nach dem 31. Dezember 1937 an das Reich angeschlossenen von Deutschen bewohnten Gebiete wurden rückgegliedert, und große Teile des deutschen Ostens wurden unter fremde Verwaltung gestellt, was praktisch deren Verlust gleichkam, zumal die deutsche Bevölkerung daraus vertrieben wurde. Eine Milderung des chaotischen Zustandes in dem verstümmelten, in Besatzungszonen aufgeteilten Reich trat dadurch ein, daß sehr bald ein Gegensatz zwischen den westlichen Besatzungsmächten einerseits und der östlichen andererseits zu Tage trat. Das führte zur Spaltung von Rest-Deutschland in die „Bundesrepublik Deutschland" und die „Deutsche Demokratische Republik".

Die Restauration, die nach dem Ende der Tragödie der Revolutionsperiode von 1918 bis 1945 zwangsläufig in Deutschland eintreten mußte, konnte anders als in Frankreich 1814 nicht in der Rückkehr zur Monarchie bestehen; denn der erste Weltkrieg hatte ja gerade deren Beseitigung seitens der Siegermächte zum Ziel. Auch die Rückkehr zur Weimarer Verfassung, die formell nicht außer Kraft gesetzt wurde, hatte ihre Bedenken, da sie den Übergang zur Diktatur ermöglicht hatte. Es mußte also ein neuer demokratischer Weg gesucht werden. Im östlichen Teil Deutschlands bekam die Verfassung eine sozialistische Prägung nach russischem Vorbild. In der Bundesrepublik wurde eine als Grundgesetz bezeichnete, westlichen Vorstellungen entsprechende demokratische Verfassung eingeführt. Sie zeichnet sich durch Vorschriften aus, die Mißstände verhüten sollen, die zur Zeit der Weimarer Verfassung die Ausübung der parlamentarischen Tätigkeit beeinträchtigten und dadurch den Übergang in eine Diktatur ermöglichten.

Wir beschränken unsere Betrachtungen jetzt auf die Restauration in der Bundesrepublik, zumal in der Deutschen Demokratischen Republik weniger von einer Restauration die Rede sein kann. Die Veränderungen dort können sehr wohl auch als Revolution verstanden werden, allerdings eine aufgezwungene, was freilich mit dem Begriff einer Revolution schwer zu vereinbaren ist.

Wir vergleichen nun die Verhältnisse in der Bundesrepublik mit denen des Deutschen Bundes. In beiden Fällen handelte es sich um die Herstellung einer neuen Ordnung. Damals war sie zu treffen, nachdem das alte Deutsche Reich und die Vorherrschaft Napoleons zusammengebrochen waren; diesmal nach dem totalen Zusammenbruch des Bismarck-Reiches, welches in der Weimarer Republik und im Dritten Reich seine Fortsetzung fand. Damals geschah die Neuordnung im Zeichen des „monarchischen Prinzips", diesmal im Zeichen des „freiheitlich-demokratischen Prinzips". Die neue Ordnung damals war in den Augen der Monarchen und ihrer Regierungen bedroht durch das Fortwirken der Gedanken, die die Französische Revolution ausgelöst hatten; es galt also, Vorkehrungen zur Sicherung der neuen Ordnung gegen die Revolutionsgefahr zu treffen. Diesmal sahen die verantwortlichen Politiker die neue Ordnung sogar von zwei Seiten bedroht; von extrem linker Seite wurde der Wille zur Errichtung einer kommunistischen Ordnung nach russischem Vorbild befürchtet und von extrem rechter Seite der Wille zur Rückkehr zu den Verhältnissen im Dritten Reich.

Die Befürchtungen in den ersten Jahren nach Entstehung des Deutschen Bundes hatten wohl mehr Grund als die in der jungen Bundesrepublik. Damals ging eine starke Kraft von dem Erlebnis der Befreiungskriege aus; das begünstigte den Wunsch nach nationaler Einheit und die Forderung von freiheitlicher Ordnung im Staatsinneren; Nationalismus, Liberalismus und Demokratie kennzeichneten das Begehren der nach Veränderung strebenden Kräfte im Deutschen Bund. Unter ganz anderen Bedingungen begann das Dasein der Bundesrepublik zufolge der Ernüchterung gegenüber allen hehren Ideen angesichts des völligen Zusammenbruchs als Ausgang des Krieges. Schon in den ersten Jahren seines Bestehens sah sich der Deutsche Bund starker Kritik, ja Befeindung ausgesetzt und kam es zu terroristischer Tätigkeit, während es fast zwei Jahrzehnte dauerte, bis sich letztere, dann aber weit schlimmer als im vorigen Jahrhundert, in der Bundesrepublik zeigte. Zur Bekämpfung des Terrorismus sahen sich beide herausgefordert, der Deutsche Bund sehr bald, die Bundesrepublik erst später. In Deutschland gab es damals nur einen politisch motivierten Mord – ein zweiter Mordplan mißlang –, nämlich an dem Lustspieldichter Kotzebue, während in der kleineren Bundesrepublik eine große Zahl solcher Schreckenstaten zu verzeichnen ist.

Der Bekämpfung des Terrorismus und revolutionärer Bestrebungen allgemein dienten damals die Karlsbader Beschlüsse, denen zu ihrer wirksamen Ausübung weitere reaktionäre Beschlüsse folgten, bis sie schließlich infolge der Revolution im Jahre 1848 zurückgenommen werden mußten. Seit dem Ende der sechziger Jahre sieht sich die Bundesrepublik dem gleichen Problem gegenüber, der Bekämpfung des Terrorismus im Zeichen der Abwehr revolutionärer Bestrebungen. Der Terrorismus tritt heute in schlimmerer Form auf als zur Zeit der Karlsbader Beschlüsse; die Revolutionsfurcht hingegen war damals begründeter als heute. Der Terrorismus der Gegenwart forderte den Staat zu Abwehrmaßnahmen heraus, die in der Wirksamkeit wohl hinter den Beschlüssen in der ersten Hälfte des vorigen Jahrhunderts zurückbleiben. Der demokratische Staat ist eben in den Mitteln zur

Abwehr von Gefahren wegen der von ihm einzuhaltenden Freiheits-
rechte der Bürger viel stärker gehemmt als ein autoritär regierter
Staat. Wenn aber die Parlamentarier in der Bundesrepublik in ihrer
Mehrheit meinten, in Verbindung mit der Anti-Terror-Gesetzgebung
auch einen Radikalen-Erlaß gutheißen zu sollen, der von ausländi-
scher Seite vielfach als „Berufsverbot" verstanden wird, indem schon
ein Postangestellter, ein Lokomotivführer oder eine Krankenschwe-
ster, die sich für eine nicht verbotene kommunistische Partei einsetz-
ten, als untragbar für den öffentlichen Dienst, und das heißt doch, als
Gefahr für die „freiheitlich-demokratische" Grundordnung der Bundesrepublik angesehen wurden, so kann das nur als unrühmlich für
unser Staatswesen gelten. Auf jeden Fall offenbart sich in dem Radikalen-Erlaß, daß auch in der Bundesrepublik ein wenig der Karlsbader Geist aus dem vorigen Jahrhundert lebendig ist, so daß sie, wie
viele behaupten, nicht frei von faschistoiden Zügen ist. Daraus folgt,
wenn wir uns ehrlich prüfen, daß wir uns nicht berechtigt fühlen können, die überkommene Verurteilung der Karlsbader Beschlüsse ohne
Einschränkung aufrechtzuerhalten. Wir sollten doch wohl für die damalige Restaurationszeit in einer heute ähnlichen Lage mehr Verständnis aufbringen als im Kaiserreich und in der Weimarer Republik,
ohne daß wir deshalb das damalige Geschehen schlechthin gutheißen
müssen. Daß wir zu einem gerechten Urteil über die deutsche Geschichte in der Zeit des Deutschen Bundes gelangen, erscheint mir als
notwendige Voraussetzung für ein wirkliches Verstehen der deutschen Geschichte von 1815 bis 1945. In der Verkennung der Leistungen des Deutschen Bundes offenbarte sich eine Überschätzung dessen, was durch die Zerstörung des Bundes gewonnen wurde, und dies
verführte das deutsche Bürgertum in seiner weit überwiegenden
Mehrheit zu einer Verkennung der Möglichkeiten, die sich der Weimarer Republik im Zusammenwirken mit den anderen demokratischen europäischen Staaten bieten mochten.

Nachdem wir die Gemeinsamkeit zwischen der Anfangszeit des Deutschen Bundes und der Gegenwart in der Bundesrepublik als Zeiten
der Restauration geschildert haben, wenden wir uns der Beantwortung der eingangs gestellten Frage zu, ob der Deutsche Bund das ihm
im Jahre 1866 zuteil gewordene Schicksal verdiente. Durch ein Versagen seinerseits, durch erwiesene Unfähigkeit, zur Lösung anstehende
Probleme zu meistern, könnte er seine Zerstörung selbst verschuldet

haben. Wenn es so war, ist allerdings auch zu fragen, ob nicht vielmehr die beiden deutschen Großmächte, Österreich und Preußen, Tadel verdienten, weil sie eine notwendige Reform des Bundes nicht herbeiführten. Die Einigkeit von Österreich und Preußen in für Deutschland lebenswichtigen Fragen war von vornherein die unabdingbare Voraussetzung für eine gedeihliche Arbeit des Deutschen Bundes; sie war die Grundlage seines Bestehens. Leider bestand die erforderliche Einigkeit nach dem Jahre 1848 nicht in hinreichendem Maße bei den beiden deutschen Großmächten.

Es kann wohl festgestellt werden, daß sich Österreich und Preußen vor der Revolution des Jahres 1848 in Fragen, die den Deutschen Bund beschäftigten, im allgemeinen einig waren. Es war Metternichs Gewohnheit, sich in solchen Fragen mit Preußen abzustimmen, bevor die Bundesversammlung darüber zu entscheiden hatte. Das schloß nicht aus, daß die beiden Großmächte gelegentlich, wie in der braunschweigischen Angelegenheit 1831, entgegengesetzt abstimmten (s. S. 149). Der Wille zu grundsätzlicher Übereinstimmung in wichtigen Fragen wurde dadurch nicht beeinträchtigt.

Die Hauptaufgabe, die dem Deutschen Bund bei seiner Gründung gestellt wurde, war die, den Frieden in Deutschland zu sichern. Zugleich sollte er ein stabilisierendes Element in dem Gleichgewicht der europäischen Mächte darstellen. Eine Störung des Gleichgewichts durch den Deutschen Bund war schon deshalb nicht zu befürchten, weil er von seiner Struktur her zu einem Angriffskrieg nicht in der Lage war. In der Tat hat es einen Bundeskrieg nicht gegeben, wobei einschränkend zu bemerken ist, daß Bundesmaßnahmen in der schleswig-holsteinischen Angelegenheit im Jahre 1848 zu kriegerischen Verwicklungen mit Dänemark führten, deren Last zur Hauptsache von Preußen getragen wurde. Zur Erklärung des Krieges durch den Deutschen Bund oder durch die Regierung unter dem Reichsverweser, nachdem der Bundestag seine Tätigkeit eingestellt hatte, kam es nicht. Im Jahre 1864 verweigerte der Deutsche Bund die Teilnahme an dem Krieg, den Österreich und Preußen um Schleswigs willen gegen Dänemark führten. Als jedoch im Jahre 1866 Preußen zur Führung eines Krieges gegen Österreich entschlossen war, vermochte der Deutsche Bund dies nicht zu verhindern.

Anders war es bei dem schweren Konflikt zwischen dem Königreich Hannover und dem Herzogtum Braunschweig (s. S. 127 ff.). Die Androhung der Bundesexekution genügte, um den Herzog zu veranlassen, daß er dem Bundesbeschluß zur Lösung des Konflikts genügte. Ohne die Existenz des Bundes und ohne dessen Machtbefugnisse wäre die Austragung des Konflikts wohl mit Waffengewalt erfolgt. Die Mittel, die dem Deutschen Bund zur Verfügung standen, insbesondere die Einrichtung der Austrägal-Instanz, genügten, um Streitfälle unter den deutschen Staaten zu schlichten. Nur ein ernster Konflikt zwischen den beiden Großmächten Österreich und Preußen konnte durch die Machtmittel des Bundes nicht beigelegt werden. Die Einigkeit beider war die Voraussetzung dafür, daß der Bund den Frieden im Innern sichern konnte. Die Probe der Friedenssicherung nach außen wurde ihm nicht abverlangt.

Abgesehen von der Aufrechterhaltung von Sicherheit und Ordnung im Innern in Form von Verbotsmaßnahmen hatte der Deutsche Bund vor der Revolution des Jahres 1848 wenig an positivem Wirken aufzuweisen. Trotz redlichen Bemühens von einigen Bundestagsgesandten in den ersten Jahren der Tätigkeit der Bundesversammlung kam es erst im Jahre 1837 zu dem Beschluß von Grundsätzen zur „Sicherstellung der Rechte der Schriftsteller und Verleger gegen den Nachdruck", wie Art. 18 d) der Bundesakte verlangte. Zum Zwecke einer einheitlichen Gesetzgebung in allen Bundesstaaten geschah sonst wenig und gedieh außer den Maßregeln gegen den Nachdruck vor 1848 nichts bis zur Reife. Die Initiative zu Maßnahmen für einen freien Handel und Verkehr zwischen den deutschen Staaten hatte sich der Bund durch Verschulden Österreichs völlig entgleiten lassen, was die Stellung Preußens im Deutschen Bund zufolge seiner Zollvereinspolitik wesentlich stärkte.

Wenn vor der Revolution im Jahre 1848 fast nichts von der Bundesversammlung zur Herbeiführung einer einheitlichen deutschen Gesetzgebung geschah, so änderte sich dies im letzten Jahrzehnt ihres Bestehens, wobei die Initiative überwiegend von Bayern ausging, beginnend mit dessen Antrag vom 21. Februar 1856 zur Entwerfung „eines allgemeinen Handelsgesetzbuches für die deutschen Bundesstaaten". Über die in Arbeit genommenen Gesetzgebungsvorhaben haben wir in Abschnitt 5 des Kapitels VIII berichtet. Es war nicht die Schuld der Bundesversammlung, daß die meisten Vorhaben nicht bis zur Einführung als Gesetz in allen Bundesstaaten gediehen. Für das wichtigste Unternehmen, das Handelsgesetzbuch, war dies vor der Auflösung des Bundes fast vollständig gelungen. Ohne die Zerstörung im Jahre 1866 wären – das darf ohne Zweifel angenommen werden – auch noch weitere Gesetze bis zur allgemeinen Einführung in den deutschen Staaten gediehen. Demnach ist es nicht wahr, wenn dem Deutschen Bund vorgeworfen wird, er sei zur Wahrnehmung der Belange des deutschen Volkes schlechthin nicht in der Lage gewesen. Für weite Bereiche der Gesetzgebung hat die Bundesversammlung das Gegenteil bewiesen. Freilich geschah dies auf ungewöhnliche Weise, indem nämlich die Gesetzgebungswerke als „gemeinnützige Anordnungen" verstanden werden sollten. Dem widersprach Preußen in aller Regel und versagte seine Mitarbeit. Es war Bismarcks Verdienst, daß Preußen an den Arbeiten zum Handelsgesetzbuch stark beteiligt war; seine Regierung hatte auch in diesem Fall zunächst vor, ihr Mitwirken zu verweigern.

Gerade die erfolgreiche Aktivität der Bundesversammlung auf dem Gebiet der Gesetzgebung im letzten Jahrzehnt ihres Bestehens beweist ihre Fähigkeit zu gemeinnützigem Wirken für die Bevölkerung der deutschen Staaten. Es kann nur Anerkennung verdienen, daß der Deutsche Bund Aufgaben der Gesetzgebung trotz der Mängel seiner Verfassung, die solches nicht vorsah, mit Erfolg in Angriff nahm. Wir gelangen daher zu dem Schluß, daß der Deutsche Bund jedenfalls seines Wirkens wegen das Schicksal nicht verdiente, welches Preußen ihm im Jahre 1866 bereitete.

Es fragt sich, ob die Auflösung des Bundes dennoch im Interesse des deutschen Volkes unvermeidlich war. Zweifellos hatte die Bundesverfassung, wie sie in den beiden Grundgesetzen festgelegt war, ihre erheblichen Mängel. Aber mußte der Bund deshalb zerstört werden? Das Natürliche war doch, die Mängel durch eine gründliche Reform zu beseitigen. Zumindest seit dem Jahre 1848 war die Bundesreform ein bleibendes Gesprächsthema, wenn es auch einige Jahre nach dem Scheitern der Dresdener Konferenzen zu ruhen schien. Aus den Protokollen der Bundesversammlung ist über die Reformbestrebungen wenig zu entnehmen, weil die von verschiedenen Seiten vorgeschlagenen Pläne in aller Regel in Verhandlungen zwischen den Regierungen stecken blieben. Selbst Österreichs Plan auf dem Fürstentag im Jahre 1863 erscheint in den Protokollen der Bundesversammlung erst im Jahre 1866, als Preußen und Österreich schon zum Kampf gegeneinander rüsteten.

Der italienische Krieg im Jahre 1859 wirkte stark belebend auf die öffentliche Diskussion um eine Reform der Verfassung des Deutschen Bundes. So kam es am 16. September 1859 zur Gründung des Deutschen Nationalvereins, dessen Ziele im großen und ganzen der kleindeutschen Lösung der Paulskirche entsprachen. Als Gegengewicht zum Nationalverein bildete sich im Oktober 1862 der Deutsche Reformverein, der die großdeutsche Idee vertrat. Ihm schloß sich auch Heinrich von Gagern an, der seinerzeit in der Nationalversammlung der kleindeutschen Lösung zum Siege verhalf. Über seine Wandlung schreibt Srbik (D. E., Bd. 3, S. 13 f.): „Die Ablehnung des preußischen Konservativismus und die Zuneigung zu Österreich waren in ihm gewachsen, und nun trat er offen für Österreich als europäische Notwendigkeit und Hort Deutschlands ein und bezichtigte Preußen der ‚Charakterlosigkeit', ‚Zweideutigkeit' und ‚Kleinlichkeit', die es im Krimkrieg und im italienischen Krieg bewiesen habe. Jede Reform der deutschen Bundesverfassung schien ihm nur durch gemeinsame Initiative und volles Einvernehmen Österreichs und Preußens möglich." An Mitgliederzahl übertraf der Nationalverein den Konkurrenten. Dennoch neigte die vorherrschende Meinung im Volke wohl mehr der großdeutschen Auffassung zu. Diesbezüglich schreibt Schulte (Der deutsche Staat, S. 386): „Mir will scheinen, daß heute leicht der Umfang der Anhängerschaft an den großdeutschen Gedanken unterschätzt wird. Nicht nur die Mehrzahl der Katholiken trat für das Verbleiben Österreichs im Bunde ein, es gab auch selbst in Preußen nicht wenige Evangelische, die dasselbe wünschten."

Auf dem Hintergrund des geistigen Ringens zwischen der kleindeutschen und der großdeutschen Idee vollzog sich das Ringen um die Lösung der schleswig-holsteinischen Angelegenheit in den Jahren 1864 bis 1866, welches sich zugleich als ein Ringen zwischen Preußen und Österreich um die Vorherrschaft in Deutschland darstellte. In diesem Ringen erwies sich Bismarck als der überlegene Meister. Erst nach der Niederlage Österreichs in dem Bruderkrieg 1866 konnte sich die Meinung durchsetzen, daß die Zerstörung des Deutschen Bundes notwendig war im Interesse der nationalen Einigung Deutschlands, wie sie in der Gründung des neuen Deutschen Reiches 1871 zustande kam. Nachdem dieses Reich im Jahre 1918 die monarchische Form verloren hatte und im Jahre 1945 vollständig zerschlagen wurde, müssen wir wohl mißtrauisch sein gegenüber der Behauptung, die Zerstörung des Bundes sei eine nationale Notwendigkeit gewesen. Wir halten die Behauptung für historisch, nämlich durch den Verlauf der Geschichte, widerlegt, zumal der Deutsche Bund gerade in den letzten Jahren seines Bestehens den Beweis lieferte, daß er trotz seiner verfassungsmäßigen Mängel viele dem Zusammenwachsen der deutschen Staaten zu vermehrter Einheitlichkeit dienende Gesetzesvorhaben so weit fördern konnte, daß sie reif waren zur Einführung als Gesetze in den einzelnen Staaten, wie dies für das Handelsgesetzbuch fast vollständig geschehen ist. Daß eine Reform der Bundesverfassung über kurz oder lang unumgänglich war, soll damit nicht bestritten werden. Voraussetzung dafür war, daß sich Österreich und Preußen über die anzustrebende Reform einig waren. Nicht das Bestehen zweier Großmächte im Bunde war dessen eigentliches Gebrechen, sondern die Uneinigkeit zwischen den beiden nach 1848, wobei ein Fehlverhalten, der mangelnde feste Wille zu einer Verständigung mit dem Ziel der Einigung, auf beiden Seiten festzustellen ist.

Nachdem Bismarcks Wille sich in den Jahren 1866 bis 1871 durchgesetzt hatte und Österreich aus dem Verband der deutschen Staaten ausgeschieden war, setzte sich recht bald die Meinung durch, daß der Erfolg Bismarck recht gegeben habe, daß nur er den richtigen, allein möglichen Weg zur Verwirklichung der deutschen Einheit erkannt habe. So war die Auffassung, wie sie mir im Geschichtsunterricht während des ersten Weltkriegs begegnete. Der Bruderkrieg, der die Voraussetzung für die bald folgende Reichsgründung schuf, wurde zwar als bedauerlich, aber als unvermeidlich betrachtet. Er mochte etwa einem die Atmosphäre reinigenden Gewitter verglichen werden, das wohl einigen Schaden anrichtet, aber doch überwiegend Gutes wirkt. Hätte er vielleicht eher als ein Erdbeben beurteilt werden sollen, das unermeßlichen Schaden verursacht? Im Ausland konnte die Entscheidungsschlacht von Königgrätz so angesehen werden; ähnlich lautende Stimmen im Inland verstummten nach und nach. Schließlich erwuchs aus der Bewunderung des für Deutschland Erreichten um die Jahrhundertwende ein Bismarck-Mythos, der über die Mängel, die dem Werk des Reichsgründers anhafteten, schlicht hinwegsah.

Billigerweise müssen wir heute eingestehen, daß die Zerstörung des Deutschen Bundes keine Notwendigkeit wegen drohender Gefahr von äußeren Feinden darstellte. Immerhin wird auch in unseren Tagen noch die Auffassung vertreten, daß solche Gefahr für die Zukunft hätte befürchtet werden müssen. Dem stellen wir entgegen, daß sich der lediglich zur Defensive geeignete Deutsche Bund während eines halben Jahrhunderts als Schutzwall für alle Deutschen bewährt hatte, und daß die Einigkeit von Österreich und Preußen solchen Schutz auch weiterhin für eine überschaubare Zukunft verbürgen würde. Als Kronzeugen für diese Ansicht führen wir Bismarck selbst an, der in den „Gedanken und Erinnerungen" in dem Kapitel „Der Frankfurter Fürstentag" äußert:

„Das Ansehn Deutschlands nach außen hing in beiden Gestaltungen, der dualistischen und der östreichischen, von dem Grade fester Einigkeit ab, den die eine oder die andre der Gesamtnation gewährt haben würde. Daß Östreich und Preußen, sobald sie einig, eine Macht in Europa darstellen, welche leichtfertig anzugreifen keine der andern Mächte geneigt war, hat der ganze Verlauf der dänischen Verwicklungen gezeigt."

(Ausgabe von Jaspert „mit einer Einführung von Theodor Heuss", 1951, S. 161.)

Obwohl Bismarck schon zur Zeit seiner Tätigkeit als Bundestagsgesandter zu der Auffassung gelangt war, daß ein Krieg zwischen Österreich und Preußen in „nicht zu langer Zeit" unvermeidbar sei (s. S. 439 ff.), schloß er doch als Ministerpräsident ein Einvernehmen mit Österreich über eine dualistische Leitung des Deutschen Bundes bis in die ersten Monate des Jahres 1866 nicht aus. Eine Bundesreform nach seinen Vorstellungen sollte Preußen eine Vormachtstellung im Norden Deutschlands sichern, ähnlich derjenigen, wie sie wenig später unter Ausschluß Österreichs aus Deutschland im Norddeutschen Bund verwirklicht wurde. Österreich verweigerte aber beharrlich jedes Entgegenkommen bezüglich einer Bundesreform, die Preußens berechtigte Wünsche berücksichtigte. Selbst die Einräumung eines Vetorechts in einem zu errichtenden Direktorium des Bundes wurde Preußen von Österreich verweigert, so daß jenes mit Recht gegen es gerichtete Majoritätsbeschlüsse befürchten mußte. So stand denn Preußen vor der Frage, ob es die bestehende österreichische Hegemonie im Deutschen Bunde weiter ertragen und einen späteren Zeitpunkt für die von fast allen Seiten als notwendig erachtete Bundesreform, über die sich zu einigen sicher schwierig war, abwarten oder aber gewaltsam durch einen Krieg gegen Österreich die Alleinherrschaft in Deutschland unter Ausschaltung des Rivalen anstreben solle.

Bismarcks Entschluß in letzterem Sinne stand fest, als es am 8. April 1866 zur Allianz mit Italien kam. Mühsam genug hatte der Ministerpräsident seinen König dahin bringen können, sich zum Krieg gegen Österreich zu entschließen.

Es ist zwar müßig, darüber nachzudenken, welchen Verlauf das Schicksal des deutschen Volkes wohl genommen hätte ohne den unseligen Bruderkrieg von 1866; aber es fällt mir schwer, mir vorzustellen, daß der Zustand achtzig Jahre später ohne die Entscheidung bei Königgrätz hätte gleich schlimm ausfallen können, wie er tatsächlich nach der Alleinbestimmung Preußens in Deutschland für ein halbes Jahrhundert eingetreten ist. Bismarck hat die Katastrophe von 1945 nach dem oben zitierten Wort unter der Voraussetzung beständiger Einigkeit von Österreich und Preußen im Deutschen Bunde für unmöglich gehalten, wobei allerdings einzuräumen ist, daß er an die Möglichkeit eines bleibenden Zusammenhaltens beider Mächte nicht recht glaubte. Auch könnte eingewandt werden, daß ja vom Jahre 1879 ab der Zweibund eine haltbare Verbindung zwischen Deutschland und Österreich-Ungarn (wie die habsburgische Monarchie seit 1867 hieß) hergestellt hätte. Dadurch sei in etwa der Zustand verwirklicht worden, der den Schöpfern der Verfassung der Paulskirche vorschwebte.

Es ist doch aber zu beachten, daß das Fortbestehen des Deutschen Bundes nach 1866, wie immer er nach einer Reform gestaltet sein mochte, im mitteleuropäischen Raum etwas sehr viel anderes als der Zweibund bedeutet hätte. Die einseitige ungeheure Machtentfaltung Preußen-Deutschlands nach 1871 wäre dann nicht möglich gewesen. Das gleichgewichtige Zusammensein von Österreich und Preußen im Deutschen Bunde hätte eine behutsamere preußische Politik im europäischen Rahmen bewirkt, wie umgekehrt im Krimkrieg Preußen eine Zurückhaltung Österreichs erzwang. Schon der Krieg gegen Frankreich 1870/71 wäre wohl nicht ausgebrochen. Immerhin ist einzuräumen, daß auch ohne die Reichsgründung Rußland und Frankreich sich zu einem Bündnis gegen Österreich hätten zusammenfinden können. Schwerlich hätten sie, schon Englands wegen, einen Krieg gegen Österreich mit Preußen im Bunde gewagt. Daß aber alle drei Großmächte, England, Rußland und Frankreich, sich zu einem gemeinsamen Krieg gegen die Mittelmächte Österreich und Preußen entschlossen hätten, lag wohl jenseits aller realen Möglichkeiten, solange der maritime Ehrgeiz Preußens durch Österreich in Grenzen gehalten wurde. Daß Preußen, nachdem es sich 1866 Österreich und 1870/71 Frankreich überlegen gezeigt hatte, sich anschickte, England zum Rivalen zu werden, wurde ihm und damit dem jungen Deutschen Reich zum Verderben. Ohne die Zerstörung des Deutschen Bundes und ohne das Revanche-Bedürfnis Frankreichs nach 1871 war eine Dreier-Koalition gegen die Mittelmächte nicht zu befürchten.

Doch kehren wir nach diesen hypothetischen Betrachtungen zu den realen Verhältnissen nach der Entscheidung im Jahre 1866 zurück! Der Deutsche Bund war zerstört. Was bedeutete das für das deutsche Volk, für die deutsche Nation? Unter dem deutschen Volk muß doch wohl die Gesamtheit aller Menschen verstanden werden, deren Muttersprache das Deutsche ist. Auch die Menschen deutscher Abstammung, die der deutschen Sprache nicht mehr mächtig sind, möchten wir dem deutschen Volk zurechnen, soweit sie sich als diesem zugehörig bekennen. Der Wunsch nach nationaler Einheit, der außer im deutschen und im italienischen Volk im vorigen Jahrhundert auch in vielen kleineren Völkern, zumal slawischen, lebendig wurde, fand seinen Ausdruck in der Forderung eines Nationalstaates, der alle in einem in sich abgeschlossenen Wohngebiet befindlichen Menschen gleichen Volkes umfassen sollte. Das Verlangen nach Einheit der Nation bringt somit den politischen Willen der Menschen eines Volkes zum Ausdruck, zusammen in einem Staat, in ihrem Staat, zu leben. Die Nation repräsentiert also ein Volk in seinem Willen zum Zusammenschluß zu einem einzigen Staat. Der Begriff der Nation kann aber auch anders verstanden werden, nämlich als Willensgemeinschaft von Menschen, die sich einig sind in der Bejahung der Zugehörigkeit zu dem Staat, dem sie angehören. In diesem letzteren Sinn kann beispielsweise die Schweiz als Nation angesprochen werden, obwohl vom Volkstum her drei oder vier Nationalitäten an ihr teilhaben. Österreich stellte im Jahre 1866 zweifellos keinen Nationalstaat, sondern einen mehrere Nationalitäten umfassenden Staat dar, der gefährdet war, in mehrere Nationalstaaten zu zerfallen. Die Schweiz ist ein Beispiel dafür, daß mehrere Nationalitäten sich zur Bildung einer Nation zusammenfinden können. Frankreich zeigt, wie Staat, Volk und Nation sich nahezu decken können. Begrifflich wird die Nation dort vornehmlich als Staatsnation verstanden.

Ganz anders war es in Deutschland im Jahre 1866. Die deutsche Nation, die unzweifelhaft in der Idee bestand, besaß keinen ihr eigenen Staat. So wurde denn die deutsche Nation als Kulturnation im Gegensatz zu dem französischen Begriff der Staatsnation verstanden. Während dieser die Staatsbejahung der Bürger voranstellt, legt der Begriff der Kulturnation die Betonung auf die Gemeinsamkeit von Sprache und Kultur. Wenn sich die deutsche Nation zunächst vorwiegend in dieser Weise verstand, so schloß das doch nicht aus, daß die Nation zunehmend auch als politische Gemeinschaft angesehen wurde. In diesem Sinne möchten wir auch das oben zitierte Wort von Bismarck verstanden wissen, wenn darin von der „Gesamtnation" die Rede ist. Der Deutsche Bund konnte dann als – wenn auch mangelhafte – Repräsentation der Gesamtnation gelten und wurde auch so eingeschätzt. Der Bund war ja als unauflöslicher Verein von anfänglich mehr als drei Dutzend deutschen Staaten gegründet worden. Die Gesamtmacht, die dieser Verein nach außen darstellte, war nach innen mangels bundesstaatlicher Verbindung seiner Glieder Ausdruck der deutschen Gesamtnation, und zwar gerade weil es ihr an der staatlichen Einheit fehlte.

Wenn der Deutsche Bund als die politische Repräsentation der deutschen Nation angesprochen wird, stellt es sich als Schönheitsfehler dar, daß die Deutschen in Ost- und Westpreußen und in Posen nur in der Zeit von 1848 bis 1851 zum Deutschen Bund gehörten. Sie durften sich schon vor 1866 ebenso gut als Deutsche wie als Preußen fühlen. Einschließlich dieser Ostdeutschen wäre der Deutsche Bund eine Repräsentation der deutschen Nation im großdeutschen Sinne gewesen, wahrlich von der Maas bis an die Memel reichend.

Der Deutsche Bund war ein einigendes Band zwischen der Vielfalt der deutschen Staaten, und dieses Band wurde des preußischen Machtwillens wegen durch den Bruderkrieg 1866 zerschnitten. Das bedeutete, daß acht Millionen Deutsche, die in den zum Deutschen Bund gehörigen Ländern Österreichs wohnten, von den übrigen Deutschen des zerstörten Bundes getrennt wurden. Die Bildung eines deutschen Nationalstaats unter preußischer Führung begann also mit einer schmerzhaften Amputation der deutschen Nation. Diese bestand unter österreichischer Vorherrschaft zwar nicht als Nationalstaat, aber doch als eine Lebens- und Willensgemeinschaft; der Deutsche Bund war das nationale Band zwischen den dreiunddreißig deutschen Staaten, die zur Zeit des unseligen Bruderkriegs noch vorhanden waren. Zur Ausbildung gleichen Rechts in dieser Staatengemeinschaft gab es reichlich Ansätze; ein einheitliches Handelsrecht bestand schon fast ausnahmslos im Jahre 1866. Österreich erstrebte zu der Zeit den Anschluß an den von Preußen geführten Deutschen Zollverein, wurde aber von dem nördlichen Rivalen an dem Beitritt gehindert. Eine hoffnungsvolle Tätigkeit des Deutschen Bundes, die Einigkeit in der Staatengemeinschaft zu fördern, fand durch einen Krieg, den die Bundesverfassung verbot, ein jähes Ende. Die Hauptschuld an diesem Krieg trug Preußen, genauer: Otto von Bismarck, der seinen König nur mühsam für seine Pläne gewinnen konnte. Der Abschluß des Allianzvertrages mit Italien bedeutete eine unbestreitbare Verletzung der Bundesverfassung. Der Krieg war völlig unpopulär. Sein Ausgang bewirkte als Erfolg Bismarcks einen Umschwung in der öffentlichen Meinung. Nichtsdestoweniger blieb Bismarcks Politik noch lange umstritten.

Die Zerstörung des Deutschen Bundes stellte eine schmerzliche Amputation der durch denselben repräsentierten deutschen Nation dar, willentlich herbeigeführt durch die kleinere deutsche Großmacht des Bundes. Aus der Sicht der Einheit der Nation war es ein hoher, doch wohl zu hoher Preis, den die Nation dafür zu zahlen hatte, daß der Weg zur Bildung eines Nationalstaates frei geworden war, eines Nationalstaates, der sich auf eine verstümmelte Nation gründete. Dem Schmerz darüber, daß es so war, verlieh Grillparzer, der sich als treuer Österreicher und Deutscher empfand, Ausdruck mit den Worten, die er als Klage an die „Sieger von 1866" richtete:

„Ihr glaubt, ihr habt ein Reich geboren,
und habt doch nur ein Volk zerstört!"
(zitiert nach Srbik, D. E., Bd. 4, S. 470)

Das war ein harter Tadel für die Verblendung, der diejenigen Deutschen erlagen, die sich zu Bismarck nach dessen Erfolg bekehrten. Über den Deutschen Bund urteilte Grillparzer:

„Der Deutsche Bund war nicht schlecht von Haus,
Gab euch Schutz in jeder Fährlichkeit,
Nur setzt' er etwas Altmodisches voraus,
Die Treue und die Ehrlichkeit."
(ebenfalls a. a. O., S. 470)

Nicht alle Deutschen in Österreich teilten den Schmerz über die Trennung von den anderen Deutschen. Wir zitieren auch hierfür Srbik (D. E., Bd. 4, S. 471):

„Gewiß gab es, ..., unter den Deutschen Österreichs auch Verblendete, die sich, so wie mancher ihrer Vorfahren im Todesjahr des alten Reiches 1806, beim Erlöschen des Deutschen Bundes mit der Erwägung trösteten, der Donaustaat verliere durch die Auflösung des gesamtdeutschen und mitteleuropäischen Körpers nichts an realer Kraft."

Demgegenüber weist Srbik (a. a. O., S. 474) darauf hin, daß das Deutschtum Österreichs „ohne die beständige Hilfe des blut-, raum- und geschichtsverbundenen Muttervolkes die Fremdvölker Ostmitteleuropas nicht mehr wie bisher binden konnte. Die Zersetzungserscheinungen, die Spannungen der zum eigenen Volks- und Kulturbewußtsein erwachten nichtdeutschen Nationalitäten hatten die Staatsexistenz der ‚ersten deutschen Großmacht' und die deutsche kulturelle Führung Ostmitteleuropas noch nicht ernstlich gefährdet. Die Deutschen Österreichs waren die einigende und gestaltende Mehrheitskraft gegenüber jedem einzelnen nichtdeutschen Volk in der Monarchie. Es wurde anders, als die österreichischen Deutschen politisch nicht mehr ein Teil des Fünfzigmillionenvolkes, sondern eine Nationalität von acht Millionen innerhalb des ehemaligen Bundesgebietes, von zwölf Millionen innerhalb der Gesamtmonarchie wurden und als Minderheit in einem isolierten Staat der Summe der Nichtdeutschen verbunden waren." Das Deutschtum Österreichs war nun geschwächt in seiner Kraft, den Vielvölkerstaat als eine Einheit zusammenzuhalten; der Zerfall der Monarchie wurde so begünstigt.

Als dieser am Ende des ersten Weltkriegs tatsächlich eintrat, hinderte Siegerwillkür die Deutschen Österreichs daran, sich dem Deutschen Reich anzuschließen. Für den neugebildeten Staat Deutsch-Österreich, der zufolge des Verlangens der Siegermächte den alten Namen Österreich annehmen mußte, seinen deutschen Charakter im Namen also nicht bezeugen durfte, hätte von den Lebensbedürfnissen anderer Nachfolgestaaten der Monarchie her dem Anschluß an das Deutsche Reich nichts entgegengestanden. Erst im Jahre 1938 widersprachen die Sieger des ersten Weltkriegs nicht dem Anschluß, als ihn Hitler herbeiführte. Damit war endlich die großdeutsche Idee verwirklicht und das Großdeutsche Reich entstanden. Nach nur sieben Jahren war es ein Trümmerhaufen; Bismarcks Werk war gründlich zerstört. Deutschlands Geschick lag nach der Entscheidung von 1866 in den Händen von Preußen. Die Führung in Deutschland, die fast sechshundert Jahre mit einigen Unterbrechungen beim Hause Habsburg gelegen hatte, ging für ein halbes Jahrhundert auf das Haus Hohenzollern über. Wie konnte es kommen, daß das im Jahre 1871 gegründete Reich siebenundzwanzig Jahre nach Beseitigung der Monarchie völlig zerstört war?

Zum besseren Verständnis des tragischen Verlaufs der jüngeren deutschen Geschichte wenden wir den Blick zurück auf das Revolutionsjahr 1848. Der englische Historiker A. J. P. Taylor bezeichnet es als Wendepunkt der deutschen Geschichte. Er schreibt (The course of German history, Neuausgabe 1951, S. 68): "German history reached its turning-point and failed to turn." („Die deutsche Geschichte erreichte ihren Wendepunkt und verfehlte die Wende.") Der tragische Verlauf der von großen Ideen getragenen Revolution kann wohl in der Tat als Ankündigung des weiteren tragischen Verlaufs der deutschen Geschichte gesehen werden.

Die Revolution scheiterte. Sie wurde im Jahre 1849 gründlich unterdrückt; die Reaktion errang, äußerlich gesehen, einen vollen Sieg. Dennoch blieben Errungenschaften der Revolution, die die soziale Entwicklung dringend erforderte, bestehen; wir nennen als Beispiel die Beseitigung der Leibeigenschaft. Auch die Fortschritte in der Entwicklung zum Konstitutionalismus blieben im großen und ganzen erhalten. Der „Reaktionsausschuß" der Bundesversammlung bewirkte nicht viel mehr als die Beseitigung von einigen Auswüchsen in den Verfassungen der Staaten. Als „Meisterleistung der Gegenrevolution" bezeichnet Valentin (Geschichte der deutschen Revolution von 1848–1849, Bd. 2, S. 549), daß sie „im deutschen Volke die Überzeugung von seinem Mangel an politischer Begabung sehr weit zu verbreiten" vermochte. Dies war wohl die schlimmste Folge der gescheiterten Revolution, der Verlust des Vertrauens der Bürger auf ihre Urteilsfähigkeit in politischen Angelegenheiten. Eine Besserung hierin bewirkte die nationale Begeisterung, die durch Österreichs Kampf in Italien 1859 geweckt und außerdem von der Anteilnahme an der Angelegenheit Schleswig-Holsteins genährt wurde. Ein Zeichen erneuten politischen Bewußtseins des deutschen Bürgertums war aber insbesondere der Kampf des preußischen Abgeordnetenhauses gegen Bismarck. Das Jahr 1866 beeinträchtigte indessen aufs neue das Vertrauen der Bürger in ihre Urteilsfähigkeit in politischen Dingen; denn die Ereignisse gaben Bismarck recht und setzten die ihn bekämpfenden Parteien ins Unrecht. Das Übel auf seiten der Bürger wurde nicht dadurch verringert, daß Bismarck sich Forderungen der Paulskirche zu eigen machte und sie verwirklichte. Er war in der Lage, das durchzusetzen, was der Revolution versagt blieb: das allgemeine gleiche Wahlrecht für den Norddeutschen Bund und das spätere Reich (nicht für die einzelnen Bundesländer) und die kleindeutsche Lösung der deutschen Frage.

Die Neugestaltung der deutschen Verhältnisse war ein revolutionärer Akt, eine durch Bismarck von oben herbeigeführte Revolution, und Bismarck verstand dies auch so. Er nimmt – so will mir scheinen – gegenüber der Revolution von 1848 eine ähnliche Stellung ein wie Napoleon gegenüber der französischen Revolution von 1789 und Hitler gegenüber der deutschen von 1918. Im einzelnen sind zwischen den drei Männern, die durch die Gunst der Revolution an die Macht gelangten, große Unterschiede vorhanden, was aber nichts daran ändert, daß sie durch die Revolution emporgetragen wurden. Bismarcks politische Laufbahn begann damit, daß er als Konservativer im preußischen Abgeordnetenhaus die Rechte der Krone gegen die Revolution verteidigte. Das eröffnete ihm die Laufbahn als Diplomat und Staatsmann, indem er Preußen als Bundestagsgesandter in Frankfurt zu vertreten hatte. Obwohl er konservativ-reaktionärer Gesinnung war und dies besonders im Kampf mit dem preußischen Abgeordnetenhaus bewies, als er Ministerpräsident geworden war, besaß er die innere Freiheit, die von dem Geist der Revolution des Jahres 1848 genährte nationale Einigungsbewegung für die Machtausdehnung Preußens zu nutzen, indem er unter Aufrechterhaltung des Kampfes mit dem preußischen Parlament ein Bündnis mit der Einigungsbewegung einging. Auf die unglücklichen Folgen, die dies hatte, wird noch einzugehen sein.

Anders als bei Bismarck verlief der Aufstieg zur Macht bei Napoleon. Der General errang seine diktatorische Stellung, indem er die Umstände, die die Revolution schuf, geschickt auszunutzen verstand. So erschien er als Vollstrecker der Revolution, indem er sie in geordnete

Bahnen zwang. Er ließ sich von der Revolution schlicht emportragen, während Bismarck und auch Hitler sich ihr vielmehr entgegenstemmten. Nur vorübergehend gab Bismarck seine feindselige Stellung gegenüber der Revolution auf. Hitlers Aufstieg zur Macht stand von Anfang an im Zeichen der Bekämpfung der Revolution von 1918; sein Wille war deren Ablösung durch eine nationale Gegenrevolution. Das Gelingen der letzteren bewirkte, daß Hitler das Deutsche Reich in einen Krieg führte, der durchaus vergleichbar ist in Zielsetzung und Verlauf der Serie von Kriegen Frankreichs unter Napoleon.

Kehren wir zu Bismarck und den Verhältnissen nach der Entscheidung von Königgrätz zurück! Die Wirkung des preußischen Sieges in der öffentlichen Meinung war ein Umschwung zugunsten Bismarcks, obwohl weiterhin eine starke Opposition, die nach und nach geringer wurde, gegen ihn bestand. Unter den Parteien gab es Spaltungen und Neubildungen, so daß die Parteienlandschaft sich gegenüber dem Zustand vor der Auflösung des Deutschen Bundes stark veränderte. Die Mehrzahl der Politiker stellte sich auf die Seite des Erfolgs, also Bismarcks, und das galt wohl erst recht für die Mehrzahl der Bürger. Ihrem Verlangen nach Einigung, nach straffer Führung der deutschen Staaten gemäß den Vorstellungen der Kleindeutschen in der Paulskirche war nun entsprochen, zumal nach Gründung des neuen Reichs im Jahre 1871. Aber das alles war geschehen ohne aktives Mitwirken der Bürger und ganz anders, als es ihrem vom Liberalismus geprägten Denken entsprach. So hatte denn Bismarck, indem er gewissen revolutionären Forderungen von 1848 zum Siege verhalf, zugleich noch einmal dem liberal gesinnten Bürgertum dessen eigene politische Unfähigkeit bewiesen, wie dies auch schon im Jahre 1849 durch die Niederschlagung der Revolution geschehen war. Zweimal wurde das staatsbejahende Bürgertum so an seinem politischen Selbstvertrauen irre und in seinem demokratischen Willen geschwächt, der ohnehin nicht die Republik, sondern nur einen Ausbau der parlamentarischen Einrichtungen des monarchischen Staates anstrebte. Indem sein Vertrauen auf die eigene politische Vernunft und die Berechtigung seines demokratischen Willens sank, verstärkte sich beim Bürgertum das unbedingte Vertrauen zu der besseren Einsicht der Obrigkeit. Nur mit Einschränkungen mochte dies für die katholische Bevölkerung gelten, die ihre politische Heimat in der Zentrumspartei fand. In völliger Opposition zur Führung des Staates stand die Sozialdemokratie, die vor

Ausbruch des ersten Weltkriegs zur stärksten Partei aufgestiegen war.
Ein tiefer Riß trennte im Anfang des neuen Jahrhunderts das deutsche
Volk in zwei Blöcke, auf der einen Seite die Parteien des Bürgertums
und auf der andern Seite die sozialdemokratische Partei der Arbeiterschaft. Nur die Zentrumspartei vermochte für die katholische Bevölkerung den Gegensatz zu überbrücken und so eine Mittelstellung
zwischen den beiden Blöcken einzunehmen. Abgesehen von der Sozialdemokratie war die Monarchie unbestritten als die richtige Regie-
rungsform in Deutschland anerkannt.

Mit Stolz sah das Bürgertum im Anfang unseres Jahrhunderts auf die
Leistung des Staates, auf dessen Machtentfaltung, und in der Bewun-
derung derer konnte es mit Genugtuung auf seine eigene Kraft und
Leistung schauen, ohne die der gewaltige Aufstieg des Staates zu wirt-
schaftlicher und politischer Macht nicht möglich gewesen wäre. Der
Glanz, der von dem Kaiserreich ausstrahlte, ließ das Bürgertum den
Riß im Innern des Volkskörpers übersehen. Gegenüber den inneren
Spannungen und verfassungsmäßigen Schwächen war es nahezu
blind. Nur so ist es zu verstehen, daß das Bürgertum mit geringen
Ausnahmen den Zusammenbruch der bisherigen staatlichen Ordnung
am Ende des ersten Weltkriegs nicht zu fassen vermochte. Zwar erhob sich damals niemand zur Verteidigung der Monarchie; dies beruhte aber nicht auf mangelnder monarchischer Gesinnung der Untertanen, sondern auf der Ermattung der Kräfte nach den Anstrengungen im Kriege. Die regierenden Monarchen verließen ihre Throne
angesichts der schnell fortschreitenden Revolution, ohne Widerstand
zu versuchen.

Ein ähnliches Verhalten hatte es auch im März 1848 gegeben. Damals
verblieben zwar die Monarchen auf ihren Thronen; aber die seit drei
Jahrzehnten gegen revolutionäre Bestrebungen ankämpfenden konservativen Regierungen wurden binnen weniger Wochen überall
durch liberale Regierungen ersetzt. Ähnlich vollzog sich auch wieder
der Machtwechsel im Jahre 1933, indem – nicht ganz so widerstands-
los – die demokratischen Parteien der Gegenrevolution das Feld
räumten.

Unter außerordentlich ungünstigen Bedingungen übernahm die Revolution des Jahres 1918 die Lenkung der Staatsgeschäfte nach einem
verlorenen Krieg. Das monarchisch gesinnte Bürgertum erholte sich

schnell aus der Ohnmacht im November. Obwohl jeder erkennen konnte, daß der Krieg im Herbst 1918 endgültig verloren war, fand die Lüge Glauben, daß die Revolution den Verlust des Krieges bedingt hätte. Nun bewies das Bürgertum in seiner Mehrheit in der Tat seine Unfähigkeit zu einem klaren Urteil in politischen Dingen, wie ihm dies immer wieder eingeredet worden war. Es verkannte die Chancen, die die junge Republik trotz der Härte des Friedensvertrages dem deutschen Volk hätte bieten können.

Nach meinem Eindruck aus persönlicher Erfahrung war die Ablehnung der Republik durch die Mehrheit des Bürgertums die erste Voraussetzung dafür, daß Hitler mit seiner Haßpredigt gegen den November-Staat, den das zu gründende nationalsozialistische Dritte Reich ablösen sollte, so großen Anklang finden konnte, daß ihm schließlich die Macht im Staate zufiel. Wenn dies meine Meinung ist, so verkenne ich gleichwohl nicht, daß die Härte des Versailler Vertrages und die große Arbeitslosigkeit der dreißiger Jahre wesentlich zu Hitlers Aufstieg beitrugen. Diese beiden Umstände hätten dafür kaum ausgereicht, wenn sich die republikanische Staatsform allgemeiner Anerkennung erfreut hätte. Tatsächlich bekannten sich zur Republik nur die Sozialdemokratische Partei, welche die Mehrheit der Arbeiterschaft auf sich vereinigte, und auf bürgerlicher Seite die Deutsche Demokratische Partei und das Zentrum; das letztere enthielt aber auch Anhänger, die der Monarchie zuneigten. Die Flügelparteien der Kommunisten und der Nationalsozialisten wurden schließlich so stark, daß das parlamentarische System nicht mehr funktionieren konnte und die Ausübung der Regierungsgewalt dem Reichspräsidenten Hindenburg zufiel.

Es stellt sich die Frage, warum die Mehrheit des Bürgertums nicht für die Republik zu gewinnen war, obwohl diese nach Überwindung der Inflation im Herbst 1923 in den Jahren 1924 bis 1928 einen beachtlichen wirtschaftlichen Aufstieg erzielte. Die Erinnerung an den Glanz des Kaiserreichs lag noch nicht weit genug zurück, und eine wirkliche Erinnerung an die bürgerliche Revolution von 1848 bestand nicht mehr. Der demokratische Geist von damals war im Bürgertum erloschen; die Reaktionszeit nach 1848 und insbesondere die Erfolge Bismarcks von 1866 bis 1871 hatten diesen Geist gründlich vertrieben. Nur so konnte es zu dem Bismarck-Mythos kommen, der nach dem Sturz des Reichsgründers diesen als politisch unfehlbar hinstellte. Bismarcks Ruhm ließ sein Werk, das junge Kaiserreich und dessen Aufstieg zu einer Weltmacht, die selbst England in seiner Stellung gefährlich werden konnte, in hellem Glanz erstrahlen. Und schließlich erwiesen doch die militärischen Erfolge in dem Krieg, zu dem sich das Reich im Jahre 1914 herausgefordert sah (so die offizielle Darstellung und die öffentliche Meinung), welche Kraft der jungen Weltmacht innewohnte. So konnte wohl, nachdem die Niederlage feststand, der Glaube, daß Verrat sie verursacht habe, Verbreitung finden. Das deutsche Bürgertum war verblendet durch die Gründung und den ungeahnten Aufstieg des Kaiserreichs. Dessen innere Schwächen wurden übersehen oder ihre Kenntnisnahme verdrängt.

Eine wesentliche Ursache für die Verblendung, in der sich der größere Teil der Bevölkerung des Reiches befand, erblicke ich darin, daß der dem Reich vorhergehende Deutsche Bund in seiner Bedeutung und in seinen Leistungen völlig verkannt wurde. Dies entsprach der offiziell vertretenen Auffassung. Da der Bund zerstört worden war, so verdiente er kein anderes Schicksal. Der Erfolg entscheidet darüber, wer im Recht ist (jedenfalls dann, wenn man selbst recht bekommt). Diejenigen, die sich trotz seiner Schwächen zum Deutschen Bund bekannten, waren durch die Ereignisse des Jahres 1866 widerlegt worden. Preußen war im Recht, wenn es die Führung in Deutschland an sich riß. Das Unrecht, das den Deutschen Österreichs angetan wurde, übersah man, um nicht im eigenen Gewissen verunsichert zu sein. Das, was geschah, mußte unabänderlich geschehen, so war die sich allmählich durchsetzende öffentliche Meinung. Und es war gut, daß es geschah, wie die prachtvolle Entwicklung des jungen Reiches bewies.

Wie sollte bei einer solchen Auffassung, die als unerschütterlich empfunden wurde, die Tatsache der Niederlage im Jahre 1918, die Zerschmetterung der deutschen Machtstellung, verstanden und verkraftet werden? Das war für den Teil des Volkes, der sich aus Überzeugung zur Monarchie des Hauses Hohenzollern bekannte, schlicht eine Überforderung. Die Republik, die für schuldig befunden wurde, das Ende des Kaiserreiches herbeigeführt zu haben, verdiente Verachtung und Beseitigung. Ein solches Denken begünstigte den Aufstieg eines Mannes zur Macht, der versprach, eine neue staatliche Ordnung herbeizuführen durch Beseitigung der Mängel der parlamentarischen

Demokratie. Das Ergebnis war, daß der Niederlage von 1918 die Katastrophe von 1945 folgte.

Es gilt nun, die Tragik der deutschen Geschichte in der zweiten Hälfte des vorigen Jahrhunderts in voller Tiefe zu verstehen; denn in dieser Zeit beginnt die unglückliche Entwicklung, die unser Jahrhundert brachte, zu keimen. Wir müssen erkennen, daß das Entscheidungsjahr 1866 ein doppeltes Gesicht trägt. Nur das strahlende Gesicht des Aufstiegs Deutschlands unter Preußens Führung fand in der offiziellen Geschichtsdarstellung und schließlich in der vorherrschenden öffentlichen Meinung Beachtung. Das andere Gesicht war die beklagenswerte Amputation der deutschen Nation, die in ihrer Blindheit die Deutschen Österreichs aus ihren Reihen verbannte. Daß diese Seite der schicksalsschweren Entscheidung außer von einer Minderheit von Warnern nicht gesehen oder verharmlost wurde, das war eine verhängnisvolle Verblendung. Die Verkennung der Bedeutung und Leistung des zerstörten Deutschen Bundes bedingte eine Überschätzung der dadurch ermöglichten Gründung eines neuen Reiches. Übersehen wurde der hohe Preis, der dafür gezahlt wurde, indem der Entstehung des Nationalstaats eine Amputation der Nation vorausging. Die Spaltung der Nation, von Grillparzer als Zerstörung des Volkes bezeichnet, war der Preis für die Entstehung des kleindeutschen Nationalstaats.

Wenn wir uns die hierin liegende Tragik vergegenwärtigen und uns zu dem Irrtum bekennen, der der Geschichtsauffassung, mit der die Älteren von uns groß geworden sind, zu Grunde liegt, so mag uns das bestärken in dem Glauben, daß in der Geschichte unseres Volkes noch nicht das letzte Wort gesprochen ist, und daß die gegenwärtige Drei- oder Mehrfachteilung in nicht zu ferner Zukunft einmal überwunden wird. Das Verstehen des Geschehens in der Vergangenheit sollte uns Mut verleihen, in mißlicher Gegenwart, was den Zustand der deutschen Gesamtnation betrifft, auszuharren in der Hoffnung auf eine spätere Wende im deutschen Schicksal und auf Herstellung einer neuen die gesamte Nation umfassenden Einheit.

Es ist mir schmerzlich, gegenwärtig täglich nur von einer Zweiteilung der Nation zu hören, so als ob der Bismarckische Nationalstaat allein die deutsche Nation repräsentiert hätte oder als ob gar durch die Reichsgründung von 1871 erst die deutsche Nation entstanden wäre.

Eine solche Selbsttäuschung wäre schlimmer als jegliche Verblendung in der Vergangenheit. Niemand gibt uns in der Bundesrepublik das Recht, den Österreichern die Zugehörigkeit zur deutschen Nation zu bestreiten, mögen sie auch unter den gegebenen Verhältnissen mit Stolz auf ihre relative Unabhängigkeit von fremden Mächten ihren Staat als einen Nationalstaat rühmen und sich als eigene Staatsnation empfinden, so wie sich auch Preußen zur Zeit des Deutschen Bundes als solche gesehen hat. Auch Bayern mochte sich zu jener Zeit wohl als eigene Nation empfinden, ohne daß dadurch bei Preußen und Bayern das Bewußtsein der Zugehörigkeit zur deutschen Gesamtnation beeinträchtigt wurde. Daß gegenwärtig wie in der Vergangenheit Österreich (bis 1918 mit seinem deutschen Teil) der deutschen Gesamtnation angehört, kann nicht bestritten und darf am allerwenigsten von Bürgern der Bundesrepublik geleugnet werden. Als Teil von Deutschland wird Österreich mit seinen zum Deutschen Bund gehörigen Ländern in unserer Nationalhymne verstanden, wenn die Etsch als Südgrenze Deutschlands bezeichnet wird. Es wäre für das gesamtdeutsche Nationalempfinden verhängnisvoll, wenn der Begriff Deutschland auf das Bismarck-Reich und wo möglich später sogar auf die Bundesrepublik eingeengt würde. Deshalb sollten wir als Bürger der Bundesrepublik uns hüten, uns gedanklich mit dem Bismarck-Reich, dessen Geburt eine schwere Schuld vorausging, zu identifizieren, wenn auch die amtliche Politik der Bundesrepublik nur auf Wiederherstellung dieses Reiches bedacht sein mag, indem von dem Staat in den Grenzen vom 31. Dezember 1937 ausgegangen wird.

Der gegenwärtige Zustand Gesamt-Deutschlands ist ähnlich dem zur Zeit Napoleons, als der Rheinbund, Österreich und Preußen nebeneinander bestanden. Die Idee der Trias wurde zeitweilig auch zur Zeit des Deutschen Bundes vertreten, das erste Mal schon in den ersten Jahren von Württemberg. Darunter wurde verstanden, daß sich die deutschen Mittel- und Kleinstaaten zu einem Bund zusammenschließen sollten, so daß dieser engere Bund zusammen mit Österreich und Preußen den umfassenderen Deutschen Bund bildete. Dabei sollte der Bund der Mittel- und Kleinstaaten das „eigentliche" Deutschland darstellen.

Heute wären wir wohl froh, wenn die drei getrennten größeren deutschen Staaten zu einer Konföderation von souveränen Staaten nach Art des Deutschen Bundes zusammenfinden würden. Nach Abbau des

Mißtrauens zwischen den beiden Machtblöcken der Vereinigten Staaten von Amerika und der Sowjet-Union sollte es wohl möglich sein, daß die drei deutschen Staaten zu einem lockeren Bunde zusammentreten könnten. Der Freundschaftsvertrag zwischen der Bundesrepublik und Frankreich möchte vielleicht geeignet sein, vorläufig als Vorbild für eine Verbindung zwischen den deutschen Staaten zu dienen. An dem Willen zu einem Zusammenfinden der getrennten Teile der deutschen Nation gilt es für uns festzuhalten, selbst wenn noch viele Jahrzehnte vergehen sollten, bis das Ziel erreicht wird. Das Ausharren Polens über länger als ein Jahrhundert nach den Teilungen mag uns ermutigen, es ihm gleichzutun.

Literaturverzeichnis

(aufgenommen sind nur Buchtitel, die in dem vorliegenden Buch zitiert sind)

PROTOKOLLE DER DEUTSCHEN BUNDESVERSAMMLUNG: Folio-Ausgabe zur Unterrichtung der deutschen Regierungen (zitiert: Pr. mit Jahreszahl); Quart-Ausgabe zur Unterrichtung der Öffentlichkeit, Band 1 bis 19 (zitiert: ö. Pr.), 1816 bis 1827.

BERGLAR, PETER: Metternich „Kutscher Europas – Arzt der Revolutionen", 1973.

BEUST, FRIEDRICH FERDINAND GRAF VON: Aus drei Vierteljahrhunderten, 2 Bände, 1887.

BISMARCK, OTTO VON: Gedanken und Erinnerungen, mit einer Einführung von Theodor Heuss, herausgegeben von Reinhard Jaspert 1951.

BORNHAK, CONRAD: Deutsche Verfassungsgeschichte vom westfälischen Frieden an, 1934.

FISCHER, KARL: Die Nation und der Bundestag, 1880.

GEBHARDT, BRUNO: Handbuch der deutschen Geschichte, Bd. 3, 9. Aufl. 1970.

HAMEROW, THEODORE S.: Restoration, Revolution, Reaction. Economics and Politics in Germany 1815–1871. Princeton, New Jersey, 1958, zit. nach 6. Aufl., 1972.

HUBER, ERNST RUDOLF: Deutsche Verfassungsgeschichte seit 1789 (Abk.: VG.). (Die Geschichte bis 1866 ist in Band I bis III dargestellt, zitiert ist nach der 2. Aufl., 1967–1970).
Dokumente zur Deutschen Verfassungsgeschichte, Band I u. II, 1961 u. 1964.

ILSE, LEOPOLD FRIEDRICH: Geschichte der deutschen Bundesversammlung, insbesondere ihres Verhaltens zu den deutschen National-Interessen (Abk.: Gesch. d. BV.), Band 1 bis 3, 1861–1862, Reprographischer Nachdruck 1971–1972.

Geschichte der politischen Untersuchungen (Abk.: Pol. Unt.), 1860, Reprographischer Nachdruck 1975; Protokolle der deutschen Ministerial-Conferenzen, gehalten zu Wien in den Jahren 1819 und 1820, herausgeg. von Ilse 1860.

KALTENBORN, CARL VON: Geschichte der Deutschen Bundesverhältnisse und Einheitsbestrebungen von 1806 bis 1856, 1857.

KISSINGER, HENRY A.: Großmacht Diplomatie, Von der Staatskunst Castlereaghs und Metternichs, Ullstein Buch 1973.

KLÜBER, JOHANN LUDWIG: Öffentliches Recht des Teutschen Bundes und der Bundesstaaten, 4. Aufl. 1840.

Acten des Wiener Congresses in den Jahren 1814 und 1815, Bände 1 bis 8, 1815 bis 1819, Band 9 (Supplementband) 1835, herausgeg. von Klüber, Neudruck der neun Bände 1966.

Wichtige Urkunden für den Rechtszustand der deutschen Nation, herausgeg. von L. Klüber und C. Welcker, 1844.

AUS METTERNICH'S NACHGELASSENEN PAPIEREN (Abk.: N. P.): Herausgeber Fürst Richard Metternich-Winneburg, 8 Bände, 1880 bis 1884.

MEYER, ARNOLD OSKAR: Bismarcks Kampf mit Österreich am Bundestag zu Frankfurt (1851 bis 1859), 1927.

POSCHINGER, HEINRICH RITTER VON (Herausgeber von): Preußen im Bundestag 1851 bis 1859, Documente der K. Preuß. Bundestags-Gesandtschaft, Teil 1 bis 3: 1882; Teil 4: 1884, Neudruck Teil 1: 1965.

SCHNABEL, FRANZ: Deutsche Geschichte im neunzehnten Jahrhundert (Abk.: D. G.), 4 Bände (der geplante 5. Bd. ist nicht erschienen), 2. Aufl. 1948 bis 1951.

SCHULTE, ALOYS: Der deutsche Staat. Verfassung, Macht und Grenzen 919–1914; 1933.

SRBIK, HEINRICH RITTER VON: Metternich, Der Staatsmann und der Mensch, Bd. I u. II 1925, Bd. III 1954.

Deutsche Einheit. Idee und Wirklichkeit vom Heiligen Reich bis Königgrätz (Abk.: D. E.), Bd. I u. II 4. Aufl., Bd. III u. IV 2. Aufl. 1963.

STADELMANN, RUDOLF: Soziale und politische Geschichte der Revolution von 1848, 2. Aufl. 1970.

STERN, ALFRED: Geschichte Europas seit den Verträgen von 1815 bis zum Frankfurter Frieden von 1871 (Abk.: E. G.), 10 Bände, 1894 bis 1924.

TAYLOR, A. J. P.: The Course of German History. A Survey of the Development of Germany since 1815, London 1945, New Edition 1951.

TREITSCHKE, HEINRICH VON: Deutsche Geschichte im neunzehnten Jahrhundert (Abk.: D. G.), 5 Bände, 1879 bis 1894.

VALENTIN, VEIT: Geschichte der deutschen Revolution von 1848–1849, 2 Bände, Neuauflage 1970.